La cuisine végétarienne
par excellence LE LIVRE COMPLET DE CUISINE

Le meilleur de la cuisine végétarienne
avec plus de 600 nouvelles recettes appétissantes

Les rédacteurs du *Vegetarian Times*

Copyright © 2005 Vegetarian Times, Inc.
Titre original anglais : Vegetarian times complete cookbook
Copyright © 2008 Éditions AdA Inc. pour la traduction française
Cette publication est publiée en accord avec Wiley Publishing, Inc., Hoboken, New Jersey
Tous droits réservés. Aucune partie de ce livre ne peut être reproduite sous quelque forme que ce soit
sans la permission écrite de l'éditeur, sauf dans le cas d'une critique littéraire.

Éditeur : François Doucet
Traduction : Yves Gosselin
Révision linguistique : L. Lespinay
Corrections d'épreuves : Marie-Lise Porier, Isabelle Veillette, Nancy Coulombe
Design de la couverture : Suzanne Sunwoo
Photo de la couverture : © Anthony-Masterson Photography
Photos couleur : Renée Comet
Présentation des aliments : Lisa Cherkasky
Graphisme : SCANACOM
ISBN : 978-2-89565-495-7
Première impression : 2008
Dépôt légal : 2008
Bibliothèque et Archives nationales du Québec
Bibliothèque Nationale du Canada

Éditions AdA Inc.
1385, boul. Lionel-Boulet
Varennes, Québec, Canada, J3X 1P7
Téléphone : 450-929-0296
Télécopieur : 450-929-0220
www.ada-inc.com
info@ada-inc.com

Diffusion
Canada: Éditions AdA Inc.
France: D.G. Diffusion
Z.I. des Bogues
31750 Escalquens - France
Téléphone : 05.61.00.09.99
Suisse : Transat - 23.42.77.40
Belgique : D.G. Diffusion - 05.61.00.09.99

Imprimé au Canada   SODEC

Participation de la SODEC
Nous reconnaissons l'aide financière du gouvernement du Canada par l'entremise du Programme d'aide
au développement de l'industrie de l'édition (PADIÉ) pour nos activités d'édition.
Gouvernement du Québec - Programme de crédit d'impôt pour l'édition de livres - Gestion SODEC

**Catalogage avant publication de Bibliothèque et Archives nationales du Québec et
Bibliothèque et Archives Canada**
Vedette principale au titre :
        La cuisine végétarienne par excellence
        Traduction de la 2e éd. de: Vegetarian times complete cookbook.
        Comprend un index.
        ISBN 978-2-89565-495-7
        1. Cuisine végétarienne. I. Gosselin, Yves. II. Vegetarian times.
TX837.V4314 2007   641.5'636   C2007-941086-3

table des matières

remerciements

Les rédacteurs du *Vegetarian Times* sont redevables aux nombreux professionnels de talent qui ont contribué à la création de ce livre de cuisine. Nos remerciements cordiaux vont à l'éditrice du manuscrit Susan Derecskey ; à l'éditrice du livre de recette Sarah Belk King ; au promoteur du projet Joyce Piotrowski ; à la nutritionniste Catherine Tallmadge ; à la photographe Renée Comet ; à la présentatrice de produits alimentaires Lisa Cherkasky ; à l'auteure Melanie Mayhew ; à la secrétaire de rédaction Robin Cheslock ; de même qu'au directeur de la conception Bill McKenney.

Nos remerciements vont aussi à Anne Ficklen, notre éditrice chez John Wiley and Sons, Inc., dont l'enthousiasme pour ce projet n'a jamais faibli ; et à Mary Ann Naples, notre agente littéraire.

Finalement, un merci chaleureux à Alexandra Greeley, éditrice de livres consacrés à l'alimentation, qui a rassemblé, trié et édité plus de 600 recettes, et dont le dévouement et le désintéressement ont rendu la publication de ce livre possible ; et à l'éditrice adjointe Lisa Barley. Sans son attention aux détails et ses compétences de premier ordre en informatique, sans doute aurions-nous été dans l'impossibilité de respecter une ou deux échéances.

CARLA DAVIS
Chef de projet
2005 La cuisine végétarienne par excellence

1

Décider de devenir végétarien

LA CUISINE VÉGÉTARIENNE N'A JAMAIS ÉTÉ aussi populaire et appréciée. Nul besoin de conduire une voiture hybride, de faire vos emplettes dans un magasin d'aliments naturels, de cultiver vos propres germes de soja — ou même d'être végétarien ! — pour apprécier les saveurs et les multiples produits alimentaires végétariens que l'on peut trouver aujourd'hui. Même si votre ville ne compte que quelques adresses, une visite à votre marché local vous permettra probablement de découvrir un vaste choix de légumes, de légumineuses, de fruits et de céréales, de graines et de noix, de produits séduisants et appétissants, voisinant sur les étalages avec le tofu riche en protéines et les laits de soja appréciés par nombre de végétariens depuis des siècles.

L'accessibilité des produits alimentaires à base de soja et les bienfaits avérés d'un régime sans viande et à base de soja ont contribué à la popularité du végétarisme — et ont permis aux produits alimentaires végétariens de figurer sur les tablettes des supermarchés dans tout le pays.

Si seulement 2,5 pour cent des Américains sont végétariens sur une base régulière, 25 pour cent d'entre nous remplacent la viande par des substituts de viande au cours de certains repas. Voici pourquoi :

- Davantage d'individus comprennent qu'il existe un lien entre les aliments que nous consommons et notre santé. Quatre des sept premières causes de mortalité — les maladies cardiaques, le cancer, les accidents cérébrovasculaires et le diabète — sont reliées à notre alimentation.

- Le problème posé par le cholestérol a incité nombre d'entre nous à modifier leur régime alimentaire, à réduire leur consommation de viande et à augmenter leur consommation de soja et de légumes.

- Les allergies alimentaires et l'intolérance au lactose ont poussé beaucoup d'entre nous à abandonner les breuvages laitiers pour des boissons ne contenant pas de lait, pour les fromages et d'autres produits.

- De la maladie de la vache folle aux produits alimentaires génétiquement modifiés et au bioterrorisme, nous sommes davantage préoccupés par la sécurité de notre alimentation. Nous voulons en connaître davantage sur la provenance des aliments que nous consommons et leur parcours jusqu'à notre assiette.

- Les produits alimentaires naturels et organiques, que l'on trouvait autrefois uniquement dans les marchés spécialisés ou exotiques, sont aujourd'hui vendus dans les grandes surfaces. Environ 70 pour cent des personnes interrogées affirment que leur supermarché vend des produits alimentaires naturels ou organiques.

- La définition de l'alimentation a changé. Les individus au milieu de la trentaine et les personnes plus âgées se rendent compte que le régime alimentaire peut contribuer à long terme à une vie plus saine et plus équilibrée. La popularité du régime South Beach, un régime faible en hydrates de carbone, présenté comme un mode de vie en soi — et permettant de perdre du poids progressivement — en témoigne.

Cinquante pour cent de toutes les maladies pourraient être retardées ou éliminées grâce à des changements dans notre alimentation.

- La plus grande diversité ethnique aux États-Unis, les émissions culinaires à la télévision mettant en valeur la cuisine régionale, et les voyages de plus en plus nombreux à l'étranger, augmentent notre intérêt pour les produits alimentaires épicés et savoureux.

Étant donné ces faits, il n'est pas étonnant que les individus de tous les âges, d'ethnies et de revenus différents soient attirés par le régime végétarien. Si vous n'êtes pas végétarien selon la définition — c'est-à-dire un individu dont le régime exclut la viande, la volaille et le poisson — vous avez probablement songé un jour ou l'autre à abandonner la viande, ou avez essayé pendant un certain temps. Environ 5 millions de personnes aux États-Unis, appartenant aux groupes les plus divers, ont abandonné la consommation de viande pour de bon : musiciens, politiciens, acteurs, athlètes, étudiants, professeurs, artistes, entrepreneurs, grands-mères, chefs cuisiner, et beaucoup d'autres !

TYPES DE VÉGÉTARIENS

Voici un aperçu des cinq catégories principales de végétariens.

LACTO-OVO-VÉGÉTARIENS

Motivé par le désir d'être en meilleure santé, les lacto-ovo-végétariens ne consomment pas de chair animale, mais incluent les produits laitiers et les œufs dans leurs régimes alimentaires. La majorité des végétariens choisissent ce mode de vie : il est facile à suivre et limité seulement par l'imagination. Puisque ce régime offre tant de possibilités, les lacto-ovo-végétariens adaptent facilement des menus à base de viande dans leurs menus sans viande. Les plats exotiques sont particulièrement attrayants à cause des saveurs complexes des plats et de l'utilisation des céréales, des haricots et d'autres produits de base que l'on trouve dans le garde-manger végétarien. Si vous vous intéressez au régime végétarien, le régime lacto-ovo-végétarien est un premier pas important.

Bien qu'un régime végétarien équilibré soit sain en soi, nombre de nouveaux végétariens compensent l'absence de viande dans leur régime alimentaire en abusant des produits laitiers riches en matières grasses et des desserts. Il s'agit là d'une erreur répandue qu'un végétarien, avec un peu d'éducation et en planifiant mieux ses repas, peut éviter facilement ou corriger.

LACTO-VÉGÉTARIENS

Beaucoup d'Américains deviennent lacto-végétariens pour abaisser leur niveau de cholestérol. Les lacto-végétariens ne mangent pas de chair animale ou d'œufs — ces deux catégories d'aliments sont riches

Environ 80 pour cent des végétariens sont des femmes.

en cholestérol — mais consomment des produits laitiers. En éliminant les œufs, les lacto-végétariens évitent les jaunes d'œuf riches en cholestérol qui peuvent contribuer au développement des maladies coronariennes. Les lacto-végétariens évitent aussi les œufs à cause des allergies alimentaires ou par souci de la condition des poulets, dont les méthodes d'élevage sont déplorables. Certaines personnes ne mangent pas d'œufs pour des raisons religieuses : les Hindous, par exemple, considèrent que l'œuf a un potentiel de vie. Les œufs se dissimulant dans nombre de produits, des aliments cuits au four aux potages, les lacto-végétariens lisent soigneusement les étiquettes et sont passés maîtres dans l'art de questionner le personnel des restaurants afin de découvrir si les plats au menu ont été préparés avec des œufs.

OVO-VÉGÉTARIENS

Proches cousins des lacto-végétariens, les ovo-végétariens mangent des œufs, mais ne consomment pas de lait, de beurre, de fromage et d'autres produits laitiers. Selon l'American Gastroenterological Association, près de 50 millions d'Américains souffrent d'intolérance au lactose ou ont des difficultés à digérer le sucre ou le lactose présent dans le lait et les produits laitiers. En conséquence, ils peuvent éprouver des ballonnements, de la flatulence, ou souffrir de nausée ou de diarrhée après avoir consommé du lait ou des produits laitiers. Un végétarien qui dit non aux produits laitiers peut aussi adopter une position contre l'industrie laitière et ses pratiques controversées, dont celle consistant à injecter des hormones aux vaches laitières afin d'augmenter la production de lait et à donner des antibiotiques aux vaches dont les pis sont infectés, souvent en raison des mauvaises conditions d'hygiène dans les fermes laitières.

VÉGÉTALIENS

Entièrement à base de végétaux, le régime végétalien exclut tous les produits animaux, les produits laitiers, les œufs et le miel. Puisque les végétaliens (VEE-guns) cherchent à éviter l'exploitation des animaux pour de multiples usages, y compris l'alimentation et les vêtements, la majorité d'entre eux évitent de porter du cuir, de la laine ou de la soie. Ils ne veulent pas contribuer aux blessures ou au meurtre d'animaux, quelle qu'en soit la raison. Cependant, il est extrêmement difficile d'éliminer toute trace de produits animaux, même si nous prenons consciemment la décision d'agir dans ce sens. Des produits et des procédés utilisant les animaux se retrouvent dans d'innombrables produits alimentaires, y compris le sirop d'érable, le sucre et les guimauves et dans des produits de tous les jours comme les pneus, les shampooings et les bandes vidéo.

Environ 1 pour cent de végétariens sont végétaliens et beaucoup d'entre eux ont d'abord été lacto-ovo végétariens. Bien que leur mode de vie soit strict, les végétaliens ont tendance à en ignorer les inconvénients. Puisque manger à l'extérieur est problématique, la plupart des végétaliens cuisinent à la maison et ont perfectionné beaucoup de recettes succulentes, dont plusieurs se retrouvent dans ces pages.

DEMI-VÉGÉTARIENS ET FLEXITARIENS

Pouvez-vous manger de la viande et toujours vous définir comme végétarien? Certainement, la majorité d'entre nous se définissent comme végétariens, bien que cette définition soit techniquement incorrecte. Les individus qui sont végétariens la majeure partie du temps, mais qui mangent de temps en temps du poisson, de la volaille ou la viande, sont plutôt considérés comme des demi-végétariens, ou des flexitariens. Ces termes décrivent aussi les individus qui mangent du poisson et de la volaille, mais qui évitent la viande, ou qui mangent régulièrement beaucoup de légumes. Le Vegetarian Resource Group estime que les flexitariens constituent 40 pour cent de la population des États-Unis. Comme nous comprenons de plus en plus la relation existant entre les aliments que nous consommons, notre santé et notre bien-être, ce nombre sans aucun doute est appelé à augmenter.

Les individus sont attirés par le végétarisme pour toutes sortes de raisons. Certains d'entre nous veulent vivre plus longtemps, en meilleure santé, ou faire leur part pour réduire la pollution. D'autres ont adopté le végétarisme parce qu'ils veulent préserver les ressources naturelles ou parce qu'ils ont toujours aimé les animaux et refusent pour des raisons morales de consommer de la chair animale.

Plusieurs recherches scientifiques démontrent les bienfaits pour l'environnement et pour la santé d'un régime à base de végétaux. Même le gouvernement fédéral recommande que nous tirions la plupart de nos calories des produits céréaliers, des légumes et des fruits. Et chose qui n'étonnera personne : 70 pour cent des maladies, y compris un tiers des cancers, sont reliées au régime alimentaire. Un régime végétarien réduit les risques des maladies dégénératives chroniques comme l'obésité, les maladies coronariennes, l'hypertension, le diabète et certains types de cancer comme les cancers du colon, du sein, de la prostate, de l'estomac, du poumon et de l'œsophage.

Pourquoi devient-on végétarien? Voici certaines raisons qui méritent que vous vous y arrêtiez :

- **Vous éviterez la maladie.** Les régimes végétariens sont plus sains que le régime alimentaire américain moyen, et aident particulièrement à prévenir et à traiter les maladies cardiaques, et à réduire les risques du cancer. Un régime végétarien pauvre en matières grasses est le moyen le plus simple et le plus efficace d'arrêter la progression des maladies coronariennes ou de les prévenir complètement. Les maladies cardiovasculaires tuent 1 million d'Américains annuellement et sont la principale cause de mortalité aux États-Unis. Mais le taux de mortalité pour les maladies cardiovasculaires est moins élevé chez les végétariens que chez les non végétariens, dit Joel Fuhrman, M.D., auteur du livre *Eat to Live : The Revolutionary Formula for Fast and Sustained Weight Loss.* Un régime végétarien est sain en soi parce que les végétariens consomment moins de graisses animales et de cholestérol et consomment davantage de fibres et d'aliments riches en antioxydants — une raison supplémentaire d'écouter votre maman et de manger vos légumes !

- **Vous contrôlerez votre poids.** Le régime de l'Américain moyen — riche en graisses saturées et en produits alimentaires transformés, et pauvre en végétaux et en hydrates de carbone complexes — fait de nous des obèses et nous tue lentement. Selon le Center for Disease Control and Prevention (CDC), et une division du CDC, le National Center for Health Statistics, 64 pour cent des adultes et 15 pour cent des enfants âgés de 6 à 19 ans souffrent d'un excès de poids et sont menacés par des maladies reliées à l'obésité comme les maladies cardiaques, les accidents cérébrovasculaires et le diabète. Une étude menée de 1986 à 1992 par Dean Ornish, M.D., président et directeur du Preventive Medicine Research Institute de Sausalito, en Californie, a constaté que les gens souffrant d'un excès de poids qui ont suivi un régime végétarien faible en matières grasses ont perdu en moyenne 24 livres la première année et avaient conservé ce poids cinq ans plus tard. Ils ont perdu du poids sans avoir à compter les calories ou les hydrates de carbone et à mesurer les portions, ou sans éprouver la sensation de faim.

- **Vous vivrez plus longtemps.** Si vous abandonnez le régime alimentaire américain moyen pour le régime végétarien, vous pouvez ajouter à votre propre vie environ 13 ans de vie en santé, dit Michael F. Roizen, M.D., auteur du *The RealAge Diet : Make Yourself Younger with What You Eat.* « Les individus qui consomment des gras saturés, vivent moins longtemps et souffrent davantage de

Jusqu'en 1847, les végétariens étaient connus sous le nom de pythagoriciens. Ce nom est emprunté au philosophe grec Pythagore (580-500 av. J.-C.), dont les écrits sur les haricots et le chou étaient des arguments en faveur du végétarisme à son époque.

maladies à la fin de leur vie. Les produits animaux bouchent vos artères, sapent votre énergie et affaiblissent votre système immunitaire. Les individus qui consomment de la viande font aussi l'expérience de manière accélérée d'un dysfonctionnement cognitif et sexuel à un âge plus précoce. »

Vous voulez plus de preuves de longévité grâce au régime végétarien ? Les résidants d'Okinawa au Japon, ont de tous les Japonais l'espérance de vie la plus longue et probablement l'espérance de vie la plus longue au monde, selon une étude menée pendant 30 ans auprès de plus 600 centenaires d'Okinawa. Leur secret : un régime faible en calories composé d'hydrates de carbone complexes non raffinés, de fruits et de légumes riches en fibres, et de soja.

- **Vos os seront plus solides.** Lorsqu'il n'y a pas suffisamment de calcium dans le système sanguin, celui-ci est éliminé des os existants, avec pour résultat métabolique que le squelette devient poreux et perd de sa solidité au cours du temps. La plupart des praticiens de la santé recommandent que nous augmentions notre consommation de calcium de la manière dont la nature l'a voulu — c'est-à-dire par les aliments. Les aliments fournissent aussi d'autres substances nutritives, comme le phosphore, le magnésium, la vitamine D et le lactose, qui sont essentielles pour que le corps puisse absorber et utiliser le calcium. Les produits laitiers — le lait, le fromage, la crème glacée et le yogourt — sont les sources naturelles les plus concentrées de calcium.

  Les individus qui souffrent légèrement d'intolérance au lactose peuvent consommer régulièrement de petites quantités de produits laitiers comme le yogourt, le fromage et le lait sans lactose. Mais même si vous évitez tous les produits laitiers, vous pouvez encore trouver tout le calcium nécessaire pour demeurer en santé dans les haricots secs, le tofu, le lait de soja et les légumes vert foncé comme le brocoli, le chou frisé, le chou vert, et le navet.

- **Vous réduirez le risque de maladies transmises par la nourriture.** Le CDC rapporte que les maladies transmises par la nourriture représentent 76 millions de maladies par an, et aboutissent à 325 000 hospitalisations et à 5000 morts annuellement aux États-Unis. Selon l'US Food and Drug Administration (FDA), les aliments riches en protéines, comme la viande, la volaille, le poisson et les fruits de mer, sont souvent à l'origine des maladies transmises par la nourriture.

- **Vous soulagerez les symptômes de la ménopause.** Nombre de produits alimentaires contiennent des substances nutritives bénéfiques pour les femmes en pré-ménopause et en ménopause. Certains produits alimentaires sont riches en phyto-estrogènes, ces composés chimiques présents dans certains végétaux et qui imitent le comportement des oestrogènes. Puisque les phyto-estrogènes peuvent augmenter et diminuer les niveaux d'œstrogènes et de progestérones, maintenir un équilibre dans votre régime alimentaire vous assurera un passage plus confortable vers la pré-ménopause.

Le soja est de loin la source naturelle la plus abondante de phyto-estrogènes, mais on peut aussi trouver ces composés dans des centaines d'autres aliments comme les pommes, les betteraves, les cerises, les dattes, l'ail, les olives, les prunes, les framboises, la courge et les ignames. La ménopause étant aussi associée au gain de poids et à un ralentissement du métabolisme, un régime végétarien pauvre en graisses et riche en fibres peut vous aider à perdre les kilos superflus.

- **Vous aurez plus d'énergie.** La bonne nutrition permet d'avoir davantage d'énergie — de l'énergie pour suivre vos enfants, pour vous attaquer à des projets de rénovation résidentielle ou vous permettre de mener une vie sexuelle plus satisfaisante, affirme Michael F. Roizen, M.D., dans *The RealAge Diet*. Trop de graisses dans votre système sanguin encrasseront vos artères et réduiront l'apport en oxygène aux muscles de votre corps. Le résultat? Vous vous sentirez sans énergie. Les régimes végétariens équilibrés sont naturellement sans cholestérol et ne contiennent pas de viande, lesquels bouchent nos artères, nous ralentissent physiquement, et nous font tirer sur la sonnette d'alarme dès notre réveil. Les grains entiers, les légumineuses, les fruits et les légumes sont riches en hydrates de carbone complexes et fournissent au corps le plein d'énergie.

- **Vous éliminerez «plus régulièrement».** Manger beaucoup de légumes signifie consommer davantage de fibres, ce qui permet au corps de se désintoxiquer. La viande ne contient aucune fibre. Les gens qui mangent moins d'aliments qui ont été transformés dans la chaîne alimentaire ont tendance à moins souffrir de problèmes de constipation, d'hémorroïdes et de diverticulites.

- **Vous contribuerez à réduire la pollution.** Certaines personnes deviennent végétariennes après avoir pris conscience des dommages causés par l'industrie de transformation de la viande à l'environnement. Selon l'US Environmental Protection Agency (EPA), les produits chimiques et les déchets animaux qui ruissellent sur les fermes industrielles sont responsables de la pollution de plus de 275 000 km de rivières et de ruisseaux. Le ruissellement provenant des terres cultivées est l'une des plus grandes menaces à la qualité de l'eau de nos jours. Les activités agricoles responsables de la pollution sont des lieux clos où sont confinés les animaux, le labourage, la pulvérisation de pesticides, l'irrigation, la fertilisation et la cueillette.

• **Vous éviterez les produits chimiques toxiques.** L'EPA évalue que presque 95 pour cent des résidus de pesticides dans le régime alimentaire américain typique proviennent de la viande, des poissons et des produits laitiers. Le poisson, en particulier, contient des cancérigènes (BPC, DDT) et des métaux lourds (mercure, arsenic, plomb, cadmium) qui ne peuvent être éliminés par la cuisson ou la congélation. La viande et les produits laitiers peuvent aussi contenir des stéroïdes et des hormones. Aussi, assurez-vous de bien lire les étiquettes sur les produits laitiers que vous achetez.

• **Vous aiderez à réduire la famine.** Environ 70 pour cent de tous les grains produits aux États-Unis servent à alimenter les animaux destinés à l'abattoir. Les 7 milliards d'animaux d'élevage aux États-Unis consomment cinq fois plus de grains que la population américaine. «Si tous les grains qui servent actuellement à alimenter le bétail étaient consommés directement par la population américaine, le nombre d'individus que l'on pourrait nourrir serait d'environ 800 millions», affirme David Pimentel, professeur d'écologie à l'Université Cornell. Si les grains étaient exportés, ils gonfleraient la balance commerciale des États-Unis de 80 milliards de dollars par an.

• **Vous épargnerez les animaux.** Beaucoup de végétariens renoncent à la viande en raison de leurs préoccupations au sujet du sort réservé aux animaux d'élevage. Dix milliards d'animaux destinés à la consommation sont abattus chaque année. Et, à la différence des fermes d'autrefois où les animaux erraient librement, la plupart des animaux aujourd'hui sont des animaux de ferme, entassés dans des cages où ils peuvent à peine se déplacer et sont alimentés avec des produits bourrés de pesticides et d'antibiotiques. Ces animaux passent leur vie entière dans des cages de contention ou des stalles si petites qu'ils ne peuvent même pas se retourner. Les animaux de ferme ne sont pas protégés de la cruauté des méthodes d'élevage, malgré la loi — en fait, la majorité de lois anti-cruauté dans les États excluent spécifiquement les animaux de ferme de toute forme de protection.

- **Vous économiserez de l'argent.** La viande représente 10 pour cent des dépenses des Américains en matière d'alimentation. Consommer des légumes, des céréales et des fruits au lieu des 100 kilos de bœuf, de poulet et de poisson que chaque non-végétarien consomme, permettrait de réduire la facture du panier d'épicerie de 4000 $ en moyenne par an.

- **Votre assiette sera colorée.** Les éléments phytochimiques présents dans les fruits et les légumes combattent les maladies et donnent aux végétaux leurs couleurs riches et variées. Les phytochimiques appartiennent à deux catégories principales : les caroténoïdes et les anthocyanes. Tous les fruits jaunes et orange — carottes, oranges, patates douces, mangues, potirons, maïs — doivent leurs couleurs aux caroténoïdes. Les légumes verts à feuilles sont également riches en caroténoïdes, mais tirent leur couleur verte de la chlorophylle. Les fruits rouges, bleus et pourpres — prunes, cerises, poivrons rouges — contiennent des anthocyanes. Cuisiner en tenant compte de la couleur des aliments est un bon moyen de vous assurer que vous mangez une variété de substances naturellement présentes dans les fruits et les légumes qui renforcent l'immunité et préviennent une kyrielle de maladies.

- **C'est un jeu d'enfant.** De nos jours, il est presque naturel de trouver des produits alimentaires végétariens délicieux et bons pour votre santé, si vous vous promenez dans les allées de votre supermarché local ou flânez dans la rue à l'heure du déjeuner. Si vous avez besoin d'inspiration, vous pouvez consulter Internet, votre librairie préférée ou le bulletin de votre société végétarienne locale, et trouver des conseils culinaires et des recettes succulentes. Et si vous mangez en ville, presque tous les restaurants exotiques ont des plats végétariens à leurs menus. Et si vous êtes pressé ? La majorité des établissements de restauration rapide incluent maintenant des salades, des sandwiches et des entrées, des plats inventifs et sains à leurs menus. Ainsi, plutôt que de vous demander pourquoi vous voulez devenir végétarien, la vraie question que vous devriez vous poser est : « Pourquoi *ne suis-je pas* déjà végétarien ? »

nutrition

PLUSIEURS D'ENTRE NOUS SE SOUVIENNENT des quatre groupes alimentaires — viandes, produits laitiers, céréales, fruits et légumes —, à l'école primaire où nos enseignants bien intentionnés nous disaient que nous avions besoin de consommer quotidiennement des aliments appartenant à chacun de ces groupes pour demeurer en santé. La suggestion du guide Pyramid de l'US Department of Agriculture à l'effet de manger chaque jour 2 à 3 portions de viande, de volaille ou de poisson est suffisant pour hérisser tout végétarien. Heureusement, une abondance de preuves existe à l'effet qu'un régime végétarien est extrêmement sain.

LES QUATRE GROUPES ALIMENTAIRES
ET LE GUIDE ALIMENTAIRE PYRAMID

Avec toutes les recherches scientifiques et les études confirmant que le régime végétarien est le régime alimentaire le plus sain, pourquoi le guide alimentaire Pyramid de l'USDA recommande-t-il toujours de manger tant de viande? Et bien que les sources végétariennes de protéines soient beaucoup plus saines que les biftecks et les pilons de poulet décrits dans la pyramide, pourquoi le bœuf et la volaille occupent-ils dans ce guide la première place?

Heureusement, nombre de groupes et d'organisations ont créé des versions végétariennes du guide Pyramid et d'autres tableaux d'aliments. Voici un tableau qui résume les recommandations diététiques destinées aux végétariens.

Recommandations alimentaires pour les végétariens

GROUPE ALIMENTAIRE	PORTION	SUGGESTIONS
Grains entiers 6-11 portions quotidiennes	1 tranche de pain 120 ml (½ tasse) de grains, de céréales ou de pâtes 120 ml (½ tasse) de céréales chaudes 28g (1 once) de céréales sèches	pain de grains entiers, riz brun, pâtes, seitan, céréale, maïs, orge, bulgur, kasha, galettes de riz, tortillas
Légumes 3-5 portions quotidiennes	240 ml (1 tasse) de légumes crus 120 ml (½ tasse) de légumes cuits 240 ml (1 tasse) de salade 180 ml (¾ tasse) de jus de légumes	légumes (carottes, courge, patates douces), légumes verts à feuilles (brocoli, feuilles de chou, chou frisé, épinards), champignons
Fruits 2-4 portions quotidiennes	1 fruit entier moyen 120 ml (½ tasse) de fruits coupés 180 ml (¾ tasse) de jus de fruit 60 ml (¼ tasse) de fruits séchés	pommes, bananes, oranges, poires pêches, raisins, fraises, cerises, melons, kiwi
Légumes, sources de protéines 2-3 portions quotidiennes	240 ml (1 tasse) de légumes cuits 120 ml (½ tasse) de tofu ou tempeh 1 burger ou saucisse végétarienne 60 ml (¼ tasse)de noix ou de graines 480 ml (2 tasse) de lait de soja	fèves (soja, noires, petits haricots blancs, pinto, de lima, rouges), lentilles, pois chiches, tofu, tempeh, protéines végétales texturées (PVT), noix (amandes, de pin, arachides, pistaches)
Lait, sources de calcium 2-3 portions quotidiennes	120 ml (½ tasse) de lait 240 ml (1 tasse) de yogourt 42 g (1½ once) de fromage 120 ml (½ tasse) de jus enrichi 240 ml (1 tasse) de légumes verts riches en calcium	lait de soja, lait de riz, fromage de soja, yogourt de soja, tofu, jus d'orange enrichi, chou frisé, choux verts, brocoli, okra
Gras, huiles, sucreries utiliser en petites quantités	10 à 15 ml (2 à 3 c. à thé) d'huile (utiliser le reste en petites quantités)	huiles (lin, canola, olive, tournesol, arachide, etc.), sauce à salade, margarine, beurre, bonbon

AU-DELÀ DES RATIONS ALIMENTAIRES RECOMMANDÉES

Nos besoins en substances nutritives provenant de diverses sources ont longtemps été exprimés en termes de rations alimentaires recommandées (RAR). Les lignes directrices concernant les RAR ont été développées en 1941 et représentent les quantités de substances nutritives nécessaires aux différents âges de la vie d'un individu afin d'éviter certaines maladies de carence. Ces recommandations sont générales, et s'appliquent aux adultes et aux enfants âgés de 4 ans et plus (d'autres informations sont disponibles pour les enfants plus jeunes et les femmes enceintes ou qui allaitent), et ils tiennent souvent compte des exigences particulières des individus. Les besoins en substances nutritives sont habituellement dictés par la taille, la consommation de calories et un certain nombre de facteurs, y compris l'âge et le sexe, bien que les besoins nutritifs de chaque individu soient particuliers. Cependant, pour garder les choses simples et donner aux individus des normes à respecter, les normes concernant les RAR sont souvent plus élevées que ce qui est requis pour maintenir une santé optimale.

Des organisations gouvernementales révisent périodiquement les informations relatives à la nutrition. Il y a confusion au sujet du fait que les RAR se réfèrent à la consommation quotidienne et que les individus doivent consommer 100 pour cent des substances nutritives, quotidiennement. Ce qui n'est pas exact. Il importe plutôt de satisfaire vos besoins nutritifs dans le temps afin que votre consommation moyenne se rapproche des normes RAR.

Les apports nutritionnels de référence (ANR) sont les nouvelles normes de valeurs de référence nutritives. Les ANR fournissent quatre types différents de références alimentaires, y compris les RAR. Les autres normes, qui ne vous sont pas aussi familières, sont le besoin moyen estimatif (BME), l'apport adéquat (AA) et l'apport maximal tolérable (AMT). Ces quatre normes de références ont remplacé les normes RAR édictés en 1989 et aident à brosser un tableau plus complet de nos besoins alimentaires, des exigences minimales pour éviter les maladies de carence aux quantités maximales de substances nutritives qui peuvent être ingérées sans risque. Elles sont aussi utilisées comme point de repère quand les RAR ne peuvent être établies. Le besoin moyen estimatif (BME), qui se fonde sur les résultats de recherches scientifiques, est la quantité d'une substance nutritive qui répond aux besoins de la majorité des individus en santé. Si le BME ne peut être établi pour une substance nutritive, ou si la recherche actuelle est peu concluante, l'apport adéquat (AA) est utilisé comme référence. L'AA est une évaluation de la quantité d'une substance nutritive nécessaire pour répondre aux besoins de la majorité des individus en santé.

L'apport maximal tolérable (AMT) ajoute une autre dimension aux apports nutritionnels de référence (ANR), en permettant aux individus de savoir si la quantité d'une substance nutritive consommée est trop importante — cette référence indique la quantité maximale d'une substance nutritive qui peut être consommée sans risque.

Si ce qui précède semble compliqué, ne vous inquiétez pas. Tant que votre régime végétarien est sain et varié, vous satisferez fort probablement tous vos besoins alimentaires. Comme vous le verrez, beaucoup d'aliments sont de bonnes sources de substances nutritives multiples et les substances nutritives travaillent souvent en combinaison pour nous garder en santé.

GRAS

Le mot « gras » est un vilain mot qui rime avec maladies du cœur, le cancer et une multitude d'autres problèmes de santé. Mais les experts en nutrition ont appris que certains gras alimentaires sont essentiels à la santé. Les gras maintiennent la température du corps, protègent nos organes, et sont associés aux vitamines liposolubles, A, D, E et K.

On recommande que 20 à 25 pour cent des calories que nous consommons quotidiennement proviennent des matières grasses, mais les gras saturés et les gras trans — « mauvais » gras — ne doivent pas compter pour plus de 10 pour cent de la consommation totale. Les gras saturés, que l'on retrouve généralement dans la viande, les produits laitiers, et les gras trans que l'on retrouve dans les aliments frits, les biscuits, le maïs soufflé, les tartes, les glaces, les pâtisseries et les huiles hydrogénées, se dissimulent dans les produits alimentaires végétariens. Aussi, veuillez lire soigneusement les emballages. Ces gras augmentent les niveaux de cholestérol sanguins.

Les « bons » gras monoinsaturés et polyinsaturés ont tendance à faire baisser les (« mauvais ») niveaux de cholestérol LDL dans le sang et se retrouvent surtout dans les végétaux, y compris les huiles végétales et les noix.

Les végétariens consomment beaucoup moins de gras que les non végétariens. Les régimes riches en matières grasses augmentent votre risque de souffrir d'obésité, de diabète, de maladies du cœur et de cancers. Aussi, veuillez continuer à faire des choix santé.

CHOLESTÉROL

La consommation de cholestérol ne devrait pas excéder 300 milligrammes (mg) par jour. Trop de cholestérol dans le sang augmente le risque de souffrir d'athérosclérose, une accumulation de dépôts graisseux dans les artères et les vaisseaux sanguins qui fait courir le risque de crises cardiaques.

Mythe : Les végétariens sont des consommateurs difficiles.

Réalité : Certains végétariens mangent du tofu, des pousses vertes et du muesli régulièrement ; d'autres n'en font rien. Certains végétariens font leurs achats dans les magasins d'aliments naturels ; la majorité le font dans les supermarchés. Certains végétariens préparent leurs repas avec ce qu'ils ont sous la main ; peu d'entre nous ont le temps de cuisiner. Le résultat : ce que vous mangez est affaire de choix.

Les lipoprotéines de haute densité (HDL) et les lipoprotéines à basse densité (LDL) se retrouvent dans le système sanguin et affectent les niveaux de cholestérol. Les LDL déposent le cholestérol sur les parois des artères, tandis que les HDL favorisent l'élimination du cholestérol sanguin. Vous avez probablement entendu parler de « bon » et de « mauvais » cholestérol, qui se réfèrent aux HDL et aux LDL, respectivement.

Heureusement pour notre cœur, les lacto-ovo-végétariens consomment environ 200 mg de cholestérol par jour, tandis que les végétaliens n'en consomment pas. Et les mangeurs de viande? Une quantité préoccupante de 500 mg par jour. Il n'est pas étonnant que les maladies cardiaques soient un problème si répandu.

FIBRES

Une autre catégorie où les végétariens sont en tête! On recommande de consommer entre 25 et 30 grammes (g) de fibres par jour, afin de réduire les problèmes d'indigestion et de constipation, pour abaisser le niveau de cholestérol sanguin, et prévenir les maladies cardiaques et certains cancers. Les mangeurs de viande consomment environ 12 g de fibres par jour. Les végétariens consomment deux à quatre fois cette quantité!

Les aliments riches en fibres comprennent les grains entiers, les légumineuses, les crudités et les fruits. Il est facile et délicieux d'obtenir les fibres dont vous avez besoin en adoptant le régime végétarien.

PRÉOCCUPATIONS ALIMENTAIRES COMMUNES AUX VÉGÉTARIENS

PROTÉINES

Devinez quoi? Si vous consommez suffisamment de calories, vous obtenez suffisamment de protéines, à moins que votre régime alimentaire soit composé d'alcool, de sucre et de graisses, les seuls produits alimentaires manquant de cette substance nutritive importante. La ration quotidienne recommandée de protéines est de 50 g. Les protéines sont essentielles aux cellules de notre corps de multiples façons. Les os, les muscles, nombre d'hormones et d'anticorps, contiennent des protéines, qui sont aussi essentielles à la structure des agrégats de globules rouges. Les carences en protéines sont rares dans les pays occidentaux, mais un excès de protéines peut aggraver les problèmes rénaux et augmenter le risque d'ostéoporose. Un excès de protéines animales, en particulier, peut entraîner une perte de calcium dans les os.

Avant de penser que consommer moins de protéines pourrait être un choix préférable, il importe de noter que les protéines végétales sont généralement moins bien assimilées que les protéines animales. Les végétariens doivent donc consommer plus de protéines que les non végétariens. Une solution simple est d'obtenir vos protéines de différentes sources : les légumes, les grains, les haricots, les noix et les graines sont tous riches en protéines, et les végétariens ont l'embarras du choix.

CALCIUM

Le calcium est bon pour votre corps et vous n'avez pas besoin de boire une once de lait de vache pour obtenir votre dose quotidienne. Le poids total du calcium dans le corps d'un adulte est d'environ un kilo et demi et le calcium se trouve presque en totalité dans nos dents et nos os, et environ 1 pour cent dans le système sanguin. En fait, il est plus important d'avoir des niveaux suffisants de calcium dans le sang que dans les os. Pourquoi ? S'il n'y a pas suffisamment de calcium dans le système sanguin, votre corps prendra le calcium dont il a besoin dans vos os. La ration alimentaire recommandée en calcium est de 1300 mg pour les individus âgés de 9 à 18 ans, de 1000 mg pour les individus âgés de 19 à 50 ans, et de 1200 mg pour les adultes plus âgés; l'apport maximal tolérable de calcium est de 2500 mg. Trop de calcium peut entraîner des problèmes rénaux et empêcher l'assimilation du fer, du zinc et du magnésium.

Une étude de l'University of Texas Health Science Center a montré qu'un régime végétarien contribue à la santé des os, grâce aux apports de protéines et de calcium. Les sujets de l'étude ont consommé les mêmes quantités de protéines et de calcium. Dans le premier régime, les protéines étaient fournies par la viande et le fromage ; le second régime alimentaire comprenait des protéines provenant de produits à base de soja, d'œufs et de fromage ; et le troisième, des protéines provenant de produits à base de soja uniquement. Lorsque les sujets tiraient leurs protéines de la viande et du fromage, la perte de calcium dans les os était de 50 pour cent supérieure à la perte enregistrée chez ceux qui tiraient leurs protéines de produits alimentaires à base de soja uniquement. Lorsque les sujets tiraient leurs protéines de produits à base de soja, d'œufs et de fromage, la perte en calcium se situait entre les deux.

Le sodium augmente aussi l'excrétion du calcium, et certaines études ont montré que les régimes contenant trop de phosphore peuvent également affecter la santé des os.

Les sources de calcium bonnes pour la santé comprennent le brocoli, le chou frisé, les choux vert, le bok choy, les haricots, le tofu enrichi de calcium, le tempeh, les légumes de mer et le lait de soja enrichi.

FER

Ne vous inquiétez pas d'être « grand et fort » même si vous ne consommez pas de viande ! Les régimes végétariens sains contiennent en réalité plus de fer que les régimes qui comprennent de la viande. La ration alimentaire recommandée en fer pour les hommes et les femmes après la ménopause est de 10 mg. Puisque les femmes au cours de la période précédant la ménopause perdent plus de fer pendant leurs menstruations, la ration alimentaire recommandée est de 15 mg. Le rôle le plus important joué par le fer est la production de l'hémoglobine qui transporte l'oxygène dans le corps. Ce minéral est important pour la croissance et le maintien d'un système immunitaire sain. On retrouve environ 25 pour cent du fer dans le foie.

La carence en fer est toutefois un problème aux États-Unis. Un enfant sur six et 10 à 25 pour cent de la population américaine sont affectés par l'anémie, une maladie attribuable à une carence en fer. Les très petits enfants, les adolescents et les femmes en préménopause sont les plus à risque de souffrir d'une carence en fer.

Le fer n'est pas très bien assimilé par le corps, particulièrement lorsque le régime alimentaire comprend des produits laitiers, mais il a été démontré qu'une consommation saine de vitamine C augmentait l'assimilation du fer. Il s'agit de bonnes nouvelles pour les végétariens, qui ont tendance à prendre beaucoup de vitamine C. Les sources de fer bonnes pour la santé comprennent les légumes verts à feuilles, les haricots, les légumineuses, les grains entiers, les fruits séchés et la pastèque. Les épinards, le brocoli, les bettes suisses et les céréales enrichies de vitamine C sont riches à la fois en fer et en vitamine C.

Les repas végétariens sont généralement les repas spéciaux le plus demandés à bord des avions.

VITAMINES

Vitamine B12

Considérant que la ration alimentaire recommandée en vitamine B12 est seulement de 2,4 microgrammes (mcg) par jour — et que 1 mcg équivaut environ à un trente millionième d'une once — il peut sembler étonnant d'entendre que tant d'individus se soucient de prendre cette vitamine. Cependant, la vitamine B12 est nécessaire à la division des cellules et une carence peut au cours des années causer des dégâts permanents au système nerveux. Bien qu'un manque de vitamine B12 se manifeste initialement sous forme d'anémie, les individus qui absorbent suffisamment d'acide folique ne développeront pas d'anémie et découvrent qu'ils souffrent d'une déficience en vitamine B12 seulement lorsque cette carence est grave.

Cette vitamine se retrouve principalement dans les produits animaux, y compris les produits laitiers et les œufs. Le tempeh et les légumes de mer peuvent contenir une certaine quantité de vitamine B12, mais savoir s'il s'agit vraiment là d'une source fiable demeure toujours une question débattue.

Pour les végétariens, les meilleurs choix sont les produits alimentaires enrichis en vitamine B12, comme la levure alimentaire, les céréales et le lait de soja. Cependant, lisez très soigneusement les emballages afin de vous assurer que le produit a été enrichi. Lorsque certains fabricants de céréales inscrivent les informations sur les aliments, ils incluent le lait que vous versez sur les céréales, supposent-ils. Dans ce cas, vous obtenez la vitamine B12, mais non par vos céréales.

Les suppléments qui ne sont pas dérivés de sources animales sont également disponibles. Il n'existe aucune raison de prendre un supplément de 50 mcg — vous n'en assimilerez que 1 ou 2 mcg. Actuellement, beaucoup de recherches sont menées quant à l'importance de cette vitamine et sa provenance. Aussi, attendez de disposer de plus d'informations.

Vitamine A et carotènes

La vitamine A, un groupe de trois composés (rétinol, rétinaldéhyde et acide rétinoïque), est nécessaire à une bonne vision et une peau saine, à la reproduction, à la croissance et au maintien d'un système immunitaire sain. Les individus trouvent la vitamine A dans les produits animaux, mais nous pouvons produire notre propre vitamine A en consommant des produits végétaux contenant des caroténoïdes. Les caroténoïdes donnent aux fruits et aux légumes leurs couleurs foncées; la caroténoïde la plus répandue est le bêta-carotène. Le bêta-carotène (et certains autres caroténoïdes) est un antioxydant, et protège les cellules contre les agressions. La vitamine A de source animale n'a aucune propriété antioxydante.

La ration alimentaire recommandée en vitamine A est de 1000 équivalents rétinol (ER) pour les hommes et de 800 ER pour les femmes. (Un ER équivaut à 1 mcg de vitamine A, 6 mcg de bêta-carotène, ou 12 mcg de tout autre caroténoïde.) Une carence en vitamine A est rare dans les pays occidentaux, mais très fréquente ailleurs. La déficience en vitamine A est la cause principale de la cécité chez les enfants : un demi-million d'enfants développent des problèmes de vision chaque année. Bien que la vitamine A soit toxique à forte dose, les caroténoïdes ne le sont pas. Le seul effet secondaire pour ceux qui ingèrent de fortes doses de bêta-carotène (habituellement, sous forme de carottes ou de jus de tomate) est une couleur de peau orangée. Cependant, ce phénomène n'est ni nuisible ni permanent, et la peau, après l'ingestion de fortes quantités de bêta-carotène, retrouve son aspect normal.

Si les Américains abandonnaient leurs régimes alimentaires centrés sur la viande, 200 millions d'acres pourraient être reboisés.

Les aliments riches en caroténoïdes comprennent les carottes, le brocoli, les poivrons, les épinards, les patates douces, la courge, les potirons, les tomates, les mangues, les abricots et les melons.

Vitamine B1 (thiamine)

Cette vitamine sert à transformer les hydrates de carbone en énergie et contribue aussi au bon fonctionnement du système nerveux. Notre corps a besoin d'environ 0,5 mg de vitamine B1 pour chaque 1000 calories consommées. La ration alimentaire recommandée en vitamine B1 est de 1,2 mg pour les hommes et de 1,1 mg pour les femmes. Le béribéri est la maladie associée au manque de vitamine B1 et est la cause de graves dommages aux systèmes cardiovasculaires et nerveux, et peut même mener à la paralysie.

Les végétariens trouvent cette vitamine en abondance dans les grains entiers, les noix, les légumineuses, les aliments à base de soja, la levure alimentaire et la levure de bière.

Vitamine B2 (riboflavine)

Comme les autres vitamines B, la vitamine B2 fonctionne dans notre corps en association avec les complexes enzymatiques. La ration alimentaire recommandée en vitamine B2 est de 1,3 mg par jour pour les hommes et de 1,1 mg pour les femmes. La vitamin B2 joue plusieurs rôles, et les symptômes provoqués par une carence de cette vitamine peuvent aller de l'anémie aux désordres de la peau et aux problèmes neurologiques.

On trouve en abondance la vitamine B2 dans les légumineuses, le soja, le brocoli, l'asperge, les champignons, l'avocat, les céréales à grains entiers et même les céréales raffinées et enrichies. Si vous prenez un supplément et remarquez que votre urine est devenue jaune foncé, c'est que votre corps élimine l'excès de vitamine B2.

Vitamine B6 (pyridoxine)

Notre corps utilise la vitamine B6 dans des douzaines de complexes enzymatiques, mais surtout pour métaboliser les protéines et dans la croissance des cellules. Puisque la vitamine B6 et les protéines entretiennent un lien important, la quantité de vitamine B6 dont vous avez besoin est proportionnelle à la quantité de protéines que vous consommez. La ration alimentaire recommandée en vitamine B6 est de 1,3 mg pour les hommes et les femmes. Une déficience en vitamine B6 est rare et survient habituellement lorsqu'un régime alimentaire est en général carencé. La plupart des études montrent que les végétariens consomment suffisamment de vitamine B6.

Proportionnellement, les végétaux renfermant des protéines contiennent plus de vitamine B6 que les produits animaux. Un autre bon point pour les végétariens — il est probable que la vitamine B6

Les aliments cultivés organiquement (sans produits chimiques) sont préférés aux produits alimentaires traités avec des herbicides, des fongicides et autres « -cides ».

que l'on trouve dans les produits végétaux soit moins détruite lors de la cuisson. Vous pouvez obtenir les quantités de B6 nécessaires au maintien de la santé en mangeant des grains entiers non raffinés, du riz brun, de l'avoine, du soja, des noix et des bananes. Les mêmes études ont montré que les fibres empêchaient l'assimilation de la vitamine B6, mais les produits alimentaires riches en fibres sont souvent riches en vitamine B6, aussi le problème est-il atténué.

Vitamine C

Nul souci à se faire ici, les végétariens consomment beaucoup plus de vitamine C que ceux qui consomment de la viande et beaucoup plus que la ration alimentaire recommandée qui est de 90 mg pour les hommes et de 75 mg pour les femmes. La vitamine C est utilisée pour l'entretien des tissus conjonctifs du corps humain et pour maintenir en bonne santé les dents, les gencives et les vaisseaux sanguins. Une carence importante de cette vitamine peut causer le scorbut et une dégradation des tissus, causant des saignements dans tout le corps. Cet antioxydant s'est aussi révélé utile pour maintenir le système immunitaire en bonne santé.

Profitez des bienfaits de la vitamine C en consommant du brocoli, des épinards, des choux de Bruxelles, des tomates, des pommes de terre, des poivrons, des choux verts, des agrumes et des fraises.

Vitamine D

La vitamine D est unique. Il s'agit non seulement d'une vitamine et d'une hormone, mais notre corps ne peut la fabriquer que lorsque nous sommes exposés à la lumière du soleil. C'est aussi l'une des seules hormones que nous pouvons obtenir grâce au régime alimentaire.

Notre corps utilise la vitamine D pour maintenir des niveaux normaux de calcium dans le sang et augmenter le niveau de calcium dans les os. Des études ont montré qu'il existe un lien positif entre la vitamine D et le système immunitaire, la peau, le pancréas et peut-être même la prévention de cancer.

L'apport adéquat en vitamine D pour les adultes est de 5 mcg, mais il a été difficile lors de ces mêmes études de déterminer les besoins en vitamine D, car la quantité obtenue grâce à l'alimentation est liée à la quantité de vitamine D que notre corps fabrique en s'exposant au soleil.

Si nous pouvons obtenir toute la vitamine D dont nous avons besoin en nous exposant au soleil, les facteurs qui rendent la lumière du soleil moins accessible (le smog, les nuages, le filtre solaire) peuvent aussi rendre plus difficile la satisfaction de nos besoins. Les individus qui ont une peau plus foncée ont également besoin de s'exposer davantage au soleil pour synthétiser la vitamine D.

Le manque de vitamine D chez les enfants peut mener au rachitisme, une maladie dont les conséquences sont une croissance rachitique et des os déformés. Chez les adultes, un manque de vitamine D entraîne une perte osseuse excessive. Trop de vitamine D peut causer des dommages irréversibles aux reins et au cœur et peut être un facteur de risque dans le développement de la maladie d'Alzheimer. Une quantité aussi négligeable que quatre fois la ration alimentaire recommandée en vitamine D peut être très nuisible pour les enfants.

Nombre d'individus croient à tort que le lait est une source naturelle de vitamine D. Ce qui n'est pas le cas ; le lait est enrichi en vitamine D. Cependant, la vitamine D est ajoutée en très grande quantité au lait et ne peut être répartie également dans tout le lait vendu. Les échantillons dans le lait vendu aux États-Unis ont montré que le lait contenait de très petites quantités de vitamine D, alors que d'autres échantillons contenaient plusieurs fois les quantités autorisées par le gouvernement. En raison de problèmes similaires, et du fait qu'autant de vitamine D présentent des risques sérieux pour la santé, la Grande-Bretagne n'enrichit plus le lait destiné à l'alimentation.

Heureusement, les laits de soja et d'autres laits végétaux sont enrichis en vitamine D à des doses beaucoup plus faibles, rendant le contenu en vitamine D de ces produits plus sûr et plus fiable. Beaucoup de céréales sont aussi enrichies en vitamine D. Si vous choisissez de prendre un supplément de vitamine D (des formules à base de végétaux sont disponibles), assurez-vous qu'il ne fournit pas plus de 5 mcg de vitamine D. Des adultes à la peau claire peuvent synthétiser la vitamine D en exposant au soleil leur visage et leurs mains pendant 15 minutes, deux ou trois fois par semaine. Il faut aussi noter que notre corps peut emmagasiner la vitamine D pendant des mois, et que l'exposition pendant l'été suffit à combler les besoins pour les mois moins ensoleillés et pendant l'hiver.

Vitamine E

Comme la vitamine A, la vitamine E est composée d'un certain nombre de composés (huit, ici), et la ration alimentaire recommandée en vitamine E est exprimée en termes d'équivalent tocophérol (ET). La ration alimentaire recommandée en vitamine E est de 15 mg d'équivalent tocophérol pour les hommes et les femmes. La carence en vitamine E est un problème rare, et survient habituellement uniquement chez les bébés prématurés ou chez les individus qui ont des problèmes d'assimilation. L'anémie est le symptôme le plus grave, mais les adultes souffrant de déficience à long terme peuvent développer des troubles neurologiques.

La vitamine E est un antioxydant et joue un rôle dans la protection des globules rouges. Elle est associée à la prévention des maladies cardiaques et du cancer. À cause du lien existant entre la vitamine E et les gras polyinsaturés, la quantité de vitamine E dont notre corps a besoin est liée à notre consommation de gras polyinsaturées. Puisque les végétariens obtiennent généralement la majorité des matières grasses qu'ils consomment des gras polyinsaturés, ils peuvent avoir besoin de plus grandes quantités de vitamine E. Les bonnes nouvelles ? Les produits alimentaires riches en ce type de gras sont habituellement aussi riches en vitamine E.

Les huiles végétales sont une excellente source de vitamine E, particulièrement l'huile de soja, de maïs, de carthame et de coton, tout comme la margarine, le germe de blé, les patates douces, les légumes verts et les noix.

Vitamine K

Nécessaire à la coagulation du sang, la vitamine K intervient aussi dans la synthèse des protéines que l'on trouve dans les os et les reins. La ration alimentaire recommandée en vitamine K est de 120 mcg pour les hommes et de 90 mcg pour les femmes. La consommation moyenne de vitamine K aux États-Unis est quatre fois supérieure à la ration alimentaire recommandée. Heureusement, la vitamine K (à la différence d'autres vitamines liposolubles) n'est pas toxique, même à fortes doses. Il est important de noter que la vitamine K synthétique peut être toxique à de très fortes doses. La déficience en vitamine K est rare, bien que les individus ayant des problèmes d'assimilation puissent éprouver des saignements prolongés puisque leur sang ne coagule pas. Des nouveau-nés sont aussi susceptibles de souffrir de déficience parce que cette substance nutritive n'atteint pas facilement le fœtus et n'abonde pas dans le lait maternel. Cependant, les nouveau-nés aux États-Unis reçoivent des injections de vitamine K à la naissance.

La vitamine K se retrouve dans nombre de produits alimentaires, mais les meilleures sources de vitamine K sont les légumes verts à feuilles comme les épinards, la laitue, le chou frisé et le chou. D'autres sources de vitamine K comprennent le chou-fleur, le son de blé et certains fruits.

Acide folique

Les végétariens ont souvent des niveaux d'acide folique trois fois plus élevés que les non-végétariens. La ration alimentaire recommandée en acide folique est de 200 mcg pour les hommes, de 180 mcg pour les femmes et de 400 mcg pour les femmes enceintes ou qui sont susceptibles de le devenir. L'acide folique est important pour la

Les végétaliens évitent de consommer tout produit animal ; cependant, les végétaliens devraient inclure les protéines, les vitamines B12 et D, les gras oméga 3, le calcium et l'iode dans leur régime alimentaires pour s'assurer d'une santé optimale.

division des cellules, le métabolisme de protéines, la digestion et le sain développement du fœtus. Une déficience en acide folique entraîne l'anémie.

Les aliments riches en acide folique comprennent les légumes verts à feuilles, le jus d'orange, les légumineuses, les noix, la levure de bière et certains fruits.

Niacine

Notre corps convertit le tryptophane, l'un des acides aminés essentiels, en acide nicotinique. Environ 60 mg de tryptophane se transforme en 1 mg de niacine. Pour cette raison, la ration alimentaire recommandée en niacine est exprimée en équivalent acide nicotinique (EN). La ration alimentaire recommandée pour les hommes est de 16 mg et de 14 mg pour les femmes.

L'acide nicotinique est nécessaire pour métaboliser l'énergie, pour assurer une digestion normale et pour la bonne santé du système nerveux. Les légumes vert foncé à feuilles sont une bonne source de cette substance nutritive.

MINÉRAUX

Zinc

La ration alimentaire recommandée pour ce minéral est de 11 mg pour les hommes et de 8 mg pour les femmes. Notre corps utilise le zinc pour assurer la croissance des cellules, la santé du sang, et pour fabriquer de nouvelles protéines, et maintenir un système immunitaire en santé. Le zinc n'étant pas stocké dans le corps, une carence peut se manifester rapidement. Une carence complète en zinc est rare dans les pays occidentaux, mais une faible consommation de zinc peut avoir pour résultat un manque d'appétit, des problèmes de croissance et un temps de récupération plus long après une blessure. Nombre d'individus, indépendamment du régime, ont des consommations de zinc plus faibles que la ration alimentaire recommandée, bien que leurs niveaux de zinc dans le sang tendent à se situer à des niveaux normaux. Cette situation pourrait être due au coussin de sécurité appliqué lorsque la ration alimentaire recommandée, comme modèle de référence, a été développée.

Le phytate, les fibres et le calcium peuvent empêcher l'assimilation du zinc. Les sources de zinc saines comprennent les légumineuses, les flocons d'avoine, le riz brun, les épinards et les noix.

Potassium

La ration alimentaire minimale recommandée en potassium est de 1600 à 2000 mg. La majorité des individus dépasse facilement ce seuil, particulièrement les végétariens — dont les régimes ont naturellement tendance à être riches en potassium. Notre corps utilise le potassium pour maintenir l'équilibre électrolytique des humeurs, la fonction nerveuse et la santé des muscles. De grandes quantités de potassium dans le régime alimentaire peuvent abaisser la tension artérielle et améliorer la santé des os. On trouve le potassium dans les bananes, les pommes de terre, le brocoli, les légumineuses, le jus d'orange, les noix, les épinards et beaucoup d'autres fruits et légumes.

Iode

L'iode est essentiel à la formation des hormones de la thyroïde, lesquels sont nécessaires à une saine croissance et fournissent au corps de l'énergie. La ration alimentaire recommandée en iode est de 150 mcg. La carence en iode a disparu aux États-Unis lorsqu'un supplément d'iode a été ajouté au sel de table. Une cuillère à thé de sel iodé contient environ 400 mcg d'iode. Il est donc facile de comprendre pourquoi la plupart d'entre nous n'ont pas besoin de se soucier de consommer suffisamment de cette substance nutritive. Les légumes de mer sont aussi une source fiable d'iode.

Magnésium

Ce minéral est essentiel à la santé des os. La ration alimentaire recommandée en magnésium est de 420 mg pour les hommes et de 320 mg pour les femmes. Bien que la ration alimentaire recommandée en magnésium soit insuffisante chez la majorité des individus, les végétaliens et les végétariens ont des niveaux plus élevés de magnésium que les non végétariens. Les grains entiers, les noix, les légumineuses et les légumes verts sont d'excellentes sources de magnésium.

Sélénium

Cet antioxydant protège les cellules, et certaines recherches montrent que le sélénium joue un rôle dans la prévention du cancer du sein et les maladies cardiaques. La ration alimentaire recommandée pour ce minéral est de 55 mg pour les hommes et les femmes. Bien que la déficience en sélénium soit très rare, celle-ci peut être la cause de graves maladies cardiaques.

Les sources de sélénium varient en fonction du sélénium que l'on trouve dans le sol où les aliments ont été cultivés. Les bonnes sources de sélénium sont les noix, les légumes et les grains entiers. Bien que le contenu du sol en sélénium puisse sembler expliquer la richesse des aliments en sélénium, les végétariens et les non végétariens ont des niveaux comparables de sélénium dans leurs organismes.

Sodium

Notre corps a besoin du sodium pour maintenir à un niveau normal la tension artérielle, et la fonction nerveuse et musculaire. Bien que la ration alimentaire recommandée en sodium s'élève à 2400 mg par jour (environ 5 ml [1 c. à thé] de sel de table), la consommation quotidienne moyenne aux États-Unis est de 4000 à 5000 mg. Les carences ne sont certainement pas répandues et nombre d'individus devraient réduire fortement leur consommation de sodium.

Le sodium est une substance nutritive essentielle, mais ingérer plus de sodium que notre corps en a besoin peut mener à l'hypertension, augmentant ainsi les risques de crise cardiaque, de maladies rénales et d'accidents cérébrovasculaires. Les végétariens peuvent aussi consommer du sodium en excès et devraient aussi surveiller leur consommation de sodium. Utilisez moins de sel lors la cuisson, apprenez à goûter les aliments et à utiliser les fines herbes. Lisez soigneusement les emballages, car les haricots en conserve, les potages et des substituts de viande font partie de nombreux produits alimentaires extrêmement riches en sodium. Égoutter et rincer les haricots en conserve avant la cuisson aidera à réduire leur contenu en sodium.

Fluor

Le fluor est essentiel à la bonne santé dentaire, parce qu'il protège l'émail des dents et réduit la carie. Certaines études ont montré que le fluor contribue également à la santé des os. Ce minéral est ajouté à l'eau dans la plupart des pays occidentaux. Il n'est donc pas difficile d'absorber entre 1,5 et 5 mg de fluor par jour. La consommation excessive de fluor pendant plusieurs années peut causer des dommages aux reins, mais la majorité des individus absorbent des niveaux de fluor qui ne sont pas nuisibles à la santé.

Cuivre

Ce minéral peut réduire les risques de maladies cardiaques. Bien qu'il n'y ait aucune ration alimentaire recommandée pour le cuivre, 1,5 à 4 mcg de cuivre par jour semble une dose adéquate pour se maintenir en santé. La déficience en cuivre est rare et survient habituellement uniquement si un individu est sous-alimenté. Les sources de cuivre bonnes pour la santé sont les grains entiers, les légumineuses et les noix.

Chrome

Ce minéral stimule l'activité de l'insuline et aide à métaboliser les sucres. Le chrome aide aussi à contrôler les niveaux de gras et de cholestérol dans le sang. Il n'existe aucune ration alimentaire recom-

La caséine se trouve uniquement dans les produits laitiers et entre dans la fabrication du fromage. Elle contribue à rendre le fromage fondant. Si vous achetez de la pizza au fromage sans caséine, attendez vous à ce que le fromage, une fois la pizza chauffée, soit chaud, sans être fondant.

mandée pour le chrome, mais la dose sûre et adéquate pour les adultes est de 20 à 200 mg. Les bonnes sources de ce minéral sont les grains entiers et les jus de fruit.

Manganèse

Ce minéral est essentiel à la structure des enzymes et les carences en manganèse sont rares. Les végétariens consomment beaucoup plus de manganèse que les non-végétariens, mais les besoins en manganèse semblent être faibles. On recommande de consommer 2 à 5 mg de manganèse quotidiennement, ce qui n'est pas difficile. Beaucoup de produits alimentaires végétariens sont riches en manganèse, dont les grains entiers, les céréales, les légumineuses, les noix, les légumes et les fruits.

Molybdène

Le molybdène est essentiel au bon métabolisme des graisses, des hydrates de carbone et du fer. On recommande une dose d'au moins 75 mcg de molybdène quotidiennement. Les légumes vert foncé à feuilles, les légumineuses et les grains entiers sont de bonnes sources de molybdène.

NUTRITION ET BESOINS PARTICULIERS

GROSSESSE

Indiscutablement, une grossesse végétarienne est un choix santé tant pour vous que pour votre bébé, même avant sa naissance. L'American Academy of Pediatrics, la National Academy of Sciences, l'American Medical Association and l'American Dietetic Association, recommandent tous la grossesse végétarienne et le régime végétarien pour les enfants en bas âge.

Gardez à l'esprit que la grossesse n'est pas le meilleur moment pour passer rapidement de la consommation de viande aux légumineuses et aux grains. Tout changement radical de régime alimentaire n'est pas facile à supporter, particulièrement si vous êtes enceinte. Aussi, passer soudainement d'un régime riche en protéines et en matières grasses à un régime végétarien peut entraîner des malaises digestifs, comme les gaz, et réduire la disponibilité des substances nutritives pour l'enfant à naître — ce que vous ne souhaitez certainement pas. Une approche plus raisonnable consiste à changer progressivement vos habitudes alimentaires, idéalement avant que vous ne deveniez enceinte.

Si vous êtes déjà végétarienne, vous êtes en bonne voie de fournir un environnement sain à votre bébé. Pendant les huit à dix premières semaines de la grossesse, le bébé utilise les réserves alimentaires du

Lavez tous les légumes à fond, mais évitez de les faire tremper. Les substances nutritives peuvent être perdues dans l'eau.

corps de la mère. Comme beaucoup de femmes ignorent qu'elles sont enceintes au cours du premier mois de leur grossesse, il est important d'être bien nourrie avant de devenir enceinte.

Lorsque vous êtes à la recherche d'un obstétricien, tentez de trouver un médecin qui est végétarien ou qui est familier avec le régime végétarien. Un médecin bien informé et qui vous soutient vous évitera la frustration d'avoir à traiter avec quelqu'un qui peut penser que vous devez manger de la viande pour mener une grossesse saine. Un nutritionniste peut aussi être utile, particulièrement si vous voulez éviter de prendre des suppléments inutiles. Avoir l'approbation d'un professionnel de la santé peut aussi rassurer vos amis ou vos proches qui s'inquiètent du fait que vous ne mangez pas de viande.

Si vous n'êtes pas en mesure de trouver un médecin bien informé, profitez de cette occasion pour informer votre médecin de votre choix. Plusieurs sites internet sur le végétarisme et sites d'organisations de la santé, mentionnées précédemment, peuvent fournir des informations relatives aux études scientifiques que vous pouvez partager avec votre médecin. Il est possible que votre médecin ne connaisse pas ces informations, et vous lui rendrez ainsi un grand service. Ce dernier pourra dès lors aider ses futurs patients qui ont le même régime alimentaire que vous !

Pour nourrir un bébé en croissance, les femmes enceintes doivent consommer environ 300 calories supplémentaires quotidiennement. Ces calories supplémentaires et ces substances nutritives vous permettront, ainsi qu'à votre bébé, de vivre une grossesse saine.

On recommande que les femmes enceintes prennent progressivement un total de 11 à 15 kilos (25 à 30 livres) au cours de la grossesse. Un gain de poids de moins de 2,2 kilos (5 livres) dans les 12 premières semaines, puis un gain d'un demi à un kilo (1 ou 2 livres) par semaine est le scénario idéal. Ce gain de poids peut varier chez les femmes dont le poids était insuffisant ou important avant la grossesse.

La clé pour les végétariens est de choisir des produits alimentaires nutritifs et concentrés, tels les noix et les graines. Une tasse d'amandes vous fournira 837 calories, 28 g de protéines, 378 mg de calcium, 5,2 mg de fer et 83 mcg de folate. Manger une demi-tasse de noix de plus par jour peut vous fournir la majeure partie des substances nutritives additionnelles dont vous avez besoin. Les produits alimentaires suivants vous permettront d'augmenter votre consommation de calories, de protéines, de vitamines et de minéraux : mélasse, levure de bière, figues sèches, muesli, natto (soja entier fermenté), beurre de noix, noix, fèves de soja, noix de soja, tempeh, pouding au tofu, levure torula et germe de blé grillé. Beaucoup de médecins recommandent aussi que les femmes enceintes prennent des vitamines prénatales. Ces suppléments peuvent constituer un bon complément à un régime végétarien sain et devraient être pris selon les prescriptions de votre médecin.

Assurez-vous que votre consommation d'hydrates de carbone est adéquate, et que celles-ci ne proviennent pas uniquement d'aliments pauvres en éléments nutritifs. Mangez des produits de grains entiers nutritifs et concentrés; ils sont meilleurs pour vous et votre bébé. Suivre un régime amaigrissant pendant la grossesse est une mauvaise idée. En effet, le faible poids à la naissance de l'enfant est lié au gain de poids inadéquat de la mère et un poids à la naissance inférieur peut avoir pour conséquence un risque accru pour l'enfant de souffrir de problèmes de santé et de difficultés d'apprentissage.

Comme votre corps grossit et se transforme au cours de la grossesse, vous pouvez constater des changements dans vos habitudes alimentaires. Lors de la grossesse, beaucoup de femmes éprouvent des nausées ou se sentent malades tôt le matin. Ne vous inquiétez pas si votre bébé n'obtient pas suffisamment de substances nutritives parce que vous ne pouvez pas toujours contrôler ce que vous mangez. Au cours des premières étapes de la grossesse, votre bébé trouvera la majorité des substances nutritives dont il a besoin dans ce que vous avez emmagasiné avant que vous ne deveniez enceinte, et les vitamines prénatales aideront à assurer à votre bébé en développement une nutrition adéquate. Beaucoup de femmes constatent aussi que certains types d'aliments provoquent chez elles des nausées — des femmes qui consomment de la viande peuvent aussi ne pas supporter l'idée d'en consommer au cours de leur grossesse. Certaines femmes enceintes constatent également que les produits alimentaires végétariens qu'elles appréciaient autrefois — les plats de haricots épicés ou de légumes verts à feuilles, par exemple — leur retournent à présent l'estomac. Soyez patientes, écoutez votre corps et faites l'expérience d'aliments différents pour satisfaire à la fois votre faim et vos besoins en substances nutritives. Manger des aliments pauvres en matières grasses et riches en hydrates de carbone, qui se digèrent plus rapidement, et éviter les aliments qui ont une forte odeur, peut aussi s'avérer utile.

Heureusement, les femmes végétariennes et enceintes possèdent un avantage sur le plan digestif. Pendant leur grossesse, le processus de digestion devient plus efficace, avec des pourcentages plus élevés de substances nutritives assimilées. En revanche, la viande prend beaucoup plus de temps à être broyée que les aliments végétariens et si la viande demeure dans le tube digestif, elle commencera à pourrir et à se putréfier. Ainsi, les femmes enceintes qui consomment de la viande vont probablement souffrir davantage de flatulence et de constipation.

Les cancers qui sont causés plus directement par le régime alimentaire sont quelquefois connus sous le nom de cancers hormonaux, parce que la consommation de certains types de produits alimentaires augmente le nombre de cancers causés par les hormones cancérigènes. Le cancer du sein, de la prostate et du colon sont particulièrement reliés à la consommation de viande rouge.

Bien sûr, les végétariens ne sont pas prémunis contre les aliments qui causent des gaz. Certains produits alimentaires qui sont les plus susceptibles de causer des gaz au cours de la grossesse sont les haricots, les oignons, les fruits séchés, les choux de Bruxelles, le chou et le brocoli. Pour prévenir ou soulager les problèmes causés par les gaz, manger lentement et mâcher vos aliments à fond. Le brocoli est extrêmement nutritif, et manger une soupe au brocoli ne donnera pas autant de gaz que si vous mangez le brocoli cru ou s'il est légèrement cuit. Pour réduire les effets de la flatulence causée par les haricots, faites-les tremper, puis faites-les cuire pendant un temps plus long à feu doux, et/ou ajoutez aux haricots un peu de kombu (un légume de mer) ou une feuille de laurier avant ou pendant la cuisson. Si vous éprouvez vraiment de la douleur au cours de la digestion, essayez les aliments riches en enzymes qui facilitent la digestion comme les avocats, les bananes, les mangues, les pousses vertes, les papayes et les ananas.

Si vous planifiez une grossesse, faites d'abord vérifier votre niveau de fer, puis il serait sage de le faire vérifier un mois ou deux après le début de votre grossesse. Le fer est utilisé plus rapidement dans le corps pendant la grossesse et favorise la croissance de votre bébé. Avoir des niveaux élevés de fer avant la conception empêche également vos niveaux de fer de trop baisser au cours de votre grossesse. Les végétariens peuvent maintenir leur niveau de fer à un niveau élevé en consommant des produits riches en fer comme les grains entiers, les légumineuses et les légumes vert foncé à feuilles. Pour de meilleurs résultats, mangez des aliments riches en fer avec des aliments ou des jus riches en vitamine C — qui favorisent l'assimilation du fer par l'organisme. Évitez de boire du lait, du thé ou du café, qui peuvent réduire de moitié l'assimilation du fer, avec des aliments riches en fer.

Contrairement à ce que nombre d'individus croient, il n'est pas nécessaire pour vous de boire plusieurs verres du lait de vache pour obtenir la quantité de calcium dont vous avez besoin et favoriser la formation des os de votre bébé. En fait, vous n'avez nul besoin de boire du lait ! Tournez-vous plutôt vers les aliments riches en calcium comme les laits de soja et les tartinades, les légumes vert foncé (brocoli, épinard, chou frisé, chou vert, moutarde verte, bettes, etc.), le tofu traité avec du sulfate de calcium et les légumineuses comme les haricots pinto, les haricots noirs et de soja. Il importe de noter que les épinards et les bettes contiennent de l'acide oxalique, une substance qui peut empêcher l'assimilation du calcium. Veuillez donc manger ces légumes avec du riz, lequel contient une substance qui neutralise l'acide oxalique.

D'autres bonnes raisons pour ne pas consommer de lait de vache pendant la grossesse ? Vous et votre bébé éviterez ainsi

Les grains, les légumes et les fruits forment la base du guide alimentaire Pyramid de l'US Department of Agriculture.

d'ingérer les hormones de croissance et les antibiotiques que l'on donne aux vaches.

En évitant le lait de la vache, vous évitez les crampes douloureuses, un problème répandu chez les femmes enceintes. Il est prouvé qu'un déséquilibre dans l'apport en calcium, en phosphore et magnésium est à l'origine de ce problème. Puisque le lait est une source importante de calcium et de phosphore, nombre de femmes enceintes trouvent un soulagement au problème causé par les crampes en recherchant des sources de calcium moins riches en phosphore et en évitant les aliments transformés et les boissons gazeuses.

La vitamine D est importante pour aider les femmes enceintes à assimiler correctement le calcium. Assurez-vous d'avoir une quantité suffisante de vitamine D dans votre régime. Recherchez des aliments enrichis en vitamine D, comme le lait de soja et certaines céréales. Si la quantité de vitamine D que vous consommez est insuffisante, questionnez votre médecin quant à l'utilité de prendre un supplément.

Les préoccupations au sujet des protéines sont aujourd'hui dépassées. Les individus qui croient que les végétariens ne consomment pas suffisamment de protéines ne connaissent pas grand chose au régime végétarien. Les végétariens trouvent leurs protéines en abondance dans les légumineuses, les noix, les graines, les racines comestibles, les pains complets, les céréales et les pâtes. En fait, nombre de femmes végétariennes ont des niveaux de protéines plus élevés que les femmes consommant de la viande et ont souvent emmagasiné suffisamment de protéines avant leur grossesse pour alimenter adéquatement leur bébé. Si vous vous faites du souci au sujet de votre consommation de protéines, identifiez les sources de protéines dans votre régime alimentaire afin de vous assurer que vous en consommez suffisamment.

Le zinc est une autre substance nutritive importante dont manquent certaines femmes enceintes. Les produits laitiers sont une source importante de zinc, mais les femmes végétaliennes peuvent trouver le zinc dont elles ont besoin dans des produits alimentaires d'origine végétale comme les pois, les haricots, le riz brun, les épinards, les noix, le tofu et le tempeh. Le zinc provenant de produits d'origine végétale est facilement assimilé. Veillez donc à augmenter votre consommation d'aliments riches en zinc.

Toutes les femmes enceintes connaissent l'importance de l'acide folique dans leur régime alimentaire afin d'empêcher à la naissance chez les nouveau-nés des problèmes comme la spina-bifida. L'acide folique étant plus important chez un bébé au premier stade de son développement (à un stade où la majorité des femmes ne savent pas qu'elles sont enceintes), les femmes en âge d'enfanter devraient s'assurer qu'elles consomment suffisamment d'acide folique dans leur régime alimentaire ou grâce à des suppléments. Il est presque assuré que les femmes végétariennes qui ont un régime équilibré consomment des quantités suffisantes de folate. Une tasse de lentilles fournit presque les deux-tiers de la quantité quotidienne de folate nécessaire. D'autres bonnes sources comprennent les légumes vert foncé à feuilles, les grains entiers et le jus d'orange. De plus, l'acide folique est ajouté à nombre de produits alimentaires comme les céréales. Lisez bien les étiquettes et vérifiez si votre régime en contient suffisamment ou si vous devez prendre un supplément.

La vitamine B12 est aussi importante pendant la grossesse et l'allaitement. Un manque de vitamine B12 peut causer de l'anémie et des dommages au système nerveux. Bien que la vitamine B12 se retrouve dans les produits animaux comme le lait et les œufs, les végétaliens n'ont aucune raison de s'inquiéter : de plus en plus de produits alimentaires végétaliens, comme le lait de soja, les substituts de viande, les céréales et la levure alimentaire sont enrichis en vitamine B12. Assurez-vous de lire soigneusement les étiquettes, et ne présumez pas qu'un produit contient de la vitamine B12, à moins que le paquet n'indique clairement que le produit a été enrichi en vitamine B12. Si vous craignez de ne pas consommer suffisamment d'aliments contenant de la vitamine B12, prenez un supplément.

À présent que vous savez ce qu'il vous faut surveiller pendant votre grossesse, prenez l'habitude de consommer des aliments nutritifs et délicieux qui prépareront votre bébé à faire son entrée dans le monde en santé et heureux. Si vous avez des questions ou des préoccupations, prenez conseils auprès de votre médecin ou de votre nutritionniste. Et si vous mangez des aliments sains et nutritifs, n'oubliez pas de vous accorder des petits plaisirs de temps en temps !

ALLAITEMENT

De la naissance jusqu'à l'âge d'au moins six mois, l'American Pediatric Association affirme que l'allaitement maternel est meilleur pour l'enfant. Non seulement l'allaitement maternel satisfait-il aux exigences de l'enfant sur le plan diététique, mais il facilite aussi sa digestion et le nourrit sur le plan social et émotionnel. Le lait maternel renforce l'immunité de votre bébé, ce que ne font pas les laits maternisés pour enfants, particulièrement les premiers jours après la naissance. Il s'agit aussi de la façon la plus économique de nourrir votre bébé.

Si vous allaitez, vous devez faire constamment attention à ce que vous mangez. En fait, les femmes qui allaitent ont des besoins en calories, en protéines et en vitamine B12 légèrement supérieurs à ceux des femmes enceintes, bien que les besoins en fer dans ce cas diminuent un peu. Suivez donc un régime alimentaire sain pendant votre grossesse, en accordant une attention particulière à vos besoins particuliers en substances nutritives. Si votre régime alimentaire est équilibré, votre lait maternel (et votre bébé!) auront toutes les substances nutritives dont ils ont besoin.

Les individus qui vivent dans les pays industrialisés sont exposés à plusieurs polluants, y compris les pesticides, les antibiotiques et les hormones que l'on retrouve dans la viande et les produits laitiers. Les polluants étant liposolubles, il est plus difficile pour l'organisme de s'en débarrasser. Malheureusement, l'un des moyens qu'utilisent les polluants pour être éliminés par l'organisme est le lait maternel. Plusieurs États ainsi que le Canada ont recommandé que les femmes fassent analyser leur lait pour des raisons de sécurité alimentaire.

Heureusement, suivre un régime végétarien est bienfaisant. Des études ont montré que le lait de la majorité des mères végétariennes contient seulement 1 à 2 pour cent des polluants que l'on retrouve dans le lait des mères consommant de la viande. Pour les femmes dont le lait contient des niveaux élevés de polluants, l'allaitement maternel n'est pas souhaitable, mais il est beaucoup moins probable qu'un tel problème survienne chez les femmes végétariennes.

Les produits laitiers et les laits de soja ne sont pas de bons substituts au lait maternisé pour enfant en bas âge ou au lait maternel; et les laits de vache vendus dans le commerce ne fournissent pas la nutrition complète dont votre bébé a besoin. Aussi, demeurez fidèle au lait maternel ou au lait maternisé pour enfants en bas âge.

Si vous ne voulez pas allaiter, faites des recherches et pesez soigneusement votre décision. Le lait maternel est l'aliment naturel le plus parfait pour les bébés, et manger sainement vous aidera à fournir le meilleur lait possible à votre enfant. Et vous ne serez pas seule — des études montrent que les mères végétariennes sont plus susceptibles d'allaiter leur bébé que les mères qui consomment de la viande.

ENFANT

Les bébés peuvent commencer à goûter « aux vrais aliments » à l'âge de 6 mois. Certains sont prêts un mois plus tôt; d'autres ne sont prêts que plus tard. Débutez avec de petites quantités de céréale de riz pour enfant en bas âge enrichie en fer. Une fois que votre bébé tolère bien cet aliment, présentez-lui de nouveaux aliments un par un. Faites suivre la céréale de riz par d'autres céréales comme l'avoine, l'orge et le maïs. Puis, commencez à offrir à votre enfant des légumes écrasés ou en purée, comme les pommes de terre, les carottes ou les haricots verts. Ensuite, initiez votre bébé au goût sucré des fruits : les bananes bien écrasées, les pêches ou les poires sont de bons choix pour débuter.

Vous avez pris la décision de devenir végétarien. Devez-vous adopter un approche progressive, en réduisant votre consommation de produits alimentaires non végétariens au cours du temps, ou débarrasser sur le-champ votre maison de la viande, de la volaille et du poisson qui s'y trouvent, et essayer de nouvelles recettes? L'une ou l'autre méthode est bonne. Le plus important est de choisir la méthode qui vous convient (voulez-vous vous familiariser lentement avec de nouvelles habitudes alimentaires ou préférez vous plonger directement?) et expérimenter de nouvelles recettes.

Alimentez votre enfant avec de petites quantités d'un certain type d'aliment pendant plusieurs jours pour voir s'il y a une réaction allergique. Si votre bébé montre une sensibilité à un certain type d'aliment : gaz, diarrhée, vomissements, éruptions, mauvaise humeur, nez qui coule — cessez de lui en donner, puis essayer de nouveau quelques semaines ou mois plus tard.

Si un parent n'est pas végétarien, il est important de convenir dès le début de principes directeurs en matière alimentaire. Par exemple, vous élèverez votre enfant avec un certain régime alimentaire (lacto-ovo-végétarien ou végétalien ?). Comment les repas seront-ils préparés à la maison ? Les épisodes occasionnels où de la viande est consommée sont-ils acceptables (c'est-à-dire, au restaurant avec un parent non végétarien) ? Il est important de parler de vos souhaits concernant le régime alimentaire de votre enfant et de vous soutenir mutuellement lorsque vous prenez une décision.

Si les amis ou les parents vous traitent comme si vous nuisiez à votre enfant parce que vous lui donnez une alimentation végétarienne ou que son régime est végétalien, partagez avec eux vos réflexions sur la nutrition de votre enfant. Expliquez que votre enfant trouve les substances nutritives dont il a besoin (incluant les protéines) dans une variété de sources et que vous avez pris soin d'inclure dans son alimentation des produits alimentaires enrichis en vitamine B12. Si votre médecin vous fait part de commentaires sur la bonne santé de votre enfant, parlez-en aux gens qui se questionnent sur son régime alimentaire. Souvent, voir à quel point votre enfant est vraiment heureux et en santé sera suffisant pour que vos amis et les parents atténuent au moins leurs critiques.

Si vous vous posez beaucoup de questions à propos du régime alimentaire de votre famille, ne vous sentez pas pour autant diminué. La majorité des individus qui deviennent végétariens ont appris les bases du végétarisme auprès d'un ami ou d'un parent. Soyez fier de votre choix lorsque les gens vous posent des questions et n'ayez pas peur de faire valoir vos raisons et les bienfaits que vous avez éprouvés en choisissant le régime végétarien.

Si vous voulez présenter du lait de vache à votre enfant, observez prudemment chez lui les signes de réaction allergique ou d'intolérance au lactose, particulièrement si vous faites partie de certains groupes ethniques (Hispaniques, Asiatiques, individus de descendance africaine, Amérindiens). Gardez à l'esprit qu'il existe une abondance de produits nutritifs qui ne contiennent pas de produits laitiers, et qu'il existe également des alternatives au lait de vache, dont les laits de soja et de riz. Un certain nombre de ces laits sont enrichis en calcium et en vitamines A et D afin que leurs substances nutritives se comparent avantageusement sur le plan nutritionnel au lait de vache — sans les hormones ou les pesticides.

Ne faites pas l'erreur de surcharger le régime de votre enfant, parce qu'il ne mange pas de viande, d'œufs et de produits laitiers. Ce régime sera gras et chargé de cholestérol. Cependant, si votre enfant ne consomme pas de produits animaux, assurez-vous de lui donner des aliments enrichis en vitamine B12, ou demandez à votre médecin un supplément.

Les enfants âgés de moins de deux ans ont besoin de matières grasses dans leur régime alimentaire pour leur assurer une croissance et un développement approprié. À cet âge, ils ont besoin de calories concentrées, et gramme pour gramme, les matières grasses comptent plus de deux fois plus de calories que les hydrates de carbone ou les protéines. Le lait maternel tire environ la moitié de ses calories des matières grasses. Lorsque votre enfant atteint l'âge de deux ans, il devrait avoir un régime pauvre en matières grasses, les matières grasses comptant pour 20 à 25 pour cent des calories totales.

Si votre enfant passe une phase où il refuse de manger les aliments que vous lui servez, ne vous en faites pas — il les mangera lorsqu'il aura faim. Mais évitez de lui servir des collations sucrées ou grasses comme des confiseries ou des chips. Pour les collations, ayez des produits alimentaires sains sous la main, comme des fruits et des légumes en tranches.

Certains enfants lèvent le nez sur les légumes cuits, et peuvent préférer les légumes crus qui sont plus colorés et croquants. Aux heures des repas, si vous faites cuire des légumes, mettez de côté une partie des légumes crus pour votre enfant et servez-les avec le reste du repas.

Si votre enfant développe une passion pour les sucreries et désire des douceurs en tout temps, ne lui interdisez pas entièrement les aliments sucrés. Offrez-lui simplement des options saines, comme les fruits, le pain aux bananes, les flocons d'avoine, les biscuits aux raisins secs et les muffins aux bleuets. Si votre famille consomme des aliments sains régulièrement, vous pouvez servir de petites gâteries comme des petits gâteaux de temps en temps, mais ne laissez pas les confiseries ou les produits alimentaires de mauvaise qualité devenir les seuls plaisirs sucrés dans votre maison.

Pour éviter de vous chamailler avec votre enfant à propos de son refus de manger ou de son désir de nouveaux aliments, offrez-lui une petite quantité d'un aliment nouveau (avec d'autres aliments) pour lui permettre de l'essayer. À cet âge, les enfants veulent s'affirmer et peuvent même refuser de manger des produits alimentaires qu'ils aiment. Votre bébé peut essayer un aliment et le refuser, et vous n'aurez pas

Selon les estimations, 35 à 50 pour cent des cancers aux États-Unis peuvent être reliés au régime alimentaire. Les deux types de cancers les plus fortement liés à la consommation de matières grasses sont le cancer du sein et du côlon.

gaspillé l'aliment ou n'aurez pas à vous chamailler avec lui. Et s'il l'aime vraiment, il pourrait en réclamer davantage !

Lorsque votre enfant grandit, il peut remarquer que ses amis ou ses parents mangent des aliments qu'il ne mange pas, ou que d'autres enfants adorent aller dans des établissements de restauration rapide. Expliquez vos décisions en termes simples peut aider votre enfant à comprendre pourquoi son régime alimentaire peut être différent de celui de ses amis. En fait, une telle explication de votre part peut lui donner un sentiment de fierté. Dites à votre enfant qu'être végétarien garde votre famille en santé et la rend forte, ou que vous êtes végétarienne parce que vous respectez les animaux et ne voulez pas les manger.

Les enfants ont une affection naturelle pour les animaux, qui sont souvent le sujet de leurs livres d'histoires et de cassettes vidéo. Le temps est venu de leur parler de vos valeurs par rapport aux animaux. Le fait d'enseigner à vos enfants que les créatures vivantes méritent vos soins et votre respect leur permettra d'acquérir des valeurs importantes, souvent pour le reste de leur existence.

Les enfants à cet âge sont aussi extrêmement curieux — vous entendrez le mot « pourquoi » cinquante fois par jour ! Il s'agit d'un moment important pour apprendre à vos enfants ce qu'est la nutrition, et à faire des choix sains. Ils aiment apprendre, et l'implication de vos enfants dans la cuisine et le jardinage est une façon de les initier à l'importance de choix sains en matière d'alimentation.

Le fait de laisser les enfants prendre certaines décisions au sujet de leur alimentation peut augmenter leur acceptation de certains aliments. Offrez de petites quantités d'une variété de produits alimentaires à votre enfant pour qu'il l'essaie ou présentez-lui un nouvel aliment lors d'un repas avec certains de ses aliments favoris. Mais conservez l'esprit convivial qui prévaut pendant les heures de repas. Ne forcez pas votre enfant à manger. Si vous demeurez imperturbable devant le refus de votre enfant d'essayer un certain aliment, il risque de ne pas vouloir l'essayer la prochaine fois qu'on va lui offrir.

Si vous pensez que votre enfant est à un âge où il peut comprendre comment la production de viande pénalise les animaux, ayez avec lui une franche discussion. Un premier pas significatif est de lui expliquer les liens entre les noms des aliments et les noms des animaux — le bœuf et les hamburgers sont des vaches, le porc et le bacon sont des porcs, le veau est un bébé veau. Expliquez-lui que ces produits sont des animaux vivants. Essayez de demeurer neutre pendant que vous parlez ; si vous devenez très émotif, votre enfant peut partager vos sentiments, mais risque de ne pas écouter les informations que vous partagez avec lui.

Il s'agit aussi d'un temps propice pour lui expliquer les différences qui existent entre la bonne alimentation et des aliments sans valeur nutritive. Utilisez les publicités à la télévision et dans les magazines pour montrer à votre enfant que chaque entreprise veut rendre ces produits les plus attrayants possibles pour que vous les achetiez et leur donniez de l'argent. La plupart des entreprises ne se soucient pas de la nutrition. Montrez à votre enfant que certains produits alimentaires qui semblent séduisants contiennent en réalité des tas de choses dégoûtantes qui ne sont pas bonnes à manger.

Au fur et à mesure que votre enfant grandit et que vous avez confiance en sa capacité de retenir ce que vous lui dites, vous pouvez lui expliquer le fonctionnement de l'agriculture industrielle. Il n'est pas nécessaire de donner des détails horribles à ce stade ; expliquez simplement que les animaux sont gardés dans de petites cages ou dans des stalles et qu'ils n'ont pas cette vie insouciante décrite dans les livres pour enfant.

Une fois que les heures de repas se déroulent hors de la maison, il deviendra plus difficile de surveiller son alimentation. Si votre enfant est en garderie, questionnez les responsables au sujet des repas et des collations qui sont servis et s'il y a des options végétariennes saines disponibles. Des changements parfois simples peuvent être réalisés — par exemple, les boulettes de viande peuvent être servies séparément si les spaghettis constituent une partie du repas. Suggérez que des collations saines soient servies à plusieurs reprises chaque semaine (vous pourriez même vous porter volontaire pour les fournir). Un autre choix est de préparer le déjeuner et les collations de votre enfant quotidiennement. Si votre enfant se sent à l'écart, il peut être tenté de manger ce que mangent les autres enfants. Il est souvent préférable de trouver une garderie qui respecte vos choix alimentaires ou qui proposent des menus végétariens régulièrement.

D'autres situations peuvent se produire, par exemple votre enfant joue dans la maison d'un ami où de la viande est servie, ou est invité à un anniversaire où des hot-dogs et du gâteau sont au menu. Permettrez-vous à votre enfant de manger de la viande dans ces situations parce que ces occasions ne sont pas fréquentes, ou demanderez-vous aux hôtes de servir à votre enfant un sandwich au beurre d'arachide et à la gelée, ou lui servirez-vous à manger à l'avance en lui laissant manger que le gâteau ? Les petits enfants ressentent fortement le fait d'être marginalisés pour une raison ou une autre, aussi veuillez avoir cette réalité à l'esprit.

Aider votre enfant en âge de fréquenter l'école à faire des choix sains peut être difficile lorsqu'au moins l'un de ses repas est pris à l'extérieur de la maison. La plupart des déjeuners scolaires sont surchargés de viandes, d'aliments frits, de matières grasses et de sodium, et peuvent à peine être considérés comme nutritifs.

Une alternative facile est de préparer le déjeuner de votre enfant, mais assurez-vous qu'il s'agit d'un repas convivial dont ses amis ne se moqueront pas, ou qu'il terminera. Demandez à votre enfant quels sont les aliments qu'il voudrait avoir pour le déjeuner. Certains enfants peuvent aimer le tofu et les pousses vertes au déjeuner, mais la plupart des enfants veulent probablement manger un repas qui ressemble à ce que leurs amis mangent.

Préparez des plats intéressants et savoureux comme les sandwiches au beurre d'arachide et à la gelée avec du fromage ricotta, les sandwiches aux légumes et au fromage avec un cornichon, les sandwiches au beurre d'arachide et aux bananes et tahini, les fruits frais, le maïs soufflé, les biscuits sans matières grasses ou faibles en matières grasses, le yogourt et les chips tortilla cuites au four.

Vous pouvez toujours tenter de parler avec les responsables de l'école des menus du déjeuner et leur demander s'il est possible d'offrir des menus végétariens, au moins de temps en temps. Soulignez qu'il est peu probable que votre enfant soit le seul à manger des plats végétariens, si de tels plats sont disponibles. Si vous connaissez d'autres familles végétariennes à l'école, parlez de ce qu'ils aimeraient voir au menu, tout en faisant valoir vos revendications auprès de l'établissement.

Au fur et à mesure qu'il fréquente l'école, les amis de votre enfant joueront un rôle plus important dans son existence et votre enfant pourra estimer qu'il n'est pas intégré s'il ne mange pas de la pizza au pepperoni ou des hot-dogs. Aidez votre enfant à se sentir plus à l'aise en le laissant choisir son menu lorsqu'il a des amis. Si ses amis aiment traîner dans les établissements de restauration rapide, encouragez-le à suggérer à ses amis d'autres lieux. Des restaurants mexicains, même des restaurations rapides, offrent une abondance de plats végétariens à leurs menus et les lieux où l'on vend de la pizza ont des menus qui peuvent satisfaire tous les palais. Votre enfant ne doit pas forcer ses amis à manger du tofu, mais ces derniers ne sont pas obligés de manger dans des établissements où le hamburger est le seul plat au menu.

Si votre enfant a besoin d'aide pour être accepté par ses pairs, examinez les activités qui ne sont pas basées sur la nourriture, comme le sport, la musique, les comités étudiants ou des groupes de jeunes à l'église. Votre enfant se trouvera toujours dans des situations où l'équipe sportive à laquelle il s'est joint s'arrêtera à un comptoir à hot-dogs, mais ceci ne sera pas au cœur de l'activité.

Si votre enfant devient trop « doctrinaire » face au végétarisme, en disant par exemple des choses grossières à ses camarades de classe ou à ses proches qui consomment de la viande, ayez une conversation avec lui sur le respect des différences. Après tout, s'il veut être accepté et s'adapter, pourquoi devrait-il dire des choses blessantes à des gens qui sont différents? Louez son engagement envers le végétarisme, mais rappelez-lui qu'il vaut mieux discuter de ses choix seulement de temps en temps ou avec des gens qui veulent en discuter.

Si votre enfant végétarien est la cible de plaisanteries à l'école à cause de son régime alimentaire, parlez-lui en lui faisant savoir que ce n'est pas sa faute si on le taquine. Citez des exemples de végétariens célèbres. Si une célébrité que votre enfant et ses amis admirent est végétarienne, il va probablement moins ressentir que ses différences sont négatives. Si votre enfant est à l'aise, considérez la possibilité de parler à sa classe du végétarisme. Apportez alors de savoureuses friandises végétariennes et des pâtisseries.

Joignez un groupe végétarien local ou passez du temps avec d'autres amis et avec les membres de la famille qui sont végétariens. Votre enfant ne se sentira pas seul s'il a d'autres amis végétariens qui aiment faire les mêmes choses que lui.

Au cours de leurs premières années scolaires et à l'école secondaire, les enfants atteignent un âge où les différences sont plus largement acceptées. Votre enfant que l'on a taquiné à l'école primaire parce qu'il ne mangeait pas de viande pourrait maintenant constater que l'on considère qu'il est «cool» parce qu'il n'en mange pas!

Les adolescents végétariens peuvent trouver un appui dans nombre de lieux. Vérifiez s'il y a des groupes végétariens ou environnementaux dans votre communauté. Sous supervision, permettez à votre adolescent d'entrer en contact avec des groupes d'échanges sur le végétarisme sur Internet. Votre adolescent pourrait aussi s'abonner aux périodiques végétariens comme le *Vegetarian Times*.

Cependant, si votre enfant veut manger de la viande quand il est avec ses amis parce qu'il veut faire partie du groupe, il est plus difficile de l'en dissuader à cet âge. Des études ont montré que la plupart des enfants qui sont élevés dans le régime végétarien deviennent des adultes végétariens, même s'ils mangent de la viande pendant un certain temps entre ces deux périodes. Laissez votre enfant faire l'expérience de repas avec viande ne signifie pas qu'il va rejeter tout que vous lui avez appris sur la nutrition. Confronter votre enfant ou lui faire éprouver de la culpabilité à propos d'un hamburger peut le rendre plus hésitant à vous parler et le poussera peut-être à manger de la viande en signe de rébellion. Continuez à servir les mêmes repas nutritifs à la maison et ne faites pas cuire de la viande que vous servirez à votre enfant, à moins que vous ne le vouliez vraiment. Votre exemple est important et aura plus d'effet que vous ne le croyez!

Des 127 millions d'adultes aux États-Unis souffrant d'un excès de poids, 60 millions sont obèses et 9 millions sont gravement obèses.

Bien que certains adolescents végétariens — même ceux qui ont heureusement mangé sainement enfant, parce qu'ils étaient végétariens — traversent une phase de malbouffe, ne vous inquiétez pas trop. Les faits en matière d'alimentation ne changeront probablement pas leur comportement. Des adolescents se soucient de leur santé seulement si celle-ci concerne leur poids ou leur apparence. Encouragez votre adolescent à manger sainement et continuez à lui préparer des collations saines. Vous pouvez bannir les aliments sans valeur nutritive dans votre maison, mais vous ne serez pas en mesure de contrôler les choix de votre enfant à l'extérieur de la maison. Demeurez optimiste, vous serez moins soucieuse en sachant que les régimes des adolescents, même végétariens — même pendant une phase de malbouffe — sont plus sains que ceux de leurs pairs qui consomment de la viande.

Si votre enfant ou votre adolescent décide de devenir végétarien et que votre famille mange de la viande, vous pourriez considérer ses nouvelles habitudes alimentaires comme un acte de rébellion. Mais rappelez-vous que votre enfant n'a pas pris une décision qui lui est nuisible. En fait, son choix est sain ! Essayez plutôt de demeurer positif à propos de sa décision et surveillez son alimentation. Vous pouvez croire que vous n'en connaissez pas beaucoup sur le végétarisme, mais cela ne signifie pas que vous devriez laisser votre enfant planifier son régime alimentaire seul.

Le soda, les croustilles, les barres chocolatées, les beignets et les frites ne contiennent pas de viande, mais cela ne les rend pas plus sains. Aussi, votre enfant ne peut être végétarien en consommant uniquement des sandwiches au beurre d'arachide et à la gelée.

Encouragez votre enfant à manger une grande variété d'aliments, y compris des grains entiers, des légumineuses, des légumes et des fruits, et à limiter sa consommation de matières grasses et de bonbons. Il peut décider de manger des produits laitiers et des œufs, ou il peut éviter ces aliments.

Décidez de la manière dont les repas à la maison seront servis. Permettrez-vous à votre enfant de préparer ses repas chaque soir ? Prendrez-vous à l'occasion des repas sans viande en famille ? Préparer des repas végétariens ensemble (ou aider votre enfant à préparer la partie de son repas qui ne comporte pas de viande) vous aidera non seulement à en apprendre davantage sur le nouveau régime alimentaire de votre enfant, mais vous passerez aussi du temps de qualité avec lui.

Parlez à votre enfant de son nouveau régime et de ses motivations sans le culpabiliser. Approchez son végétarisme avec un esprit ouvert.

Si votre famille décide de devenir végétarienne, rappelez-vous que plus votre enfant est âgé, plus difficile sera la transition.

Faites part à votre enfant des raisons de votre choix de ne plus consommer de viande et encouragez-le à explorer le végétarisme. Il pourrait être ouvert immédiatement au changement, ou vous pouvez devoir accepter un compromis, au moins au début.

Essayer de réduire progressivement votre consommation de viande. Servez des repas maigres et quand vous avez de la viande au menu, servez de plus petites portions de viande et de plus grandes portions de légumes, de légumineuses et de grains. Utilisez de moins en moins de viande dans votre cuisine jusqu'à ce que vous n'en utilisiez plus du tout.

Assurez-vous de présenter à votre famille des repas végétariens comportant des choix savoureux et excitants. Ayez une soirée burrito, une soirée pizza avec des garnitures végétariennes, une soirée pâtes, des kebabs végétariens avec du riz, même un petit déjeuner pour le dîner. Mettez aussi à contribution les membres de votre famille dans la préparation du dîner. Si votre famille est enthousiasmée par les aliments qu'elle prépare et mange, la transition sera beaucoup plus facile.

Les substituts de viande fabriqués à partir de soja, de tempeh et de seitan peuvent séduire votre famille autrefois non végétarienne. Vos enfants peuvent toujours déguster des burgers ou trouver des morceaux de « viande » dans leurs aliments. Cependant, servir du tofu ou du tempeh avant que votre famille n'apprenne à apprécier les repas sans viande peut ne pas être une bonne idée. Utilisez d'abord de petites quantités de tofu et ne vous inquiétez pas si votre enfant mange du bout des dents.

Lorsque que vous faites la transition, considérez l'idée d'autoriser votre enfant à manger de la viande de temps en temps. Si vous ne lui permettez pas de manger de la viande, il pourrait vouloir en manger davantage. Au moins, vous savez qu'il mange sainement le reste du temps.

Si votre enfant est végétarien depuis le début ou passe au végétarisme, garder à l'esprit qu'il adopte des habitudes alimentaires saines qui lui profiteront le reste de son existence. Les enfants végétariens mangent moins de matières grasses et plus de fibres que les enfants non végétariens et ils mangent aussi plus de fruits et légumes. Ils sont aussi plus minces et ont des niveaux de cholestérol inférieurs à ceux des enfants non végétariens. Certaines études ont même montré que les enfants végétariens avaient un développement mental au-dessus de la moyenne — les aliments sont à la source de la pensée !

Le végétarisme est une expérience saine, délicieuse dans le monde de l'alimentation, et engager les membres de votre famille dans cette voie est un merveilleux cadeau à leur offrir pour le reste de leur vie.

Le nombre de calories provenant des graisses dans un repas typique du programme fédéral des déjeuners scolaires du gouvernement des États-Unis est énorme : 38 pour cent.

ADULTES PLUS ÂGÉS

Il existe nombre de raisons importantes de continuer à suivre vot[re] régime végétarien à votre retraite, d'importantes études ayant montré qu[e] les végétariens vivent cinq années de plus que la population en général. [Si] vous avez été végétarien pendant des décennies, ou considérez l'idée de [le] devenir maintenant, un régime végétarien peut vous aider à obtenir tout[es] les substances nutritives dont vous avez besoin, à atténuer les symptôm[es] du vieillissement et même à empêcher l'apparition de certaines maladie[s]. Le vieillissement ne doit pas signifier la douleur, la maladie et une pharm[a]cie remplie de médicaments délivrés sur ordonnance ; un régime sain pe[ut] vous aider à demeurer actif et en santé plus longtemps. Prenez en ma[in] votre santé dès aujourd'hui !

Depuis des années, les scientifiques admettent que les besoins e[n] substances nutritives diminuent lorsque nous vieillissons, mais après avo[ir] étudié des adultes plus âgés, plusieurs scientifiques se sont rendu comp[te] que les aînés ont davantage besoin de certaines substances nutritives. E[n] vieillissant, notre corps assimile moins efficacement les substances nut[ri]tives, et nous devons donc prendre plus fréquemment certaines substance[s] nutritives pour compenser leur absence.

Des études récentes publiées dans d'importantes revues médicales [et] revues consacrées à l'alimentation ont montré que les carences alimentair[es] peuvent causer la sénilité et des pertes de mémoire. Les aliments riches e[n] acide folique comme les lentilles, des légumes vert foncé à feuilles, l[es] grains entiers et le jus d'orange peuvent améliorer le fonctionnement me[n]tal. Essayez aussi la levure de bière, ou prenez un supplément d'aci[de] folique, si nécessaire.

D'autres études pointent une déficience en vitamine B12 comme [la] cause de la démence sénile. La vitamine B12 est une substance nutriti[ve] importante et les végétariens, de même que les végétaliens, devraient e[n] prendre pour s'assurer qu'ils en obtiennent des quantités suffisantes. Po[ur] les lacto-ovo-végétariens, les œufs et le lait peuvent fournir une certai[ne] quantité de vitamine B12. Beaucoup d'aliments végétaliens sont enrich[is] en vitamine B12. Recherchez les laits de soja, les céréales et la levure a[li]mentaire qui ont été enrichis. Une autre approche consiste à prendre u[n] supplément de vitamine B12.

La vitamine E est une autre substance nutritive dont il faut se souci[er]. Une consommation adéquate de cette vitamine diminue significativeme[nt] le risque de crises cardiaques et de cancers et renforce le système immu[ni]taire. On trouve la vitamine E dans les noix et les beurres de noix, les huil[es] végétales (particulièrement dans l'huile de safran et l'huile de germe [de] blé), les patates douces, le chou, les panais, les légumes verts et le[s] mangues. Certains médecins recommandent aussi un supplément d[e] 100-400 IU de vitamine E.

Les adultes plus âgés ne pouvant assimiler aussi facilement le calcium, il est donc important d'en avoir suffisamment dans votre régime pour conserver vos os en santé. Un régime trop riche en protéines et en sodium peut accélérer la perte de calcium dans les os, et les gens qui mangent de la viande courent un risque plus élevé de souffrir d'ostéoporose. Mangez en abondance des aliments riches en calcium comme les légumes vert foncé, le tofu traité avec du sulfate de calcium, les légumineuses et le lait de soja

La plupart des personnes âgées peuvent (et doivent) faire des exercices légers. Essayez de marcher, utilisez un vélo d'intérieur ou nagez. Les exercices avec des poids légers peuvent améliorer la masse musculaire, peu importe votre âge. Parlez avec votre médecin pour déterminer le type d'exercice qui est bon pour vous.

Les adultes plus âgés n'ont pas besoin de consommer autant de calories, mais puisqu'ils ont besoin de niveaux élevés de substances nutritives, cette situation peut poser problème. La solution consiste à manger des aliments riches en substances nutritives et à éviter les aliments aux « calories vides, » qui ont peu ou pas de valeur nutritive.

Nombre d'aînés ont des difficultés à accomplir les tâches ménagères, notamment dans la cuisine, en raison de douleurs articulaires, de problèmes de vision ou de problèmes d'équilibre. Certains ne conduisent plus facilement leur voiture, ce qui rend plus difficile leur approvisionnement en nourriture. Il existe plusieurs options pour ces adultes plus âgés qui ont des difficultés à cuisiner.

La famille, les amis et les voisins peuvent être l'une de vos meilleures ressources. Nombre d'adultes plus âgés n'aiment pas demander de l'aide de crainte d'être un fardeau, mais la famille et les amis sont souvent désireux de leur venir en aide. Ces derniers peuvent aider à l'achat des aliments et à la préparation des repas.

Une autre option consiste à utiliser un service de livraison des repas, comme les Popotes roulantes. Puisque ce service, qui pourrait en outre servir des repas végétariens, n'est pas disponible partout, il est possible de faire une demande particulière afin que les aliments non-végétariens ne fassent pas partie d'un plat. Avoir au moins quelques aliments préparés peut être d'un grand secours. Votre société végétarienne locale peut aussi être une ressource importante en vous donnant des informations et en vous aidant à trouver des repas végétariens.

La majeure partie des sociétés végétariennes se réunissent régulièrement afin que leurs membres puissent partager des repas végétariens, au restaurant ou chez l'un de leurs membres. Appelez votre groupe local afin de savoir si un transport est disponible afin que vous puissiez assister aux événements qui sont organisés. Même

Les fèves soja contiennent plus de protéines que le bœuf, plus de calcium que le lait, plus de lécithine que les œufs, et plus de fer que le bœuf.

si vous n'avez pas été impliqués auparavant dans de telles organisations, les nouveaux membres peuvent toujours ajouter quelque chose à un groupe. Les centres pour personnes âgées et les églises organisent souvent des repas pour les adultes plus âgés et offrent presque toujours le transport pour participer à leurs événements. Dans ce cas, vous devrez demander aux personnes responsables si des plats végétariens sont disponibles. Vous pourriez être étonné de voir à quel point ces groupes sont prêts à vous satisfaire et il est probable que d'autres personnes partageront votre intérêt.

Si vous êtes plus mobile, considérez la possibilité de mettre une annonce dans votre bulletin paroissial ou dans des bulletins s'adressant aux aînés, si les appuis pour constituer votre propre groupe d'adultes végétariens se rencontrant pour partager des repas sont suffisamment nombreux. Partager des repas sains et entretenir des rapports de camaraderie nourrira tant votre corps que votre esprit, ce qui est très important à tout âge.

Tous les résidants de maison de retraite ont droit à des repas végétariens conformément au Nursing Home Reform Law. Parlez à votre diététicienne ou au responsable de la cafétéria afin que ces personnes soient informées de vos préférences alimentaires. Si vous n'êtes pas satisfait des repas qu'on vous sert, contactez le Vegetarian Resource Group, ou l'association végétarienne de votre localité. Ces organismes peuvent travailler avec votre institution et lui donner des informations sur le plan nutritionnel, ainsi que des aliments afin de préparer des plats végétariens savoureux et bien équilibrés.

Si vous êtes en mesure de préparer des repas dans votre cuisine, il existe des choix d'aliments sains et faciles à préparer. Le fait d'utiliser des outils de cuisine appropriés rendra la préparation plus simple. Un four micro-ondes est un excellent outil pour gagner du temps lorsque vous cuisez ou réchauffez des aliments. Un congélateur est un outil essentiel. Faites cuire une grande quantité d'aliments et congelez-les en petites portions pour les réchauffer plus tard. Vous pouvez congeler aussi des pains complets, des muffins et des bagels [petit pain moelleux, torsadé en couronne, parsemé de graines de sésame]. Utilisez votre mélangeur, votre robot de cuisine ou le broyeur pour hacher, couper en dés et mélanger les aliments. Les cuiseurs permettent de préparer des repas nutritifs nécessitant peu de travail de votre part.

Voici quelques aliments « faciles à préparer » et nutritifs :

• Pommes de terre cuites au four micro-ondes ;

On trouve environ 2,1 millions d'exploitations agricoles aux États-Unis. De ce nombre, les exploitations biologiques compte pour 0,2 %.

- Jus de fruit additionné d'une banane dans le mélangeur ;

- Bagels grillés avec tartinade de fruits ;

- Céréale avec lait ;

- Gruau instantané ;

- Pâtes avec sauce préparée et salade ;

- Soupe aux légumes en conserve avec pain grillé ;

- Légumes congelés cuits à la vapeur ;

- Riz brun instantané avec haricots en conserve ;

- Légumes et soupe aux haricots cuits à feu lent ;

- Burgers végétariens congelés ;

- Sandwiches au beurre d'arachide et aux bananes.

Plusieurs aînés disposent d'un budget restreint, mais un régime sain ne coûte pas nécessairement cher. Recherchez des aliments peu coûteux qui vous fourniront beaucoup de substances nutritives. Parmi les choix importants, on trouve les haricots, les pommes de terre, le riz, les flocons d'avoine, le beurre d'arachide, les fruits frais et les légumes.

Le gouvernement a estimé qu'en 2030, un Américain sur cinq aura 65 ans ou plus, et que 150 millions d'entre eux souffriront de maladies chroniques. Le végétarisme réduit les risques de maladies cardiaques, de cancer, d'hypertension, de diabète, d'ostéoporose et de sénilité. Les aînés présentent en général un risque plus élevé de souffrir de maladies, et il est important de se rendre compte qu'un régime végétarien équilibré peut être utile.

Il n'est jamais trop tard pour améliorer votre état santé. Nombre de gens qui souffrent d'arthrite constatent qu'ils éprouvent moins de douleur lorsqu'ils éliminent les produits animaux de leur régime, les diabétiques maintiennent plus facilement leur niveau d'insuline à un niveau adéquat, et la majeure partie des individus rapportent qu'ils se sentent tout simplement mieux en général. Beaucoup de végétariens vivent plus longtemps et en meilleure santé — le moment est venu de vous joindre à eux !

PRÉVENTION ET GESTION DE LA MALADIE

MALADIES CARDIAQUES
Les recherches indiquent que les régimes exempts de viande et de produits laitiers favorisent des taux inférieurs de cancer, d'hypertension,

de diabète, d'obésité et, notamment, de maladies cardiaques. Les maladies cardiaques tuent 1 million d'Américains annuellement. Les végétariens dont le régime alimentaire est faible en graisses et en gras saturés ont des cœurs beaucoup plus sains que les non végétariens et vivent par conséquent significativement plus longtemps que les non végétariens. Une étude qui s'est échelonnée sur 12 ans a montré que les végétariens avaient 20 pour cent moins de maladies cardiaques que la population en général.

Des études menées auprès des Adventistes du Septième Jour (membres d'une confession protestante faisant la promotion du végétarisme comme méthode de soins pour le corps) ont prouvé que les végétariens courent moins de risques d'avoir des crises cardiaques, des accidents cérébrovasculaires et d'autres types de maladies circulatoires, parce qu'ils ont dans le sang des niveaux de cholestérol inférieurs. Bien que le régime des végétariens ne soient pas nécessairement faibles en graisses, ils mangent moins de graisses saturées que les non végétariens. De plus, les régimes végétariens qui comptent 50 à 100 pour cent de plus de fibres aident à abaisser les niveaux de cholestérol sanguin, parce que les éléments phytochimiques présents dans les aliments végétaux ont des propriétés antioxydantes qui font en sorte qu'il est difficile pour le cholestérol de continuer à coller aux parois des artères.

Dans une étude de référence publiée en 1990, Dean Ornish, M.D., a déterminé qu'un régime végétarien faible en graisses peut en fait prévenir les maladies cardiaques. Ornish affirme qu'un régime faible en graisses, ainsi que l'exercice et la pratique de la méditation peuvent déboucher les artères et améliorer l'efficacité du cœur. Ornish insiste sur le fait que la chirurgie cardiaque et la thérapie médicamenteuse ne peuvent guérir les patients ; au contraire, ces thérapies retardent simplement la prochaine crise cardiaque.

Pour son étude, Ornish a soumis un groupe expérimental de 48 patients souffrant d'une grave maladie de cœur à un régime presque végétalien, avec une consommation de matières grasses comptant pour moins de 10 pour cent du total des calories ; le groupe témoin a suivi les conseils habituels de l'American Heart Association visant à maintenir la consommation des matières grasses à 30 pour cent du total des calories. Après seulement une semaine, les participants du groupe expérimental avaient moins de douleurs à la poitrine, de dépression et plus d'énergie. En un mois, leur niveau de cholestérol sanguin était manifestement plus bas et leur circulation sanguine s'était améliorée, ce qui a permis à plusieurs participants du groupe expérimental de cesser d'utiliser des anti-hypertenseurs et des médicaments contre les maladies cardiaques. En revanche, après

Le son de riz, le son d'avoine et d'autres types de son ajoutent un peu de saveur et beaucoup de substances nutritives — notamment des fibres — à votre repas. Le son est la couche extérieure du grain. Diverses études ont montré que la consommation de son peut avoir des effets positifs sur la santé, par exemple, en diminuant les taux de cholestérol dans le sang et dans les cas de constipation.

une année, les maladies de cœur chez les individus appartenant au groupe contrôle s'étaient aggravées, avec davantage d'artères bouchées qu'avant l'adoption du régime de l'American Heart Association pour les patients souffrant de maladies de cœur.

Avant que la maladie cardiaque ne vous frappe, voici certaines choses que vous pouvez faire pour la prévenir.

- Manger des aliments riches en vitamine E. Les recherches indiquent que l'un des facteurs de risque de mourir d'une maladie cardiaque est un faible niveau de vitamine E dans le sang, une substance nutritive antioxydante. Les chercheurs croient que la vitamine E empêche l'oxydation des lipoprotéines à basse densité (appelées «mauvais cholestérol») dans le système sanguin, ralentissant ainsi ou empêchant la constitution de dépôts sur les parois des artères. Les sources les plus riches de vitamine E dans les aliments sont le blé entier, les germes de blé, les noix et les huiles; toutefois, allez-y modérément avec les noix et les aliments contenant de l'huile, car ils sont riches en graisses.

- Éviter les gras saturés. Les gras saturés (que l'on trouve dans la viande, les œufs, les produits laitiers et les huiles tropicales) — pas le cholestérol alimentaire — ont une forte incidence sur les niveaux de cholestérol sanguin, suivis par l'excès de calories totales et la consommation de cholestérol alimentaire.

- Faites régulièrement de l'exercice. Les individus qui sont physiquement actifs réduisent les risques de maladies cardiaques de moitié.

- Éviter de fumer du tabac.

- Si vous avez un excès de poids, essayez de perdre du poids. Une réduction de 5 à 10 pour cent du poids corporel peut réduire significativement les risques que vous souffriez de maladies cardiaques.

- Réduisez autant que possible le stress dans votre vie et apprenez à bien le gérer.

- Développez, vous et vos enfants, de bonnes habitudes alimentaires. Quarante pour cent des maladies coronariennes aux États-Unis sont reliées au régime alimentaire.

CANCER

Entre 35 et 50 pour cent des cas de cancers aux États-Unis sont reliés au régime alimentaire. L'American Cancer Society suggère que les Américains modifient leurs régimes afin de prévenir cette maladie mortelle, qui tue plus de 500 000 personnes aux États-Unis chaque année. Le National Cancer Institute encourage les régimes alimentaires riches en bêta-carotène — la vitamine A sous sa forme végétale et un antioxydant — et en vitamines C et E, ce qui permet de réduire les risques de développer certains types de cancers. Agissant en combinaison, ces substances transforment les molécules instables, qui peuvent faire des ravages dans le corps (conduisant probablement à la croissance de cancer), en molécules stables, en échangeant des électrons avec d'autres molécules.

Réduire la consommation de matières grasses dans votre régime alimentaire peut diminuer les risques de cancer, de crises cardiaques et d'accidents cérébrovasculaires. Dans le monde entier, l'incidence des cancers du sein, du colon et de la prostate reflète la consommation totale de matières grasses, y compris celle des graisses saturées comme le beurre, et des graisses non saturées comme les huiles végétales. La consommation de graisses varie dans des pays comme le Japon, l'Italie et les États-Unis, et cette consommation est directement proportionnelle au nombre de morts par cancer du sein dans chacun de ces pays.

En moyenne, les Japonais consomment 40 grammes de graisses par jour et ont un taux de cancer du sein de 5 pour 100 000 habitants, affirme John A. McDougall, M.D., une référence quant aux bénéfices d'un régime végétarien pauvre en matières grasses. Chez les Italiens, qui utilisent beaucoup d'huile d'olive et consomment deux fois plus de graisses que les Japonais, on dénombre quinze morts par cancer par 100 000 habitants annuellement. La consommation moyenne de graisses chez les Américains est d'environ 100 grammes par jour et le cancer du sein tue vingt personnes par 100 000 habitants chaque année.

Dans le cadre du China Health Project, les scientifiques de l'Université Cornell à New York, de l'Université d'Oxford en Angleterre, de l'Académie Chinoise de Médecine Préventive et de l'Académie Chinoise des Sciences Médicales ont rassemblé des données détaillées sur le mode de vie et les habitudes alimentaires de 6 500 Chinois (100 Chinois dans 65 pays). Plusieurs études épidémiologiques, qui analysent les statistiques de grands groupes afin d'établir des liens entre les maladies et leurs causes, ne sont parfois pas suffisamment précises pour fournir des résultats convaincants. Le cas de la Chine est particulier. Les Chinois, ayant tendance à demeurer au même endroit et à manger les mêmes aliments toute leur vie, l'effet du régime alimentaire sur leur santé est évident. Les conclusions de la recherche indiquent que chez les individus vivant dans des comtés où les produits ont été raffinés et sont riches en protéines et en graisses, on trouve une incidence plus élevée de cancers que dans des zones géo-

Le maïs est utilisé dans plus de 800 produits alimentaires transformés différents.

graphiques où un régime traditionnel à base de grains est la norme. De même, les fibres semblent protéger contre le cancer, particulièrement le cancer du côlon, dont l'American Cancer Society estime qu'il aura tué 29 089 hommes et 27 281 femmes aux États-Unis en 2004. Les régimes riches en fibres peuvent réduire les risques de cancer du côlon et du rectum, affirme le National Cancer, et les légumes de la famille du chou peuvent réduire le risque de développer un cancer du côlon, la deuxième cause de mortalité par le cancer aux États-Unis.

Une étude qui a duré douze ans montre que les végétariens ont 40 pour cent moins de cancer que la population en général et qu'ils ont des taux très inférieurs de cancer de la prostate et du cancer colorectal. Mark and Virginia Messina, auteurs du livre The Dietitian's Guide to Vegetarian Diets, affirment que les taux de cancers inférieurs chez les végétariens sont directement attribuables aux décisions relatives au style de vie : « Les végétariens sont généralement davantage conscients de leur santé, fument moins, boivent moins d'alcool, sont souvent plus instruits et sont plus minces que la population en général. »

Qu'est-ce que le prochain siècle a à offrir aux victimes de cancers ? Keith Block, M.D., directeur médical du Cancer Treatment Program at Edgewater Medical Center, Chicago, prévoit que la communauté médicale sera si bien informée de l'impact de la nutrition sur la maladie, que des programmes de soins courants existeront où l'on conseillera des régimes thérapeutiques à des patients souffrant du cancer et d'autres désordres médicaux.

« Dans vingt ans, il y aura une chaîne végétarienne de restauration rapide, qui connaîtra un véritable succès dans tout le pays, et qui servira des burgers de pois chiches et des patates douces frites pauvres en matières grasses. Ils n'auront probablement pas d'arches jaunes en guise d'enseignes, mais un brocoli vert foncé ou une carotte orange », prédit-il.

Avant que vous ne deveniez une victime de cancer, voici certaines choses que vous pouvez faire pour ne pas souffrir de cette maladie mortelle qui a coûté la vie à plus de 550 000 Américains en 2001 :

• Manger plus de fruits et légumes ;

• Réduire votre consommation de matières grasses ;

• Manger plus de fibres ;

• Limiter votre consommation d'alcool ;

• Cesser de fumer ;

• Limiter votre consommation d'aliments transformés.

OBÉSITÉ

L'American Obesity Association estiment qu'environ 127 millions d'adultes aux États-Unis ont un excès de poids, que 60 millions sont obèses et que 9 millions sont gravement obèses. Avoir un excès de poids est le problème de nutrition associé à la santé le plus répandu en Amérique du Nord, et 60 pour cent des adultes souffrent d'un excès de poids. L'obésité a été reliée entre autres aux maladies coronariennes, à l'hypertension, aux accidents cérébrovasculaires, à l'ostéoarthrite, aux calculs biliaires, à la dyslipidémie, aux maladies gastro-intestinales, aux infiltrations graisseuses du foie, aux maladies pulmonaires restrictives, à l'apnée du sommeil obstructionniste, au diabète en début de l'âge adulte et au cancer. La prise de poids, par exemple, augmente proportionnellement le risque de cancer du sein chez les femmes. Si une femme prend 20 kilos ou plus après l'âge de 18 ans, les chances qu'elle développe un cancer du sein double après la ménopause. Environ 300 000 morts chaque année sont attribuables à l'obésité, affirme l'US Surgeon General, et les chercheurs prévoient que ce nombre augmentera.

Plusieurs études menées ces dernières années ont battu en brèche la croyance populaire selon laquelle le nombre de calories est le seul facteur de la bonne forme physique. Également importante est la provenance des calories — graisses, protéines ou hydrates de carbone. Les calories provenant des graisses sont les plus caloriques. Le National Food Consumption Survey et le National Health and Nutrition Survey ont montré que les Américains tirent entre 34 et 37 pour cent de leurs calories des graisses parce que leur régime alimentaire est riche en graisses et en calories.

Une autre étude a comparé la consommation de calories chez les Chinois et les Américains et a permis de comprendre pourquoi les Américains sont plus gras que les Chinois. «Nos informations indiquent que les Chinois consomment plus de calories que les Américains, mais pas autant de matières grasses», affirme T. Colin Campbell, Ph.D., auteur de *The China Study*. En moyenne, seulement 15 pour cent des calories chez les Chinois proviennent des graisses, bien qu'ils consomment 20 pour cent plus de calories que les Américains. Dans le régime américain moyen, 34 pour cent des calories proviennent des graisses.

En adoptant la margarine — faible en matières grasses ou régulière — de nombreux Américains, pour éviter les graisses saturées que l'on trouve dans le beurre, peuvent se faire plus de mal que de bien. La margarine et le shortening végétal sous sa forme solide contiennent des acides gras trans (ou des gras trans, tout court), qui sont produits lorsqu'une huile végétale liquide se transforme en shortening végétal solide ou en margarine par un processus connu sous le nom d'hydrogé-

Les pâtes sont une bonne source de protéines, de vitamine B et de minéraux, et sont pauvres en matières grasses et en sodium.

nation (les gras trans n'existent pas naturellement). Au cours du processus d'hydrogénation, la graisse subit un changement inhabituel, et les gras trans se forment. Il y a encore beaucoup de choses à apprendre au sujet des gras trans et de leurs effets, mais les scientifiques disent que ces composés nuisibles peuvent être deux ou trois fois plus dangereux que les graisses saturées. Le travail des chercheurs a montré que les gras trans peuvent non seulement augmenter les niveaux de lipoprotéines à basse densité, ou «le mauvais» cholestérol, mais faire baisser aussi les niveaux de lipoprotéines à haute densité, ou le «bon» cholestérol.

La bonne nouvelle c'est que les aliments végétariens, faibles en graisses, peuvent vous aider à perdre les livres que vous avez en trop. Même si vous avez 5 ou 50 kilos en trop, le choix du végétarisme est un choix important parce que vous ne manquerez pas d'aliments — de volonté peut-être — mais pas d'aliments. Et les études ont montré qu'en général, les végétariens sont beaucoup plus minces que les individus qui mangent de la viande.

Tâcher d'éviter de penser au végétarisme comme s'il s'agissait d'une diète, parce que les gens suivent des diètes et les abandonnent. Le choix du régime végétarien — même si vous le modifiez en incluant de petites quantités de viande, de volaille ou de poisson — est un choix à long terme. Il n'exige pas de tenir compte des calories et ne nécessite pas de posséder une balance pour peser vos portions. Choisissez vos produits alimentaires sagement — et manger. (Veuillez noter que si vous souffrez d'un désordre alimentaire, vous pouvez profiter des conseils de spécialistes afin de découvrir pourquoi vous mangez trop. Veuillez aussi consulter votre médecin au cas où votre état de santé pourrait contribuer à votre problème de poids.)

Voici certaines suggestions qui pourraient empêcher la prise de poids et vous aider à perdre sainement du poids :

• Limiter vos calories et substituer des produits faibles en calories et pauvres en matières grasses à des produits riches en calories et riches en matières grasses ;

• Faites de l'exercice régulièrement ;

• Parlez à un conseiller ou à un médecin de vos habitudes alimentaires ;

• Évitez les produits aux «calories vides» comme l'alcool, les desserts sucrés et les confiseries, et les collations riches en graisses et en sel ;

• Envisager de devenir végétarien !

OSTÉOPOROSE

L'ostéoporose, une maladie qui rend les os moins denses ou plus poreux, fragilise les os et accroît le risque de fractures, particulièrement de la hanche, de la colonne vertébrale et du poignet. La maladie touche plus de 10 millions d'Américains, et, selon la National Osteoporosis Foundation, presque 34 autres millions d'Américains ont une faible masse osseuse, ce qui les rend vulnérables à l'ostéoporose. Le résultat : 1,5 millions de fractures annuellement.

Si vous en connaissez un peu sur l'ostéoporose, vous établissez probablement un lien entre cette maladie et le calcium, et vous avez raison de faire ce rapprochement. Mais la prévention de l'ostéoporose ne consiste pas à boire plusieurs verres de lait écrémé chaque jour. La relation est plus complexe : lorsque le corps n'a pas suffisamment de calcium dans son système sanguin pour assurer les fonctions métaboliques essentielles, il élimine le calcium des os. Cette opération est appelée réabsorption et fait partie du vieillissement normal. À l'âge de quarante ans, tant les hommes que les femmes perdent environ 0,5 pour cent de leur masse osseuse chaque année. Lorsque les femmes atteignent la ménopause, leur taux de perte de calcium dans les os est d'environ 1 ou 2 pour cent chaque année. Après la ménopause, les femmes sont les plus vulnérables à l'ostéoporose parce que leurs ovaires ont cessé de produire l'œstrogène qui aide à entretenir la masse osseuse. À l'âge de soixante ans, une femme peut avoir perdu jusqu'à 40 pour cent de sa masse osseuse.

Vous pouvez avoir de bons os votre vie durant en faisant de bons choix alimentaires — et plus tôt vous commencez, mieux cela vaut. Puisque que vous perdrez votre masse osseuse avec l'âge, une saine approche est d'avoir autant de masse osseuse que possible avant que vous n'atteigniez la quarantaine. Vos os cessant de grandir à trente-cinq ans, il est donc important de prendre beaucoup de calcium avant que vous ne commenciez à perdre votre masse osseuse. Une fois que vos os ont cessé de croître, votre objectif devrait être l'équilibre zéro — vous ne perdez pas plus de calcium que vous en consommez.

Vous avez probablement entendu dire que les laitages sont les meilleures sources de calcium. Effectivement, plusieurs produits laitiers contiennent des quantités significatives de calcium, mais ils sont aussi riches en protéines. Et alors? Eh bien, plus il y a de protéines dans le régime alimentaire, plus les reins travaillent et plus le corps élimine le calcium. Consommer des produits alimentaires riches en calcium qui sont également riches en protéines peut donc être problématique. Pour pallier au problème, vous devez manger des produits végétaux qui sont des sources de calcium, particulièrement les légumes vert foncé à feuilles. Les légumes verts comme le chou frisé et le bok choy sont des choix particulièrement intéressants, en dépit des déclarations de certains nutritionnistes qui affirment que l'acide oxalique contenu dans ces légumes empêche l'assimilation de calcium.

Le corps est merveilleusement conçu pour absorber un pourcentage plus élevé de calcium provenant de l'alimentation lorsque la consommation de calcium totale est relativement faible; mais consommer des tonnes de produits alimentaires riches en calcium fait peu de différence, parce que votre corps rejettera ce dont il n'a pas besoin. Pour augmenter l'assimilation de calcium, prenez votre vitamine D en vous exposant modérément au soleil et en buvant du lait enrichi, des boissons de soja et de riz. La peau métabolise la vitamine D grâce à la lumière du soleil et le corps stocke la vitamine après s'être exposé à la lumière du soleil en prévision des mois plus rigoureux où on a tendance à demeurer à l'intérieur.

Les vitamines K et C sont deux autres minéraux qui favorisent une densité des os accrue et réduisent les fractures. Les bactéries « amicales » qui vivent dans vos intestins aident à fabriquer en grande partie la vitamine K dont vous avez besoin et le reste peut être trouvé dans les légumes verts à feuilles, les pois verts, le brocoli, les épinards, les choux de Bruxelles, la laitue romaine, le chou et le chou frisé. On trouve la vitamine C dans les fruits et les légumes, et particulièrement les agrumes.

Une autre méthode éprouvée pour augmenter la masse osseuse est l'exercice avec une mise en charge. Quoiqu'il y ait eu peu d'études sur les effets à long terme de l'exercice sur le développement de l'ostéoporose, les études actuelles indiquent que l'exercice avec une mise en charge, comme le jogging, la danse aérobique, l'haltérophilie et les sports de raquette, aident à densifier vos os en faisant porter la charge sur le squelette.

Votre bagage génétique est hors de votre contrôle : certaines personnes vont probablement développer davantage l'ostéoporose. Les femmes de la Méditerranée et de descendance africaine, par exemple, ont des squelettes plus denses que les Caucasiennes ou les Asiatiques, et il est moins probable qu'elles développent l'ostéoporose. Si vous ne pouvez rien contre la génétique, concentrez-vous sur les produits alimentaires riches en calcium et sur l'exercice. Et attendez de connaître les résultats des recherches scientifiques sur cette maladie, parce qu'il y a encore beaucoup à apprendre sur l'ostéoporose.

DIABÈTE

Pendant des décennies, les médecins ont conseillé à leurs patients diabétiques de suivre un régime alimentaire riche en graisses, faibles en hydrates de carbone et en fibres. Ce régime alimentaire susciterait la forte réprobation des médecins et des diététiciens aujourd'hui, mais à l'époque, selon une croyance répandue, un tel régime aidait à maintenir des taux de glycémie normaux dans le sang.

La recherche indique qu'un régime riche en hydrates de carbone améliore le contrôle de la glycémie en augmentant l'insulino-sensibilité. Un tel régime peut même empêcher le développement du diabète : dans une étude importante menée auprès des Adventistes du Septième Jour, les chercheurs ont constaté que les végétariens avaient significative-ment moins de risques de développer le diabète que la population générale. Les études à long terme menées sur les fibres par le réputé chercheur James Anderson, M.D., montrent que ses patients qui suivent un régime riche en fibres, et en grande partie végétarien, sont en mesure d'abaisser leur besoin en insuline, de même que leur taux de cholestérol sanguin et leur pression artérielle. (Les taux élevés de cholestérol et une tension élevée sont des complications typiques du diabète.)

Avant d'aborder le régime en détail, voyons les origines du diabète, la sixième cause principale de mortalité en 2001 aux États-Unis. Il y a deux types principaux de diabète : le type l, dit diabète insulino-dépendant, et le type II, où le corps produit très peu d'insuline ou ne l'utilise pas correctement. Le diabète de type II est de loin la forme la plus répandue de diabète, une maladie qui empoisonne la vie de 90 à 95 pour cent des 17 millions d'Américains chez qui les médecins ont diagnostiqué cette maladie. Le type II, aussi connu sous le nom de dia-bète non insulino-dépendant, peut souvent être traité sans médica-ments en suivant un régime approprié et par l'exercice.

Le diabète de type II est causé par les habitudes alimentaires et le manque d'exercice chez les individus vieillissants. Les facteurs de risque additionnels sont l'âge (être âgé de plus de 45 ans), l'obésité, l'inactivité physique, un régime riche en graisses et en cholestérol et des antécédents familiaux concernant le diabète de type II. De plus, les Noirs américains, les Latinos, les habitants des îles de l'Asie et du Pacifique, et les Indiens d'Amérique, ont un patrimoine génétique qui les prédisposent et qui augmentent les risques de développer la maladie. Mais en général, manger trop et manger de mauvais ali-ments — particulièrement des aliments riches en graisses — est habituellement la cause du diabète de type II. Ainsi, passer à un régime végétarien pauvre en matières grasses, faire de l'exercice et perdre du poids est parfois tout ce dont un individu a besoin pour

Les trois premiers édulcorants de maïs qui figurent sur les étiquettes des aliments à une fréquence étonnante sont le dextrose, le sirop de maïs et le sirop de glucose à haute teneur en fructose (HFCS). Très raffinés, ces trois édulcorants sont des calories vides. Le dextrose est du sirop de maïs sous forme de poudre et est moins coûteux à fabriquer que le sucre. Le sirop de maïs est fabriqué à partir du dextrose et du fructose. La douceur du HFCS varie en fonction de la quantité de fructose qu'il contient.

contrôler la maladie, bien que certains diabétiques de type II aient besoin d'une médication. Les diabétiques de type I, qui doivent s'injecter de l'insuline, peuvent aussi améliorer leur état de santé en procédant à des changements dans leur alimentation.

Les diabétiques sont familiers avec les listes d'échanges développées par l'American Diabetes Association ; les listes sont divisées en groupes d'aliments afin de s'assurer que les diabétiques obtiennent les substances nutritives dont ils ont besoin. On trouvera ci-dessous une liste de certains aliments généralement consommés par les végétariens, qui peuvent ne pas être indiqués sur les listes.

Si vous, un membre de votre famille, ou un ami, souffrez de diabète, répandez le message : suivre un régime riche en hydrates de carbone, pauvre en matières grasses, et riche en fibres est la meilleure façon de prévenir et de gérer cette maladie.

Système d'échanges pour les végétariens diabétiques

ALIMENTS	VALEUR DE L'ÉCHANGE
Amandes ou beurre de noix de cajou (10 ml ou 2 c. à thé)	1 échange de viande
Bulgur (120 ml ou ½ tasse, cuit)	1 échange de pain
Burger sans viande (84 g ou 3 onces)	3 échanges de viande
Fèves de soja (80 ml ou ⅓ tasse, cuites)	1 échange de viande
Hot-dog sans viande (28 g ou 1 once)	1 échange de viande
Kéfir (240 ml ou 1 tasse)	1 échange de lait
Lait de soja (240 ml ou 1 tasse)	1 échange de lait (parce que le lait de soja ne contient pas autant d'hydrates de carbone que le lait de vache, vous devrez consommer un pain supplémentaire dans l'échange avec chaque tasse de lait de soja)
Miso (45 ml ou 3 c. à soupe)	1 échange de pain
Protéines végétales texturées (reconstituées, 120 ml ou ½ tasse)	2 échanges de viande
Riz brun (120 ml ou ½ tasse, cuit)	1 échange de pain
Tahini (10 ml ou 2 c. à thé)	1 échange de viande
Tempeh (56 g ou 2 onces, cuit)	1 échange de viande
Tofu (112 g ou 4 onces)	1 échange de viande

la sagesse
dans la cuisine

QUICONQUE MET LE PIED DANS UNE CUISINE a besoin de certains outils de base pour préparer un repas délicieux : des ingrédients de qualité, des ustensiles de cuisine et, très probablement, une recette ou deux. Pour le cuisinier végétarien, le processus est modifié uniquement par le contenu du garde-manger. Bien sûr, une compréhension fondamentale des règles de base de la cuisine aide les cuisiniers, quel que soit leur niveau, et le texte qui suit sera un guide utile et commode pour préparer des repas couronnés de succès.

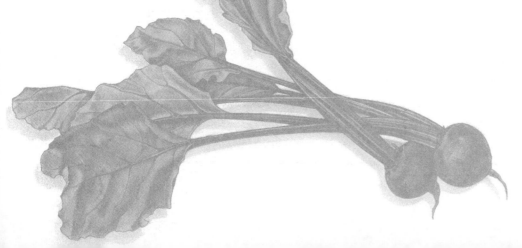

Chaque chose en son temps. Rédigez votre plan pour les repas de la semaine, en prenant en compte les horaires et les activités de votre famille. Vous êtes la personne la mieux placée pour mesurer vos besoins et planifier sur mesure les repas de votre famille.

Puis, avant de vous diriger vers le marché, inspectez votre garde-manger et déterminez quels sont les aliments de base : provision de légumes, assaisonnements, haricots en conserve, pâtes sèches, grains, sauces et salsas. Déterminez alors quelles sont les denrées périssables dont vous aurez besoin : fruits frais et légumes, tofu, tempeh, œufs et fromage.

Les supermarchës les mieux approvisionnés offriront les ingrédients courants de même que ceux des marchés vendant les aliments des cuisines exotiques. Vous aurez besoin des ces ingrédients pour les recettes figurant dans ce livre. Vous constaterez également que certaines recettes nécessitent une planification avant l'achat de produits originaux ou peu courants disponibles dans les marchés exotiques ou par vente dans les catalogues. Vérifiez les sources de vente par catalogues inscrites aux pages 583 et 584. Pour un récapitulatif complet au sujet des ingrédients végétariens, consultez le glossaire (page 585).

Et finalement, quand vous sortez vos casseroles, si vous n'êtes pas sûr de pouvoir vous fier aux instructions de certaines recettes, parcourez l'abécédaire dans ce chapitre pour connaître la marche à suivre. Ces conseils pratiques aident à démystifier le procédé de cuisson.

LE GARDE-MANGER

- Pains de blé entier, comme pains sandwich et pains maison, muffins anglais et tortillas
- Riz, y compris le riz brun traditionnel ou à cuisson rapide, et le riz blanc comme le riz basmati ou le riz parfumé au jasmin
- Des grains entiers comme l'orge, le bulgur, la farine de maïs, le gruau d'avoine, le millet, le quinoa et le kasha (sarrasin grillé)
- Les pâtes, de grains entiers de préférence
- Céréales froides complètes
- Farines complètes, dont farine de blé entier, farine de pâtisserie de blé complète et autres favorites
- Farine non blanchie tout-usage
- Légumineuses (séchées ou en conserve), y compris les haricots rouges, les haricots noirs, les petits haricots blancs, les haricots blancs cannellini, les pois chiches, les lentilles et autres favorites

- Condiments comme sauce soja, sauce végétarienne Worcestershire, moutarde (Dijon et américaine), huile de sésame foncée, cornichons, gelées et autres favoris

- Édulcorants comme le miel, le sirop de riz brun, le jus de canne à sucre cristallisé, la mélasse, le sucre de confiserie, le sucre brun et le sucre cristallisé

- Vanille, amandes et extraits de citron

- Levure, poudre à pâte

- Bicarbonate de soude

- Arrow-root, farine de maïs ou autres épaississants

- Vinaigres, comme le vinaigre balsamique, umeboshi (vinaigre de prunes) et aux herbes

- Huiles végétales, y compris huiles d'olive et de canola

- Sel, y compris le sel kasher, sel de mer et les sels assaisonnés

- Grains de poivre, entiers, pour poivre noir fraîchement moulu

- Herbes et épices

- Boissons, y compris jus de fruits et de légumes

ÉQUIPEMENT DE BASE

- Cocottes et casseroles avec couvercles

- Grand poêlon, de préférence antiadhésif

- Panier pour cuisson à la vapeur (marguerite)

- Plaque chauffante

- Moules et plaques à biscuits

- Cuillère en bois pour la cuisson et autres ustensiles

- Râpe manuelle

- Tasses et cuillères à mesurer

- Éplucheur à légumes

- Grande passoire

- Passoires petites et moyennes avec tamis fins

- Ciseaux de cuisine

MÉTHODES DE CUISSON ET TECHNIQUES CULINAIRES

Cuisson au four : La cuisson au four se réfère aux aliments cuits à la chaleur sèche dans un four. Si vous planifiez de cuire ou de rôtir, toujours préchauffer le four avant de commencer à préparer la recette, autrement le four ne sera pas prêt à temps.

Lorsque vous cuisez plus d'un aliment à la fois, étalez la disposition des plats afin que l'air puisse circuler et si une recette nécessite qu'un plat soit placé sur un support au centre du four, suivre les instructions. Gardez aussi à l'esprit que peu de fours sont calibrés de façon précise et qu'ils peuvent cuire plus lentement ou plus rapidement que vous ne le prévoyez. Une bonne façon de vérifier la précision de votre four est de vérifier le temps de cuisson, et d'utiliser un thermomètre à four.

Blanchiment : Immerger rapidement les fruits ou les légumes dans l'eau bouillante, puis les mettre dans l'eau froide pendant quelques secondes pour détacher la pelure, fixer la couleur et les préparer pour la congélation ou en vue d'une cuisson ultérieure en utilisant une autre technique, comme celle consistant à faire sauter à feu vif en remuant. Vous pouvez aussi blanchir les noix, mais sautez la phase de trempage à l'eau froide. Pour enlever la peau, frottez les noix entre le bout des doigts.

Braisé : Cette méthode française et traditionnelle de cuisson des légumes dans un peu de beurre, d'huile et de liquide, et dans une casserole couverte et chauffée à feu doux, donne des plats riches et savoureux.

Grillé : Mettre simplement votre four à gril et placer votre plat ou votre casserole allant au four sur le support pour la cuisson à la hauteur que nécessite la recette. Dans la cuisson végétarienne, le gril est utilisé principalement pour faire fondre le fromage sur la casserole, pour brunir ou gratiner.

Grande friture : Remplir au tiers une casserole d'huile végétale — pas d'huile d'olive ou de beurre — dont le point de fumée est bas, et chauffer à 190 °C (375 °F). Ne laissez pas l'huile fumer, car elle peut brûler. Utilisez un thermomètre à friture pour aider à régler la température. Assurez-vous que l'aliment que vous faites frire est en petits morceaux et sec — l'humidité dans les aliments, particulièrement dans les légumes crus, peut faire gicler l'huile chaude. Une autre option est de recouvrir l'aliment de pâte à frire.

Utilisez un panier grillagé ou une cuillère trouée pour abaisser et soulever vos aliments et frire seulement de petites quantités d'aliments à la fois. Si vous ajoutez trop d'aliments immédiatement, vous réduirez trop la température de l'huile et l'aliment sera à la fin ramolli et graisseux. Pour cette même raison, ne faites pas frire d'aliments congelés ou d'aliments qui sont plus froids que la température de la pièce. Cuire les légumes enrobés de pâte environ 3 à 5 minutes, jusqu'à ce qu'ils soient croustillants et légèrement dorés. Égoutter les aliments frits sur des serviettes de papier et servir immédiatement.

Grillé au barbecue : Le barbecue au gaz ou au charbon de bois dans la cour arrière est une pièce d'équipement pratique pour qui aime donner aux aliments une saveur additionnelle — et cuisiner au grand air. Une fois que vous achetez un panier ou une grille avec de petites mailles qui s'adapte à un support, vous pouvez préparer au barbecue la quantité de légumes et de fruits que vous désirez — plus les burgers végétariens — sans crainte de perte dans les flammes. Vous pouvez aussi vouloir investir dans une spatule avec un long manche ou un long pinceau pour badigeonner les préparations et dans des dessous de plat pour soulever les supports et les retirer du gril.

Grillé sur une surface de cuisson (cuisinière) : Beaucoup de cuisinières modernes ont des pièces encastrées pour griller et ces grils donnent au cuisinier la possibilité de se rapprocher de la technique de cuisson à l'extérieur, tout en demeurant à l'intérieur et en

CHAUD !

Lorsque vous grillez un aliment, essayez les bois exhausteurs de saveurs, comme le bois de Mesquite ou l'hickory, ou jetez des fines herbes fraîches dans les flammes et couvrez le gril pour égayer votre dîner.

évitant de se faire du souci au sujet du temps de cuisson. Suivez les instructions du fabricant concernant votre appareil.

Frire à la poêle : Si vous voulez faire frire des légumes, les frire à la poêle est probablement la méthode la plus facile. Choisissez une casserole en métal avec des côtés assez élevés (comme un wok) pour contenir l'aliment et assez d'huile de cuisine ou de graisse pour couvrir la moitié de l'épaisseur de l'aliment. De cette façon, vous pouvez cuire l'aliment en le tournant seulement une fois. Frire un aliment à la poêle implique de cuire à haute température, et vous ne pouvez pas passer à la poêle un aliment en le faisant frire avec du beurre, de la margarine ou de l'huile d'olive parce que ces corps gras fumeront et brûleront. Utiliser plutôt de l'huile végétale.

Poché : Cuire des légumes, des fruits et des œufs dans l'eau ou un bouillon de légumes qui bout à feu doux peut donner des résultats en peu de temps sans les calories qu'apportent les graisses. Ajouter du vinaigre à l'eau frémissante lorsque vous cuisez les œufs aident à cuire les blancs d'œuf.

En purée : Réduire en purée signifie transformer des ingrédients comme les fruits ou les légumes en une pâte épaisse et uniformément lisse. Vous pouvez utiliser un moulin pour les aliments, un mélangeur ou un robot de cuisine pour réduire les aliments en purée. Si vous voulez réduire en purée des liquides chauds dans un mélangeur, vérifiez si vous avez un récipient qui résiste à la chaleur. Ne remplissez pas plus de la moitié du mélangeur et tenez le couvercle en place avec une serviette épaisse.

Rôti : Le rôtissage des aliments, tout comme la cuisson au four, utilise la chaleur sèche du four pour faire cuire les aliments, mais les aliments demeurent découverts pendant la cuisson. Pour éviter que les aliments se dessèchent ou brûlent pendant le rôtissage, vous pouvez les badigeonner d'huile pour garder la surface humide. Afin d'empêcher la surface des aliments de trop brunir, recouvrir la surface de papier d'aluminium pour la protéger tout en permettant à l'air chaud de circuler dessous. Gardez à l'esprit que les plus petits morceaux des aliments peuvent devenir très secs lorsqu'ils rôtissent et qu'il vaut mieux les passer à la poêle ou les griller

Sauté : Faire sauter signifie que les aliments cuisent rapidement dans une petite quantité de beurre ou d'huile à température moyenne ou moyenne-élevée. Cette technique est similaire à la technique chinoise, mais elle est généralement utilisée pour de plus gros morceaux.

Mijoté : Un liquide mijote lorsqu'il est chauffé à feu doux et que la surface du liquide miroite, mais ne fait pas de bulles ou ne bout pas.

À la vapeur : Cuire les légumes à la vapeur les rend tendres et croustillants. Remplissez une casserole d'environ un pouce d'eau et mettez un panier vapeur (une marguerite) dans la casserole. Portez l'eau à ébullition et ajoutez les légumes qui ont été lavés pour le panier. Réduisez le feu à moyen-doux, couvrez la casserole et cuisez jusqu'à ce que les légumes atteignent le degré de cuisson désiré. Le temps de cuisson varie en fonction du légume, mais souvent quelques minutes suffisent. Le grand avantage : les légumes n'étant pas en contact avec l'eau, ils ne perdent pas dans l'eau leur contenu en vitamines et en minéraux.

Sauter à feu vif : Faire sauter les légumes est une méthode de cuisson rapide à température élevée pendant que vous les remuez. Vous pouvez utiliser un wok, mais un poêlon ou d'autres casseroles sont aussi un choix excellent. Un wok a un fond arrondi où la chaleur est la plus chaude et des côtés inclinés qui demeurent plus froids. Les différences de chaleur vous permettent de cuire les aliments de manière uniforme tout en les déplaçant. Pour remuer les légumes, vous pouvez utiliser une cuillère en bois, mais une spatule chinoise est préférable.

Avant de cuire les aliments, préparez vos ingrédients tel qu'indiqué dans votre recette et respectez l'ordre de succession. L'huile permettra de saisir les légumes qui sont dans leur jus. Cette opération prend une ou deux minutes et parfois seulement quelques secondes, selon l'ingrédient. Le produit final doit être tendre et croustillant et avoir un goût frais. Cette méthode de cuisson est une réponse saine à la restauration rapide.

AUTRES TECHNIQUES CULINAIRES

Une préparation des aliments nécessitant plus que la cuisson. Voici quelques conseils additionnels :

Épépiner les tomates : Pour peler et épépiner les tomates, faites un X avec un couteau à la base des tomates, puis mettre les tomates dans une petite casserole remplie d'eau bouillante pendant 1 à 2 minutes jusqu'à ce que les peaux commencent à se desserrer. Égouttez et rincez à l'eau froide. Les peaux glisseront facilement. Tranchez les tomates en deux en diagonale, puis pressez pour enlever les graines.

Rôtir les poivrons : Pour rôtir les poivrons, placez-les sous votre gril jusqu'à ce que la peau soit calcinée, en tournant fréquemment, 8 à 12 minutes. Retirez les poivrons, placez-les dans un sac de papier et fermez l'extrémité. Laissez reposer pendant environ 10 minutes. Retirez les poivrons du sac et enlevez la peau calcinée. Tranchez les poivrons en lanières et enlevez les graines.

Préparer de la chapelure : Vous pouvez préparer votre propre chapelure en coupant le pain frais en cubes. Placez ensuite les cubes sur une plaque à pâtisserie et faites cuire à 180 °C (350 °F) jusqu'à ce qu'ils soient croustillants, 15 à 20 minutes. Passez les cubes au mélangeur ou au robot culinaire jusqu'à ce qu'il soient finement moulus.

Rôtir les graines et les noix : Pour rôtir les noix, cuire à 180 °C (350 °F) pendant environ 10 minutes sur une plaque à pâtisserie. Sinon, vous pouvez les rôtir à sec dans un grand poêlon à feu moyen, en remuant afin d'empêcher les noix de brûler.

Pour rôtir les graines de potiron (ou citrouille), les laver à fond et enlever les filaments et la pulpe. Laisser sécher, puis remuer avec 1 à c. à soupe d'huile et saler au goût. Mettre les graines de potiron sur une plaque à pâtisserie. Cuire à 180 °C (350 °F) pendant 20 à 30 minutes, en remuant toutes les 5 minutes, jusqu'à ce que les graines aient une couleur brun doré.

Pour les graines de moutarde, un poêlon sec avec un couvercle à feu moyen est le meilleur choix. Lorsque les graines chauffent, elles éclatent. Brassez alors légèrement le contenu, puis retirez les graines du feu lorsqu'elles cessent d'éclater. D'autres graines, comme les graines de sésame et de tournesol, peuvent être rôties dans un poêlon au sec jusqu'à ce qu'elles brunissent légèrement. Agitez fréquemment pour éviter de brûler les graines.

Faire du fromage de yogourt : Pour faire du fromage de yogourt, doublez une passoire avec une grande serviette de table ou des serviettes de papier. Mettre la passoire sur un bol. Verser deux tasses de yogourt nature dans la passoire. Laisser le yogourt s'égoutter dans votre réfrigérateur pendant plusieurs heures ou pendant la nuit. Le yogourt deviendra épais comme le fromage. Donne 240 ml (1 tasse).

Manipuler le tofu - I : Selon la recette, vous pouvez vouloir que votre tofu soit plus ferme en expulsant davantage d'eau. Par exemple, si vous voulez que les cubes conservent leur forme lorsque vous les faites sauter, pressez fermement les blocs de tofu avant de les couper. Autrement, vous pourriez vous retrouver lorsque vous les faites sauter avec des morceaux de tofu émiettés. Mais si vous préparez du tofu brouillé, ne vous souciez pas de presser les blocs de tofu pour expulser l'eau, sauf si la recette l'exige.

Pour presser le tofu, enveloppez-le dans une serviette de table ou plusieurs serviettes de papier. Placez une planche à pain sur le tofu, et si

CÉRÉALES DE SON

Le son de riz, le son d'avoine et d'autres types de son ajoutent un peu de saveur et beaucoup de substances nutritives — notamment des fibres — à votre repas. Le son est la couche extérieure du grain. Dans nombre d'études, on a montré que la consommation de son avait des effets positifs sur la santé, comme l'abaissement des niveaux de cholestérol sanguin et le soulagement de la constipation.

vous le désirez, mettez un pot d'eau ou plusieurs livres sur la planche. (Soyez prudent, ne mettez pas trop de poids sur le tofu ; le bloc de tofu pourrait être écrasé.) Laissez reposer pendant 25 ou 30 minutes. Vérifiez le tofu. Le bord est-il trop imprégné d'eau ? Replacez la planche à pain et le poids, et faites égoutter le tofu 15 autres minutes. Vous êtes maintenant prêt à l'utiliser dans votre recette.

Manipuler le tofu - II : Lorsque vous congelez et dégelez ensuite le tofu, il se transforme en un aliment plus difficile à mâcher, plus «consistant», ce qui en fait un substitut de la viande valable dans beaucoup de plats, comme le «sloppy joe», la sauce à spaghettis et les ragoûts.

Pour congeler le tofu, enveloppez le bloc de tofu dans un film de plastique et placez-le dans le congélateur jusqu'à ce qu'il soit congelé et prenne une forme solide, au moins 24 heures. Le dégel au réfrigérateur prend plus de temps, toute la journée ou toute la nuit. Si vous n'avez pas suffisamment de temps pour un dégel complet, vous pouvez mettre le bloc de tofu congelé dans un bol et y verser plusieurs fois de l'eau bouillante jusqu'à ce que le tofu dégèle ; ou bien essayez de dégeler le bloc congelé au four micro-ondes à la puissance maximale, une minute à la fois. Lorsque le bloc est dégelé, extraire l'eau en excès avec vos mains.

Si vous dégelez plus de tofu que vous pouvez en utiliser, il est excellent de congeler à nouveau la partie inutilisée. Le tofu qui a été congelé à nouveau deviendra plus difficile à mâcher la prochaine fois que vous le dégèlerez.

Congélation : La congélation est une excellente façon de conserver les aliments. Vous pouvez congeler les restes, bien sûr, ou vous pouvez planifier à l'avance vos repas et congeler les aliments les jours où vous êtes trop occupés et avez à peine le temps de dresser la table.

Vous gagnez avec l'une et l'autre des méthodes : en congelant et en entreposant vos aliments de la façon appropriée. Pour les légumes frais, blanchissez-les d'abord. La plupart des légumes peuvent être congelés, mais les légumes salade comme la laitue deviennent de la bouillie lorsqu'ils sont dégelés. Pour les fruits, les peler et les trancher avant de les congeler dans un liquide sucré et épais ; les baies peuvent être congelées rapidement sur une plaque à pâtisserie, puis mises dans des sacs en plastique et scellées. Les pains, les légumineuses et les grains cuits peuvent être mis dans des sacs en plastique ou dans des récipients hermétiquement fermés et congelés.

En général, utilisez vos aliments congelés, trois à six mois après la congélation. Et n'oubliez pas d'étiqueter votre aliment et d'indiquer la date de congélation, ou vous pourriez avoir une mauvaise surprise.

Jus : D'un point de vue nutritionnel, les fruits entiers contiennent plus de vitamines et de minéraux que les jus. Mais beaucoup d'extracteurs à jus sont conçus pour extraire autant de fruits que possible. En comparant les jus frais aux jus de fruits vendus dans les magasins, les jus de fruits frais sont plus frais et leurs substances nutritives sont plus complètes. Cherchez et choisissez un extracteur à jus avec un moteur puissant qui peut extraire les jus des légumes ou des fruits rapidement et facilement.

LA CUISSON EST UN MÉLANGE DE SCIENCE ET D'ART

La partie scientifique de la cuisson exige une connaissance des principes essentiels de la cuisine ; l'art se fonde sur des principes de base, ce qui vous permet de remanier les recettes, en remplaçant un ingrédient par un autre ou en transformant un ragoût en une tourte à la viande garnie d'une croûte dorée.

Plus votre confiance grandit, plus vous devenez un artiste et une personne créative dans votre cuisine. Cuisiner devient ainsi pure joie. Prenons de l'avance et voyons en détail les éléments spécifiques de la cuisson des grains et des légumineuses, aliments de base de la cuisine végétarienne.

CUIRE LES GRAINS

Le riz, l'orge, le quinoa et le kasha (ou sarrasin grillé) ne sont que quelques-unes des céréales utilisées dans la cuisine végétarienne. En essayant des recettes, vous vous habituerez à leurs saveurs et à leurs textures : douces, au goût de noisette, robustes, consistantes, tendres — voici en gros leurs qualités. Mais d'abord, une leçon de cuisine.

La cuisson à feu doux est de loin la façon la plus répandue de cuire les grains. Les grains gonflent et absorbent l'humidité pendant qu'ils cuisent et qu'un couvercle bien ajusté capte la vapeur. Choisissez la méthode à l'eau bouillante ou la méthode à l'eau froide. Pour la méthode à l'eau bouillante, portez une casserole remplie d'eau ou un bouillon de légumes à ébullition, puis répandez les grains (en utilisant les mesures ci-dessous). Couvrez la casserole et réduisez à feu doux. Cette méthode fait rapidement gonfler les grains et les empêche de coller ensemble. Pour la méthode à l'eau froide, rincez les grains dans une passoire à l'eau froide. Placez les grains dans une casserole, ajoutez de l'eau froide, couvrez et portez à ébullition. Réduisez à feu doux.

CUISSON DES LÉGUMINEUSES

Il existe différentes façons de cuire les légumineuses. Choisissez celles qui conviennent à votre horaire.

Vos céréales seront collantes si vous ne les remuez pas pendant qu'elles cuisent à feu doux. Une fois le temps de cuisson écoulé, laissez le couvercle en place quelques minutes de plus ; les grains continueront à cuire.

Instructions pour la cuisson des céréales

CÉRÉALE	EAU PAR 240 ML (TASSE) DE CÉRÉALE SÈCHE	TEMPS DE CUISSON (À COUVERT)	DONNE (APPROX.)
Amarante	720 ml (3 tasses)	25-30 min.	600 ml (2½ tasses)
Avoine	720 ml (3 tasses)	30-40 min.	840 ml (3½ tasses)
Bulgur	600 ml (2½ tasses)	20 min.	600 ml (2½ tasses)
Épeautre	720 à 960 ml (3 à 4 tasses)	40-50 min.	600 ml (2½ tasses)
Farro (faire tremper)	720 ml (3 tasses)	20-30 min.	600 ml (2½ tasses)
Gruau d'avoine	480 ml (2 tasses)	10 min.	1 litre (4 tasses)
Kamut (faire tremper)	720 à 960 ml (3 à 4 tasses)	15-20 min.	600 ml (2½ tasses)
Kasha	480 ml (2 tasses)	15 min.	600 ml (2½ tasses)
Maïs/farine de maïs	1 litre (4 tasses)	30 min.	1 litre (4 tasses)
Millet	720 ml (3 tasses)	25-30 min.	720 à 960 ml (3 à 4 tasses)
Orge entier (faire tremper)	720 ml (3 tasses)	35-40 min.	1 litre (4 tasses)
Quinoa	480 ml (2 tasses)	15 min.	600 ml (2½ tasses)
Riz brun	600 ml (2½ tasses)	45 min.	600 ml (2½ tasses)
Riz sauvage	720 ml (3 tasses)	45-50 min.	720 à 840 ml (3 à 3½ tasses)
Seigle	1 litre (4 tasses)	15-20 min.	640 ml (2⅔ tasses)
Semoule de maïs	1 litre (4 tasses)	10-15 min.	720 ml (3 tasses)
Teff	1 litre (4 tasses)	15-20 min.	720 ml (3 tasses)
Triticale (faire tremper)	1 litre (4 tasses)	15-20 min.	600 ml (2½ tasses)

Note: Certaines céréales — grains d'orge entiers, millet et riz brun — peuvent être cuites dans une cocotte-minute. Utilisez un peu moins d'eau et réduisez le temps de cuisson d'un tiers ou de moitié. Consultez le manuel de cuisson qui accompagne votre cocotte-minute pour plus d'information.

En achetant des légumineuses séchées, recherchez les haricots qui ont une couleur éclatante. La décoloration est une indication claire d'un long entreposage. Plus les haricots sont entreposés longtemps, moins ils sont frais au goût. Et si la couleur des haricots est terne, ils peuvent aussi être moisis.

Méthode traditionnelle : Après avoir lavé les haricots et retiré les débris, comme de minuscules pierres (habituellement, il n'y a rien à retirer), les mettre dans une grande casserole avec trois à quatre fois leur volume d'eau. Couvrez-les et laissez-les tremper pendant la nuit ou pendant environ 8 heures. (Dans un environnement chaud ou dans des maisons chauffées, trempez les haricots au réfrigérateur pour empêcher la fermentation.) Portez l'eau et les haricots à ébullition, réduire à feu doux et cuire jusqu'à ce que les haricots soient prêts. Veuillez noter que les lentilles, les pois cassés et les haricots mung n'exigent pas de trempage.

Méthode de trempage rapide : Voici une façon d'accélérer la préparation. Au lieu de faire tremper les haricots au cours de la nuit, placez-les dans une grande casserole avec trois à quatre fois leur volume d'eau. Portez à ébullition, retirez du feu et laissez reposer, couvrez pendant une heure. Faites alors cuire les haricots comme ci-dessus.

Avec la cocotte-minute : Faites tremper les haricots selon la méthode traditionnelle ou la méthode de trempage rapide. Suivez les instructions du fabricant de l'appareil et assurez-vous que les soupapes de votre cocotte ne sont pas bouchées par la mousse. Une façon de réduire la mousse, est de remplir votre cocotte-minute avec pas plus d'un tiers d'eau et de haricots. Ajouter 15 ml (1 c. à soupe) d'huile est également utile.

Méthode de cuisson à feu lent : Après avoir fait tremper les haricots selon la méthode traditionnelle ou la méthode de trempage rapide, mettre les haricots avec quatre fois leur volume d'eau dans votre cuiseur. Couvrir et cuire pendant 6 à 8 heures. Si vous le désirez, vous pouvez ajouter aux haricots des oignons, de l'ail et des herbes avant la cuisson, ce qui donne un bouillon délicieux.

Temps de cuisson des légumineuses

Le temps de cuisson variera selon le type de haricot, la cuisson à feu doux, le temps de trempage et la fraîcheur des haricots. Les haricots sont cuits lorsque vous en mordez un et que celui-ci est tendre et non pâteux. Vous obtiendrez 540 à 600 ml (2¼ à 2½ tasses) de haricots cuits pour une tasse de haricots secs.

Plusieurs variétés de haricots en conserve sont disponibles dans les supermarchés. À moins qu'une recette n'indique le contraire, assurez-vous de bien laver les légumineuses pour réduire la quantité de sel et de sucre qui peuvent avoir été ajoutés au cours de la transformation. Si une recette exige l'emploi de haricots secs, mais que vous n'avez pas le temps de cuisiner, un bon principe de base est de substituer 420 g (15 onces) de haricots en conserve 480 ml (environ 2 tasses, égouttés) à 240 ml (1 tasse) de haricots secs.

Conseils pour la cuisson des légumineuses

LÉGUMES	FAIRE TREMPER	TEMPS DE CUISSON
Doliques à œil noir	oui	1 à 1½ heure
Fèves de lima (grosses)	oui	1 à 1½ heure
Fèves de lima (petites)	oui	45 min. à 1½ heure
Fèves soja	oui	3 à 4 heures
Gourganes	oui	1½ à 2 heures
Gourganes, sans la peau	oui	40 à 50 min.
Haricots adzuki	oui	1 à 1½ heure
Haricots canneberge	oui	1 à 2 heures
Haricots cannellini	oui	1 à 2 heures
Haricots Great Northern	oui	1 à 2 heures
Haricots mungo	non	1 heure
Haricots noirs	oui	1 à 2 heures
Haricots pinto	oui	1 à 2 heures
Haricots roses	oui	1 à 2 heures
Haricots rouges	oui	1½ à 2 heures
Pois chiches	oui	2½ à 3 heures
Lentilles (brunes)	non	30 min à 1 heure
Lentilles (rouges)	non	20 à 30 min.
Lentilles (vertes)	non	30 à 45 min.
Petits haricots blancs	oui	1 à 2 heures
Pois cassés (jaunes)	non	45 min. à 1½ heure
Pois cassés (verts)	non	45 min. à 1 heure

Les fines herbes occupent la première place pour les plats pauvres en matières grasses en leur ajoutant de la saveur. Voici dix fines herbes à avoir sous la main.

- aneth
- basilic
- estragon
- feuilles de laurier
- origan
- paprika
- persil (frais)
- romarin
- sauge
- thym

NETTOYER

Selon l'Environmental Protection Agency, on considère toujours que laver et nettoyer à fond ou faire tremper les aliments qui ont une pelure dans l'évier est une façon sûre et efficace de nettoyer vos aliments. Aucun lavage spécial n'est nécessaire.

QU'EST-CE QU'UN BOUQUET GARNI ?

Un *bouquet garni* est indispensable aux cuisiniers français. Il communique une saveur d'herbe subtile aux ragoûts et à d'autres plats. Pour faire un bouquet garni, mettre 3 feuilles de laurier, 12 grains de poivre, 10 à 12 tiges de persil, 1 brin de thym frais (ou [1 c. à thé] de thym séché) et 2 à 3 clous de girofle entiers au centre d'un carré de 12 pouces de coton à fromage, puis lier les bouts ensemble.

QUANTITÉS

FROMAGES

Fromage râpé (ex. parmesan)
84 g (3 oz) = 240 ml (1 tasse) de fromage râpé

Fromages à pâte dure (cheddar, mozzarella)
450 g (1 lb) = 1 l (4 tasses) de fromage râpé
112 g (4 oz) = 240 ml (1 tasse) de fromage râpé

Fromages à pâte molle (cottage, crème)
450 g (1 lb) = 480 ml (2 tasses)
224 g (8 oz) = 240 ml (1 tasse)
84 g (3 oz) = 90 ml (6 c. à soupe)

FRUITS, LÉGUMES, HERBES

Ail
1 gousse d'ail moyenne = 3,75 ml (¾ c. à thé) d'ail haché fin

Bananes
450 g (1 lb)
= 3 bananes moyennes
= 720 ml (3 tasses) en tranches
= 600 ml (2½ tasses) de bananes en purée (approx.)

Canneberges
450 g (1 lb)
= 960 ml (4 tasses)
960 ml (4 tasses) de canneberges fraîches
= 1,4 à 1,6 l (6 à 7 tasses) de sauce aux canneberges

Carottes
224 g (8 oz)
= 300 ml (1¼ tasse) de carottes hachées
2 carottes moyennes
= 240 ml (1 tasse) de carottes en tranches
1½ carotte moyenne
= 240 ml (1 tasse) de carotte râpée

Céleri
2 tiges de céleri moyen
= 180 à 240 ml (¾ à 1 tasse) en tranches

Cerises
1 l (4 tasses) de cerises sans noyaux
= 480 ml (2 tasses) de cerises non dénoyautées

Champignons, frais
224 g (8 oz)
= 720 ml (3 tasses) de champignons non tranchés
= 360 ml (1½ tasse) de champignons tranchés

Chou, cru
450 g (1 lb) = 960 ml (4 tasses) de chou râpé

Chou-fleur
450 g (1 lb)
= 720 ml (3 tasses)

Citron
Jus de 1 citron
= 45 ml (3 c. à soupe)
Zeste de 1 citron
= 10 à 15 ml (2 à 3 c. à thé)

Concombres
1 petit concombre à moyen
= 240 ml (1 tasse) de concombre haché

Courgette
1 courgette moyenne
= 480 ml (2 tasses) de courgette tranché

Dattes, dénoyautées
240 ml (1 tasse)
= 240 ml (½ pt)
= 720 ml (3 tasses) de dattes hachées

Dattes, non dénoyautées
450 g (1 lb) = 240 ml (½ pt)
de dattes hachées

Fraises
1 l (4 tasses)
= 720 ml (3 tasses)
de fraises en tranches

Haricots verts
450 g (1 lb)
= 720 ml (3 tasses)
de haricots coupés

Herbes
15 ml (1 c. à soupe) d'herbes
= 2,5 à 5 ml (½ à 1 c. à thé)
d'herbes séchées
= 2,5 ml (½ c. à thé)
d'herbes moulues

Laitue
450 g (1 lb)
de pomme de laitue
= 1,5 l (6¼ tasses)
de laitue déchiquetée

Lime
Jus de 1 lime moyenne
= 21 à 30 ml
(1½ à 2 c. à soupe)
Zeste de 1 lime moyenne
= 7,5 ml (1½ c. à thé)

Maïs
2 épis de maïs moyens
= 240 ml (1 tasse)
de maïs en grains

**Noix de coco,
en flocons
ou râpée**
450 g (1 lb)
= 1,2 l (5 tasses)
112 g (4 oz)
= 320 ml (1⅓ tasse)

Oignon
1 oignon moyen
= 120 ml (½ tasse)
d'oignon haché
1 oignon moyen
= 5 ml (1 c. à thé)
de poudre d'oignon
poudre = 15 ml (1 c. à soupe)
d'oignons séchés et
émincés

Oignons verts
9 (avec les têtes)
= 240 ml (1 tasse)
d'oignons en tranches
1 oignon en tranches
= 15 ml (1 c. à soupe)

Orange
Jus de 1 orange
= 80 ml (⅓ tasse)
Zeste de 1 orange
= 30 ml (2 c. à soupe)

Patates douces
3 patates douces moyennes
= 720 ml (3 tasses) de
patates douces tranchées

Pêches
1 pêche moyenne
= 120 ml (½ tasse)
de pêche tranchée

Poires
1 poire moyenne
= 120 ml (½ tasse)
de poire tranchée

Pois dans leurs cosses
450 g (1 lb)
= 240 ml (1 tasse) de pois
dans leurs cosses

Poivrons verts
1 poivron moyen à gros
= 240 ml (1 tasse)
de poivron haché

Pommes
450 g (1 lb)
= 3 pommes moyennes
= 720 ml (3 tasses) de
pommes en tranches
1 moyenne = 240 ml (1 tasse)
de pommes en tranches

Pommes de terre
450 g (1 lb) = 3 pommes
de terre moyennes
3 pommes de terre moyennes
= 480 ml (2 tasses) de
pommes de terre en
tranches ou en cubes
3 pommes de terre moyennes
= 420 ml (1¾ tasse) de
pommes de terre en purée
3 pommes de terre moyennes
= 720 ml (3 tasses) de
pommes de terre râpées

Prunes
336 g (12 oz)
= 480 ml (2 tasses)
de prunes

Raisins
450 g (1 lb) = 480 ml (2 tasses)
de raisins coupés en deux
dénoyautées

Raisins, sans pépins
450 g (1 lb) = 720 ml (3 tasses)

Rhubarbe
224 g (8 oz) = 2 à 4 tiges
= 240 ml (1 tasse)
de rhubarbe cuite

Tomates
1 tomate moyenne = 240 ml
(1 tasse) de tomate hachée
1 tasse de tomates en conserve
= 320 ml (1⅓ tasse) de
tomates fraîches, coupées
et cuites à feu doux 5 minutes

GRAINS

Bulgur
240 ml (1 tasse)
de bulgur non cuit
= 600 ml (2½ tasses)
de bulgur cuit

Céréale, flocons
720 ml (3 tasses)
de flocons non écrasés
= 240 ml (1 tasse)
de flocons écrasés

Farine, blé entier
450 g (1 lb)
= 840 ml (3½ tasses)
de farine non tamisée

Farine de maïs
450 g (1 lb)
= 720 ml (3 tasses)
240 ml (1 tasse) de farine
de maïs non cuite
= 1 l (4 tasses) cuites

Farine, gâteau
450 g (1 lb) = 1,1 à 1,2 l
(4¾ à 5 tasses) de farine
tamisée

Farine, tout usage
450 g (1 lb) = 1 l (4 tasses)
de farine non tamisée
28 g (1 oz) = 60 ml (¼ tasse)

Gruau d'avoine
450 g (1 lb)
= 1,2 l (5 tasses) de gruau d'avoine non cuit
= 2,1 l (8¾ tasses) de gruau d'avoine cuit
240 ml (1 tasse) de gruau d'avoine
= 420 ml (1¾ tasse) de gruau d'avoine cuit

Kasha (gruau de sarrasin)
240 ml (1 tasse) de kasha non cuit = 600 à 720 ml (2½ à 3 tasses) de kasha cuit

Millet
240 ml (1 tasse) de millet non cuit
= 840 ml (3½ tasses) de millet cuit

Orge
240 ml (1 tasse) de grain d'orge non cuits
= 840 ml (3½ tasses) de grains d'orge cuits

Pâtes
450 g (1 lb) de macaroni
= 1,2 l (5 tasses) de pâtes non cuites
= 1,9 à 2,4 l (8 à 10 tasses) de pâtes cuites
112 g (4 oz) de macaroni
= 240 ml (1 tasse) de pâtes non cuites
= 600 ml (2½ tasses) cuites
112 g (4 oz) de spaghetti
= 480 ml (2 tasses) de pâtes cuites

Riz
450 g (1 lb) de riz
= 600 ml (2½ tasses) de riz non cuit
= 2 l (8 tasses) de riz cuit
196 g (7 oz) de riz blanc (à long grain)
= 240 ml (1 tasse) de riz blanc non cuit
= 720 à 960 ml (3 à 4 tasses) de riz blanc cuit

240 ml (1 tasse) de riz blanc non cuit (instantané)
= 480 ml (2 tasses) de riz blanc cuit
240 ml (1 tasse) de riz brun non cuit
= 720 ml (3 tasses) de riz cuit

Riz sauvage
240 ml (1 tasse) de riz non cuit = 720 à 960 ml (3 à 4 tasses) de riz cuit

GRAS

Beurre ou margarine
450 g (1 lb) = 4 bâtonnets
= 480 ml (2 tasses)
450 g (1 lb) de beurre ou margarine fouetté
= 720 ml (3 tasses)
122 g (4 oz) = 1 bâtonnet
= 120 ml (½ tasse)
28 g (1 oz)
= 30 ml (2 c. à soupe)

Huile végétale
8 oz = 240 ml (1 tasse)

HARICOTS SECS

**Gros haricots
(ex. haricots rouges)**
240 ml (1 tasse)
= 480 à 720 ml (2 à 3 tasses) cuits
450 g (1 lb)
= 480 ml (2 tasses) non cuits
= 1,3 à 1,4 l (5½ à 6 tasses) cuits

Lentilles
240 ml (1 tasse)
= 720 ml (3 tasses) cuits

**Petits haricots
(ex. haricots blancs)**
240 ml (1 tasse)
= 480 à 720 ml (2 à 3 tasses) cuits
450 g (1 lb)
= 560 ml (2⅓ tasses) non cuits
= 1,3 à 1,4 l (5½ à 6 tasses) cuits

Pois cassés
240 ml (1 tasse)
= 600 ml (2½ tasses) cuits

NOIX
Amandes
450 g (1 lb)
d'amandes sans écales
= 240 à 420 ml
(1 à 1¾ tasse) de
noix sans coque
450 g (1 lb)
d'amandes en écales
= 840 ml (3½ tasses)
de noix sans coque
Arachides
450 g (1 lb)
d'arachides sans écales
= 540 ml (2¼ tasses)
de noix sans coque
450 g (1 lb)
d'arachides en écales
= 720 ml (3 tasses) de noix
Noix
450 g (1 lb)
de noix sans écales
= 400 ml (1⅔ tasse)
de noix sans coque
450 g (1 lb) de noix
= 1 l (4 tasses) de
noix sans coque
Pacanes
450 g (1 lb)
de pacanes sans écales
= 540 ml (2¼ tasses)
de noix sans coque
450 g (1 lb)
de pacanes en écales
= 1 l (4 tasses)
de noix sans coque

ŒUFS
Blancs
1 gros blanc d'œuf
= 30 ml (2 c. à soupe)
8 à 11 blancs d'œuf
= 240 ml (1 tasse)

Entiers
450 g (1 lb) = 5 gros œufs
9 œufs moyens
= 240 ml (1 tasse)

Jaunes
1 gros jaune d'œuf
= 15 ml (1 c. à soupe)
12 à 14 jaunes d'œuf
= 240 ml (1 tasse)
Succédané
1 gros œuf
= 60 ml (¼ tasses) de
succédané d'œuf liquide

PAINS
450 g (1 lb) = 12 à 16 tranches
1 tranche fraîche
= 120 ml (½ tasse) de mie
de pain en dés
1 tranche séchée
= 80 ml (⅓ tasse) de mie
de pain sèche
28 craquelins
de petits biscuits salés
= 240 ml (1 tasse)
de mie de pain fine
14 craquelins graham
= 240 ml (1 tasse) de mie
de pain fine
24 craquelins ronds
= 240 ml (1 tasse) de mie
de pain fine

AUTRES
Cacao
450 g (1 lb)
= 1 l (4 tasses)
Café
450 g (1 lb)
= 270 ml (80 c. à soupe)
= 9,6 l (40 tasses)
de café préparées
Chocolat, à cuisson
28 g (1 oz) = 1 carré
Chocolat en morceaux
168 g (6 oz)
= 240 ml (1 tasse)
336 g (12 oz)
= 480 ml (2 tasses)

Crème, fouettée
240 ml (1 tasse)
= 480 ml (2 tasses)
de crème fouettée

Levure
1 gâteau = 1 paquet
de levure active
7 g (¼ oz)
= 22,5 ml (2½ c. à thé)
Sel, gros sel ou kasher
28 g (1 oz)
= 30 ml (2 c. à soupe)
Sel, table
28 g (1 oz)
= 21 ml (1½ c. à soupe)
450 g (1 lb)
= 480 ml (2 tasses)
Sucre brun
450 g (1 lb)
= 640 ml (2⅔ tasses)
bien tassé
Sucre, cristallisé
450 g (1 lb)
= 480 ml (2 tasses)
Sucre, en poudre
(de confiseur)
450 g (1 lb)
= 600 ml (2½ tasses)
non tamisé
= 1 l (4 tasses)
de sucre tamisé

POIDS ET MESURES
Pincée = ¹⁄₁₆ c. à thé
Goutte = ⅛ c. à thé
3 c. à thé = 15 ml (1 c. à soupe)
4 c. à soupe = 60 ml (¼ tasse)
5⅓ c. à soupe = 80 ml (⅓ tasse)
8 c. à soupe = 120 ml (½ tasse)
10⅔ c. à soupe = 160 ml (⅔ tasse)
12 c. à soupe = 180 ml (¾ tasse)
16 c. à soupe = 240 ml (1 tasse)
28 g = 1 oz solide
1 g = 0,035 oz
240 ml (1 tasse) = 8 oz liquides
1 tasse = 240 ml (½ pt)
2 tasses = 480 ml (1 pt)
4 tasses = 1 l

hors-d'œuvre

LES HORS-D'ŒUVRE SONT DES MINI casse-croûtes (ou collations) qui peuvent servir d'entrée au cours d'une fête ou d'un repas, et qui ajoutent un bouquet particulier à un événement. Ils ne constituent pas un repas complet en soi, mais s'ils sont associés à d'autres hors-d'œuvre, vous pouvez transformer un casse-croûte en repas. Vous constaterez que la majeure partie des cuisines exotiques ont leurs propres versions des petites bouchées, qui se reflètent dans les recettes qui suivent.

SIMILI BOULETTES DE VIANDE

Le bulgur, un type de blé écrasé du Moyen-Orient, est un excellent substitut de la viande. Essayez-le dans des mini boulettes de simili-viande.

480 ml (2 tasses) de bulgur
 non cuit, lavé

15 ml (1 c. à soupe) d'oignon
 émincé

1 gros œuf, battu

Origan séché au goût

Poivre noir fraîchement moulu au goût

15 à 45 ml (1 à 3 c. à soupe)
 d'huile d'olive

240 ml (1 tasse) de jus de tomate
 ou plus si nécessaire

1. Mélanger le bulgur, l'oignon et l'œuf. Assaisonner avec l'origan et le poivre. Former des boulettes de la taille d'une noix.

2. Couvrir légèrement un grand poêlon d'huile et chauffer à feu moyen-élevé. Ajouter les boulettes et cuire jusqu'à ce qu'elles soient brunies. Ajouter le jus de tomate, couvrir et cuire jusqu'à ce que le bulgur ait ramolli, ajouter plus de jus si le poêlon devient sec, pendant environ 5 minutes. Servir les boulettes dans un plat de service peu profond avec des fourchettes de cocktail ou des cure-dents.

PAR BOULETTE : 61 CAL ; 2 G PROT ; 1 G MAT GR ; 11 G CARB ; 9 MG CHOL ; 4 MG SOD ;
1 G FIBRES

LÉGUMES GRILLÉS AVEC TAPENADE D'AUBERGINE

La tapenade est un condiment originaire de Provence, une région du sud de la France. Sous sa forme classique, cette pâte épaisse est composée de câpres, d'anchois, d'olives mûres, d'huile d'olive, de jus de citron, d'assaisonnements et parfois de thon, mais cette version omet le poisson. Cette tartinade délectable peut être servie sur des tranches de pain baguette ou de pain de blé entier.

Tapenade d'aubergine

7,5 ml (1½ c. à thé) de sel

30 ml (2 c. à soupe) d'huile d'olive

240 ml (1 tasse) d'oignon haché fin

240 ml (1 tasse) de fenouil tranché fin

15 ml (1 c. à soupe) d'ail émincé

2,5 ml (½ c. à thé) de basilic séché

2,5 ml (½ c. à thé) d'origan séché

20 ml (4 c. à thé) de thym séché

15 ml (1 c. à soupe) de pâte de tomate

Légumes grillés

224 g (8 onces) de tempeh

120 ml (½ tasse) de jus de citron frais

30 ml (2 c. à soupe) de tamari ou de sauce soja faible en sodium

30 ml (2 c. à soupe) de mirin

1,25 ml (¼ c. à thé) d'ail émincé

0,62 ml (⅛ c. à thé) de poivre de Cayenne, ou au goût

1 gros poivron rouge ou jaune

30 ml (2 c. à soupe) d'huile d'olive

2,5 ml (½ c. à thé) de vinaigre de vin rouge

2 champignons portobello moyen, avec tiges

1 pain baguette

112 g (4 onces) d'épinards frais, lavés et séchés

1. Préchauffer le four à 200 °C (400 °F).

2. Pour préparer la tapenade : peler et couper l'aubergine en dés. Saupoudrer de 2,5 ml (½ c. à thé) de sel et mettre sur une serviette de papier pour égoutter. Chauffer l'huile à feu moyen-élevé, ajouter l'oignon et cuire en remuant fréquemment, pendant 1 minute. Ajouter le fenouil, l'ail, les 5 ml (1 c. à thé) de sel restant, le basilic, l'origan et le thym, et cuire en remuant fréquemment pendant 1 minute. Incorporer l'aubergine et la pâte de tomate. Réduire à feu moyen et cuire en remuant de temps en temps jusqu'à ce que l'aubergine commence à ramollir, pendant environ 3 minutes. Mettre au four et cuire sans couvrir pendant 35 minutes, en remuant de temps en temps jusqu'à ce que l'aubergine ait complètement ramolli.

3. Entre-temps, pour préparer les légumes grillés : préparer un feu au charbon de bois ou préchauffer un gril au gaz à puissance moyenne-élevée. Couper le tempeh en deux en diagonale. Couper de nouveau en deux dans le sens de la longueur pour obtenir 4 morceaux. Cuire à la vapeur le tempeh à feu doux pendant 20 minutes. Mélanger le jus de citron, le tamari, le mirin, l'ail et le poivre de Cayenne dans un saladier. Ajouter le tempeh et laisser reposer pendant que vous faites cuire la tapenade.

4. Couper le poivron en deux dans le sens de la longueur et enlever les graines et les nervures. Mélanger l'huile et le vinaigre de vin rouge dans un bol. Mettre le tempeh, le poivron et les champignons sur le gril, badigeonner avec le mélange d'huile et cuire jusqu'à ce que les légumes soient brun doré des deux côtés. Sinon, griller le tempeh et les légumes pendant 5 à 10 minutes par côté.

5. Couper les champignons en tranches épaisses. Couper le poivron en 4 lanières. Couper les bouts du pain baguette. Couper le pain en deux dans le sens de la longueur. Étendre 75 à 90 ml (5 à 6 c. à soupe) de tapenade sur la moitié de la tranche du dessous (réserver le reste de la tapenade pour une autre utilisation) et garnir de tempeh, de champignons, de poivron et d'épinards. Couvrir la moitié supérieure du pain et couper en quatre morceaux identiques. Servir immédiatement.

PAR PORTION : 339 CAL ; 16 G PROT ; 18 G MAT GR ; 33 G CARB ; 0 MG CHOL ; 1322 MG SOD ; 6 G FIBRES

BRUSCHETTA AUX ASPERGES GRILLÉES AVEC FROMAGE DE CHÈVRE ET TAPENADE

POUR 4 PERSONNES

Ce plat constitue un hors d'œuvre copieux ou un plat principal campagnard et est une excellente façon d'utiliser le reste de la tapenade de la recette précédente.

30 ml (2 c. à soupe) d'huile d'olive et plus pour verser sur le plat

450 g (1 livre) d'asperges, couper les extrémités dures peler et blanchir les pointes

4 tranches de pain de campagne italien, coupé en tranches de 1,27 cm (½ pouce) d'épaisseur

1 grosse gousse d'ail, pelée et coupée en deux

20 ml (4 c. à thé) de tapenade d'aubergine (page 72), ou plus au goût

112 g (4 onces) de fromage de chèvre doux comme le Montrachet

120 ml (½ tasse) d'olives noires, dénoyautées et hachées

Poivre noir fraîchement moulu au goût

1. Chauffer 15 ml (1 c. à soupe) d'huile dans une casserole ou un poêlon à fond cannelé sur un feu à puissance moyenne-élevée. Ajouter les asperges et cuire, en tournant fréquemment, jusqu'à ce qu'elles soient tendres et brun doré. Retirer de la casserole et réserver.

2. Frotter les deux côtés du pain avec l'ail du côté tranché. Ajouter les 15 ml (1 c. à soupe) d'huile restante à la poêle ou au poêlon à fond cannelé, et chauffer à feu moyen. Mettre le pain dans la casserole, et cuire environ 4 minutes par côté, ou jusqu'à ce qu'il soit doré et croustillant. Retirer de la casserole et laisser reposer jusqu'à ce que le plat ait suffisamment refroidi pour être manipulé.

3. Étendre 5 ml (1 c. à thé) de tapenade sur un côté de chaque tranche de pain. Garnir la tapenade avec 28 g (1 once) du fromage de chèvre, en étendant le fromage ou en l'émiettant. Garnir le fromage de chèvre d'asperges, coupées pour les adapter au pain. Disperser les olives sur le plat, verser un filet d'huile et assaisonner de poivre noir. Couper en deux et servir chaud.

PAR PORTION : 270 CAL ; 9 G PROT ; 18 G MAT GR ; 19 G CARB ; 15 MG CHOL ; 430 MG SOD ; 3 G FIBRES

PETITES POMMES DE TERRE ROUGES FARCIES AUX NOIX

POUR 12 PERSONNES (DONNE 24 PORTIONS)

Ces petites pommes de terre rouges, garnies de crème sure, de noix et d'un joyeux brin d'aneth, décoreront votre buffet. Les pommes de terre peuvent être bouillies et évidées 3 jours à l'avance. Les pommes de terre garnies peuvent être préparées plusieurs heures à l'avance, mais elles sont meilleures lorsqu'elles sont servies fraîchement préparée. Réserver les restes de pommes de terre pour une omelette ou pour des pommes de terre frites à la poêle.

24 petites pommes de terre rouge

24 noix en moitié, rôties (voir page 60)

180 ml (¾ tasse) de crème sure

24 brins d'aneth frais

1. Préchauffer le four à 180 °C (350 °F). Faire cuire les pommes de terre dans l'eau bouillante jusqu'à ce qu'elles soient tendres, 8 à 12 minutes. Égoutter et laisser refroidir.

2. Couper la base des pommes de terre afin qu'elles se tiennent droite et couper d'un tiers à partir du sommet. Si les pommes de terre sont de taille moyenne, les couper en deux à l'horizontale et utiliser les deux moitiés. En utilisant une cuillère parisienne, creuser un peu les pommes de terre et remplir la cavité avec une cuillerée de crème aigre. Garnir avec une moitié de noix, et border d'un brin d'aneth.

PAR POMME DE TERRE : 51 CAL ; 1 G PROT ; 3 G MAT GR ; 7 G CARB ; 3 MG CHOL ; 4 MG SOD ; 0,3 G FIBRES

MÉLANGE DE ROULEAUX D'AUTOMNE

Ces hors-d'œuvre rafraîchissants sont parfaits par un jour de chaleur. Vous pouvez trouver la poudre de poivron rouge coréenne dans les marchés coréens.

Pâte de haricots en sauce

15 ml (1 c. à soupe) de sucre brun

30 ml (2 c. à soupe) de pâte de haricots coréens toenjang ou de miso japonais

5 ml (1 c. à thé) de graines de sésame

Enveloppes

8 morceaux de feuilles de laitue, lavées et séchées

8 feuilles de sésame ou de feuilles d'herbes fraîches, comme le basilic

Salade

15 ml (1 c. à soupe) d'huile végétale

Environ 84 g (3 onces) de tofu ferme, coupé en cubes

½ avocat, pelé

¼ de poivron rouge

70 g (2½ onces) de radis blanc coréen ou daikon, coupés en juliennes

10 ml (2 c. à thé) d'huile de sésame foncé

10 ml (2 c. à thé) de graines de sésame

10 ml (2 c. à thé) de sucre brun

7,5 ml (1½ c. à thé) de sel

5 ml (1 c. à thé) de poudre de poivron rouge coréen ou de paprika

56 g (2 onces) de germes de haricots non cuits

2 petits concombres, de préférence la variété Kirby, pelés et coupés en dés

1. Pour préparer la pâte de haricots en sauce : mettre le sucre dans une casserole épaisse et le faire fondre à feu moyen-doux, en prenant soin de ne pas le brûler. Retirer du feu, et remuer la pâte de haricots et les graines de sésame dans le sucre fondu.

2. Pour préparer les enveloppes : couper les bords des feuilles de laitue pour les rendre uniformément rondes. Disposer les feuilles de sésame à côté.

3. Pour préparer la salade : chauffer l'huile dans un poêlon ou un wok à feu moyen-élevé et faire sauter le tofu pendant 2 à 3 minutes, ou jusqu'à ce que le tofu commence à devenir doré. Retirer du feu et réserver.

4. Trancher l'avocat en morceaux de 3 cm (1½ pouce) de longueur. Trancher le poivron en morceaux de 3 cm (1½ pouce) de longueur. Réserver.

5. Mélanger le radis avec 5 ml (1 c. à thé) d'huile de sésame, 5 ml (1 c. à thé) de graines de sésame, le sucre, 2,5 ml (½ c. à thé) de sel et la poudre de poivron rouge. Réserver.

6. Mélanger les germes de haricots avec la c. à thé d'huile de sésame restante, 5 ml (1 c. à thé) d'huile de sésame et 5 ml (1 c. à thé) de sel.

7. Pour assembler les rouleaux, placer une feuille de laitue sur une surface plate, séparer les ingrédients de remplissage en 8 tas identiques et disposer en couches le reste des ingrédients sur les piles dans l'ordre suivant : 1 feuille de sésame, le mélange de germes de haricots, le mélange de radis, le tofu, le concombre, l'avocat et le poivron. Puis verser 5 ml (1 c. à thé) de pâte de haricots en sauce. Envelopper en rabattant les bouts vers l'intérieur et rouler. Répéter avec le reste des ingrédients et servir avec le reste de la pâte de haricots en sauce.

PAR PORTION : 190 CAL ; 7 G PROT ; 16 G MAT GR ; 13 G CARB ; 0 MG CHOL ; 1250 MG SOD ; 2 G FIBRES

GOUGÈRES

Gougère est le nom français classique pour des bâtonnets au fromage. Vous pouvez remplacer le fromage gruyère par votre préféré comme le roquefort ou le Parmigiano-reggiano, faisant de la gougère un hors-d'œuvre parfait pour presque toutes les occasions. Vous pouvez aussi ajouter deux ou trois cuillères à table d'herbes hachées ou de ciboulette au mélange. Si les gougères sont préparées à l'avance, elles peuvent être réchauffées dans le four en quelques minutes.

60 ml (4 c. à soupe ou ½ bâtonnet) de beurre non salé

60 ml (¼ tasse) plus 30 ml (2 c. à soupe) de lait

6,25 ml (1¼ c. à thé) de sel de mer

6 grains de poivre noir

180 ml (¾ tasse) de farine tout usage tamisée

1,25 ml (¼ de c. à thé) de levure

3 gros œufs, à la température de la pièce

240 ml (1 tasse) plus 30 ml (2 c. à soupe) de fromage gruyère grossièrement râpé

1. Préchauffer le four à 190 °C (375 °F). Tapisser 2 plaques à pâtisserie de papier sulfurisé et réserver.

2. Combiner le beurre, 60 ml (¼ tasse) du lait, 120 (½ tasse) d'eau, 1,25 ml (¼ c. à thé) de sel et le poivre dans une casserole de 2 litres et chauffer à feu moyen. Porter à ébullition, retirer du feu et ajouter la farine et la levure. Bien mélanger avec une cuillère en bois et remettre au feu. Cuire en brassant constamment, jusqu'à ce que la pâte se détache des côtés de la casserole et forme une boule.

3. Mettre la boule dans le bol d'un mélangeur électrique avec spatule intégré et mélanger à basse vitesse jusqu'à ce que la pâte soit encore chaude, pendant environ 2 minutes.

4. Ajouter les œufs, 1 œuf à la fois, pendant que le mélangeur est en marche et ajouter 120 ml (½ tasse) de fromage. Battre le mélange jusqu'à ce qu'il soit uniformément lisse et brillant, environ 12 minutes.

5. Mettre la pâte dans une poche à douille adaptée avec une pointe no 3. Faire avec la pâte de gougère de petits monticules de 2,54 cm (1 pouce) sur les plaques à pâtisserie. Les espacer également de 1,27 cm (½ pouce), faire environ 18 gougères par feuille. Asperger les surfaces avec les 28 ml (1 c. à soupe) restantes de lait et les saupoudrer avec le reste du fromage et du sel.

6. Cuire pendant 20 à 25 minutes, ou jusqu'à ce que les gougères soient brun doré. Enlever du four et servir chaud.

PAR PORTION (3 MORCEAUX) : 130 CAL ; 6 G PROT ; 9 G MAT GR ; 7 G CARB ; 75 MG CHOL ; 300 MG SOD ; 0 G FIBRES

SIMILI BOURSIN AU SOJA

Ayez cette recette en tête pour une occasion spéciale, ou mettre le boursin au soja dans un bol et servir avec des craquelins.

180 ml (6 onces) de fromage de soja en crème

60 ml (¼ tasse ou ½ bâtonnet) de margarine de soja

5 ml (1 c. à thé) d'ail écrasé

10 ml (2 c. à thé) de poivre noir fraîchement moulu

1 pincée de basilic, de marjolaine et de thym

Amener le fromage à la crème et la margarine à la température de la pièce, et mélanger avec le reste des ingrédients. Goûter et assaisonner à votre goût.

PAR PORTION : 110 CAL ; 1G PROT ; 12 G MAT GR ; 1 G CARB ; 0 MG CHOL ; 170 MG SOD ; 0 G FIBRES

ROULEAUX DE PRINTEMPS

Inspirée par les délicieux rouleaux de printemps, ou la salade du Viêt-Nam, cette version végétarienne américanisée conserve le concept, mais appelle à une approche différente, y compris dans l'utilisation des oignons au lieu de la ciboulette, des nouilles sous cellophane au lieu des vermicelles de riz et du tofu cuit au lieu de la crevette.

42 à 56 g (1½ à 2 onces) de nouilles sèches ou de nouilles à base de farine de haricot sous cellophane

Eau bouillante

6 emballages de papier de riz

6 feuilles de laitue rouge, lavées, séchées avec le bout coupé

240 ml (1 tasse) de carottes râpées

1 bouquet de coriandre (cilantro), lavé et séché

112 g (4 onces) de tofu asiatique assaisonné et cuit

6 oignons verts minces, les bouts verts coupés en minces tranches

1. Mettre les nouilles dans l'eau bouillante et couvrir pendant environ 7 minutes, ou jusqu'à ce qu'elles soient ramollies. Égoutter, laver à l'eau froide et égoutter de nouveau. Laisser refroidir et diviser en 6 parties égales.

2. Assembler les ingrédients dans des piles séparées sur le plan de travail, couper le tofu en 12 minces tranches. Commencer avec le premier rouleau, humidifier rapidement l'emballage de papier de riz dans l'eau chaude et étendre sur le plan de travail. Placer 1 morceau de laitue sur l'emballage et une couche des carottes râpées par dessus, puis les feuilles de cilantro frais, 2 lanières de tofu et 1 portion de nouilles. Commencer à envelopper le rouleau fermement, en commençant par le bord le plus rapproché, en faisant un tour. Disposer le bord gauche sur la garniture, en laissant le bord droit ouvert. Continuer à rouler l'emballage fermement en un paquet propre. Insérer un oignon vert du côté du rouleau qui est déroulé de façon à ce que l'extrémité de l'oignon vert avance comme une plume. Répéter l'opération avec le reste des ingrédients. Mettre de côté les rouleaux sur un plateau de service et couvrir avec des serviettes de papier humides jusqu'à ce qu'ils soient prêts à servir. Servir avec la trempette asiatique (ci-dessous) ou une autre sauce.

PAR PORTION : 314 CAL ; 19 G PROT ; 7 G MAT GR ; 45 G CARB ; 0 MG CHOL ; 340 MG SOD ; 6 G FIBRES

TREMPETTE ASIATIQUE

Ce condiment délicieux ressemble à la pâte épaisse, douce qui est servie avec les rouleaux vietnamiens ou les rouleaux de printemps. C'est si bon, que vous voudrez peut-être doubler la recette et l'avoir sous la main pour d'autres plats asiatiques.

120 ml (½ tasse) de sauce hoisin

15 ml (1 c. à soupe) de beurre d'arachides croquant

15 ml (1 c. à soupe) de pâte de chili asiatique ou au goût

Pour mélanger la trempette : battre ensemble la sauce hoisin, le beurre d'arachides et la sauce chili jusqu'à qu'elle soit bien mélangée. Placer dans un plat de service et servir avec les rouleaux.

PAR PORTION : 200 CAL ; 4 G PROT ; 6 G MAT GR ; 32 G CARB ; 0 MG CHOL ; 1 310 MG SOD ; 2 G FIBRES

FEUILLES DE VIGNE FARCIES AUX HERBES
AVEC SAUCE DE YOGOURT À LA MENTHE POUR 20 PERSONNES (DONNE 40 PORTIONS)

Farcir les feuilles de vigne avec un mélange rafraîchissant de riz, d'aneth, de menthe, de persil et de raisins de Corinthe, et vous les verrez disparaître.

Garniture

40 feuilles de vigne égouttées
   (1 jarre de 3,4 l ou 116 onces)
   plus feuilles additionnelles pour
   couvrir la casserole

Eau bouillante

240 ml (1 tasse) de riz basmati
   non cuit

1 boîte de bouillon de légumes
   ou 435 ml (14½ onces) bouillon
   de légumes (page 431) et
   suffisamment d'eau pour faire
   480 ml (2 tasses)

2 oignons hachés

4 gousses d'ail, pressées ou hachées

120 ml (½ tasse) de raisins de
   Corinthe, trempés dans l'eau
   et égouttés

60 ml (¼ tasse) d'aneth frais coupé
   ou 2 c. à table d'aneth séché

60 ml (¼ tasse) de persil frais haché
   ou 15 ml (1 c. à soupe) plus 5 ml
   (1 c. à thé) de persil séché

10 ml (2 c. à thé) de poivre
   fraîchement moulu

Sauce

480 ml (2 tasses) de yogourt sans
   matières grasses

4 oignons verts hachées

60 ml (¼ tasse) de menthe fraîche
   hachée ou 30 ml (2 c. à soupe)
   de menthe séchée

1 gousse d'ail hachée

5 ml (1 c. à thé) de sel

1. Pour préparer la garniture : dans un bol à mélanger, verser l'eau bouillante sur les feuilles de vigne pour couvrir et les laisser tremper pendant 1 heure.

2. Entre-temps, combiner le riz et le bouillon de légumes dans une casserole. Couvrir, porter à ébullition, réduire à feu doux et cuire pendant 10 minutes. Mélanger les oignons et l'ail, couvrir jusqu'à ce que tout le liquide ait été absorbé, pendant environ 10 minutes. Retirer la casserole du feu. Mélanger les raisins de Corinthe, les graines d'aneth, le persil et le poivre en séparant le riz avec une fourchette.

3. Égoutter les feuilles de vigne et tapoter avec une serviette de papier. Enlever les tiges. Coucher une feuille de vigne avec les veines au-dessus et sa tige sur une surface plate. Mettre 15 ml (1 c. à soupe) de riz au centre. Rabattre les côtés, rouler ensuite la feuille de la base jusqu'au sommet. Répéter avec les feuilles de vignes restantes et la garniture et réserver le côté fermé dessous pour empêcher que la feuille farcie se déroule.

4. Doubler le fond d'une grande casserole avec des feuilles de vigne supplémentaires pour empêcher les feuilles de vigne garnies de coller à la casserole. Disposer les feuilles de vigne garnies dans la casserole, les côtés qui ont été refermés dessous, en couches. Verser 480 ml (2 tasses) d'eau sur les feuilles, couvrir et faites cuire à feu doux jusqu'à ce que les feuilles de vigne soient tendres, pendant environ 45 minutes. Ajouter 80 ml à 120 ml (⅓ à ½ tasse) d'eau additionnelle pendant la cuisson pour empêcher les feuilles de coller, si nécessaire. Retirer du feu et laisser refroidir.

5. Pour préparer la sauce : combiner le yogourt, les oignons verts, la menthe, l'ail et le sel dans un bol et mélanger. Servir les feuilles de vigne avec la sauce en accompagnement.

PAR PORTION : 80 CAL ; 3 G PROT ; 0,3 G MAT GR ; 15 G CARB ; 0,5 MG CHOL ; 164 MG SOD ; 2 G FIBRES

POLENTA GRILLÉE AVEC GARNITURE DE CHAMPIGNONS

La polenta est une farine de maïs qui a bouilli dans l'eau. On peut la manger chaude ou froide et coupée en tranches. Elle peut être servie telle quelle ou apprêtée avec une délicieuse garniture comme celle-ci. Ce qui en fait une entrée particulièrement appétissante.

2,5 ml (½ c. à thé) de sel

2,5 ml (½ c. à thé) de poivre noir fraîchement moulu

240 ml (1 tasse) de farine de maïs, de préférence grossièrement moulue

60 ml (¼ tasse) d'huile d'olive

450 g (1 livre) de champignons blancs de Paris, coupés en tranches fines

½ petit oignon, haché fin

4 gousses d'ail, hachées fin

15 ml (1 c. à soupe) de basilic séché

15 ml (1 c. à soupe) de persil frais haché

1. Combiner 720 ml (3 tasses) d'eau, le sel et le poivre dans une casserole à fond épais et cuire à feu élevé. Quand l'eau arrive à ébullition, ajouter la farine de maïs dans un petit jet régulier, en brassant constamment avec une cuillère en bois. Réduire à feu doux et poursuivre la cuisson pendant 20 minutes, en remuant fréquemment, jusqu'à ce que la polenta devienne très épaisse.

2. À l'aide d'une cuillère mettre la polenta sur une feuille de papier ciré. Avec une spatule humide, étendre la polenta jusqu'à ce qu'elle forme une surface de 1,27 cm (½ pouce) d'épaisseur. Pendant que la polenta refroidit, faire chauffer l'huile à feu élevé dans un poêlon et sauter les champignons, l'oignon, l'ail, le basilic et le persil, en remuant pendant environ 5 minutes, ou jusqu'à ce que les champignons soient tendres. Réserver et garder au chaud.

3. Préchauffer le four. Vaporiser une plaque à pâtisserie avec un vaporisateur antiadhésif.

4. Couper la polenta en 6 grands ou 12 petits carrés et placer sur la plaque à pâtisserie. Faire griller les carrés des deux côtés jusqu'à ce que des taches brun doré apparaissent. Recouvrir avec la sauce aux champignons et servir immédiatement.

PAR PORTION (1 GRAND OU 2 PETITS MORCEAUX) : 195 CAL ; 3 G PROT ; 10 G MAT GR ; 23 G CARB ; 0 MG CHOL ; 180 MG SOD ; 4 G FIBRES

CROSTINI OLIVES-TOMATES

Bulbe à saveur légère, l'échalote a un goût semblable à l'oignon. Vous pouvez en trouver dans la section des produits alimentaires du supermarché. N'hésitez pas à remplacer les échalotes par des oignons, de la ciboulette ou des poireaux dans la plupart des recettes. Les boutons en fleurs d'un arbuste de la Méditerranée, les câpres sont choisies avant qu'elles ne fleurissent, et ensuite mises dans le sel ou la saumure. Elles sont utilisées pour parfumer un certain nombre de plats. Croquants et légèrement salés, ces crostini sont parfaits avec des boissons apéritives.

Pâte d'olive

240 ml (1 tasse) d'olives kalamata ou niçoise dénoyautées

60 ml (2 c. à soupe) d'échalote ou d'oignon haché

60 ml (2 c. à soupe) de câpres lavées, facultatif

60 ml (2 c. à soupe) d'huile d'olive

1,25 ml (¼ c. à thé) de thym séché

10 à 15 ml (2 à 3 c. à thé) de jus de citron frais ou de vinaigre de vin rouge, au goût

Crostini

16 tranches de pain français en fines tranches

1 à 2 gousses d'ail, coupées en deux

16 petites tomates mûres, fermes (rouges et jaunes, si possible), tranchées

Feuilles de basilic fraîches

Poivre noir fraîchement moulu au goût

1. Pour préparer la pâte : laver les olives pour enlever l'excès de sel. Mettre les olives, l'échalote, les câpres, l'huile et le thym dans un robot culinaire et mélanger jusqu'à ce que la pâte ait une consistance lisse ou texturée, selon ce que vous préférez. Mélanger dans le jus de citron. Réserver.

2. Pour préparer le crostini : griller le pain des deux côtés et le frotter immédiatement avec l'ail. Étendre une mince couche de pâte d'olive sur le pain et garnir avec quelques tranches de tomates. Mettre quelques feuilles de basilic entre les tomates. Saupoudrer généreusement avec du poivre. Servir immédiatement.

PAR CROSTINI : 97 CAL ; 3 G PROT ; 3 G MAT GR ; 15 GR CARB ; 0 MG CHOL ; 166 MG SOD ; 1 G FIBRES

Les artichauts sont des légumes d'automne ou du printemps, époque où les pois frais sont aussi disponibles. Préparez la terrine avec des pois congelés en automne. D'une manière ou d'une autre, vous aurez une magnifique terrine avec deux couches contrastées avec des nuances vertes. Si vous ne trouvez pas des artichauts frais, remplacez-les par 480 ml (2 tasses) de cœurs d'artichaut en conserve, non conservés dans l'huile.

4 artichauts frais

120 ml (½ tasse) de bouillon de légumes (page 431)

480 ml (2 tasses) de pois verts frais ou congelés

3 pommes de terre de grosseur moyenne, pelées et coupées en dés

1,25 ml (¼ c. à thé) de muscade moulue

Sel et poivre noir fraîchement moulu, au goût

1. Couper les sommets des artichauts, en utilisant un couteau pointu. Enlever les épines sur les feuilles extérieures et les petites feuilles intérieures. Cuire les artichauts à la vapeur, la tête vers le bas, dans un panier à vapeur ou dans une casserole avec 2,5 cm (1 pouce) d'eau pendant 30 à 60 minutes. Les artichauts sont prêts quand les feuilles extérieures se détachent facilement. Retirer du feu et laisser refroidir.

2. Pendant ce temps, verser le bouillon de légumes dans une casserole à feu moyen. Ajouter les pois et les pommes de terre. Réduire à feu doux et cuire jusqu'à ce que les pommes de terre soient tendres, pendant environ 15 minutes. Retirer du feu et laisser refroidir. Ajouter la muscade, le sel et le poivre. Mettre le mélange dans un mélangeur ou un robot culinaire et réduire en purée. Réserver.

3. Enlever les feuilles extérieures de l'artichaut et gratter la chair tendre avec une cuillère lorsque les artichauts ont assez refroidi pour être manipulés. Les feuilles au centre se détacheront ensemble. Trancher la partie tendre. Avec une cuillère, enlever la partie duveteuse au centre et jeter. Couper en cubes le cœur, situé directement dessous, pour obtenir 480 ml (2 tasses) d'artichauts. Passer au mélangeur ou au robot culinaire avec suffisamment de liquide pour mélanger et réduire en purée. Réserver.

4. Verser la purée de pommes de terre et de pois dans une terrine ou une moule à pain de 1,2 l (5 tasses). Mettre la purée d'artichaut dessus. Couvrir avec une pellicule de plastique et réfrigérer toute la nuit. Avant de servir, passer un couteau mince autour du périmètre de la casserole pour détacher la terrine. Placer une assiette sur la casserole, retourner soigneusement pour ne pas défaire la terrine et servir.

PAR PORTION : 71 CAL ; 3 G PROT ; 0 G MAT GR ; 15 G CARB ; 0 MG CHOL ; 54 MG SOD ; 5 G FIBRES

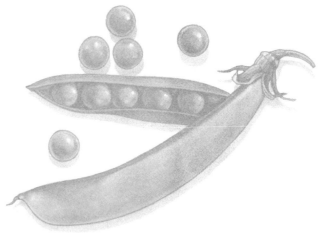

CROUSTILLES DE PITA AVEC ÉPINARDS, POIVRON ROUGE ET FÉTA

Le pain pita peut-être converti en «craquelins», ce qui est pratique pour les hors-d'œuvre.

4 pains pita de blé entier

2 grosses gousses d'ail, coupées en deux

1 litre (4 tasses) de feuilles d'épinards frais, bien lavées et non séchées

120 ml (½ tasse) de lanières de poivron rouge rôti (voir page 59)

45 ml (3 c. à soupe) de fromage feta émietté

1. Préchauffer le four à gril. Couper le pita en deux, à l'horizontale. Griller les moitiés sous le gril ou dans un grille-pain. Frotter chaque moitié de pita grillé avec de l'ail. Réserver.

2. Mettre les épinards dans une grande casserole couverte et cuire à la vapeur à feu moyen-élevé pendant environ 3 minutes, ou jusqu'à ce que les feuilles ramollissent. Retirer du feu et, en utilisant des pincettes, extraire l'excès de liquide.

3. Placer les moitiés de pain pita grillées sur un plat résistant à la chaleur. Recouvrir également avec les épinards, les lanières de poivron et le feta. Griller, en tournant le plat une fois, jusqu'à ce que le fromage commence à fondre, pendant environ 2 minutes. Retirer du four et servir.

PAR PORTION : 82 CAL ; 3 G PROT ; 2 G MAT GR ; 16 G CARB ; 3 MG CHOL ; 197 MG SOD ; 3 G FIBRES

ROULEAUX IMPÉRIAUX CROUSTILLANTS

POUR 12 PERSONNES (DONNE 24 PORTIONS)

Les rouleaux impériaux sont habituellement frits, mais ceux-ci sont cuits jusqu'à ce qu'ils soient dorés, une façon de réduire les calories. Vous pouvez servir ces rouleaux avec la trempette asiatique (page 76).

240 ml (1 tasse) d'oignons coupés en cubes

4 gousses d'ail, hachées finement

15 ml (1 c. à soupe) de gingembre frais haché.

720 ml (3 tasses) de chou vert coupé en dés

480 ml (2 tasses) de céleri coupé en cubes

240 ml (1 tasse) de pousses de bambou égouttées et coupées en dés

240 ml (1 tasse) de châtaignes égouttées et coupées en dés

120 ml (½ tasse) de champignons shiitake frais coupés en cubes

120 ml (½ tasse) de champignons de Paris coupés en cubes

30 ml (2 c. à soupe) de sauce soja faible en sodium

15 ml (1 c. à soupe) de vin de riz ou de mirin

15 ml (1 c. à soupe) de miel

24 enveloppes à rouleaux impériaux

30 ml (2 c. à soupe) d'huile de sésame foncée, chauffée

1. Préchauffer le four à 200 °C (400 °F).

2. Chauffer 60 ml (¼ tasse) d'eau dans un wok jusqu'à ébullition. Faire cuire l'oignon, l'ail et le gingembre jusqu'à ce que l'oignon soit tendre, mais non doré, environ 5 minutes. Ajouter le chou, le céleri, les pousses de bambou, les châtaignes d'eau et les champignons et cuire jusqu'à ce que les légumes ramollissent, pendant environ 8 minutes. Retirer du feu. Ajouter la sauce soja, le vin de riz et le miel et remuer bien. Placer le mélange dans une passoire sur un bol et laisser égoutter 10 minutes.

3. Assurez-vous que votre plan de travail est sec pour envelopper les rouleaux impériaux. Empiler les enveloppes à rouleaux impériaux avec un coin pointant dans l'autre direction. Ayez un petit bol d'eau à proximité. Versez avec une cuillère 60 ml (¼ tasse) de la garniture égouttée au centre de chaque rouleau. Brosser légèrement les bords du rouleau avec l'eau. Plier les coins des côtés vers le centre, couvrir la garniture. Puis amener le coin du fond vers le centre, glisser légèrement sous la garniture et continuer à rouler l'enveloppe dans un cylindre, en scellant le coin supérieur, en l'humidifiant légèrement avec de l'eau et en appuyant dessus. Mettre les rouleaux impériaux, le côté refermé dessous, sur deux plaques à pâtisserie antiadhésives. Badigeonner légèrement avec un peu d'huile de sésame.

4. Cuire les rouleaux au centre du four, en tournant une fois, jusqu'à ce qu'ils soient dorés et croustillants, pendant 15 à 20 minutes. Retirer du four et servir immédiatement.

PAR ROULEAU : 80 CAL ; 3 G PROT ; 1 G MAT GR ; 14 G CARB ; 0 MG CHOL ; 57 MG SOD ; 1 G FIBRES

La combinaison de la cuisson sautée et à la vapeur rend ces petites boulettes de pâte à la fois croquantes et juteuses. Plongez-les dans de petits bols remplis de sauce de soja, de vinaigre de riz ou d'huile de chili. Vous pouvez utiliser les pâtes de gyoza japonais ou de wonton chinois au lieu de faire votre propre pâte.

Garniture

5 champignons shiitake séchés, mis à tremper

360 ml (1½ tasse) de nappa finement râpé ou autre chou chinois

240 ml (1 tasse) de carottes finement hachées

2 oignons verts, hachés fin

15 ml (1 c. à soupe) de sauce soja régulière ou faible en sodium

15 ml (1 c. à soupe) de vin de riz ou de xérès sec

15 ml (1 c. à soupe) de farine de maïs

10 ml (2 c. à thé) d'huile de sésame foncée

5 ml (1 c. à thé) de gingembre frais râpé

2,5 ml (½ c. à thé) de sucre cristallisé

Pâte

720 ml (3 tasses) de farine tout usage plus un peu de farine additionnelle pour enfariner

320 ml (1⅓ tasse) d'eau bouillante

30 ml (2 c. à soupe) d'huile végétale

160 ml (⅔ tasse) de bouillon de légumes (page 431)

1. Pour la garniture : faire tremper les champignons séchés dans l'eau chaude pendant 30 minutes. Égoutter. Couper les champignons et jeter les pieds, trancher finement les chapeaux. Combiner les champignons avec le reste des ingrédients de la garniture dans un bol, mélanger bien. Réserver.

2. Pour la pâte : mesurer la farine dans un grand bol. Mélanger avec l'eau bouillante, remuer avec des baguettes chinoises ou une fourchette jusqu'à ce que la pâte soit uniformément humidifiée. Couvrir et laisser reposer pendant 30 minutes. Pétrir la pâte sur une surface légèrement enfarinée jusqu'à consistance lisse et élastique, pendant environ 5 minutes. Diviser la pâte en deux. Rouler chaque moitié en un cylindre de 35,5 cm (14 pouces) de long et couper en diagonale des pièces de 2,5 cm (1 pouce). Donner à chaque morceau la forme d'une boulette et couvrir avec un linge humide.

3. Pour former les pot stickers, rouler une boulette de pâte avec un rouleau à pâtisserie sur une surface légèrement enfarinée pour faire un cercle de 7,62 cm (3 pouces). Couvrir le reste de la pâte pour l'empêcher de sécher. Mettre une bonne cuillère à thé de la garniture au centre du cercle. Humidifier légèrement les bords du cercle avec l'eau. Plier le cercle de moitié pour former un demi-cercle. En commençant par une extrémité, pincer les bords ensemble et faire quatre à six plis le long du bord. Presser pour sceller solidement. Placer les pot stickers, les côtés refermés vers le haut, sur une plaque à pâtisserie. Couvrir avec un linge mouillé pendant que vous préparer le reste des pot stickers.

4. Préchauffer le four à 100 °C (200 °F).

5. Chauffer un grand poêlon antiadhésif à feu élevé jusqu'à ce qu'il soit chaud. Ajouter 15 ml (1 c. à soupe) d'huile, la faire tourner pour couvrir les côtés. Placer la moitié des pot stickers, les côtés refermés vers le haut, dans le poêlon. Cuire jusqu'à ce que les pot stickers soient brun doré, pendant 2 à 3 minutes, en tournant doucement de temps en temps. Égoutter l'excès d'huile et réduire la chaleur à feu moyen. Verser dans le poêlon 80 ml (⅓ tasse) de bouillon de légumes, couvrir, et cuire jusqu'à ce que le liquide se soit évaporé, pendant 5 à 6 minutes, en faisant tourner de temps en temps. Vider les pot stickers dans un plat de service, et garder au chaud dans le four préchauffé. Faire cuire le reste des pot stickers avec le reste de l'huile et le reste du bouillon de légumes. Servir chaud.

PAR POT STICKER : 63 CAL ; 2 G PROT ; 2 G MAT GR ; 11 G CARB ; 0 MG CHOL ; 39 MG SOD ; 1 G FIBRES

POP-CORN ÉPICÉ DES CARAÏBES

POUR 4 PERSONNES

La saveur brûlante des îles provient du poivre de Cayenne, aussi utiliser autant ou aussi peu de poivre de Cayenne que vous le désirez. Recherchez l'assaisonnement pour légumes à la section des épices dans un supermarché ou un magasin d'aliments naturels. L'assaisonnement est utilisé pour remplacer le sel ou pour rehausser les saveurs d'un plat.

30 ml (2 c. à soupe) d'assaisonnement pour légumes

5 ml (1 c. à thé) de zeste de citron râpé

5 ml (1 c. à thé) de poudre de cari

1 pincée de poivre de Cayenne ou au goût

5 ml (1 c. à thé) de sel, facultatif

1,9 l (8 tasses) de maïs éclaté

1. Combiner dans un bol l'assaisonnement pour légumes, le zeste de citron, la poudre de cari, le poivre de Cayenne et le sel.

2. Vaporiser légèrement de tous les côtés un grand bol avec un produit anti-adhésif. Ajouter 720 ml (3 tasses) de maïs soufflé chaud, vaporiser légèrement et asperger également d'une bonne cuillère à thé d'assaisonnements mélangés. Ajouter une autre couche de maïs, vaporiser et saupoudrer du mélange d'assaisonnements. Ajouter une dernière couche de maïs soufflé et vaporiser et saupoudrer avec les assaisonnements. Servir immédiatement sans remuer.

PAR PORTION : 69 CAL ; 2 G PROT ; 2 G MAT GR ; 13 G CARB ; 0 MG CHOL ; 3 MG SOD ; 2 G FIBRES

CHAMPIGNONS ATHÉNIENS

POUR 4 PERSONNES

Servez ces champignons comme hors-d'œuvre, ou comme accompagnement. Essayez un assortiment de champignons sauvages, en profitant du large choix de votre marché local.

45 ml (3 c. à soupe) d'huile d'olive

1 gros oignon coupé en cubes

480 ml (2 tasses) de vin blanc sec

240 ml (1 tasse) de jus de tomate

10 ml (2 c. à thé) de graines de coriandre grossièrement écrasées

5 ml (1 c. à thé) de coriandre moulue

2 feuilles de laurier

450 g (1 livre) de champignons sauvages, sans les queues

Sel et poivre noir fraîchement moulu, au goût

Plusieurs tranches très fines de truffe noire pour garnir, facultative

1. Chauffer l'huile dans un grand poêlon ou un wok à feu moyen. Ajouter l'oignon, couvrir et cuire jusqu'à ce qu'il soit translucide, environ 8 minutes, remuer de temps en temps.

2. Ajouter le vin, le jus de tomate, les graines de coriandre, les feuilles de laurier et la coriandre. Porter à ébullition et cuire jusqu'à ce que le mélange soit réduit à 180 ml (¾ tasse).

3. Ajouter les champignons et continuer à cuire pendant 2 minutes, en remuant constamment. Cuire complètement, jusqu'à ce que les champignons soient tendres, remuer de temps en temps. Assaisonner avec du sel et du poivre, au goût.

4. Retirer du feu, couvrir et réfrigérer une journée. Retirer du réfrigérateur environ 30 minutes avant de servir.

5. Pour servir, égoutter les champignons et disposer sur un plateau ou dans un bol ; ou utiliser les champignons dans une salade. Garnir avec des truffes, si désiré.

PAR PORTION : 245 CAL ; 4 G PROT ; 11 G MAT GR ; 15 G CARB ; 0 MG CHOL ; 252 MG SOD ; 5 G FIBRES

SAVOUREUSE TARTE AU FARO

Voilà une recette traditionnelle de la région de Garfagnana en Toscane. On peut servir ce tarte comme entrée ou comme plat principal avec des légumes ou une salade.

Croûte de Tarte

90 ml (6 c. à soupe ou ¾ de bâtonnet) de beurre non salé, à la température de la pièce

320 ml (1⅓ tasse) de farine tout usage

1 pincée de sel

1 gros œuf légèrement battu

Garniture

480 ml (2 tasses) de farro cuit (voir page 63)

240 ml (1 tasse) de ricotta au lait entier ou faible en gras

60 ml (¼ tasse) de fromage parmesan râpé

3 gros œufs, légèrement battus

1,25 ml (¼ c. à thé) de muscade fraîchement râpée

30 ml (2 c. à soupe) de persil frais haché

30 ml (2 c. à soupe) de marjolaine fraîche hachée

Sel et poivre fraîchement moulu, au goût

1. Préchauffer le four à 170 °C (325 °F). Beurrer un moule de 20,32 cm (8 pouces) avec 30 ml (2 c. à soupe) du beurre ramolli.

2. Pour faire la croûte de tarte : combiner la farine et le sel dans un bol. Prendre 60 ml (4 c. à soupe) de beurre qui restent et mélanger avec la farine. Ajouter l'œuf et mélanger la pâte jusqu'à ce que tous les ingrédients soient bien mélangés. Mettre la pâte dans le moule, le fond de la croûte d'abord, puis les côtés.

3. Pour la garniture : combiner le farro, le ricotta, le fromage parmesan, les œufs, la muscade, le persil, la marjolaine, le sel et le poivre. Étendre avec une cuillère le mélange sur la croûte préparée.

4. Cuire pendant 40 minutes, environ. Retirer du four, laisser tiédir, couper en tranches et servir.

PAR PORTION : 480 CAL ; 17 G PROT ; 25 G MAT GR ; 48 G CARB ; 200 MG CHOL ; 190 MG SOD ; 7 G FIBRES

BRUSCHETTA À LA TOMATE ET AUX FINES HERBES

La bruschetta est un hors-d'œuvre italien simple mais superbement préparée avec des tranches épaisses de pain grillé garnies de tomates fraîches et mûres du jardin, de basilic, d'ail et d'huile d'olive. Il s'agit d'un hors-d'œuvre apprécié avant les pâtes ou comme entrée pour à peu près tous les plats.

675 g (1½ livre) de tomates prunes mûres, épépinées et hachées

80 ml (⅓ tasse) de basilic frais haché

15 ml (1 c. à soupe) d'huile d'olive extra vierge

15 ml (1 c. à soupe) de vinaigre balsamique

1 petite gousse d'ail, hachée fin

10 ml (2 c. à thé) d'origan frais haché ou une généreuse cuillerée de 2,5 ml (½ c. à thé) d'origan séché

5 ml (1 c. à thé) jus de citron frais

Sel et poivre noir fraîchement moulu, au goût

Tranches épaisses de pain croustillant de 16,51 cm (6½ pouces) à 1,90 cm (¾ pouce) d'épaisseur, grillées ou rôties

1. Mélanger dans un bol les tomates, le basilic, l'huile, le vinaigre, l'ail, l'origan et le jus de citron. Assaisonner avec le sel et le poivre.

2. Couper le pain grillé en deux sur sa longueur pour servir. Mettre les tranches dans des plats de services et garnir avec le mélange de tomates.

PAR PORTION (2 MOITIÉS) : 99 CAL ; 2 G PROT ; 3 G MAT GR ; 14 G CARB ; 0 MG CHOL ; 134 MG SOD ; 1 G FIBRES

ROULEAUX DE « POULET » ASIATIQUES

Ces rouleaux de printemps croustillants constituent un hors-d'œuvre parfait pour un grand dîner asiatique composé de riz frit, de tofu aigre-doux ou des nouilles sautées. La sauce trempette en accompagnement offre un contrepoint satisfaisant au thé de jasmin, qui est la boisson idéale. La crème glacée au gingembre complète le repas.

Rouleaux de « poulet »

14 ml (1 c. à soupe) plus 240 ml (1 tasse) d'huile végétale pour la friture

170 g (6 onces) de filets de « poulet » au soja

5 ml (1 c. à thé) de poudre d'oignon

5 ml (1 c. à thé) de poudre d'ail

6 feuilles de riz

240 ml (1 tasse) de carottes râpées

12 tiges de cilantro (ou coriandre), lavées et coupées

120 ml (½ tasse) de feuilles de menthe fraîches

Arachides écrasées, pour la garniture, facultatif

Sauce trempette

80 ml (⅓ tasse) de jus de lime frais

60 ml (¼ tasse) de carottes râpées

60 ml (¼ tasse) de sucre cristallisé, ou au goût

5 ml (1 c. à thé) d'ail haché fin

5 ml (1 c. à thé) de pâte de chili asiatique, au goût

1. Pour faire les rouleaux de « poulet » : chauffer 15 ml (1 c. à soupe) d'huile dans un grand wok ou un poêlon à feu moyen. Remuer les bandes de « poulet » avec l'oignon et la poudre d'ail et faire sauter pendant environ 5 minutes, ou jusqu'à ce que les bandes soient dorées. Retirer du feu et éponger sur des serviettes de papier.

2. Humidifier les enveloppes de feuilles de riz, deux feuilles à la fois, en plongeant les feuilles dans l'eau froide pendant environ 10 secondes. Mettre de côté sur une surface plate jusqu'à ce qu'elles soient tendres et flexibles, environ 1 minute. Assembler le reste des ingrédients dans des piles de taille égale séparées sur le plan de travail, s'assurer que les feuilles de menthe et les tiges de cilantro sont coupées. Commencer avec le premier rouleau le plus proche, placer plusieurs morceaux de « poulet » sur une enveloppe et garnir avec les carottes râpées, les brins feuillus de cilantro et plusieurs feuilles de menthe. Envelopper le rouleau fermement en commençant par le bord arrondi le plus proche, en faisant un tour. Rabattre chaque côté sur la garniture et continuer à rouler l'enveloppe fermement en un paquet. Répéter l'opération avec chaque rouleau, disposer les rouleaux sur le côté qui a été refermé pour les empêcher de se dérouler.

3. Chauffer les 240 ml (1 tasse) d'huile restants dans un grand wok ou un poêlon à feu moyen. Faire frire les rouleaux ensemble jusqu'à ce qu'ils soient dorés sur tous les côtés, pendant environ 3 minutes. Retirer du feu et égoutter sur des serviettes de papier.

4. Entre-temps, pour faire la sauce trempette : combiner les ingrédients avec 60 ml (¼ tasse) d'eau, brasser jusqu'à ce que le sucre se dissolve. Verser dans un petit bol à service.

5. Pour servir, mettre les rouleaux sur un plat de service, garnir d'arachides écrasées, si désiré, et servir la sauce trempette comme accompagnement.

PAR PORTION (3 ROULEAUX) : 310 CAL ; 14 G PROT ; 11 G MAT GR ; 45 G CARB ; 0 MG CHOL ; 180 MG SOD ; 5 G FIBRES.

ROULADES DU SUD-OUEST

Ce hors-d'œuvre peut facilement être doublé ou triplé pour servir un très grand nombre de personnes et il doit être préparé à l'avance, il est donc parfait servi lors d'une célébration. Recherchez les tortillas assaisonnées dans les supermarchés ou les magasins d'alimentation spécialisée.

112 g (4 onces) de fromage à la crème, ramolli

56 g (2 onces) de fromage finement râpé style mexicain ou de fromage cheddar fort

28 g (1 once) d'oignons verts coupés en fines tranches

30 ml (2 c. à soupe) de salsa en gros morceaux ou 7,5 ml (½ c. à soupe) de chili chipotle haché, en conserve dans une sauce adobo

30 ml (2 c. à soupe) de cilantro haché

2,5 ml (½ c. à thé) de cumin moulu

2 tortillas à la farine de 25,5 cm (10 pouces) assaisonnées de chili ou d'épinards

Environ 20 petites feuilles d'épinards, lavées et séchées

12 petits brins de cilantro, pour la garniture salsa

1. Combiner le fromage à la crème, le fromage râpé, les oignons, la salsa, le cilantro haché et le cumin dans un bol et bien mélanger. Étendre également sur les tortillas. Placer une couche d'épinards par dessus le fromage sur chaque tortilla. Rouler fermement; envelopper dans une pellicule de plastique. Refroidir au moins 1 heure ou jusqu'à 8 heures.

2. Couper des morceaux de 2,5 cm (1 pouce) en diagonale. Placer les côtés vers le haut sur un plateau de service. Garnir chaque roulade d'un brin de cilantro. Couvrir et refroidir au moins une heure avant de servir. Garnir avec une cuillerée de salsa.

PAR PORTION (2 MORCEAUX) : 80 CAL ; 3 G PROT ; 3,5 G MAT GR ; 9 G CARB ; 10 MG CHOL ; 160 MG SOD ; 1 G FIBRE

PATACONES AVEC TREMPETTE DE HARICOTS ÉPICÉE

Les patacones sont des tranches de plantain frites, un plat typique du Costa Rica. Servez-les comme hors-d'œuvre avec la trempette de haricots épicée.

Patacones

2 plantains verts

Environ 720 ml (3 tasses) d'huile végétale pour la friture

Sel au goût

Trempette de haricots épicée

30 ml (2 c. à soupe) d'huile végétale

½ gros oignon, coupé en cubes

3 gousses d'ail, hachées fin

2 piments rouges ou verts, coupés, ou au goût

450 g (16 onces) de haricots cuits, Black turtle ou pinto, égouttés et lavés

1 brin de romarin frais, haché

2,5 ml (½ c. à thé) de cumin moulu

Sel et poivre noir fraîchement moulu, au goût

120 ml (½ tasse) de cilantro coupé

60 ml (¼ tasse) de crème sure pour la garniture

1. Pour préparer les patacones : couper les plantains dans le sens de la longueur, peler, couper en rondelles de 1,27 cm (½ pouce) d'épaisseur et réserver.

2. Chauffer l'huile dans une casserole profonde ou un grand poêlon. Lorsque l'huile est chaude, mettre doucement plusieurs tranches de plantain dans la casserole et frire, en tournant de temps en temps, environ 7 minutes, ou jusqu'à ce que les morceaux soient dorés. Retirer du feu et égoutter sur des serviettes de papier.

3. Laisser refroidir pendant 5 minutes et, en utilisant le côté d'un fendoir, aplatir chaque morceau. Réchauffer l'huile dans le poêlon et frire à nouveau les morceaux de plantain jusqu'à ce qu'ils soient légèrement dorés. Retirer du feu, égoutter sur des serviettes de papier et saler chaque portion avant de servir. Réserver.

4. Pour faire la trempette de haricots épicés : chauffer l'huile dans un grand poêlon à feu moyen. Lorsque l'huile est très chaude, ajouter l'oignon et faire sauter pendant environ 5 minutes, ou jusqu'à ce qu'il soit translucide. Ajouter l'ail et les piments et faire sauter pendant 2 minutes. Ajouter les haricots, le romarin, le cumin, le sel et le poivre. Cuire pendant environ 5 minutes. Retirer du feu. Mélanger dans un robotculinaire, en ajoutant de l'eau quand c'est nécessaire. Mettre le cilantro et réduire en purée jusqu'à consistance lisse. Verser dans un plat de service, garnir avec la crème sure et servir chaud avec les patacones.

PAR PORTION : 150 CAL ; 1 G PROT ; 5 G MAT GR ; 29 G CARB ; 0 MG CHOL ; 0 MG SOD ; 2 G FIBRES

PAR PORTION (TREMPETTE DE HARICOTS ÉPICÉE) : 230 CAL ; 9 G PROT ; 11 G MAT GR ; 26 G CARB ; 5 MG CHOL ; 15 MG SOD ; 9 G FIBRES

TOMATES AU FOUR FARCIES

Les tomates d'automne sont parfaites pour la cuisson. Elles sont fermes et robustes, mais plus important encore, la cuisson en révèle la saveur qui n'a pas entièrement mûrie parce que l'ensoleillement a diminué au cours du dernier mois. Si vous n'aimez pas le fromage bleu, remplacez-le par un fromage à pâte molle crémeux, comme le Saint-Honoré ou le fromage Explorateur. Assurez-vous d'essorer les épinards autant que possible pour éviter que la garniture soit détrempée.

1 paquet de 280 g (10 onces) d'épinards coupés congelés, décongelés et essorés pour enlever l'excès de liquide

240 ml (1 tasse) de fromage cottage faible en gras

120 ml (½ tasse) d'oignons tranchés finement

60 ml (¼ tasse) de fromage bleu émietté

2,5 ml (½ c. à thé) de poivre noir fraîchement moulu

1 boîte de 420 ml (14 onces) de haricots blancs, égouttés et lavés

2 grosses tomates

2 litres (8 tasses) de laitue de saison lavée, et séchée

8 minces tranches de pain italien, rôties

1. Préchauffer le four à 200 °C (400 °F). Faire bouillir une grande casserole remplie d'eau à feu moyen.

2. Entre-temps, combiner l'épinard, le fromage blanc, les oignons, le fromage bleu et le poivre dans un bol et bien mélanger. Incorporer peu à peu les haricots. Réserver.

3. Faire un «X» à la base de chaque tomate, en utilisant un couteau à éplucher pointu. Mettre soigneusement les tomates dans l'eau bouillante et cuire pendant 20 secondes. Retirer de l'eau avec une cuillère trouée. Lorsque les tomates ont assez refroidi pour être manipulées, peler avec un petit couteau pointu et évider. Couper chaque tomate en moitié par le centre. Avec une cuillère, enlever les graines, puis environ la moitié de la chair de chaque moitié de tomate.

4. Farcir les moitiés de tomate du mélange de fromage-épinards et mettre dans un plat de cuisson peu profond suffisamment grand pour contenir les tomates. Cuire jusqu'à ce que le jus sorte et que la tomate soit tendre, environ 20 minutes.

5. Entre-temps, disposer la laitue en cercle dans chacun des quatre plats. Vider avec précaution la moitié des tomates au centre de chaque cercle. Servir avec les tranches de pain grillées.

PAR PORTION (1 LAITUE) : 389 CAL ; 25 G PROT ; 7 G MAT GR ; 58 G CARB ; 11 MG CHOL ; 770 MG SOD ; 13 G FIBRES

PAIN FARCI DE POMMES DE TERRE AU CARI

Vous avez probablement déjà mangé quelque chose de semblable dans un restaurant indien — un pain plat farci de légumes au cari. Nous avons refait ce plat à partir du début, avec une pâte faite maison, et c'est aussi bon, et il est certainement beaucoup plus facile de le préparer avec la farine de tortillas toute faite achetée au magasin. Le mélange de pommes de terre n'est pas long à préparer, moins de 30 minutes. Servir accompagné de plats au cari ou comme hors-d'œuvre avec une sauce trempette au yogourt salé, comme la raïta (page 187).

720 ml (3 tasses) de pommes de terre pelées et grossièrement coupées

240 ml (1 tasse) de carottes tranchées finement

Sel au goût

15 ml (1 c. à soupe) d'huile végétale, et un peu plus pour faire cuire les pains

240 ml (1 tasse) d'oignon haché finement

10 ml (2 c. à thé) de poudre de cari

4 tortillas de 20,32 cm (8 pouces)

1. Mettre les pommes de terre et les carottes dans une grande casserole avec assez d'eau pour couvrir 2,5 cm (1 pouce) et ajouter 10 ml (2 c. à thé) de sel. Faire bouillir les pommes de terre, pendant environ 8 minutes. Égoutter, réserver le liquide et vider les légumes dans un bol.

2. Chauffer l'huile dans un grand poêlon. Ajouter l'oignon et faire sauter à feu moyen, remuer souvent, jusqu'à consistance translucide, pendant 6 à 7 minutes. Incorporer la poudre de cari et cuire, remuer pendant 15 secondes. Ajouter 120 ml (½ tasse) du liquide des légumes réservé dans la casserole. Cuire brièvement à feu élevé pour réduire le liquide de moitié, pendant 30 secondes. Ajouter l'oignon avec le liquide aux pommes de terre et bien écraser, ajouter un peu plus de sel si désiré.

3. Travailler une tortilla à la fois, étendre un peu du mélange écrasé de pommes de terre en couche épaisse sur la moitié de la tortilla. Replier la tortilla sur le mélange de pommes de terre pour fermer. Chauffer 5 ml (1 c. à thé) d'huile dans un grand poêlon. Ajouter le pain et frire à feu moyen pour brunir, pendant 45 à 60 secondes. Répéter pour l'autre côté. Transférer sur une planche à découper et couper en deux. Répéter pour le reste des pains. Servir immédiatement, ou mettre dans un four chaud jusqu'à ce que vous soyez prêt à servir.

PAR PORTION (1 TORTILLA) : 311 CAL ; 6 G PROT ; 10 G MAT GR ; 50 G CARB ; 0 MG CHOL ; 234 G SOD ; 5 G FIBRES

Bruschetta aux asperges grillées, page 73

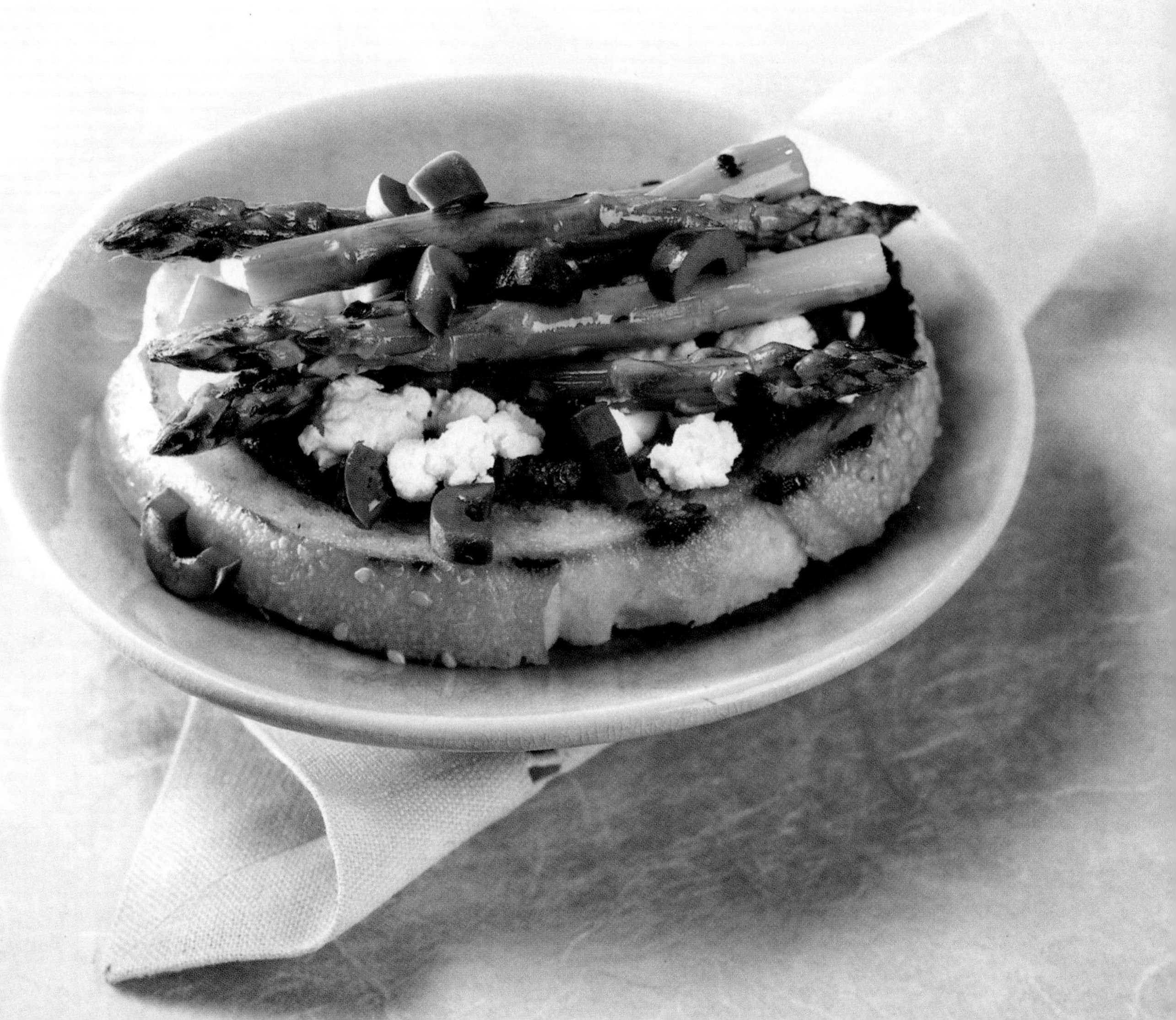

Muffins à la sauce aux pommes et bananes, page 165 ▲
Salade de fruits d'hiver norvégienne, page 202 ▶

▲ Casserole afghane aux courges, page 276

◄ Salade printanière aux asperges et aux œufs, page 205

Ragù de champignons sauvages, page 282

POMMES DE TERRE ÉPICÉES

La combinaison des pommes de terre croustillantes et de la sauce de tomate épicée fait de ce hors-d'œuvre un plat tout simplement irrésistible. Si vous préférez que le plat soit moins épicé, utilisez un chili jalapeño au lieu de deux.

75 ml (5 c. à soupe) d'huile d'olive

8 grosses pommes de terre cuites, pelées et coupées en cubes de 2,54 cm (1 pouce)

1 oignon moyen, haché finement

3 gousses d'ail émincées

1 boîte de 480 ml (16 onces) de tomates prune hachées fin

120 ml (½ tasse) de bouillon de légumes (page 431)

2 piments jalapeño épépinés et hachés fin

30 ml (2 c. à soupe) de persil frais haché

1. Préchauffer le four à 220 °C (425 °F).

2. Chauffer 60 ml (4 c. à soupe) d'huile dans un grand poêlon à feu moyen. Ajouter les pommes de terre et cuire, remuer souvent, pendant environ 8 minutes, ou jusqu'à ce qu'elles soient dorées. Vider les pommes de terre et le reste de l'huile du poêlon dans un plat de cuisson et cuire jusqu'à ce que les pommes de terre soient croustillantes et tendres, pendant 12 à 15 minutes.

3. Chauffer 15 ml (1 c. à soupe) de l'huile restante dans le même poêlon. Ajouter l'oignon et l'ail et cuire, en remuant souvent, jusqu'à ce que l'oignon ait ramolli, pendant environ 5 minutes. Ajouter le reste des ingrédients et cuire à découvert, pendant 10 à 12 minutes, ou jusqu'à ce que le plat soit prêt. Vider les pommes de terre dans un bol à service. Ajouter le mélange de tomate, remuer et couvrir. Servir chaud.

PAR PORTION : 94 CAL ; 2 G PROT ; 4 G MAT GR ; 13 G CARB ; 0 MG CHOL ; 72 MG SOD ; 1 G FIBRES

ARTICHAUTS AVEC GARNITURE DE QUINOA ET COULIS DE POIVRONS ROUGES

Cette salade de hors-d'œuvre colorée appelle une combinaison de saveurs de légumes et de textures dans une recette de quinoa saine. Utilisez le coulis de poivron rouge doux comme sauce à salade ou sauce trempette pour les feuilles d'artichaut après avoir mangé la garniture de quinoa.

Coulis de poivrons rouges doux

3 gros poivrons rouges

1 gros oignon, non épluché

10 ml (2 c. à thé) de poudre d'ail

15 ml (1 c. à soupe) de vinaigre balsamique

10 ml (2 c. à thé) de poudre d'ail

Sel et poivre noir fraîchement moulu, au goût

Artichauts avec garniture de quinoa

2 gros artichauts

60 ml (¼ tasse) de quinoa cru

120 ml (½ tasse) de maïs en grains frais ou congelés

60 ml (¼ tasse) d'oignons rouges coupés en cubes

15 ml (1 c. à soupe) de basilic frais

5 ml (1 c. à thé) de poudre d'oignon ou au goût

5 ml (1 c. à thé) de poudre d'ail, au goût

1. Préchauffer le four à 220 °C (400 °F).

2. Pour préparer le coulis de poivron rouge : envelopper les poivrons et l'oignon dans des feuilles aluminium séparées, mettre dans un plat de cuisson et cuire pendant environ 1 heure, ou jusqu'à ce que les poivrons soient tendres.

3. Entre-temps, pour préparer les artichauts avec la garniture de quinoa : utiliser des ciseaux de cuisine, couper les bouts piquants des feuilles d'artichaut et jeter. Tailler également la base afin que les artichauts puissent tenir debout sans basculer. Placer un panier pour un cuiseur à vapeur dans une grande casserole, placer les artichauts debout dans le cuiseur, remplir la casserole de 5 cm (2 pouces) d'eau, couvrir la casserole et porter à ébullition. Cuire les artichauts à la vapeur jusqu'à ce qu'ils soient tendres, pendant environ 30 minutes. Utiliser des pincettes, retirer les artichauts du feu, tourner sens dessus dessous pour rafraîchir et permettre à l'eau de s'égoutter.

4. Remplir une casserole d'eau et porter à ébullition. Mettre le quinoa dans la casserole, cuire pendant 2 à 3 minutes, couvrir et réduire à feu à moyen-doux. Continuer à cuire pendant environ 15 minutes, ou jusqu'à ce que les grains soient tendres. Retirer du feu et égoutter. Réserver.

5. Lorsque les poivrons et l'oignon sont tendres, retirer du feu et mettre de côté jusqu'à ce qu'ils aient assez refroidi pour être manipulés. Dérouler la feuille d'aluminium et enlever soigneusement la peau des poivrons. Ouvrir les poivrons, en mettant le jus des poivrons dans le mélangeur et en enlevant les graines. Mettre les poivrons dans le mélangeur. Enlever la peau des oignons, les couper en morceaux et mettre dans le mélangeur. Ajouter le vinaigre balsamique, la poudre d'ail, du sel et du poivre au goût et réduire en purée jusqu'à consistance lisse. Réserver.

6. Combiner le quinoa, le maïs et l'oignon rouge. Incorporer le basilic, l'oignon et la poudre d'ail et assez de coulis de poivron rouge pour humidifier le mélange. Réserver.

7. Ouvrir soigneusement les feuilles d'artichaut et creuser afin de recueillir l'intérieur piquant, en laissant les artichauts intacts. Verser avec une cuillère le mélange de quinoa sur les artichauts, les faire tenir droit sur des plats et servir.

8. Servir le reste du coulis de poivron rouge avec les artichauts comme trempette pour les feuilles. Conserver tout reste du coulis pour une autre utilisation.

PAR PORTION (1 ARTICHAUT AVEC GARNITURE) : 320 CAL ; 13 G PROT ; 2,5 G MAT GR ; 69 G CARB ; 0 MG CHOL ; 170 MG SOD ; 18 G FIBRES

TOFU FARCI DE LÉGUMES

La plupart des tofus cuits et marinés sont présentés en paquets de quatre morceaux. Sinon, les trancher dans le sens de la longueur en quatre blocs égaux.

Sauce Trempette

15 ml (1 c. à soupe) de sauce soja régulière ou faible en sodium

15 ml (1 c. à soupe) de vinaigre de riz

15 ml (1 c. à soupe) de mirin

7,5 ml (1½ c. à thé) d'oignon haché finement

5 ml (1 c. à thé) d'huile de sésame foncé

Tofu

15 ml (3 c. à thé) d'huile d'olive

1 gousse d'ail, émincée

5 ml (1 c. à thé) de gingembre frais haché

6 oignons verts, coupés en fines tranches

½ poivron rouge, haché finement

½ poivron vert, haché finement

5 ml (1 c. à thé) de tamari ou de sauce soja faible en sodium

60 ml (¼ tasse) de cilantro haché, plus extra pour garnir

7,5 ml (1½ c. à thé) de poudre de cari

280 ml (10 onces) de tofu cuit et mariné coupé dans le sens de la longueur en 4 morceaux égaux

1. Sauce trempette : dans un petit bol, mélanger tous les ingrédients de la sauce. Réserver.

2. Tofu : chauffer 5 ml (1 c. à thé) d'huile d'olive dans un grand poêlon à feu moyen. Ajouter l'ail et cuire, en remuant, pendant 30 secondes. Ajouter le gingembre et remuer bien. Ajouter les oignons, les poivrons et le tamari et cuire jusqu'à ce que les légumes aient ramolli, pendant environ 3 minutes. Retirer du feu et incorporer le cilantro. Réserver.

3. Chauffer le reste des 10 ml (2 c. à thé) d'huile d'olive dans un grand poêlon à feu moyen. Ajouter la poudre de cari et remuer bien. Disposer les tranches de tofu en une couche et cuire jusqu'à ce qu'elles soient dorées, retourner une fois chaque côté, environ 2 minutes par côté. Mettre à égoutter sur des serviettes de papier.

4. Trancher chaque morceau de tofu à l'horizontale sur les trois quarts environ en tenant le couteau parallèlement au plan de travail. Mettre le tofu dans des assiettes. Soulever doucement le dessus d'un morceau de tofu et verser un peu du mélange de légume au fond de chaque portion. Remettre le tofu en place et saupoudrer avec le cilantro haché additionnel. Répéter avec le reste du tofu, le mélange de légumes et le cilantro. Servir avec la sauce trempette.

PAR PORTION : 95 CAL ; 6 G PROT ; 7 G MAT GR ; 4 G CARB ; 0 MG CHOL ; 346 MG SOD ; 1 G FIBRES

SANDWICHES AUX CONCOMBRES ÉPICÉS

Délicats et délicieux, ces sandwiches sont des accompagnements parfaits pour un goûter ou pour toute autre réunion sociale lorsque vous voulez servir une nourriture légère avant le repas.

60 ml (¼ tasse) de mayonnaise au soja ou de yogourt au fromage

1,25 à 2,50 ml (¼ à ½ c. à thé) de raifort préparé

8 minces tranches de pain de blé entier ou de pain blanc, sans les croûtes

1 concombre anglais, coupé en fines tranches

120 ml (½ tasse) de feuilles d'arugula ou de feuilles de cresson, déchiquetées, lavées et séchées

Sel et poivre blanc moulu

1. Mélanger ensemble la mayonnaise de soja et le raifort. Étendre le mélange sur la moitié des tranches de pain et recouvrir avec les tranches de concombre. Garnir de brins d'arugula et assaisonner avec le sel et le poivre. Recouvrir avec les tranches de pain restantes et appliquer une pression ferme mais délicate avec la paume de votre main.

2. Couper chaque sandwich en 4 triangles. Empiler les sandwiches coupés en triangle sur un plat de service et couvrir avec un tissu légèrement humide jusqu'à ce que le plat soit servi.

PAR SANDWICH (4 MORCEAUX) : 164 CAL ; 5 G PROT ; 5 G MAT GR ; 26 G CARB ; 0 MG CHOL ; 371 MG SOD ; 4 G FIBRES

TACOS RAPIDES

Utilisez ces tacos comme amuse-gueule ou comme hors-d'œuvre avec une tartinade Tex-Mex.

20 ml (4 c. à thé) d'huile végétale

1 oignon moyen, haché fin, divisé en deux

3 gousses d'ail, émincées, divisées

340 ml (12 onces) de « viande hachée » à base de soja, ordinaire ou saveur de taco

120 ml (½ tasse) de bouillon de légumes faible en sodium ou de bouillon de légumes (page 431)

60 ml (¼ tasse) de bière brune

2 gros piments jalapeño, épépinés et hachés fin

10 ml (2 c. à thé) de poudre de chili

5 ml (1 c. à thé) d'origan séché

120 ml (½ tasse) de salsa, égouttée

120 ml (½ tasse) de cilantro haché

Sel et poivre noir fraîchement moulu, au goût

8 coquilles de taco

Garnitures : laitue déchiquetée, salsa, fromage Jack ou fromage de soja Tex-Mex râpé, avocat en tranches, crème sure de soja, oignons verts hachés

1. Chauffer 10 ml (2 c. à thé) de l'huile dans un poêlon à feu moyen-élevé. Ajouter 60 ml (¼ tasse) d'oignon et 1,25 ml (¼ c. à thé) d'ail et cuire en remuant souvent, jusqu'à ce que l'oignon ait ramolli, pendant 2 à 3 minutes. Réduire la chaleur à feu moyen et mélanger la « viande », le bouillon et la bière. Réduire la chaleur à feu doux et cuire jusqu'à ce que le liquide se soit presque évaporé, pendant environ 8 minutes. Vider le mélange dans un plat et réserver. Bien essuyer le poêlon.

2. Chauffer le reste des 10 ml (2 c. à thé) d'huile dans le poêlon à feu moyen. Ajouter l'oignon restant et l'ail et cuire en remuant souvent, jusqu'à ce que l'oignon ait ramolli, pendant environ 4 minutes. Ajouter le jalapeño, la poudre chili et l'origan, en remuant jusqu'à ce que le mélange soit parfumé, pendant environ 30 secondes. Ajouter la « viande » réservée, la salsa et le cilantro et remuer bien. Assaisonner avec le sel et le poivre. Cuire en brassant de temps en temps, pendant 3 à 4 minutes.

3. Verser 60 ml (¼ tasse) de garniture dans chaque coquille de taco. Déposer sur le dessus des garnitures au goût et servir chaud.

PAR PORTION (SANS GARNITURE) : 302 CAL ; 22 G PROT ; 11 MAT GR ; 28 G CARB ; 0 MG CHOL ; 633 MG SOD ; 8 G FIBRES

GUACAMOLE

Toujours apprécié à la table ou lors de fêtes, le guacamole est un plat aux multiples usages qui est servi autant comme garniture que comme trempette avec des croustilles ou des légumes coupés. Si vous voulez le préparer à l'avance, assurez-vous de placer l'avocat pilé dans un contenant hermétique, autrement l'avocat bruni au contact de l'air.

2 avocats mûrs

30 ml (2 c. à soupe) de jus de citron frais

45 ml (3 c. à soupe) de tomates hachées

1 échalote émincée

2 gousses d'ail émincées

15 ml (1 c. à soupe) de cilantro haché

2,5 ml (½ c. à thé) de sel

Plusieurs gouttes de sauce piquante

Couper les avocats en deux et enlever les noyaux. Évider et mettre la chair de l'avocat dans un bol peu profond. Arroser de jus de citron, et écraser à la fourchette. Ajouter le reste des ingrédients et bien mélanger. Servir.

PAR PORTION (¼ TASSE) : 86 CAL ; 1 G PROT ; 8 G MAT GR ; 5 G CARB ; 0 MG CHOL ; 6 MG SOD ; 2 G FIBRES

BABA GHANOUSH

Ce plat de purée d'aubergine très apprécié au Moyen-Orient doit son nom — apocryphe — au conte racontant l'histoire d'un fils dévoué qui voulait préparer quelque chose de merveilleux que son très vieux père édenté pourrait manger.

En choisissant une aubergine, recherchez une peau ferme, glacée. Lorsque vous appuyez sur la peau, l'aubergine devrait rebondir sous vos doigts. Si vous voulez une aubergine avec un minimum de graines, fixez le bout opposé de la tige. Si le bout est rond, c'est un «mâle» qui n'a pas beaucoup de graines; si le bout est ovale, c'est une aubergine «femelle» qui a probablement beaucoup de graines. Les aubergines absorbent les jus ou l'huile de la cuisson. Lorsque vous faites cuire l'aubergine, évitez de trop mettre d'huile. Avant de cuire une aubergine, particulièrement si vous la faites frire et voulez retirer un peu de liquide et d'amertume, tranchez et salez l'aubergine et laissez-la s'égoutter pendant 1 heure, lavez si désiré, puis faites cuire.

Le tahini, ou la pâte de sésame, est disponible dans les supermarchés, les marchés d'alimentation, et les épiceries vendant des produits du Moyen-Orient. Pour un goût de fumée authentique, faites d'abord griller ou rôtir l'aubergine. Servir le baba ghanoush avec des morceaux de pain pita ou avec des craquelins.

900 g (2 livres) d'aubergines pourpres, coupées en moitiés dans le sens de la longueur, la chair profondément hachurés au couteau

15 ml (1 c. à soupe) d'huile d'olive

60 ml (¼ tasse) de yogourt nature faible en gras ou régulier

60 ml (¼ tasse) de tahini

Jus de 1 à 2 citrons, au goût

2 gousses d'ail hachées fin

5 ml (1 c. à thé) de sel, au goût

Persil frais haché

Crudités assorties, y compris au moins 3 des éléments suivants : des lanières de poivrons rouges, de poivrons verts, des bâtonnets de carotte, des bâtonnets de céleri, des morceaux de concombre, des bâtons de jicama, des tranches de fenouil

1. Préparer un feu de charbon de bois chaud, ou préchauffer le four à feu doux-moyen. Sinon, préchauffer le four et régler à la température la plus basse possible.

2. Badigeonner les moitiés d'aubergines avec l'huile, les côtés de la chair de l'aubergine sur le gril, ou exposer la chair sur le gril. Cuire jusqu'à ce que l'aubergine soit calcinée et très tendre, en tournant une fois, pendant environ 40 minutes. Mettre l'aubergine dans une passoire dans l'évier et laisser égoutter jusqu'à ce qu'elle ait refroidi.

3. Creuser l'intérieur de l'aubergine et la mettre dans un robot culinaire ou un moulin pour aliment, et jeter la peau. Passer rapidement les aubergines au mélangeur, ou faire passer à travers un moulin pour aliment dans un bol. Incorporer le yogourt, le tahini, le jus de citron, l'ail et le sel. Placer le mélange dans un plat de service et garnir de persil. Réfrigérer. Servir avec des crudités.

PAR PORTION : 225 CAL ; 5 G PROT ; 9 G MAT GR ; 28 G CARB ; 1 MG CHOL ; 611 MG SOD ; 88 G FIBRES

5

boissons

AU LIEU DE VOUS TOURNER VERS VOTRE supermarché et de vous procurer des boissons coûteuses et riches en sucre pour accompagner vos repas, préparez vos propres boissons à la maison. Non seulement vous vous assurez ainsi que la valeur alimentaire de vos boissons est meilleure, mais vous pouvez créer des rafraîchissements délicieux et pleins de saveurs que ne vend aucun marché d'alimentation. De plus, ces boissons sont économiques et vous permettent de respecter facilement votre budget.

THÉ RUSSE À LA MODE DU SUD

Lorsque vous attendez des invités, mettez à bouillir un pot de ce thé. La maison sera alors remplie d'un délicieux arôme épicé.

2 litres (8 tasses) d'eau bouillante

6 sachets de thé Orange Pekoe ou tout thé noir

4 bâtons de cannelle

5 ml (1 c. à thé) de clou de girofle

1 litre (4 tasses) de cidre de pommes ou de jus de pommes

1 litre (4 tasses) de jus d'ananas

4 oranges

3 citrons

240 ml (1 tasse) de sucre cristallisé ou d'édulcorant de type sucralose

1. Mettre les sachets de thé dans un pot d'eau bouillante avec la cannelle et les clous de girofle. Couvrir et laisser infuser pendant 10 minutes. Ajouter le cidre de pommes et le jus d'ananas. Couper une longue spirale de pelure d'orange et de citron et ajouter à l'infusion.

2. Presser le jus des oranges et des citrons et incorporer à l'infusion. Incorporer le sucre et porter à ébullition. Réduire la chaleur à feu doux et cuire pendant 30 minutes. Servir chaud.

PAR PORTION (240 ML OU 1 TASSE) : 80 CAL ; 0 G PROT ; 0 G MAT GR ; 21 G CARB ; 0 MG CHOL ; 0 MG SOD ; 0 G FIBRES

PUNCH AU THÉ EARL GREY

Voici la recette d'un très bon punch non alcoolisé pour adultes. La saveur n'est pas trop sucrée et a un goût similaire au « Artillery Punch », un punch du XIXe siècle à base de bourbon qui était souvent servi lors des réceptions du Nouvel An, particulièrement dans les garnisons.

5 sachets de thé Earl Grey

1 litre (4 tasses) d'eau bouillante

1 litre (4 tasses) de jus d'ananas

240 ml (1 tasse) de sucre cristallisé ou d'un édulcorant de type sucralose

2 litres (8 tasses) de boisson gazeuse au gingembre (régulier ou diète)

Mettre les sachets de thé dans l'eau bouillante et laisser infuser pendant 15 minutes ou plus. Enlever les sachets de thé et pendant que le thé est encore chaud, ajouter le jus d'ananas et le sucre. Brasser jusqu'à ce que le sucre soit dissout. Mettre au réfrigérateur jusqu'à ce que le punch soit prêt à servir. Verser des cubes de glace dans un grand bol et ajouter la boisson gazeuse au gingembre.

PAR PORTION (240 ML OU 1 TASSE) : 120 CAL ; 0 G PROT ; 0 G MAT GR ; 32 G CARB ; 0 MG CHOL ; 15 MG SOD ; 0 G FIBRES

CITRONNADE À LA LAVANDE

Cette limonade très spéciale a un parfum délicat, une couleur de lavande subtile et un goût magique. Si vous ne trouvez pas de sachets d'infusion chez l'herboriste, vous pouvez placer les fleurs de lavande entre deux couches de coton à fromage en liant les extrémités avec une ficelle.

56 g (2 onces) de fleurs de lavande séchées

2 sachets d'infusion de mousseline, facultatif

Jus de 6 citrons

180 ml (¾ tasse) de sucre cristallisé, au goût

1. Placer la lavande dans les sachets d'infusion, si nécessaire. Porter 1 litre (4 tasses) d'eau à ébullition, ajouter la lavande et retirer du feu.

2. Laisser infuser pendant 10 minutes et enlever les sachets. Réserver.

3. Mélanger le jus de citron et le sucre et diluer avec 3 litres (12 tasses) d'eau froide. Ajouter l'infusion de lavande. Ajouter du sucre au goût et réfrigérer.

PAR PORTION : 80 CAL ; 0 G PROT ; 0 G MAT GR ; 22 G CARB ; 0 MG CHOL ; 0 MG SOD ; 0 G FIBRES

THÉ À L'HIBISCUS ET À L'ANANAS

8 PERSONNES (DONNE 2 LITRES OU 8 TASSES)

Avec son parfum et sa saveur des îles hawaïennes, ce thé respire l'été sur la véranda. On peut trouver les fleurs d'hibiscus dans les magasins vendant du thé et des herbes. Après l'infusion, le thé aura une couleur rose brillante.

56 g (2 onces) de fleurs d'hibiscus sèches

1 litre (4 tasses) d'eau bouillante

1 litre (4 tasses) de jus d'ananas

6 fleurs d'hibiscus fraîches pour décorer, facultatif

Mettre l'hibiscus sec dans l'eau bouillante, couvrir et laisser infuser pendant 10 minutes. Verser l'infusion avec le jus d'ananas dans un pichet et réfrigérer. Servir sur la glace, en décorant chaque verre avec une fleur d'hibiscus, si désiré.

PAR PORTION (240 ML OU 1 TASSE) : 70 CAL ; 0 G PROT ; 0 G MAT GR ; 17 G CARB ; 0 MG CHOL ; 0 MG SOD ; 0 G FIBRES

PANACHÉ D'HIBISCUS

POUR 8 PERSONNES (DONNE 3 LITRES OU 12 TASSES)

Cette boisson imite les boissons glacées de couleur rose servies lors des carnavals dans les rues caribéennes de Manhattan. Pour de meilleurs résultats, préparez le thé la veille ou le matin du jour où vous prévoyez le servir. Pour varier, ajoutez un bâton de cannelle au thé lors de l'infusion, ou 10 ml (2 c. à thé) de jus de gingembre frais juste avant de servir.

8 sachets de thé, comme Red Zinger ou autre thé contenant de l'hibiscus

1 litre (4 tasses) d'eau bouillante

1 litre (4 tasses) de jus d'ananas, bien frais

1 litre (4 tasses) d'eau gazeuse, fraîche

480 ml (2 tasses) de jus d'orange, facultatif

2 tranches de lime, citron ou orange pour la garniture

1. Tremper les sachets de thé dans l'eau bouillante pendant 30 minutes. Enlever et jeter les sachets de thé. Réfrigérer pendant environ 4 heures ou toute la nuit.

2. Mélanger le thé avec le jus d'ananas, l'eau gazeuse et le jus d'orange (si vous en utilisez) et mélanger. Ajouter plus ou moins de jus ou d'eau, au goût. Garnir avec des tranches d'agrumes.

PAR PORTION (240 ML OU 1 TASSE) : 48 CAL ; 0 G PROT ; 0 G MAT GR ; 12 G CARB ; 0 MG CHOL ; 3 MG SOD ; 0 G FIBRES

THÉ GLACÉ EXOTIQUE

POUR 6 PERSONNES (DONNE 2 LITRES OU 8 TASSES)

L'odeur vivifiante du gingembre égaiera ce thé vert.

120 ml (½ tasse) de gingembre frais râpé

80 ml (⅓ tasse) de jus de citron frais

4 sachets de thé vert

Miel ou sucre, au goût, facultatif

1. Combiner 2 litres (8 tasses) d'eau, le gingembre et le jus de citron dans une grande casserole et porter à ébullition à feu moyen. Réduire la chaleur à feu doux et cuire pendant 5 minutes, en brassant de temps en temps. Retirer du feu.

2. Ajouter les sachets de thé et laisser infuser pendant 5 minutes. Enlever les sachets de thé et ajouter du miel, si désiré. Laisser refroidir. Verser le thé à travers une passoire dans un grand pichet et servir sur la glace.

PAR PORTION (56 ML OU ¼ TASSE) : 57 CAL ; 0 G PROT ; 0 G MAT GR ; 19 G CARB ; 0 MG CHOL ; 2 MG SOD ; 0 G FIBRES

Prendre le thé

Seul ou à l'origine de boissons plus complexes, le thé est une infusion très ancienne qui a ses adeptes dans presque tous les pays. Apprécié comme boisson tonifiante et apaisante qui encourage la sociabilité, ou symbole dans des rituels élégants, le thé peut aussi avoir de nombreux bienfaits pour la santé : il soulage les maux de tête et de reins, aide à la digestion et atténue les problèmes d'ulcères. Le thé est riche en antioxydants connus comme les flavonoïdes ou les polyphénols qui neutralisent les radicaux libres dans le corps. Bien que le thé contienne de la caféine, la plupart des gens considèrent que le thé est relaxant. Une tasse de thé, même de thé noir très fort, contient environ la moitié de la caféine d'une quantité comparable de café.

Les buveurs de thé peuvent déguster de nombreux types de thé, noir, vert, oolong et blanc. Pour y voir plus clair en la matière :

Thé noir : Plus de 3000 variétés, une bonne partie des thés noirs sont brun foncé et possèdent une saveur prononcée. Les thés populaires comme English Breakfast, Irish Breakfast, et Earl Grey sont un mélange de thés noirs provenant de différentes régions du monde

Thé vert : On connaît le thé vert pour sa couleur vert clair et sa saveur douce, délicate. Sencha, Gyokuru et Matcha Uji sont les variétés les plus populaires. Le thé vert est très riche en flavonoïdes et contient moins de caféine que le thé noir. Riche en vitamines et minéraux, le thé vert contient autant de vitamine C qu'un citron. Cinq tasses de thé vert par jour fournissent 5 à 10 pour cent des besoins quotidiens en magnésium, en riboflavine, en niacine et en acide folique et 25 pour cent des besoins quotidiens en potassium.

Thé oolong : Cultivé en Chine, le thé oolong possède une saveur et un arôme complexes. Réputé pour posséder nombre des propriétés anti-cancéreuses des thés verts et noirs, ses nuances vont du vert au noir.

Thé blanc : Ce thé chinois rare à la saveur douce et subtile est le thé qui a subi le moins de transformations, il est aussi le plus cher.

PANACHÉ AUX AMANDES

POUR 4 PERSONNES

Ce lait d'amande blanc crème est une excellente boisson par temps chaud. Il est adouci avec un soupçon de miel et assaisonné d'eau de fleurs d'oranger. Extrait des fleurs d'oranger, l'eau de fleur d'oranger est disponible dans les magasins d'alimentation spécialisés et dans les épiceries grecques et du Moyen-Orient. Pour la recette, cet ingrédient est facultatif ou vous pouvez utiliser une goutte d'extrait d'orange.

180 ml (¾ tasse) d'amandes blanchies

60 ml (¼ tasse) de miel

2 gouttes d'extrait d'amandes

15 à 30 ml (1 à 2 c. à soupe) d'eau de fleur d'oranger, au goût

4 brins de menthe fraîche, pour la garniture

De l'eau ou de l'eau de seltz additionnelle, facultatif

1. Verser 1 litre (4 tasses) d'eau froide dans un mélangeur. Démarrer le mélangeur à haute vitesse, ajouter graduellement les amandes, bien pulvériser, pendant environ 5 minutes. Mettre un coton à fromage dans une passoire au-dessus d'une casserole moyenne. Verser le liquide dans la passoire et tordre le coton à fromage pour arriver à extraire tout le liquide. Incorporer le miel. Porter le mélange à ébullition, réduire la chaleur à feu bas et cuire pendant 2 minutes. Laisser refroidir.

2. Incorporer l'extrait d'amande et l'eau de fleur d'oranger. Vider le lait d'amande dans un récipient de 2 litres (8 tasses), couvrir et réfrigérer.

3. Pour servir, verser le lait d'amande dans des verres avec de la glace et garnir avec de la menthe. Si la boisson est trop épaisse, diluer avec de l'eau froide ou de l'eau de Seltz.

PAR PORTION : 189 CAL ; 5 G PROT ; 11 G MAT GR ; 22 G CARB ; 0 MG CHOL ; 3 MG SOD ; 3 G FIBRES

SPRITZER À LA GRENADE

On peut trouver la mélasse de grenade dans les épiceries du Moyen-Orient. C'est du jus de grenade qui a été concentré en un sirop épais. Cette boisson étanche la soif et sa saveur est douce acide. Si ce sirop peut être dilué avec de l'eau froide et faire une excellente boisson, l'eau de seltz le rend spécial.

30 ml (2 c. à soupe) de mélasse
    de grenade
240 ml (1 tasse) de club soda
120 ml (½ tasse) de glaçons

Mettre la mélasse de grenade dans un verre de 12 onces (360 ml) et ajouter quelques onces d'eau de seltz. Remuer. Ajouter les glaçons et remplir le verre avec l'eau de seltz. Remuer et servir avec une paille.

PAR PORTION : 90 CAL ; 0 G PROT ; 0 MAT GR ; 19 G CARB ; 0 MG CHOL ; 0 MG SOD ; 0 G FIBRES

SPARKLER AUX CANNEBERGES

Une boisson vive légèrement acide qui rafraîchit.

16 cubes de glace
480 ml (2 tasses) de jus
    de canneberge, bien frais
2 litres (8 tasses) d'eau pétillante,
    bien fraîche

Diviser les cubes de glaces dans les 8 verres. Ajouter 60 ml (¼ tasse) de jus dans chaque verre, remplir les verres avec l'eau pétillante.

PAR PORTION : 36 CAL ; 0 G PROT ; 0 G MAT GR ; 9 G CARB ; 0 MG CHOL ; 4 MG SOD ; 0 G FIBRES

SPRITZER FRUITÉ

Cette boisson pétillante prend la couleur et la valeur nutritionnelle des fruits concentrés que vous choisissez d'y mettre.

120 ml (½ tasse) de jus de fruits
    concentré congelé, décongelé
16 glaçons
720 ml (3 tasses) d'eau pétillante,
    bien fraîche

Mettre 15 ml (1 c. à soupe) du concentré de jus de fruits décongelé dans chacun des huit verres de 112 à 140 ml (3 ou 4 onces). Diviser les cubes de glace entre les verres et mettre l'eau pétillante.

PAR PORTION (ENVIRON 120 ML OU ½ TASSE) : 50 CAL ; 0 G PROT ; 0 G MAT GR ; 12 G CARB ; 0 MG CHOL ; 2 MG SOD ; 0 G FIBRES

MIEUX QUE LE CHAMPAGNE

Cette boisson goûte étonnamment comme le vrai champagne, mais sans le pétillement alcoolisé. Si vous préférez le champagne rose, ajoutez une cuillère à soupe de jus de canneberge ou de grenadine.

1 bouteille de 900 ml (32 onces) de club soda

2 boîtes de 170 ml (6 onces) de concentré de jus de raisin blanc congelé, décongelé

Mélanger ensemble l'eau de seltz et le concentré de jus de raisin. Verser dans 2 bouteilles de soda ou autre contenant avec un bouchon. Bien refermer et refroidir. Servir dans des verres à champagne.

PAR PORTION (140 ML OU 5 ONCES) : 30 CAL ; 0 G PROT ; 0 G MAT GR ; 7 G CARB ; 0 MG CHOL ; 29 MG SOD ; 0 G FIBRES

CITRONNADE FRAPPÉE AU SHERRY

Vos invités auront de la difficulté à deviner quels sont les ingrédients de cette rafraîchissante boisson. Vous pouvez essayer différentes sortes de sherry, comme la crème, le cocktail, sec ou fauve, pour trouver ce que vous préférez. Servez-le avec des pailles.

1 boite de 340 ml (12 onces) de citronnade concentrée, congelée, décongelée

1 litre (4 tasses) de sherry

Glace broyée

8 brins de menthe fraîche, facultatif

Mélanger le concentré de citronnade avec le sherry et, au moment de servir, verser 120 ml (½ tasse) de glace broyée dans un grand verre. Remuer bien et servir garni d'un brin de menthe.

PAR PORTION (120 ML OU ½ TASSE): 140 CAL ; 0 G PROT ; 0 G MAT GR ; 22 G CARB ; 0 MG CHOL ; 10 MG SOD ; 0 G FIBRES

DAIQUIRI ABRICOT ET MANGUE

Bien que vous puissiez utiliser une mangue en conserve pour cette boisson, vous obtiendrez une meilleure saveur en attendant jusqu'à la saison des mangues au printemps et à l'été.

1 grande mangue mûre, pelée, dénoyautée et coupée en dés

240 ml (1 tasse) de glace broyée

120 ml (½ tasse) de nectar d'abricot

28 ml (1 once) de rhum brun

14 ml (½ once) de liqueur d'abricot, facultatif

Jus de ½ lime

2 minces tranches de limes

Combiner la mangue, la glace, le nectar d'abricot, le rhum, la liqueur d'abricot, et le jus de lime dans un mélangeur et mettre en purée jusqu'à consistance lisse. Verser dans 2 grands verres et garnir chacun d'une tranche de lime.

PAR PORTION : 135 CAL ; 1 G PROT ; 0 G MAT GR ; 27 G CARB ; 0 MG CHOL ; 4 MG SOD ; 2 G FIBRES

JUS DE TOMATES ÉPICÉ « COUCHER DU SOLEIL »

Un substitut acceptable et délicieux au Bloody Mary, cette boisson épicée est pleine de punch.

1 boîte de jus de légumes
  ou de tomates

15 ml (1 c. à soupe) de sauce
  Worcestershire végétarienne

10 ml (2 c. à thé) de raifort préparé

1 petit citron, coupé en fines
  tranches

Sauce piquante au goût

Poivre noir fraîchement moulu

Mettre tous les ingrédients dans un grand pichet. Couvrir et réfrigérer. Servir froid sur glace, ou chauffer la boisson et servir chaud dans des tasses.

PAR PORTION : 29 CAL ; 0,8 PROT ; 0 G MAT GR ; 7 G CARB ; 0 MG CHOL ; 59 MG SOD ; 1 G FIBRES

AVOCAT FRAPPÉ

Aux Philippines, cette boisson vert pâle est préparée avec du lait concentré. Du lait de soja et un trait de jus de lime fraîche transforme cette boisson en milk-shake pour le petit-déjeuner. Ce breuvage permet de recharger les batteries particulièrement après la séance d'entraînement du matin. Des magasins d'alimentation asiatiques vendent le sucre de palme, de même que quelques supermarchés à la section des produits alimentaires internationaux. Vous pouvez aussi remplacer le sucre de palme par le sucre brun.

180 ml (¾ tasse) de lait de soja

¼ d'avocat moyen et mûr

45 ml (3 c. à soupe) de sucre de
  palme ou de sucre brun bien tassé

4 glaçons

10 ml (2 c. à thé) de jus de lime
  frais

Mettre tous les ingrédients dans un mélangeur, et réduire en purée jusqu'à consistance onctueuse et épaisse. Verser dans un grand verre et servir.

PAR PORTION : 313 CAL ; 7 G PROT ; 12 G MAT GR ; 48 G CARB ; 10 MG CHOL ; 121 MG SOD ; 2 G FIBRES

COLADA À L'ORANGE

Voici une boisson orange crémeuse. Utiliser le produit de crème de noix de coco préparé pour les boissons tropicales, et non le lait de coco en conserve sans sucre.

480 ml (2 tasses) de jus d'orange

480 ml (2 tasses) de glaçons

240 ml (1 tasse) de jus d'ananas

120 ml (½ tasse) de crème
  de noix de coco sucrée

80 ml (⅓ tasse) de succédané
  de crème à café en poudre

Mettre tous les ingrédients dans un mélangeur et réduire en purée jusqu'à consistance lisse.

PAR PORTION : 130 CAL ; 1 G PROT ; 6 G MAT GR ; 19 G CARB ; 0 MG CHOL ; 15 MG SOD ; 1 G FIBRES

SODA AU GINGEMBRE ET À L'ANANAS POUR 16 PERSONNES (DONNE 4 LITRES OU 16 TASSES)

Dans les îles, cette boisson est préparée avec la peau coupée d'un ananas entier. Il est surprenant de constater à quel point la saveur de l'ananas se retrouve dans la peau. Assurez-vous de nettoyer à fond la peau dans l'évier en la brossant avant de couper l'ananas. Si vous préférez, n'utilisez que le quart d'un gros ananas.

1 morceau de gingembre frais de 10,16 cm (4 pouces) de longueur, haché

Peau et cœur de 1 gros ananas, haché, ou ¼ de gros ananas

240 ml (1 tasse) de sucre cristallisé ou substitut de sucre au goût

1 litre (4 tasses) de jus d'ananas

1. Mettre le gingembre dans un mélangeur ou un robot culinaire jusqu'à ce qu'il soit finement haché. Trancher la peau d'ananas en morceaux de 2,5 cm (l pouce). Ajouter la peau d'ananas au gingembre et procéder jusqu'à ce que le mélange soit finement haché, utiliser environ 1 litre (4 tasse) d'eau pour aider.

2. Mélanger avec encore 2 litres (8 tasses) d'eau et mettre de côté à la température de la pièce pendant 15 minutes. Verser le mélange à travers une passoire dans un grand pichet pour enlever les fibres dures. Enlever les fibres. Mélanger l'eau d'ananas avec le sucre et remuer jusqu'à dissolution. Ajouter le jus d'ananas. Sucrer au goût. Réfrigérer jusqu'au moment de servir.

3. Pour servir, verser sur de la glace broyée dans de grands verres.

PAR PORTION (240 ML OU 1 TASSE) : 90 CAL ; 0 G PROT ; 0 G MAT GR ; 23 G CARB ; 0 MG CHOL ; 0 MG SOD ; 0 G FIBRES

JUS DE CERISES ET DE MYRTILLES POUR 1 PERSONNE

Les saveurs dominantes des myrtilles et des cerises fraîches font de ce breuvage fruité un plaisir saisonnier.

240 ml (1 tasse) de myrtilles

240 ml (1 tasse) de cerises dénoyautées

120 ml (½ tasse) de raisins rouges sans pépins

120 ml (½ tasse) de framboises

Mettre les ingrédients dans un mélangeur et réduire en purée jusqu'à consistance lisse. Servir dans un grand verre.

PAR PORTION : 88 CAL ; 1 G PROT ; 1 G MAT GR ; 22 G CARB ; 0 MG CHOL ; 5 MG SOD ; 3 G FIBRES

MÉLANGE POUR 2 PERSONNES

Le Costa Rica est reconnu pour ses boissons aux fruits frais et pour ce mélange très apprécié.

½ cantaloup mûr, coupé en morceaux de 2,5 cm (1 pouce) plus morceaux supplémentaires pour la garniture

480 ml (2 tasses) de jus d'orange frais

Sucre au goût

5 à 6 glaçons

Mettre les ingrédients dans un mélangeur et réduire en purée jusqu'à consistance lisse. Servir dans des grands verres avec un morceau de cantaloup décorant le bord de chaque verre.

PAR PORTION : 80 CAL ; 1 G PROT ; 0 G MAT GR ; 19 G CARB ; 0 MG CHOL ; 15 MG SOD ; 1 G FIBRES

JUS DE SOLEIL

Le jus acheté en magasin est très liquide comparé au jus d'orange que vous préparez vous-même, aussi relevez vos manches ! Ce petit verre matinal rempli de jus épais est une révélation. Il s'agit d'une bonne façon d'utiliser même les bananes devenues totalement noires, puisque plus la banane est mûre, plus le jus est crémeux.

4 oranges à jus moyennes

1 tranche de papaye très mûre, coupée en petits morceaux

1 grande banane très mûre, coupée en morceaux de 2,5 cm (1 pouce)

5 ml (1 c. à thé) de gingembre frais râpé

1 glaçon

Presser les oranges pour obtenir environ 180 ml (¾ tasse) de jus et verser le jus dans un mélangeur. Ajouter la papaye, la banane, le gingembre et le glaçon. Mélanger jusqu'à ce que la glace soit broyée et le mélange crémeux et doré. Verser dans un grand verre et servir.

PAR PORTION : 261 CAL ; 3 G PROT ; 1 G MAT GR ; 64 G CARB ; 0 MG CHOL ; 5 MG SOD ; 5 G FIBRES

COCKTAIL DE MANGUES ET D'AGRUMES

Bien que facultative, la menthe fraîche ajoute une saveur rafraîchissante.

2 grosses mangues mûres, pelées et coupées en tranches

480 ml (2 tasses) de jus d'orange frais

2 limes pressées

8 glaçons, plus cubes additionnels pour les verres

15 à 30 ml (1 à 2 c. à soupe) de sucre cristallisé

480 ml (2 tasses) d'eau gazeuse

Feuilles de menthe fraîche, facultatif

1. Mettre les mangues, le jus d'orange, le jus de limes, des cubes de glace et le sucre dans un mélangeur et réduire en purée pendant 1 minute. Verser le mélange dans un pichet et réfrigérer.

2. Pour servir, mélanger avec l'eau gazeuse et remuer. Verser dans quatre verres remplis de cubes de glace. Garnir avec des feuilles de menthe, si désiré.

PAR PORTION : 138 CAL ; 2 G PROT ; 0,7 G MAT GR ; 35 G CARB ; 0 MG CHOL ; 3 MG SOD ; 2 G FIBRES

BOISSON AU MELON ET À LA LIME

Cette boisson est excellente pour étancher la soif le matin au réveil ou à n'importe quelle heure de la journée.

1,4 litre (5½ tasses) de morceaux de pastèque ou de cantaloup épépiné

120 ml (½ tasse) de sucre cristallisé

120 ml (½ tasse) de jus de lime frais

1. Mettre tous les ingrédients dans un mélangeur et réduire en purée jusqu'à consistance lisse. Verser le mélange à travers une passoire fine dans un grand bol et ajouter 720 ml (3 tasses) d'eau. Frotter la passoire avec le dos d'une cuillère pour extraire le reste de jus de fruits et jeter la pulpe.

2. Mettre le mélange d'eau de fruits dans un pot d'un gallon ou dans deux grands pichets. Couvrir et réfrigérer. Avant de servir, bien mélanger et verser dans des verres remplis de glaçons.

PAR PORTION : 88 CAL ; 0 G PROT ; 0,1 MAT GR ; 21 G CARB ; 0 MG CHOL ; 10 MG SOD ; 1 G FIBRES

PASSION POURPRE

Ce mélange de myrtilles, de bananes et de pommes donne une boisson violette et scintillante qui est un concentré de vitamine C, de potassium et de flavonoïdes. Ce jus peut aussi être préparé avec des fraises fraîches mûres, des framboises ou des mûres sauvages.

2 bananes mûres de grosseur moyenne

120 ml (½ tasse) de myrtilles fraîches ou congelées et décongelées

120 ml (½ tasse) de compote de pommes non sucrée

120 ml (½ tasse) de yogourt régulier, faible en gras ou sans matières grasses ou de tofu égoutté

21 ml (1½ c. à soupe) de miel

10 ml (2 c. à thé) d'extrait de vanille

Mettre les ingrédients dans un mélangeur avec 720 ml (3 tasses) d'eau et réduire en purée jusqu'à consistance lisse. Verser dans quatre verres et servir.

PAR PORTION : 130 CAL ; 2 G PROT ; 1 G MAT GR ; 31 G CARB ; 2 MG CHOL ; 21 MG SOD ; 2 G FIBRES

COCKTAIL DE PASTÈQUE

Cette boisson ravigotante vous aide à vous rafraîchir pendant les chaudes journées d'été.

2 litres (8 tasses) de morceaux de pastèque épépinée

2 limes coupées en deux

15 ml (1 c. à soupe) de fleur d'oranger, facultatif

Glaçons

Combiner la pastèque et le sel dans un mélangeur et réduire en purée jusqu'à consistance lisse. Couper les moitiés de lime en 4 tranches minces et réserver. Presser les moitiés restantes et ajouter leur jus au mélange. Ajouter l'eau de fleur d'oranger, si désiré. Bien brasser. Verser dans quatre verres remplis de glaçons. Garnir avec les tranches de limes réservées.

PAR PORTION : 106 CAL ; 2 G PROT ; 1 G MAT GR ; 24 G CARB ; 0 MG CHOL ; 9 MG SOD ; 3 G FIBRES

LAIT FOUETTÉ À L'AVOCAT

L'avocat ajoute à cette boisson une texture veloutée et succulente.

1 avocat, pelé et dénoyauté

120 ml (½ tasse) de lait entier

120 ml (½ tasse) de yogourt
  à la vanille

60 ml (4 c. à soupe) de limonade
  concentrée congelée

45 ml (3 c. à soupe) de sucre
  cristallisé, ou au goût

Mettre tous les ingrédients dans un mélangeur et réduire en purée jusqu'à consistance lisse. Verser dans un grand verre et servir.

PAR PORTION : 390 CAL ; 7 G PROT ; 18 G MAT GR ; 55 G CARB ; 10 MG CHOL ;
80 MG SOD ; 5 G FIBRES

LAIT FOUETTÉ À LA FRAISE ET BANANE

POUR 2 PERSONNES (DONNE ENVIRON 420 ML OU 1¾ TASSES)

Quel merveilleux duo : bananes et fraises, avec du jus d'orange pour la portion d'agrumes. Très revigorant !

1 banane moyenne, coupée
  et congelée

6 fraises congelées

30 ml (2 c. à soupe) de jus d'orange
  congelé concentré

240 ml (1 tasse) de lait de soja
  à la vanille

Combiner la banane, les fraises et le concentré de jus d'orange dans un mélangeur. Ajouter le lait de soja et mélanger jusqu'à consistance lisse et crémeuse. Servir immédiatement.

PAR PORTION (ENVIRON 180 ML OU ¾ TASSE) : 170 CAL ; 5 G PROT ; 2 G MAT GR ;
36 G CARB ; 0 MG CHOL ; 45 MG SOD ; 3 G FIBRES

JUS DE VITAMINE B

Ce mélange va vous mettre d'entrain le matin !

240 ml (1 tasse) de gros morceaux
  d'ananas frais

1 banane pelée

120 ml (½ tasse) de jus d'ananas

60 ml (¼ tasse) de lait d'amande
  ou de lait de soja

15 ml (1 c. à soupe) de graines
  de lin moulu

15 ml (1 c. à soupe) de germe de blé

5 ml (1 c. à thé) d'huile de chanvre

Mettre les ingrédients dans un mélangeur et réduire en purée jusqu'à consistance lisse. Servir immédiatement.

PAR PORTION : 372 CAL ; 7 G PROT ; 9 G MAT GR ; 73 G CARB ; 0 MG CHOL ;
40 MG SOD ; 6 G FIBRES

PANACHÉ AU THÉ CHAI

POUR 2 PERSONNES (DONNE ENVIRON 480 ML OU 2 TASSES)

Le chai, un thé sucré indien préparé avec des épices est vendu prêt à utiliser, et permet de préparer un lait fouetté délicieux rapidement. On trouve facilement le chai dans les magasins d'alimentation naturels et les supermarchés.

180 ml (¾ tasse) de chai, bien frais

180 ml (¾ tasse) de lait de soja
  à la vanille

½ banane, coupée et congelée

30 ml (2 c. à soupe) de jus de
  pommes concentré congelé

Mettre les ingrédients dans un mélangeur et réduire en purée jusqu'à consistance lisse. Servir immédiatement.

PAR PORTION (240 ML OU 1 TASSE) : 109 CAL ; 3 G PROT ; 2 G MAT GR ; 22 G CARB ;
0 MG CHOL ; 60 MG SOD ; 1 G FIBRES

LAIT FOUETTÉ À LA BANANE ET À LA NOIX DE COCO

POUR 2 PERSONNES (DONNE ENVIRON 480 ML OU 2 TASSES)

Ce lait inspiré des tropiques vous fera rêver de plages ensoleillées et de palmiers.

240 ml (1 tasse) de lait de soja
   à la vanille, refroidi

1 banane, coupée et congelée

60 ml (¼ tasse) de lait de coco
   en conserve allégé

30 ml (2 c. à soupe) de jus de
   pommes concentré congelé

Mettre les ingrédients dans un mélangeur et réduire en purée jusqu'à consistance lisse. Servir immédiatement.

PAR PORTION (ENVIRON 240 ML OU 1 TASSE) : 177 CAL ; 5 G PROT ; 5 G MAT GR ; 33 G CARB ; 0 MG CHOL ; 68 MG SOD ; 1 G FIBRES

LAIT FOUETTÉ AU MELON ET AU KIWI

POUR 2 PERSONNES (DONNE ENVIRON 720 ML OU 3 TASSES)

Ce lait fouetté d'un joli vert pâle est notre préféré. Pour plus de facilité, achetez des morceaux de melon frais déjà tranchés, ou dans des paquets, et couper en cubes pour congeler.

1 kiwi, pelé et coupé en 8 morceaux

240 ml (1 tasse) de cubes
   de melon miel, congelé

240 ml (1 tasse) de lait de soja
   à la vanille

170 ml (6 onces) de yogourt de soja
   au kiwi et citron, citron ou lime

15 ml (1 c. à soupe) de jus de
   pommes concentré, congelé

Mettre les ingrédients dans un mélangeur et réduire en purée jusqu'à consistance lisse. Servir immédiatement.

PAR PORTION (360 ML OU 1½ TASSE) : 205 CAL ; 8 G PROT ; 6 G MAT GR ; 32 G CARB ; 0 MG CHOL ; 122 MG SOD ; 1 G FIBRES

LAIT FOUETTÉ À LA CRÈME DE MANGUE

POUR 3 PERSONNES (DONNE ENVIRON 840 ML OU 3½ TASSES)

La mangue fait de cette boisson un riche mélange tropical. Diverses saveurs de yogourt apportent à la recette de la variété — la pêche est certainement un ingrédient de choix, mais l'orange ou l'abricot aussi. Ne craignez pas de réduire en purée la chair de la mangue lorsque vous retirez le noyau et la chair, parce qu'elle va être réduite de toute façon en purée. L'addition de poudre de soja augmente le contenu en protéines.

360 ml (1½ tasse) de lait de soja
   à la vanille

240 ml (1 tasse) de mangue
   congelée, en conserve ou fraîche

240 ml (1 tasse) de yogourt au soja
   à la pêche ou à l'orange

30 ml (2 c. à soupe) de jus d'orange
   concentré, congelé

Jus d'un demi-lime

Mettre les ingrédients dans un mélangeur et réduire en purée jusqu'à consistance lisse et crémeuse. Servir immédiatement.

PAR PORTION (240 ML OU 1 TASSE) : 247 CAL ; 8 G PROT ; 6 G MAT GR ; 44 G CARB ; 0 MG CHOL ; 111 MG SOD ; 4 G FIBRES

LAIT FOUETTÉ À L'ÉCLAT DE PÊCHE

Voici un petit déjeuner complet bourré de vitamines A et C, de potassium, de protéines et d'autres substances nutritives, en une seule boisson colorée.

170 ml (6 onces) de yogourt de soja crémeux à la pêche ou à l'orange

120 ml (½ tasse) de jus de carottes

30 ml (2 c. à soupe) de jus d'orange congelé, concentré

Mettre les ingrédients dans un mélangeur et réduire en purée jusqu'à consistance lisse. Servir immédiatement.

PAR PORTION : 210 CAL ; 8 G PROT ; 2 G MAT GR ; 41 G CARB ; 0 MG CHOL ; 47 MG SOD ; 1 G FIBRES

LAIT FOUETTÉ AUX BAIES

POUR 1 PERSONNE (DONNE ENVIRON 360 ML OU 1½ TASSES)

Cette boisson peut être préparée avec à peu près n'importe quel fruit, pas seulement les baies. Ce breuvage est délicieux, très coloré et assez nourrissant pour être servi au petit-déjeuner — et la portion est suffisante pour que vous puissiez la partager avec un ami.

240 ml (1 tasse) de fraises coupées, de myrtilles entières ou de baies mélangées

120 ml (½ tasse) de yogourt régulier ou sans matières grasses ou de lait de riz

2 glaçons

5 ml (1 c. à thé) de sucre cristallisé, ou au goût

1,25 ml (¼ c. à thé) d'extrait de vanille

Combiner les ingrédients dans un mélangeur. Hacher en alternant démarrage et arrêt jusqu'à ce tous les ingrédients soient finement hachés, mélanger ensuite à haute vitesse jusqu'à consistance lisse et crémeuse. Verser dans un grand verre et servir.

PAR PORTION : 143 CAL ; 5 G PROT ; 1 G MAT GR ; 31 G CARB ; 0 MG CHOL ; 59 MG SOD ; 5 G FIBRES

LAIT FOUETTÉ À L'ORANGE

POUR 1 À 2 PERSONNES (DONNE ENVIRON 480 ML OU 2 TASSES)

Boisson rafraîchissante remplie de saveurs d'agrumes, ce lait fouetté mousseux peut être servi aussi bien au petit-déjeuner que comme collation.

240 ml (1 tasse) de lait sans matières grasses

120 ml (½ tasse) de yogourt à la vanille

120 ml (½ tasse) de jus d'orange, congelé, concentré

10 ml (2 c. à thé) de zeste d'orange

10 ml (2 c. à thé) d'extrait de vanille

Mettre les ingrédients dans un mélangeur et mélanger jusqu'à consistance lisse. Verser dans un ou deux grands verres et servir.

PAR PORTION (240 ML OU 1 TASSE) : 220 CAL ; 9 G PROT ; 1 G MAT GR ; 42 G CARB ; 5 MG CHOL ; 105 MG SOD ; 1 G FIBRES

6

petits-déjeuners, brunchs et déjeuners

NOS MÈRES — ET LES EXPERTS MÉDICAUX — NOUS ONT toujours dit que les petits-déjeuners nutritifs nous soutenaient la journée durant, en nous fournissant l'énergie dont nous avons besoin pour donner notre pleine mesure sur le plan physique et mental. Les horaires chargés interfèrent souvent avec le petit-déjeuner, mais si vous projetez un repas assis, ou sur le pouce, vous trouverez ici une abondance de recettes pour démarrer la journée. Et si vous n'avez que le temps de faire une très courte pause, préparez un lait fouetté avec une garniture que vous conserverez au réfrigérateur — voir le chapitre Boissons (page 96) — la veille, de façon à pouvoir saisir au vol votre petit-déjeuner le lendemain matin, alors que vous franchissez le seuil de la porte. D'autre part, le brunch nous offre la possibilité de nous détendre devant un bon repas. Et à l'heure du déjeuner, eh bien, vous aurez plus qu'un sandwich, et vous trouverez dans ce livre une abondance de garnitures et de roulés imaginatifs qui vous soutiendront le reste de la journée.

petits-déjeuners

CRÊPES SUÉDOISES

POUR 4 PERSONNES

Cette pâte doit reposer pendant au moins deux heures, et vous devez prévoir vous lever assez tôt pour pouvoir la préparer à temps pour le petit-déjeuner ou le brunch. Ou vous pouvez préparer la pâte le soir précédent, bien la couvrir et réfrigérer jusqu'au matin suivant. Préparez les crêpes au fur et à mesure, puis gardez-les au chaud sur un plateau couvert dans la partie basse du four. Servez les crêpes avec du beurre, des petits fruits frais ou d'autres fruits en conserve et/ou de la crème sure avec ou sans sucre brun. Mais essayez-les au moins une fois avec du beurre — elles ont alors un goût délicat et légèrement sucré.

3 gros œufs

360 ml (1½ tasse) de lait entier, divisé en deux

240 ml (1 tasse) de farine tout usage

90 ml (6 c. à soupe ou ¾ de bâtonnet) de beurre non salé, fondu, plus pour graisser la poêle

5 ml (1 c. à thé) de sucre cristallisé

2,5 ml (½ c. à thé) de sel

1. Battre les œufs avec 120 ml (½ tasses) de lait jusqu'à ce que vous obteniez un mélange homogène. Ajouter la farine. Incorporer les 240 ml (1 tasse) de lait, le beurre, le sucre et le sel, bien mélanger. Couvrir et réfrigérer pendant au moins 2 heures ou toute la nuit.

2. Sortir la pâte du réfrigérateur et brasser de nouveau pour bien lier tous les ingrédients avant de faire les crêpes.

3. Graisser légèrement un grand poêlon ou une plaque chauffante avec du beurre et mettre à feu moyen-élevé. Lorsque la surface est chaude, verser 30 ml (2 c. à soupe) de la pâte pour chaque crêpe, en faisant un rond. Lorsque les bords des crêpes commencent à brunir, retourner et cuire pendant encore 1 à 2 minutes, ou jusqu'à ce que la pâte soit ferme. Retirer du feu et servir.

PAR PORTION : 380 CAL ; 11 G PROT ; 24 G MAT GR ; 30 G CARB ; 215 MG CHOL ; 380 MG SOD ; 1 G FIBRES

CRÊPES DES TROPIQUES

POUR 4 PERSONNES

Bourrées de substances nutritives, ces riches crêpes vous donnent de l'énergie tout en ayant beaucoup de saveur. La pâte est épaisse, faites donc cuire les crêpes lentement à feu moyen-doux (ne pas dépasser un feu moyen). Sucrez les crêpes cuites avec du sirop d'érable ou un sirop de fruits de votre choix.

2 gros œufs

450 g (1 livre) de fromage cottage faible en gras

180 ml (¾ tasse) de jus d'ananas

120 ml (½ tasse) d'ananas coupés en cubes

15 ml (1 c. à soupe) d'huile végétale

360 ml (1½ tasse) de farine tout usage

10 ml (2 c. à thé) de poudre à pâte

2,5 ml (½ c. à thé) de bicarbonate de soude

1 pincée de sel

60 ml (¼ tasse) de germe de blé, facultatif

1. Bien battre les œufs dans un saladier. Incorporer le fromage, le jus d'ananas, les morceaux d'ananas et l'huile et bien mélanger. Incorporer la farine, la levure, le bicarbonate de soude, le sel et le germe de blé.

2. Vaporiser une substance antiadhésive sur le poêlon et chauffer à feu moyen-doux. Verser 60 ml (¼ tasse) de pâte dans le poêlon pour chaque crêpe, en utilisant une spatule pour aplatir la pâte et cuire jusqu'à ce que les côtés deviennent dorés. Retourner, en vaporisant la substance antiadhésive sur le poêlon, si nécessaire. Retirer du poêlon lorsque les deux côtés des crêpes sont dorés et les centres fermes. Répéter avec le reste de la pâte et servir.

PAR PORTION : 340 CAL ; 20 G PROT ; 7 G MAT GR ; 49 G CARB ; 115 MG CHOL ; 840 MG SOD ; 2 G FIBRES

MÉLANGE À CRÊPES BONS GRAINS

DONNE 3 FOURNÉES

Pour un repas minute à haute teneur en fibres, garder une provision de ce mélange à crêpes au congélateur. Vous pouvez aussi l'utiliser pour faire des gaufres.

360 ml (1½ tasse) de farine tout usage

240 ml (1 tasse) de farine de seigle

240 ml (1 tasse) de farine
de blé entier

120 ml (½ tasse) de germe de blé

120 ml (½ tasse) de farine de maïs

80 ml (⅓ tasse) de sucre granulé

30 ml (2 c. à soupe) de poudre à pâte

5 ml (1 c. à thé) de bicarbonate
de soude

15 ml (1 c. à soupe) de sel

1. Incorporer tous les ingrédients dans un bol et bien mélanger.

2. Diviser le mélange en trois parties, environ 480 ml (2 tasses) pour chaque partie. Mettre chaque portion dans un sac en plastique, sceller fermement et mettre au congélateur (jusqu'à 6 mois). Utiliser le mélange pour préparer des Crêpes bons grains (ci-dessous).

CRÊPES BONS GRAINS

POUR 5 PERSONNES (DONNE 10 PORTIONS)

Pour faire des gaufres, utiliser la même pâte, mais suivre les instructions du fabricant pour l'utilisation de votre gaufrier.

300 ml (1¼ tasse) de lait écrémé
ou de lait de soja

120 ml (½ tasse) de succédané
d'œuf ou 2 gros œufs

30 ml (2 c. à soupe) d'huile végétale

1 fournée (environ 480 ml ou
2 tasses) de mélange à crêpes
bons grains (ci-dessus)

1. Combiner le lait, le succédané d'œuf et l'huile dans un bol et battre pour mélanger. Ajouter le mélange à crêpes jusqu'à ce qu'il soit humidifié. Ne pas trop mélanger. La pâte doit être un peu grumeleuse.

2. Chauffer un plan de cuisson ou une grande poêle à feu moyen-élevé jusqu'à ce qu'une goutte d'eau crépite à la surface. Verser 60 ml (¼ tasse) de pâte par crêpe sur le plan de cuisson chaud. Cuire jusqu'à formation de bulles. Lorsque les côtés de chaque crêpe sont brun doré, cuire l'autre côté jusqu'à ce qu'il soit doré. Répéter avec le reste de la pâte. Servir chaud.

PAR PORTION (2 CRÊPES) : 460 CAL ; 16 G PROT ; 16 G MAT GR ; 60 GR CARB ;
4 MG CHOL ; 1416 MG SOD ; 8 G FIBRES

SAUCE AUX MYRTILLES

POUR 8 PERSONNES

Un nappage parfait pour les crêpes et les gaufres ou une garniture pour les crêpes.

480 ml (2 tasses) de jus de pommes
ou de jus de baies mélangées

1 jarre de 280 ml (10 onces) de
gelée de myrtilles

10 à 15 ml (2 à 3 c. à thé)
d'arrow-root, dissous dans 120 ml
(½ tasse) d'eau froide

1 litre (4 tasses) de myrtilles,
fraîches ou congelées

5 à 10 ml (1 à 2 c. à thé) de jus
de citron frais, facultatif

5 ml (1 c. à thé) d'extrait de vanille

1 pincée de sel

1 pincée de cannelle
ou de muscade moulue

Chauffer le jus de pommes dans une casserole à feu moyen. Ajouter les fruits en gelée, réduire à feu doux et cuire pendant environ 7 minutes, jusqu'à ce que les fruits en gelée soient dissous. Ajouter l'arrow-root dissous et brasser jusqu'à ce que la sauce épaississe et devienne brillante. Incorporer les myrtilles, le jus de citron, la vanille, le sel et la cannelle. Réduire à feu très doux et garder au chaud jusqu'à ce que vous soyez prêt à servir. Ou couvrir et réfrigérer et réchauffer à feu doux dans une petite casserole.

PAR PORTION : 140 CAL ; 0 G PROT ; 0 G MAT GR ; 34 G CARB ; 0 MG CHOL ;
37 MG SOD ; 1 G FIBRES

GLAÇAGE DORÉ

Essayez ce glaçage légèrement sucré sur les crêpes.

120 ml (½ tasse) de poudre
    instantanée de lait de soja

60 ml (¼ tasse) de beurre de
    lécithine de soja ou de margarine

60 ml (¼ tasse) de miel léger
    ou de sirop d'érable

5 ml (1 c. à thé) d'extrait de vanille
    ou zeste d'orange ou de citron

1 pincée de sel

Lait de soja pour diluer, facultatif

Mettre tous les ingrédients dans un robot culinaire ou un mélangeur et réduire en purée jusqu'à consistance lisse. Réduire le mélange avec un peu de lait de soja s'il est trop épais pour être étalé.

PAR TASSE : 860 CAL ; 12 G PROT ; 55 G MAT GR ; 87 G CARB ; 0 MG CHOL ;
216 MG SOD ; 0 G FIBRES

NAPPAGE AUX BAIES

Ce nappage aux fruits accompagne de manière savoureuse les crêpes et le gâteau des anges.

21 ml (1½ c. à soupe) de farine
    de maïs

30 ml (2 c. à soupe) de miel

480 ml (2 tasses) de baies
    non sucrées de votre choix

Mélanger la farine de maïs, le miel et 60 ml (2 c. à soupe) d'eau dans une petite casserole. Ajouter 120 ml (½ tasse) de baies, et cuire jusqu'à ce que le mélange épaississe légèrement, environ 5 minutes. Ajouter le reste des baies et remuer pour mélanger. Servir chaud.

PAR PORTION : 33 CAL ; 0 G PROT ; 0 G MAT GR ; 8 G CARB ; 0 MG CHOL ; 1 MG SOD ;
1 G FIBRES

ASSIETTE DE CRÊPES AUX MYRTILLES

Un repas de crêpes substantiel, parfait servi avec de la «saucisse» de soja émiettée et du café chaud.

240 ml (1 tasse) de farine
    de sarrasin

120 ml (½ tasse) de farine
    d'amarante

120 ml (½ tasse) de farine de maïs
    (jaune ou bleue)

15 ml (1 c. à soupe) de poudre à pâte

2,5 ml (½ c. à thé) de sel

480 ml (2 tasses) de lait de soja
    ou de lait écrémé

45 ml (3 c. à soupe) de sirop
    d'érable

30 ml (2 c. à soupe) d'huile
    végétale, plus pour friture

1 gros œuf

Sauce aux myrtilles (page 111)

1. Combiner la farine de sarrasin, la farine d'amarante, la farine de maïs, la poudre à pâte et le sel dans un grand bol.

2. Battre ensemble le lait de soja, le sirop d'érable, l'huile et l'œuf dans un bol séparé. Ajouter le mélange de farine et brasser jusqu'à consistance lisse. Assurez-vous de dissoudre tous les grumeaux, mais ne pas trop mélanger. Laisser reposer 10 minutes.

3. Huiler légèrement un poêlon à feu moyen. Verser 80 ml (⅓ tasse) de pâte par crêpe dans le poêlon et cuire jusqu'à ce que des bulles commencent à se former à la surface des crêpes. Retourner les crêpes et cuire les autres côtés jusqu'à ce que les crêpes aient légèrement bruni, pendant environ 3 minutes. Répéter avec le reste de la pâte. Servir chaud avec la sauce aux myrtilles ou un autre nappage.

PAR PORTION (2 CRÊPES, SANS SAUCE) : 302 CAL ; 11 G PROT ; 11 G MAT GR ;
40 G CARB ; 33 MG CHOL ; 493 MG SOD ; 6 G FIBRES

PÂTE À CRÊPES DE BASE

Les crêpes sont le plat à la mode dans les brunchs et les petits-déjeuners, et ils se prêtent à d'élégants nappages, comme le simili boursin au soja (page 75) ou la sauce aux myrtilles (page 111). Mais les crêpes se prêtent aussi à de multiples usages, des garnitures appétissantes comme la raïta (page 187) à table.

480 ml (2 tasses) de farine de blé entier à pâtisserie ou de farine non blanchie (ou une combinaison des deux)

240 ml (1 tasse) de lait faible en matières grasses ou de lait de soja

4 gros œufs

30 ml (2 c. à soupe) d'huile végétale, plus pour badigeonner la casserole

2,5 ml (½ c. à thé) de sel

1. Mettre tous les ingrédients et 360 ml (1½ tasse) d'eau dans un mélangeur ou un robot culinaire et mélanger à grande vitesse pendant 1 minute. Verser dans un bol, couvrir et réfrigérer pendant 2 heures avant la cuisson. La pâte devrait avoir la consistance de la crème épaisse. Si nécessaire, diluer avec plus d'eau, de lait ou de lait de soja.

2. Utiliser un bon poêlon sec pour omelette ou crêpe ou un poêlon anti-adhésif de 20,32 cm (8 pouces). Badigeonner la casserole avec l'huile et chauffer à feu doux pendant 3 minutes. Retirer du feu, verser 45 à 60 ml (3 ou 4 c. à soupe) de pâte et incliner le poêlon de tous les côtés de façon à ce que la pâte couvre légèrement le fond du poêlon.

3. Remettre le poêlon sur un feu moyen-doux et cuire pendant 1 à 3 minutes ou jusqu'à ce que la crêpe ait légèrement bruni ou commence à faire des bulles. En utilisant une spatule, retourner la crêpe et cuire pendant 30 secondes de plus. Retirer doucement la crêpe du poêlon et la mettre sur une assiette. Répéter l'opération avec le reste de la pâte, en empilant les crêpes lorsqu'elles sont cuites sur du papier sulfuré pour les empêcher de coller les unes aux autres. Utiliser tout de suite, ou lorsqu'elles ont refroidi, les recouvrir avec une pellicule de plastique et réfrigérer jusqu'à 1 semaine ou congeler jusqu'à 1 mois.

PAR CRÊPE : 124 CAL ; 5 G PROT ; 5 G MAT GR ; 16 G CARB ; 73 MG CHOL ; 123 MG SOD ; 0,5 G FIBRES

CRÊPES SANS CHOLESTÉROL

Surveiller votre taux de cholestérol n'a jamais été aussi délicieux.

60 ml (2 c. à soupe) de succédané d'œuf

480 ml (2 tasses) de farine de pâtisserie de blé entier ou de farine blanche tout usage (ou une combinaison des deux)

240 ml (1 tasse) de lait de soja

120 ml (½ tasse) de farine de pois chiches

30 ml (2 c. à soupe) d'huile végétale

2,5 ml (½ c. à thé) de sel

Mettre le succédané d'œuf et 120 ml (½ tasse) d'eau dans un robot culinaire ou un mélangeur et réduire en purée jusqu'à consistance lisse. Ajouter la farine, le lait de soja, la farine de pois chiches, l'huile et le sel. Ajouter encore 240 ml (1 tasse) d'eau et mélanger 1 minute à grande vitesse. Cuire les crêpes selon les instructions de la recette de crêpes de base (ci-dessus).

PAR CRÊPES : 115 CAL ; 4 G PROT ; 3 G MAT GR ; 19 G CARB ; 0 MG CHOL ; 90 MG SOD ; 0,8 G FIBRES

CRÊPES AU SARRASIN

La farine de sarrasin donne aux crêpes une riche saveur de noisettes. Parce que cette recette utilise de la levure comme un levain, la pâte doit être commencée environ une heure et demie avant de la cuisiner.

360 ml (1½ tasse) de lait

30 ml (2 c. à soupe) de mélasse

30 ml (2 c. à soupe) de margarine ou de beurre non salé, fondu, ou d'huile de canola

120 ml (½ tasse) d'eau chaude

1 paquet de levure sèche active

1 gros œuf ou 60 ml (¼ tasse) de succédané d'œuf

240 ml (1 tasse) de farine tout usage

120 ml (½ tasse) de farine sarrasin

2,5 ml (½ c. à thé) de sel

Comme garniture : beurre non salé ou margarine, et sirop d'érable au goût

1. Chauffer le lait dans une casserole de 2 litres (8 tasses) jusqu'à ce qu'il se forme des bulles autour des côtés de la casserole. Retirer du feu. Incorporer la mélasse et la margarine. Laisser tiédir.

2. Mettre l'eau chaude dans un bol et verser la levure. Remuer. Laisser reposer dans un endroit chaud pendant 10 minutes, ou jusqu'à ce que cela devienne mousseux. Ajouter la levure au lait. Battre l'œuf dans le mélange de lait et levure et verser dans un bol moyen.

3. Tamiser ensemble les farines et le sel. Incorporer les ingrédients humides. Laisser reposer dans un endroit chaud pendant 1 heure, ou jusqu'à la pâte ait doublé de volume.

4. Chauffer une plaque en fonte à feu moyen-élevé et mettre une couche de vaporisateur de cuisine anti-adhésif. Utiliser 60 ml (¼ tasse) à mesurer pour prendre le mousseux de la pâte sur le sommet du bol et verser sur le plan de cuisson. Répéter pour faire autant de crêpes que possible sur le plan de cuisson, en prenant toujours le mousseux du sommet. Quand les crêpes sont bien brunies, retourner et cuire les autres côtés. Garder dans un four à 95 °C (200 °F) jusqu'à ce que toute la pâte soit utilisée. Servir avec le beurre ou le sirop d'érable et la margarine.

PAR PORTION : 210 CAL ; 7 G PROT ; 6 G MAT GR ; 32 G CARB ; 40 MG CHOL ; 280 MG SOD ; 2 G FIBRES

SAVOUREUSES CRÊPES CUITES AU FOUR

Cette crêpe attrayante, cuite au four, souvent associée au «Dutch Baby», constitue un repas complet. Il s'agit d'une garniture et d'un plat généreux, bon servi avec des fruits pour commencer, et pouvant être complété par d'autres aliments qui accompagnent les déjeuners-brunchs.

45 ml (3 c. à soupe) de beurre
   non salé, divisé

2 gros œufs

60 ml (¼ tasse) de lait faible en gras

60 ml (¼ tasse) de farine tout usage

Sel et poivre noir
   fraîchement moulu, au goût

60 ml (¼ tasse) d'oignon
   coupé en dés

120 ml (½ tasse) de pois verts
   frais ou congelé

60 ml (¼ tasse) de poivron rouge
   coupé en dés

2 gros champignons de Paris rincés,
   sans la queue

60 ml (¼ tasse) de vin blanc sec

1. Préchauffer le four à 200 °C (400 °F). Préchauffer un plat de cuisson rond de 12,70 cm (5 pouces) ou 15,24 cm (6 pouces) de diamètre. Faire fondre 60 ml (2 c. à soupe) de beurre dans le plat de cuisson.

2. En attendant, battre ensemble les œufs, le lait et la farine jusqu'à consistance lisse. Assaisonner avec le sel et le poivre. Quand le beurre est fondu, verser le mélange d'œuf dans un plat et mettre au four.

3. Chauffer 5 ml (1 c. à thé) du beurre restant dans un poêlon à feu moyen. Sauter l'oignon jusqu'à ce qu'il soit translucide, pendant environ 5 minutes. Ajoutez les pois et le poivron et cuire pendant 2 minutes de plus. Verser dans un bol et réserver.

4. Trancher les chapeaux de champignons et les tiges en tranches fines. Chauffer les 10 ml (2 c. à thé) du beurre restant dans le poêlon à feu moyen. Sauter les champignons pendant 5 minutes, ou jusqu'à brunis. Ajouter le vin et le fromage, retourner le mélange d'oignon au poêlon, assaisonner avec le sel et le poivre et faites cuire 2 à 3 minutes de plus, jusqu'à ce que les champignons soient bien cuits.

5. Cuire la crêpe pendant 15 minutes, ou jusqu'à ce qu'elle soit gonflée et dorée. Retirer du four, mettre le mélange de champignons dans le centre, la garnir avec le thym frais et servir. La crêpe peut dégonfler légèrement quand elle se refroidit.

PAR PORTION : 495 CAL ; 21 G PROT ; 32,5 G MAT GR ; 24,5 G CARB ; 290 MG CHOL ; 205 MG SOD ; 3,5 G FIBRES

GAUFRES AUX POMMES ET AU GRUAU

Façon délicieuse de débuter la journée, ces gaufres ont le goût réconfortant des pommes à l'automne que souligne la vitalité du citron.

1 grosse pomme coupée en deux
    et non pelée

2 gros œufs, séparés

240 ml (1 tasse) de jus de pommes

120 ml (½ tasse) de lait faible en
    matières grasses

45 ml (3 c. à soupe) d'huile végétale

5 ml (1 c. à thé) d'extrait de citron

Zeste de 1 citron

360 ml (1½ tasse) de farine
    tout usage

10 ml (2 c. à thé) de poudre à pâte

2,5 ml (½ c. à thé) de sel

80 ml (⅓ tasse) de flocon d'avoine

80 ml (⅓ tasse) de son d'avoine

30 ml (2 c. à soupe) de sucre
    cristallisé

5 ml (1 c. à thé) de cannelle
    moulue, ou au goût

480 à 600 ml (2 à 2½ tasses) de
    sauce aux pommes chaude,
    pour garnir

1. Chauffer un gaufrier. Évider et couper en dés la moitié de la pomme, en gardant la pelure. Mettre de côté la pomme coupée en dés et la demi-pomme.

2. Battre les jaunes d'œuf dans un bol en mélangeant jusqu'à ce qu'ils soient liquides. Ajouter le jus de pommes, le lait, l'huile, l'extrait de citron et le zeste et battre jusqu'à ce que le mélange soit lisse. Tamiser la farine ensemble avec la levure et le sel, et incorporer au mélange d'œuf. Incorporer l'avoine, le son d'avoine, le sucre, la cannelle et la pomme coupée en dés. Battre les blancs d'œuf en neige jusqu'à ce qu'ils soient fermes et incorporer à la pâte à frire.

3. Vaporiser le gaufrier chaud avec le vaporisateur de cuisine anti-adhésif. Avec une louche, déposer un peu de pâte à frire sur le gaufrier et cuire en suivant les instructions du fabricant jusqu'à ce que vous obteniez les résultats désirés. Déposer la gaufre cuite sur un plateau à servir, et répéter jusqu'à ce que la pâte à frire soit entièrement utilisée.

4. Pour servir, garnir le centre des gaufres de 120 ml (½ tasse) de compote de pommes. Trancher très fin le reste de la demi-pomme et garnir la compote de pommes et les gaufres de plusieurs tranches de pomme.

PAR PORTION : 440 CAL ; 9 G PROT ; 12 G MAT GR ; 77 G CARB ; 85 MG CHOL ; 470 MG SOD ; 5 G FIBRES

BLINIS AU FROMAGE ET AU RAISIN

Les blinis sont des crêpes roulées habituellement remplies de fromage, de fruits ou de pommes de terre. Au lieu des œufs et du beurre, cette version faible en cholestérol est faite avec des bananes et de la farine de maïs. Allez-y doucement avec l'huile, sinon les blinis seront graisseux. Pour une version garnie avec des pommes de terre, hacher fin un petit oignon et faire sauter dans 15 à 30 ml (1 à 2 c. à soupe) de beurre ou d'huile végétale jusqu'à ce que l'oignon ait ramolli, pendant environ 5 minutes. Mélanger l'oignon avec 3 pommes de terre moyennes cuites en purée, et remuer jusqu'à ce que les ingrédients soient mélangés. Utiliser le mélange de pommes de terre au lieu du mélange de raisins et de fromage cottage. Si les crêpes se défont, c'est qu'elles ne sont pas assez cuites. Si elles sont trop croustillantes, c'est qu'elles sont trop cuites.

Pâte à frire pour crêpe

180 ml (¾ tasse) de farine de
  blé entier à pâtisserie
240 ml (1 tasse) de lait écrémé
  ou de lait de soja
60 ml (4 c. à soupe) de fécule
  de maïs
1 petite banane, pelée et écrasée
Huile végétale pour graisser le plat

Garniture

240 ml (1 tasse) de fromage cottage
  faible en matières grasses
60 ml (¼ tasse) de raisins secs
1,25 ml (¼ c. à thé) de cannelle
  moulue

1. Pour préparer la pâte à frire : combiner le lait, la fécule de maïs et les bananes dans un bol et mélanger.

2. Vaporiser une crêpière ou un poêlon avec le vaporisateur de cuisine anti-adhésif et chauffer à feu moyen. Verser environ 90 ml (6 c. à soupe) de la pâte à frire dans le poêlon, puis soulever et incliner la casserole doucement pour étendre la pâte à frire également et légèrement. Cuire jusqu'à ce que le dessus soit légèrement sec. Retirer avec une spatule et mettre sur une serviette de table. Répéter avec le reste de la pâte à frire.

3. Préchauffer le four à 180 °C (350 °F). Huiler légèrement un plat au four, et réserver.

4. Pour préparer la garniture : combiner tous les ingrédients dans un bol et mélanger. Mettre quelques cuillères de la garniture au centre des crêpes. Rouler et rabattre les bouts dessous pour faire «des paquets» rectangu-laires. Mettre les blinis sur le côté fermé dans un plat allant au four.

5. Cuire au four pendant environ 30 minutes, ou jusqu'à ce que les crêpes soient dorées.

PAR PORTION : 147 CAL ; 9 G PROT ; 2 G MAT GR ; 26 G CARB ; 2 MG CHOL ;
176 MG SOD ; 3 G FIBRES

BLINIS AU GOÛT DE NOISETTE

Ces blinis particuliers ne contiennent pas de produits laitiers et sont délicieux.

Huile végétale pour graisser la casserole

336 g (12 onces) de tofu ferme

80 ml (⅓ tasse) de raisins ou de raisins de Corinthe

80 ml (⅓ tasse) de noix légèrement moulues, hachées (voir page 60)

60 ml (¼ tasse) de minces tranches d'amandes légèrement rôties, facultatif

45 ml (3 c. à soupe) de miel ou de sirop d'érable

1,25 ml (¼ c. à thé) de noix de muscade moulue

1 pincée de cannelle moulue

4 à 6 crêpes sans cholestérol (page 113)

1. Préchauffer le four à 180 °C (350 °F). Graisser légèrement une plaque à pâtisserie et mettre de côté.

2. Écraser le tofu avec une fourchette dans un bol jusqu'à ce qu'il soit presque mou. Ajouter les raisins secs, les noix, le miel, la muscade et la cannelle, et bien mélanger.

3. Remplir les crêpes du mélange à tofu, et rouler les crêpes vers le haut ou les plier en paquets. Mettre les côtés des blinis qui ont été ouverts pour la garniture directement sur la plaque à pâtisserie et couvrir avec une feuille d'aluminium.

4. Cuire au four pendant 10 à 15 minutes, ou jusqu'à ce que les blinis soient dorés. Ou mettre les blinis dans un plat à servir, couvrir avec une pellicule plastique et chauffer les blinis dans un four micro-ondes à puissance élevée pendant 2 à 4 minutes. Servir immédiatement.

PAR PORTION : 352 CAL ; 11 G PROT ; 10 G MAT GR ; 58 G CARB ; 0 MG CHOL ; 222 MG SOD ; 4 G FIBRES

PAIN DORÉ AUX BAIES POUR LA PÉRIODE ESTIVALE

Bien que les historiens de l'alimentation ne s'entendent pas sur les origines de ce petit-déjeuner populaire et de ce plat servi lors du brunch, les Américains se sont appropriés le pain doré en créant des centaines de variantes. Parfumée à la vanille et à la cannelle, cette version utilise les baies, l'été, mais on peut utiliser un autre fruit selon la saison. Idéal pour un repas détendu où vous apprécierez le pain doré servi avec du café chaud, du thé, du jus de fruits frais — et le journal du matin.

180 ml (¾ tasse) de lait de soja
à la vanille

80 ml (⅓ tasse) plus 30 ml
(2 c. à soupe) de sucre cristallisé

4 gros œufs

45 ml (3 c. à soupe) d'extrait
de vanille, ou au goût

15 ml (1 c. à soupe) de poudre à pâte

8 tranches de pain de blé entier

30 ml (2 c. à soupe) de cannelle
moulue, ou au goût

360 ml (1 ½ tasse) de framboises
fraîches

480 ml (2 tasses) de fraises
en tranches

30 ml (2 c. à soupe) de beurre
non salé ou au besoin
pour la friture

Fraises ou sirop d'érable, au goût

Sucre de confiserie, comme
garniture

1. Mélanger le lait de soja, 80 ml (⅓ tasse) de sucre, les œufs, la vanille et la levure dans un bol et battre jusqu'à ce que le mélange soit épais et mousseux. Verser dans une moule et mettre le pain dans le mélange d'œufs. Permettre au pain d'absorber le mélange d'œufs, 7 à 10 minutes puis saupoudrer les tranches également de 21 ml (1½ c. à soupe) de cannelle. Tourner le pain pour tremper l'autre côté et saupoudrer également avec 7,5 ml (½ c. à soupe) de cannelle restante.

2. Entre-temps, saupoudrer les baies des 30 ml (2 c. à soupe) du sucre restant, ou plus au goût, et réserver.

3. Chauffer le beurre dans un grand poêlon à feu moyen et lorsqu'il bouillonne, commencer à faire frire le pain, plusieurs tranches à la fois. Verser tout l'œuf battu additionnel sur les tranches. Faire cuire 3 à 5 minutes, ou jusqu'à ce que le premier côté de la tranche soit doré. Tourner soigneusement l'autre côté pour le dorer. Retirer du poêlon et faire cuire le reste des tranches de pain, en versant tout le mélange d'œuf restant sur le dessus non cuit des tranches.

4. Pour servir, mettre une tranche de pain doré dans un plat, garnir de baies et mettre une seconde tranche cuite dessus, pour fabriquer un sandwich aux baies. Ajouter davantage de baies, de sirop et de sucre de confiserie, si désiré. Répéter avec le reste du pain doré et des baies jusqu'à ce vous ayez utilisé tous les ingrédients.

PAR PORTION (2 MORCEAUX, PLUS LES BAIES) : 490 CAL ; 15 G PROT ; 15 G MAT GR ; 73 G CARB ; 225 MG CHOL ; 820 MG SOD ; 11 G FIBRES

Ces trésors feuilletés, fourrés aux fruits transforment le petit déjeuner ou le brunch en un repas festif. Servez-les avec de la compote de pommes, du sirop d'érable ou une fine couche de sucre de confiserie que vous aurez préalablement chauffé. Servir avec du café ou du cidre chaud.

120 ml (½ tasse) de lait entier
    ou de lait de soja

3 gros œufs

30 ml (2 c. à soupe) de beurre
    non salé ou de margarine de soja,
    fondue

360 ml (1½ tasse) de farine
    tout usage

60 ml (¼ tasse) de farine de maïs

5 ml (1 c. à thé) de poudre à pâte

2,5 ml (½ c. à thé) de sel

480 ml (2 tasses) de pommes
    coupées en dés

15 ml (1 c. à soupe) de zeste
    de citron

15 ml (1 c. à soupe)
    de sucre cristallisé

5 ml (1 c. à thé) de cannelle moulue

480 ml (2 tasses) d'huile végétale,
    ou plus au besoin

Sauce aux pommes, sirop d'érable
    ou sucre de confiserie chauffé,
    pour la garniture

1. Combiner le lait, les œufs et le beurre dans un saladier, et battre jusqu'à ce que les ingrédients soient bien mélangés. Incorporer la farine, la farine de maïs, la levure et le sel et bien mélanger. Incorporer les pommes, le zeste de citron, le sucre et la cannelle.

2. Chauffer l'huile dans un grand poêlon ou une casserole profonde à feu moyen. Quand l'huile est chaude, verser environ 60 ml (¼ tasse) de la pâte à beignet dans l'huile et frire jusqu'à ce que la pâte soit brun doré des deux côtés, pendant 3 à 4 minutes. Retirer de l'huile et mettre sur plusieurs couches de serviette de papier pour absorber l'excès d'huile. Répéter jusqu'à ce que la pâte soit entièrement utilisée.

3. Pour servir, mettre les beignets sur des assiettes, et faire passer avec un choix de garniture.

PAR PORTION : 280 CAL ; 7 G PROT ; 12 G MAT GR ; 35 G CARB ; 120 MG CHOL ; 350 MG SOD ; 2 G FIBRES

PITA DU PETIT-DÉJEUNER

Commencez bien votre journée avec ce sandwich à emporter pour le petit-déjeuner, et qui peut aussi constituer l'aliment central d'un petit-déjeuner, au calme à la maison le matin avec un café.

1 pain pita de 17,78 cm (7 pouces)

10 ml (2 c. à thé) de beurre non salé ou de margarine de soja

56 g (2 onces) de « saucisses » de soja

2 oignons verts, tranchés fin

56 g (2 onces) de champignons blancs, tranchés fin

2 gros œufs

30 ml (2 c. à soupe) de crème épaisse, facultatif

28 g (1 once) de fromage de soja râpé

Sel et poivre noir fraîchement moulu, au goût

15 ml (1 c. à soupe) de sauce à salade « ranch »

Tranches d'avocat, pour garniture, facultatif

Cressons avec tiges, pour garniture

1. Chauffer le pain pita au four ou le grille-pain, et réserver. Entre-temps, faire fondre le beurre dans un grand poêlon à feu moyen. Émietter dans la « saucisse » de soja. Ajouter les oignons et les champignons et faire sauter pendant 5 minutes.

2. Combiner les œufs, la crème épaisse, si vous l'utilisez, le fromage, le sel et le poivre, en remuant bien. Réduire le feu à puissance moyenne-faible et incorporer le mélange d'œufs. Continuer à remuer lentement jusqu'à ce que les œufs soient prêts, pendant environ 5 minutes. Retirer du feu.

3. Ouvrir le pain pita chauffé en deux. Verser sur les deux parties du pain une quantité égale du mélange d'œufs, et garnir de sauce à salade ranch, d'avocat, si vous l'utilisez, et de cresson.

PAR PORTION : 590 CAL ; 33 G PROT ; 30 G MAT GR ; 45 G CARB ; 445 MG CHOL ; 1 260 MG SOD ; 4 G FIBRES

Recherchez les flocons de chili chipotle dans les magasins d'alimentation spécialisés, dans les supermarchés bien approvisionnés ou dans les épiceries hispaniques (voir aussi pages 583-584). Les œufs peuvent être omis dans ce plat. Si vous n'avez pas de grand poêlon, utilisez deux poêles à frire de 25,40 cm (10 pouces). Cuire les oignons et les pommes de terre dans une poêle, et l'ail, les poivrons, le romarin, et les «saucisses» dans l'autre. Ajouter le mélange de saucisses aux pommes de terre avant d'ajouter les œufs.

900 g (2 livres) de petites pommes de terre rouges ou blanches, non pelées et coupées en cubes de 2,54 cm (1 pouce)

30 ml (2 c. à soupe) d'huile d'olive

1 oignon moyen, haché fin

2 poivrons, rouges ou jaunes de préférence, hachés

8 petites «saucisses» de soja tranchées fin

21 ml (1½ c. à soupe) de romarin frais haché fin

3 gousses d'ail, émincées

112 g (4 onces) de jeunes épinards, bien lavés et hachés grossièrement

4 gros œufs

Sel et poivre noir fraîchement moulu, au goût

Chipotle en flocons, facultatif

1. Mettre les pommes de terre dans une grande casserole et ajouter assez d'eau froide pour couvrir. Porter à ébullition à feu moyen, réduire la chaleur à feu moyen-doux et cuire jusqu'à ce que les pommes de terre soient presque tendres, pendant 10 à 12 minutes. Égoutter et laisser refroidir.

2. Chauffer l'huile dans un très grand poêlon (voir la note principale, ci-dessus) à feu moyen-élevé. Ajouter l'oignon et cuire en remuant souvent, jusqu'à ce qu'il commence à ramollir, pendant 5 minutes. Ajouter les pommes de terre et cuire, en remuant de temps en temps, jusqu'à ce qu'elles soient croustillantes et dorées, pendant environ 10 minutes. Ajouter les poivrons, les «saucisses», le romarin et l'ail. Cuire en remuant de temps en temps, jusqu'à ce que les poivrons aient ramolli, pendant environ 10 minutes. Incorporer les épinards et cuire, en remuant fréquemment, jusqu'à ce que les épinards ramollissent.

3. Casser les œufs sur le hachis et cuire jusqu'à ce que les œufs soient prêts. Retourner rapidement les œufs afin que l'autre côté cuise, pendant environ 1 minute. Ajouter du sel et du poivre au goût et garnir d'une pincée de flocons chipotle, si désiré. Servir chaud.

PAR PORTION : 359 CAL ; 25 G PROT ; 11 G MAT GR ; 49 G CARB ; 142 MG CHOL ; 550 MG SOD ; 6 G FIBRES

ŒUFS BROUILLÉS SUR UN LIT D'ASPERGES

Des œufs brouillés aussi lisses et crémeux qu'une crème anglaise sont faciles à réaliser si vous les préparez selon la méthode française — en utilisant les œufs à la température de la pièce et en les faisant cuire très lentement à feu doux. Vous pouvez remplacer les bagels par du pain croûté

2 bagels, coupés à l'horizontale en trois ou en quatre

450 g (1 livre) d'asperges, les extrémités dures coupées et les pointes pelées

60 ml (4 c. à soupe ou ½ bâtonnet) de beurre non salé

8 gros œufs, légèrement battus

Sel et poivre noir fraîchement moulu, au goût

15 ml (1 c. à soupe) d'oignon rouge émincé

1. Préchauffer le four à gril.

2. Griller légèrement les tranches de bagel, retirer du four et réserver. Cuire à la vapeur ou blanchir les asperges jusqu'à ce qu'ils soient tendres, égoutter complètement et réserver.

3. Couper le beurre en fines tranches afin d'obtenir 45 ml (3 c. à soupe) de beurre. Battre les œufs dans un bol. Faire fondre plusieurs noix de beurre dans une grande casserole anti-adhésive à feu très doux. Ajouter les œufs et brasser constamment avec une cuillère en bois pendant 15 à 20 minutes, en ajoutant des noix de beurre de temps en temps. Assaisonner avec du sel et du poivre.

4. Entre-temps, chauffer un grand poêlon à feu moyen. Ajouter 15 ml (1 c. à soupe) du beurre restant et quand le beurre fond, ajouter l'asperge. Cuire pendant 5 minutes, en remuant de temps en temps.

5. Pour servir, disposer les pointes d'asperge sur quatre assiettes chaudes, garnir d'œufs, saupoudrer d'oignons et servir avec les croustilles de bagel.

PAR PORTION : 350 CAL ; 17 G PROT ; 23 G MAT GR. ; 19 G CARB ; 455 MG CHOL ; 280 MG SOD ; 2 G FIBRES

OMELETTE ET LÉGUMES VERTS HACHÉS

Voici un petit déjeuner simple à préparer, qui peut être aussi servi pour le brunch ou le déjeuner. Comme pour toutes les omelettes, vous pouvez varier la garniture selon l'occasion, en remplaçant les cubes de pommes de terre frits par des champignons et une généreuse pincée de persil haché sur les légumes verts. Vous pouvez aussi donner une saveur asiatique à ce plat en utilisant du cilantro frais dans les œufs et des fèves germées sautées, accentuées par la sauce soja pour la garniture.

336 g (12 onces) de champignons portobello

45 ml (3 c. à soupe) d'huile d'olive

1 botte (200 g ou 7 onces) de légumes verts, cresson de fontaine, pissenlit ou arugula

6 gros œufs

Sel et poivre noir fraîchement moulu, au goût

1 ml (¼ c. à thé) de poivron rouge écrasé, facultatif

120 ml (½ tasse) de fromage fontina râpé

1. Essuyer les chapeaux des champignons avec une serviette humide, gratter et jeter les lamelles noires qui se trouvent sous les chapeaux. Trancher les chapeaux. Chauffer une grande poêle et lorsqu'elle est chaude, ajouter 30 ml (2 c. à soupe) d'huile. Sauter les tranches de champignons portobello, cuire jusqu'à ce que les champignons soient légèrement ramollis, mais non dorés, pendant 5 à 7 minutes. Retirer du feu et réserver.

2. Bien laver les légumes verts, secouer l'excès d'eau et couper en petits morceaux identiques.

3. Battre les œufs dans un grand bol et assaisonner avec du sel et du poivre et le poivron rouge écrasé, si nécessaire. Incorporer le fromage et les légumes verts coupés.

4. Chauffer la cuillerée à soupe d'huile restante dans une poêle à frire. Lorsque l'huile est chaude, incorporer les œufs, cuire jusqu'à ce que le fond soit cuit, incliner la poêle pour que les œufs non cuits soient dirigés en dessous. Lorsque le mélange d'œufs est ferme et le fond doré, après environ 2 minutes, mettre en tas les tranches de champignons portobello sur le côté de l'omelette, et retourner l'autre côté de l'omelette sur le dessus pour couvrir. Glisser sur un plat de service, ou couper en tranches dans la poêle et servir.

PAR PORTION : 580 CAL ; 33 G PROT ; 45 G MAT GR ; 12 G CARB ; 665 MG CHOL ; 460 MG SOD ; 4 G FIBRES

PORRIDGE À LA NOIX DE COCO ET À L'ANANAS

À consommer pour le petit-déjeuner, ou préparer et mettre de côté pour le déjeuner ou pour le casse-croûte de l'après-midi. Arroser le porridge de sirop d'érable ou de sirop de fruits, si désiré, mais il sera également délicieux avec du lait de soja, du lait sans matières grasses ou nature. Les morceaux d'ananas séchés sont très sucrés, utilisez donc d'autres édulcorants au goût.

480 ml (2 tasses) de jus d'ananas

120 ml (½ tasse) de gruau à cuisson rapide

30 ml (2 c. à soupe) de sucre brun, ou au goût

240 ml (1 tasse) de tofu mou

240 ml (1 tasse) d'ananas broyé, bien égoutté

240 ml (1 tasse) de morceaux d'ananas séchés

60 ml (¼ tasse) de noix de coco grillée et râpée, facultatif

1. Chauffer 420 ml (1¾ tasse) du jus d'ananas dans une casserole à feu moyen jusqu'à ce le jus bout. Incorporer lentement le gruau et le sucre brun, réduire à feu doux, couvrir la casserole et cuire pendant 5 minutes, en remuant de temps en temps.

2. Entre-temps, mettre 60 ml (¼ tasse) du jus restant, le tofu et l'ananas broyé dans un mélangeur, et mélanger jusqu'à ce que le mélange ait une consistance lisse. Incorporer le mélange de gruau et continuer à cuire et à remuer à feu doux pendant 8 à 10 minutes de plus, ou jusqu'à ce que le mélange ait une consistance ferme. Retirer du feu, incorporer les morceaux d'ananas, garnir de noix de coco grillée, si désiré, et servir.

PAR PORTION : 310 CAL ; 4 G PROT ; 0,5 G MAT GR ; 72 G CARB ; 0 MG CHOL ; 55 MG SOD ; 2 G FIBRES

PORRIDGE AU COUSCOUS

POUR 4 PERSONNES

Ce porridge a un goût similaire à celui de la brioche à la cannelle — vraiment!

1 litre (4 tasses) de lait de riz

320 ml (1⅓ tasse) de couscous

120 ml (½ tasse) de raisins

5 ml (1 c. à thé) de cannelle moulue

30 ml (2 c. à soupe) de miel, facultatif

1. Porter le lait de riz à ébullition dans une casserole de 2 litres (8 tasses) à feu moyen. Incorporer le couscous, les raisins secs, la cannelle et le miel, et porter de nouveau à ébullition.

2. Cuire à feu moyen pendant 10 minutes. Le gruau d'avoine devrait être un peu liquide, veuillez donc ajouter plus de lait si nécessaire.

PAR PORTION : 420 CAL ; 11 G PROT ; 2,5 G MAT GR ; 87 G CARB ; 0 MG CHOL ; 95 MG SOD ; 6 G FIBRES

TARTINADE CRÉMEUSE FAIBLE EN GRAS POUR BAGEL

POUR 8 PERSONNES (DONNE 240 ML OU 1 TASSE)

Essayez cette tartinade sur les bagels pour sa touche «fromage à la crème». Cette recette peut être conservée une semaine au réfrigérateur.

240 ml (1 tasse) de ricotta faible en matières grasses

30 ml (2 c. à soupe) de yogourt nature

5 ml (1 c. à thé) de jus de citron frais

Combiner tous les ingrédients dans un robot culinaire et mélanger jusqu'à ce que le mélange soit très lisse. Gratter les côtés plusieurs fois et continuer à passer au mélangeur. Mettre dans un bol hermétiquement fermé au réfrigérateur et réfrigérer jusqu'à utilisation.

PAR PORTION (28 ML OU 2 C. À SOUPE) : 25 CAL ; 2 G PROT ; 1,5 G MAT GR ; 1 G CARB ; 5 MG CHOL ; 20 MG SOD ; 0 G FIBRES

CÉRÉALE DE GRAINS ENTIERS

POUR 2 PERSONNES

Cette céréale du petit-déjeuner ne nécessite que quelques minutes de préparation la veille au soir. Vous pouvez trouver les grains dans la section des aliments en vrac d'un supermarché bien approvisionné, dans un magasin d'alimentation naturel ou chez un fournisseur assurant la vente par catalogue. Vous pouvez doubler ou tripler la quantité de grains pour les autres jours. Conserver les grains dans un récipient hermétiquement fermé au réfrigérateur afin d'assurer la fraîcheur du produit.

15 ml (1 c. à soupe) de grains de blé non cuits

15 ml (1 c. à soupe) de grains de seigle non cuits

15 ml (1 c. à soupe) d'orge non cuit

15 ml (1 c. à soupe) de millet non cuit

15 ml (1 c. à soupe) de flocons d'avoine non cuits

360 ml (1½ tasse) de jus de pommes ou d'eau

30 ml (2 c. à soupe) de son d'avoine non cuit

30 ml (2 c. à soupe) de raisins secs

1. Mettre les grains de blé, de seigle, l'orge, le millet et l'avoine dans un moulin à grains ou dans un mélangeur et mélanger à haute vitesse jusqu'à ce que les ingrédients soient grossièrement moulus.

2. Mettre le mélange dans une casserole avec le jus de pommes, le son et des raisins secs. Porter à ébullition à feu moyen-élevé. Faire cuire la céréale pendant 10 minutes, en remuant de temps en temps, jusqu'à ce que la céréale ait épaissi, et retirer du feu.

3. Couvrir la casserole et laisser reposer toute la nuit sur la cuisinière. Le matin suivant, réchauffer à feu moyen avant de servir.

PAR PORTION : 103 CAL ; 3 G PROT ; 1 G MAT GR ; 21 G CARB ; 0 MG CHOL ; 4 MG SOD ; 2 G FIBRES

SUNDAE D'AVOINE
AUX MYRTILLES ET NOIX DE PÉCAN

Les flocons d'avoine de fantaisie ressemblent à un sundae ! Pour un petit déjeuner spécial le week-end, essayez avec cette recette les flocons d'avoine cuits à feu lent (voir ci-dessous). Vous pourriez aussi vouloir offrir un «buffet de flocons d'avoine», avec une abondance de flocons d'avoine déjà cuits et plusieurs choix de garnitures.

480 ml (2 tasses) de myrtilles
  fraîches ou congelées

30 ml (2 c. à soupe) de miel

120 ml (½ tasse) de jus d'orange

10 ml (2 c. à thé) de fécule de maïs

2,5 ml (½ c. à thé) de sel

480 ml (2 tasses) de flocons
  d'avoine ou d'avoine moulue

60 ml (¼ tasse) de noix de pécan
  rôties et hachées (voir page 60)

1. Laver les bleuets et les mettre dans une casserole de 2 litres (8 tasses) avec le miel. Mélanger le jus d'orange et la fécule de maïs et ajouter à la casserole. Mettre à feu moyen, et porter à ébullition. Agiter plusieurs fois pendant que le mélange bout. Lorsque le liquide est épais, après environ 2 minutes, retirer du feu. Cette partie de la recette peut être faite deux jours à l'avance et mise au réfrigérateur.

2. Porter rapidement 1 litre (4 tasses) d'eau à ébullition à feu moyen-élevé, et ajouter le sel. Brasser l'avoine en remuant. Réduire la chaleur à feu moyen et cuire pendant environ 5 minutes, jusqu'à ce que les flocons d'avoine aient épaissi.

3. Diviser l'avoine dans 4 grands bols. Garnir les bols de 120 ml (½ tasse) du mélange de bleuets chaud et de beaucoup de noix de pécan

PAR PORTION (AVEC GARNITURES) : 410 CAL ; 9 G PROT ; 15 G MAT GR ; 64 G CARB ; 0 MG CHOL ; 290 MG SOD ; 9 G FIBRES

Cuisson de l'avoine

À l'époque où les maisons avaient des poêles à bois, les flocons d'avoine pour le petit-déjeuner étaient mis sur le poêle à l'heure du coucher afin qu'ils cuisent à feu doux toute la nuit. La cuisson longue et lente donnait une céréale épaisse, crémeuse et lisse. Aucune céréale instantanée ne peut vous donner ce goût. Vous pouvez néanmoins refaire l'expérience si vous faites cuire vos flocons d'avoine à feu lent toute la nuit. Mettre 2 litres (8 tasses) d'eau et un peu de sel dans un cuiseur avec 480 ml (2 tasses) d'avoine et cuire à feu moyen. Sept à huit heures plus tard, vous pourrez servir les flocons d'avoine comme autrefois, qui ont cuit lentement, à 6 personnes en appétit.

Si vous voulez que vos flocons d'avoine cuisent plus rapidement, mettez 360 ml (1½ tasse) d'eau dans une petite casserole avec une pincée de sel et lorsque l'eau est portée à ébullition, ajoutez 240 ml (1 tasse) d'avoine que vous brassez, réduire la chaleur à feu doux et cuire jusqu'à ce que l'avoine soit épaisse et crémeuse. Si vous désirez obtenir une saveur plus riche, faites cuire les flocons d'avoine dans du lait écrémé ou du lait de riz. Ajoutez dans l'eau du miel, de la cannelle ou 60 ml (¼ de tasse) de fruits secs avant d'ajouter l'avoine pour varier la recette. Ajoutez du sucre d'érable, des pommes et des bananes séchées et d'autres édulcorants pour briser la routine du petit-déjeuner.

Quelle sorte d'avoine ?

L'avoine cuit plus facilement quand on l'écrase avec un rouleau ou lorsqu'elle est moulue. Vous trouverez de l'avoine irlandaise et écossaise dans votre coopérative ou votre magasin d'aliments fins. Si vous aimez l'avoine, vous prendrez goût à acheter l'une des différentes variétés. Les flocons d'avoine instantanés sont une invention américaine qui réduit le temps de cuisson, mais enlève un peu de goût à la céréale. Conservez-les pour les matins où c'est tout ce que vous aurez sous la main.

En Écosse, l'avoine est consommée à d'autres repas que le petit-déjeuner. Elle est souvent cuite dans l'eau où ont bouilli les navets, le chou et d'autres légumes à odeur forte. L'avoine cuite est préparée en bouillie et est servie comme potage. Et pour le véritable amateur d'avoine, un cuisinier écossais préparera l'avoine pour le dessert en trempant l'avoine non cuite dans de la crème et la nappera de fruits frais, ou ajoutera un peu de miel et de whisky écossais.

SUNDAE À L'AVOINE ET AUX FRAISES

Voici un sundae vite fait pour le petit-déjeuner.

240 ml (1 tasse) de yogourt à la vanille sans matières grasses

30 ml (2 c. à soupe) de miel

10 ml (2 c. à thé) d'extrait de vanille

5 ml (1 c. à thé) de zeste de citron

2,5 ml (½ c. à thé) de sel

480 ml (2 tasses) de flocons d'avoine ou d'avoine moulue

480 ml (2 tasses) de fraises coupées en tranches

1. Mélanger le yogourt, la vanille, le miel et le zeste de citron, et réserver.

2. Porter 1 litre (4 tasses) d'eau rapidement à ébullition et ajouter du sel. Secouer l'avoine dans l'eau en remuant. Cuire pendant environ 5 minutes à feu moyen, ou jusqu'à ce que les flocons d'avoine soient cuits.

3. Diviser les flocons d'avoine également dans 4 bols. Garnir de fraises et d'une cuillerée du mélange de yogourt.

PAR PORTION : 330 CAL ; 11 G PROT ; 4 G MAT GR ; 62 G CARB ; 0 MG CHOL ; 340 MG SOD ; 8 G FIBRES

SUNDAE À L'AVOINE, MANGUE ET ABRICOTS

Un sundae à l'avoine garni de fruits d'été et amandes sur le dessus.

240 ml (1 tasse) d'abricots séchés hachés

240 ml (1 tasse) de jus d'ananas

1 mangue mûre, pelée et coupée finement en dés

480 ml (2 tasses) de flocons d'avoine ou d'avoine moulue

120 ml (½ tasse) d'amandes effilées

Sel au goût

1. Mettre les abricots dans une casserole de 1 litre (4 tasse) avec le jus d'ananas et 240 ml (1 tasse) d'eau et porter à ébullition à feu moyen. Cuire pendant 10 minutes, jusqu'à ce que les abricots soient gonflés. Retirer du feu et laisser refroidir. Enlever la moitié des abricots, passer au mélangeur ou au moulin et réduire en purée. Utiliser la purée avec le reste des abricots. Ajouter la mangue et brasser. Réserver.

2. Porter rapidement 1 litre (4 tasses) d'eau à ébullition et incorporer le sel. Détacher les flocons d'avoine dans l'eau pendant que vous remuez. Cuire à feu moyen pendant environ 5 minutes, jusqu'à ce que les flocons d'avoine soient suffisamment cuits.

3. Diviser les flocons d'avoine également dans 4 bols, et garnir du mélange de mangue. Saupoudrer d'amandes effilées, et servir.

PAR PORTION : 440 CAL ; 12 G PROT ; 10 MAT GR ; 77 G CARB ; 0 MG CHOL ; 5 MG SOD ; 10 G FIBRES

AVOINE TUTTI-FRUTTI

Cette recette peut être préparée avec toute combinaison de fruits frais et secs à votre goût.

2 grosses pommes, pelées et hachées

60 ml (¼ tasse) de raisins golden

60 ml (¼ tasse) de canneberges séchées et sucrées

60 ml (¼ tasse) abricots séchés hachés

5 ml (1 c. à thé) de zeste d'orange, facultatif

5 ml (1 c. à thé) de cannelle moulue

480 ml (2 tasses) de cidre de pommes

480 ml (2 tasses) de flocons d'avoine ou d'avoine moulue

1. Mettre les pommes coupées dans une casserole de 2 litres (8 tasses) avec les raisins secs, les canneberges séchées, les abricots, le zeste d'orange et la cannelle. Ajouter le cidre et 480 ml (2 tasses) d'eau et porter rapidement à ébullition. Secouer l'avoine pendant que vous remuez. Cuire à feu moyen pendant environ 5 minutes, jusqu'à ce que la bouillie d'avoine ait épaissi.

2. Pour servir, retirer du feu et verser avec une cuillère dans des bols.

PAR PORTION : 330 CAL ; 8 G PROT ; 4 G MAT GR ; 70 G CARB ; 0 MG CHOL ; 10 MG SOD ; 8 G FIBRES

brunchs et déjeuners

OMELETTE À LA MANGUE ET AU CARI

Cette omelette extravagante réclame des accompagnements spéciaux comme le jus de mangue bien frais, un panier de muffins chauds et un thé chai épicé ou encore un cocktail au champagne.

15 ml (1 c. à soupe) de beurre
   non salé

2 œufs extra gros, battus

5 ml (1 c. à thé) de poudre de cari,
   ou au goût

Sel et poivre noir fraîchement moulu
   au goût

1 grosse mangue, pelée, épépinée
   et coupée en dés

30 ml (2 c. à soupe) de yogourt
   nature

15 ml (1 c. à soupe) de chutney
   à la mangue

60 ml (¼ tasse) de noix
   de macadam écrasés

Feuilles de cilantro

5 ml (1 c. à thé) de jus de lime frais

1. Chauffer le beurre dans un poêlon anti-adhésif de grosseur moyenne ou une poêle à omelette à feu moyen. Assaisonner les œufs avec de la poudre de cari, du sel et du poivre. Lorsque le beurre est chaud, ajouter les œufs et faire tournoyer pour couvrir la surface du poêlon. Soulever les bords de l'omelette, et incliner le poêlon pour que l'œuf non cuit glisse dessous. Cuire jusqu'à ce que l'omelette soit ferme, environ 30 secondes.

2. Mettre la mangue coupée en dés sur la moitié de l'omelette. Rabattre l'omelette sur la garniture et faire glisser du poêlon sur un plat. Garnir avec le yogourt, le chutney, les noix de macadam, le cilantro et le jus de lime. Servir chaud.

PAR PORTION : 610 CAL ; 21 G PROT ; 50 G MAT GR ; 24 G CARB ; 525 MG CHOL ; 180 MG SOD ; 7 G FIBRES

QUICHE AUX POMMES ET AUX BETTES

Le mariage du fromage et des pommes est un plaisir gastronomique. L'addition des bettes rouges met en valeur cette combinaison et ajoute à la texture de cette simple quiche.

15 ml (1 c. à soupe) d'huile d'olive

15 ml (1 c. à soupe) de beurre non salé

1 gros oignon vidalia ou autre oignon sucré, coupé en fines tranches

240 ml (1 tasse) de bettes rouges, râpées

240 ml (1 tasse) de champignons tranchés fin

Sel et poivre noir fraîchement moulu au goût

120 ml (½ tasse) de pommes coupées

30 ml (2 c. à soupe) de farine tout-usage

2,5 ml (½ c. à thé) de noix de muscade moulue

2 gros œufs

240 ml (1 tasse) de fromage Jarlsberg râpé

120 ml (½ tasse) de lait écrémé

1 fond de tarte épais et déjà préparé de 22,86 cm (9 pouces), non cuit

1. Préchauffer le four à 190 °C (375 °F).

2. Chauffer l'huile et le beurre dans un grand poêlon à feu moyen. Réduire la chaleur à moyen-faible et faire sauter l'oignon jusqu'à ce qu'il soit caramélisé, pendant environ 15 minutes. Ajouter les bettes, les champignons, le sel et le poivre. Augmenter le feu à moyen, et cuire en remuant souvent pendant environ 7 minutes, ou jusqu'à ce que les champignons et les bettes aient ramolli.

3. Combiner la pomme, la farine et la muscade dans un bol, remuer et couvrir les pommes. Combiner les œufs, le fromage et le lait dans un bol séparé et battre jusqu'à ce que les ingrédients soient bien mélangés. Incorporer le mélange de pommes. Verser une cuillère du mélange de bettes sur le fond de tarte. Verser dessus le mélange d'œufs.

4. Cuire au four pendant 35 à 45 minutes, ou jusqu'à ce que les œufs soient prêts et que le dessus soit doré. Refroidir légèrement avant de trancher, et servir.

PAR PORTION (1 TRANCHE) : 300 CAL ; 11 G PROT ; 19 G MAT GR ; 23 G CARB ; 105 MG CHOL ; 200 MG SOD ; 1 G FIBRES

QUICHE DE POLENTA ET DE BROCOLI

Voici une façon de préparer une grande quiche au goût délicieux tout en utilisant moins d'œufs. La garniture s'adapte à une version cuisson rapide de la polenta, qui donne de la consistance et ajoute beaucoup de saveur et de texture au plat. Le brocoli et les oignons font une délicieuse garniture, mais tout légume cuit à la vapeur fera l'affaire.

1 croûte de tarte de blé entier de 22,86 cm (9 pouces)

600 ml (2½ tasses) de bouquets de brocoli

15 ml (1 c. à soupe) d'huile d'olive

1 gros oignon, coupé en deux et tranché fin

480 ml (2 tasses) de lait entier ou faible en matières grasses

80 ml (⅓ tasse) de farine de maïs jaune fine

360 ml (1½ tasse) de fromage cheddar ferme, râpé

2 gros œufs, dont 1 œuf séparé

10 ml (2 c. à thé) de moutarde de Dijon

5 ml (1 c. à thé) de basilic séché

2,5 ml (½ c. à thé) de sel

1. Préchauffer le four à 190 °C (375 °F).

2. Préparer, cuire au four et refroidir le fond de tarte. Ne pas éteindre le four.

3. Entre-temps, porter 5 cm (2 pouces) d'eau à ébullition dans une grande casserole adaptée avec un panier à vapeur. Ajouter le brocoli, couvrir et cuire jusqu'à ce qu'il soit tendre, pendant environ 4 minutes. Réserver et laisser refroidir.

4. Chauffer l'huile dans un poêlon de grosseur moyenne à feu moyen. Ajouter l'oignon et cuire en remuant souvent, jusqu'à ce qu'il ait ramolli, environ 5 minutes. Retirer du feu et réserver.

5. Battre ensemble le lait et la farine de maïs dans une casserole. Porter lentement à ébullition à feu moyen, en battant fréquemment. Quand le mélange commence à épaissir, réduire la chaleur à feu doux et cuire en battant constamment, pendant environ 5 minutes, ou jusqu'à ce que le mélange soit moyennement épais. Retirer du feu et battre avec le fromage, une moitié à la fois. Laisser refroidir brièvement et battre avec l'œuf entier, le blanc d'œuf, la moutarde, le basilic et le sel. Ajouter l'oignon sauté et mélanger bien.

6. Disposer le brocoli sur le fond de tarte refroidi. Gratter le mélange de farine de maïs et déposer sur le brocoli en étalant avec une cuillère, répartir également sur le mélange.

7. Cuire jusqu'à ce que la quiche soit brun doré, pendant environ 40 minutes. Déposer sur une surface grillagée et refroidir pendant au moins 20 minutes avant de couper la quiche. Servir chaud.

PAR PORTION (1 MORCEAU) : 393 CAL ; 14 G PROT ; 24 G MAT GR ; 31 G CARB ; 115 MG CHOL ; 395 MG SOD ; 3 G FIBRES

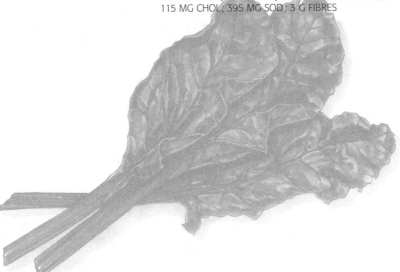

Excellente pour un brunch festif, cette recette peut être doublée si vous avez un très grand poêlon. Pour 450 g (1 livre) de pommes de terre, vous aurez besoin d'un poêlon bien sec de 25,40 cm (10 pouces) en fonte ou d'un poêlon anti-adhésif similaire. Pour 900 g (2 livres) de pommes de terre, vous aurez besoin du même poêlon, mais avec une taille de 35,56 cm (14 pouces). Il peut être difficile de manipuler un poêlon plus lourd lorsque la casserole est pleine. Si vous préférez préparer 2 tortillas, garder la première au chaud dans un four à 95 °C (200 °F). Vous pouvez peler les pommes de terre si vous le désirez, mais rappelez-vous que les pommes de terre non épluchées ont davantage de fibres. Si vous le désirez aussi, ajoutez 120 ml (½ tasse) de fromage râpé que vous saupoudrez sur la tortilla après l'avoir tournée — le cheddar, l'emmental, le manchego ou l'asiago sont de bons choix de fromage.

75 ml (5 c. à soupe) d'huile d'olive

450 g (1 livre) de petites pommes de terre rouges, coupées en tranches très minces

5 ml (1 c. à thé) de sel

2,5 ml (½ c. à thé) de poivre noir moulu

1 oignon rouge coupé en fines tranches

2 œufs très gros

3 gros blancs d'œuf

120 ml (½ tasse) de fromage râpé, facultatif

1. Chauffer le poêlon à feu moyen, et ajouter 45 ml (3 c. à soupe) d'huile. Ajoutez les pommes de terre et faire sauter, en remuant fréquemment, jusqu'à ce que quelques tranches soient dorées et que les pommes de terre restantes soient transparentes et tendres, pendant 15 à 20 minutes. Assaisonner les pommes de terre avec du sel et du poivre. Vider les pommes de terre dans un bol.

2. Ajouter l'oignon au poêlon, et faire sauter jusqu'à ce qu'il soit tendre et transparent, pendant environ 6 minutes. Déposer avec les pommes de terre.

3. Battre les œufs et les blancs d'œuf ensemble jusqu'à ce qu'ils soient mousseux. Ajouter les œufs au bol avec les pommes de terre.

4. Utiliser un tissu propre pour bien essuyer le poêlon utilisé pour cuire les oignons, en enlevant toutes les particules dure. Chauffer à nouveau le poêlon. Ajouter les 30 ml (2 c. à soupe) d'huile restante. Quand l'huile est chaude et grésille, déposer avec une cuillère le mélange de pommes de terre dans le poêlon, puis étaler les pommes de terre légèrement pour les étendre de façon uniforme. Cuire à feu doux pendant environ 10 minutes, ou jusqu'à ce que le fond soit doré.

5. Avec des mitaines pour le four, mettre un grand plat ou une plaque à pizza sur la poêle à frire, et rapidement retourner. Remettre le poêlon au four et déposer la tortilla dessus, cuire jusqu'à ce que le fond soit doré et cuit, pendant environ 2 à 3 minutes. Laisser les tortillas au chaud pendant 2 ou 3 minutes. Couper en morceaux et servir.

PAR PORTION : 300 CAL ; 9 G PROT ; 20 G MAT GR ; 21 G CARB ; 125 MG CHOL ; 670 MG SOD ; 2 G FIBRES

OMELETTE ITALIENNE

Généreux et nourrissant, ce plat convient bien lors d'un dîner de circonstance ou comme entrée lors d'un brunch, particulièrement si vous l'accompagnez de pain italien croustillant, d'un vin blanc pétillant et d'une abondance de fruits frais avec du fromage.

15 ml (1 c. à soupe) de pesto

21 ml (1 ½ c. à soupe) d'huile d'olive

½ poivron, coupé en dés

170 ml (6 onces) de champignons coupés en tranches

360 ml (1 ½ tasse) de cœurs d'artichauts en conserve coupés en quartiers, bien égouttés

6 gros œufs battus

Sel et poivre noir, au goût

30 ml (2 c. à soupe) de fromage parmesan râpé, pour la garniture

1. Préchauffer le four à gril.

2. Chauffer le pesto et l'huile dans une grande poêle à frire à feu moyen. Ajouter le poivre et les champignons et faire sauter pendant 5 minutes, ou jusqu'à ce que les champignons ramollissent. Incorporer les cœurs d'artichauts et faire sauter pendant environ 1 minute de plus.

3. Verser les œufs sur les légumes, en inclinant la poêle à frire pour que les œufs couvrent uniformément les légumes. Faire cuire les œufs, en soulevant les bords et en inclinant la poêle pour que les œufs non cuits glissent dessous. Lorsque le fond et les bords semblent fermes, après environ 5 minutes, griller le dessus de l'omelette jusqu'à ce que les œufs brunissent et gonflent. Retirer du four.

4. Pour servir, saupoudrer l'omelette de fromage parmesan, et trancher.

PAR PORTION : 160 CAL ; 9 G PROT ; 10 MAT GR ; 7 G CARB ; 215 MG CHOL ; 150 MG SOD ; 3 G FIBRES

Le kuku est un plat iranien de légumes ou de pommes de terre aux œufs, semblable à la frittata italienne. Il est habituellement garni de légumes et de fines herbes. Cette recette nécessite des gourganes et de l'aneth. Des gourganes fraîches ou congelées, du basilic thaï, du pain pita et du yogourt égoutté sont disponibles dans les marchés iraniens. Labneh est le mot arabe qui désigne le yogourt égoutté. Vous pouvez acheter le labneh dans une épicerie vendant des produits du Moyen-Orient ou le fabriquer vous-même en salant le yogourt, puis en le mettant dans une passoire avec un coton très fin sur un bol, et en le conservant au réfrigérateur toute la nuit. À noter : la composition de la recette n'inclut pas le pain.

60 ml (¼ tasse) d'huile végétale, de beurre non salé ou de ghee

1 gros oignon coupé en fines tranches

900 g (2 livres) de gourganes fraîches ou 450 g (1 livre) de gourganes décongelées, sans la peau

480 ml (2 tasses) d'aneth frais haché

6 gousses d'ail, écrasées et hachées

6 gros œufs

120 ml (½ tasse) de lait ou de lait de soja

120 ml (½ tasse) de fromage parmesan râpé ou de fromage mozzarella

15 ml (1 c. à soupe) de farine tout-usage

10 ml (2 c. à thé) de sel

5 ml (1 c. à thé) de cumin moulu

5 ml (1 c. à thé) de poivre noir fraîchement moulu

1 poivron vert thaï, haché, ou 2,5 ml (½ c. à thé) de poivron rouge écrasé

2,5 ml (½ c. à thé) de levure

1,25 ml (¼ c. à thé) de paprika

1,25 ml (¼ c. à thé) de curcuma

240 ml (1 tasse) de yogourt égoutté ou labneh

1 paquet de pain pita ou lavash, grillé, si désiré

240 ml (1 tasse) de feuilles de basilic frais thaï

1. Chauffer l'huile dans un poêlon antiadhésif de 25,40 ou 27,94 cm (10 ou 11 pouces) allant au four à feu moyen. Ajouter l'oignon et frire pendant 5 minutes, ou jusqu'à ce que l'oignon soit translucide. Ajouter les haricots, l'aneth et l'ail. Couvrir et cuire à feu moyen pendant 5 minutes, ou jusqu'à ce que les gourganes soient tendres.

2. Entre-temps, casser les œufs dans un bol, ajouter le lait, le fromage parmesan, la farine, le sel, le cumin, le poivre, le poivron, la levure, le paprika et le curcuma et battre légèrement.

3. Préchauffer le gril.

4. Verser le mélange d'œufs sur les gourganes dans le poêlon. Couvrir, réduire à feu doux et cuire pendant 15 à 20 minutes.

5. Mettre le poêlon sous le gril pendant une à cinq minutes, ou jusqu'à ce que les œufs soient brun doré. Servir chaud ou à la température de la pièce avec le yogourt, le pain et les feuilles de basilic thaï.

PAR PORTION : 360 CAL ; 6 G PROT ; 30 G MAT GR ; 18 G CARB ; 90 MG CHOL ; 873 MG SOD ; 2 G FIBRES

HACHIS DE POMMES DE TERRE ET D'AUBERGINE

Ce plat costaud s'inscrit bien dans vos menus pour le brunch. Pourquoi ne pas servir ce plat avec la salade aux tomates de Bald Eagle Valley (page 184) ?

600 ml (2½ tasses) de pommes
de terre au four pelées
et coupées en dés

180 ml (¾ tasse) de bouillon
de légumes (page 431)

Sel au goût

15 ml (1 c. à soupe) de beurre
non salé

1 oignon moyen, haché fin

1 litre (4 tasses) d'aubergines pelées
et coupées en dés

15 ml (1 c. à soupe) d'huile d'olive

1 gousse d'ail, émincée

15 ml (1 c. à soupe) de farine
tout usage

180 ml (¾ tasse) de lait entier

60 ml (¼ tasse) de fromage
parmesan râpé ou 120 ml
(½ tasse) de fromage cheddar
râpé fin, facultatif

Brins de persil frais pour garnir

1. Combiner les pommes de terre et le bouillon de légumes dans un grand poêlon antiadhésif et ajouter du sel. Porter à ébullition à feu moyen-élevé, couvrir partiellement, réduire à feu moyen et cuire jusqu'à ce que les pommes de terre soient presque tendres et qu'une bonne partie du liquide se soit évaporé, pendant environ 6 minutes. Vider dans un bol et réserver.

2. Faire fondre le beurre dans le même poêlon à feu moyen. Ajouter l'oignon et cuire, en remuant souvent, jusqu'à ce que l'oignon ait ramolli, pendant environ 5 minutes. Incorporer l'aubergine, l'huile, environ 45 ml (3 c. à soupe) d'eau et assaisonner légèrement avec du sel au goût. Couvrir, réduire la chaleur à feu moyen-doux et cuire, en remuant de temps en temps pendant environ 5 minutes, ou jusqu'à ce que l'aubergine soit tendre.

3. Ajouter l'ail et la farine, et cuire en remuant, pendant 1 minute. Réduire à feu doux, incorporer le lait et cuire à découvert en remuant, pendant 2 minutes. Incorporer le mélange de pommes de terre. Couvrir et cuire en remuant de temps en temps, jusqu'à ce que le hachis soit épais et ait l'apparence d'une sauce, pendant 5 à 7 minutes. Si le hachis colle à la casserole, incorporer du bouillon de légumes additionnel ou de l'eau à raison de 15 ml (1 c. à soupe). Pendant la dernière minute de la cuisson, saupoudrer le hachis de fromage, si nécessaire. Garnir de persil et servir chaud.

PAR PORTION : 170 CAL ; 5 G PROT ; 8 G MAT GR ; 15 G CARB ; 14 MG CHOL ;
99 MG SOD ; 4 G FIBRES

CRÊPES À LA COURGE MUSQUÉE BUTTERNUT

Ces crêpes savoureuses sont faciles à préparer et sont bonnes pour vous, grâce à la richesse en vitamine A de la courge. Vous pouvez cuire la courge et la réduire en purée un jour à l'avance (étape 1 et 2) et pour gagner du temps le jour du brunch.

1 petite courge, coupée en deux
et épépinée

120 ml (½ tasse) de lait écrémé
ou d'eau

1 gros œuf

1 gros blanc d'œuf

480 ml (2 tasses) de farine
de blé entier à pâtisserie

10 ml (2 c. à thé) de poudre à pâte

5 ml (1 c. à thé) de sel

2,5 ml (½ c. à thé) de cannelle
moulue

1,25 ml (¼ c. à thé) de clous
de girofle moulu

15 ml (1 c. à soupe) d'huile végétale

1. Préchauffer le four à 180 °C (350 °F). Mettre la courge dans un plat de cuisson et cuire pendant environ 40 minutes, ou jusqu'à ce que la courge soit tendre quand elle est piquée avec une fourchette.

2. Jeter la peau. Mettre la pulpe de la courge dans un bol et écraser avec une fourchette ou un pilon à pommes de terre jusqu'à consistance lisse. Laisser refroidir à la température de la pièce.

3. Ajouter le lait, l'œuf et le blanc d'œuf, remuer pour mélanger, et réserver.

4. Combiner la farine, la levure, le sel, la cannelle et les clous de girofle dans un bol séparé et remuer pour mélanger. Ajouter le mélange de farine à la préparation de courge et bien mélanger.

5. Chauffer l'huile dans un poêlon antiadhésif à feu moyen-élevé. Verser 60 ml (¼ tasse) de pâte par crêpe. Cuire pendant environ 3 minutes, tourner et cuire pendant 3 minutes de plus, ou jusqu'à ce que la crêpe soit légèrement dorée. Retirer du poêlon et conserver au chaud. Répéter avec le reste de la pâte jusqu'à ce qu'elle soit entièrement utilisée.

PAR CRÊPE : 101 CAL ; 4 G PROT ; 2 G MAT GR ; 18 G CARB ; 17 MG CHOL ; 227 MG SOD ;
3 G FIBRES

Cette recette, qui permet de préparer un déjeuner ou un dîner léger satisfaisant, est complétée par une salade verte et un sorbet au citron. Cette quiche est si simple à préparer qu'elle sera prête après quelques minutes au four.

2 bottes (environ 450 g ou 1 livre)
  d'épinards, coupés et lavés

3 gros œufs, battus

1 botte d'oignons verts,
  coupés finement

240 ml (1 tasse) de fromage
  cheddar râpé

240 ml (1 tasse) de fromage ricotta
  faible en gras

5 ml (1 c. à thé) d'origan séché

Sel et poivre fraîchement moulu,
  au goût

1 croûte à tarte profonde
  de 22,86 cm (9 pouces)
  déjà préparée

1. Préchauffer le four à 200 °C (400 °F).

2. Cuire à la vapeur les épinards dans une casserole remplie d'eau jusqu'à ce qu'ils ramollissent, pendant environ 5 minutes et réserver.

3. Entre-temps, combiner les œufs, les oignons, le fromage cheddar, le fromage ricotta, l'origan, le sel et le poivre dans un saladier, en remuant pour bien mélanger. Utiliser une passoire et presser pour extraire le liquide des épinards, et hacher fin. Incorporer le mélange d'œufs. Avec une cuillère déposer le mélange sur le fond de tarte.

4. Cuire pendant environ 25 minutes, ou jusqu'à ce que le centre soit ferme et que le dessus devienne doré. Retirer du four, laisser refroidir légèrement et manger chaud.

PAR PORTION : 400 CAL ; 5 G PROT ; 26 G MAT GR ; 27 G CARB ; 135 MG CHOL ; 440 MG SOD ; 2 G FIBRES

GAUFRES DE MAÏS AU FROMAGE CHEDDAR

Inspirées du Sud-Ouest des États-Unis, ces gaufres équilibrées peuvent être très épicées lorsque généreusement arrosées de sauce aux piments forts et une salsa avec des chilis chipotle fumés. Bien que vous puissiez servir ces gaufres au petit déjeuner, leur goût salé convient mieux au repas du midi.

Gaufres de maïs au fromage cheddar

3 gros œufs

420 ml (1¾ tasse) de babeurre
ou de lait de soja

30 ml (2 c. à soupe) d'huile végétale

240 ml (1 tasse) de farine
tout usage

15 ml (1 c. à soupe) de sucre
cristallisé

12,5 ml (2½ c. à thé) de poudre à pâte

5 ml (1 c. à thé) de sel

1,25 ml (¼ c. à thé) de bicarbonate
de soude

240 ml (1 tasse) de farine
de maïs mouture fine

120 ml (½ tasse) de fromage
cheddar râpé ou de fromage
de soja, et plus pour garniture

120 ml (½ tasse) de maïs en grains
frais, congelés ou en conserve

Sauce piquante aux piments,
au goût

120 ml (½ tasse) de cilantro haché
pour la garniture

1 avocat mûr, coupé en cubes,
pour la garniture

Salsa

240 ml (1 tasse) d'olives noires
dénoyautées coupées en fines
tranches

240 ml (1 tasse) de salsa

240 ml (1 tasse) de haricots noirs
en conserve, rincés et égouttés

120 ml (½ tasse) de maïs en grains

1. Préchauffer un gaufrier et vaporiser avec un vaporisateur d'huile anti-adhésif.

2. Pour préparer les gaufres de maïs au fromage cheddar : bien battre les œufs dans un bol et incorporer le babeurre et l'huile. Dans un autre bol, tamiser ensemble la farine, le sucre, la levure, le sel et le bicarbonate de soude. Incorporer le mélange d'œuf et la farine de maïs, le fromage, le maïs en grains et la sauce aux piments.

3. Pour préparer la salsa : brasser ensemble les olives, la salsa, les haricots noirs et le maïs en grains dans une casserole et porter à ébullition à feu moyen. Cuire pendant 5 minutes, ou jusqu'à ce que le mélange soit légèrement réduit.

4. Cuire les gaufres selon les instructions du fabricant du gaufrier. Servir, disposer une gaufre sur un plat, recouvrir du mélange de salsa et garnir avec le fromage, le cilantro et l'avocat.

PAR PORTION : 570 CAL ; 20 G PROT ; 23 G MAT GR ; 72 G CARB ; 145 MG CHOL ;
1 490 MG SOD ; 10 G FIBRES

CRÊPES VÉGÉTARIENNES

Repas complet en un seul plat, ces crêpes se marient bien avec une salade composée et un simple dessert aux fruits. Si vous voulez un plat sucré, semblable au dessert, utilisez comme garniture le sirop d'érable, le miel ou même un beurre de fruits comme le beurre de pommes.

240 ml (1 tasse) de babeurre

2 œufs gros

45 ml (3 c. à soupe) d'huile d'olive

240 ml (1 tasse) de farine tout usage

120 ml (½ tasse) de fromage cottage sans matières grasses

240 ml (1 tasse) de patates douces râpées non cuites

240 ml (1 tasse) d'oignons râpés

60 ml (¼ tasse) de persil frais émincé

Sel et poivre noir au goût

480 ml (2 tasses) de sauce aux pommes, chauffée

1. Combiner le babeurre, les œufs et 15 ml (1 c. à soupe) de l'huile dans un bol et battre. Incorporer la farine et le fromage blanc, en mélangeant bien ensemble les ingrédients. Incorporer les légumes, le persil, le sel et poivre et bien mélanger.

2. Chauffer les 30 ml (2 c. à soupe) d'huile dans un grand poêlon à feu moyen. En utilisant une mesure de 60 ml (¼ tasse), déposer avec une cuillère la pâte dans le poêlon, en préparant deux crêpes à la fois, et en étalant la pâte avec une spatule. Lorsque le fond de chaque crêpe est brun doré, retourner et faire cuire l'autre côté. Ajouter plus d'huile si nécessaire.

3. Lorsque les deux côtés sont dorés, enlever les crêpes et mettre dans un plat doublé de papier sulfuré. Répéter avec le reste de la pâte jusqu'à ce qu'elle soit entièrement utilisée. Servir les crêpes, accompagnées de compote de pommes.

PAR PORTION : 440 CAL ; 13 G PROT ; 14 G MAT GR ; 66 G CARB ; 110 MG CHOL ; 230 MG SOD ; 4 G FIBRES

CRÊPES AU RIZ SAUVAGE ET AUX POMMES

Ce plat est parfait servi au petit-déjeuner ou lors d'un brunch, un matin calme d'automne ou d'hiver. Les crêpes sont assez nourrissantes pour être servies par temps froid, mais conviennent aussi lors d'un repas plus formel. Servez-les avec du sirop d'érable ou d'autres sirops de fruits ou avec du miel.

2 gros œufs, battus

45 ml (3 c. à soupe) d'huile végétale

240 ml (1 tasse) de lait écrémé concentré

360 ml (1½ tasse) de farine tout usage

10 ml (2 c. à thé) de poudre à pâte

5 ml (1 c. à thé) de sel

30 ml (2 c. à soupe) de sucre cristallisé

240 ml (1 tasse) de riz sauvage cuit (voir page 62)

1 pomme, évidée et coupée en morceaux

1. Battre les œufs avec l'huile et fouetter dans le lait. Tamiser la farine, la levure, le sel et le sucre, et incorporer dans le mélange d'œufs. Incorporer le riz sauvage et la pomme.

2. Chauffer un gril en fonte ou un grand poêlon sur feu moyen, et vaporiser avec un vaporisateur d'huile antiadhésif. Avec une louche, répandre 60 ml (¼ tasse) de pâte à la fois sur le poêlon chaud. Lorsque le fond de chaque crêpe est brun doré, retourner et faire cuire l'autre côté. Retirer du poêlon, et répéter avec le reste de la pâte jusqu'à ce que tout soit utilisé. Servir chaud.

PAR PORTION : 280 CAL ; 10 G PROT ; 9 G MAT GR ; 39 G CARB ; 70 MG CHOL ; 620 MG SOD ; 1 G FIBRES

GALLO PINTO

Les habitants du Costa Rica disent qu'il y a autant de recettes de Gallo Pinto qu'il y a de Costaricains. Ce plat de riz et de haricots, dont le nom peut se traduire par «coq tacheté» est consommé quotidiennement et avec plaisir par la majorité de la population du Costa Rica, souvent au petit-déjeuner, et certaines personnes en mangent même à tous les repas. Beaucoup de Costaricains y ajoutent plusieurs gouttes de salsa Lizano, un condiment du pays, bien que la sauce végétarienne Worcestershire soit un bon substitut. Il existe un célèbre dicton qui dit : «Partout où il y a un Costaricain, il y a la paix». Mais au Costa Rica, les panneaux d'affichage proclament : «Partout où il y a un Costaricain, il y a la salsa Lizano.»

30 à 45 ml (2 à 3 c. à soupe) d'huile de canola ou d'huile de soja

1 oignon moyen, tranché fin

2 gousses d'ail, hachées fin

720 ml (3 tasses) de riz blanc cuit (voir page 62)

480 ml (2 tasses) de haricots noirs cuits rincés, en réservant le liquide

30 à 45 ml (2 à 3 c. à soupe) de salsa Lizano ou de sauce végétarienne Worcestershire

5 ml (1 c. à thé) de cumin moulu

5 ml (1 c. à thé) de coriandre moulue

2,5 ml (½ c. à thé) de gingembre moulu

Sel et poivre noir fraîchement moulu, au goût

1. Chauffer l'huile dans un grand poêlon à feu moyen et ajouter l'oignon. Lorsque la couleur commence à changer, ajouter l'ail et faire sauter pendant environ 5 minutes, ou jusqu'à ce que l'oignon soit doré.

2. Incorporer le riz, les haricots, la salsa Lizano, le cumin, la coriandre et le gingembre, et bien brasser. Ajouter 60 ml (¼ tasse) à 120 ml (½ tasse) du liquide provenant des haricots, si désiré, pour rendre le riz «foncé». Cuire jusqu'à ce que le mélange soit bien cuit, et ajouter sel et poivre au goût. Servir chaud.

PAR PORTION : 260 CAL ; 8 G PROT ; 5 G MAT GR ; 44 G CARB ; 0 MG CHOL ; 2 MG SOD ; 6 G FIBRES

MANGUE SAUTÉE AU CARI À L'AVOCAT

Pour une présentation spectaculaire, choisissez le plus gros avocat que vous pouvez trouver. Il s'agit d'une entrée substantielle pour le dîner ou d'une élégante entrée pour le souper

1 avocat jumbo

1 grosse mangue mûre, pelée et coupée en morceaux

120 ml (½ tasse) de chips de banane ou de plantain

60 ml (¼ tasse) de cilantro haché

30 ml (2 c. à soupe) de mayonnaise

Jus de la moitié de 1 lime

5 à 10 ml (1 à 2 c. à thé) de poudre de cari, ou au goût

45 ml (3 c. à soupe) de gingembre au vinaigre tranché, pour la garniture

1. Trancher l'avocat en deux, dans le sens de la longueur. Retirer soigneusement les moitiés et enlever le noyau. Avec un couteau pointu, couper dans la chair des cubes, presque jusqu'à la peau et retirer, en laissant sur la pelure de l'avocat une couche de chair de 0,32 cm (⅛ pouce). Ce qui permet à la coquille de l'avocat de demeurer stable.

2. Combiner les cubes d'avocat, la mangue, les chips de banane, le cilantro, la mayonnaise, le jus de lime et la poudre de cari dans un bol, en remuant doucement les ingrédients.

3. Mettre le mélange dans les moitiés d'avocat. Saupoudrer chaque tranche de gingembre vinaigré et servir.

PAR PORTION (½ AVOCAT) : 760 CAL ; 7 G PROT ; 66 G MAT GR ; 46 G CARB ; 10 MG CHOL ; 620 MG SOD ; 19 G FIBRES

GNOCCHIS AVEC
« BACON » AU SOJA SUR LIT DE BETTES

Les gnocchis sont des boulettes de pâte italiennes, et ces petites boulettes sont habituellement faites de pommes de terre ou de farine. Les saveurs de fromage bleu et de «bacon» colorent ce plat de pâtes qui autrement serait fade

450 g (1 livre) de gnocchis frais

1 botte (environ 224 g ou 8 onces) de bettes, bouts coupés

30 ml (2 c. à soupe) d'huile végétale

15 ml (1 c. à soupe) d'ail haché fin

80 ml (⅓ tasse) de vin blanc, ou plus au besoin

112 g (4 onces) de fromage bleu émietté

80 ml (⅓ tasse) de morceaux de simili «bacon», ou plus au goût

15 ml (1 c. à soupe) de margarine ou de beurre non salé

Sel au goût

1. Porter une grande casserole d'eau légèrement salée à ébullition à feu moyen-élevé. Ajouter les gnocchis et cuire en suivant les instructions sur le paquet, ou jusqu'à ce que les gnocchis flottent à la surface. Égoutter et réserver.

2. Entre-temps, empiler les feuilles de bettes les unes sur les autres, enrouler dans un paquet sans serrer et couper en fines tranches. Chauffer l'huile dans un grand poêlon à feu moyen et faire sauter à l'ail pendant 2 à 3 minutes. Ajouter les bettes et faire sauter 2 minutes. Ajouter le vin, couvrir le poêlon et cuire à la vapeur 3 à 4 minutes, ou jusqu'à ce que les bettes soient tendres et non molles. Retirer les bettes du poêlon avec des pincettes et mettre dans un plat à servir.

3. Avec une cuillère, verser les gnocchis sur les bettes et saupoudrer de fromage et de morceaux de «bacon». Ajouter la margarine au poêlon et chauffer à feu élevé. Lorsque la margarine a fondu, verser avec une cuillère la margarine et tout reste du jus de la casserole sur les gnocchis et servir.

PAR PORTION : 480 CAL ; 18 G PROT ; 24 G MAT GR ; 47 G CARB ; 30 MG CHOL ; 1 290 MG SOD ; 5 G FIBRES

NOUILLES DIABLO

Ce plat fusion sauté et épicé, aux délicieuses saveurs et aux portions généreuses, a beaucoup de caractère. Si vous préférez une saveur plus douce, utilisez moins de sauce chili. Vous pouvez trouver les haricots noirs en gelée dans les marchés asiatiques. Vous pouvez préparer les fèves germées, le brocoli et les nouilles udon 8 heures à l'avance. Si c'est le cas, conserver tous ces ingrédients séparément, dans des récipients hermétiquement fermés, au réfrigérateur.

480 ml (2 tasses) de fèves germées

480 ml (2 tasses) de fleurettes
de brocoli

112 g (4 onces) de nouilles udon
séchées

30 ml (2 c. à soupe) d'huile d'olive

2,5 ml (½ c. à thé) d'huile de
sésame foncée

1 oignon, haché fin

30 ml (2 c. à soupe) de haricots
noirs en gelée

4 gousses d'ail, hachées fin

30 ml (2 c. à soupe) de gingembre
frais haché fin

10 ml (2 c. à thé) de sauce chili
asiatique

4 tomates prune, épépinées
et hachées

5 ml (1 c. à thé) de sel

180 ml (¾ tasse) de vin blanc sec

120 ml (½ tasse) de bouillon
de légumes (page 431)

224 g (8 onces) de tofu cuit au four,
coupé en cubes

10 ml (2 c. à thé) de graines
de sésame noires

1. Porter une grande casserole d'eau à ébullition à feu moyen. Mettre les fèves germées dans une passoire ou une passoire résistante à la chaleur et plonger dans l'eau bouillante pendant 10 secondes. Faire couler l'eau froide sur les fèves germées jusqu'à ce qu'elles refroidissent et pour qu'elles demeurent croustillantes, et réserver. Ajouter le brocoli dans la casserole et cuire pendant 3 minutes. Vider avec une cuillère trouée dans un bol d'eau froide.

2. Cuire les nouilles udon dans l'eau bouillante en suivant les instructions sur le paquet, pendant environ 8 minutes. Laver les nouilles à l'eau froide et réserver.

3. Chauffer l'huile d'olive et l'huile de sésame dans un grand poêlon anti-adhésif à feu moyen-élevé. Faire sauter l'oignon, les haricots, l'ail, le gingembre et la sauce chili jusqu'à ce que l'oignon ramollisse, pendant 3 minutes. Ajouter les tomates et le sel et cuire jusqu'à ce que les tomates ramollissent, en remuant souvent, pendant environ 3 minutes. Verser le vin et le bouillon. Faire bouillir vigoureusement jusqu'à ce que le liquide perde un tiers de son volume, pendant 2 à 3 minutes. Ajouter le tofu, les nouilles udon et le brocoli, faire sauter pendant environ 2 minutes, ou jusqu'à ce que les ingrédients soient chauffés. Diviser les nouilles dans deux ou trois grands bols peu profonds. Garnir les plats de fèves germées et de graines de sésame et servir.

PAR PORTION : 641 CAL ; 26 G PROT ; 25 G MAT GR ; 70 G CARB ; 0 MG CHOL ; 238 MG SOD ; 9 G FIBRES

POCHETTES DE PITA FARCIES
AUX LÉGUMES ET POIS CHICHES

La garniture riche en protéines de ces sandwiches peut être préparée un jour à l'avance. C'est délicieux aussi étalée sur des craquelins.

10 ml (2 c. à thé) d'huile végétale

2 gousses d'ail, hachées fin

120 ml (½ tasse) d'oignons verts hachés

80 ml (⅓ tasse) de poivron vert haché

45 ml (3 c. à soupe) de persil frais haché

15 ml (1 c. à soupe) de graines de sésame

2,5 ml (½ c. à thé) d'origan séché ou 7, 5 ml (1½ c. à thé) d'origan frais haché

2,5 ml (½ c. à thé) de menthe séchée ou 7,5 ml (1½ c. à thé) de menthe fraîche hachée

1 boîte de 450 ml (15 onces) de pois chiches, égouttés et rincés

1 pincée de sel, ou au goût

Sauce piquante aux piments au goût, facultatif

2 gros pains pita de blé entier, coupés en deux

2 petites tomates, coupées en tranches de 1,27 cm (½ pouce) d'épaisseur

1 petit oignon, coupé en fines tranches

4 feuilles de laitue romaine ou autre laitue croustillante, lavées et séchées

240 ml (1 tasse) de luzerne ou autres germes

240 ml (1 tasse) de fromage Monterey Jack ou de fromage de soja râpé et faible en matières grasses, facultatif

1. Chauffer l'huile dans un poêlon à feu moyen. Ajouter l'ail et les oignons verts et cuire en remuant fréquemment, jusqu'à ce que les oignons verts aient ramolli, pendant environ 5 minutes. Ajouter le poivron, le persil et les graines de sésame et cuire en remuant fréquemment, jusqu'à ce que le poivron ait ramolli, pendant environ 5 minutes. Ajouter l'origan et la menthe, et cuire en remuant, pendant une minute de plus.

2. Mettre le mélange de légumes et les pois chiches dans un robot culinaire, et réduire en purée jusqu'à consistance lisse. Ajouter le sel et la sauce piquante aux piments au goût. Farcir les pochettes de pita avec la garniture. Ajouter les tomates, l'oignon, la laitue, la luzerne et le fromage. Servir.

PAR PORTION : 276 CAL ; 13 G PROT ; 7 G MAT GR ; 42 G CARB ; 0 MG CHOL ; 220 MG SOD ; 8 G FIBRES

SANDWICHES AU FALAFEL « SLOPPY »

Cette version du « Sloppy Joes » est formidable servie à l'occasion d'un réconfortant déjeuner ou d'un dîner rapide. De la salade de chou cru et un grand verre de thé glacé aux herbes sont des accompagnements agréables. Pour préparer le falafel au chili, ajouter 1 boîte de haricots pinto ou secs et chauffer avant de servir.

1 paquet de 170 g (6 onces) de mélange pour falafel

5 ml (1 c. à thé) d'huile végétale

1 boîte de 840 ml (28 onces) de tomates dans leur jus, broyées

2,5 ml (½ c. à thé) de sel

Poudre de chili au goût

4 petits bains burger de blé entier

1. Préparer le falafel en suivant les instructions sur le paquet.

2. Chauffer l'huile dans un grand poêlon à feu moyen et ajouter le mélange pour falafel. Cuire en remuant fréquemment, jusqu'à ce que les falafels soient friables et commencent à se dessécher. Ajouter les tomates avec le jus, le sel et la poudre chili. Remuer, réduire à feu doux et cuire jusqu'à ce que le mélange ait épaissi. Avec une cuillère, verser le mélange sur les petits pains et servir immédiatement.

PAR PORTION : 236 CAL ; 11 G PROT ; 4 G MAT GR ; 30 G CARB ; 0 MG CHOL ; 1 129 MG SOD ; 12 G FIBRES

PITA AVEC HOUMOUS, TOMATE, OIGNON ROUGE, CONCOMBRE ET OLIVES NOIRES

POUR 6 PERSONNES

Voici un excellent sandwich lorsqu'il vous reste de l'houmous au réfrigérateur. Si vous mangez du fromage, vous pouvez ajouter du fromage feta émietté. La scarole donne à ce sandwich une saveur qui le rend spécial, mais si vous n'en avez pas, utilisez la laitue de votre choix.

2 tomates, coupées en dés

1 gros oignon rouge, tranché

1 gros concombre, coupé en dés

240 ml (1 tasse) d'olives kalamata dénoyautées

30 ml (2 c. à soupe) d'huile d'olive

15 ml (1 c. à soupe) de jus de citron frais

5 ml (1 c. à thé) d'ail écrasé

5 ml (1 c. à thé) d'origan frais haché

5 ml (1 c. à thé) de poivre noir fraîchement moulu

7,5 ml (1½ c. à thé) de feuilles de basilic fraîches hachées ou 2,5 ml (½ c. à thé) de basilic séché

6 pitas de blé entier

360 ml (1½ tasse) d'houmous préparé

480 ml (2 tasses) de scarole coupée

1. Mélanger les tomates, l'oignon, le concombre et les olives dans un bol. Dans un autre bol, mélanger l'huile, le jus de citron, l'ail, l'origan, le poivre et le basilic et verser sur les légumes. Bien mélanger. Réserver.

2. Couper les pitas en deux. Remplir chaque moitié avec 60 ml (2 c. à soupe) d'houmous, 180 ml (¾ tasse) de légumes et autant de scarole que vous pouvez. Servir 2 moitiés par personne. Si vous avez trop d'houmous, remplir un bol et le mettre sur la table pour ceux qui veulent en ajouter à leurs sandwiches.

PAR PORTION : 360 CAL ; 9 G PROT ; 20 G MAT GR ; 38 G CARB ; 0 MG CHOL ; 1 010 MG SOD ; 9 G FIBRES

SANDWICHES PITA AVEC GARNITURE D'AUBERGINE DE STYLE MÉDITERRANÉEN

POUR 4 PERSONNES

Ce sandwich est délicieux accompagné d'une salade romaine aux concombres. Pour préparer la sauce de pâte d'aubergine, omettre le riz et procéder selon la recette.

240 ml (1 tasse) de riz complet à cuisson rapide, non cuit

15 ml (1 c. à soupe) d'huile d'olive

1 aubergine, pelée et coupée en dés

1 oignon tranché

2 gousses d'ail, hachées fin

1 boîte de conserve de tomates entières de 480 ml (16 onces) avec le jus, broyées

Sel et poivre noir fraîchement moulu, au goût

1 ml (¼ c. à thé) de poivre de Cayenne

4 gros pains pita, coupés en deux

1. Faire cuire le riz en suivant les instructions sur le paquet et réserver. Chauffer l'huile dans un wok ou un grand poêlon à feu moyen-élevé. Ajouter l'aubergine et faire sauter pendant 5 à 10 minutes ou jusqu'à ce que l'aubergine soit d'un brun doré. Ajouter l'oignon et l'ail et faire sauter pendant 2 à 3 minutes ou jusqu'à ce que l'oignon soit légèrement ramolli. Ajouter les tomates et leur jus, le sel, le poivre et le poivre de Cayenne. Couvrir et cuire pendant 5 à 15 minutes, ou jusqu'à ce que l'aubergine atteigne le niveau de tendreté désiré. Ajouter le riz cuit et remuer pour mélanger.

2. Remplir les moitiés de pita avec le mélange d'aubergine et servir chaud.

PAR PORTION : 430 CAL ; 12 G PROT ; 6 G MAT GR ; 83 G CARB ; 0 MG CHOL ; 805 MG SOD ; 8 G FIBRES

Ce classique du Moyen-Orient subit une cure minceur dans cette nouvelle version. Veuillez noter : pour une sauce au yogourt sans produit laitier, remplacer le yogourt par la moitié d'un paquet 294 g (10½ onces) de tofu ferme, plus 60 ml (¼ tasse) le jus de citron frais. Réserver tout reste de la sauce pour une autre utilisation.

Sauce au yogourt

240 ml (1 tasse) de yogourt nature sans matières grasses

15 ml (1 c. à soupe) de menthe fraîche hachée ou

5 ml (1 c. à thé) de menthe séchée

2 gousses d'ail

1 ml (¼ c. à thé) de sel

1 pincée de sucre

Poivre noir fraîchement moulu, au goût

Sauce piquante

240 ml (1 tasse) de bouillon de légumes (page 431)

90 ml (6 c. à soupe) de pâte de tomate

15 ml (1 c. à soupe) de jus de citron frais

15 ml (1 c. à soupe) de persil frais haché ou 7,5 ml (1½ c. à thé) de persil séché

15 ml (1 c. à soupe) de coriandre fraîche hachée ou 7,5 ml (1½ c. à thé) de cilantro séché

10 ml (2 c. à thé) de pâte de chili rouge asiatique

2,5 ml (½ c. à thé) de cumin moulu

Falafel

½ oignon, coupé

120 ml (½ tasse) de persil frais émincé

3 gousses d'ail

360 ml (1½ tasse) de pois chiches cuits

15 ml (1 c. à soupe) de jus de citron frais

5 ml (1 c. à thé) de cumin moulu

2,5 ml (½ c. à thé) de basilic séché ou 7,5 ml (1½ c. à thé) de basilic frais haché

2,5 ml (½ c. à thé) de coriandre moulue

2,5 ml (½ c. à thé) de thym séché ou 7,5 ml (1½ c. à thé) de thym frais haché

2,5 ml (½ c. à thé) de sel

2,5 ml (½ c. à thé) de sauce piquante aux piments

Poivre noir fraîchement moulu au goût

2 tranches de pain français, déchiquetés en gros morceaux et trempées dans l'eau froide pour couvrir

120 ml (½ tasse) de farine de blé entier

15 ml (1 c. à soupe) d'huile d'olive

4 gros pains pita de blé entier

Laitue, tomates et concombres en tranches et oignons hachés, pour garnir

1. Pour préparer la sauce au yogourt : mettre tous les ingrédients dans un mélangeur ou un robot culinaire et réduire en purée jusqu'à consistance lisse. Réserver.

2. Pour préparer la sauce piquante : combiner tous les ingrédients dans une casserole. Chauffer à feu moyen jusqu'à ce que le mélange ait légèrement épaissi, pendant environ 5 minutes. Réserver.

3. Préchauffer le four à 190 °C (375 °F). Graisser légèrement une plaque à pâtisserie.

4. Pour préparer les falafels : mettre l'oignon, le persil et l'ail dans un robot culinaire ou un mélangeur et réduire en purée jusqu'à consistance lisse. Ajouter les pois chiches et passer au mélangeur jusqu'à ce qu'ils soient hachés finement et quelque peu pâteux. Ajouter le jus de citron, le cumin, le basilic, la coriandre, le thym, le sel, la sauce piquante aux piments et le poivre. Presser sur le pain pour extraire l'eau. Ajouter le pain au robot culinaire jusqu'à ce qu'il soit bien mélangé.

5. Avec le mélange de falafel, former 16 boulettes. Aplatir chaque boulette pour former des petits pâtés de 1,27 cm d'épaisseur (½ pouce). Saupoudrer les portions de farine et mettre sur la plaque à pâtisserie. Cuire pendant 10 minutes, retourner et cuire pendant 10 minutes de plus, ou jusqu'à ce que les pâtés soient croustillants.

6. Chauffer 7 ml (½ c. à soupe) d'huile à feu moyen-élevé dans un grand poêlon. Ajouter les portions de falafel et faire sauter jusqu'à ce qu'elles soient brun doré et que le fond soit croustillant. Retourner les pâtés et ajouter le reste de l'huile et remuer pour qu'elle entre en contact avec les pâtés. Faire sauter jusqu'à ce que les pâtés soient brun doré et croustillants, égoutter sur des serviettes de papier et garder au chaud.

7. Pour servir, couper environ un tiers de chaque pita et ouvrir la plus grande section pour former une poche, en réservant les restes pour la farce ou la chapelure. Remplir chaque poche de pita de 4 petits pâtés falafel chauds. Garnir avec de la laitue, des tomates, des concombres, des oignons, la sauce au yogourt et la sauce piquante aux piments et servir chaud.

PAR PORTION (AVEC 1 C. À SOUPE DE CHAQUE SAUCE) : 386 CAL ; 15 G PROT ; 7 G MAT GR ; 68 G CARB ; 0,1 MG CHOL ; 774 MG SOD ; 10 G FIBRES

POCHETTES PITA ÉNERGISANTES

Riches en antioxydants (provenant du tahini, des tomates, des épinards et de l'avocat), en vitamines B (pitas et épinards) et en protéines (yogourt et tofu), ces pitas donneront à midi un véritable coup de fouet à votre cerveau.

Sauce tahini

240 ml (1 tasse) de yogourt nature
    faible en matières grasses
    ou sans gras

30 ml (2 c. à soupe) de tahini

1 gousse d'ail, émincée

5 ml (1 c. à thé) de jus de citron
    frais

Sel au goût

Pochettes pita

4 gros pains de blé entier

224 g (8 onces) de tofu mou,
    bien égoutté et coupé en cubes

4 tomates prune mûres,
    coupées en cubes

240 ml (1 tasse) de feuilles
    d'épinards frais, déchiquetés
    en petits morceaux

240 ml (1 tasse) de germes,
    comme la luzerne, le tournesol
    ou haricots mung

1 gros avocat mûr, coupé en deux,
    dénoyauté, pelé et coupé
    en minces tranches

1. Pour préparer la sauce tahini : mélanger tous les ingrédients de la sauce dans un bol.

2. Pour préparer les pochettes pita : couper un bord de chaque pain pita et ouvrir soigneusement les pochettes. Combiner le tofu, les tomates et les épinards. Ajouter 60 ml (¼ tasse) de sauce tahini et remuer doucement pour mélanger. Verser une cuillerée du mélange dans chaque pochette. Diviser les germes et l'avocat entre les sandwiches. Verser une autre 15 ml (1 c. à soupe) de sauce tahini. Servir immédiatement.

PAR PORTION : 385 CAL ; 19 G PROT ; 15 G MAT GR ; 51 G CARB ; 1 MG CHOL ; 390 MG SOD ; 15 G FIBRES

MÉGA BURRITO VÉGÉTARIEN

POUR 4 PERSONNES

Ces burritos fourrés aux légumes constituent une solide entrée pour le déjeuner et se marient agréablement avec le melon coupé et les fraises. Si vous désirez un autre hors-d'œuvre au menu, préparez en vitesse un gaspacho riche en tomates ou un potage froid pour le souper (page 397) en été, ou servez par temps froid un potage épais au fromage cheddar ou la soupe aux haricots noirs à la sauce chipotle (page 414).

15 ml (1 c. à soupe) d'huile d'olive

224 g (8 onces) de seitan, coupé en fines tranches

180 ml (¾ tasse) de salsa

180 ml (¾ tasse) de maïs en grains frais ou congelé

120 ml (½ tasse) de champignons coupés en dés

1 gros poivron vert, épépiné et coupé en dés

4 tomatillos, coupés en dés, facultatif

15 ml (1 c. à soupe) d'assaisonnement pour taco ou de chili en poudre

5 ml (1 c. à thé) de cumin moulu

Sel et poivre noir fraîchement moulu au goût

120 ml (½ tasse) de feuilles de cilantro hachées

224 g (8 onces) de fromage cheddar râpé

1 chili jalapeño, émincé, facultatif

1 tortilla à farine de 25,40 cm (10 pouces)

1 avocat, pelé et coupé en dés

1. Préchauffer le four à gril.

2. Chauffer un grand poêlon à feu moyen et ajouter l'huile. Lorsque le poêlon est chaud, mettre les tranches de seitan dans l'huile et faire sauter pendant 2 à 3 minutes. Ajouter la salsa, le maïs en grains, les champignons, le poivron vert, les tomatillos, si utilisés, la salsa, l'assaisonnement pour taco, le cumin, le sel et le poivre. Réduire à feu moyen-doux et cuire pendant 10 minutes, en remuant de temps en temps, jusqu'à ce que les ingrédients soient chauffés. Incorporer le cilantro, et retirer du feu.

3. Entre-temps, saupoudrer 120 ml (½ tasse) de fromage et ¼ de jalapeño, si utilisé, sur une tortilla, et faire griller jusqu'à ce que le fromage fonde et fasse des bulles. Retirer du gril, avec une cuillère verser un peu de mélange seitan, saupoudrer un quart de l'avocat et envelopper. Répéter avec le reste des ingrédients jusqu'à ce qu'ils soient entièrement utilisés. Servir pendant que le plat est chaud.

PAR PORTION (1 BURRITO) : 620 CAL ; 39 G PROT ; 34 G MAT GR ; 44 G CARB ; 50 MG CHOL ; 1 440 MG SOD ; 6 G FIBRES

AUBERGINE GRILLÉE DANS UN PAIN PITA
AVEC SAUCE AUX NOIX ET À LA GRENADE

Recherchez de petites aubergines italiennes pour ces sandwiches pour que les tranches d'aubergines s'ajustent avec la pochette de pain pita. Autrement, couper de plus grandes tranches en quatre après les avoir fait griller. Ces sandwiches sont meilleurs lorsqu'ils sont préparés avec la sauce aux noix et à la grenade — vous pouvez trouver le sirop de grenade dans les marchés vendant des produits du Moyen-Orient. Ces produits sont parfois étiquetés «mélasse de grenade». Le concentré de jus de canneberge congelé est un substitut acceptable. Si vous voulez une sauce qui nécessite moins de temps de préparation, la sauce à salade ranch en bouteille est un excellent choix. Choisissez une bonne qualité de pain pita parce que certaines marques ne sont pas fermes et que ces pains se défont après avoir été garnis.

Pitas aux aubergines grillées

675 g (1 ½ livre) d'aubergines italiennes

10 ml (2 c. à thé) de sel

2 courgettes moyennes

2 gros poivrons rouges

2 gros oignons rouges

80 ml (⅓ tasse) d'huile d'olive

60 ml (¼ tasse) de jus de citron frais

2 gousses d'ail, en purée

5 ml (1 c. à thé) de poivre noir fraîchement moulu

8 gros pains pita de blé entier

Sauce aux noix et à la grenade

15 ml (1 c. à soupe) d'huile de canola

240 ml (1 tasse) d'oignons coupés en dés

1 gousse d'ail, émincée

240 ml (1 tasse) de noix moulues

1,25 ml (¼ c. à thé) de cannelle moulue

80 ml (⅓ tasse) de sirop de grenade

21 ml (1 ½ c. à soupe) de miel

2,5 ml (½ c. à thé) de sel

1. Pour préparer les pains pitas : couper les aubergines en diagonale et en morceaux de 0,82 cm (⅓ pouce) d'épaisseur, et saupoudrer avec 5 ml (1 c. à thé) de sel. Couper la courgette en deux dans le sens de la longueur puis en diagonale et en morceaux de 0,82 cm (⅓ pouce) d'épaisseur. Saupoudrer avec le reste du sel. Mettre les légumes sur des serviettes de papier pendant 1 heure ou plus longtemps pour extraire l'humidité. Appuyer en utilisant des serviettes de papier fraîches et sèches, et réserver.

2. Couper les poivrons en bandes de 1,27 cm (½ pouce) de largeur. Couper les oignons en tranches de 0,64 cm (¼ pouce) d'épaisseur, séparer les rondelles. Mettre tous les légumes dans un grand récipient, et réserver.

3. Battre ensemble l'huile, le jus de citron, l'ail et le poivre, et verser sur les légumes. Remuer bien et réfrigérer. Couper les pains pita en deux et ouvrir pour garnir. Réserver.

4. Pour préparer la sauce aux noix et à la grenade : chauffer l'huile dans un poêlon à feu moyen, et faire sauter l'oignon et l'ail jusqu'à ce qu'ils soient tendres et transparents. Retirer du feu. Mettre les noix, la cannelle et l'oignon cuit dans un mélangeur, et réduire en purée jusqu'à consistance lisse. Ajouter le reste des ingrédients, avec 240 ml (1 tasse) d'eau et mélanger pendant 2 minutes, en grattant les côtés du récipient plusieurs fois. Goûter et ajouter le miel et le sel, au besoin. Si le mélange est plus épais que la mayonnaise, ajouter de l'eau, 15 ml (1 c. à soupe) à la fois, jusqu'à consistance désirée. Laisser refroidir jusqu'au moment de servir, et mettre dans un récipient au réfrigérateur.

5. Préparer un feu au charbon de bois environ 30 minutes avant de servir. Sinon, chauffer un gril au gaz à feu moyen-élevé au moment de servir. Griller les légumes en utilisant un panier pour les oignons et les poivrons et tourner au moins une fois.

6. Lorsque les légumes sont tendres et dorés, retirer du feu et garnir les pitas de légumes. Verser sur chaque sandwich un filet de sauce aux noix et à la grenade, et servir deux moitiés par personne.

PAR PORTION : 330 CAL ; 8 G PROT ; 15 G MAT GR ; 45 G CARB ; 0 MG CHOL ; 840 MG SOD ; 9 G FIBRES

LES MEILLEURS BURRITOS

Vous pouvez assembler ces burritos sains, comme indiqué : envelopper hermétiquement dans une feuille d'aluminium, sauter l'étape de la cuisson au four et congeler jusqu'à trois mois. Décongeler au réfrigérateur au cours de la nuit avant de chauffer, comme indiqué.

480 ml (2 tasses) de haricots frits végétariens sans gras

420 ml (1¾ tasse) de salsa moyenne piquante, divisée

25 ml (5 c. à thé) d'huile végétale, divisée

392 g (14 onces) de « saucisse » à base de soja en poudre

3 gros oignons, hachés

2 grosses pommes de terre, coupées en dés

0,5 ml (⅛ c. à thé) de paprika

Poivre noir fraîchement moulu au goût

6 tortillas à farine de 20,32 cm (8 pouces)

1. Préchauffer le four à 220 °C (425 °F).

2. Remuer ensemble les haricots et 180 ml (¾ tasse) de salsa dans une petite casserole. Cuire, en remuant de temps en temps, à feu très doux jusqu'à ce que le plat soit chauffé. Entre-temps, chauffer 12,5 ml (2½ c. à thé) d'huile dans un grand poêlon antiadhésif à feu moyen. Ajouter la « saucisse » et cuire, en remuant de temps en temps, en émiettant les gros morceaux avec une fourchette, pendant environ 5 minutes, ou jusqu'à ce que le mélange soit doré. Vider dans un bol, et réserver.

3. Ajouter au poêlon les 12,5 ml (2½ c. à thé) d'huile qui reste et chauffer à feu moyen. Ajouter les oignons et cuire, en remuant souvent, jusqu'à ce que les légumes aient ramolli, pendant environ 4 minutes. Incorporer les pommes de terre, le paprika et le poivre. Cuire, en remuant souvent, jusqu'à ce que les pommes de terre soient presque tendres, pendant 17 à 20 minutes. Remettre la « saucisse » dans le poêlon et bien mélanger. Cuire pendant environ 3 minutes de plus, ou jusqu'à ce que les pommes de terre soient tendres. Retirer du feu.

4. Prendre 6 grandes feuilles d'aluminium. Mettre les tortillas sur les feuilles d'aluminium et étaler légèrement 60 ml (¼ tasse) du mélange de haricots. Avec une cuillère, verser 120 ml (½ tasse) du mélange de pommes de terre au centre de chaque tortilla. Garnir le mélange de pommes de terre avec le reste de la salsa, environ 35 ml (2½ c. à soupe) de salsa pour chaque tortilla. Rabattre le fond de chaque tortilla pour couvrir la garniture. Rabattre les côtés vers le centre, puis rouler. Envelopper dans une feuille d'aluminium et cuire jusqu'à ce que la tortilla soit chaude, pendant environ 10 minutes. Retirer du four, enlever la feuille d'aluminium et servir.

PAR PORTION (1 BURRITO) : 358 CAL ; 17 G PROT ; 10 MAT GR ; 51 G CARB ;
0 MG CHOL ; 978 MG SOD ; 7 G FIBRES

« BURGERS » AUX CHAMPIGNONS

Ces burgers nutritifs et sains sont très croquants grâce au son d'avoine. Servez avec des tomates et des concombres en tranches dans une salade, et terminez le repas avec la Mousse au chocolat presque traditionnelle (page 527). Au lieu du vin, vous pouvez servir ces burgers avec une bière costaude.

224 g (8 onces) de fromage suisse râpé faible en matières grasses plus extra, pour garnir

360 ml (1½ tasse) de champignons portobello

120 ml (½ tasse) de son d'avoine

120 ml (½ tasse) de persil frais haché plus feuilles additionnelles, pour garnir

3 œufs très gros, battus

Sel et poivre noir fraîchement moulu au goût

45 ml (3 c. à soupe) d'huile végétale

1. Combiner le fromage, les champignons, le son d'avoine, le persil, les œufs, le sel et le poivre dans un bol. Préparer le mélange à la main, et ajouter les ingrédients combinés dans les quatre burgers.

2. Chauffer un poêlon à feu moyen. Lorsqu'il est chaud, ajouter 30 ml (2 c. à soupe) d'huile. Mettre deux burgers à la fois dans le poêlon et faire sauter pendant 3 à 4 minutes, ou jusqu'à ce que les burgers soient dorés. Tourner et faire sauter l'autre côté jusqu'à ce qu'il soit doré. Retirer du feu et égoutter sur des serviettes de papier. Répéter, en ajoutant le reste de l'huile, jusqu'à ce que tout le mélange soit utilisé.

3. Pour servir, disposer les burgers sur des plats et garnir avec du persil et du fromage, si désiré.

PAR PORTION (1 BURGER) : 230 CAL ; 23 G PROT ; 12 G MAT GR ; 11 G CARB ; 195 MG CHOL ; 410 MG SOD ; 2 G FIBRES

BURRITOS SAVOUREUX AVEC SALSA À L'AVOCAT

Essayez ces burritos farcis aux légumes avec une salsa à l'avocat pour le déjeuner ou lors d'un souper léger. Au dessert, essayez les Petites génoises au chocolat (page 517). Leur garniture aux légumes diffère des Méga burritos végétariens (page 147).

Salsa riche et épaisse à l'avocat

1 gros avocat mûr Haas

3 oignons verts moyens, coupés
   en fines tranches

1 pied de céleri, haché

120 ml (½ tasse) de poivron rouge
   haché

80 ml (⅓ tasse) de jicama
   coupé en dés

2 gousses d'ail, émincées

Jus de 1 lime

1 boîte de 435 ml (14½ onces)
   de tomates dans leur jus à la
   mexicaine, coupés en tranches

80 ml (⅓ tasse) de cilantro haché

Sauce piquante aux piments,
   au goût

Burritos savoureux

5 ml (1 c. à thé) d'huile d'olive

1,25 ml (¼ c. à thé) de poivron
   rouge écrasé

4 gousse d'ail, émincées

240 ml (1 tasse) d'oignons verts
   coupés en tranche

2 poivrons, 1 rouge, 1 jaune,
   épépinés et coupés en bande
   de 5,08 cm (2 pouces)

336 g (12 onces) de poulet
   à base de soja en bandes

170 g (6 onces) de champignons
   de Paris coupés en tranches

3 courgettes moyennes, coupées
   en deux dans le sens de la
   longueur et de la diagonale

1 boîte de 450 ml (15 onces)
   de haricots cannellini,
   égoutés et lavés

6 tortillas de blé entier de 15,24 cm
   (6 pouces) sans matière grasses

Chilis jalapeño coupés en tranches,
   facultatif

1. Pour préparer la salsa : peler et couper en dés l'avocat et réserver. Combiner les oignons verts, le céleri, le poivron, le jicama, l'avocat, l'ail et le jus de lime dans un bol non réactif. Ajouter les tomates et le cilantro. Assaisonner avec la sauce piquante au goût. Couvrir et réfrigérer jusqu'au moment de servir.

2. Pour préparer les burritos : chauffer l'huile et le poivron rouge écrasé à feu moyen dans une poêle à frire électrique, une casserole de 5 litres (20 tasses) ou un wok pendant environ 1 minute. Ajouter l'ail, les oignons verts et les poivrons et faire sauter pendant 3 minutes. Ajouter les bandes de « poulet » et les champignons. Cuire pendant 5 minutes, en remuant fréquemment. Ajouter la courgette et les haricots, réduire à feu doux et cuire pendant 8 minutes, ou jusqu'à ce que les ingrédients soient tendres. Chauffer les tortillas pendant 5 minutes dans une feuille d'aluminium au four à 190 °C (325 °F).

3. Avec une cuillère, verser un peu de garniture sur une tortilla chauffée et ajouter le jalapeño, si utilisé. Rabattre les côtés de la tortilla sur la garniture et fermer avec un cure-dent. Servir avec la salsa à l'avocat.

PAR PORTION (1 BURRITO AVEC SALSA) : 322 CAL ; 18 G PROT ; 7 G MAT GR ; 51 G CARB ; 0 MG CHOL ; 798 MG SOD ; 15 G FIBRES

SANDWICHES « TOFUNA »

POUR 4 À 6 PERSONNES

Une grande garniture pour le déjeuner ou dans les sandwiches du pique-nique. Ce mélange est facile à préparer. À essayer sur des pains complets lorsque vous préparez un sandwich plus traditionnel.

224 g (8 onces) de tofu mariné cuit au four

80 à 120 ml (⅓ à ½ tasse) de mayonnaise de soja

1 grosse branche de céleri, hachée fin

1 oignon vert, haché fin, facultatif

4 à 6 mini pains pita réguliers, chauffés et coupés en deux en diagonale

Émietter le tofu dans un bol. Ajouter la mayonnaise, le céleri et l'oignon, si utilisé, et remuer jusqu'à ce que les ingrédients soient bien combinés. Farcir les moitiés de pain pita réchauffées avec le mélange, et servir.

PAR PORTION : 187 CAL ; 10 G PROT ; 7 G MAT GR ; 19 G CARB ; 0 MG CHOL ; 315 MG SOD ; 2 G FIBRES

SANDWICH GARNI DE SALADE DE TOFU

POUR 4 PERSONNES

Savourez cette tartinade au tofu telle quelle, ou ajoutez une touche personnelle : un oignon haché, des herbes fraîches, un poivron ou des olives.

450 g (1 livre) de tofu ferme faible en matières grasses, bien égoutté

120 ml (½ tasse) de mayonnaise de soja

15 ml (1 c. à soupe) de persil frais haché

10 ml (2 c. à thé) de moutarde de Dijon

5 ml (1 c. à thé) d'estragon frais haché ou 1,25 ml (¼ c. à thé) d'estragon séché

1,25 ml (¼ c. à thé) d'ail émincé

0,5 ml (⅛ c. à thé) de curcuma

Sel et poivre noir fraîchement moulu au goût

120 ml (½ tasse) de céleri coupé en dés

30 ml (2 c. à soupe) d'oignons verts hachés fin

8 tranches de pain de blé entier

2 grosses carottes, râpées

240 ml (1 tasse) de germe, trèfle ou luzerne

1. Mettre le tofu dans un saladier. Avec des mains propres ou une fourchette, émietter jusqu'à ce que la texture ressemble à celle des œufs durs écrasés. Ajouter la mayonnaise et remuer pour mélanger. Incorporer le persil, la moutarde, l'estragon, l'ail, le curcuma, le sel et le poivre. Incorporer le céleri et les oignons jusqu'à ce que tous les ingrédients soient mélangés.

2. Placer quatre tranches de pain sur un plan de travail. Sur chaque tranche, disposer une couche de salade de tofu, de carottes, de germes de luzerne ou de trèfle. Garnir avec le reste du pain, couper les sandwiches en deux et servir.

PAR PORTION (1 SANDWICH) : 333 CAL ; 16 G PROT ; 10 G MAT GR ; 48 G CARB ; 0 MG CHOL ; 788 MG SOD ; 8 G FIBRES

HARICOTS NOIRS ET TACOS AUX LÉGUMES GRILLÉS

Cette recette peut être faite avec des restants de haricots noirs ou des haricots noirs en conserve (bien égouttée et écrasés), mais les haricots noirs disponibles en vrac ou en paquets se préparent rapidement et facilement, ont un bon goût et une bonne texture. La façon la plus simple de griller les légumes sur un gril extérieur est d'utiliser un panier à gril. Celui-ci ressemble à un bol métallique carré troué.

360 ml (1½ tasse) de haricots noirs secs ou environ 420 ml (1⅓ tasse) de reste de haricots noirs, ou en conserve, égouttés et lavés

2 courgettes

4 grosses carottes

2 poivrons verts

2 gros oignons

5 ml (1 c. à thé) de sel

5 ml (1 c. à thé) de poivre noir fraîchement moulu

16 tortillas de maïs

480 ml (2 tasses) de salsa

1. Préparer les haricots noirs en suivant les instructions sur le paquet, ou égoutter les haricots en conserve ou les restes et écrasez-les légèrement. Réserver et garder au chaud.

2. Préparer un feu au charbon de bois ou préchauffer un gril au gaz à feu moyen.

3. Trancher la courgette et les carottes en diagonale sur une longueur de 7,62 cm (3 pouces). Couper les poivrons et les oignons en bandes. Griller tous les légumes, en les pulvérisant avec le vaporisateur de cuisine antiadhésif si nécessaire pour empêcher la combustion, pendant environ 5 minutes, ou jusqu'à ce qu'ils soient tendres et un peu calcinés, et en les tournant au moins une fois. Assaisonner avec du sel et du poivre. Garder au chaud.

4. Pour servir, chauffer une plaque chauffante ou un poêlon à feu élevé, et réchauffer les tortillas jusqu'à ce qu'elles ramollissent. Verser une bonne cuillerée de haricots noirs au centre de chaque tortilla et garnir avec 120 ml (½ tasse) de légumes. Incorporer la moitié et servir deux tortillas par personne, avec la salsa comme accompagnement.

PAR PORTION (2 TACOS, AVEC SALSA) : 250 CAL ; 10 G PROT ; 2,5 G MAT GR ; 51 G CARB ; 0 MG CHOL ; 550 MG SOD ; 9 G FIBRES

HARICOTS NOIRS ET HACHIS DE LÉGUMES

Préparé avec des assaisonnements déshydratés et des haricots instantanés, ce plat est parfait pour la randonnée et le camping, bien qu'il soit aussi agréable de le déguster lors d'un repas pour deux. Recherchez les légumes déshydratés dans les magasins où l'on vend des provisions pour le camping. Servez tel quel ou versez avec une cuillère dans un pain pita.

60 ml (¼ tasse) d'oignons
   déshydratés

30 ml (2 c. à soupe) d'ail déshydraté

30 ml (2 c. à soupe) de légumes
   de saison déshydratés

1 paquet de 200 g (7 onces)
   d'haricots noirs ou de haricots
   pinto

Riz brun cuit instantané, facultatif

2,5 ml (½ c. à thé) de chili
   en poudre

1 pincée de poivre de Cayenne

15 ml (1 c. à soupe) de fromage
   parmesan râpé

1. Mettre l'oignon, l'ail, les légumes et 600 ml (2½ tasses) d'eau dans une casserole à feu moyen-élevé, et porter à ébullition.

2. Réduire à feu doux et cuire pendant 2 à 3 minutes, ou jusqu'à ce que les ingrédients soient réhydratés. Retirer du feu. Ajouter des haricots, du riz, si utilisé, le chili en poudre et le poivre de Cayenne. Bien mélanger, couvrir et laisser reposer pendant 5 minutes. Saupoudrer de fromage parmesan avant de servir.

PAR PORTION (SANS RIZ) : 365 CAL ; 24 G PROT ; 3 G MAT GR ; 64 G CARB ; 2 MG CHOL ; 56 MG SOD ; 13 G FIBRES

SANDWICHES AUX CAROTTES
ET NOIX DE CAJOU AVEC SAUCE TARTARE

Ces gâteaux peuvent être préparés très rapidement avec des carottes coupées en tranches et congelées ou des restes des carottes cuites. La saveur est indescriptible et délicieuse. Si vous aimez ces gâteaux, considérez la possibilité de préparer des boulettes de la taille d'une noix pour votre prochain cocktail. Si vous les aimez un peu craquants, ajouter du panko (chapelure japonaise) avant la friture. Bien que la sauce tartare se marie bien avec cette garniture, vous pouvez en conserver une certaine quantité et l'utiliser avec d'autres sandwiches ou comme trempette avec des légumes crus. Elle se conserve bien au réfrigérateur pendant une semaine.

Sauce tartare

120 ml (½ tasse) de mayonnaise
de soja

30 ml (2 c. à soupe) d'oignon
émincé

30 ml (2 c. à soupe) de concombres
au vinaigre et à l'aneth

5 ml (1 c. à thé) d'aneth

Sandwiches aux carottes
et noix de cajou

480 ml (2 tasses) de carottes
congelées, décongelées, ou cuites

120 ml (½ tasse) de tofu soyeux
extra ferme, égoutté et essoré
à sec

240 ml (1 tasse) de noix d'acajou
non salées en poudre

2 oignons verts, émincés

5 ml (1 c. à thé) de cilantro moulu

5 ml (1 c. à thé) de sel

15 ml (1 c. à soupe) d'huile
de canola

6 petits pains de blé entier
ou de pain de votre choix

1. Pour préparer la sauce tartare : combiner tous les ingrédients dans un bol et réfrigérer jusqu'à son utilisation. Donne 180 ml (¾ tasse).

2. Pour préparer les sandwiches aux carottes et aux noix de cajou : mettre les carottes très molles, bien égouttées, et sèches (les tapoter) dans un robot culinaire et mélanger jusqu'à ce qu'elles soient finement hachées. Vider dans un bol.

3. Écraser le tofu avec une fourchette et ajouter l'huile. Ajouter les noix d'acajou, les oignons, la coriandre et le sel et mélanger avec une fourchette jusqu'à ce que tous les ingrédients soient combinés. Préparer six gâteaux avec le mélange de carottes.

4. Chauffer un poêlon et ajouter l'huile. Faire frire les gâteaux jusqu'à ce qu'ils soient brun doré, environ 3 minutes par côté. Mettre un gâteau sur chaque petit pain et garnir avec 15 ml (1 c. à soupe) de sauce tartare.

PAR PORTION (AVEC 1 C. À SOUPE DE SAUCE TARTARE) : 360 CAL ; 10 G PROT ; 21 G MAT GR ; 35 G CARB ; 0 MG CHOL ; 750 MG SOD ; 5 G FIBRES

Les gens de la Nouvelle-Orléans prennent du pain français frais, le coupe en deux, enlèvent un peu de mie au centre et remplissent cette cavité avec tout ce qui est bon à manger. Cette recette adapte cette habitude et a l'avantage supplémentaire de faire appel à votre gril. Vous pouvez modifier la saveur de la pâte en ajoutant à la marinade 15 ml (1 c. à soupe) de pesto. La façon la plus simple de griller les légumes sur un gril extérieur est d'utiliser un panier à gril. Celui-ci ressemble à un bol métallique carré troué. Cette méthode de cuisson vous permet de remuer les légumes librement sans qu'ils ne tombent dans le feu. Les légumes grillés ont une texture et un goût entièrement différents des légumes frits ou bouillis.

18 asperges géantes avec tiges ou asperges plus petits

4 grosses carottes, pelées et coupées en tranches dans le sens de la longueur

6 oignons verts

3 gros oignons rouges, coupés en tranches de 0,64 cm (¼ pouce) d'épaisseur

3 poivrons rouges, coupés en quatre

60 ml (4 c. à soupe) d'huile d'olive

10 ml (2 c. à thé) d'ail écrasé

5 ml (1 c. à thé) de sel

5 ml (1 c. à thé) de poivre noir fraîchement moulu

2 pains baguette de 45,72 cm (18 pouces) ou 6 pains sous-marins 224 g (8 onces) de fromage boursin ou de chèvre (ou simili-boursin à base de soja)

1. Préparer un feu au charbon de bois à feu moyen ou préchauffer un gril au gaz à feu moyen.

2. Casser les bouts à la base de l'asperge. En utilisant un panier à légume, griller les asperges sur tous les côtés jusqu'à ce qu'ils soient prêts. Réserver.

3. Griller les tranches de carottes et d'oignons verts dans le panier jusqu'à ce qu'ils soient prêts. Puis griller les tranches d'oignons et les poivrons. Tous les légumes devraient être cuits et légèrement calcinés.

4. Entre-temps, mélanger l'huile, l'ail, le sel et le poivre dans un bol. Verser le mélange sur les légumes grillés pendant qu'ils sont encore chauds. Remuer doucement.

5. Couper le pain en deux dans le sens de la longueur. Enlever environ un tiers de la mie de la baguette et creuser légèrement. Tartiner le fond et le dessus de chaque pain avec du fromage. Diviser les légumes également sur les parties du pain du dessous, et verser dessus tout reste de la marinade à l'huile d'olive qui est dans le bol.

6. Placer dessus l'autre moitié de la baguette et presser légèrement. Couper chaque pain en trois parts égales.

PAR PORTION : 410 CAL ; 7 G PROT ; 26 G MAT GR ; 40 G CARB ; 0 MG CHOL ; 850 MG SOD ; 4 G FIBRES

HOUMOUS ÉPICÉ ET PIQUANT

Pour un déjeuner rapide, servez cette généreuse tartinade de haricots sur des bagels de grains entiers grillés. Cet houmous donne aussi une succulente trempette faible en matières grasses, à servir avec des fleurettes de brocoli et des carottes.

720 ml (3 tasses) de pois chiches cuits, égouttés et rincés

60 ml (¼ tasse) de tahini, d'huile d'olive ou d'huile de sésame légère

60 ml (¼ tasse) de jus de citron frais

3 gousses d'ail, écrasées

5 ml (1 c. à thé) de cumin moulu

2,5 ml (½ c. à thé) de poivre de Cayenne

60 ml (¼ tasse) de jalapeño émincé ou autres chilis

60 ml (¼ tasse) de poivron vert coupé en dés plus des tranches, pour garnir

Sel et poivre noir fraîchement moulu au goût

1. Mettre les pois chiches, le tahini et le jus de citron dans un robot culinaire ou un mélangeur et réduire en purée jusqu'à consistance lisse, en ajoutant de l'eau au besoin pour obtenir un mélange crémeux. Vider dans un bol.

2. Ajouter l'ail, le cumin, le poivre de Cayenne, le jalapeño et les poivrons coupés en dés au mélange de pois chiches et bien mélanger. Assaisonner avec du sel et du poivre au goût. Couvrir et laisser refroidir 2 à 4 heures afin de permettre aux saveurs de se mélanger.

3. Pour servir, garnir avec des tranches de poivron rouge.

PAR PORTION (60 ML OU ¼ TASSE) : 80 CAL ; 4 G PROT ; 3 G MAT GR ; 10 G CARB ; 0 MG CHOL ; 4 MG SOD ; 3 G FIBRES

TARTINADE AUX RAISINS SECS, AUX CAROTTES ET AUX ARACHIDES HACHÉES

POUR 8 PERSONNES

Voici une tartinade colorée et pleine de saveurs qui peut être utilisée comme garniture sur des branches de céleri ou simplement comme tartinade sur des craquelins ou du pain. D'autres fruits séchés et beaucoup d'autres noix aux saveurs totalement différentes peuvent être utilisés dans cette recette comme friandises.

240 ml (1 tasse) de carottes râpées

120 ml (½ tasse) de raisins secs

120 ml (½ tasse) d'arachides rôties à sec hachées

80 ml (⅓ tasse) de mayonnaise de soja

30 ml (2 c. à soupe) de miel ou de sirop de riz

Mettre tous les ingrédients dans un bol et bien mélanger. Mettre dans un récipient hermétiquement fermé au réfrigérateur jusqu'à ce que la tartinade soit prête à servir.

PAR PORTION : 130 CAL ; 3 G PROT ; 1 G MAT GR ; 15 G CARB ; 0 MG CHOL ; 160 MG SOD ; 1 G FIBRES

TARTINADE AU FROMAGE RICOTTA ET AUX ARACHIDES

DONNE ENVIRON 480 ML (2 TASSES)

La combinaison du beurre d'arachides et du fromage ricotta donne une tartinade beaucoup moins riche en matières grasses que le beurre d'arachides mais également délicieuse. Essayez-la avec votre confiture préférée sur du pain, sur un sandwich, ou comme tartinade sur des craquelins faibles en matières grasses. Pour obtenir un goût légèrement différent, utilisez du fromage blanc plutôt que du fromage ricotta.

1 boîte de 450 ml (15 onces) de fromage ricotta faible en matières grasses ou sans gras

60 ml (¼ tasse) de beurre d'arachides

15 ml (1 c. à soupe) de miel

1,25 ml (¼ c. à thé) d'extrait d'amande

1,25 ml (¼ c. à thé) d'extrait de vanille

1,25 ml (¼ c. à thé) de cannelle moulue

Mettre tous les ingrédients dans un robot culinaire ou un mélangeur et réduire en purée jusqu'à consistance lisse. Conserver dans un récipient hermétiquement fermé au réfrigérateur jusqu'à une semaine.

PAR PORTION (30 ML OU 2 C. À SOUPE) : 70 CAL ; 5 G PROT ; 4 G MAT GR ; 4 G CARB ; 10 MG CHOL ; 56 MG SOD ; 0 G FIBRES

TARTINADE AUX POIVRONS
ET FROMAGE COTTAGE AUX HERBES

Cette tartinade est une garniture conçue pour le pain pita ou de grains entiers, à utiliser par temps chaud. Elle est aussi délicieuse étalée sur des craquelins.

480 ml (2 tasses) de fromage cottage faible en matières grasses

160 ml (⅔ tasse) de poivrons verts hachés fin

160 ml (⅔ tasse) de poivrons rouges hachés fin

2 oignons verts, coupés en fines tranches

15 ml (1 c. à soupe) de basilic frais émincé

15 ml (1 c. à soupe) de chili jalapeño émincé

15 ml (1 c. à soupe) sel, ou au goût

10 ml (2 c. à thé) de vinaigre de riz

5 ml (1 c. à thé) d'aneth séché ou 15 ml (1 c. à soupe) d'aneth frais émincé

5 ml (1 c. à thé) de cari en poudre

5 ml (1 c. à thé) d'ail émincé

Poivre noir fraîchement moulu au goût

Combiner tous les ingrédients dans un bol et bien mélanger. Conserver dans un récipient hermétiquement fermé au réfrigérateur jusqu'à cinq jours.

PAR PORTION (120 ML OU ½ TASSE) : 152 CAL ; 14 G PROT ; 2 G MAT GR ; 18 G CARB ; 6 MG CHOL ; 511 MG SOD ; 2 G FIBRES

7

aliments cuits au four

LES ALIMENTS CUITS AU FOUR — DES pains et des muffins aux tortillas et aux croustilles sucrées — sont des plaisirs que les gens qui cuisinent chez eux réservent pour les occasions spéciales, les moments de célébration, de détente, et de gourmandise. Plus qu'aucun autre produit de la cuisine, peut-être, ces trésors faits maison évoquent vraiment le bien-être et la nostalgie de l'enfance.

MUFFINS SAVOUREUX À L'ANETH ET À L'AUBERGINE

Ces savoureux muffins non sucrés constituent une grande entrée pour le brunch ou un dîner léger et se marient bien avec une omelette farcie aux légumes à la mode western, une salade verte ou un potage nourrissant. Servez-les avec ou sans beurre.

480 ml (2 tasses) de farine tout usage

15 ml (1 c. à soupe) de sucre cristallisé

15 ml (1 c. à soupe) de poudre à pâte

7,5 ml (1½ c. à thé) de bicarbonate de soude

7,5 ml (1½ c. à thé) d'aneth

2,5 ml (½ c. à thé) de sel

2,5 ml (½ c. à thé) de poivre noir fraîchement moulu

240 ml (1 tasse) de babeurre

2 gros œufs, battus

30 ml (2 c. à soupe) de beurre non salé, fondu

336 g (12 onces) d'aubergine, pelée et grossièrement râpée, environ 480 ml (2 tasses)

30 ml (2 c. à soupe) d'oignons jaunes émincés

Zeste de 1 citron

1. Préchauffer le four à 200 °C (400 °F). Tapisser 12 moules à muffin avec des moules en papier, et réserver.

2. Remuer ensemble la farine, le sucre, la poudre à pâte, le bicarbonate de soude, l'aneth, le sel et le poivre dans un bol et mélanger à fond.

3. Combiner le babeurre, les œufs et le beurre, en mélangeant bien. Ajouter l'aubergine, l'oignon et le zeste de citron, et remuer ensemble, en donnant aussi peu de coups que possible, jusqu'à ce que les ingrédients secs soient humides. Verser une cuillerée de pâte dans les moules en papier, et remplir chaque moule aux deux tiers.

4. Cuire pendant 20 à 25 minutes, ou jusqu'à ce que le plat commence à être doré. Retirer du four et laisser refroidir complètement avant de servir.

PAR PORTION : 150 CAL ; 5 G PROT ; 3 G MAT GR ; 26 G CARB ; 40 MG CHOL ; 430 MG SOD ; 4 G FIBRES

MUFFINS AUX ABRICOTS ET AUX NOIX DE PECANS FAIBLES EN GRAS

La combinaison des abricots et des noix de pécan donne un goût délicieux aux muffins, particulièrement lorsqu'ils sont servis à la sortie du four, parce que les noix de pécan ont meilleur goût lorsqu'ils sont chauds. Ces muffins se conservent bien pendant trois jours et se congèlent bien aussi. Pour obtenir une saveur de noisettes particulière, utilisez l'huile de pépins de raisin plutôt que l'huile de canola ou d'amande.

240 ml (1 tasse) d'eau bouillante

360 ml (1½ tasse) d'abricots séchés, hachés

480 ml (2 tasses) de farine non blanchie tout usage

240 ml (1 tasse) de farine de blé entier

240 ml (1 tasse) de sucre cristallisé

15 ml (1 c. à soupe) de poudre à pâte

5 ml (1 c. à thé) de bicarbonate de soude

2,5 ml (½ c. à thé) de sel

240 ml (1 tasse) de noix de pécan hachées

240 ml (1 tasse) de jus d'orange

2 gros œufs, battus, ou 120 ml (½ tasse) de succédané d'œuf

60 ml (¼ tasse) d'huile d'amande ou d'huile de canola

1. Préchauffer le four à 190 °C (375 °F). Doubler 24 moules à muffin avec des moules en papier, ou vaporiser avec un vaporisateur à cuisson antiadhésif.

2. Verser l'eau sur les abricots et réserver pour ramollir. Lorsque les abricots sont ramollis, retirer de l'eau.

3. Tamiser les farines, le sucre, la poudre à pâte, le bicarbonate de soude et le sel dans un bol. Ajouter les noix de pécan. Incorporer le jus, les œufs et l'huile dans les abricots ramollis. Ajouter aux ingrédients secs et remuer juste assez pour humidifier. Ne pas trop mélanger. Remplir les moules à muffin au deux tiers.

4. Cuire pendant 20 à 25 minutes, ou jusqu'à ce que le plat commence à être doré. Retirer du four et servir chaud.

PAR MUFFIN : 180 CAL ; 3 G PROT ; 6 G MAT GR ; 28 G CARB ; 20 MG CHOL ; 170 MG SOD ; 2 G FIBRES

MUFFINS AU MAÏS ET À LA CITROUILLE

Bien que vous puissiez déguster ces muffins tous les jours de l'année, ceux-ci semblent plus indiqués à l'automne quand le maïs et les citrouilles font leur apparition saisonnière.

120 ml (½ tasse ou 1 bâtonnet) de margarine ou de beurre non salé, à la température de la pièce

60 ml (¼ tasse) de sucre cristallisé

240 ml (1 tasse) de citrouille en purée

120 ml (½ tasse) de lait entier ou de lait de soja

2 gros œufs ou 120 ml (½ tasse) de succédané d'œuf

180 ml (¾ tasse) de farine tout usage

180 ml (¾ tasse) de farine de maïs, mouture fine

15 ml (1 c. à soupe) de poudre à pâte

2,5 ml (½ c. à thé) de cannelle moulue

2,5 ml (½ c. à thé) de coriandre moulue

2,5 ml (½ c. à thé) de cardamome moulue

2,5 ml (½ c. à thé) de sel

120 ml (½ tasse) de maïs en grains frais, congelés ou en conserve

120 ml (½ tasse) de chilis verts doux coupés en dés en conserve, facultatif

1. Préchauffer le four à 180 °C (350 °F). Doubler 12 moules à muffin avec des moules en papier, ou vaporiser avec un vaporisateur antiadhésif à cuisson.

2. Combiner la margarine et le sucre dans un bol et utiliser un batteur électrique, mélanger jusqu'à ce que le mélange soit moelleux. Ajouter la citrouille, le lait et les œufs.

3. Tamiser la farine, la farine de maïs, la poudre à pâte, la cannelle, la coriandre, la cardamone et le sel ensemble et incorporer au mélange de citrouille. Incorporer le maïs en grains et les chilis verts, si utilisés. Verser avec une cuillère la pâte dans les moules, en les remplissant aux trois quarts.

4. Cuire pendant environ 18 minutes, ou jusqu'à ce que les centres soient fermes lorsque vérifiés avec un cure-dent. Retirer du four et servir.

PAR MUFFIN : 180 CAL ; 3 G PROT ; 2 G MAT GR ; 21 G CARB ; 35 MG CHOL ; 240 MG SOD ; 2 G FIBRES

MUFFINS AUX CANNEBERGES
AU GOÛT SUCRÉ MI-ACIDULÉ

Servez ces muffins lors de votre dîner de l'Action de Grâces, ou profitez des petits-déjeuners calmes, l'automne, pour vous offrir ces doux plaisirs.

300 ml (1 ¼ tasse) de farine tout usage non blanchie

5 ml (1 c. à thé) de poudre à pâte

2,5 ml (½ c. à thé) de cannelle moulue

2,5 ml (½ c. à thé) de cardamome moulue

2,5 ml (½ c. à thé) de noix de muscade moulue

2,5 ml (½ c. à thé) de bicarbonate de soude

2,5 ml (½ c. à thé) de sel

120 ml (½ tasse) de prunes dénoyautées hachées fin

120 ml (½ tasse) de flocons d'avoine

180 ml (¾ tasse) de babeurre ou de lait de soja

120 ml (½ tasse) de canneberges fraîches ou congelées

90 ml (6 c. à soupe) de sirop d'érable

45 ml (3 c. à soupe) d'huile de canola

3 gros blancs d'œuf, légèrement battus

1. Préchauffer le four à 200 °C (400 °F). Doubler 12 moules à muffin avec des moules en papier, ou vaporiser avec un vaporisateur antiadhésif à cuisson.

2. Tamiser ensemble la farine, farine de maïs, la poudre à pâte, la cannelle, la coriandre, la cardamome, la noix de muscade, le bicarbonate de soude et le sel dans un bol. Ajouter les pruneaux et l'avoine, remuer et couvrir. Dans un autre bol, battre ensemble le babeurre, les canneberges, le sirop d'érable, et l'huile. Dans un troisième bol, battre les blancs d'œuf en neige. Réserver.

3. Combiner les ingrédients secs et humides, et incorporer les blancs d'œuf jusqu'à ce que tous les ingrédients soient mélangés. Verser avec une cuillère la pâte dans les moules à muffin, en les remplissant aux trois quarts.

4. Cuire les muffins jusqu'à ce qu'ils soient légers et souples au toucher, pendant 12 à 15 minutes. Retirer du feu, et servir.

PAR PORTION: 140 CAL ; 4 G PROT ; 4 G MAT GR ; 17 G CARB ; 1 MG CHOL ; 212 MG SOD ; 2 G FIBRES

MUFFINS À LA SAUCE AUX POMMES ET BANANES

À la différence de la plupart des muffins, ces gâteries nutritives sont par bonheur faibles en matières grasses. Si vous le désirez, remplacer les bananes par 240 ml (1 tasse) de myrtilles fraîches ou 240 ml (1 tasse) de canneberges fraîches coupées et mélangées avec 45 ml (3 c. à soupe) de sucre cristallisé.

300 ml (1¼ tasse) de farine
de blé entier

120 ml (½ tasse) de son d'avoine

60 ml (¼ tasse) de son de blé

10 ml (2 c. à thé) de poudre à pâte

15 ml (1 c. à soupe) d'huile végétale

60 ml (¼ tasse) de miel

160 ml (⅔ tasse) de lait écrémé
ou de lait de soja

120 ml (½ tasse) de sauce
aux pommes non sucrée

1 gros œuf ou 2 gros blancs d'œuf,
battus

2,5 ml (½ c. à thé) d'extrait de vanille

2 bananes mûres, écrasées

1. Préchauffer le four à 200 °C (400 °F). Doubler 12 moules à muffin avec des moules en papier, ou vaporiser avec un vaporisateur antiadhésif à cuisson.

2. Combiner la farine, le son d'avoine, le son de blé et la poudre à pâte dans un bol, et réserver.

3. Combiner l'huile et le miel dans un bol séparé, et bien mélanger. Ajouter le lait, la compote de pommes, l'œuf et la vanille, et battre pour mélanger. Ajouter le mélange de compote de pommes au mélange de farine et le mélanger jusqu'à ce que les ingrédients soient bien mélangés. Ne pas trop mélanger. Incorporer doucement les bananes à la pâte. Déposer avec une cuillère la pâte dans les moules à muffin, en les remplissant aux deux tiers.

4. Cuire pendant 20 à 30 minutes, ou jusqu'à ce que les muffins commencent à être dorés. Retirer du feu et servir chaud

PAR MUFFIN : 120 CAL ; 3 G PROT ; 2 G MAT GR ; 23 G CARB ; 18 MG CHOL ;
71 MG SOD ; 3 G FIBRES

MUFFINS AU FROMAGE

Préparer ces savoureux muffins lorsque vous voulez mettre en valeur un plat principal lors d'un dîner ou d'un brunch.

30 ml (2 c. à soupe) d'oignon jaune
haché

30 ml (2 c. à soupe) de beurre
ou d'huile végétale

300 ml (1¼ tasse) de babeurre

120 ml (½ tasse) de fromage suisse
ou cheddar râpé

1 gros œuf, battu

3,75 ml (¾ c. à thé) d'aneth séché
ou de flocons de persil
ou 2,5 ml (½ c. à thé) de
moutarde sèche

10 ml (2 c. à thé) de poudre à pâte

120 ml (½ tasse) de farine à
pâtisserie de blé entier

2,5 ml (½ c. à thé) de sel

2,5 ml (½ c. à thé) de bicarbonate
de soude

600 ml (2¼ tasses) de flocons
d'avoine

1. Préchauffer le four à 190 °C (375 °F). Doubler 12 moules à muffin avec des moules en papier, ou vaporiser avec un vaporisateur antiadhésif à cuisson.

2. Chauffer le beurre dans un poêlon à feu moyen. Ajouter l'oignon et cuire, en remuant fréquemment, jusqu'à ce qu'il ait ramolli, pendant environ 5 minutes. Laisser légèrement refroidir.

3. Vider l'oignon dans un bol, et incorporer le babeurre, le fromage, l'œuf et les assaisonnements. Choisir l'aneth ou le persil si vous utilisez le fromage suisse, ou la moutarde si vous utilisez le fromage cheddar.

4. Tamiser ensemble la farine, la levure, sel et le bicarbonate de soude dans un bol. Mettre l'avoine dans un robot culinaire ou un mélangeur afin d'obtenir une poudre épaisse. Ajouter l'avoine moulue au mélange de farine, et remuer pour mélanger.

5. Ajouter le mélange de farine au mélange de fromage, et remuer jusqu'à ce que les ingrédients soient mélangés. Ne pas trop mélanger. Déposer avec une cuillère la pâte dans les moules à muffin, en les remplissant aux deux tiers.

6. Cuire pendant environ 15 minutes, ou jusqu'à ce que les muffins soient brun doré. Retirer du feu et servir chaud.

PAR PORTION : 111 CAL ; 6 G PROT ; 6 G MAT GR ; 10 G CARB ; 33 MG CHOL ;
230 MG SOD ; 0,5 G FIBRES

MUFFINS AUX PÊCHES ET AU GINGEMBRE

Le soupçon de gingembre colore ces muffins chauds et moelleux. Servez-les dès leur sortie du four avec de la confiture de pêche et du beurre en abondance.

240 ml (1 tasse) de farine
   tout usage

180 ml (¾ tasse) de farine à gâteau

240 ml (1 tasse) de sucre cristallisé

10 ml (2 c. à thé) de poudre à pâte

5 ml (1 c. à thé) de bicarbonate
   de soude

2,5 ml (½ c. à thé) de sel

2 gros œufs, battus

180 ml (¾ tasse) de babeurre

120 ml (½ tasse) ou 1 bâtonnet
   de beurre non salé, fondu

1 pêche, coupée en dés

21 ml (1½ c. à soupe) de gingembre
   frais pelé et râpé

5 ml (1 c. à thé) d'extrait de vanille

1. Préchauffer le four à 200 °C (400 °F). Vaporiser les 12 moules à muffin avec le vaporisateur antiadhésif à cuisson, ou doubler avec les moules en papier.

2. Tamiser ensemble les farines dans un bol. Ajouter le sucre, la levure, le bicarbonate de soude et le sel, et remuer pour combiner.

3. Battre les œufs et le babeurre ensemble dans un bol séparé. Ajouter le beurre, la pêche, le gingembre et la vanille, en remuant pour combiner. Verser dans le mélange sec, et remuer ensemble rapidement, en prenant soin de ne pas trop battre. Déposer avec une cuillère la pâte dans les moules à muffin, en les remplissant aux deux tiers.

4. Cuire les muffins pendant 8 à 10 minutes, ou jusqu'à ce que la surface soit dorée. Retirer du feu, laisser refroidir les moules pendant 5 minutes et déposer pour qu'ils finissent de refroidir sur une grille à gâteau.

PAR PORTION : 190 CAL ; 3G PROT ; 8 G MAT GR ; 27G CARB ; 50 MG CHOL ;
330 MG SOD ; 0 G FIBRES

PRÉPARATION RAPIDE POUR PAIN
AUX CANNEBERGES ET AUX NOIX DE CAJOU

Deux ingrédients complémentaires, les canneberges et les noix de cajou, font de ce pain de saison un véritable délice. Ce pain a meilleur goût le deuxième jour, aussi peut-être devriez-vous cuire deux pains à la fois et en cacher un !

480 ml (2 tasses) de farine
   à pâtisserie non blanchie

120 ml (½ tasse) de sucre cristallisé

15 ml (1 c. à soupe) de poudre à pâte

2,5 ml (½ c. à thé) de sel

180 ml (¾ tasse) de jus d'orange
   frais

2 gros œufs battus, ou 120 ml
   (½ tasse) de succédané d'œuf

45 ml (3 c. à soupe) d'huile
   végétale, plus pour graisser la
   casserole

600 ml (1½ tasse) de canneberges
   fraîches

120 ml (½ tasse) de noix d'acajou
   hachées

Zeste de 1 citron

1. Préchauffer le four à 190 °C (375 °F). Graisser un moule à pain de 20,61 x 11,43 cm (8½ x 4½ pouces), et réserver.

2. Combiner la farine, le sucre, la levure et le sel dans un bol, et remuer avec un fouet. Dans un bol séparé, combiner le jus, les œufs et l'huile. Verser les ingrédients liquides dans le mélange de farine, et remuer doucement jusqu'à ce que les ingrédients soient combinés. Ajouter les canneberges, les noix d'acajou et le zeste de citron. Brasser et déposer dans le moule à pain.

3. Cuire pendant 45 à 50 minutes, ou jusqu'à ce vous puissiez retirer proprement un cure-dent inséré au milieu. Retirer du feu et laisser refroidir légèrement avant de servir.

PAR PORTION (TRANCHE DE 2,54 CM OU 1 POUCE) : 290 CAL ; 6 G PROT ;
11 G MAT GR ; 44 G CARB ; 55 MG CHOL 350 MG SOD ; 5 G FIBRES

PAIN AUX POMMES ET NOIX DE PÉCAN

En utilisant une technique empruntée aux Shakers, vous pouvez doubler le moule à pain avec des feuilles de géranium non pulvérisées et parfumées que vous jetez avant de servir — de préférence, la variété parfumée aux pommes — pour souligner la saveur des pommes de ce pain succulent.

45 ml (3 c. à soupe) de margarine
ou de beurre non salé, à la
température de la pièce

240 ml (1 tasse) plus 90 ml
(6 c. à soupe) de sucre cristallisé,
divisé

2 gros œufs

5 ml (1 c. à thé) d'extrait de citron

15 ml (1 c. à soupe) de zeste
de citron

360 ml (1½ tasse) de farine
tout usage

7 ml (1½ c. à thé) de poudre à pâte

5 ml (1 c. à thé) de sel

½ pomme, évidée et coupée en dés

120 ml (½ tasse) plus 15 ml
(1 c. à soupe) de jus de pommes,
divisé

120 ml (½ tasse) de morceaux
de noix de pécan

1. Préchauffer le four à 180 °C (350 °F). Graisser et recouvrir de farine un moule à pain de 22,86 cm (9 pouces) et réserver.

2. Battre la margarine et 240 ml (1 tasse) du sucre jusqu'à ce que le mélange soit bien combiné. Ajouter les œufs, l'extrait et le zeste de citron, et battre jusqu'à ce que le mélange soit très épais et crémeux. Tamiser ensemble la farine, la poudre à pâte et le sel, et ajouter avec les morceaux de pomme et 120 ml (½ tasse) de jus de pommes, en continuant jusqu'à ce les ingrédients soient utilisés. Verser avec une cuillère la pâte dans le moule à pain et saupoudrer de noix de pecans.

3. Cuire pendant 45 à 50 minutes, ou jusqu'à ce que la surface soit dorée et le centre ferme. Retirer du four et laisser refroidir dans le moule à pain pendant 2 ou 3 minutes. Retirer du moule à pain et laisser refroidir sur une grille.

4. Entre-temps, combiner les 15 ml (1 c. à soupe) de jus de pommes restante et 84 ml (6 c. à soupe) de sucre, et après 10 minutes, verser le mélange sur le pain. Laisser refroidir complètement avant de couper en tranches et de servir.

PAR PORTION : 270 CAL ; 4 G PROT ; 9 G MAT GR ; 46 G CARB ; 40 MG CHOL ;
360 MG SOD ; 1 G FIBRES

BÂTONNETS DE MAÏS CHAUDS

Prévoyez servir ces bâtonnets de maïs chauds avec des mets du Sud ou du Sud-Ouest. Vous pouvez utiliser 12 moules à muffin si vous n'avez pas de moules en forme d'« épis de maïs ».

240 ml (1 tasse) de farine
non blanchie tout usage

180 ml (¾ tasse) de farine de maïs

60 ml (¼ tasse) de sucre cristallisé

10 ml (2 c. à thé) de levure

1,25 ml (¼ c. à thé) de sel

180 ml (¾ tasse) de lait écrémé
ou de lait de soja

60 ml (¼ tasse) d'huile de canola

1 gros œuf, légèrement battu

1. Préchauffer le four à 230 °C (450 °F). Vaporiser généreusement 2 moules en fonte « épis de maïs » ou 12 moules à muffin avec un vaporiseur antiadhésif à cuisson, et réserver.

2. Tamiser la farine avec la farine de maïs, le sucre, la poudre à pâte et le sel. Ajouter le lait, l'huile et l'œuf. Remuer avec une fourchette jusqu'à ce que les ingrédients soient mélangés. Ne pas trop mélanger. Remplir les moules aux trois quarts ou les moules à muffin au tiers.

3. Cuire pendant environ 20 minutes, ou jusqu'à ce que le plat soit brun doré. Retirer du four et servir immédiatement. Vous pouvez aussi retirer le pain de maïs des moules, le laisser refroidir et l'envelopper fermement dans une feuille d'aluminium. Réchauffer avant de servir.

PAR BÂTONNET : 111 CAL ; 3 G PROT ; 4 G MAT GR ; 15 G CARB ; 20 MG CHOL ;
114 MG SOD ; 1 G FIBRES

GÂTEAU RENVERSÉ AUX MYRTILLES

Vous pouvez utiliser beaucoup de baies et de fruits différents dans cette recette, afin de créer votre propre formule sens dessus-dessous.

Garniture

480 ml (2 tasses) de myrtilles fraîches ou congelées

30 ml (2 c. à soupe) de fécule de maïs ou d'arrow-root

120 ml (½ tasse) de sucre brun

80 ml (⅓ tasse) de margarine de soja, fondue

Gâteau

300 ml (1¼ tasse) de farine non blanchie tout usage

10 ml (2 c. à thé) de poudre à pâte

5 ml (1 c. à thé) de sel

80 ml (⅓ tasse) de margarine de soja

180 ml (¾ tasse) de sucre cristallisé

2 gros œufs ou 120 ml (½ tasse) de succédané d'œuf

120 ml (½ tasse) de lait d'amande ou de soja

5 ml (1 c. à thé) d'extrait de vanille

10 ml (2 c. à thé) d'extrait d'amande

1. Préchauffer le four à 190 °C (375 °F). Graisser une casserole carrée de 22,86 cm (9 pouces), et doubler avec du papier sulfurisé. Vaporiser le papier avec un vaporisateur antiadhésif à cuisson.

2. Pour préparer la garniture : remuer les myrtilles avec la farine de maïs, et mélanger dans un bol avec le sucre et la margarine. Verser dans la casserole et réserver.

3. Pour préparer le gâteau : battre ensemble le farine, la poudre à pâte et le sel. Travailler ensemble la margarine et le sucre dans un bol. Battre dans les œufs. Incorporer l'extrait de vanille et d'amande dans le lait.

4. Remuer un tiers des ingrédients secs dans le mélange d'œufs. Incorporer la moitié du mélange de lait. Ajouter un autre tiers de la farine et remuer jusqu'à ce que l'ensemble soit lisse. Ajouter le reste du mélange de lait et finalement le reste de la farine. Bien battre. Verser la pâte à gâteau sur les myrtilles.

5. Cuire pendant 50 à 60 minutes, ou jusqu'à ce vous puissiez retirer proprement un cure-dent inséré au milieu. Retirer du four, et laisser refroidir sur une grille pendant 5 minutes. Renverser le moule à gâteau sur un grand plateau et soulever soigneusement le moule. Pendant qu'il est chaud, enlever le papier sulfurisé. Couper le gâteau en neuf morceaux et servir.

PAR PORTION : 340 CAL ; 4 G PROT ; 15 G MAT GR ; 48 G CARB ; 45 MG CHOL ; 550 MG SOD ; 1 G FIBRES

GÂTEAU AU CAFÉ, AU BABEURRE ET AUX BLEUETS

Démarrez bien la journée et le petit déjeuner avec une tranche de gâteau au café chaud fait maison, et votre boisson préférée.

240 ml (1 tasse) de farine
de blé entier

240 ml (1 tasse) de farine
non blanchie tout usage

10 ml (2 c. à thé) de poudre à pâte

10 ml (2 c. à thé) de bicarbonate
de soude

1,25 ml (¼ c. à thé) de sel

480 ml (2 tasses) de bleuets frais
ou congelés

180 ml (¾ tasse) de miel
ou de sirop d'érable

180 ml (¾ tasse) de babeurre
ou de lait de soja

120 ml (½ tasse) de bananes
écrasées

80 ml (⅓ tasse) de purée
de pruneaux dénoyautés
(comme Lekvar)

1 gros œuf plus 3 gros blancs d'œuf
ou 60 ml (¼ tasse) de succédané
d'œuf

60 ml (¼ tasse) d'huile végétale

15 ml (1 c. à soupe) de noix
hachées

80 ml (⅓ tasse) de cassonade

1. Préchauffer le four à 180 °C (350 °F). Graisser légèrement un moule à four de 33,02 x 22,86 cm (13 x 9 pouces), ou vaporiser avec un vaporisateur antiadhésif à cuisson.

2. Tamiser ensemble les farines, la poudre à pâte, le bicarbonate de soude et le sel dans un bol. Incorporer les myrtilles, et réserver.

3. Battre ensemble le miel, le babeurre, la banane, les pruneaux, l'œuf et les blancs d'œuf dans un bol séparé.

4. Ajouter le mélange de miel au mélange de farine et mélanger jusqu'à ce que les ingrédients soient combinés. Ne pas trop mélanger. Verser la pâte dans un plat à cuisson, et uniformiser la surface avec une spatule. Saupoudrer de noix et de sucre.

5. Cuire pendant 40 à 50 minutes, ou jusqu'à ce vous puissiez retirer proprement un cure-dent inséré au centre. Retirer du feu, laisser refroidir et couper en morceaux de 7,62 x 8,26 cm (3 x 3¼ pouces).

PAR PORTION (1 MORCEAU) : 245 CAL ; 5 G PROT ; 5 G MAT GR ; 22 G CARB ;
14 MG CHOL ; 292 MG SOD ; 3 G FIBRES

Ces biscuits légers et aérés peuvent être servis pour le petit déjeuner, le déjeuner ou le dîner. Des biscuits en forme de cœur sont amusants, mais des biscuits ronds ou des cannelés pourraient aussi être utilisés. Assurez-vous de déguster les biscuits chauds, tout droit sortis du four.

480 ml (2 tasses) de farine non blanchie tout usage plus farine pour le pétrissage

15 ml (1 c. à soupe) de sucre cristallisé

15 ml (1 c. à soupe) de poudre à pâte

2,5 à 5 ml (½ à 1 c. à thé) de sel, facultatif

60 ml (¼ tasse) de shortening végétal

1 paquet de levure sèche active

180 ml (¾ tasse) de lait écrémé chaud environ 225 °C (115 °F)

Beurre fondu, facultatif

1. Tamiser ensemble la farine, le sucre, la poudre à pâte et le sel, si utilisé, dans un bol. Ajouter le shortening jusqu'à ce que le mélange soit granuleux. Réserver.

2. Saupoudrer la levure dans un bol rempli de 80 ml (⅓ tasse) d'eau chaude. Brasser pour mélanger. Laisser reposer jusqu'à ce que le mélange bouillonne, environ 10 minutes. Ajouter le lait et bien mélanger. Ajouter le mélange de levure aux ingrédients secs, et remuer avec une fourchette jusqu'à ce que le mélange soit humidifié. La pâte sera gluante.

3. Retourner la pâte sur une planche à pain enfarinée, et pétrir doucement jusqu'à ce que la pâte soit lisse et élastique, environ 30 secondes. Couvrir la pâte d'un torchon à vaisselle et laisser gonfler dans un endroit chaud pendant 20 minutes.

4. Saupoudrer légèrement un plan de travail de farine et rouler doucement la pâte en faisant un rond de 1,27 à 1,90 cm (½ à ¾ pouce). Couper avec des couteaux couverts de farine, rouler à nouveau et enlever tout débris. Mettre 5,08 cm (2 pouces) de pâte de côté sur des plaques à pâtisserie non graissées, et laisser gonfler pendant que le four est préchauffé, pendant environ 15 minutes.

5. Préchauffer le four à 200 °C (400 °F).

6. Cuire les biscuits pendant 12 à 15 minutes, ou jusqu'à ce qu'ils soient brun doré. Badigeonner avec du beurre fondu, si utilisé, et servir chaud.

PAR BISCUIT : 116 CAL ; 3 G PROT ; 4 G MAT GR ; 16 G CARB ; 1 MG CHOL ; 204 MG SOD ; 1 G FIBRES

GRESSIN EN UNE LEVÉE

Voici des compagnons parfaits pour un bol de soupe chaude.

1 paquet de levure sèche active

5 ml (1 c. à thé) plus 21 ml
  (1½ c. à soupe) de miel

120 ml (½ tasse) d'eau bouillante

80 ml (⅓ tasse) d'huile de canola

120 ml (½ tasse) de succédané
  d'œuf, divisé

840 ml à 960 ml (3½ à 4 tasses)
  de farine à pâtisserie de blé entier
  et plus pour rouler

Graines de sésame, pour garnir

1. Combiner la levure, 120 ml (½ tasse) d'eau chaude et 5 ml (1 c. à thé) de miel dans un bol, et réserver pendant 5 minutes. Dans un autre bol, mélanger l'eau bouillante, l'huile et 21 ml (1½ c. à soupe) de miel restante. Laisser refroidir jusqu'à tiède. Ajouter 60 ml (¼ tasse) du succédané d'œuf et le mélange de levure, et bien mélanger.

2. Incorporer 840 ml (3½ tasses) de farine. Bien mélanger, mais ne pas pétrir. Si la pâte est trop douce et gluante pour être manipulée, ajouter une petite quantité de farine additionnelle. Couvrir avec une serviette et réfrigérer jusqu'à ce que la pâte soit froide et ferme.

3. Préchauffer le four à 220 °C (425 °F). Vaporiser une plaque à pâtisserie avec un vaporisateur antiadhésif à cuisson, et réserver.

4. Couvrir légèrement de farine un plan de travail et diviser la pâte en 12 parties égales. Avec les mains couvertes de farine, rouler chaque partie en bâtonnets d'environ 30,48 cm (12 pouces) de longueur. Mettre les bâtonnets de 3,81 cm (1½ pouce) de côté sur une plaque à pâtisserie. Badigeonner avec 60 ml (¼ tasse) du succédané d'œuf qui reste et saupoudrer de graines de sésame. Laisser gonfler pendant 30 minutes dans un endroit chaud.

5. Cuire pendant 15 minutes, jusqu'à ce que les bâtonnets soient brun doré. Retirer du feu, et servir chaud.

PAR GRESSIN : 199 CAL ; 6 G PROT ; 8 G MAT GR ; 24 G CARB ; 0 MG CHOL ; 22 MG SOD ; 5 G FIBRES

PÂTE À PAIN SUCRÉE

Cette pâte peut être utilisée pour faire de tas de recettes de pain sucré, y compris les merveilleux pains des vacances.

480 ml (2 tasses) de lait de soja

120 ml (½ tasse) plus 5 ml
(1 c. à thé) de miel

120 ml (½ tasse) d'huile végétale

30 ml (2 c. à soupe) de jus de citron
frais

10 ml (2 c. à thé) de sel

30 ml (2 c. à soupe) de levure sèche
active

30 ml (2 c. à soupe) de farine
de pomme de terre ou d'amidon

1,6 litre (7 tasses) de farine tout
usage, de farine à pain de blé
entier ou la moitié de chaque
farine

1. Chauffer le lait de soja dans une casserole à feu moyen jusqu'à ce que les bulles se forment sur les bords. Retirer du feu. Incorporer 120 ml (½ tasse) de miel, l'huile, le jus de citron et sel. Laisser refroidir.

2. Mettre 180 ml (¾ tasse) d'eau chaude dans un bol, et incorporer les 5 ml (1 c. à thé) du miel qui reste. Saupoudrer la levure et la farine de pomme de terre, et remuer pour dissoudre. Verser le mélange de lait de soja. Incorporer 720 ml (3 tasses) de farine. Battre pendant 2 minutes avec une cuillère en bois ou un mélangeur électrique. Ajouter encore 240 ml (1 tasse) de farine et battre pendant 2 minutes de plus. Pétrir dans le mélange les 720 ml (3 tasses) de farine qui reste, puis pétrir sur une surface légèrement couverte de farine pendant 10 minutes, en ajoutant un peu plus de farine, si nécessaire. La farine devrait être veloutée et lisse, mais pas gluante.

3. Mettre la pâte dans un bol légèrement huilé, couvrir avec une serviette et laisser gonfler dans un endroit chaud jusqu'à ce que la pâte ait doublé de volume, pendant environ 1½ heure. Donner un coup de poing sur la pâte. Pour terminer la préparation du pain, voir la recette que vous avez choisie pour les instructions.

PAR PORTION : 281 CAL ; 6 G PROT ; 8 G MAT GR ; 48 G CARB ; 0 MG CHOL ; 269 MG SOD ; 2 G FIBRES

BROWNIES NOIRS ET BLANCS
FAIBLES EN CALORIES

Ces brownies cuisinés sont moelleux et ont un goût très riche. Il s'agit peut-être des meilleurs brownies que vous n'ayez jamais goûtés — parce qu'ils sont particulièrement faibles en calories !

160 ml (⅔ tasse) de farine
tout usage

120 ml (½ tasse) de sucralose
cristallisé-type édulcorant

5 ml (1 c. à thé) de poudre à pâte

60 ml (¼ tasse) ou ½ bâtonnet de
beurre ou de margarine de soja,
à la température de la pièce

2 gros œufs ou 120 ml (½ tasse)
de succédané d'œuf

10 ml (2 c. à thé) d'extrait de vanille

120 ml (½ tasse) de compote
aux pommes non sucrée

120 ml (½ tasse) de brisures
ou de morceaux de chocolat blanc

120 ml (½ tasse) de poudre
de cacao hollandais

120 ml (½ tasse) de mini brisures
de chocolat

1. Préchauffer le four à 180 °C (350 °F). Beurrer un moule à pain de 20,32 ou 22,86 cm (8 ou 9 pouces) carrés.

2. Brasser ensemble la farine, l'édulcorant et la levure dans un bol. Battre ensemble le beurre, les œufs et la vanille dans un bol séparé jusqu'à ce que le beurre soit défait en petits morceaux. Ajouter la compote de pommes et remuer jusqu'à ce que les ingrédients soient mélangés. Incorporer le mélange de farine jusqu'à ce qu'il soit humidifié. Incorporer le chocolat blanc. Mesurer 120 ml (½ tasse) de ce mélange et verser la cuillerée dans le moule préparé.

3. Incorporer le cacao en poudre et les morceaux de chocolat dans le reste de la pâte. Déposer doucement avec une cuillère le chocolat sur la pâte blanche. La pâte étant épaisse, vous devez aplanir la surface.

4. Cuire pendant 20 minutes, ou jusqu'à ce que vous puissiez retirer proprement un cure-dent inséré au centre. Refroidir avant de couper en carrés de 3,81 cm (1½ pouce).

PAR PORTION (1 CARRÉ) : 120 CAL ; 2 G PROT ; 7 G MAT GR ; 14 G CARB ; 35 MG CHOL ; 65 MG SOD ; 1 G FIBRES

DÉLICIEUSES FRIANDISES AUX MÛRES

Ces cookies-bar au goût de fruit et légèrement collants contiennent moins de un gramme de matières grasses par barre.

420 ml (1¾ tasse) de flocons
   d'avoine
1 litre (4 tasses) de mûres fraîches
   ou congelées ou autres baies,
   plus 16 baies entières, pour garnir
60 ml (¼ tasse) d'arrow-root
60 ml (¼ tasse) de jus de pommes
   concentré
10 ml (2 c. à thé) de cannelle
   moulue ou au goût
5 ml (1 c. à thé) de clous de girofle
   moulus

1. Préchauffer le four à 180 °C (350 °F). Huiler légèrement une casserole de 20,32 cm (8 pouces) carrés ou vaporiser avec un vaporisateur antiadhésif à cuisson, et réserver.

2. Mettre l'avoine dans un robot culinaire ou un mélangeur et réduire grossièrement en poudre. Combiner l'avoine, 1 litre (4 tasses) de baies, l'arrow-root, le jus de pomme, la cannelle et les clous de girofle dans un bol et bien mélanger. Étendre la pâte dans la casserole. Disperser les 16 baies entières de façon uniforme sur la surface.

3. Cuire pendant 35 à 45 minutes, ou jusqu'à consistance ferme. Retirer du feu, laisser refroidir et couper en 16 carrés.

PAR PORTION (1 CARRÉ) : 54 CAL ; 1 G PROT ; 0,7 G MAT GR ; 12 G CARB ; 0 MG CHOL ; 4 MG SOD ; 3 G FIBRES

CROUSTILLANT AUX CANNEBERGES ET FRAMBOISES

Parce qu'il est préparé avec des fruits congelés, on peut apprécier ce dessert sucré et mi-acidulé à l'ancienne en toute saison.

1 litre (4 tasses) de canneberges
   fraîches ou congelées
1 paquet de 280 g (10 onces) de
   framboises congelées et sucrées,
   décongelées
180 ml (¾ tasse) de flocons
   d'avoine à cuisson rapide
120 ml (½ tasse) de sucre brun
120 ml (½ tasse) de farine
   tout usage
5 ml (1 c. à thé) de cannelle moulue
60 ml (¼ tasse) ou ½ bâtonnet
   de beurre non salé, froid, et plus
   pour graisser la casserole
Yogourt à la vanille congelé, facultatif

1. Préchauffer le four à 190 °C (375 °F). Graisser légèrement un plat de cuisson de 22,86 cm (9 pouces) de diamètre ou un plat de cuisson carré, et réserver.

2. Laver les canneberges fraîches dans l'eau froide. Si vous utilisez des canneberges congelées, les mettre dans une passoire et passer sous l'eau chaude pour les dégeler légèrement. Égoutter. Mettre les canneberges dans un plat de cuisson préparé et verser à la cuillère les framboises sur les canneberges.

3. Combiner l'avoine, le sucre, la farine, et la cannelle dans un bol. Avec le bout des doigts, incorporer le beurre froid au mélange jusqu'à ce qu'il soit grumeleux. Saupoudrer le mélange sur les baies de façon uniforme.

4. Cuire jusqu'à ce que la garniture de chapelure soit croustillante et dorée, environ 30 minutes. Servir chaud avec des cuillerées de yogourt congelé, si désiré.

PAR PORTION : 290 CAL ; 3 G PROT ; 8 G MAT GR ; 26 G CARB ; 20 MG CHOL ; 86 MG SOD ; 6 G FIBRES

CROUSTILLANT AUX BANANES ET AUX BLEUETS

Ce plat constitue un grand dessert pour le petit déjeuner ou le casse-croûte. Servez-le avec du yogourt ou de la crème glacée.

480 ml (2 tasses) de riz
ou de bulgur cuit (voir page 62)

160 ml (⅔ tasse) de lait écrémé

60 ml (¼ tasse) de sucre brun

15 ml (1 c. à soupe) de beurre ou
de margarine fondue, facultatif

5 ml (1 c. à thé) de cannelle moulue

2 bananes coupées en tranches

480 ml (2 tasses) de bleuets frais
ou congelés

1. Préchauffer le four à 180 °C (350 °F). Graisser légèrement un moule de 20,32 cm (8 pouces) carré ou vaporiser avec un vaporisateur antiadhésif à cuisson, et réserver.

2. Combiner le riz, le lait, le sucre brun, le beurre, si utilisé, et la cannelle dans un bol. Ajouter les bananes et les bleuets et mélanger doucement. Vider le mélange dans le moule préparé, et couvrir avec une feuille d'aluminium.

3. Cuire pendant 30 minutes, ou jusqu'à ce que le dessus du plat soit brun doré. Retirer du feu, et laisser refroidir légèrement avant de servir.

PAR PORTION : 277 CAL ; 5 G PROT ; 0,9 G MAT GR ; 49 G CAR ; 1 MG CHOL ;
35 MG SOD ; 4 G FIBRES

BISCUITS AUX ÉPICES AVEC PATATES DOUCES ET YOGOURT

Ces biscuits sont de petits biscuits semblables à des gâteaux et ne sont pas excessivement sucrés. Bien qu'ils soient parfaits en automne, ils sont délicieux toute l'année.

160 ml (⅔ tasse) de sucre brun

60 ml (4 c. à soupe) ou 1 bâtonnet
de margarine de soja

120 ml (½ tasse) de yogourt nature
sans matières grasses

10 ml (2 c. à thé) d'extrait de vanille

420 ml (1¾ tasse) de farine blanche
tout usage

5 ml (1 c. à thé) de bicarbonate
de soude

10 ml (2 c. à thé) de cannelle
moulue

5 ml (1 c. à thé) de gingembre
moulu

2,5 ml (½ c. à thé) de noix
de muscade moulue

2,5 ml (½ c. à thé) de piments
de la Jamaïque moulu

1 grosse patate douce non cuite,
pelée et râpée

240 ml (1 tasse) de raisins secs

120 ml (½ tasse) de noix de pécan
hachées

1. Préchauffer le four à 180 °C (350 °F). Doubler deux plaques à pâtisserie avec du papier sulfurisé ou vaporiser avec un vaporiseur antiadhésif à cuisson, et réserver.

2. Battre le sucre et la margarine ensemble jusqu'à ce que les ingrédients soient bien mélangés. Ajouter le yogourt et battre jusqu'à ce que le mélange soit crémeux. Incorporer la vanille.

3. Tamiser ensemble la farine, le bicarbonate de soude et les épices, et incorporer au mélange de yogourt. Ne pas trop mélanger. Incorporer graduellement les patates douces, les raisins secs et les noix de pécan. Laisser tomber la pâte à l'aide d'une petite cuillère, en décrivant des ronds, sur les plaques à pâtisserie à environ 5,08 cm (2 pouces) d'intervalle.

4. Cuire pendant 25 minutes, ou jusqu'à ce que le fond soit ferme et doré, mais pas sec. Retirer du feu et laisser refroidir sur une grille à gâteau.

PAR PORTION : 50 CAL ; 1 G PROT ; 2,5 G MAT GR ; 8 G CARB ; 0 MG CHOL ; 40 MG SOD ;
0 G FIBRES

BISCUITS À L'AVOINE
FAIBLES EN MATIÈRES GRASSES

Voici des biscuits à l'ancienne regorgeant de saveurs et sans matières grasses. Si vous le désirez, vous pouvez ajouter quelques noix hachées. Souvenez-vous, si vous aimez les biscuits frais, plus ils sont dorés, plus ils seront croustillants.

240 ml (1 tasse) de farine
    non blanchie tout usage

5 ml (1 c. à thé) de poudre à pâte

2,5 ml (½ c. à thé) de bicarbonate
    de soude

2,5 ml (½ c. à thé) de sel

30 ml (2 c. à soupe) de margarine
    de soja, à la température de la
    pièce

240 ml (1 tasse) de sucre brun

60 ml (¼ tasse) de compote de
    pommes

1 gros œuf ou 60 ml (¼ tasse) de
    succédané d'œuf

10 ml (2 c. à thé) d'extrait de vanille

320 ml (1⅓ tasse) de flocons
    d'avoine

120 ml (½ tasse) de raisins secs

1. Préchauffer le four à 190 °C (375 °F). Vaporiser légèrement avec un vaporisateur antiadhésif à cuisson ou doubler deux plaques à pâtisserie avec du papier sulfurisé, et réserver.

2. Battre ensemble la farine, la levure, le bicarbonate de soude et le sel dans un bol.

3. Mettre la margarine dans un autre bol et battre jusqu'à ce qu'elle soit moelleuse. Ajouter le sucre et la crème ensemble. Ajouter la compote de pommes, l'œuf et la vanille, et battre pendant 1 minute. Incorporer les ingrédients secs au mélange de compote de pommes jusqu'à ce que les ingrédients soient bien mélangés. Incorporez l'avoine et les raisins secs. Laisser tomber la pâte à l'aide d'une petite cuillère, en décrivant des ronds, sur les plaques à pâtisserie à environ 5,08 cm (2 pouces) d'intervalle.

4. Cuire pendant 15 minutes, ou jusqu'à ce que les biscuits soient bien dorés au fond. Retirer du four, et laisser refroidir sur une grille à gâteau.

PAR PORTION : 40 CAL ; 1 G PROT ; 0,5 G MAT GR ; 8 G CARB ; 5 MG CHOL ; 5 MG SOD ; 0 G FIBRES

BISCUITS AU BEURRE D'ARACHIDES
FAIBLES EN CALORIES

Voici des biscuits très tendres qui se brisent facilement. Veuillez donc les manipuler avec soin.

240 ml (1 tasse) de beurre
    d'arachides crémeux et
    bien brassé, de préférence
    entièrement naturel

240 ml (1 tasse) de jus de pommes
    concentré, décongelé et non dilué

120 ml (½ tasse) de sucralose
    type édulcorant

10 ml (2 c. à thé) d'extrait de vanille

240 ml (1 tasse) de farine
    de blé entier

7,5 ml (1½ c. à thé) de bicarbonate
    de soude

1. Préchauffer le feu à 175 °C (350 °F). Vaporiser légèrement avec un vaporisateur antiadhésif à cuisson ou doubler 2 plaques à pâtisserie avec du papier sulfurisé, et réserver.

2. Combiner le beurre d'arachides, le jus de pommes, l'édulcorant et l'extrait de vanille jusqu'à ce que les ingrédients soient mélangés, mais non homogènes. Dans un deuxième bol, battre ensemble la farine et le bicarbonate de soude, et incorporer le mélange de beurre d'arachides. Remuer jusqu'à ce que la pâte soit épaisse. Laisser tomber la pâte à l'aide d'une cuillère à thé, en décrivant des ronds, sur les plaques à pâtisserie, à environ 5,08 cm (2 pouces) d'intervalle. Utiliser une fourchette enfarinée pour faire des marques en croisillons sur chaque biscuit.

3. Cuire pendant 12 minutes, ou jusqu'à ce que le plat soit légèrement doré. Retirer du feu, et laisser refroidir sur les plaques à pâtisserie.

PAR PORTION : 40 CAL ; 1 G PROT ; 2 G MAT GR ; 5 G CARB ; 0 MG CHOL ; 35 MG SOD ; < 1G FIBRES

BISCUITS AUX BRISURES DE CHOCOLAT ET AUX NOIX FAIBLES EN MATIÈRES GRASSES

Les noix et les brisures de chocolat contribuent au goût de ce très délicieux biscuit.

420 ml (1¾ tasse) de farine
non blanchie tout usage

2,5 ml (½ c. à thé) de bicarbonate
de soude

120 ml (½ tasse) ou 1 bâtonnet
de margarine de soja

80 ml (⅓ tasse) de sucre cristallisé

80 (⅓ tasse) sucre brun

120 ml (½ tasse) de yogourt nature
sans matières grasses

10 ml (2 c. à thé) d'extrait de vanille

240 ml (1 tasse) de brisures
de chocolat

240 ml (1 tasse) de noix hachées

1. Préchauffer le four à 190 °C (375 °F). Doubler deux plaques à pâtisserie avec du papier sulfurisé ou vaporiser légèrement avec un vaporiseur anti-adhésif à cuisson, et réserver.

2. Tamiser ensemble la farine et le bicarbonate de soude, mettre dans un bol à mélanger. Dans un deuxième bol, travailler ensemble la margarine et les sucres jusqu'à ce soit moelleux. Incorporer le yogourt et la vanille, et bien battre. Incorporer le mélange de farine au mélange de margarine. Incorporer les brisures de chocolat et les noix. Laisser tomber la pâte à l'aide d'une cuillère à thé, en décrivant des ronds sur les plaques à pâtisserie, à environ 5,08 cm (2 pouces) d'intervalle.

3. Cuire pendant 10 à 13 minutes, ou jusqu'à ce que le plat soit doré. Retirer du feu, et laisser refroidir sur les plaques à pâtisserie.

PAR PORTION : 60 CAL ; 1 G PROT ; 3,5 G MAT GR ; 7 G CARB ; 0 MG CHOL ; 30 MG SOD ; 0 G FIBRES

PAIN NAN AVEC CUMIN

Ce pain plat indien — aussi orthographié naan *— est habituellement cuit dans un four tandoori, mais un gril au gaz ou au charbon de bois est également excellent.*

Pâte

480 ml (2 tasses) de farine
   non blanchie tout usage

80 ml (⅓ tasse) de flocons
   de pommes de terre

3 gousses d'ail, hachées

15 ml (1 c. à soupe) d'huile végétale

15 ml (1 c. à soupe) de sucre
   cristallisé

5 ml (1 c. à thé) de sel, facultatif

5 ml (1 c. à thé) de levure sèche active

5 ml (1 c. à thé) de graines
   de cumin, rôties

Glaçage

15 à 30 ml (1 à 2 c. à soupe)
   d'huile végétale

2 gousses d'ail, émincées

1. Pour préparer la pâte : mettre tous les ingrédients dans un robot culinaire et mélanger pendant 30 secondes.

2. Ajouter graduellement 240 ml (1 tasse) d'eau chaude par le tube d'alimentation, alors que le robot est en marche. Démarrer et arrêter en alternance le robot jusqu'à ce que la pâte forme une boule molle.

3. Vider la pâte sur un plan de travail légèrement enfariné et pétrir pendant 5 minutes à la main, en saupoudrant de farine au besoin pour empêcher que la pâte ne colle. La pâte devrait être très molle et flexible.

4. Saupoudrer l'intérieur d'un sac en plastique avec de la farine. Mettre la pâte dans le sac, fermer et laisser reposer pendant 15 à 20 minutes dans un endroit chaud.

5. Préparer un charbon de bois chaud, ou préchauffer un gril au gaz à feu élevé.

6. Entre-temps, pour préparer le glaçage : mélanger l'huile et l'ail dans un bol, et réserver.

7. Pour préparer le pain nan, retirer la pâte du sac et couper en six morceaux égaux. Sur le plan de travail légèrement enfariné, rouler chaque morceau pour former un cercle aussi mince que la pâte de tortilla et d'environ 20,32 cm (8 pouces) de diamètre. Le cercle n'a pas besoin d'être parfait et il est préférable qu'il y ait quelques trous. Pendant que chaque morceau est roulé, badigeonner légèrement avec le glaçage et mettre sur le gril, le côté glacé dessous.

8. Pour cuire le pain nan, couvrir le gril et cuire le pain nan pendant 5 minutes. Badigeonner le dessus avec le glaçage, retourner le pain nan et dorer les autres côtés. Il doit y avoir des bulles et des plaques brunes sur les côtés lorsque le pain est prêt. Servir chaud

PAR PORTION (1 NAN) : 227 CAL ; 5 G PROT ; 5 G MAT GR ; 41 G CARB ; 0 MG CHOL ; 17 MG SOD ; 3 G FIBRES

TORTILLAS DE MAÏS FACILES À PRÉPARER

Vous n'avez pas besoin d'une presse à tortilla pour faire des tortillas — des rouleaux à pâtisserie font aussi bien l'affaire. Recherchez la masa harina dans les sections des aliments mexicains de la plupart des supermarchés. Vous pouvez aussi l'utiliser plus tard comme base pour préparer des tacos ou des paniers de tortilla, ou comme récipient pour contenir des salades et d'autres ingrédients.

480 ml (2 tasses) de masa harina

1. Mélanger le masa harina avec 240 ml (1 tasse) d'eau chaude dans un bol pour former une boulette. Si la pâte est trop sèche pour tenir toute seule, ajouter encore un peu plus d'une cuillère à table d'eau. Pétrir la pâte légèrement pendant quelques minutes, couvrir avec un linge de coton et laisser refroidir pendant 1 heure.

2. Former avec la pâte deux boulettes de 5,08 cm (2 pouces). Préchauffer un poêlon à fond épais ou une plaque en fonte à feu moyen-élevé, et mettre une serviette de tissu dans un panier peu profond. Mettre une boulette de pâte entre deux sacs en plastique, et rouler pour faire un cercle de 15,24 cm (6 pouces).

3. Retirer la tortilla des sacs en plastique, et mettre sur la plaque en fonte chaude. Cuire jusqu'à ce que des bulles commencent à se former à la surface. Tourner le tortilla et cuire l'autre côté pendant quelques secondes seulement. Lorsque chaque tortilla est cuite, mettre dans le panier doublé par la serviette et recouvrir complètement. Répéter l'opération avec le reste de la pâte.

PAR TORTILLA : 72 CAL ; 2 G PROT ; 0,5 G MAT GR ; 15 G CARB ; 0 MG CHOL ; 0 MG SOD ; 3 G FIBRES

TORTILLAS DE BLÉ ENTIER RÔTIES À LA FLAMME

6 tortillas de blé entier
Huile parfumée ou beurre fondu, facultatif

1. Mettre une tortilla directement sur la flamme du gaz à puissance moyenne-élevée ou sur une grille de métal installée sur un brûleur électrique.

2. Rôtir jusqu'à ce que la surface soit légèrement couverte de taches et calcinée, environ 10 à 20 secondes, et que la tortilla commence à gonfler et à se remplir de vapeur. Tourner et rôtir l'autre côté.

3. Badigeonner la tortilla avec de l'huile ou du beurre, si désiré. Mettre dans un panier doublé d'une serviette, pendant que le reste des tortillas rôtissent. Servir chaud.

PAR TORTILLA : 130 CAL ; 4 G PROT ; 1 G MAT GR ; 26 G CARB ; 0 MG CHOL ; 250 MG SOD ; 3 G FIBRES

Le pain sans levain quotidien en Inde est appelé chapati. Fait avec du blé, de la farine et de l'eau, le pain est très mince, mou et flexible

240 ml (1 tasse) de farine de blé entier

240 ml (1 tasse) de farine à pâtisserie de blé entier

120 ml (½ tasse) de farine non blanchie tout usage

2,5 ml (½ c. à thé) de sel

1. Mélanger ensemble les farines et le sel dans un bol. Ajouter lentement 240 ml (1 tasse) d'eau chaude ou froide, tout en remuant le mélange de farine.

2. Retourner la pâte sur un plan de travail légèrement enfariné pour en faire une boule. Pétrir pendant 5 à 8 minutes, ou jusqu'à ce que la pâte soit élastique et lisse. Laisser reposer à la température de la pièce pendant 30 minutes.

3. Avec la pâte, faire 12 boulettes de la taille d'une grosse noix. Travailler une boulette à la fois, rouler chaque boulette sur une surface légèrement enfarinée pour former un cercle très mince et plat d'environ 17,78 cm (7 pouces) de diamètre.

4. Préchauffer le four à 100 °C (200 °F).

5. Chauffer un poêlon, de préférence en fonte, jusqu'à ce qu'une goutte d'eau rebondisse à la surface. Faire cuire un chapati à la fois comme suit : cuire un côté jusqu'à ce qu'une grande bulle de vapeur se forme au centre, puis retourner le chapati et cuire l'autre côté. Il devrait y avoir des taches brun doré sur chaque côté. Garder les chapatis au chaud en les empilant dans un panier doublé d'une serviette et en plaçant le panier au four. Servir chaud.

PAR CHAPATI : 83 CAL ; 3 G PROT ; 0,4 G MAT GR ; 18 G CARB ; 0 MG CHOL ; 90 MG SOD ; 1 G FIBRES

FOCACCIA AVEC GROS SEL ET FENOUIL

Ce pain plat italien est délicieux comme casse-croûte ou comme sandwich. La pâte peut être préparée une journée à l'avance. Couvrir et réfrigérer jusqu'à 24 heures, laisser ensuite la pâte réfrigérée reposer à la température de la pièce pendant environ 30 minutes avant de cuire au four.

5 ml (1 c. à thé) de levure sèche active

5 ml (1 c. à thé) sucre cristallisé

1,2 à 1,4 litre (5 à 6 tasses) de farine tout usage

7,5 ml (1½ c. à thé) de sel

60 ml (¼ tasse) d'huile l'olive plus pour badigeonner la pâte

10 à 20 ml (2 à 4 c. à thé) de gros sel de mer ou de sel kasher

5 à 10 ml (1 à 2 c. à thé) de graines de fenouil

1. Dissoudre la levure et le sucre dans 120 ml (½ tasse) d'eau chaude et dans un bol. Laisser reposer jusqu'à ce que le mélange pétille, pendant environ 10 minutes. Combiner 1,2 litre (5 tasses) de farine et le sel dans un bol séparé. Faire un trou au centre et verser le mélange de levure et l'huile. Remuer jusqu'à ce que les ingrédients se combinent, en ajoutant jusqu'à 240 ml (1 tasse) d'eau chaude additionnelle pour faire une pâte molle mais non gluante.

2. Retourner la pâte sur une surface couverte de farine, et pétrir jusqu'à consistance lisse, environ 10 minutes. Pétrir avec juste assez du reste des 240 ml (l tasse) de farine pour faire une pâte facile à pétrir. Mettre la pâte dans un bol huilé et couvrir avec un torchon à vaisselle humide. Laisser gonfler dans un endroit chaud jusqu'à ce que la pâte double de volume, environ 1 heure.

3. Diviser la pâte en deux parts égales et pétrir chaque part brièvement. Avec chaque part, faire une boulette et laisser reposer pendant environ 10 minutes.

4. Préchauffer le four à 225 °C (425 °F).

5. Étirer chaque boulette en un cercle de 12,70 à 15,24 cm (5 à 6 pouces) ou un ovale d'environ 1,27 cm (½ pouce) d'épaisseur. Mettre la pâte sur une plaque à pâtisserie. Utiliser un couteau pointu pour marquer la pâte, en pratiquant des ouvertures profondes de 1,27 cm (½ pouce) sur la pâte tous les 5,08 ou 7,62 cm (2 ou 3 pouces). Badigeonner la pâte avec l'huile et saupoudrer de gros sel et de graines de fenouil.

6. Cuire sur la grille du milieu pendant environ 10 minutes. Réduire le feu à 200 °C (400 °F) et cuire pendant 10 à 20 minutes de plus, ou jusqu'à ce que le dessus soit brun doré.

PAR PORTION : 444 CAL ; 10 G PROT ; 12 G MAT GR ; 63 G CARB ; 0 MG CHOL ; 1 246 MG SOD ; 3 G FIBRES

8

salades, sauces et trempettes

APPRÉCIÉE UNIVERSELLEMENT, LA SALADE est pleine de ressources. Aliment de tous les jours, elle est bienvenue chaude ou froide, douce ou aigre, préparée avec des garnitures élaborées ou servie nature tout simplement. Les salades peuvent être composées de fruits, de légumes, de grains, de noix, de pâtes et/ou de légumineuses, et ce, dans des combinaisons presque infinies. Mieux que tout, la salade peut devenir, sans hésitation, la base du petit déjeuner, du déjeuner ou du dîner.

Pour ce qui est des sauces à salade et des sauces en accompagnement et des trempettes, celles-ci sont des éléments qui ajoutent un peu de goût à un véritable grand plat.

FEUILLES ET POUSSES DE PISSENLITS
AVEC VINAIGRETTE ÉPICÉE

Traditionnellement, les salades vertes ne faisaient pas partie du lexique culinaire afro-américain, mais parce qu'elles pouvaient servir de fourrage, les feuilles de pissenlits devinrent une exception. Choisissez pour cette salade les feuilles les plus petites et les plus tendres.

450 g (1 livre) de jeunes feuilles de pissenlits, lavées et séchées

1 oignon rouge coupé en fines tranches

45 ml (3 c. à soupe) d'huile végétale

15 ml (1 c. à soupe) de vinaigre de vin rouge

1 pincée de sucre cristallisé

4 gouttes de sauce aux piments piquante, ou au goût

Sel et poivre noir fraîchement moulu, au goût

1. Jeter toute feuille de pissenlit fibreuse et décolorée, et déchirer en petits morceaux de la taille d'une bouchée. Mettre l'oignon dans un saladier non réactif.

2. Combiner l'huile végétale, le vinaigre de vin rouge, le sucre cristallisé, la sauce aux piments, le sel et le poivre dans un petit contenant, couvrir et bien secouer pour mélanger totalement. Ajuster les assaisonnements, verser sur la verdure, remuer et servir immédiatement.

PAR PORTION : 100 CAL ; 2 G PROT ; 8 G MAT GR ; 8 G CARB ; 0 MG CHOL ; 60 MG SOD ; 3 G FIBRES

SALADE DE MER ÉMERAUDE

Les légumes de mer riches en calcium constituent une entrée séduisante et originale. Servir comme hors-d'œuvre ou avec un bol de soupe miso pour un déjeuner léger ou un dîner. L'aramé est un type d'algue vendue dans les marchés japonais, mais si vous ne pouvez pas vous en procurer, utilisez le hijiki.

480 ml (2 tasses) de wakame séché (voir page 608)

240 ml (1 tasse) d'aramé séché

60 ml (¼ tasse) de vinaigre de riz

30 ml (2 c. à soupe) d'huile de sésame foncée

30 ml (2 c. à soupe) de sirop de riz brun

15 ml (1 c. à soupe) de sauce tamari ou de sauce soja faible en sodium

2,5 ml (½ c. à thé) de poivre blanc moulu

60 ml (¼ tasse) de graines de sésame

1. Tremper le wakame dans l'eau chaude et couvrir jusqu'à ce qu'il ait ramolli, pendant environ 5 minutes. Bien égoutter et couper en lanières, en enlevant la tige dure au centre.

2. Tremper l'aramé dans l'eau chaude et couvrir jusqu'à ce qu'il ait ramolli, pendant environ 5 minutes. Égoutter bien. Combiner le wakame et l'aramé.

3. Mélanger le vinaigre de riz, l'huile de sésame, le sirop de riz, le tamari et le poivre. Ajouter les légumes de mer, et remuer pour couvrir. Incorporer les graines de sésame. Couvrir et réfrigérer. Servir bien frais.

PAR PORTION : 211 CAL ; 4 G PROT ; 11 G MAT GR ; 24 G CARB ; 0 MG CHOL ; 11 MG SOD ; 8 G FIBRES

FIGUES À LA MENTHE ET SALADE D'ORANGE

Les figues méritent toute votre attention dans la cuisine et, comme c'est le cas ici, elles s'adaptent bien à d'autres saveurs affirmées, comme la menthe et les oranges.

2 oranges Navel

8 figues fraîches,
  coupées en tranches

240 ml (1 tasse) de framboises

240 ml (1 tasse) de yogourt nature

30 à 45 ml (2 à 3 c. à soupe)
  de feuilles de menthe fraîches
  hachées, plus brins pour garnir

15 ml (1 c. à soupe) de miel

2,5 ml (½ c. à thé) de cannelle
  moulue

1. Peler les oranges, en enlevant autant de peau blanche que possible. Séparer les oranges en quartiers et couper chaque quartier en morceaux de 2,54 cm (1 pouce). Mettre les oranges et tout jus qui s'est accumulé sur la planche à découper dans un saladier.

2. Ajouter le reste des ingrédients au bol, et remuer pour mélanger. Refroidir jusqu'à ce que le plat soit prêt à servir. Garnir avec les brins de menthe.

PAR PORTION : 173 CAL ; 4 G PROT ; 3 G MAT GR ; 38 G CARB ; 8 MG CHOL ; 30 MG SOD ; 6 G FIBRES

SALADE DE TOMATES DE LA BALD EAGLE VALLEY

Cette délicieuse salade du centre de la Pennsylvanie, créée dans les années 20 et servie lors des pique-niques des paroisses, dépend en grande partie pour sa saveur des tomates mûries sur les ceps pendant l'été. Choisir des tomates bifteck dodues au goût sucré. Pour ajouter du piquant, saupoudrer des feuilles de menthe fraîchement coupées sur la salade avant de servir.

1,4 kg (3 livres) de grosses tomates
  mûries au soleil

240 ml (1 tasse) de céleri
  coupé en dés

120 ml (½ tasse) de vinaigre
  de cidre de pommes

15 ml (1 c. à soupe) de sucre
  cristallisé ou de miel

15 ml (1 c. à soupe) d'oignon
  haché fin

Sel et poivre noir fraîchement moulu
  au goût

15 ml (1 c. à soupe) de persil frais
  haché

1. Couper les tomates en gros morceaux de forme irrégulière, et mettre avec le céleri dans un saladier.

2. Combiner le vinaigre de cidre, 60 ml (¼ tasse) d'eau, le sucre et l'oignon. Remuer pour dissoudre le sucre, et réserver pendant environ 5 minutes, ou jusqu'au mélange des saveurs. Verser sur les tomates, et ajouter le sel et le poivre. Remuer et couvrir tous les morceaux de tomate avec le mélange de vinaigre. Disperser le persil sur le plat et servir immédiatement.

PAR PORTION : 60 CAL ; 2 G PROT ; 1 G MAT GR ; 14 G CARB ; 0 MG CHOL ; 45 MG SOD ; 3 G FIBRES

SALADE D'AVOCAT
AVEC VINAIGRETTE AUX AGRUMES

La saveur douce des avocats compense l'acidité des agrumes et l'amertume légère de la chicorée, ils fournissent aussi en contrepoint une texture aux agrumes et à la chicorée.

90 ml (6 c. à soupe) d'huile d'olive

30 ml (2 c. à soupe) de jus de lime frais

1 gousse d'ail, émincée

Sel et poivre noir fraîchement moulu au goût

1 orange Navel moyenne, pelée et en quartiers

1 petite pomme de chicorée ou de salade frisée, lavée et séchée

2 gros avocats, pelés, dénoyautés et coupés en tranches

1 petit oignon rouge, coupé en fines tranches

30 ml (2 c. à soupe) de cilantro haché

1. Battre ensemble l'huile d'olive, le jus de lime, l'ail, le sel et le poivre dans un bol. Ajouter les quartiers d'orange, et remuer pour mélanger.

2. Disposer les feuilles de laitue dans quatre plats. Verser avec une cuillère les oranges sur la laitue, en réservant la vinaigrette. Garnir avec l'avocat et l'oignon rouge. Verser sur chaque salade un quart du reste de la vinaigrette et garnir avec le cilantro. Servir immédiatement, ou laisser refroidir brièvement.

PAR PORTION : 270 CAL ; 5 G PROT ; 21 G MAT GR ; 19 G CARB ; 0 MG CHOL ; 87 MG SOD ; 2 G FIBRES

SALADE DE POIVRONS ROUGES RÔTIS ET D'ARUGULA

POUR 4 PERSONNES

Vous pouvez utiliser dans cette salade simple d'autres éléments de garniture comme les champignons, les olives et le fromage en plus, ou au lieu des poivrons rouges rôtis.

2 poivrons rouges rôtis en conserve, lavés, séchés et coupés en juliennes

45 ml (3 c. à soupe) de vinaigre balsamique, divisé

30 ml (2 c. à soupe) d'huile d'olive, ou jusqu'à 80 ml (⅓ tasse) au besoin pour la salade

Sel et poivre noir fraîchement moulu

1 gousse d'ail, coupée en deux,

2 bottes d'arugula, coupées, lavées, séchées et déchirées en morceaux

1. Combiner les poivrons avec 15 ml (1 c. à soupe) du vinaigre balsamique, 30 ml (2 c. à soupe) d'huile d'olive et une pincée de sel et de poivre. Laisser les poivrons mariner à la température de la pièce pendant 15 minutes.

2. Pour servir, frotter bien l'intérieur d'un bol avec les côtés tranchés de l'ail. Ajouter l'arugula dans le bol. Ajouter les 30 ml (2 c. à soupe) restant de vinaigre, 2,5 ml (½ c. à thé) de sel, les poivrons et la marinade, et remuer de nouveau.

PAR PORTION : 133 CAL ; 2 G PROT ; 10 G MAT GR ; 9 G CARB ; 0 MG CHOL ; 15 MG SOD ; 1 G FIBRES

SALADE DE POIRES D'AUTOMNE

POUR 6 PERSONNES

Cette salade simple honore les repas à toute heure avec son contraste de saveurs douces et de saveurs salées. Utilisez ce plat comme accompagnement les jours de fêtes.

2,2 litres (9 tasses) de légumes de saison

2 poires bosc ou anjou, évidées et coupées en fines tranches dans le sens de la longueur

84 g (3 onces) de fromage bleu ou de gorgonzola émietté

45 ml (3 c. à soupe) de noix hachées

45 ml (3 c. à soupe) de canneberges séchées

80 ml (⅓ tasse) de vinaigre de riz

10 ml (2 c. à thé) de jus de canneberge concentré

5 ml (1 c. à thé) de moutarde de Dijon

80 ml (⅓ tasse) d'huile d'olive

Sel et poivre noir fraîchement moulu au goût

1. Diviser les légumes verts dans six plats individuels. Garnir les plats avec les poires, le fromage, les noix et les canneberges.

2. Battre ensemble le vinaigre de riz, le jus de canneberge et la moutarde de Dijon. Ajouter lentement l'huile d'olive, en battant les ingrédients jusqu'à ce que tous les ingrédients soient mélangés et que le mélange ait épaissi. Assaisonner avec du sel et du poivre. Verser un filet de vinaigrette sur chaque salade et servir.

PAR PORTION : 260 CAL ; 6 G PROT ; 19 G MAT GR ; 19 G CARB ; 10 MG CHOL ; 240 MG SOD ; 4 G FIBRES

RAÏTA

Le yogourt frais est préparé et consommé quotidiennement dans plusieurs foyers de l'Inde, et les variantes de cette salade indienne rafraîchissante au yogourt est une merveilleuse façon d'apprécier le yogourt comme aliment de base à l'heure du repas.

1 litre (4 tasses) de yogourt nature faible en matières grasses

240 ml (1 tasse) d'amandes coupées en tranches, rôties (voir page 60)

240 ml (1 tasse) de feuilles de menthe fraîches

240 ml (1 tasse) de raisins secs

1 concombre, non pelé et râpé

10 ml (2 c. à thé) de cumin moulu

5 ml (1 c. à thé) de sel

Poivre noir fraîchement moulu au goût

1. Égoutter le yogourt dans une passoire doublée de coton à fromage pendant environ 30 minutes. Battre le yogourt égoutté avec un malaxeur jusqu'à consistance lisse.

2. Ajouter le reste des ingrédients. Servir la salade bien fraîche.

PAR PORTION : 320 CAL ; 14 G PROT ; 14 G MAT GR ; 36 G CARB ; 10 MG CHOL ; 510 MG SOD ; 4 G FIBRES

SALADE DE GRAINES DE TOURNESOL ET DE POIS

Cette recette de salade des années 70 s'adapte aux ingrédients les plus frais et les plus attrayants vendus au marché. Disposer en couches selon votre envie. Pour une version végétalienne, utilisez la mayonnaise de soja et omettez le miel.

Salade

15 ml (1 c. à soupe) d'huile végétale ou plus au besoin

140 g (5 onces) de « bacon » à base de soja

480 ml (2 tasses) de pois frais ou congelés

224 g (8 onces) de mesclun, lavé et séché

480 ml (2 tasses) de graines de tournesol, rôties (voir page 60)

480 ml (2 tasses) d'ananas coupés en cubes, de préférence frais

1 litre (4 tasses) de tomates en grappes

Persil frais haché, pour garniture

Sauce à salade

240 ml (1 tasse) de mayonnaise faible en matières grasses

60 ml (¼ tasse) de vinaigre de cidre de pommes

60 ml (¼ tasse) de sucre cristallisé ou de miel

Sel et poivre noir fraîchement moulu au goût

1. Pour préparer la salade : chauffer l'huile végétale dans un grand poêlon à feu moyen et faire cuire le « bacon » à base de soja, plusieurs tranches à la fois, en suivant les instructions sur le paquet. Égoutter les tranches sur des serviettes de papier. Laisser suffisamment refroidir pour manipuler, émietter ou hacher, et réserver.

2. Mettre les pois dans une casserole avec de l'eau pour couvrir, et porter à ébullition. Cuire pendant 1 minute, retirer du feu, laver à l'eau froide, égoutter et réserver.

3. Pour préparer la sauce à salade : battre ensemble la mayonnaise, le vinaigre de cidre, le sucre cristallisé, le sel et le poivre. Réserver.

4. Pour assembler la salade, disposer en couches les ingrédients dans le bol à servir, commencer avec le mesclun, puis les graines, les pois, l'ananas, les tomates et le bacon émietté. Assaisonner au goût, garnir avec le persil et remuer avant de servir.

PAR PORTION : 540 CAL ; 18 G PROT ; 37 G MAT GR ; 39 G CARB ; 15 MG CHOL ; 640 MG SOD ; 9 G FIBRES

SALADE CÉSAR

Cette salade très populaire peut souvent devenir un piège à calories pour la personne qui ne se méfie pas suffisamment. Cette version, les calories et les graisses indésirables en moins, conserve cependant toute sa saveur. Un autre avantage ? Aucun œuf n'est utilisé dans cette salade. Réservez la sauce à salade restante pour un autre jour et une autre salade.

½ baguette vieille d'un jour, de préférence de blé entier, coupée en dés

120 ml (½ tasse) de tofu mou

30 ml (2 c. à soupe) de fromage au soja de style parmesan

15 ml (1 c. à soupe) de jus de citron frais

15 ml (1 c. à soupe) de vinaigre de vin rouge

10 ml (2 c. à thé) de moutarde de Dijon

1 gousse d'ail, émincée

5 ml (1 c. à thé) de câpres hachées

1,25 ml (¼ c. à thé) de miel

Sel au goût

0,6 ml (⅛ c. à thé) de poivre noir fraîchement moulu

1 grosse pomme de laitue romaine, lavée, séchée et hachée en morceaux de la taille d'une bouchée

1. Préchauffer le four à 190 °C (375 °F).

2. Mettre la baguette coupée en dés sur une plaque à pâtisserie et cuire jusqu'à ce que les morceaux soient brun doré, pendant environ 10 minutes. Retirer du four.

3. Mettre le tofu, le fromage de soja, le jus de citron, le vinaigre de vin rouge, la moutarde de Dijon, l'ail, les câpres et le miel dans un mélangeur ou un robot culinaire et passer jusqu'à consistance lisse. Assaisonner avec du sel et du poivre.

4. Pour assembler la salade, mettre la laitue dans un saladier. Ajouter 60 ml (¼ tasse) de croûtons et la moitié de la sauce à salade. Remuer bien avec la sauce à salade pour couvrir les feuilles de manière uniforme. Garnir avec un autre 60 ml (¼ tasse) de croûtons. Servir immédiatement.

PAR PORTION : 110 CAL ; 9 G PROT ; 4 G MAT GR ; 12 G CARB ; 0 MG CHOL ; 210 MG SOD ; 3 G FIBRES

SALADE DE PAPAYE ET DE CRESSON DE FONTAINE AVEC LIME

Ce choix d'ingrédients apporte un contrepoint léger à un repas substantiel.

Salade

120 ml (½ tasse) de feuilles
de cresson

240 ml (1 tasse) de papayes pelées,
épépinées et coupées en fines
tranches

120 ml (½ tasse) de cœurs
de palmier en conserve,
égouttés et coupés

120 ml (½ tasse) de tomates coupées
en fines tranches

Sauce à salade

15 ml (1 c. à soupe) de jus de lime
frais

15 ml (1 c. à soupe) de feuilles
de cilantro hachées

1,25 ml (¼ c. à thé) de sel

1 pincée de coriandre moulue

1 pincée de piments de la Jamaïque

1. Pour préparer la salade : disposer le cresson sur deux assiettes à salade. Garnir avec la papaye, les cœurs de palmier et les tranches de tomates.

2. Pour préparer la sauce à salade : combiner tous les ingrédients dans un bol, et bien battre ensemble. Pour servir, verser un filet sur les salades, et laisser reposer pendant 30 minutes avant de servir.

PAR PORTION : 90 CAL ; 3 G PROT ; 0,1 G MAT GR ; 19 G CARB ; 0 MG CHOL ; 354 MG SOD ; 5 G FIBRES

SALADE DE POMMES DE TERRE ET DE POIVRONS RÔTIS

POUR 8 PERSONNES

Deux ingrédients appréciés qui se marient pour créer cette salade séduisante. Si vous aimez vraiment la saveur du feta et la consistance de la chair des poivrons rôtis, choisissez ces deux ingrédients en grande quantité.

Salade

900 g (2 livres) de pommes de terre nouvelles (environ 20), coupées en cubes de 2,54 cm (1 pouce)

6 à 8 poivrons rouges, rôtis, pelés et coupés en tranches (voir page 59)

56 à 112 g (2 à 4 onces) de fromage feta

Sauce à salade

120 ml (½ tasse) d'huile d'olive

60 ml (¼ tasse) de vinaigre de framboise ou de vin rouge

7,5 ml (1½ c. à thé) de moutarde de Dijon

Sel et poivre blanc moulu au goût

1. Pour préparer la salade : cuire à la vapeur les cubes de pommes de terre pendant 15 à 20 minutes, ou jusqu'à ce qu'ils soient tendres. Mettre les pommes de terre et les tranches de poivrons dans un saladier

2. Pour préparer la sauce à salade : combiner l'huile d'olive et le vinaigre dans un pot, sceller fermement et secouer pour mélanger. Ajouter la moutarde de Dijon, le sel et le poivre, et secouer de nouveau. Ajouter la sauce à salade aux pommes de terre. Remuer doucement pour mélanger, couvrir et réfrigérer jusqu'au moment de servir.

3. Pour servir, enlever les poivrons avec une cuillère trouée et disposer sur grand plateau comme les rayons d'une roue. Enlever les pommes de terre avec une cuillère trouée et mettre entre les poivrons. Émietter le fromage feta, et verser un filet de vinaigrette sur la salade.

PAR PORTION : 262 CAL ; 6 G PROT ; 7 G MAT GR ; 44 G CARB ; 6 MG CHOL ; 159 MG SOD ; 3 G FIBRES

SALADE DE CARAMBOLE

POUR 4 PERSONNES

La pomme de Goa connue aussi sous le nom de carambole — a une saveur juteuse d'agrumes, et ressemble lorsqu'elle est coupée en croix à une étoile.

4 grandes feuilles de laitue boston, lavées et séchées

1 carambole, coupée en tranches de 0,64 cm (¼ pouce) d'épaisseur

1 boîte de 420 ml (14 onces) de cœurs d'artichauts, égouttés

½ poivron rouge, coupé en fines lanières

60 ml (¼ tasse) de jus de lime frais

10 ml (2 c. à thé) de miel

0,6 ml (⅛ c. à thé) de sel

Brins de persil frais, pour garnir

1. Disposer la laitue sur quatre plats. Diviser le fruit en étoile entre les plats, en recouvrant les tranches légèrement. Diviser les cœurs d'artichauts entre les plats, à côté de la carambole. Placer les lanières de poivrons sur chaque plat en respectant un modèle en croisillon.

2. Battre ensemble le jus de lime, le miel et le sel dans un bol, et verser un filet sur la salade. Garnir chaque plat d'un brin de persil.

PAR PORTION : 73 CAL ; 2 G PROT ; 0,1 G MAT GR ; 13 G CARB ; 0 MG CHOL ; 134 MG SOD ; 4 G FIBRES

FLEURS DE COURGETTES FARCIES AU FROMAGE DE CHÈVRE SUR UN LIT DE SALADE DE TOMATES

POUR 4 PERSONNES

Les fleurs de courgette sont mâles si elles ont des tiges, ou sont femelles si elles sont attachées aux petites courgettes. L'une ou l'autre fonctionne dans cette recette. Si possible, utiliser les fleurs de courgette ramassées le jour où vous prévoyez les utiliser. Conservez-les dans un sac en plastique fermement scellé au réfrigérateur jusqu'à ce que vous soyez prêt à les faire cuire.

112 g (4 onces) de fromage
de chèvre doux et mou,
à la température de la pièce

30 ml (2 c. à soupe) de basilic frais
haché grossièrement

30 ml (2 c. à soupe) de marjolaine
fraîche hachée grossièrement

8 grandes fleurs de courgette
fraîches

45 ml (3 c. à soupe) d'huile d'olive

Sel au goût

480 ml (2 tasses) de tomates cerise
ou autres petites tomates mûries
sur la vigne, coupées en deux ou
en quatre, ou 2 grosses tomates
coupées en morceaux et de la
taille d'une bouchée

1. Préchauffer le four à 180 °C (350 °F). Huiler légèrement une plaque à pâtisserie, ou doubler de papier sulfurisé et réserver.

2. Mélanger le fromage avec la moitié du basilic et la moitié de la marjolaine. Former huit boulettes de taille égale.

3. Inspecter les fleurs pour voir s'il y a des insectes, en utilisant le bout des doigts, casser les pistils à l'intérieur des fleurs. Couper les tiges à environ de 2,54 cm (1 pouce). Mettre une boulette de fromage à l'intérieur de chaque fleur, et disposer sur une plaque à pâtisserie. Badigeonner les fleurs avec la moitié de l'huile et assaisonner légèrement avec du sel.

4. Cuire les fleurs farcies pendant 7 à 10 minutes, ou jusqu'à ce que les pétales tombent sur le fromage et grésillent légèrement sur les bords.

5. Entre-temps, mélanger les tomates avec le reste de l'huile, la marjolaine et le basilic, et assaisonner avec du sel.

6. Pour servir, disposer les tomates dans quatre plats et garnir avec deux fleurs de courgettes chaudes.

PAR PORTION : 190 CAL ; 6 G PROT ; 17 G MAT GR ; 4 G CARB ; 15 MG CHOL ; 110 MG SOD ; 1 G FIBRES

KAZUN YWEK THOKE
(SALADE DE CRESSON DE FONTAINE)

Voici une salade birmane acide et rafraîchissante. Les cuisiniers birmans utiliseraient le cresson chinois, mais le cresson asiatiques est également excellent.

45 ml (3 c. à soupe) d'huile végétale

1 oignon, coupé en tranches

2 gousses d'ail, coupées en tranches

21 ml (1½ c. à soupe) de graines de sésame, rôties (voir page 60)

2 oignons verts, coupés en fines tranches

30 ml (2 c. à soupe) de vinaigre blanc

30 ml (2 c. à soupe) de sauce soja faible en sodium

21 ml (1½ c. à soupe) de sucre cristallisé

5 ml (1 c. à thé) de poivron rouge écrasé, ou au goût

2,5 ml (½ c. à thé) de poivre noir fraîchement moulu

Sel au goût

2 bottes de cresson de fontaine, lavées et coupées sur une longueur de 2,54 cm (1 pouce)

1. Chauffer l'huile végétale dans un poêlon à feu moyen. Faire sauter l'oignon et l'ail jusqu'à ce qu'ils soient dorés, pendant environ 5 minutes. Retirer du feu et réserver.

2. Combiner l'oignon et l'ail avec les oignons, le vinaigre blanc, la sauce soja, le sucre, le poivron rouge écrasé, le poivre et sel, en remuant pour bien mélanger. Ajouter le cresson et remuer de nouveau pour couvrir les feuilles. Garnir de graines de sésame et servir.

PAR PORTION : 130 CAL ; 2 G PROT ; 8 G MAT GR ; 11 G CARB ; 0 MG CHOL ; 150 MG SOD ; 1 G FIBRES

SALADE DE POMMES DE TERRE CHAUDE

POUR 4 PERSONNES

L'addition d'épices riches comme le cumin et la coriandre au lieu du bacon traditionnel transforme ce plat en salade colorée.

450 g (1 livre) de pommes de terre Yukon Gold, non épluchées et coupées en cubes

60 ml (¼ tasse) d'huile d'olive

60 ml (¼ tasse) d'oignon fin haché

2 gousses d'ail, émincées

60 ml (¼ tasse) de céleri fin haché

Graines de cumin au goût

Graines de coriandre au goût

Graines de céleri au goût

Sel et poivre noir fraîchement moulu au goût

30 ml (2 c. à soupe) de vinaigre balsamique

1 pincée de sucre cristallisé

1. Couvrir et cuire les pommes de terre dans l'eau jusqu'à ce qu'elles soient tendres, pendant 20 à 40 minutes. Le temps de cuisson dépend de la taille et de la fraîcheur des pommes de terre. Égoutter, sécher avec des serviettes de papier, et mettre les pommes de terre dans un bol non réactif.

2. Chauffer l'huile d'olive dans un poêlon à feu moyen, et faire sauter l'oignon et l'ail pendant environ 5 minutes, ou jusqu'à ce qu'ils soient dorés. Ajouter le céleri et les assaisonnements, et cuire pendant une minute. Ajouter le vinaigre balsamique, le sucre et 15 ml (1 c. à soupe) d'eau, et cuire pendant une minute de plus, en remuant constamment. Verser sur les pommes de terre et servir immédiatement.

PAR PORTION : 170 CAL ; 2 G PROT ; 9 G MAT GR ; 20 G CARB ; 0 MG CHOL ; 10 MG SOD ; 2 G FIBRES

POMMES DE TERRE NOUVELLES AVEC POIREAUX ET FENOUIL

POUR 8 PERSONNES

Cette salade avec son mélange tricolore de pommes de terre se prête à une présentation peu commune. Vous pouvez la présenter dans le chou rouge en forme de corolles ou sur des feuilles de chicorée de Vérone, ou choisir des bols à salade originaux.

224 g (8 onces) de pommes de terre nouvelles, mélange de pommes de terre blanches, Yukon gold et péruviennes violettes

420 ml (1¾ tasse) de pois chiches cuits ou en conserve, égouttés et rincés

240 ml (1 tasse) de poireaux coupés en tranches

240 ml (1 tasse) de bulbes de fenouil coupés en dés

30 ml (2 c. à soupe) de raisins secs

80 ml (⅓ tasse) de mayonnaise de soja

15 ml (1 c. à soupe) de jus de lime frais

5 ml (1 c. à thé) d'ail émincé

5 ml (1 c. à thé) de feuilles de thym frais

Sel et poivre noir fraîchement moulu au goût

1. Couvrir et cuire les pommes de terre dans l'eau jusqu'à ce qu'elles soient tendres, pendant 20 à 40 minutes. Le temps de cuisson dépend de la taille et de la fraîcheur des pommes de terre. Égoutter, et quand les pommes de terre ont refroidi suffisamment, couper en huit.

2. Mettre les pois chiches, les poireaux et le fenouil dans un bol. Ajouter les pommes de terre et les raisins secs. Combiner la mayonnaise, le jus de lime, l'ail et le thym, et remuer jusqu'à ce que les ingrédients soient bien mélangés. Verser sur les légumes, et remuer pour bien couvrir. Assaisonner avec le sel et le poivre, et servir.

PAR PORTION : 210 CAL ; 10 G PROT ; 4 G MAT GR ; 34 G CARB ; 0 MG CHOL ; 95 MG SOD ; 7 G FIBRES

SALADE DE LENTILLES ROUGES
ET DE POMMES DE TERRE AU CARI

POUR 6 PERSONNES

Dans cette astucieuse combinaison de saveurs, la présence des lentilles rouges colore les pommes de terre épicées avec de la poudre de cari. Servez cette salade avec des pains pita réchauffés et comme accompagnement pour des plats indiens plus substantiels.

180 ml (¾ tasse) de lentilles rouges, lavées

6 grosses pommes de terre rouges

4 tomates mûres et fermes, coupées en dés

120 ml (½ tasse) de mayonnaise de soja

120 ml (½ tasse) de yogourt nature de soja ou de yogourt faible en gras

60 ml (¼ tasse) de cilantro haché, ou plus au goût

1 oignon vert, coupé en fines tranches

5 à 10 ml (1 à 2 c. à thé) de cari en poudre, ou au goût

Sel et poivre noir fraîchement moulu au goût

1. Combiner les lentilles avec 480 ml (2 tasses) d'eau dans une casserole. Porter à ébullition, réduire à feu moyen, et cuire pendant environ 25 minutes, ou jusqu'à ce que l'eau soit absorbée et que les lentilles sont tendres mais encore fermes. Égoutter tout excès de liquide de cuisson et laisser les lentilles refroidir à la température de la pièce.

2. Entre-temps, couvrir et cuire les pommes de terre dans l'eau jusqu'à ce qu'elles soient tendres, pendant 20 à 40 minutes. (Le temps de cuisson dépend de la taille et de la fraîcheur des pommes de terre.) Égoutter et réserver. Lorsque les pommes de terre sont assez refroidies pour être manipulées, couper en morceaux de 2,54 cm (1 pouce).

3. Combiner les lentilles et les pommes de terre dans un bol à servir. Ajouter le reste des ingrédients et remuer doucement pour mélanger et couvrir. Servir à la température de la pièce.

PAR PORTION : 235 CAL ; 10 G PROT ; 5G MAT GR ; 38 G CARB ; 1 MG CHOL ; 168 MG SOD ; 10 G FIBRES

SALADE DE POMMES DE TERRE MEXICAINE

POUR 6 PERSONNES

Grâce au jus de lime et à la moutarde, cette salade convient parfaitement pour les accompagnements, tels les tortillas de maïs chaudes et la bière mexicaine bien fraîche.

1,1 kg (2½ livres) de pommes de terre nouvelles rouges, non pelées, coupées en quatre dans le sens de la longueur

240 ml (1 tasse) de maïs en grains frais, congelé, ou en conserve

1 petit oignon, haché

1 tomate prune, coupée en dés

120 ml (½ tasse) de chilis entiers en conserve et rôtis au feu, coupés en dés et épépinés

2 gousses d'ail émincées

120 ml (½ tasse) de mayonnaise de soja

15 ml (1 c. à soupe) de moutarde de Dijon

Jus de 1 lime

60 ml (¼ tasse) de cilantro haché

2,5 ml (½ c. à thé) de sel de mer

5 ml (1 c. à thé) de cilantro séché

1. Couvrir et cuire les pommes de terre dans l'eau jusqu'à ce qu'elles soient tendres, pendant 20 à 40 minutes. (Le temps de cuisson dépend de la taille et de la fraîcheur des pommes de terre.) Égoutter et laisser refroidir.

2. Mettre les pommes de terre dans un grand bol et ajouter le maïs, l'oignon, la tomate, les chilis et l'ail. Remuer avec une grande cuillère trouée.

3. Faire un trou peu profond au centre du mélange de pommes de terre et ajouter la mayonnaise de soja, la moutarde et le jus de lime. Mélanger totalement, et ajouter le cilantro et le sel. Saupoudrer de cilantro séché, couvrir et laisser refroidir pendant 1 heure, ou jusqu'à ce que le plat soit prêt à servir.

PAR PORTION : 231 CAL ; 4 G PROT ; 5 G MAT GR ; 45 G CARB ; 0 MG CHOL ; 418 MG SOD ; 5 G FIBRES

SALADE DE POMMES DE TERRE À L'AÏOLI

POUR 8 PERSONNES

L'aïoli est une mayonnaise à l'ail du sud de la France. Cette recette offre un raccourci commode. Vous pouvez utiliser une mayonnaise sans œuf à base de soja ou une autre mayonnaise.

900 g (2 livres) de petites pommes de terre rouges

240 ml (1 tasse) d'oignons verts hachés

360 ml (1½ tasse) de mayonnaise de soja ou de mayonnaise régulière

30 ml (2 c. à soupe) de jus de citron frais

21 ml (1½ c. à soupe) d'ail écrasé

10 ml (2 c. à thé) de sel

5 ml (1 c. à thé) de poivre noir fraîchement moulu

1. Couvrir et cuire les pommes de terre dans l'eau pendant 20 à 40 minutes, ou jusqu'à ce qu'elles soient tendres. Le temps de cuisson dépend de la taille et de la fraîcheur des pommes de terre. Retirer du feu et pendant qu'elles sont toujours chaudes, couper les pommes de terre en quatre. Les mettre dans un bol à mélanger. Remuer les oignons avec les pommes de terre.

2. Mélanger le reste des ingrédients dans un bol séparé, et remuer avec les pommes de terre chaudes. Couvrir, et laisser refroidir toute la nuit. Servir froid.

PAR PORTION : 270 CAL ; 3 G PROT ; 14 G MAT GR ; 35 G CARB ; 0 MG CHOL ; 1 050 MG SOD ; 3 G FIBRES

SALADE D'ÉPINARDS AVEC TEMPEH CROUSTILLANT

POUR 4 PERSONNES

Le tempeh sauté et croquant remplace le bacon dans cette salade nourrissante avec ses assaisonnements traditionnels, chauffés et au goût âcre. Réfrigérer le reste de l'huile parfumée, et utiliser dans les salades vertes ou verser sur des pommes de terre bouillies ou d'autres légumes.

120 ml (½ tasse) d'huile végétale

3 gousses d'ail, coupées en deux dans le sens de la longueur

5 ml (1 c. à thé) d'origan séché

224 g (8 onces) d'épinards frais, bien lavés, séchés et grossièrement déchirés en morceaux

4 oignons rouges coupés en fines tranches, séparés en rondelles

2 gros champignons de Paris, coupés en fines lamelles

1 gros oignon vert, coupé en fines tranches

15 ml (1 c. à soupe) de l'huile d'arachides

112 g (4 onces) de tempeh, haché

45 ml (3 c. à soupe) de vinaigre de vin rouge

5 ml (1 c. à thé) de jus de citron frais

1,25 ml (¼ c. à thé) de sel

1,25 ml (¼ c. à thé) de poivre noir fraîchement moulu

1. Combiner l'huile végétale et l'ail dans une petite casserole. Porter à ébullition à feu moyen (l'huile devrait doucement faire des bulles) et cuire pendant 8 à 10 minutes, ou jusqu'à ce que l'ail soit tendre, mais pas doré. Retirer du feu. Incorporer l'origan, et laisser reposer pendant 30 minutes pour que les saveurs se mélangent.

2. Entre-temps, combiner les épinards, les champignons et l'oignon dans un saladier. Réserver.

3. Chauffer l'huile d'arachides dans un poêlon à feu moyen-élevé. Ajouter le tempeh et cuire en remuant souvent et en secouant le poêlon, jusqu'à ce qu'il soit légèrement doré et croustillant, pendant 7 à 10 minutes.

4. Entre-temps, égoutter l'huile assaisonnée d'ail à travers une passoire fine, et réserver. Déposer l'ail cuit sur une planche à découper. En tenant la lame d'un grand couteau parallèle à la planche, étaler l'ail sur la planche et écraser pour en faire une pâte.

5. Vider le tempeh cuit dans un bol. Dans le même poêlon, combiner 30 ml (2 c. à soupe) d'huile à l'ail réservé, la pâte d'ail, le vinaigre, le jus de citron, le sel et le poivre. Porter à ébullition et verser sur la salade. Ajouter le tempeh croustillant, remuer bien et servir.

PAR PORTION : 170 CAL ; 7 G PROT ; 12 G MAT GR ; 9 G CARB ; 0 MG CHOL ; 181 MG SOD ; 2 G FIBRES

SALADE D'AUBERGINES CALCINÉES

POUR 6 PERSONNES

Vous pouvez calciner les aubergines — et les poivrons et l'ail — sur le gril et sur des charbons chauds, ou sous le gril.

8 (environ 1,3 kg ou 3 livres) aubergines japonaises

1 gros poivron rouge

1 gousse d'ail

120 ml (½ tasse) d'olives de Kalamata, dénoyautées et hachées

45 ml (3 c. à soupe) d'huile d'olive

30 ml (2 c. à soupe) de câpres, lavées et hachées grossièrement

30 ml (2 c. à soupe) de cilantro haché

30 ml (2 c. à soupe) de menthe fraîche hachée

30 ml (2 c. à soupe) de vinaigre balsamique

15 à 30 ml (1 à 2 c. à soupe) de jus de lime fraîche

5 ml (1 c. à thé) de graines de cumin, rôties et moulues

Sel et poivre noir fraîchement moulu au goût

1. Préparer un feu de charbon de bois chaud, ou préchauffer un gril au gaz à puissance moyenne-élevée. Mettre une grille à légume sur le gril. Sinon, vous pouvez préchauffer le gril.

2. Cuire les aubergines et le poivron directement sur la flamme jusqu'à ce que tous les côtés soient calcinés. Rôtir l'ail à la chaleur indirecte jusqu'à ce que l'ail ramollisse. Mettre les aubergines et le poivron dans un bol, et couvrir avec une pellicule de plastique. Laisser refroidir pendant 10 minutes. Enlever soigneusement les peaux calcinées. Hacher les aubergines et le poivron. Peler et écraser l'ail rôti. Mettre l'aubergine, le poivron et l'ail dans un bol en verre avec le reste des ingrédients. Assaisonner au goût avec du sel et du poivre, et servir.

PAR PORTION : 130 CAL ; 3 G PROT ; 6 G MAT GR ; 19 G CARB ; 0 MG CHOL ; 190 MG SOD ; 7 G FIBRES

SALADE VERTE AVEC MANGUE ET TOMATE

POUR 4 PERSONNES

Délicieuses, les mangues mûres et sucrées ont leur période de mûrissement au printemps, aussi vous pouvez patienter pour apprécier cette salade lorsque les mangues sont à leur meilleur.

1 litre (4 tasses) de petites laitues vertes de saison, lavées et séchées

1 grosse tomate mûre

1 mangue mûre, pelée et coupée en tranches

30 ml (2 c. à soupe) de jus de citron frais

2,5 ml (½ c. à thé) de sel

Poivre noir fraîchement moulu au goût

30 ml (2 c. à soupe) d'huile d'olive

1. Disposer les laitues également dans quatre plats à salade. Couper les extrémités et la base de la tomate, et jeter. Couper la tomate en quatre tranches de 1,27 cm (½ pouce). Mettre une tranche au centre de chaque plat à salade. Disposer les tranches de mangue sur les tranches de tomate.

2. Battre ensemble le jus de citron, le sel et le poivre dans un bol. Battre dans l'huile. Verser la vinaigrette sur la salade, et servir.

PAR PORTION : 111 CAL ; 1 G PROT ; 7 G MAT GR ; 12 G CARB ; 0 MG CHOL ; 275 MG SOD ; 2 G FIBRES

SALADE DE CONCOMBRE, DE NOIX ET DE YOGOURT

Cette salade rafraîchissante d'origine persane fait appel au yogourt égoutté, un ingrédient populaire dans la cuisine persane et qui est facile à préparer à la maison. Pour le préparer, doubler une passoire aux mailles fines de deux couches de coton à fromage et verser avec une cuillère, 800 à 960 ml (3⅓ à 4 tasses) de yogourt non égoutté dans la passoire, selon l'épaisseur de yogourt désiré. Mettre la passoire dans un bol ou l'évier. Sinon, vous pouvez couvrir le yogourt de plusieurs couches de serviettes de papier, qui absorbent l'excès de liquide dans le yogourt, et mettre le bol dans un plus grand récipient ou l'évier pour l'égoutter. Pour un yogourt plus épais, changer fréquemment les serviettes et répéter l'opération pendant plusieurs heures. Lorsque le yogourt est prêt, il aura une fois égoutté, la consistance du fromage à la crème. Des concombres persans et des pétales de rose organiques et comestibles sont disponibles dans les marchés vendant des produits du Moyen-Orient. Utilisez uniquement des pétales de rose frais, non pulvérisés. La combinaison des raisins secs et des pétales de rose communique un parfum de rose aux raisins secs. Notez : la composition de la recette n'inclut pas le pain.

120 ml (½ tasse) de raisins secs

60 ml (¼ tasse) de pétales de rose
  frais, organiques

600 ml (2½ tasses) de yogourt
  entier ordinaire égoutté ou labneh

1 concombre anglais sans pépins
  ou 3 concombres persans, pelés
  et coupés en très fines tranches

120 ml (½ tasse) de crème sure,
  facultatif

2 oignons verts, coupés

60 ml (¼ tasse) de feuilles
  de menthe fraîches

60 ml (¼ tasse) de feuilles
  de basilic thaï fraîches

60 ml (¼ tasse) d'aneth frais

60 ml (¼ tasse) d'estragon frais

2 radis rouges,
  coupés en fines tranches

1 gousse d'ail, écrasée
  et coupée en fines tranches

10 ml (2 c. à thé) de sel

5 ml (1 c. à thé) de poivre noir
  fraîchement moulu

120 ml (½ tasse) de noix grillées
  (voir page 60)

1 paquet de pain plat grillé, comme
  pita, lavash, *sangak* ou *barbarie*

1. Combiner les raisins secs et les pétales de roses dans un petit récipient, couvrir et congeler pendant au moins 30 minutes, ou jusqu'à ce que le plat soit prêt à servir.

2. Combiner le yogourt, les concombres, la crème sure, si utilisée, les oignons, la menthe, le basilic, l'aneth, l'estragon, les radis, l'ail, le sel et le poivre dans un bol à servir. Mélanger complètement et ajuster les assaisonnements au goût. Réfrigérer pendant au moins 30 minutes avant de servir.

3. Pour servir, ajouter les noix, les raisins secs et les pétales de roses, remuer bien et servir avec du pain de type pita.

PAR PORTION : 320 CAL ; 13 G PROT ; 16 G MAT GR ; 34 G CARB ; 30 MG CHOL ;
1 290 MG SOD ; 3 G FIBRES

COUSCOUS DU JARDIN ET SALADE DE HARICOTS NOIRS

Une profusion de légumes frais avec le couscous et les haricots pour une salade nourrissante et saine.

240 ml (1 tasse) de couscous non cuit

480 ml (2 tasses) de haricots noirs cuits ou en conserve, égouttés et lavés

1 grosse branche de céleri, coupée en dés

1 petit poivron rouge, épépiné et coupé en dés

2 tomates moyennes, coupées en dés

120 ml (½ tasse) d'olives vertes hachées

120 ml (½ tasse) de persil frais haché

2 oignons verts, coupés en fines tranches

30 ml (2 c. à soupe) d'aneth frais haché

Jus de ½ citron, ou au goût

30 ml (2 c. à soupe) d'huile d'olive

Sel et poivre noir fraîchement moulu au goût

1. Porter 480 ml (2 tasses) d'eau à ébullition dans une casserole, et incorporer le couscous. Porter de nouveau à ébullition, couvrir et fermer le feu. Laisser reposer jusqu'à ce que l'eau soit entièrement absorbée, pendant 5 à 10 minutes. Remuer avec une fourchette, et laisser refroidir à la température de la pièce.

2. Vider le couscous dans un grand bol. Ajouter le reste des ingrédients, et remuer pour mélanger. Servir à la température de la pièce, ou couvrir, réfrigérer, et servir frais.

PAR PORTION : 219 CAL ; 8 G PROT ; 6 G MAT GR ; 39 G CARB ; 0 MG CHOL ; 658 MG SOD ; 7 G FIBRES

SALADE DE FRUITS TROPICAUX

Un fromage à tartiner très doux, le fromage blanc se marie bien avec les fruits frais.

2 grosses mangues mûres,
  pelées et coupées

2 papayes mûres, pelées et coupées

3 goyaves mûres, fraîches ou en
  conserve, coupées en deux et en
  gros morceaux

8 raisins rouges, de préférence
  sans pépins, coupés en deux

8 raisins blancs, de préférence
  sans pépins, coupés en deux

1 petit ananas, pelé
  et coupé en gros morceaux

2 bananes, pelées et coupées

1 pomme rouge, pelée
  et coupée en gros morceaux

2 figues fraîches, coupées en quatre

2 kiwis, pelés et coupés

15 ml (1 c. à soupe) de sucre
  de confiseur

120 ml (½ tasse) d'amandes
  en minces tranches, grillées
  (voir page 60)

240 ml (1 tasse) de fromage blanc
  faible en matières grasses
  ou 240 ml (2 tasse) de yogourt
  nature maigre, facultatif

Combiner tous les fruits dans un grand bol, et remuer doucement pour mélanger. Saupoudrer la salade avec du sucre de confiseur et des amandes. Servir avec une mesure de fromage blanc, si désiré.

PAR PORTION : 480 CAL ; 7 G PROT ; 6 G MAT GR ; 112 G CARB ; 0 MG CHOL ;
40 MG SOD ; 17 G FIBRES

SALADE À LA TOSCANE AVEC PAIN RASSIS

Les cuisiniers italiens économes ont développé une sous-cuisine basée sur les restes. Le pain rassis en particulier a inspiré un certain nombre de solutions excellentes.

Sauce à salade

22,5 ml (4½ c. à thé) de vinaigre de vin rouge

45 ml (3 c. à soupe) d'huile d'olive

45 ml (3 c. à soupe) de bouillon de légumes (page 431)

5 ml (1 c. à thé) de moutarde de Dijon

Sel et poivre noir fraîchement moulu au goût

Salade

4 tranches de pain au levain, de 1,27 cm (½ pouce) d'épaisseur

1 gousse d'ail, tranchée en deux

2 tomates moyennes mûres, coupées en dés

1 boîte de haricots cannellini de 450 ml (15 onces), égouttés et lavés

1 poivron vert moyen, rôti (voir page 59) et coupé en minces lanières

60 ml (¼ tasse) de basilic frais haché

1. Préchauffer le four à gril.

2. Pour préparer la vinaigrette : battre ensemble le vinaigre, l'huile, le bouillon et la moutarde dans un bol jusqu'à ce que les ingrédients soient bien mélangés. Assaisonner avec du sel et du poivre.

3. Pour préparer la salade : frotter les tranches de pain avec l'ail. Griller le pain sous le gril, en tournant une fois, pendant environ 4 minutes pour chaque côté. Couper le pain en petits cubes, et mettre dans un bol. Ajouter les tomates, les haricots, le poivron et le basilic. Verser la vinaigrette sur la salade, remuer pour mélanger et couvrir. Laisser reposer pendant 5 à 10 minutes avant de servir.

PAR PORTION : 202 CAL ; 8 G PROT ; 8 G MAT GR ; 30 G CARB ; 0 MG CHOL ; 145 MG SOD ; 5 G FIBRES

SALADE D'HIVER DE FIGUES ET DE POIRES

Vous pouvez préparer les assiettes de salade quelques heures à l'avance et les conserver à la température de la pièce, recouvertes d'une pellicule en plastique. Préparer la vinaigrette un jour ou deux à l'avance. Secouer bien et verser un filet de vinaigrette sur les salades juste avant de servir.

Salade d'hiver de figues et de poire

1,4 litre (6 tasses) de mesclun, lavés et séchés

2 poires bosc, évidées et coupées en fines tranches

6 figues fraîches, coupées en huit

240 ml (1 tasse) de fromage parmesan râpé (voir page 207)

240 ml (1 tasse) de noix hachées, rôties (voir page 60)

120 ml (½ tasse) de persil frais haché

Vinaigrette

60 ml (¼ tasse) d'huile d'olive

30 ml (2 c. à soupe) de vinaigre de vin blanc

1,25 ml (¼ c. à thé) de gros sel

1,25 ml (¼ c. à thé) de poivre noir fraîchement moulu

1. Pour préparer la salade d'hiver de figues et de poires : tapisser quatre assiettes avec le mesclun. Disposer les poires en tranches sur le dessus en forme d'éventail. Disperser les figues et le fromage sur les poires. Saupoudrer les noix et le persil sur les salades.

2. Pour préparer la vinaigrette : combiner tous les ingrédients dans un pot en verre avec un couvercle bien ajusté et agiter bien. Juste avant de servir, verser un filet de vinaigrette sur les salades et servir.

PAR PORTION : 352 CAL ; 10 G PROT ; 26 G MAT GR ; 22 G CARB ; 13 MG CHOL ; 396 MG SOD ; 4 G FIBRES

SALADE DE FRUITS SUCRÉE ET ÉPICÉE

Le trio formé du jalapeño, du gingembre et du jus de lime donne à ce plat son tonus et sa personnalité.

Sauce à la lime et au miel

120 ml (½ tasse) de miel

1 ou 2 chilis jalapeño, épépinés
et coupés en quatre, ou au goût

Gingembre frais, 1 morceau
de 7,62 cm (3 pouces),
non pelé et coupé en tranches

120 ml (½ tasse) de jus de lime frais

Salade

480 ml (2 tasses) d'ananas frais
et coupés en cubes

4 kiwis, pelés et coupés en cubes

720 ml (3 tasses) de fraises taillées
et coupées en deux

720 ml (3 tasses) de concombres
anglais non pelés et coupés en
dés

2 mangues, pelées et coupées
en cubes

80 ml (⅓ tasse) de noix de pin,
rôties (voir page 60)

1. Pour préparer la sauce à salade à la lime et au miel : en commençant au moins une heure avant de servir, combiner le miel, 120 ml (½ tasse) d'eau, les jalapeños et le gingembre dans une petite casserole. Porter à ébullition à feu élevé, réduire à feu moyen-doux, et cuire pendant 2 minutes. Retirer du feu, laisser refroidir à la température de la pièce, et laisser refroidir complètement. Égoutter le jalapeño et le gingembre du sirop.

2. Pour préparer la salade : disposer en couches les fruits dans un plat de verre de 2½ litres, en commençant avec l'ananas et en continuant avec les kiwis, les fraises, le concombre et les mangues. Saupoudrer de noix de pin.

3. Pour servir, ajouter le jus de lime à la sauce à salade jusqu'à ce que les ingrédients soient bien mélangés. Verser un filet de vinaigrette sur la salade et servir immédiatement.

PAR PORTION : 180 CAL ; 3 G PROT ; 3 G MAT GR ; 39 G CARB ; 0 MG CHOL ; 5 MG SOD ;
5 G FIBRES

SALADE DE FRUITS D'HIVER NORVÉGIENNE

Lorsque les fruits frais ne sont pas abondants, vous pouvez compter sur les fruits séchés pour composer une salade par temps froid.

240 ml (1 tasse) de jus d'orange

1 citron coupé en fines tranches
et épépiné

80 ml (⅓ tasse) de miel

5 ml (1 c. à thé) de zeste d'orange

1 bâtonnet de cannelle

12 abricots séchés, coupés en dés

120 ml (½ tasse) de cerises séchées

1 pomme acide, pelée, évidée
et coupée

340 ml (1½ tasse) de gros
morceaux d'ananas, frais ou en
conserve

1 goutte de cognac

1. Remuer ensemble le jus, le citron, le miel, le zeste d'orange et la cannelle dans une casserole. Incorporer les abricots et les cerises et chauffer à feu moyen-doux. Quand le mélange bout, retirer du feu, et réserver pour refroidir à la température de la pièce, pendant environ 30 minutes.

2. Mettre le mélange de fruits dans un grand bol et incorporer la pomme, l'ananas et le cognac. Servir immédiatement, ou bien frais.

PAR PORTION : 270 CAL ; 2 G PROT ; 0 G MAT GR ; 63 G CARB ; 0 MG CHOL ; 0 MG SOD ;
4 G FIBRES

SALADE ÉTAGÉE DE FROMAGE ET DE VERDURE

Le cresson, l'endive frisée et l'escarole ont tous suffisamment de piquants pour se combiner à l'oignon, au fenouil et aux olives dans l'huile.

Salade

420 ml (1¾ tasse) de pois chiches en conserve, égouttés et rincés

1 litre (4 tasses) de feuilles de pissenlit, de cresson de fontaine ou d'arugula hachées

240 ml (1 tasse) d'olives dans l'huile hachées grossièrement

240 ml (1 tasse) d'oignons rouges coupés en fines tranches

4 oranges Navel, pelées, coupées en deux et coupées en fines tranches

240 ml (1 tasse) de fromage de style suisse ou gouda faible en matières grasses et coupé en dés

240 ml (1 tasse) de noix de pécan rôtis et hachés grossièrement (page 60)

480 ml (2 tasses) de fenouil haché

Sauce à salade

90 ml (6 c. à soupe) de menthe fraîche hachée

80 ml (⅓ tasse) de vinaigre de xérès

75 ml (5 c. à soupe) d'huile d'olive extra-vierge

Sel et poivre noir fraîchement moulu, au goût

1. Pour préparer la salade : disposer les ingrédients en couches successives dans un bol en verre de 3 litres (12 tasses), en commençant avec les pois chiches, puis par ordre de succession, un tiers des feuilles de pissenlit suivi par toutes les olives et les oignons. Garnir avec un autre tiers des feuilles de pissenlit et la moitié des tranches d'orange. Saupoudrer le fromage sur les oranges et garnir avec des noix et le fenouil. Couvrir la salade avec le reste des légumes verts et des oranges.

2. Pour préparer la sauce à salade : battre tous les ingrédients ensemble jusqu'à ce qu'ils soient bien mélangés. Verser un filet de vinaigrette sur la salade et servir.

PAR PORTION : 460 CAL ; 14 G PROT ; 31 G MAT GR ; 35 G CARB ; 5 MG CHOL ; 380 MG SOD ; 11 G FIBRES

SALADE PRIMAVERA

Cette salade pour le déjeuner célèbre l'arrivée du printemps avec des ingrédients de saison, comme les fraises fraîches. Utilisez des œufs déjà cuits, ou des œufs durs et frais pendant que vous préparez la salade. Pour le sel, choisissez un sel aux épices poivre et citron ou un sel style grec, ou celui qui convient le mieux pour les pommes de terre.

Salade

240 ml (1 tasse) de coquilles sèches de quinoa ou de blé

112 g (4 onces) de pois « Sugar snap » ou de pois mange-tout

112 g (4 onces) d'asperges effilées, taillées et coupées en diagonale

1 gros concombre anglais

720 ml (3 tasses) de mesclun, lavé et séché

450 g (16 onces) de fraises fraîches, équeutées et tranchées en fines tranches

4 gros œufs durs, coupés en quatre

Sauce à salade

120 ml (½ tasse) de crème sure végétalienne

21 ml (1½ c. à soupe) de jus de citron frais

15 ml (1 c. à soupe) d'huile d'olive ou plus si nécessaire

15 ml (1 c. à soupe) de sucre cristallisé, ou au goût

Zeste de 1 citron

Sel au goût comme assaisonnement

1. Pour préparer la salade : porter une grande casserole d'eau légèrement salée à ébullition. Faire cuire les pâtes en suivant les instructions sur le paquet, égoutter, laver à l'eau froide, égoutter de nouveau, et réserver.

2. Porter une autre grande casserole d'eau légèrement salée à ébullition et blanchir les pois pendant une minute. Retirer de l'eau et mettre dans l'eau froide. Blanchir les asperges pendant 2 minutes. Retirer du feu, mettre les asperges dans l'eau froide avec les pois, égoutter et réserver.

3. Trancher le concombre et mettre les tranches dans un saladier. Mettre les légumes dans le bol. Ajouter les fraises, les pâtes froides, l'asperge et les pois.

4. Pour préparer la sauce à salade : battre ensemble tous les ingrédients avec 15 ml (1 c. à soupe) d'eau. Verser un filet de sauce à salade sur la salade et remuer. Disposer les œufs coupés en quatre sur le plat, et servir.

PAR PORTION : 300 CAL ; 12 G PROT ; 13 G MAT GR ; 36 G CARB ; 210 MG CHOL ; 130 MG SOD ; 6 G FIBRES

SALADE PRINTANIÈRE AUX ASPERGES ET AUX ŒUFS

De simples œufs durs, accompagnant de manière heureuse les truffes, sont mis en valeur dans cette salade élégante.

Croûtons

30 ml (2 c. à soupe) d'huile d'olive

480 ml (2 tasses) de pain français ou au levain en cubes

Sauce à salade

120 ml (½ tasse) d'aneth frais découpé

120 ml (½ tasse) de mayonnaise régulière faible en matières grasses

60 ml (¼ tasse) de jus de citron frais

30 ml (2 c. à soupe) d'huile d'olive

10 à 15 ml (2 à 3 c. à thé) d'huile de truffe, facultatif

Sel et poivre noir fraîchement moulu, au goût

Salade

450 g (1 livre) d'asperges, taillées et coupées sur une longueur de 5,08 cm (2 pouces)

480 ml (2 tasses) de tomates en grappes ou de tomates cerise coupées en deux

5 gros œufs durs, coupés en tranches

45 ml (3 c. à soupe) de câpres

4 oignons verts, coupés en tranches

240 ml (1 tasse) de fromage de style suisse ou havarti en cubes et faibles en matières grasses

1. Pour préparer les croûtons : réchauffer l'huile dans un poêlon antiadhésif à feu moyen-élevé. Ajouter les cubes de pain et griller, en remuant souvent, jusqu'à ce que les cubes soient croustillants et dorés, pendant environ 6 minutes. Réserver pour refroidir.

2. Pour préparer la sauce à salade : mettre tous les ingrédients dans un mélangeur ou un robot culinaire jusqu'à ce que l'aneth soit haché fin. Réserver.

3. Pour préparer la salade : cuire à la vapeur ou blanchir les asperges jusqu'à ce qu'elles soient tendres, pendant 30 secondes à 2 minutes, selon l'épaisseur. Égoutter, et refroidir sous l'eau froide. Réserver.

4. Disposer les ingrédients en couches successives dans un bol en verre de 2 litres (8 tasses). Commencer avec 240 ml (1 tasse) des tomates, puis, dans l'ordre, ajouter les œufs, les câpres, les oignons verts et le fromage. Garnir avec le reste des tomates, et ajouter les asperges.

5. Pour servir, verser un filet de sauce à salade, et saupoudrer le plat de croûtons.

PAR PORTION : 420 CAL ; 20 G PROT ; 26 G MAT GR ; 29 G CARB ; 270 MG CHOL ; 890 MG SOD ; 3 G FIBRES

SALADE DE NOUILLES CHINOISES
AVEC CHAMPIGNONS PORTOBELLO ET BROCOLI

POUR 6 À 8 PERSONNES

Les nouilles chinoises au blé ont une texture souple et délicieuse, qui en fait un accompagnement parfait pour la salade. Les champignons portobello grillés font de ce plat un mets particulièrement nourrissant. La sauce à salade peut être préparée deux jours à l'avance et réfrigérée.

Salade aux nouilles chinoises

45 ml (3 c. à soupe) d'huile végétale, divisée

224 à 280 g (8 à 10 onces) de nouilles chinoises au blé sèches

10 ml (2 c. à thé) d'huile de sésame foncée

336 g (12 onces) de brocoli, coupé en fleurettes de 2,54 cm (1 pouce) ; tiges pelées et coupées

2 gros champignons portobello (336 à 450 g ou 12 à 16 onces), les extrémités des tiges taillées et coupées en tranches de 1,27 cm (½ pouce) d'épaisseur

15 ml (1 c. à soupe) de sauce soja faible en sodium

240 ml (1 tasse) de carottes râpées

30 ml (2 c. à soupe) de graines de sésame rôties (voir page 60)

Sauce à salade

80 ml (⅓ tasse) mayonnaise de soja ou de mayonnaise régulière pauvre en matières grasses

60 ml (¼ tasse) de sauce soja faible en sodium

21 ml (1½ c. à soupe) de vinaigre de riz

15 ml (1 c. à soupe) d'huile de sésame foncée

15 ml (1 c. à soupe) de sucre brun

15 ml (1 c. à soupe) de gingembre frais haché

2 gousses d'ail émincées

7,5 ml (1½ c. à thé) de pâte de chili asiatique avec ail

1. Préparer un feu au charbon de bois chaud ou préchauffer un gril au gaz à puissance moyenne-élevée. Mettre une grille à légume sur le gril. Sinon, préchauffer le four à gril.

2. Pour préparer la salade de nouilles chinoises : chauffer une casserole remplie d'eau légèrement salée et 30 ml (2 c. à soupe) d'huile végétale à feu moyen, et quand l'eau bout, cuire les pâtes en suivant les instructions sur le paquet. Égoutter, laver à l'eau froide brièvement et réserver. Vider les nouilles dans un bol à mélanger et verser un filet d'huile de sésame. Remuer pour couvrir, et réserver.

3. Cuire à la vapeur le brocoli pendant 2½ à 3 minutes, ou jusqu'à ce qu'il soit tendre. Rincer à l'eau froide et bien égoutter. Disposer les tranches de champignons portobello sur une plaque à pâtisserie. Mélanger ensemble la sauce soja et le reste de la cuillère à table de l'huile végétale, et badigeonner les deux côtés des champignons portobellos. Disposer les champignons sur la grille à légume ou sous le gril, couvrir et griller jusqu'à ce que les champignons soient dorés, pendant 3 à 4 minutes par côté. Laisser refroidir légèrement, puis couper en cubes.

4. Pour préparer la sauce à salade : mettre la mayonnaise dans un bol, et battre graduellement dans la sauce soja jusqu'à consistance lisse. Ajouter le reste des ingrédients de la sauce et battre jusqu'à ce que tous les ingrédients soient mélangés. Couvrir, et réserver.

5. Ajouter aux nouilles le brocoli, les champignons portobello et les carottes. Ajouter la sauce réservée, et remuer pour couvrir. Vider dans un grand bol peu profond. Saupoudrer de graines de sésame, et servir.

PAR PORTION : 202 CAL ; 6 G PROT ; 11 G MAT GR ; 24 G CARB ; 0 MG CHOL ; 467 MG SOD ; 5 G FIBRES

LÉGUMES GRILLÉS AVEC VERDURE ET CROÛTONS

Les légumes grillés ajoutent un goût de fumée au saladier. Pour préparer des copeaux de fromage parmesan, commencer par un gros morceau de fromage d'au moins 112 g (4 onces). Utiliser un éplucheur à légumes avec une lame pivotante pour faire des lamelles en boucles, en les laissant tomber sur un morceau de papier sulfurisé ou de papier ciré.

2 litres (8 tasses) de mesclun, lavé et séché

4 champignons portobello (environ 450 g ou 1 livre au total), à tige et coupés en tranches de 1,27 cm (½ pouce) d'épaisseur

2 oignons sucrés, comme Vidalia (environ 675 g ou 1½ livre au total), coupés en rondelles de 1,27 cm (½ pouce) d'épaisseur

1 gros poivron rouge, coupé en larges bandes de 1,27 cm (½ pouce) d'épaisseur

16 tomates cerise et/ou tomates poire jaunes

45 ml (3 c. à soupe) d'huile d'olive et plus pour badigeonner

Sel et poivre noir fraîchement moulu au goût

8 tranches de pain italien de 1,90 cm (¾ pouce) d'épaisseur

1 gousse d'ail, coupée en deux

30 ml (2 c. à soupe) de vinaigre balsamique

2,5 ml (½ c. à thé) de moutarde de Dijon

120 ml (½ tasse) de fromage parmesan râpé ou 60 ml (¼ tasse) de fromage à base de soja et au goût de parmesan

1. Préparer un feu de charbon de bois ou préchauffer un gril au gaz à puissance moyenne-élevée. Mettre une grille à légume sur le gril. Sinon, préchauffer le four à gril.

2. Mettre les légumes dans un saladier et réserver. Étaler les champignons, les oignons, le poivron et les tomates sur deux plaques à pâtisserie. Badigeonner tous les légumes avec l'huile, et assaisonner avec le sel et le poivre. Griller les légumes en lots jusqu'à ce qu'ils soient dorés et tendres, 2 à 4 minutes par côté. Griller le pain avec les légumes pendant les 4 dernières minutes de la cuisson au gril. Retirer les légumes, et réserver. Immédiatement, frotter le pain grillé avec le côté de l'ail qui a été tranché, et réserver.

3. Battre ensemble les 45 ml (3 c. à soupe) d'huile, le vinaigre, la moutarde et 15 ml (1 c. à soupe) d'eau dans un bol jusqu'à ce que tous les ingrédients soient bien mélangés.

4. Mettre les légumes grillés dans le bol avec la verdure et remuer avec la vinaigrette. Diviser la salade également entre les assiettes et saupoudrer de copeaux de fromage parmesan. Servir avec le pain à l'ail.

PAR PORTION : 420 CAL ; 15 G PROT ; 15 G MAT GR ; 60 G CARB ; 5 MG CHOL ; 498 MG SOD ; 10 G FIBRES

ROULÉS DE LÉGUMES DU JARDIN AU PESTO

Pratiquement tout le potager entre dans la préparation de ces roulés au goût frais qui ressemblent aux salades que vous mangez d'emblée. N'hésitez pas à remplacer ces légumes ou à ajouter les légumes que vous préférez. Tant la saveur que la texture sont améliorés en préparant la salade à l'avance et en la réfrigérant avant de servir.

6 tomates séchées au soleil
en paquet

Eau bouillante

240 ml (1 tasse) de fromage cottage
faible en matières grasses

120 ml (½ tasse) de fromage ricotta
partiellement écrémé

½ poivron vert ou rouge moyen,
coupé fin en dés

3 radis, coupés en petits dés

1 céleri complet, coupé en petits dés

45 ml (3 c. à soupe) de pesto
préparé

30 ml (2 c. à soupe) de persil frais
haché

21 ml (1½ c. à soupe) d'oignon
rouge émincé

21 ml (1½ c. à soupe) de jus
de citron frais

1,25 ml (¼ c. à thé) de sel

0,6 ml (⅛ c. à thé) de poivre noir
fraîchement moulu

6 tortillas à farine de
15,24 à 22,86 cm (6 à 9 pouces)

1 litre (4 tasses) de mesclun en
paquet ou autre légume vert,
lavé et séché

2 tomates moyennes, coupées
en fines tranches

1. Combiner les tomates séchées au soleil avec l'eau bouillante, suffisamment pour couvrir dans un petit bol. Laisser reposer pendant 30 minutes. Égoutter bien, et hacher grossièrement.

2. Combiner dans un bol les tomates hachées, le fromage cottage, le ricotta, le poivron, les radis, le céleri, le pesto, le persil, l'oignon, le jus de citron, le sel et le poivre. Mélanger bien. Couvrir et réfrigérer au moins 2 heures ou jusqu'à 24 heures.

3. Chauffer chaque tortilla dans un grand poêlon à feu moyen jusqu'à ce que les tortillas soient molles et souples, pendant environ une minute pour chaque côté. Mettre une rangée de légumes près du centre de chaque tortilla. Garnir avec des tranches de tomates se chevauchant, et assaisonner légèrement avec du sel et du poivre. En le divisant en parts égales, verser avec une cuillère le mélange de pesto et de fromage sur les tomates. Rabattre partiellement le fond de chaque tortilla sur la garniture, rouler ensuite en paquet, et servir.

PAR PORTION (1 ENVELOPPE) : 361 CAL ; 19 G PROT ; 13 G MAT GR ; 42 G CARB ; 15 MG CHOL ; 864 MG SOD ; 4 G FIBRES

ROULÉS DE SALADE D'AVOCAT ET DE FROMAGE FETA POUR 4 PERSONNES

Voici une salade à emporter : ces roulés au savoureux mélange utilisent la farine à tortilla du Mexique et permettent d'emporter sa salade avec soi, ou peuvent être dégustés en famille et avec les amis. Laissez les invités préparer eux-mêmes les roulés au moment de présenter les tortillas.

1 avocat mûr, épépiné et coupé en dés

120 ml (½ tasse) de fromage feta émietté

10 ml (2 c. à thé) de jus de lime frais

Poivre noir fraîchement moulu au goût

120 ml (½ tasse) d'oignons verts coupés en tranches

60 ml (¼ tasse) de graines de tournesol, de préférence grillées (voir page 60)

30 ml (2 c. à soupe) de morceaux de « bacon » à base de soja

30 ml (2 c. à soupe) de mayonnaise de soja sans matières grasses

16 tomates en grappes

240 ml (1 tasse) de feuilles de laitue déchiquetées plus 4 feuilles entières

4 tortillas à farine de 20,32 cm (8 pouces) régulières ou aromatisées, faibles en matières grasses

1. Préchauffer le four à gril.

2. Mettre l'avocat dans un bol et incorporer le fromage, le jus de lime et le poivron. Ajouter les oignons, les graines de tournesol, les morceaux de « bacon » et la mayonnaise, en remuant doucement pour combiner. Incorporer les tomates et la laitue.

3. Vaporiser les tortillas légèrement avec le vaporisateur antiadhésif à cuisson, et chauffer sous le gril jusqu'à ce qu'elles ramollissent, pendant environ 30 secondes. Retirer du four et mettre chaque tortilla dans une assiette individuelle.

4. Pour servir, doubler chaque tortilla avec une feuille de laitue entière, et disposer dessus en monceau le mélange de salade.

PAR PORTION : 350 CAL ; 12 G PROT ; 17 G MAT GR ; 40 G CARB ; 10 MG CHOL ; 540 MG SOD ; 9 G FIBRES

SALADE DE PÂTES ESTIVALES DU JARDIN

Cette élégante salade de pâtes met en vedette des légumes très frais et fraîchement cueillis — le goût de tous ces légumes est accentué par le fromage gorgonzola et le jus de citron. Si possible, choisissez les légumes dans des marchés ou l'on vend les produits de la ferme ou des produits achetés à la ferme.

30 ml (2 c. à soupe) plus 60 ml (¼ tasse) d'huile d'olive

250 g (9 onces) de pâtes fraîches cheveux d'ange

60 ml (¼ tasse) de jus de citron frais

15 ml (1 c. à soupe) de moutarde de Dijon

5 ml (1 c. à thé) de zeste de citron

5 ml (1 c. à thé) d'ail émincé

5 ml (1 c. à thé) de sucre cristallisé, ou au goût

Sel et poivre noir fraîchement râpé au goût

3 tomates moyennes, coupées en huit

1 courgette, coupée en fines tranches

1 courge jaune d'été, coupée en dés

1 oignon vert, coupé en fines tranches

30 ml (2 c. à soupe) de basilic frais, coupé en juliennes

120 ml (½ tasse) de persil frais haché

112 g (4 onces) de fromage gorgonzola émietté

45 ml (3 c. à soupe) de câpres, égouttées

1. Chauffer une casserole d'eau légèrement salée et les 30 ml (2 c. à soupe) d'huile à feu moyen, et lorsque l'eau bouille cuire les pâtes en suivant les instructions sur le paquet. Égoutter, rincer à l'eau froide brièvement et réserver.

2. Combiner les 60 ml (¼ tasse) de l'huile qui reste, le jus, la moutarde, le zeste, l'ail, le sucre, le sel et le poivre dans un bol, en battant bien. Ajouter les pâtes au mélange d'huile pendant qu'il est toujours chaud et remuer pour bien combiner. Réserver.

3. Mettre les tomates, la courgette, la courge, les oignons, le basilic, le persil, le fromage et les câpres dans un bol, et remuer. Ajouter aux pâtes parées, et remuer encore avant de servir, en s'assurant que les légumes sont bien répartis.

PAR PORTION : 350 CAL ; 11 G PROT ; 21 G MAT GR ; 33 G CARB ; 50 MG CHOL ; 480 MG SOD ; 4 G FIBRES

COUSCOUS CONFETTI

Cette salade est parfaite pour un dîner l'été, servi sur un lit de radicchio ou de cresson. Garnir la salade avec des tranches d'avocats et de tomates cerise, ou couper en dés 120 ml (½ tasse) de chaque légume et mélanger directement à la salade.

5 ml (1 c. à thé) de sel

2,5 ml (½ c. à thé) de cumin moulu

240 ml (1 tasse) de couscous non cuit

420 ml (1¾ tasse ou environ 1 boîte de 15 onces) de haricots noirs cuits, égouttés et rincés

240 ml (1 tasse) de maïs en grains frais ou congelés

120 ml (½ tasse) d'oignon rouge coupé en dés

120 ml (½ tasse) de poivron jaune coupé en dés, facultatif

120 ml (½ tasse) de poivron rouge coupé en dés

60 ml (¼ tasse) de cilantro haché fin

1 petit chili jalapeño, épépiné et coupé en dés

30 ml (2 c. à soupe) d'huile d'olive

45 à 60 ml (3 à 4 c. à soupe) de jus de lime frais (2 limes)

1. Porter à ébullition 480 ml (2 tasses) d'eau, le sel et le cumin dans une casserole et incorporer le couscous. Porter à nouveau à ébullition, couvrir et fermer le feu. Laisser reposer jusqu'à ce que toute l'eau soit absorbée, pendant 5 à 10 minutes. Remuer avec une fourchette.

2. Ajouter les haricots, le maïs, l'oignon, les poivrons, si utilisés, le cilantro et le jalapeño. Incorporer l'huile et suffisamment de jus de lime pour que le bord de la salade se plisse. Servir chaud ou à la température de la pièce.

PAR PORTION : 300 CAL ; 11 G PROT ; 5 G MAT GR ; 52 G CARB ; 0 MG CHOL ; 368 MG SOD ; 7 G FIBRES

SALADE DE FRUITS ET DE CÉRÉALES

Quelle combinaison délicieuse : des fruits acides et doux avec des grains nutritifs au goût de noisette.

240 ml (1 tasse) de grains
de blé non cuits, lavés

240 ml (1 tasse) d'orge perlé
non cuit, lavé

240 ml (1 tasse) de grains de millet
non cuits, rôtis (voir page 60)

6 oignons verts, hachés

120 ml (½ tasse) de persil frais
haché

80 ml (⅓ tasse) de menthe fraîche
hachée

80 ml (⅓ tasse) de cerises acidulées
séchées

10 ml (2 c. à thé) de zeste d'orange

60 ml (¼ tasse) de jus de citron frais

120 ml (½ tasse) d'huile d'olive

Sel et poivre noir fraîchement moulu
au goût

480 ml (2 tasses) de fruits frais
en tranches et/ou baies comme
pêches, framboises ou bleuets

1. Porter à ébullition 1 litre (4 tasses) d'eau légèrement salée dans une grande casserole à feu moyen. Ajouter les grains de blé. Réduire à feu doux, couvrir et cuire pendant 30 minutes. Ajouter l'orge, couvrir et cuire 20 minutes de plus.

2. Ajouter le millet au mélange d'orge et de grains de blé après avoir fait cuire le mélange pendant 50 minutes, couvrir et cuire jusqu'à ce que tous les grains soient tendres et que l'eau ait été absorbée, pendant environ 15 minutes de plus. Retirer du feu, remuer les grains avec une fourchette et réserver pour refroidir.

3. Combiner les grains, les oignons verts, le persil, la menthe, les cerises et le zeste. Remuer bien.

4. Battre ensemble le jus de citron et l'huile dans un bol séparé. Assaisonner au goût avec du sel et du poivre. Verser sur le mélange de grains, et bien remuer. Couvrir et réfrigérer pendant au moins une heure. Avant de servir, garnir avec des fruits frais.

PAR PORTION : 268 CAL ; 6 G PROT ; 8 G MAT GR ; 45 G CARB ; 0 MG CHOL ; 4 MG SOD ; 7 G FIBRES

SALADE D'ORGE AVEC MAÏS ET POIS

Cette salade de légumes et de céréales est servie avec des accompagnements comme le fromage grillé, le pain rôti, et le thé glacé et épicé.

180 ml (¾ tasse) d'orge perlé
   non cuit, lavé

720 ml (3 tasses) de grains de maïs
   frais cuits (environ 5 épis)

4 tomates prune mûres,
   coupées en dés

120 ml (½ tasse) de pois verts frais,
   ou légèrement cuits à la vapeur,
   ou de petits pois congelés,
   décongelés

1 grosse branche de céleri,
   coupée en dés

2 oignons verts, coupés en tranches

45 à 60 ml (3 à 4 c. à soupe)
   d'aneth frais émincé

Jus de ½ à 1 citron au goût

45 ml (3 c. à soupe) d'huile d'olive

Sel et poivre noir fraîchement moulu
   au goût

Feuilles de laitue, lavées et séchées

Fromage feta pour garnir, facultatif

1. Porter à ébullition 480 ml (2 tasses) d'eau dans une grande casserole à feu moyen. Ajouter l'orge, réduire à feu doux et cuire, en couvrant, jusqu'à ce que l'orge soit tendre et que l'eau soit absorbée, pendant 40 à 45 minutes. Retirer du feu et laisser l'orge refroidir à la température de la pièce.

2. Combiner l'orge avec le maïs, les tomates, les pois, le céleri, les oignons verts, l'aneth, le jus, l'huile, le sel et le poivre, et bien mélanger.

3. Pour servir, doubler six assiettes à salade avec plusieurs feuilles de laitue et déposer avec une cuillère la salade au centre des assiettes. Saupoudrer de fromage feta, si utilisé. Servir à la température de la pièce ou bien frais.

PAR PORTION : 165 CAL ; 4 G PROT ; 8 G MAT GR ; 23 G CARB ; 0 MG CHOL ; 13 MG SOD ; 5 G FIBRES

TABOULÉ AUX TROIS CÉRÉALES, AU PERSIL ET À LA MENTHE

La salade libanaise du nom de taboulé est traditionnellement préparée avec du blé concassé et une abondance de persil. Dans cette version, le blé concassé est accompagné de millet et de quinoa pour donner une touche occidentale à ce plat classique. Comme repas complet, cette salade est servie avec du pain pita et de l'houmous épicé et piquant (page 157). La recette donne environ 2,4 litres (10 tasses).

180 ml (¾ tasse) de blé concassé mouture fine et non cuit, lavé

1 litre (4 tasses) d'eau bouillante

120 ml (½ tasse) de millet non cuit, lavé

180 ml (¾ tasse) de quinoa non cuit, lavé

2 tomates, coupées

1 botte de persil frais, haché fin

240 ml (2 tasses) de feuilles de menthe hachées fin

Sel et poivre noir fraîchement moulu au goût

60 ml (¼ tasse) d'huile d'olive

Jus de 2 citrons, ou plus au goût

1. Tremper le blé concassé dans l'eau bouillante, réserver pendant environ 20 minutes et égoutter.

2. Entre-temps, porter 1,5 litres (6½ tasses) d'eau à ébullition dans une grande casserole à feu moyen. Griller le millet et le quinoa ensemble dans un poêlon sec à feu moyen, en remuant souvent pour empêcher que les céréales ne brûlent. Lorsque les grains dégagent une odeur, après environ 7 minutes, retirer du feu et verser avec une cuillère les grains dans l'eau bouillante. Faire cuire les grains pendant environ 15 minutes, ou jusqu'à ce qu'ils soient croquants et tendres. Retirer du feu et égoutter dans une passoire aux mailles fines.

3. Combiner les grains dans un bol avec le blé égoutté. Incorporer les tomates, le persil, la menthe, le sel et le poivre.

4. Mélanger ensemble l'huile et le jus de citron, et verser un filet sur les grains, en remuant et en brassant pour bien mélanger.

PAR PORTION : 290 CAL ; 9 G PROT ; 9 G MAT GR ; 47 G CARB ; 0 MG CHOL ; 15 MG SOD ; 5 G FIBRES

SALADE D'ÉPEAUTRE

Les grains cuits sont des accompagnements parfaits pour les salades servies comme plat principal parce qu'ils sont nourrissants et fournissent une base neutre pour d'autres ingrédients au goût plus prononcé. Utilisez l'épeautre ou le kamut dans cette salade, et uniquement les tomates les plus savoureuses. Pour une version végétalienne, omettez les œufs durs.

240 ml (1 tasse) d'épeautre non cuit, lavé et ayant trempé dans l'eau froide au moins 1 heure

60 ml (¼ tasse) d'huile d'olive ou selon le besoin

60 ml (¼ tasse) de vinaigre de vin rouge ou selon le besoin

Sel et poivre noir fraîchement moulu au goût

480 ml (2 tasses) de tomates épépinées coupées en dés

240 ml (1 tasse) de haricots ou de lentilles cuits

120 ml (½ tasse) d'oignon rouge haché, ou plus au goût

120 ml (½ tasse) de poivron rouge haché

120 ml (½ tasse) de céleri ou de fenouil coupé

120 ml (½ tasse) de concombre épépiné coupé en dés

30 ml (2 c. à soupe) de persil à feuilles plates hachées

60 ml (4 c. à soupe) de menthe ou de basilic frais haché

2 gros œufs durs, hachés, pour garniture

1. Égoutter et cuire les grains dans une grande casserole, couvrir, dans 1 litre (4 tasses) d'eau légèrement salée à feu moyen-doux. Commencer à vérifier après 15 minutes pour voir si les grains sont cuits. Si l'eau n'a pas été entièrement absorbée une fois que les grains sont cuits, égoutter l'épeautre dans une passoire et refroidir.

2. Assaisonner avec l'huile, le vinaigre, le sel et le poivre. Incorporer les tomates, les haricots, l'oignon, le poivron, le céleri et le concombre. Ajouter le persil et le basilic. Garnir avec les œufs durs.

PAR PORTION : 440 CAL ; 15 G PROT ; 18 G MAT GR ; 55 G CARB ; 105 MG CHOL ; 1 220 MG SOD ; 15 G FIBRES

SALADE DE KAMUT ET DE RIZ SAUVAGE

Les grains et les herbes sauvages ont des saveurs de noisette qui se complètent et qui sont accentuées dans cette salade avec l'addition d'oranges douces. Si vous manquez de temps, recherchez le riz sauvage déjà cuit et emballé sous vide et vendu dans les magasins d'alimentation spécialisés et quelques supermarchés.

240 ml (1 tasse) de kamut non cuit, lavé et ayant trempé dans l'eau pendant au moins 1 heure

5 ml (1 c. à thé) de gros sel, divisé

120 ml (½ tasse) de riz sauvage non cuit

180 ml (¾ tasse) d'amandes blanchies coupées en fines tranches, et rôties (voir page 60), facultatif

1 gros poivron rouge, coupé en quatre

6 oignons verts, coupés en fines tranches

6 oranges Navel, en quartiers

5 petites tiges de céleri, coupées en fines tranches en diagonale

Vinaigrette à la lime et cilantro (page 227) au goût

1. Égoutter le kamut. Porter 2 litres (8 tasses) d'eau à ébullition à feu moyen. Ajouter le kamut et 5 ml (½ c. à thé) de sel, et porter de nouveau à ébullition. Réduire à feu doux et cuire jusqu'à ce que les grains soient tendres et commencent à s'ouvrir, environ 45 minutes. Égoutter, laver à l'eau froide et bien égoutter. Réserver.

2. Entre-temps, porter 1 litre (4 tasses) d'eau à ébullition dans une casserole à feu moyen. Ajouter le riz sauvage et la demi-cuillère à thé de sel restante et porter à ébullition. Réduire à feu doux, couvrir et cuire jusqu'à ce que le riz soit tendre, pendant 45 à 50 minutes. Rincer à l'eau froide et bien égoutter. Réserver.

3. Préchauffer le four à gril. Mettre les poivrons coupés en quatre sur le gril, le côté de la peau vers le haut. Bien surveiller, griller jusqu'à ce que la peau soit calcinée. Vider dans un sac de papier, sceller et laisser reposer jusqu'à ce que les poivrons soient refroidis. Peler les poivrons, laver brièvement à l'eau froide et couper en lanières.

4. Combiner le kamut, le riz brun, les amandes, si utilisées, les lanières de poivrons, les oignons verts, les quartiers d'oranges et le céleri dans un bol. Ajouter la vinaigrette et remuer pour mélanger. Couvrir, et réfrigérer pendant au moins une heure. Amener à la température de la pièce avant de servir.

PAR PORTION : 266 CAL ; 7 G PROT ; 10 G MAT GR ; 43 G CARB ; 0 MG CHOL ; 422 MG SOD ; 6 G FIBRES

SALADE DE QUINOA À LA MODE COUNTRY
AVEC SAUCE CRÉMEUSE À LA MENTHE

Lorsque vous voulez transformer une simple salade en plat substantiel, la solution est d'ajouter du quinoa. Sa saveur délicate adhère bien aux légumes verts à feuilles et aux sauces légères. Griller les grains dans un poêlon sec avant la cuisson ajoute une riche saveur de noisette.

Salade

600 ml (2½ tasses) de bouillon de légumes (page 431)

360 ml (1½ tasse) de quinoa non cuit, lavé

Sel au goût, facultatif

720 ml (3 tasses) de laitue romaine déchiquetée

480 ml (2 tasses) de tomates cerise coupées en deux

480 ml (2 tasses) de concombres pelés et hachés

120 ml (½ tasse) d'oignons verts hachés

Sauce crémeuse à la menthe

120 ml (½ tasse) de fromage de chèvre émietté ou de tofu soyeux

75 ml (5 c. à soupe) de yogourt nature faible en matières grasses

30 ml (2 c. à soupe) de jus de citron frais

30 ml (2 c. à soupe) de menthe fraîche hachée

1 gousse d'ail, émincée

5 ml (1 c. à thé) de moutarde de Dijon

160 ml (⅔ tasse) d'huile d'olive

Sel et poivre noir fraîchement moulu, au goût

1. Pour préparer la salade : porter le bouillon de légumes à ébullition à feu moyen dans une casserole. Ajouter le quinoa et le sel, si désiré. Réduire à feu doux, couvrir et cuire jusqu'à ce que le quinoa soit tendre et que le liquide soit absorbé, pendant environ 15 minutes. Retirer du feu, et réserver pour refroidir.

2. Entre-temps, pour préparer la sauce crémeuse à la menthe : combiner le fromage, le yogourt, le jus, la menthe, l'ail et la moutarde dans un robot culinaire ou un mélangeur et passer jusqu'à consistance lisse. Avec le moteur en marche, ajouter l'huile dans un mince jet continu, jusqu'à ce que tous les ingrédients soient bien mélangés. Assaisonner avec le sel et le poivre au goût.

3. Combiner la laitue, les tomates, le concombre et les oignons verts dans un saladier. Ajouter le quinoa, et remuer pour mélanger. Servir la sauce séparément.

PAR PORTION (AVEC 2 C. À SOUPE DE SAUCE) : 227 CAL ; 10 G PROT ; 6 G MAT GR ; 36 G CARB ; 2 MG CHOL ; 470 MG SOD ; 4 G FIBRES

SALADE DE TACO ROSE MEXICALI

Appréciez les saveurs festives du Mexique dans cette salade nourrissante servie comme plat principal. Ce plat pourrait être servi comme plat principal au cours d'un brunch. Dans l'un ou l'autre cas, servez un panier de maïs chaud ou de tortillas à farine sous forme de roulés. Pour souligner la saveur du taco, garnir cette salade avec des nachos entiers ou écrasés, si désiré.

Salade

1 tête de laitue à feuilles rouges, lavée et séchée

480 ml (2 tasses) environ de haricots noirs ou de petits haricots blancs, égouttés et lavés

480 ml (2 tasses) environ de maïs en grains frais, congelés, ou en conserve

1 boîte de 180 ml (6 onces) d'olives noires dénoyautées, égouttées

1 botte d'oignons verts, coupés sur une longueur de 2,54 cm (1 pouce)

2 tomates moyennes, coupées en fines tranches

1 avocat mûr, pelé et coupé en fines tranches

240 ml (1 tasse) non tassée de feuilles de cilantro

1 à 2 chilis jalapeño, épépinés et coupés en fines tranches, pour garnir

Sauce à salade

120 ml (½ tasse) d'huile d'olive

Jus de ½ lime

45 ml (3 c. à soupe) de sauce taco

15 ml (1 c. à soupe) de sucre cristallisé, ou au goût

5 ml (1 c. à thé) de chili en poudre, ou au goût

Sel et poivre noir fraîchement moulu au goût

1. Pour préparer la salade : couper les extrémités dures de la laitue, et doubler un bol avec les feuilles.

2. Combiner les haricots, le maïs, les olives, les oignons et les tomates dans un bol, et remuer pour combiner. Ajouter l'avocat et le cilantro, et incorporer doucement.

3. Pour préparer la sauce la salade : combiner tous les ingrédients dans un bol, et battre ensemble pour combiner. Remuer les ingrédients de la salade avec la sauce.

4. Pour servir, avec une cuillère verser le mélange de haricots dans le saladier. Garnir avec des jalapeños tranchés.

PAR PORTION : 470 CAL ; 20 G PROT ; 30 G MAT GR ; 46 G CARB ; 0 MG CHOL ; 280 MG SOD ; 10 G FIBRES

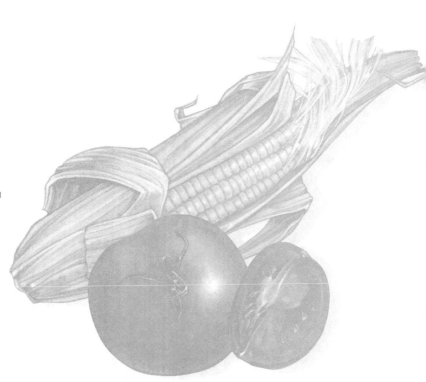

SALADE AUX DEUX RIZ
AVEC AMANDES ET GINGEMBRE

Si vous ne pouvez pas trouver du riz sauvage à cuisson rapide ou déjà préparé et emballé sous vide, préparez une casserole de riz sauvage régulier et calculez 480 ml (2 tasses) pour la salade.

Salade

340 ml (1½ tasse) de riz brun
   à cuisson rapide non cuit

240 ml (1 tasse) de riz sauvage
   à cuisson rapide non cuit

1 paquet de 280 g (10 onces) de
   pois verts congelés, décongelés

120 ml (½ tasse) d'oignons verts
   coupés en fines tranches

60 ml (¼ tasse) de poivron rouge
   haché

Sauce à salade

60 à 80 ml (¼ à ⅓ tasse) d'huile
   végétale

60 ml (¼ tasse) de vinaigre
   de tarragon

30 ml (2 c. à soupe) de moutarde
   de Dijon

15 ml (1 c. à soupe) de gingembre
   frais râpé

2,5 ml (½ c. à thé) de sel, facultatif

5 ml (1 c. à thé) de poivre noir
   fraîchement moulu

160 ml (⅔ tasse) d'amandes en
   tranches, grillées (voir page 60)

Laitue, pour garniture, facultative

1. Pour préparer la salade : préparer le riz complet en suivant les instructions sur le paquet. Dans des casseroles séparées, préparer les riz en suivant les instructions sur le paquet.

2. Combiner les riz cuits dans un bol, et laisser refroidir. Ajouter les pois, les oignons verts et le poivron.

3. Pour préparer la sauce à salade : battre ensemble dans un bol l'huile, le vinaigre, la moutarde, le gingembre, le sel et le poivre. Ajouter au mélange de riz. Ajouter les amandes, et remuer pour mélanger. Servir dans un bol doublé de laitue ou dans des assiettes individuelles.

PAR PORTION : 226 CAL ; 5 G PROT ; 10 G MAT GR ; 28 G CARB ; 0 MG CHOL ;
197 MG SOD ; 4 G FIBRES

Pâte fabriquée à partir de graines de sésame moulues, le tahini est un ingrédient essentiel dans le garde-manger du Moyen-Orient.

160 ml (⅔ tasse) de couscous de blé entier non cuit

30 ml (2 c. à soupe) de jus d'orange

15 ml (1 c. à soupe) de tahini

240 ml (1 tasse) de yogourt nature maigre ou de tofu mou

2,5 ml (½ c. à thé) de cumin moulu

1 pincée de gingembre

1 grosse mangue mûre, pelée, dénoyautée et coupée en dés

120 ml (½ tasse) de pois chiches cuisinés ou en conserve, lavés et égouttés

60 ml (¼ tasse) de raisins secs dorés

60 ml (¼ tasse) de cilantro haché

1. Porter 480 ml (2 tasses) d'eau à ébullition dans une casserole, et incorporer le couscous. Porter de nouveau à ébullition, couvrir, et éteindre le feu. Laisser reposer jusqu'à ce que l'eau ait été entièrement absorbée, pendant 5 à 10 minutes. Remuer avec une fourchette, et laisser refroidir à la température de la pièce.

2. Entre-temps, mélanger le jus d'orange et le tahini dans 240 ml (1 tasse) jusqu'à ce qu'ils soient bien mélangés. Battre le yogourt dans un bol jusqu'à consistance lisse, et battre le cumin et le gingembre dans le mélange de tahini. Incorporer la mangue, les pois chiches et les raisins secs.

3. Incorporer le couscous et le cilantro dans le mélange de mangue. Servir frais ou à la température de la pièce.

PAR PORTION : 242 CAL ; 9 G PROT ; 3 G MAT GR ; 47 G CARB ; 2 MG CHOL ; 37 MG SOD ; 6 G FIBRES

Amateurs de cuisine tex-mex, vous vous régalerez avec cette salade de taco végétarienne.

240 ml (1 tasse) de tofu ferme
 émietté

30 ml (2 c. à soupe) de feuilles de
 cilantro hachées

10 ml (2 c. à thé) de cumin moulu

5 ml (1 c. à thé) de sel

2,5 ml (½ c. à thé) de chili en
 poudre, ou au goût

1,25 ml (¼ c. à thé) de poivre noir
 fraîchement moulu

5 ml (1 c. à thé) d'huile végétale

6 tortillas de maïs

720 ml (3 tasses) de laitue romaine
 déchiquetée

4 grosses tomates, coupées
 grossièrement

240 ml (1 tasse) de maïs en grains
 en conserve, frais ou congelé

2 grosses carottes, grossièrement
 râpées

120 ml (½ tasse) d'oignon rouge
 hachée

120 ml (½ tasse) de concombre
 épépiné et coupé en dés

120 ml (½ tasse) de salsa

120 ml (½ tasse) de fromage
 mozzarella râpé et faible en
 matières grasses, facultatif

1. Préchauffer le four à 200 °C (400 °F).

2. Combiner le tofu, le cilantro, le cumin, le sel, le chili en poudre et le poivre dans un bol, et remuer afin que les épices couvrent le tofu.

3. Vaporiser légèrement un poêlon antiadhésif avec le vaporisateur antiadhésif à cuisson, et mettre à feu moyen. Ajouter l'huile et le mélange de tofu, et cuire pendant 10 minutes. Laisser refroidir.

4. Couper les tortillas en morceaux, et mettre sur une plaque à pâtisserie non collante. Cuire au four jusqu'à ce que les morceaux soient croustillants pendant environ 15 minutes.

5. Mettre la laitue dans un grand bol, et avec une cuillère verser le mélange tofu au centre. Disposer les tomates, le maïs, les carottes, l'oignon et le concombre sur le plat et saupoudrer de salsa et de fromage, si utilisé. Garnir avec les morceaux de tortillas, et servir.

PAR PORTION : 208 CAL ; 10 G PROT ; 5 G MAT GR ; 29 G CARB ; 0 MG CHOL ; 672 MG SOD ; 5 G FIBRES

SALADE DE LENTILLES À LA PROVENÇALE

Vous pouvez servir cette salade savoureuse immédiatement, mais elle s'améliore avec le temps. Préparez-la une journée à l'avance avant de la servir.

120 ml (½ tasse) de lentilles
   non cuites, lavées et égouttées

½ oignon jaune, coupé en deux

1 gousse d'ail, écrasée

1 feuille de laurier

1 poivron rouge, coupé en dés fin

½ oignon rouge, haché

30 ml (2 c. à soupe) de feuilles
   de persil plat fraîches

10 ml (2 c. à thé) d'huile d'olive

10 ml (2 c. à thé) de vinaigre
   de blanc

5 ml (1 c. à thé) de sauge fraîche
   hachée

1. Porter une grande casserole d'eau à ébullition à feu élevé. Ajouter les lentilles, l'oignon jaune, l'ail et la feuille de laurier. Cuire jusqu'à ce que les lentilles soient tendres, 20 à 30 minutes. Égoutter. Jeter les oignons, l'ail, et la feuille de laurier.

2. Vider les lentilles dans un bol, et remuer avec le reste des ingrédients. Refroidir à la température de la pièce avant de servir.

PAR PORTION : 128 CAL ; 8 G PROT ; 3 G MAT GR ; 20 G CARB ; 0 MG CHOL ; 125 MG SOD ; 9 G FIBRES

SALADE ÉPICÉE AUX LENTILLES ET HARICOTS NOIRS POUR 8 PERSONNES

Bien assaisonnés, les haricots noirs et les lentilles rouges donnent un goût succulent et de la profondeur aux salades servies comme plat principal. Faites-les mariner séparément afin que les couleurs ne se mélangent pas.

480 ml (2 tasses) de haricots noirs cuits (voir page 64), égouttés et lavés

480 ml (2 tasses) de lentilles rouges (voir page 64), égouttées et lavées

120 ml (½ tasse) de vinaigre de vin de riz

45 ml (3 c. à soupe) d'ail émincé

Jus de 1 citron

30 à 45 ml (2 à 3 c. à soupe) d'huile d'olive

15 ml (1 c. à soupe) de persil frais émincé

15 ml (1 c. à soupe) de feuilles de cilantro émincées

5 ml (1 c. à thé) de moutarde sèche

5 ml (1 c. à thé) de sel, ou au goût

5 ml (1 c. à thé) de poivre de Cayenne

1 petite tête de laitue boston, lavée, séchée et déchiquetée

2 gros poivrons rouges, coupés en 8 rondelles chacun

2 grosses pommes de terre rouges, cuites et coupées en fines tranches

120 ml (½ tasse) de carottes râpées ou de betteraves crues

1. Mettre les haricots dans un bol et les lentilles dans un autre. Dans un troisième bol, battre ensemble le vinaigre de vin de riz, l'ail, le jus de citron, l'huile, le persil, la moutarde, le sel et le poivre de Cayenne. Diviser le mélange également entre les haricots et les lentilles, et couvrir chaque bol avec une pellicule de plastique. Faire mariner pendant 1 heure au réfrigérateur.

2. Doubler les huit assiettes à salade avec la laitue, et garnir avec les rondelles de poivrons. Disposer de petites piles de pommes de terre, de carottes, de haricots, et de lentilles sur chaque assiette, et verser tout reste de marinade sur les légumes. Servir immédiatement.

PAR PORTION : 205 CAL ; 8 G PROT ; 4 G MAT GR ; 33 G CARB ; 0 MG CHOL ; 277 MG SOD ; 5 G FIBRES

SALADE DE HARICOTS NOIRS ET DE QUINOA

Le grain de quinoa est une bonne source de calcium et de protéines. Ce plat peut être consommé froid ou chaud sous forme de pilaf.

480 ml (2 tasses) de quinoa cru, lavé

1 chili chipotle en conserve dans une sauce adobo

2 tomates séchées au soleil, dans l'huile

15 ml (1 c. à soupe) d'ail émincé

0,6 ml (⅛ c. à thé) de cumin moulu

0,6 ml (⅛ c. à thé) de cannelle moulue

2,5 ml (½ c. à thé) de sel

80 ml (⅓ tasse) d'huile d'olive

1 boîte de 450 ml (15 onces) de haricots noirs, égouttés et lavés

60 ml (¼ tasse) de graines de tournesol, rôties (voir page 60)

80 ml (⅓ tasse) de cilantro haché

1. Combiner le quinoa, 1 litre (4 tasses) d'eau et une pincée de sel dans une casserole. Porter à ébullition à feu moyen-élevé. Réduire le feu, couvrir et cuire jusqu'à ce qu'une bonne partie de l'eau ait été absorbée, pendant 10 minutes. Retirer du feu, et laisser reposer pendant 5 minutes. Remuer avec une fourchette, et laisser refroidir.

2. Combiner le chili chipotle avec 15 ml (1 c. à soupe) de sauce adobo, les tomates séchées, l'ail, le cumin, la cannelle et 2,5 ml (½ c. à thé) de sel dans un robot de culinaire et réduire en purée jusqu'à consistance lisse. Avec le robot en marche, ajouter lentement l'huile à travers le tube d'alimentation, et passer jusqu'à ce que tous les ingrédients soient mélangés.

3. Combiner les haricots et le quinoa, les graines de tournesol et le cilantro dans un saladier. Ajouter la sauce, et remuer pour mélanger.

PAR PORTION : 422 CAL ; 14 G PROT ; 18 G MAT GR ; 53 G CARB ; 0 MG CHOL ; 614 MG SOD ; 8 G FIBRES

SAUCE À SALADE CRÉMEUSE

Voici une alternative savoureuse, pauvre en matières grasses, à la sauce style ranch. Cette sauce est délicieuse sur les salades, bien sûr, mais elle peut aussi être servie en trempette avec des légumes crus ou cuits à la vapeur.

180 ml (¾ tasse) de fromage ricotta maigre

60 ml (¼ tasse) de lait écrémé

60 ml (¼ tasse) de persil frais émincé

2 gousses d'ail, émincées

5 ml (1 c. à thé) de basilic séché ou 15 ml (1 c. à soupe) de basilic frais émincé

Sel et poivre noir fraîchement moulu au goût

Mettre tous les ingrédients dans un mélangeur ou un robot de cuisine et réduire en purée jusqu'à consistance lisse.

PAR PORTION (15 ML OU 1 C. À SOUPE) : 19 CAL ; 2 G PROT ; 1 G MAT GR ; 1 G CARB ; 4 MG CHOL ; 4 MG SOD ; 0 G FIBRES

SAUCE À SALADE CÉSAR VÉGÉTALIENNE À L'AIL

Dites adieu aux anchois et aux œufs : une excellente sauce à salade César peut être préparée sans ces ingrédients. Verser sur la laitue romaine et garnir avec des croûtons.

4 à 5 gousses d'ail, ou au goût

5 ml (1 c. à thé) d'huile d'olive extra vierge

Jus de 1 citron

10 ml (2 c. à thé) de vinaigre balsamique

5 ml (1 c. à thé) de vinaigre de vin rouge

2,5 ml (½ c. à thé) de moutarde sèche

1 à 2 gouttes de sauce aux piments piquante

Utiliser une fourchette pour écraser l'ail dans l'huile au fond d'un saladier. Battre le reste des ingrédients et 5 ml (1 c. à thé) d'eau. Servir immédiatement, ou conserver dans un récipient hermétique au réfrigérateur pour une saveur d'ail plus forte.

PAR PORTION (15 ML OU 1 C. À SOUPE) : 16 CAL ; 0 G PROT ; 1 G MAT GR ; 2 G CARB ; 0 MG CHOL ; 27 MG SOD ; 0 G FIBRES

SAUCE À SALADE DÉESSE VERTE

Cette sauce à salade à base de tofu est une alternative à la sauce originale riche en matières grasses. Elle est aussi délicieuse sur de bons légumes cuits à la vapeur ou comme tartinade sur des sandwiches.

112 g (4 onces) de tofu mou, émietté

1 oignon vert, coupé

30 ml (2 c. à soupe) de persil frais haché grossièrement

15 ml (1 c. à soupe) de jus de citron frais

15 ml (1 c. à soupe) de vinaigre de vin blanc

1 gousse d'ail, émincée, facultatif

5 ml (1 c. à thé) de moutarde de Dijon

2,5 ml (½ c. à thé) de sel

Combiner tous les ingrédients dans un mélangeur ou un robot culinaire et réduire en purée jusqu'à consistance lisse. Conserver dans un conteneur hermétique au réfrigérateur jusqu'à cinq jours.

PAR PORTION (30 ML OU 2 C. À SOUPE) : 20 CAL ; 2 G PROT ; 1 G MAT GR ; 1 G CARB ; 0 MG CHOL ; 256 MG SOD ; 0 G FIBRES

SAUCE À SALADE À L'ORANGE FRAÎCHE

Cette sauce à salade goûteuse équilibre le sucré, l'aigre et le piquant pour un résultat agréable.

80 ml (⅓ tasse) de jus d'orange frais

60 ml (¼ tasse) de vinaigre blanc

15 ml (1 c. à soupe) de persil frais haché

5 ml (1 c. à thé) de zeste d'orange

5 ml (1 c. à thé) de sucre cristallisé

2,5 ml (½ c. à thé) de paprika

1,25 ml (¼ c. à thé) de sel

120 ml (½ tasse) d'huile végétale

Battre ensemble le jus, le vinaigre blanc, le persil, le zeste, le sucre, le paprika et le sel jusqu'à ce que les ingrédients soient bien mélangés. Graduellement, battre dans l'huile jusqu'à ce que les ingrédients soient bien mélangés.

PAR PORTION (15 ML OU 1 C. À SOUPE) : 29 CAL ; 0 G PROT ; 3 G MAT GR ; 1 G CARB ; 0 MG CHOL ; 29 MG SOD ; 0 G FIBRES

SAUCE TAHINI À L'ORANGE

L'orange adoucit cette sauce crémeuse. Essayez-la avec des légumes grillés, du couscous et du tofu.

1 orange moyenne, pelée en quartier et épépinée

30 ml (2 c. à soupe) de vinaigre balsamique

15 ml (1 c. à soupe) de jus de citron frais

10 ml (2 c. à thé) de tahini

10 ml (2 c. à thé) de miel, ou au goût

2,5 ml (½ c. à thé) de moutarde sèche

1 pincée de poivre de Cayenne

1 pincée de cumin

Mettre tous les ingrédients dans un robot culinaire ou un mélangeur avec 120 ml (½ tasse) d'eau et réduire en purée jusqu'à consistance lisse.

PAR PORTION (15 ML OU 1 C. À SOUPE) : 11 CAL ; 0,3 G PROT ; 0,1 G MAT GR ; 1 G CARB ; 0 MG CHOL ; 1 MG SOD ; 0 G FIBRES

SAUCE DOUCE AU SÉSAME

Essayez cette sauce inspirée de la cuisine asiatique sur des légumes cuits à la vapeur ou sautés.

160 ml (⅔ tasse) de jus d'ananas

15 ml (1 c. à soupe) de graines de sésame, légèrement grillées (voir page 60)

5 ml (1 c. à thé) de gingembre frais râpé

5 ml (1 c. à thé) d'ail émincé

5 ml (1 c. à thé) de sucre brun

1 goutte de sauce soja faible en sodium

1 goutte de vinaigre de riz ou de vinaigre de cidre

Combiner tous les ingrédients dans une petite casserole. Cuire à feu doux, en remuant de temps en temps, jusqu'à ce que le liquide ait épaissi et ait perdu de son volume, pendant environ 7 minutes. Retirer du feu, et laisser refroidir.

PAR PORTION (15 ML OU 1 C. À SOUPE) : 21 CAL ; 0,5 G PROT ; 0,5 G MAT GR ; 4 G CARB ; 0 MG CHOL ; 31 MG SOD ; 0 G FIBRES

VINAIGRETTE À LA LIME ET AU CILANTRO

Cette vinaigrette au goût relevé est excellente avec tout type de salade ou sur des pommes de terre nouvelles cuites à la vapeur.

2 petites gousses d'ail

2,5 ml (½ c. à thé) de gros sel

60 ml (¼ tasse) de jus de lime frais
(3 à 4 limes)

45 ml (3 c. à soupe) d'huile
de sésame foncée

30 ml (2 c. à soupe) d'huile végétale

15 ml (1 c. à soupe) de vinaigre
de cidre

1,25 ml (¼ c. à thé) de moutarde
de Dijon

30 ml (2 c. à soupe) de cilantro
haché

10 ml (2 c. à thé) de zeste de lime

1. Écraser l'ail et le sel dans une pâte utilisant un mortier et un pilon ou en utilisant le côté plat d'un couteau sur une planche à découper.

2. Combiner la pâte d'ail, le jus de lime, les deux huiles, le vinaigre de cidre et la moutarde de Dijon dans un bol. Battre jusqu'à ce que les ingrédients soient bien mélangés. Ajouter le cilantro et le zeste, et bien mélanger.

PAR PORTION (15 ML OU 1 C. À SOUPE) : 63 CAL ; 0 G PROT ; 7 G MAT GR ; 1 G CARB ;
0 MG CHOL ; 108 MG SOD ; 0 G FIBRES

SAUCE AU FROMAGE BLEU ET AU BABEURRE

Cette sauce crémeuse a un goût merveilleux sur des tomates en tranches ou mélangée à la salade verte.

120 ml (½ tasse) de tofu mou

120 ml (½ tasse) de babeurre faible
en matières grasses

45 ml (3 c. à soupe) de vinaigre
blanc

15 ml (1 c. à soupe) d'huile végétale

1 gousse d'ail, émincée

30 ml (2 c. à soupe) de fromage
bleu émietté

Mettre le tofu, le babeurre, le vinaigre blanc, l'huile d'olive, l'ail et 15 ml (1 c. à soupe) de fromage bleu dans un mélangeur ou un robot culinaire et réduire en purée jusqu'à consistance lisse. Incorporer le reste du fromage.

PAR PORTION (15 ML OU 1 C. À SOUPE) : 17 CAL ; 1 G PROT ; 1 G MAT GR ; 0,5 G CARB ;
1 MG CHOL ; 9 MG SOD ; 0 G FIBRES

VINAIGRETTE AUX CANNEBERGES

Cette vinaigrette est excellente dans les salades vertes. Pour reconstituer les canneberges séchées, couvrir avec de l'eau bouillante et laisser reposer pendant 15 minutes. Égoutter, et sécher sur un papier absorbant avant d'utiliser.

360 ml (1½ tasse) de canneberges fraîches ou de canneberges séchées reconstituées

240 ml (1 tasse) de cidre de pomme

80 ml (⅓ tasse) de sirop d'érable pur

80 ml (⅓ tasse) d'huile d'olive

15 ml (1 c. à soupe) de moutarde de Dijon

7,5 ml (1½ c. à thé) de vinaigre de cidre

5 ml (1 c. à thé) de sel

2,5 ml (½ c. à thé) de poivre noir fraîchement moulu

Mettre tous les ingrédients dans un mélangeur et réduire en purée jusqu'à consistance lisse.

PAR PORTION (15 ML OU 1 C. À SOUPE) : 29 CAL ; 0 G PROT ; 2 G MAT GR ; 4 G CARB ; 0 MG CHOL ; 56 MG SOD ; 0 G FIBRES

SAUCE AU BON GRAS

Cette sauce dynamique peut servir pour plusieurs salades. Essayez-la dans la combinaison haricots et légumes ou versez sur des salades vertes de saison. Uitilisez une tasse graduée en onces pour mesurer les ingrédients (1 once égale 28 ml ou 2 c. à soupe) et conserver les restes.

120 ml (½ tasse) de vinaigre balsamique

60 ml (¼ tasse) d'huile d'olive

60 ml (¼ tasse) d'huile de canola

30 ml (1 once) de graines de moutarde entières ou concassées

15 ml (1 c. à soupe) de sirop d'érable pur ou 2,5 ml (½ c. à thé) de sucre cristallisé

10 ml (2 c. à thé) de basilic séché

Combiner tous les ingrédients dans un pot en verre et secouer pour mélanger. Conserver au réfrigérateur. Porter à la température de la pièce et bien secouer avant d'utiliser.

PAR PORTION (15 ML OU 1 C. À SOUPE) : 53 CAL ; 0 G PROT ; 5 G MAT GR ; 1 G CARB ; 0 MG CHOL ; 20 MG SOD ; 0 G FIBRES

SAUCE AU FROMAGE
FAIBLE EN MATIÈRES GRASSES

Étonnamment, il n'est pas nécessaire de renoncer au fromage pour préparer des sauces pauvres en matières grasses. Un trio de fromages pauvres en matières grasses donne une riche saveur à cette sauce. Essayez-la sur les linguines ou sur d'autres pâtes.

80 ml (⅓ tasse) de vin blanc

2 grosses gousses d'ail, émincées

120 ml (½ tasse) d'oignons verts coupés en tranches

1 gros poivron rouge, épépiné et haché fin

30 ml (2 c. à soupe) de fromage parmigiano-reggiano râpé

60 ml (¼ tasse) de fromage mozzarella râpé faible en matières grasses

60 ml (¼ tasse) de fromage cottage sans matières grasses

30 ml (2 c. à soupe) de feuilles de basilic frais hachées

1. Chauffer le vin blanc dans un grand poêlon à feu moyen-élevé jusqu'à ébullition. Ajouter l'ail et cuire pendant 1 minute. Ajouter les oignons verts et le poivron, et cuire jusqu'à ce que le poivron soit doux, en remuant fréquemment, pendant 5 à 6 minutes.

2. Mettre les fromages parmigiano-reggiano, mozzarella et cottage dans un robot culinaire ou un mélangeur et réduire en purée jusqu'à consistance lisse. Ajouter le mélange de fromage aux légumes sautés et remuer pour mélanger. Retirer du feu, incorporer le basilic et remuer avec les pâtes.

PAR PORTION : 76 CAL ; 8 G PROT ; 2 G MAT GR ; 3 G CARB ; 9 MG CHOL ; 218 MG SOD ; 0,1 G FIBRES

SAUCE AU CILANTRO ET AU TOFU

Essayez cette sauce sur des légumes cuits à la vapeur ou sautés.

450 g (1 livre) de tofu ferme, égoutté et coupé en huit morceaux

60 ml (¼ tasse) de yogourt nature sans matières grasses

1 oignon vert, haché

45 à 60 ml (3 à 4 c. à soupe) de jus de citron frais

15 ml (1 c. à soupe) de feuilles de cilantro hachées grossièrement

5 ml (1 c. à thé) de graines de moutarde crues

1,25 ml (¼ c. à thé) de sel

1. Mettre le tofu dans le cuiseur et cuire à la vapeur, 3 à 5 minutes. Réserver.

2. Mettre les ingrédients restants dans un mélangeur ou un robot culinaire et réduire en purée jusqu'à consistance lisse. Ajouter le tofu, un morceau à la fois, et mélanger jusqu'à consistance lisse. Servir chaud.

PAR PORTION (30 ML OU 2 C. À SOUPE) : 19 CAL ; 2 G PROT ; 1 G MAT GR ; 1 G CARB ; 0 MG CHOL ; 35 MG SOD ; 0 G FIBRES

SAUCE AUX AMANDES

Basée sur une sauce béchamel, cette version va un peu plus loin, en transformant un ingrédient en une sauce particulièrement savoureuse avec un goût craquant et très fin d'amande. Verser cette sauce à l'aide d'une cuillère sur tous les plats où vous voudriez retrouver une touche de noisette : légumes, pilafs, croquettes et autres.

120 ml (½ tasse) d'amandes entières (avec la peau)

45 ml (3 c. à soupe) de margarine ou d'huile de maïs

60 ml (¼ tasse) de farine tout usage

600 ml (2½ tasses) de lait de soja, chauffé

5 ml (1 c. à thé) de sauce soja faible en sodium, facultatif

1. Préchauffer le four à 180 °C (350 °F).

2. Mettre les amandes sur une plaque à pâtisserie et rôtir jusqu'à ce qu'elles soient brun doré, pendant environ 10 minutes. Mettre dans un robot culinaire ou un hachoir à noix, et moudre fin. Réserver.

3. Chauffer la margarine dans une casserole, en la laissant dorer légèrement. Ajouter la farine, et cuire pendant 2 ou 3 minutes à feu doux, en remuant afin que la farine ne brûle pas. Ajouter lentement le lait de soja chaud, en battant jusqu'à ce qu'il ait épaissi. Ajouter les amandes hachées et cuire pendant 4 ou 5 minutes. Incorporer la sauce soja, si utilisé.

PAR PORTION (30 ML OU 2 C. À SOUPE) : 46 CAL ; 2 G PROT ; 4 G MAT GR ; 2 G CARB ; 0 MG CHOL ; 20 MG SOD ; 0 G FIBRES

SALSA À L'AVOCAT

Si vous aimez la salsa plus ou moins piquante, enlevez ou laissez les graines (qui donnent le piquant) du chili.

360 ml (1½ tasse) de tomates en conserve, égouttées et coupées en dés

1 petit avocat, coupé en dés, divisé

30 ml (2 c. à soupe) de jus de lime frais

30 ml (2 c. à soupe) de jus de citron frais

30 ml (2 c. à soupe) de menthe fraîche hachée

30 ml (2 c. à soupe) de cilantro haché

1 chili jalapeño, épépiné et émincé

15 ml (1 c. à soupe) de miel ou autre édulcorant liquide

Sel et poivre noir fraîchement moulu au goût

Mettre 60 ml (¼ tasse) de tomates et 60 ml (¼ tasse) d'avocat dans un robot culinaire ou un mélangeur, et réduire en purée jusqu'à consistance lisse. Vider dans un bol. Ajouter les jus, la menthe, le cilantro, le jalapeño, le miel, le sel et le poivre, et remuer pour mélanger. Incorporer le reste des tomates et l'avocat. Servir immédiatement.

PAR PORTION : 17 CAL ; 0,3 G PROT ; 0,7 G MAT GR ; 1 G CARB ; 0 MG CHOL ; 27 MG SOD ; 0,1 G FIBRES

CHUTNEY DE CONCOMBRE ET D'ANANAS

Ce chutney constitue un accompagnement délicieux servi avec des mets indiens, comme le Samosas (page 538).

½ petit ananas, évidé,
   pelé et haché fin

2 concombres moyens, pelés,
   épépinés et hachés fin

1 botte de feuilles de menthe
   fraîche, coupées, plus quelques
   feuilles pour garniture

¼ à ½ de chili serrano,
   épépiné et haché

15 ml (1 c. à soupe) de sucre brun

15 ml (1 c. à soupe) de gingembre
   frais émincé

Zeste et jus de 1 lime

1 pincée de sel, facultatif

Combiner tous les ingrédients dans un bol non réactif, et remuer pour mélanger. Réfrigérer pendant au moins 40 minutes. Mettre dans un plat de service et garnir avec des feuilles de menthe.

PAR PORTION : 123 CAL ; 1 G PROT ; 0,6 G MAT GR ; 28 G CARB ; 0 MG CHOL ;
6 MG SOD ; 4 G FIBRES

CHUTNEY DE MANGUE ET D'ANANAS

Acidulé et un peu piquant, ce chutney se conserve plusieurs semaines au réfrigérateur. Assurez-vous d'utiliser des gants en plastique en enlevant les graines du jalapeño, car celles-ci peuvent irriter la peau nue.

480 ml (2 tasses) d'ananas frais
   coupés en dés

1 grosse mangue, pelée,
   dénoyautée et hachée

240 ml (1 tasse) d'oignon
   coupé en dés

1 pomme ou poire,
   évidée et coupée en dés

240 ml (1 tasse) de vinaigre
   de vin rouge

120 ml (½ tasse) de sucre brun ou
   80 ml (⅓ tasse) de sirop d'érable

120 ml (½ tasse) de vin blanc sec
   ou de jus de pomme

3 à 4 gousses d'ail, émincées

1 chili jalapeño, épépiné et émincé

15 ml (1 c. à soupe) de gingembre
   frais émincé

5 ml (1 c. à thé) de cumin moulu

2,5 ml (½ c. à thé) de clous
   de girofle moulus

1,25 ml (¼ c. à thé) de sel

Combiner tous les ingrédients dans une grande casserole non réactive et cuire à feu doux, en remuant de temps en temps, jusqu'à ce que le mélange ait une consistance semblable à la confiture, pendant 15 à 20 minutes. Conserver dans un récipient hermétique au réfrigérateur jusqu'à 3 semaines.

PAR PORTION : 51 CAL ; 0 G PROT ; 0 G MAT GR ; 12 G CARB ; 0 MG CHOL ; 38 MG SOD ;
1 G FIBRES

CHUTNEY AU CILANTRO

Les chutneys sont des exhausteurs indispensables dans la plupart des plats indiens. Il existe plusieurs variétés de chutneys, et ceux-ci peuvent être sucrés, aigres ou piquants. Les chutneys facilitent la digestion et stimulent l'appétit. Cette version — un chutney qui devrait être familier à beaucoup d'Occidentaux — est facile à préparer et délicieux servi avec des légumes.

480 ml (2 tasses) de feuilles de cilantro hachées

45 ml (3 c. à soupe) de noix de coco râpée non sucrée

2 chilis verts

30 ml (2 c. à soupe) de jus de citron frais

15 ml (1 c. à soupe) de sucre cristallisé

15 ml (1 c. à soupe) de vinaigre

5 ml (1 c. à thé) de cumin moulu

Sel au goût

Mettre tous les ingrédients dans le récipient d'un robot culinaire ou d'un mélangeur, et passer jusqu'à consistance lisse. Verser avec une cuillère dans un récipient, et refroidir avant de servir.

PAR PORTION : 15 CAL ; 0 G PROT ; 0,5 G MAT GR ; 3 G CARB ; 0 MG CHOL ; 0 MG SOD ; 0 G FIBRES

CONDIMENT À LA BANANE

Ce condiment sucré est un complément de mets savoureux, comme le Gallo Pinto (page 139). Dans un bocal au réfrigérateur, il se conserve deux à trois semaines.

5 bananes très mûres

Jus de 1 citron

60 ml (¼ tasse) de raisins secs ou de baies fraîches de saison

1. Au moins un jour avant la préparation, mettre les bananes dans le réfrigérateur pour qu'elles noircissent.

2. Jeter les pelures et mettre les bananes dans un bol. Écraser les bananes avec une fourchette jusqu'à ce qu'elles soient presque lisses. Ajouter le jus et les raisins secs. Vider dans une casserole et porter à ébullition, en remuant constamment, jusqu'à ce que le mélange épaississe, pendant environ 10 minutes. (Plus le temps de cuisson est long, plus le mélange est épais.) Laisser refroidir légèrement avant de servir.

PAR PORTION (15 ML OU 1 C. À TABLE) : 40 CAL ; 0 G PROT ; 0 G MAT GR ; 9 G CARB ; 0 MG CHOL ; 0 MG SOD ; 1 G FIBRES

TARTINADE DE YOGOURT AU FROMAGE

Cette tartinade pleine de ressources peut s'adapter selon votre goût : la liste d'ingrédients suivante devrait vous inspirer pour composer votre propre combinaison.

60 ml (¼ tasse) de xérès ou de bouillon de légumes (page 431)

15 ml (1 c. à soupe) d'oignon émincé

15 ml (1 c. à soupe) de ciboulette fraîche émincée

15 ml (1 c. à soupe) de carotte émincée

120 ml (½ tasse) de yogourt au fromage (voir page 60)

Chauffer le xérès dans une casserole à feu moyen-élevé. Incorporer l'oignon, la ciboulette et la carotte au goût et cuire pendant environ 5 minutes, ou jusqu'à ce que l'oignon ramollisse. Retirer du feu, laisser refroidir et combiner avec le yogourt au fromage.

PAR PORTION (15 ML OU 1 C. À SOUPE) : 30 CAL ; 0 G PROT ; 2,5 G MAT GR ; 1 G CARB ; 10 MG CHOL ; 10 MG SOD ; 0 G FIBRES

mets d'accompagnement

BIEN QUE L'ENTRÉE PUISSE ÊTRE LA VEDETTE du repas, les accompagnements ont un rôle de soutien essentiel et peuvent en faire le succès. Puisque les accompagnements mettent en valeur le plat principal, assurez-vous de choisir des couleurs, des saveurs et des textures complémentaires. Avec à l'esprit ce principe : soyez aussi créatif que vous le désirez lorsque vous faites vos choix.

La courgette jaune est aussi appelée la courgette «lingot d'or». Elle a une couleur jaune intense et une peau lisse qui la rend facile à couper en julienne. Ce plat a une meilleure apparence si vous utilisez les mini-carottes. Si vous ne pouvez en trouver, vous pouvez couper en juliennes de plus grandes carottes. Les poivrons jaunes de Hollande, disponibles dans la plupart des supermarchés, sont essentiels pour la saveur et pour la couleur de ce plat. La présentation est ici essentielle : les légumes coupés en julienne doivent être nettoyés et lorsqu'ils sont coupés, avoir approximativement la même longueur.

2 gros (450 g ou 1 livre) poivrons jaunes de Hollande

450 g (1 livre) de courgettes jaunes

450 g (1 livre) de mini-carottes

60 ml (4 c. à soupe) ou ½ bâtonn et de beurre non salé ou de margarine de soja

Une grosse pincée de safran

Sel au goût

1,25 ml (¼ c. à thé) de poivre blanc

1 pincée de noix de muscade

1. Mettre les poivrons verts entiers droit sur une planche à découper. En utilisant un couteau pointu, couper 4 ou 5 bandes de haut en bas. Cela devrait permettre de conserver le sommet, la base et le cœur en un morceau. Conserver les extrémités pour une autre utilisation. Enlever les membranes blanches des lanières, et couper les lanières en tranches très minces d'environ 6,35 cm (2½ pouces) de longueur et 0,32 cm (⅛ pouce) de largeur.

2. Répéter cette méthode pour trancher la courgette, en coupant en juliennes uniquement la peau jaune.

3. Peler les carottes, si nécessaire, et faites-les cuire dans l'eau bouillante jusqu'à ce qu'elles soient tendres, pendant environ 5 minutes. Réserver.

4. Pour servir, chauffer le beurre dans un poêlon en fonte à feu moyen. Écraser le safran, et ajouter au beurre. Ajouter le sel, le poivre et la muscade. Ne laissez pas le beurre brunir. Ajouter les légumes et cuire pendant 4 minutes, en remuant doucement ou en remuant dans le poêlon. Retirer du feu avant que les poivrons et les courgettes se flétrissent. Servir chaud.

PAR PORTION : 90 CAL ; 2 G PROT ; 6 G MAT GR ; 10 G CARB ; 15 MG CHOL ; 35 MG SOD ; 3 G FIBRES

CHAMPIGNONS PORTOBELLO GRILLÉS

Ces champignons polyvalents peuvent être servis sur un pain kaiser, sur une assiette comme hors-d'œuvre ou comme accompagnement. Utiliser le pesto fait maison ou commercial.

120 ml (½ tasse) de pesto

120 ml (½ tasse) d'huile d'olive

8 gros champignons portobello, avec tige

450 g (1 livre) de fromage feta émietté

480 ml (2 tasses) de tomates fraîches pelées, épépinées et coupées en dés (voir page 59)

1. Remuer ensemble le pesto et l'huile, et réserver. Gratter les lamelles noires sous les chapeaux des champignons, et jeter. Verser 30 ml (2 c. à soupe) du mélange de pesto dans chaque chapeau de champignon.

2. Mélanger le fromage feta avec les tomates et diviser le mélange également entre les champignons. Envelopper chaque champignon dans une pellicule de plastique, et laisser refroidir pendant au moins 30 minutes.

3. Préparer un feu de charbon de bois chaud environ 30 minutes avant de cuire, ou préchauffer un gril au gaz à puissance moyenne.

4. Enlever la pellicule de plastique des champignons, et cuire sur le gril à feu moyen pendant 10 à 20 minutes, ou jusqu'à ce qu'ils soient tendres lorsqu'ils sont percés avec un couteau. Retirer du feu et servir.

PAR PORTION : 350 CAL ; 12 G PROT ; 31 G MAT GR ; 9 G CARB ; 50 MG CHOL ; 680 MG SOD ; 2 G FIBRES

GRATIN DE CAROTTES RÂPÉES

POUR 8 PERSONNES

D'un goût riche et peu commun, ce mets d'accompagnement coloré complète les entrées savoureuses.

120 ml (8 c. à soupe) ou un bâtonnet de beurre non salé, divisé

675 g (1 ½ livre) de carottes, pelées et râpées

240 ml (1 tasse) de tofu mou en purée

Sel et poivre noir fraîchement moulu, au goût

224 ml (8 onces) de fromage Colby râpé

80 ml (⅓ tasse) de chapelure non assaisonnée (voir page 60)

1. Préchauffer le four à 190 °C (375 °F).

2. Chauffer 60 ml (4 c. à soupe) de beurre dans un grand poêlon, et faire sauter les carottes pendant environ 10 minutes, ou jusqu'à ce qu'elles deviennent légèrement tendres. Incorporer le tofu, le sel et le poivre. Verser le mélange dans une casserole allant au four, et garnir avec le fromage.

3. Faire sauter la chapelure dans un grand poêlon avec les 60 ml (4 c. à soupe) du beurre restant à feu moyen jusqu'à ce qu'elle soit bien enrobée et légèrement dorée. Saupoudrer de fromage.

4. Cuire au four pendant 30 minutes, ou jusqu'à ce que le fromage devienne doré. Servir chaud.

PAR PORTION : 270 CAL ; 9 G PROT ; 21 G MAT GR ; 12 G CARB ; 55 MG CHOL ; 260 MG SOD ; 2 G FIBRES

CHOU ROUGE D'AUTOMNE AVEC POIRES

POUR 12 PERSONNES

Les Allemands utilisent un procédé spécial pour couper le chou, mais en travaillant soigneusement, vous pouvez utiliser un robot culinaire ou un couteau très pointu pour trancher finement, ce qu'exige la recette. Vous pouvez préparer cette recette 4 jours à l'avance et réfrigérer avant d'utiliser.

60 ml (¼ tasse) d'huile végétale

2 oignons rouges, coupés en deux et taillés en très fines tranches

2 têtes de chou (environ 2,2 kg ou 5 livres au total) évidées et coupées en fines tranches

4 poires anjou, évidées et coupées en dés

360 ml (1 ½ tasse) de vinaigre de vin rouge

240 ml (1 tasse) de sucre cristallisé

10 ml (2 c. à thé) de sel

5 ml (1 c. à thé) de clou de girofle moulu

5 ml (1 c. à thé) de poivre noir fraîchement moulu

1. Chauffer un très grand poêlon ou une casserole à feu moyen. Ajouter l'huile, et faire sauter les oignons jusqu'à ce qu'ils soient ramollis, pendant environ 7 minutes. Ajouter le chou et les poires, et faire sauter 10 minutes de plus.

2. Entre-temps, mélanger ensemble le vinaigre, le sucre, le sel, les clous de girofle, et le poivre dans une casserole, et chauffer à feu moyen pendant 3 minutes. Verser sur le mélange de chou, couvrir et réduire à feu doux. Cuire pendant environ une heure, en ajoutant l'eau ou le vin rouge si le mélange se dessèche, ou jusqu'à ce que le chou soit très tendre et que les oignons et les poires aient pris la couleur du chou.

3. Retirer du feu, et servir ou conserver au réfrigérateur jusqu'au moment de servir.

PAR PORTION : 210 CAL ; 3 G PROT ; 5 G MAT GR ; 44 G CARB ; 0 MG CHOL ; 430 MG SOD ; 6 G FIBRES

Cette recette met en valeur les légumes en combinant leurs couleurs vives; leur goût est également délicieux puisque les légumes sont à peine cuits et sont assaisonnés d'ail, d'huile d'olive et d'herbes. Pour cuire rapidement, les légumes doivent être coupés en très fines tranches. Ce qui peut être fait dans un robot culinaire ou à la main. Les légumes peuvent être cuits sur un gril, si vous avez un panier à gril qui les empêchera de tomber dans le feu. Pour les haricots verts effilés, recherchez les haricots verts français.

224 g (8 onces) de courgettes

224 g (8 onces) de courges jaunes

1 gros oignon rouge

224 g (8 onces) de carottes naines

170 g (6 onces) de haricots verts très minces

1 gros poivron rouge

1 gros poivron jaune

120 ml (½ tasse) d'huile d'olive, extra vierge de préférence

2 grosses gousses d'ail, émincées

60 ml (¼ tasse) de persil frais haché

60 ml (¼ tasse) d'herbes fraîches mélangées, comme le basilic, estragon, origan, thym

5 ml (1 c. à thé) de sel

2,5 ml (½ c. à thé) de poivre noir fraîchement moulu

1. Couper la courgette sur une longueur de 6,35 cm (2½ pouces). Mettre la courgette sur un bord coupant, utiliser un petit couteau pointu pour couper la peau en tranches de 0,64 cm (¼ pouce) d'épaisseur. Ce qui devrait donner 4 ou 5 bandes pour chaque section de courgette. Couper les bandes en minces bâtonnets de 0,64 cm (¼ pouce) d'épaisseur. Mettre dans un bol. Faire de même avec la courge jaune.

2. Couper l'oignon en deux, de haut en bas. Enlever environ 5 couches au centre de l'oignon pour laisser une cavité. Couper l'oignon en morceau de 0,64 cm (¼ pouce). Couper les couches enlevées en morceaux identiques. Mettre l'oignon dans le bol avec la courge.

3. Cuire les carottes dans l'eau bouillante jusqu'à ce qu'elles soient tendres. Égoutter et laver à l'eau froide. Mettre dans le bol avec les autres légumes.

4. Enlever les tiges aux extrémités des haricots verts. Mettre les haricots dans l'eau bouillante et cuire pendant 6 minutes, ou jusqu'à ce qu'ils soient tendres. Égoutter et refroidir. Mettre les haricots verts dans le bol avec les autres légumes.

5. Mettre le poivron entier droit sur la planche à découper. Couper 4 ou 5 bandes de haut en bas en utilisant un couteau pointu. Ceci devrait permettre de conserver le sommet, la base et le cœur en un seul morceau. Conserver les extrémités pour une autre utilisation. Enlever les membranes blanches des bandes et couper les bandes en lanières très minces d'environ 6,35 cm (2½ pouces) de longueur et 0,64 cm (¼ pouce) de largeur. Ajouter les lanières dans le bol de légumes.

6. Mélanger l'huile avec l'ail, le persil, les herbes, le sel et le poivre. Verser un filet du mélange d'huile sur les légumes et remuer doucement pour couvrir. Réfrigérer jusqu'au moment de servir.

7. Préparer un feu de charbon de bois chaud 30 minutes avant la cuisson, ou préchauffer un gril au gaz à puissance moyenne-élevée. Placer un panier à légume sur le gril.

8. Au moment de servir, griller les légumes dans le panier. Ou les faire sauter dans un poêlon à fond épais à feu élevé pendant environ 8 minutes, ou jusqu'à ce qu'ils soient tendres, mais toujours croquants. Remuer constamment pendant que les légumes cuisent pour empêcher le ramol-lissement. Ajuster des assaisonnements au besoin, et servir.

PAR PORTION : 170 CAL ; 2 G PROT ; 14 G MAT GR ; 10 G CARB ; 0 MG CHOL ; 320 MG SOD ; 3 G FIBRES

COURGE POIVRÉE À LA MODE ASIATIQUE

La saveur douce de la menthe poivrée a ici un accent d'Asie. Si vous aimez les plats épicés, vous aimerez saupoudrer ce plat de poivrons rouges broyés.

1 courge poivrée, coupée en deux, épépinée et grattée pour retirer les cordes fibreuses

45 ml (3 c. à soupe) de jus de citron frais

30 ml (2 c. à soupe) de miel

15 ml (1 c. à soupe) de sauce soja faible en sodium

15 ml (1 c. à soupe) de gingembre frais râpé

1. Préchauffer le four à 200 °C (400 °F).

2. Mettre les moitiés de courges du côté tranché sur un plat à cuisson, et ajouter suffisamment d'eau, 1,27 cm (½ pouce), pour atteindre les côtés du plat.

3. Cuire pendant environ 30 minutes au four, ou jusqu'à ce que la courge soit tendre. Retirer du four, et tourner de côté les moitiés de courges.

4. Combiner le jus de citron, le miel, la sauce soja et le gingembre dans un bol. Verser avec une cuillère le mélange dans les cavités de courges.

5. Cuire au four 10 minutes de plus. Retirer du four, et servir chaud.

PAR PORTION (½ COURGE) : 162 CAL ; 3 G PROT ; 0,3 G MAT GR ; 38 G CARB ; 0 MG CHOL ; 523 MG SOD ; 6 G FIBRES

COURGE D'HIVER AVEC CANNEBERGES ET RAISINS SECS

Cette recette nécessite l'utilisation de la courge Delicata, un légume de forme oblongue d'environ 22,86 cm à 24,13 cm (9 à 9 ½ pouces) de longueur. Sa peau est ivoire, avec des raies vert foncé et sa chair est jaune. Recherchez la courge Delicata en automne.

2 courges Delicata ou poivrée, coupées en deux et épépinées

120 ml (½ tasse) de canneberges fraîches ou décongelées, ou de canneberges congelées

1 petite pomme, hachée

60 ml (¼ tasse) de raisins secs hachés

Jus et zeste de 1 petite orange

21 ml (1½ c. à soupe) de miel

1 pincée de sel

1. Préchauffer le four à 190 °C (375 °F). Mettre la courge, le côté tranché sur le dessus, dans un plat de cuisson légèrement huilé, et réserver.

2. Combiner les canneberges, la pomme, les raisins secs, le jus d'orange, le zeste, le miel et le sel dans un bol, et bien mélanger. Entasser le mélange dans les cavités de la courge, et couvrir.

3. Cuire jusqu'à ce que la courge soit tendre, pendant 25 à 45 minutes, selon la variété. (La courge poivrée cuit plus rapidement que la courge Delicata.) Retirer du four, déposer dans un plat de service, et servir chaud.

PAR PORTION (½ COURGE) : 185 CAL ; 3 G PROT ; 1 G MAT GR ; 45 G CARB ; 0 MG CHOL ; 4 MG SOD ; 11 G FIBRES

POIS « SUGAR SNAP » AVEC CHAMPIGNONS

POUR 8 PERSONNES

À la différence des pois mange-tout, les pois « Sugar snap » sont relativement dépourvus de fibres, et l'on doit couper uniquement les extrémités de la tige.

7,5 ml (1½ c. à thé) d'huile d'olive

15 ml (1 c. à soupe) d'ail émincé

1 oignon sucré moyen, comme Vidalia ou Maui, haché

2 grosses échalotes, émincées

1 gros poivron rouge, coupé en bandes de 5,08 cm (2 pouces)

170 g (6 onces) de champignons portobello, coupés en dés

900 g (2 livres) de pois « Sugar snap » ou mange-tout, parés

45 ml (3 c. à soupe) de jus de citron frais

7,5 ml (1½ c. à thé) de marjolaine séchée

80 ml (⅓ tasse) de graines de sésame rôties (voir page 60)

1. Chauffer l'huile dans un wok ou un poêlon de 25,40 cm (10 pouces), ajouter l'ail et faire sauter à feu moyen-élevé pendant 1 minute. Ajouter l'oignon, les échalotes et le poivron, et faire sauter pendant 3 minutes. Ajouter les champignons, et cuire pendant 4 minutes, ou jusqu'à ce que les légumes commencent à ramollir. Ajouter les pois et cuire pendant 2 minutes de plus, en remuant fréquemment.

2. Réduire à feu moyen-doux et ajouter le jus de citron et la marjolaine. Cuire pendant 1 minute pour bien chauffer tous les ingrédients, saupoudrer de graines de sésame et servir immédiatement.

PAR PORTION : 131 CAL ; 6 G PROT ; 3 G MAT GR ; 22 G CARB ; 0 MG CHOL ; 127 MG SOD ; 7 G FIBRES

ARTICHAUTS AVEC SAUCE VERTE AUX HERBES

POUR 6 PERSONNES

Vous pouvez cuire les artichauts à la vapeur et faire la sauce (à part le zeste de citron et le jus), le matin de votre déjeuner. Pour cuire les artichauts, utilisez toujours une casserole sans aluminium. L'aluminium provoque la décoloration des artichauts.

6 gros artichauts

90 ml (6 c. à soupe) de noix de pin

240 ml (1 tasse) de persil frais haché

120 ml (½ tasse) de basilic frais haché

60 ml (¼ tasse) de feuilles de marjolaine ou d'origan frais haché

2 gousses d'ail, émincées

30 ml (2 c. à soupe) de câpres, facultatif

120 à 240 ml (½ à 1 tasse) d'huile d'olive

Zeste et jus de 2 citrons

2,5 ml (½ c. à thé) de sel

Poivre noir fraîchement moulu au goût

1. Couper la base des artichauts afin qu'ils se tiennent debout. Utiliser des ciseaux de cuisine pour couper les pointes des feuilles.

2. Mettre les artichauts à l'envers dans un panier à vapeur placé dans une casserole remplie d'eau bouillante sans aluminium. Cuire à la vapeur jusqu'à ce vous puissiez détacher les feuilles des artichauts, pendant 25 à 30 minutes. Égoutter.

3. Rôtir les noix de pin dans un poêlon sec à feu moyen jusqu'à ce qu'ils soient dorés. (Surveiller attentivement les noix, ils brûlent facilement.) Laisser refroidir, puis hacher fin les noix.

4. Combiner les noix de pin, le persil, le basilic, la marjolaine, l'ail et les câpres dans un bol. Incorporer 480 ml (2 tasses) d'huile, ou plus au besoin. Juste avant de servir, incorporer le zeste et le jus de citron, et ajouter plus d'huile si désiré. Assaisonner avec le sel et le poivre.

5. Pour servir, placer chaque artichaut au centre d'un plat à salade. Avec une cuillère, verser la sauce dans la cavité. Verser la sauce additionnelle dans une saucière et servir à table.

PAR PORTION (AVEC 15 ML OU 1 C. À SOUPE DE SAUCE) : 212 CAL ; 4 G PROT ; 17 G MAT GR ; 14 G CARB ; 0 MG CHOL ; 262 MG SOD ; 5 G FIBRES

ARTICHAUTS AVEC SAUCE TREMPETTE LÉGÈRE AU CITRON

Les artichauts sont un des légumes les plus charnels, parce qu'on les mange toujours avec les doigts. Ce plat est non seulement sensuel, mais aussi bon pour la ligne.

Sauce

160 ml (⅔ tasse) de yogourt nature sans matières grasses

80 ml (⅓ tasse) de jus de citron frais

30 ml (2 c. à soupe) de moutarde de Dijon

15 ml (1 c. à soupe) de jus de pommes concentré ou frais

15 ml (1 c. à soupe) d'ail émincé

5 ml (1 c. à thé) de poudre de cari

Artichauts

2 artichauts

1 citron coupé en quatre

1. Pour préparer la sauce : battre ensemble tous les ingrédients dans un bol. Laisser reposer à la température de la pièce pendant que vous préparez les artichauts.

2. Pour cuire les artichauts : couper la base des artichauts afin qu'ils puissent tenir debout. Utiliser des ciseaux de cuisine pour couper les pointes des feuilles.

3. Porter une grande casserole (sans aluminium) d'eau à ébullition. Ajouter les artichauts et le citron. Faire bouillir à découvert jusqu'à ce que les artichauts soient tendres, pendant environ 25 minutes. Égoutter bien.

4. Pour servir, mettre chaque artichaut au centre d'une assiette à salade. Avec une cuillère, verser la sauce dans la cavité ou dans un petit bol pour la trempette.

PAR PORTION : 185 CAL ; 8 G PROT ; 3 G MAT GR ; 32 G CARB ; 1 MG CHOL ; 332 MG SOD ; 4 G FIBRES

FEUILLES BRAISÉES AVEC VINAIGRE ET GRAINES DE SÉSAME

Les feuilles assaisonnées de vinaigre sont une combinaison classique dans la cuisine du Sud ; l'acidité du vinaigre est un complément savoureux aux feuilles naturellement amères. Si les feuilles de betterave ne sont pas disponibles, vous pouvez utiliser les feuilles de chou, de chou frisé ou les feuilles de pissenlit. Essayez ce plat avec des haricots noir, des tomates et des fines herbes (page 255).

60 ml (¼ tasse) de vinaigre comme le vinaigre de vin rouge

1 gousse d'ail, émincée

450 g (1 livre) de feuilles de betterave, hachées grossièrement

1 pincée de poivre de Cayenne

15 ml (1 c. à soupe) de graines de sésame

Chauffer le vinaigre de vin rouge et l'ail dans une casserole sans aluminium à feu moyen. Ajouter les feuilles, et cuire jusqu'à ce qu'elles se flétrissent environ 10 minutes. Ajouter 60 ml (¼ tasse) d'eau, couvrir, et cuire pendant 2 minutes, en ajoutant de l'eau au besoin pour éviter que les feuilles ne collent. Découvrir, et cuire jusqu'à ce que le reste du liquide s'évapore et que les feuilles soient tendres, en ajoutant de l'eau au besoin. (Le temps de cuisson dépend de l'âge et de la fraîcheur des feuilles.) Saupoudrer de poivre de Cayenne et de graines de sésame avant de servir.

PAR PORTION : 81 CAL ; 4 G PROT ; 2 G MAT GR ; 12 G CARB ; 0 MG CHOL ; 456 MG SOD ; 8 G FIBRES

PANAIS CUIT AU FOUR
AVEC POMMES ET ORANGES

POUR 4 PERSONNES

Les oranges, les pommes et le miel mettent en valeur la douceur naturelle de cet humble légume à racine.

6 petits panais, pelés et coupés en tranches

3 pommes, pelées, évidées et coupées en tranches

1 orange, pelée et coupée en tranches

60 ml (¼ tasse) de jus de pommes ou d'eau

30 ml (2 c. à soupe) de miel

1. Préchauffer le four à 180 °C (350 °F).

2. Mélanger ensemble les panais, les pommes et l'orange dans un plat à cuisson. Incorporer le jus de pommes et le miel, et couvrir.

3. Cuire jusqu'à ce que les panais soient tendres, pendant environ 20 minutes, en remuant plusieurs fois. Découvrir, et cuire pendant 10 minutes de plus, afin de dorer le dessus légèrement. Retirer du four, et servir chaud.

PAR PORTION : 193 CAL ; 2 G PROT ; 0,4 G MAT GR ; 49 G CARB ; 0 MG CHOL ; 11 MG SOD ; 6 G FIBRES

CHOU ROUGE BRAISÉ AVEC RAISINS DE CORINTHE

POUR 6 PERSONNES

Ces légumes sont braisés en les faisant d'abord sauter, puis ils sont cuits au four ou cuits dans une petite quantité de liquide. Le résultat ? Une profusion de saveurs. Les raisins secs ou les pommes fraîches coupées en dés peuvent remplacer les raisins de Corinthe.

10 ml (2 c. à thé) de vin rouge sec

1 oignon rouge ou jaune, coupé en fines tranches

1,25 à 2,5 ml (¼ à ½ c. à thé) de sel

1 petit chou rouge, coupé en fines tranches

112 g (4 onces) de jus de pommes ou d'eau

120 ml (½ tasse) de groseilles

30 à 45 ml (2 à 3 c. à soupe) de vinaigre de vin rouge, de vinaigre de cidre ou de vinaigre de riz

15 ml (1 c. à soupe) de graines de carvi ou de cumin, rôties (voir page 60)

1. Préchauffer le four à 190 °C (375 °F). Huiler légèrement un plat de cuisson de 2 litres (8 tasses), et réserver.

2. Chauffer le vin dans une grande casserole sans aluminium à feu moyen. Ajouter l'oignon et le sel et cuire en remuant fréquemment, jusqu'à ce que l'oignon soit tendre, pendant environ 5 minutes. Ajouter le chou et cuire en remuant fréquemment, à feu moyen-doux jusqu'à ce qu'il se flétrisse légèrement, pendant environ 5 minutes. Ajouter de l'eau au besoin pour empêcher les légumes de coller.

3. Ajouter le jus de pomme, les groseilles, le vinaigre et le cumin, et mélanger bien. Le chou devrait devenir rouge vif. Vider le mélange de chou dans le plat à cuisson préparé, et couvrir.

4. Cuire jusqu'à ce que le mélange soit très tendre, pendant 45 à 60 minutes. Retirer du four, et servir chaud ou à la température de la pièce.

PAR PORTION : 43 CAL ; 1 G PROT ; 0,4 G MAT GR ; 8 G CARB ; 0 MG CHOL ; 98 MG SOD ; 2 G FIBRES

PLANTAINS GRILLÉS

Le plantain ressemble à une grosse banane, mais il a plutôt un goût qui s'approche de la courge d'hiver. À la différence des bananes, les plantains doivent être cuits avant le repas. Aux différentes étapes de mûrissement, les plantains se transforment en amidon, en légume, ou même en dessert — plus les plantains sont mûrs, plus ils sont sucrés.

2 gros plantains
Poivre de Cayenne au goût

Couper les plantains en quatre en diagonale, puis trancher dans le sens de la longueur pour former des pièces rectangulaires d'environ 3,49 cm (¼ pouce) d'épaisseur et d'environ 5,08 cm (2 pouces) de longueur. Saupoudrer de poivre de Cayenne. Griller jusqu'à ce qu'ils soient tendres, pendant environ 6 minutes. Servir chaud.

PAR PORTION : 109 CAL ; 1 G PROT ; 0,3 G MAT GR ; 26 G CARB ; 0 MG CHOL ;
4 MG SOD ; 2 G FIBRES

ASPERGES PARFUMÉES À L'ORANGE AVEC PIMENT ROUGE DOUX ET KIWI

Utiliser des oranges acidulées et des kiwis est une façon rafraîchissante de neutraliser la saveur herbacée des asperges. Un bon point : l'acide dans le jus d'orange permet aux asperges grillées de conserver leur couleur vert vif. Le jus de citron peut remplacer le jus d'orange concentré et les tranches de citron peuvent remplacer le kiwi.

140 à 170 g (5 à 6 onces)
d'asperges fraîches, taillées
2,5 ml (½ c. à thé) d'huile d'olive
½ poivron rouge, épépiné
et coupé en julienne
5 ml (1 c. thé) de jus d'orange
concentré, décongelé
Poivre noir fraîchement moulu
au goût
1 kiwi, pelé et coupé en fines
tranches
5 ml (1 c. à thé) de sucre brun,
facultatif

1. Préchauffer le four à gril. Légèrement huiler un plat de cuisson ou un plat à gratiner, et réserver.

2. Cuire les asperges dans une marmite à vapeur ou un grande casserole d'eau jusqu'à ce qu'elles soient tout juste tendres, environ 7 minutes et égoutter.

3. Entre-temps, chauffer l'huile et 5 ml (1 c. à thé) d'eau chaude dans un poêlon à feu moyen-élevé. Ajouter le poivron et cuire en remuant fréquemment, jusqu'à ce que le poivron ait légèrement ramolli, pendant environ 5 minutes. Retirer du feu et incorporer doucement le jus d'orange et le poivre. Disposer les pointes d'asperges et le kiwi dans le plat à gratiner. Avec une cuillère, verser le poivron et la sauce sur le plat. Saupoudrer de sucre.

4. Griller jusqu'à ce que le plat soit légèrement doré, pendant 2 à 3 minutes. Retirer du four, et servir chaud.

PAR PORTION : 61 CAL ; 2 G PROT ; 1 G MAT GR ; 10 G CARB ; 0 MG CHOL ; 6 MG SOD ;
3 G FIBRES

ASPERGES RÔTIES AVEC GRAINES DE SÉSAME

Le rôtissage permet avec ce légume de printemps de développer de nouvelles saveurs. Servir chaud ou à la température de la pièce.

900 g (2 livres) d'asperges fraîches, taillées

15 ml (1 c. à soupe) d'huile d'olive

5 ml (1 c. à thé) de gros sel (sel de mer ou sel kasher)

45 à 60 ml (3 à 4 c. à soupe) de graines de sésame, rôties (voir page 60)

1. Préchauffer le four à 220 °C (425 °F).

2. Disposer les pointes d'asperges afin de former une couche dans un plat de cuisson peu profond et badigeonner légèrement d'huile, en roulant les asperges pour étaler l'huile également. Saupoudrer de sel.

3. Rôtir à découvert jusqu'à ce que les pointes d'asperges soient tendres lorsqu'elles sont percées avec le bout d'un couteau, pendant environ 10 minutes. Retirer du four, disposer les asperges sur un plat de service et saupoudrer de graines de sésame.

PAR PORTION : 63 CAL ; 2 G PROT ; 4 G MAT GR ; 5 G CARB ; 0 MG CHOL ; 273 MG SOD ; 2 G FIBRES

POIVRONS ET COURGES SAUTÉES AVEC CÂPRES ET POIVRE DE CAYENNE

Ce plat rapide a meilleur goût à la température de la pièce. Préparez-le d'abord, puis laissez-le refroidir pendant que vous préparez le reste du repas. Il serait assez facile de doubler ou de tripler la recette lorsque vous recevez des membres de votre famille ou des amis.

5 à 10 ml (1 à 2 c. à thé) d'huile d'olive

4 oignons verts, coupés en fines tranches

½ poivron vert ou jaune, coupé en deux et en lanières

112 g (4 onces) de courgette ou de courge jaune, coupée en tranches et en diagonale

10 ml (2 c. à thé) de câpres, égouttées, facultatif

1,25 ml (¼ c. à thé) de sel

1,25 ml (¼ c. à thé) de poivre noir fraîchement moulu

0,6 ml (⅛ c. à thé) de poivre de Cayenne

Chauffer l'huile dans un poêlon moyen à feu moyen. Ajouter les oignons verts et le poivron et cuire, en remuant fréquemment, pendant 3 minutes. Ajouter la courge et cuire pendant environ 5 minutes, ou jusqu'à ce qu'elle ait ramolli. Ajouter le reste des ingrédients, et chauffer. Servir chaud ou à la température de la pièce.

PAR PORTION : 75 CAL ; 1 G PROT ; 4 G MAT GR ; 7 G CARB ; 0 MG CHOL ; 538 MG SOD ; 3 G FIBRES

BROCOLI À LA VAPEUR AVEC AIL

Ce mets d'accompagnement simple se prépare rapidement et peut être facilement doublé pour deux personnes. Servez chaud ou à la température de la pièce comme accompagnement ou mélangez avec des pâtes cuites et un peu d'huile d'olive comme plat principal.

480 ml (2 tasses) de fleurettes de brocoli

5 à 10 ml (1 à 2 c. à thé) d'huile végétale

1 gousse d'ail, émincée

½ poivron rouge ou jaune, coupé en dés

Sel et poivre noir fraîchement moulu au goût

1. Cuire le brocoli à la vapeur pendant 2 minutes. Réserver.

2. Chauffer l'huile dans un poêlon moyen à feu moyen. Ajouter l'ail et le poivron et cuire en remuant fréquemment, pendant 2 minutes. Ajouter le brocoli et cuire pendant 2 minutes de plus, jusqu'à ce que tous les légumes soient chauffés. Assaisonner avec le sel et le poivre, et servir.

PAR PORTION : 91 CAL ; 3 G PROT ; 4 G MAT GR ; 9 G CARB ; 0 MG CHOL ; 569 MG SOD ; 6 G FIBRES

CRÊPES DE COURGETTES À L'ANETH

Lorsque votre jardin produit trop de courgettes, essayez de les râper et de les congeler en morceaux dans des sacs en plastique. De cette façon, vous pouvez les utiliser dans ces crêpes ou dans le pain aux courgettes pendant tout l'hiver. Il s'agit davantage d'un plat de légumes que d'une crêpe — la pâte permet de faire tenir tous les ingrédients ensemble. Pour cette recette, choisissez un mélange de biscuit commercial acheté au supermarché.

1 litre (4 tasse) de courgettes râpées

5 ml (1 c. à thé) de sel

240 ml (1 tasse) d'oignons verts émincés

240 ml (1 tasse) de biscuits mélangés

15 ml (1 c. à soupe) d'aneth séché

5 ml (1 c. à thé) de poivre noir grossièrement moulu

2 gros œufs battus, ou 480 ml (2 tasses) de succédané d'60 ml (¼ tasse)œufs

60 ml (¼ tasse) d'huile de canola, ou plus pour frire

1. Mettre les courgettes dans un saladier et remuer avec le sel. Laisser reposer pendant 30 minutes, si possible, pour enlever un peu d'humidité. Ajouter les oignons verts, le mélange de biscuits, l'aneth et le poivre. Remuer bien. Ajouter les œufs et remuer jusqu'à ce que le mélange de biscuits soit humide.

2. Préchauffer le four à 100 °C (200 °F).

3. Chauffer une plaque en fonte ou un grand poêlon plat à feu moyen, et badigeonner légèrement d'huile. Utiliser une mesure de 60 ml (¼ tasse) pour recueillir le mélange de courgettes, et verser sur la plaque en fonte. Utiliser une fourchette pour étaler sur la plaque une crêpe de 7,62 cm (3 pouces). Laisser 2,54 cm (1 pouce) ou plus entre les crêpes, répéter jusqu'à ce que la plaque soit remplie. Lorsque le fond de chaque crêpe est brun doré, tourner et cuire l'autre côté. Retirer de la plaque lorsque les deux côtés sont cuits et empiler les crêpes sur un plat résistant à la chaleur.

4. Garder les crêpes au chaud dans un four préchauffé. Huiler encore la plaque en fonte et cuire le reste du mélange jusqu'à ce qu'il soit entièrement utilisé.

PAR PORTION : 140 CAL ; 4 G PROT ; 8 G MAT GR ; 13 G CARB ; 55 MG CHOL ; 510 MG SOD ; 2 G FIBRES

CHOU FRISÉ SAUTÉ AVEC GINGEMBRE

POUR 1 PERSONNE

Le gingembre frais et la sauce soja donnent un accent asiatique à ce plat. Vous pouvez remplacer, si vous le désirez, le chou frisé par les épinards ou le bok choy, et doubler les ingrédients pour pouvoir servir deux personnes.

7 ml (½ c. à soupe) d'huile végétale

15 ml (1 c. à soupe) de gingembre frais émincé

112 g (4 onces) de chou frisé, haché grossièrement

5 ml (1 c. à thé) de sauce soja faible en sodium

5 ml (1 c. à thé) de graines de sésame, rôties (voir page 60)

1. Battre l'huile dans un poêlon moyen à feu moyen. Ajouter le gingembre, et faire sauter pendant 1 minute.

2. Ajouter le chou frisé et augmenter le feu à moyen-élevé. Ajouter la sauce soja et 60 ml (¼ tasse) d'eau et faire sauter jusqu'à ce que le chou frisé se flétrisse, mais toujours légèrement croquant, pendant environ 3 minutes. Saupoudrer de graines de sésame. Servir chaud ou froid.

PAR PORTION : 124 CAL ; 3 G PROT ; 7 G MAT GR ; 11 G CARB ; 0 MG CHOL ; 396 MG SOD ; 7 G FIBRES

PURÉE DE POMMES DE TERRE ET DE CÉLERI-RAVE

POUR 6 PERSONNES

Voici une purée élaborée avec un soupçon de saveur de céleri et une texture merveilleusement crémeuse. La purée est sublime en soi, mais elle accompagne aussi idéalement les ragoûts aux légumes.

15 ml (1 c. à soupe) plus 1,25 ml (¼ c. à thé) de sel

336 g (12 onces) de racine de céleri, pelée et coupée en cubes

675 g (1 ½ livre) de pommes de terre rouges, pelées et coupées en cubes

2 gousses d'ail

30 ml (2 c. à soupe) de beurre non salé

Poivre blanc fraîchement moulu au goût

1. Porter 2½ litres (10 tasses) d'eau à ébullition avec 15 ml (1 c. à soupe) de sel dans une grande casserole à feu moyen. Ajouter le céleri-rave et cuire pendant 15 minutes. Ajouter les pommes de terre et l'ail. Continuer à cuire pendant 15 minutes de plus, ou jusqu'à ce que le céleri-rave et les pommes de terre soient tendres.

2. Égoutter les légumes dans une passoire, en réservant environ 60 ml (¼ tasse) du liquide de cuisson. Vider les légumes dans un bol, et écraser avec le beurre, 1,25 ml (¼ c. à thé) du sel qui reste et le poivre au goût. Ajouter 30 à 45 ml (2 à 3 c. à soupe) de l'eau réservée pour rendre le mélange crémeux. Servir immédiatement.

PAR PORTION : 160 CAL ; 3 G PROT ; 4 G MAT GR ; 30 G CARB ; 10 MG CHOL ; 550 MG SOD ; 3 G FIBRES

POMMES DE TERRE TRÈS ÉPICÉES

Cette recette plus stylisée est la version Tex-Mex des frites maisons, avec des chilis jalapeño, votre salsa préférée, de la crème sure et du fromage Pepper Jack. Vous pouvez remplacer le goût piquant des jalapeños au vinaigre par tout type de poivron haché que vous aimez. Cuire les pommes de terre au four le soir précédant leur utilisation.

4 pommes de terre en robe de chambre moyennes, cuites au four et refroidies

45 ml (3 c. à soupe) d'huile végétale, divisée

240 ml (1 tasse) d'oignon haché finement

Sel au goût

2,5 ml (½ c. à thé) de paprika ou de poudre de chili doux

120 ml (½ tasse) de salsa préparée

80 ml (⅓ tasse) de crème sure faible en matières grasses

60 à 80 ml (¼ à ⅓ tasse) de chilis jalapeño au vinaigre tranchés, et égouttés

240 à 360 ml (1 à 1½ tasse) de fromage Pepper Jack râpé

1. Préchauffer le four à 200 °C (400 °F).

2. Couper les pommes de terre en gros morceaux, de la taille d'une bouchée, et réserver. Chauffer 30 ml (2 c. à soupe) de l'huile dans un grand plat allant au four à feu moyen. Ajouter l'oignon, et cuire jusqu'à ce qu'il ait ramolli, pendant environ 5 minutes. Ajouter le reste de l'huile (15 ml ou 1 c. à soupe) et les pommes de terre, et cuire en remuant souvent, jusqu'à ce que les ingrédients soient chauffés, pendant environ 5 minutes. Assaisonner avec du sel. Saupoudrer de paprika et cuire en remuant souvent, pendant 1 minute. Retirer la casserole du feu.

3. Avec une cuillère, verser la salsa et la crème sure sur les pommes de terre. Saupoudrer de jalapeños et de fromage. Cuire les pommes de terre dans le poêlon pendant 5 à 7 minutes, ou jusqu'à ce que le fromage ait fondu. Servir directement du poêlon.

PAR PORTION : 315 CAL ; 9 G PROT ; 15 G MAT GR ; 39 G CARB ; 30 MG CHOL ; 371 MG SOD ; 5 G FIBRES

POMMES DE TERRE DES ÎLES CANARIES AVEC SAUCE MOJO

POUR 6 PERSONNES

Dans les îles Canaries, au large de la côte nord-ouest de l'Afrique, les pommes de terre sont cuites dans l'eau de mer et arrosées généreusement de sauce mojo, un mélange acide et brûlant.

12 pommes de terre rouges
    moyennes, brossées
    et coupées en deux

120 ml (½ tasse) de vinaigre
    de vin rouge

30 ml (2 c. à soupe) d'huile d'olive

2 gousses d'ail, pressées ou
    émincées

10 ml (2 c. à thé) de persil frais
    émincé

3 ml (¾ c. à thé) de paprika

3 ml (¾ c. à thé) de graines
    de cumin, rôties (voir page 60)
    et écrasées légèrement

2,5 ml (½ c. à thé) de sel,
    ou au goût

0,6 ml (⅛ c. à thé) de poivre
    de Cayenne, ou au goût

1. Couvrir dans l'eau et cuire les pommes de terre et jusqu'à ce qu'elles soient tendres, pendant 20 à 40 minutes. (Le temps de cuisson dépend de la taille et de la fraîcheur des pommes de terre.) Égoutter, et réserver.

2. Entre temps, combiner le vinaigre, l'huile, l'ail, le persil, le paprika, le cumin, le poivre de Cayenne dans un bol, et battre pour mélanger.

3. Vider les pommes de terre dans un plat de service, et garnir avec l'huile et la sauce au vinaigre. Servir chaud ou à la température de la pièce.

PAR PORTION : 203 CAL ; 4 G PROT ; 5 G MAT GR ; 36 G CARB ; 0 MG CHOL ;
184 MG SOD ; 6 G FIBRES

PATATES DOUCES ÉCRASÉES ET MOELLEUSES

POUR 6 PERSONNES

Au lieu des pommes de terre blanches, pourquoi ne pas utiliser des patates douces ? Les bananes, le jus de pruneau, le miel et des épices ajoutent un goût légèrement sucré à cet accompagnement riche en vitamine A.

Environ 450 g (1 livre) de patates
    douces

3 bananes mûres, écrasées

360 ml (1½ tasse) de lait de soja
    ou de lait

120 ml (½ tasse) de jus de prune

45 ml (3 c. à soupe) de miel

5 ml (1 c. à thé) de piment
    de la Jamaïque moulu

10 ml (2 c. à thé) de gingembre
    confit haché

1. Préchauffer le four à 190 °C (375 °F). Huiler légèrement un plat de cuisson, et réserver.

2. Cuire les patates douces dans l'eau et couvrir pendant 20 à 40 minutes, ou jusqu'à ce qu'elles soient tendres. (Le temps de cuisson dépend de la taille et de la fraîcheur des pommes de terre.) Sous l'eau froide, enlever les pelures, et jeter. Égoutter et piler l'équivalent de 480 ml (2 tasses) de pommes cuites. Combiner les pommes de terre, les bananes, le lait de soja, le jus de prune, le miel et le piment de la Jamaïque et battre jusqu'à ce que le mélange soit léger et moelleux. Avec une cuillère, verser dans le plat de cuisson

3. Cuire pendant 50 à 60 minutes, ou jusqu'à ce que le mélange soit brun doré. Retirer du feu, saupoudrer de gingembre confit et servir chaud.

PAR PORTION : 236 CAL ; 3 G PROT ; 1 G MAT GR ; 52 G CARB ; 0 MG CHOL ;
24 MG SOD ; 6 G FIBRES

POMMES DE TERRE ET RUTABAGAS EN PURÉE

POUR 6 PERSONNES

Si vous n'avez pas encore essayé les rutabagas, voici une occasion délicieuse de découvrir leur goût moelleux. Le rutabaga est très ciré lors de l'expédition, et un éplucheur à légume n'est pas toujours utile, aussi essayez d'utiliser plutôt un petit couteau à parer.

675 g (1½ livre) de pommes de terre

675 (1½ livre) de rutabaga

120 ml (½ tasse) de lait écrémé évaporé

30 ml (2 c. à soupe) de beurre non salé ou de margarine

5 ml (1 c. à thé) de sel

1,25 ml (¼ c. à thé) de poivre blanc moulu, ou au goût

1 pincée de noix de muscade moulue

1. Couvrir et cuire les pommes de terre dans l'eau pendant 20 à 40 minutes, ou jusqu'à ce qu'elles soient tendres. (Le temps de cuisson dépend de la taille et de la fraîcheur des pommes de terre.) Égoutter. Sous l'eau fraîche, enlever les pelures, et jeter.

2. Couper le rutabaga en quatre et peler chaque section avec un couteau à éplucher. Couper le rutabaga en gros morceaux de 5,08 cm (2 pouces) et couvrir avec de l'eau froide dans une lourde casserole. Ajouter une pincée de sel, porter à ébullition et cuire pendant 10 à 15 minutes, ou jusqu'à ce que le rutabaga soit tendre sous la fourchette. Égoutter, en réservant l'eau de cuisson.

3. Passer les pommes de terre et le rutabaga à travers un presse-purée dans un saladier, ou écraser avec un pilon. Ajouter le lait, le beurre, 5 ml (1 c. à thé) de sel et le poivre, et battre vigoureusement. Ajouter lentement l'eau de cuisson réservée en battant constamment, jusqu'à ce que le mélange soit léger et moelleux, mais avec le dessus en forme de crêtes. Vider dans un bol à servir, saupoudrer de muscade, et servir chaud.

PAR PORTION : 160 CAL ; 5 G PROT ; 4 G MAT GR ; 27 G CARB ; 17 MG CHOL ; 455 MG SOD ; 6 G FIBRES

PURÉE DE POMMES DE TERRE ET PAPRIKA

POUR 6 PERSONNES

Cette purée a une saveur à l'ancienne, mais a plus de couleur et moins de gras que la purée de pommes de terre de votre mère. Au lieu du paprika, vous pouvez ajouter 7,5 ml (½ c. à soupe) de thym séché, d'origan ou de basilic.

6 pommes de terre Russet moyennes, pelées et coupées en cubes

180 ml (¾ tasse) de yogourt nature sans gras

60 ml (¼ tasse) de lait écrémé évaporé ou de lait de soja faible en gras

7,5 ml (½ c. à soupe) de paprika

Sel au goût

2,5 ml (½ c. thé) de poivre noir fraîchement moulu

5 ml (1 c. à thé) de beurre non salé ou de margarine, fondue

1. Couvrir et cuire les pommes de terre dans l'eau jusqu'à ce qu'elles soient tendres, pendant 20 à 40 minutes. (Le temps de cuisson dépend de la taille et de la fraîcheur des pommes de terre.) Égoutter.

2. Combiner dans un bol les pommes de terre avec le yogourt, le lait, le paprika, le sel et le poivre. Écraser avec un presse-purée, ou battre avec un mélangeur électrique jusqu'à consistance lisse. Verser du beurre sur les pommes de terre, et servir.

PAR PORTION : 142 CAL ; 3 G PROT ; 1 G MAT GR ; 30 G CARB ; 4 MG CHOL ; 412 MG SOD ; 3 G FIBRES

CROQUETTES DE POMMES DE TERRE GRILLÉES AVEC ORANGE ET MUSCADE

POUR 6 PERSONNES

Ce plat pauvre en matières grasses est également délicieux préparé avec des patates douces : utilisez 750 g ou 1½ livre de patates sucrées bouillies, avec 750 g ou 1½ livre de pommes de terre bouillies, plutôt que les pommes de terre bouillies uniquement.

1,3 kg (3 livres) de pommes de terre, pelées et coupées en quatre

120 ml (½ tasse) de succédané d'œufs ou 2 gros œufs

30 ml (2 c. à soupe) de margarine

10 ml (2 c. à thé) de zeste d'orange

10 ml (2 c. à thé) de sel, ou au goût

1,25 ml (¼ c. à thé) de poivre blanc moulu

0,6 ml (⅛ c. à thé) de noix de muscade moulue

1. Couvrir et cuire les pommes de terre dans l'eau pendant 20 à 40 minutes, ou jusqu'à ce qu'elles soient tendres. (Le temps de cuisson dépend de la taille et de la fraîcheur des pommes de terre.) Égoutter, et réserver.

2. Mettre les pommes de terre dans une moulinette ou un presse-purée afin de préparer une pâte lisse. Vider dans un bol. Ajouter le succédané d'œuf, la margarine, le zeste d'orange, le sel, le poivre, et la noix de muscade. Battre avec un mélangeur électrique ou à la main jusqu'à ce que le mélange soit léger et moelleux. Laisser refroidir.

3. Préchauffer le four à gril. Vaporiser une plaque à pâtisserie avec un vaporisateur antiadhésif, et réserver.

4. Adapter dans un sac à pâtisserie un grand bout en forme d'étoile, et remplir aux trois quarts avec le mélange de pommes de terre. Ou couper le coin d'un sac en plastique solide et servant à conserver les aliments, et adapter un bout en forme d'étoile. Remplir le sac avec le mélange de pommes de terre.

5. Extraire du sac en rang des rondins de 7,62 cm (3 pouces) de longueur et disposer sur la plaque à pâtisserie, en remplissant à nouveau le sac au besoin jusqu'à ce que tout le mélange de pommes de terre soit utilisé. Vaporiser la surface des rondins avec le vaporisateur à cuisson afin d'empêcher la formation d'une croûte.

6. Griller jusqu'à ce que le dessus des rondins soit très doré. Retirer du four, et servir chaud.

PAR PORTION : 292 CAL ; 6 G PROT ; 4 G MAT GR ; 58 G CARB ; 0 MG CHOL ; 789 MG SOD ; 6 G FIBRES

POMMES DE TERRE AU FOUR ET POMMES « ANNA »

POUR 6 PERSONNES

Ce plat étagé est un mélange simple et nourrissant de pommes, de pommes de terre et d'oignons.

900 g (2 livres) de pommes de terre blanches ou rouges, coupées en fines tranches de 0,64 cm (¼ pouce) d'épaisseur

Sel et poivre noir fraîchement moulu au goût

1 oignon rouge, haché

2 grosses pommes sucrées, évidées et coupées en tranches de 0,64 cm (¼ pouce) d'épaisseur

Noix de muscade fraîchement moulue

1. Préchauffer le four à 180 °C (350 °F). Huiler le fond et les côtés d'un plat de cuisson.

2. Disposer une couche de pommes de terre dans le poêlon. Saupoudrer de sel, de poivre et de la moitié des oignons. Mettre une couche de pommes sur le dessus, en utilisant la moitié des pommes. Répéter les couches, en finissant avec une couche de pommes tranchées. Saupoudrer de muscade et presser fermement le mélange.

3. Cuire au four pendant 35 à 40 minutes, ou jusqu'à ce que les pommes soient tendres et les pommes de terre croustillantes et dorées. Laisser refroidir pendant 10 minutes avant de couper en morceaux. Servir chaud.

PAR PORTION : 208 CAL ; 3 G PROT ; 2 G MAT GR ; 45 G CARB ; 0 MG CHOL ; 190 MG SOD ; 5 G FIBRES

KNISHES AUX POMMES DE TERRE

Les knishes sont de savoureuses pâtisseries habituellement remplies de pommes de terre en purée et d'oignons. Dégustez-les comme hors-d'œuvre, lors d'un casse-croûte ou comme mets d'accompagnement. Ne fouettez pas les pommes de terre — vous voudrez qu'elles soient un peu grumeleuses.

30 ml (2 c. à soupe) d'huile, de beurre non salé, de margarine ou une combinaison

2 gros oignons, hachés

4 grosses pommes de terre Russet, cuites au four

1 gros œuf, ou 60 ml (¼ tasse) de succédané d'œuf

1 pincée de noix de muscade moulue

Sel et poivre blanc moulu au goût

12 feuilles de pâte phyllo décongelée

60 ml (4 c. à soupe) ou ½ bâtonnet de beurre non salé ou de margarine, fondu

120 ml (½ tasse) de chapelure fine grillée (voir page 60)

1. Chauffer l'huile dans un poêlon à feu moyen et ajouter les oignons. Réduire à feu moyen-doux et cuire, en remuant fréquemment, pendant environ 10 minutes, ou jusqu'à ce que les oignons soient dorés. Retirer du feu et laisser légèrement refroidir.

2. Entre-temps, peler les pommes de terre et écraser avec une fourchette ou passer dans un presse-purée.

3. Combiner les pommes de terre et les oignons dans un bol et incorporer l'œuf, la noix de muscade, le sel et le poivre.

4. Préchauffer le four à 190 °C (375 °F). Vaporiser une plaque à pâtisserie avec un vaporisateur antiadhésif à cuisson, et réserver.

5. Dérouler la pâte phyllo et détacher soigneusement 12 feuilles. Congeler le reste de la pâte phyllo pour une autre utilisation. Couvrir 6 feuilles dans un linge humide pour les empêcher de sécher. Travailler avec une feuille à la fois, badigeonner légèrement la feuille de phyllo avec le beurre fondu. Rapidement, disposer la deuxième feuille sur la première et badigeonner avec le beurre. Continuer l'opération avec les 4 feuilles restantes.

6. Saupoudrer la moitié de la chapelure sur la pâte phyllo, et avec une cuillère verser la moitié du mélange d'oignon et de pommes de terre en ruban sur la pâte à environ 10,16 cm (4 pouces) du bord. Rabattre le bord dégagé pour couvrir la garniture, et rouler en cylindre. Déposer soigneusement le rouleau garni sur une plaque à pâtisserie. Répéter l'opération avec le reste des 6 feuilles de pâte phyllo, la chapelure et le mélange d'oignons et de pommes de terre.

7. Utiliser un couteau très pointu pour pratiquer des fentes sur les rouleaux à 5,08 cm (2 pouces) d'intervalle, en laissant les rouleaux intacts et en veillant à ne pas séparer les tranches. Badigeonner légèrement le dessus des rouleaux avec du beurre fondu.

8. Cuire au four jusqu'à ce que le plat soit brun doré, pendant 30 à 40 minutes. Retirer du four, et servir.

PAR KNISHE : 182 CAL ; 3 G PROT ; 6 G MAT GR ; 28 G CARB ; 24 MG CHOL ; 175 MG SOD ; 2 G FIBRES

GRATIN D'IGNAME ET D'ANANAS

les tranches de légumes comme les tomates, les poivrons et les courges sont disposées en alternance dans un plat à gratin ovale, avec un filet d'huile d'olive, puis sont assaisonnées d'ail et d'herbes et cuites au four. Cette recette est basée sur cette idée. En Amérique du Nord, les ignames et les patates douces sont le même légume. Le nom « igname » est une manière erronée de désigner les patates douces du Nouveau Monde comme des ignames parce qu'elles ressemblent à l'igname sud-africaine. Les patates douces Red Garnet font de ce plat un repas coloré et délicieux.

675 g (1 ½ livre) de patates douces rouges ou d'igname

½ gros ananas frais

75 ml (5 c. à soupe) de margarine, fondue

5 ml (1 c. à thé) de sel

5 ml (1 c. à thé) de cannelle moulue

2,5 ml (½ c. à thé) de poivre noir fraîchement moulu

1. Préchauffer le four à 180 °C (350 °F).

2. Peler les patates douces, et couper en tranches de 1,27 cm (½ pouce) d'épaisseur. Peler et évider l'ananas, couper en deux dans le sens de la longueur, puis en très fines tranches.

3. Badigeonner un gratin ovale ou d'autre plat de cuisson peu profond avec 15 ml (1 c. à soupe) de margarine. Alterner les tranches supplémentaires de patates douces et d'ananas pour garnir le plat. Mélanger les 60 ml (4 c. à soupe) de margarine avec le sel, la cannelle et le poivre, et verser un filet uniformément sur les patates douces et l'ananas.

4. Cuire au four jusqu'à très tendre, pendant environ 1 heure. Retirer du four, et servir chaud.

PAR PORTION : 170 CAL ; 2G PROT ; L0 G MAT GR ; 20 G CARB ; 0 MG CHOL ; 520 MG SOD ; 3 G FIBRES

POUDING AUX PATATES DOUCES
À LA MODE DE MEMPHIS

Faire bouillir les patates douces plutôt que les cuire au four est important — les patates douces seront très molles et semblables au pouding. Si vous devez cuire les patates douces au four ou au four micro-ondes, la texture ne sera pas aussi bonne, mais le goût sera tout aussi délicieux.

900 g (2 livres) de patates douces, pelées et coupées en cubes de 2,54 cm (1 pouce)

240 ml (1 tasse) de noix de pécan moulues

120 ml (½ tasse) de beurre non salé, à la température de la pièce

80 ml (⅓ tasse) de sucre brun ou de sucre d'érable

1,25 ml (¼ c. à thé) de noix de muscade râpée

1. Préchauffer le four à 180 °C (350 °F).

2. Couvrir et faire bouillir les patates douces dans l'eau pendant 20 minutes, ou jusqu'à ce qu'elles soient très tendres lorsque piquées avec une fourchette. Égoutter. Mettre dans une poêle de 2 litres (8 tasses).

3. Entre-temps, mélanger ensemble les noix de pécan, le beurre et le sucre. Avec une cuillère, verser le mélange sur les pommes de terre.

4. Cuire au four pendant 20 minutes, ou jusqu'à ce que les ingrédients soient suffisamment chauffés et le dessus du plat légèrement doré. Servir chaud.

PAR PORTION : 510 CAL ; 5 G PROT ; 43 G MAT GR ; 32 G CARB ; 40 MG CHOL ; 140 MG SOD ; 7 G FIBRES

GRATIN ÉPICÉ AU RUTABAGA ET PATATES DOUCES

Servir ce mélange nourrissant comme accompagnement lors d'un repas à l'automne. Le jus de citron ajoute une acidité bienvenue.

½ rutabaga moyen, pelé et coupé en tranches de 0,64 cm (¼ pouce)

2 carottes moyennes, coupées en diagonale

2 grosses patates douces, pelées, coupées en tranches de 0,64 cm (¼ pouce) et trempées dans l'eau froide jusqu'à utilisation

45 ml (3 c. à soupe) d'huile végétale

1 oignon moyen, haché

3 gousses d'ail, hachées

1 morceau de gingembre frais, haché ou râpé

5 ml (1 c. à thé) de curcuma moulu

5 ml (1 c. à thé) de graines de coriandre, légèrement écrasées

15 ml (3 c. à thé) de graines de cumin, légèrement écrasées

10 ml (2 c. à thé) de jus de citron frais

80 ml (⅓ tasse) de graines de tournesol

1. Préchauffer le four à 200 °C (400 °F).

2. Porter un grande casserole d'eau légèrement salée à ébullition. Lorsque l'eau bout, ajouter le rutabaga, les carottes et les patates douces et cuire pendant 5 minutes. Égoutter et réserver 120 ml (½ tasse) du liquide.

3. Chauffer l'huile dans un chaudron en fonte à feu moyen. Ajouter l'oignon, l'ail, le gingembre et le curcuma et cuire, en remuant fréquemment, pendant 3 à 4 minutes. Ajouter la coriandre et les graines de cumin au mélange et les légumes égouttés. Remuer doucement pendant 5 minutes, ou jusqu'à ce que le mélange soit complètement cuit. Verser 120 ml (½ tasse) du liquide réservé sur les légumes et asperger de jus de citron. Couvrir.

4. Cuire pendant 1 heure. Enlever le couvercle. Saupoudrer de graines de tournesol sur le dessus et cuire à découvert, 10 minutes de plus, ou jusqu'à ce que le dessus soit doré. Servir chaud.

PAR PORTION : 186 CAL ; 4 G PROT ; 11 G MAT GR ; 20 G CARB ; 0 MG CHOL ; 25 MG SOD ; 4 G FIBRES

PATATES DOUCES SAUTÉES

Le goût naturellement sucré des patates douces fait ressortir l'amertume du pak-choï. Servir avec un accompagnement de riz au jasmin ou de nouilles de blé entier.

450 g (1 livre) de tofu extra-ferme

2 patates douces moyennes, pelées

450 g (1 livre) de pak-choï nain, pelé, rincé et égoutté

340 g (12 onces) de brocoli, sans les tiges

6 oignons verts

75 g (5 c. à soupe) d'huile végétale, divisée

30 ml (2 c. à soupe) d'huile de sésame foncée, divisée

60 ml (¼ tasse) de mirin

80 ml (⅓ tasse) de sauce soja faible en sodium

45 ml (3 c. à soupe) de vinaigre de vin

7,5 ml (1½ c. à thé) de farine de maïs

3 tranches de 0,64 cm (¼ pouce) de gingembre frais pelé, haché

1 grosse gousse d'ail, hachée

1,25 ml (¼ c. à thé) de poivron rouge écrasé, facultatif

1. Trancher le tofu en moitié de façon horizontale et placer sur plusieurs couches de papier essuie-tout. Étendre plusieurs couches de papier essuie-tout supplémentaires sur le tofu et presser pour enlever l'excès d'humidité. Couper le tofu en tranches de 1,27 cm (½ pouce). Réserver.

2. Couper les patates douces dans le sens de la longueur en tranches de 0,64 cm (¼ pouce) d'épaisseur. Empiler les tranches et couper en diagonale en morceaux de 1,27 cm (½ pouce) de longueur. Réserver. Couper les bouts du pak-choï et jeter. Couper les tiges et les feuilles en tranches de 2,54 cm (1 pouce) d'épaisseur en diagonale. Réserver. Couper le brocoli en tranches de 2,54 cm (1 pouce) de longueur en diagonale. Réserver. Couper les oignons verts, les parties blanches, et environ 10,16 cm (4 pouces) de la partie verte, en tranches de 2,54 cm (1 pouce) de longueur et en diagonale. Réserver.

3. Chauffer 45 ml (3 c. à soupe) d'huile végétale et 15 ml (1 c. à soupe) d'huile de sésame dans un très grand poêlon ou un wok à feu moyen. Ajouter les patates douces et cuire en remuant de temps en temps, pendant 6 à 10 minutes, ou jusqu'à ce que les patates douces soient presque cuites. Retirer du poêlon.

4. En attendant, mélanger le mirin, la sauce soja, le vinaigre et la farine de maïs et réserver. Chauffer le reste des 30 ml (2 c. à soupe) d'huile d'olive et le reste, soit 15 ml (1 c. à soupe), d'huile de sésame dans le poêlon ou un wok, et ajouter le tofu. Cuire pendant environ 3 minutes de chaque côté, ou jusqu'à brun doré. Réserver et garder au chaud.

5. Combiner le pak-choï, le brocoli, les oignons, les patates douces et le tofu dans le poêlon et faire sauter pendant 2 minutes de plus, ou jusqu'à ce que les légumes soient tendres et croquants. Ajouter le gingembre et l'ail, et cuire pendant 1 minute de plus, ou jusqu'à ce qu'ils soient parfumés. Ajouter le mélange de mirin, et cuire pendant environ 30 secondes, ou jusqu'à ce qu'il ait légèrement épaissi. Saupoudrer du poivron rouge écrasé. Servir chaud.

PAR PORTION : 450 CAL ; 16 G PROT ; 26 G MAT GR ; 37 G CARB ; 0 MG CHOL ; 900 MG SOD ; 5 G FIBRES

CROQUETTES D'ORGE

Ce plat d'accompagnement utilise les flocons d'orge, une façon rapide de cuisiner l'orge. Les herbes de Provence sont un mélange d'assaisonnements qui inclut habituellement le basilic, la sauge, le romarin et d'autres herbes (voir page 596).

15 ml (1 c. à soupe) de shortening végétal

160 ml (⅔ tasse) d'oignons hachés

1 gousse d'ail, émincée

1 pincée d'herbes de Provence

5 ml (1 c. à thé) de sauce tamari au soja faible en sodium

Sel et poivre noir fraîchement moulu, au goût

3 tranches de pain de blé coupé en cubes

60 ml (¼ tasse), plus 15 ml (1 c. à soupe) de chapelure (voir page 60)

60 ml (¼ tasse) de tofu ferme coupé en cubes

28 g (1 once) de levure alimentaire

56 g (2 onces) de fromage suisse râpé

84 g (3 onces) de flocons d'orge

1 gros œuf battu

30 ml (2 c. à soupe) d'huile végétale

1. Chauffer le shortening dans une grande casserole à feu doux. Ajouter l'oignon, l'ail, les herbes de Provence, la sauce tamari, le sel et le poivre. Mélanger et cuire pendant 8 minutes, ou jusqu'à ce que les oignons soient tendres.

2. Mettre le mélange dans un bol à mélanger et ajouter le pain, la chapelure, le tofu, la levure et le fromage. À l'aide d'un batteur électrique, battre jusqu'à ce que le mélange soit bien combiné. Incorporer les flocons d'orge, puis ajouter l'œuf jusqu'à ce qu'il soit bien mélangé.

3. Former des petits pâtés ronds de 7,62 cm (3 pouces) avec le mélange. Chauffer l'huile dans un grand poêlon à feu moyen. Lorsque l'huile est chaude, faite frire les petits pâtés jusqu'à ce qu'ils soient dorés sur les deux côtés. Retirer du feu, égoutter sur des papiers essuie-tout et servir.

PAR PORTION : 300 CAL ; 12 G PROT ; 15 G MAT GR ; 33 G CARB ; 60 MG CHOL ; 260 MG SOD ; 7 G FIBRES

CRÈME ANGLAISE AU MAÏS

Un accompagnement nourrissant qui complète les entrées à la mode du Sud-Ouest, particulièrement lors d'un repas de fête.

2 litres (8 tasses) de grains de maïs en conserve, frais ou congelés

1 litre (4 tasses) de courgettes hachées

240 ml (1 tasse) de chilis verts doux en conserve, coupés en dés

2 gousses d'ail, émincées

720 ml (3 tasses) de nachos écrasés

450 g (1 livre) de fromage cheddar râpé

4 gros œufs battus

480 ml (2 tasses) de lait de soja ou de lait entier

Sel au goût

240 ml (1 tasse) de graines de citrouille non salées, moulues

1. Préchauffer le four à 180 °C (350 °F).

2. Mettre le maïs en grains, la courgette, le piment, l'ail et 480 ml (2 tasses) de nachos écrasés dans une casserole de 6 litres allant au four. Incorporer le fromage.

3. Battre les œufs et le lait ensemble, verser sur le mélange de maïs en grains et mélanger ensemble. Mélanger ensemble le reste des nachos écrasés et les graines de citrouille. Verser sur le mélange de grains de maïs.

4. Cuire pendant 1 heure, ou jusqu'à ce que la crème anglaise soit prête. Retirer du feu et servir.

PAR PORTION : 510 CAL ; 25 G PROT ; 29 G MAT GR ; 45 G CARB ; 110 MG CHOL ; 390 MG SOD ; 6 G FIBRES

CRÈME ANGLAISE AU MAÏS ET COURGETTES KABOCHA

POUR 6 PERSONNES

Ce plat sans prétention peut être préparé avec n'importe quelle courgette d'hiver, bien que la courgette japonaise kabocha avec sa fine texture et son goût sucré soit particulièrement délicieuse.

1 courgette kabocha, coupée en deux et épépinée

15 ml (1 c. à soupe) de beurre non salé ou d'huile végétale

360 ml (1½ tasse) d'oignons coupés en dés

240 ml (1 tasse) de piments verts coupés en dés

10 ml (2 c. à thé) d'ail émincé

360 ml (1½ tasse) de maïs en grains en conserve, ou congelé

240 ml (1 tasse) de chips tortilla au maïs écrasés

240 ml (1 tasse) de fromage Pepper Jack râpé

480 ml (2 tasses) de lait entier

4 gros œufs, battus

5 ml (1 c. à thé) de sel

5 ml (1 c. à thé) de poivre noir fraîchement moulu

2,50 ml (½ c. à thé) de cumin moulu

1. Préchauffer le four à 180 °C (350 °F). Beurrer un plat de cuisson de 22,8 cm x 33,02 cm (9 x 13 pouces).

2. Placer les moitiés de courgette, le côté tranché vers le bas, sur une plaque à cuisson. Cuire environ 35 minutes, ou jusqu'à ce que la courgette se perce facilement avec un couteau. Retirer du four et laisser refroidir. Lorsque la courgette est suffisamment refroidie pour être manipulée, utiliser une cuillère pour enlever de petites morceaux de courgettes et mettre les morceaux dans un bol.

3. Chauffer le beurre dans un grand poêlon à feu moyen et sauter l'oignon, le poivron, l'ail jusqu'à ce que l'oignon soit translucide et que les légumes soient tendres, environ 7 minutes. Retirer du feu et mélanger avec la courgette. Ajouter le maïs, les chips tortilla et le fromage et bien mélanger. Mettre le mélange dans un plat de cuisson. Battre ensemble le lait, les œufs, le sel, le poivre et le cumin. Verser le mélange de lait sur le mélange de courgette.

4. Cuire pendant 1 heure, ou jusqu'à ce que le dessus soit doré et que la crème anglaise soit prête. Retirer du four, laisser refroidir pendant 10 minutes, couper en carrés, et servir.

PAR PORTION : 380 CAL ; 16 G PROT ; 18 G MAT GR ; 41 G CARB ; 170 MG CHOL ; 720 MG SOD ; 5 G FIBRES

HARICOTS CUISSON CLASSIQUE

POUR 6 PERSONNES

Des haricots cuits faits à la maison demandent un peu d'effort à préparer, mais la récompense est grande. Ils sont délicieux l'été, mais très bons aussi quand il fait froid. Les haricots cuits se conservent jusqu'à cinq jours au réfrigérateur et ils se réchauffent facilement au micro-ondes.

360 ml (1½ tasse) d'haricots du Grand Nord, lavés et triés, ou 720 ml (3 tasses) d'haricots en conserve

1 gros oignon, coupé en fines tranches

30 ml (2 c. à soupe) de mélasse ou de sirop d'érable

15 ml (1 c. à soupe) de vinaigre de cidre

15 ml (1 c. à soupe) de pâte de tomate

5 ml (1 c. à thé) de moutarde sèche

1 pincée de poivre de Cayenne ou de poivre blanc

Sel au goût

1. Si vous utilisez des haricots secs, mettez-les dans un grand récipient et ajouter suffisamment d'eau, c'est-à-dire 7,62 cm (3 pouces) pour couvrir. Laisser tremper pendant 8 heures ou toute la nuit dans le réfrigérateur. Égoutter et jeter l'eau de trempage.

2. Mettre les haricots dans une casserole et ajouter 480 ml (2 tasses) d'eau fraîche. Porter l'eau à ébullition, réduire à feu doux et cuire pendant 2 à 2½ heures, ou jusqu'à que les haricots soient tendres. Égoutter, réserver 480 ml (2 tasses) d'eau de cuisson. Si vous utilisez des haricots en conserve, laisser égoutter dans une passoire au-dessus d'un bol et réserver le liquide. Rincer les haricots.

3. Préchauffer le four à 180 °C (350 °F).

4. Combiner tous les ingrédients dans un plat de cuisson et bien mélanger. Couvrir et cuire pendant 30 minutes. Découvrir et cuire pendant 30 minutes de plus, ou jusqu'à que cela fasse des bulles et que le mélange soit doré.

PAR PORTION : 136 CAL ; 8 G PROT ; 0,8 G MAT GR ; 26 CARB ; 0 MG CHOL ; 145 MG SOD ; 8 G FIBRES

HARICOTS NOIRS AVEC TOMATES ET HERBES

Les haricots noirs sont un plat très apprécié dans la cuisine du Sud, mais à peu près tout le monde les apprécie. Assaisonnés avec des herbes et des épices, les haricots noirs sont délicieux servis avec du riz brun ou blanc chaud.

720 ml (3 tasses) de haricots noirs secs

1 gros oignon, haché

240 ml (1 tasse) de poivron vert émincé

2 petites feuilles de laurier

5 ml (1 c. à thé) de cumin moulu

480 ml (2 tasses) de tomates fraîches hachées ou de tomates en conserve broyées

15 ml (1 c. à soupe) d'huile d'olive

5 ml (1 c. à thé) de sel

1 pincée de poivre de Cayenne

1. Mettre les haricots dans une casserole, et ajouter suffisamment d'eau pour couvrir, c'est-à-dire 7,62 cm (3 pouces). Faire tremper pendant 8 heures ou toute la nuit dans le réfrigérateur. Égoutter.

2. Remettre les haricots dans la casserole et ajouter 1,4 litres (6 tasses) d'eau fraîche. Couvrir et porter à ébullition. Réduire à feu doux, et ajouter l'oignon, le poivron, des feuilles de laurier et le cumin. Remettre à bouillir et cuire pendant 45 minutes à 1 heure, ou jusqu'à ce que les haricots soient tendres.

3. Enlever et jeter les feuilles de laurier. Incorporer les tomates, l'huile, le sel et le poivre de Cayenne. Cuire jusqu'à ce que tout soit prêt. Servir chaud sur un riz cuit.

PAR PORTION : 223 CAL ; 14 G PROT ; 4 G MAT GR ; 35 G CARB ; 0 MG CHOL ; 67 MG SOD ; 22 G FIBRES

CASSEROLE À LA CITROUILLE ET FROMAGE FETA

Faible en matières grasses et riche en vitamine A, cet accompagnement est délicieux à l'automne lorsque les citrouilles sont à leur meilleur.

60 ml (¼ tasse) de jus de pommes ou de xérès sec

240 ml (1 tasse) d'oignon haché

480 ml (2 tasses) de citrouille fraîche pelée et coupée en dés

1 tomate moyenne, coupée en dés

1 petite courgette, coupée en tranches

3 gousses d'ail, émincées

120 ml (½ tasse) de babeurre faible en gras

120 ml (½ tasse) de yogourt nature sans matières grasses

1 gros œuf, plus 2 gros blancs d'œuf, légèrement battus

120 ml (½ tasse) de chapelure rôtie (voir page 60)

60 ml (¼ tasse) de feta émietté

2,5 ml (½ c. à thé) de coriandre moulue

0,6 ml (⅛ c. à thé) de poivre de Cayenne

1. Préchauffer le four à 190 °C (375 °F). Graisser légèrement un plat de cuisson de 2 litres (8 tasses) et réserver.

2. Chauffer le xérès dans un poêlon antiadhésif à feu moyen-élevé. Ajouter l'oignon et cuire, en brassant fréquemment, jusqu'à ce que l'oignon soit tendre, pendant 2 à 5 minutes. Ajouter la citrouille, la tomate, la courgette et l'ail. Cuire, en brassant, pendant 2 minutes de plus. Réserver.

3. Mélanger le babeurre, le yogourt, l'œuf et les blancs d'œuf dans un bol. Ajouter la chapelure, le feta, la coriandre, le poivre de Cayenne et les légumes sautés. Bien mélanger et mettre dans un plat allant au four.

4. Cuire jusqu'à ce que le mélange soit ferme, pendant environ 25 minutes. Retirer du four et servir chaud.

PAR PORTION : 198 CAL ; 12 G PROT ; 4 G MAT GR ; 26 G CARB ; 52 MG CHOL ; 300 MG SOD ; 2 G FIBRES

POLENTA DE BASE

Voici la recette de base pour préparer une polenta, dont on peut réaliser des variantes en fonction du type de farine de maïs et de la proportion de farine de maïs et d'eau utilisée. On doit remuer la polenta presque continuellement, mais beaucoup moins si vous utilisez une casserole antiadhésive. Lorsque la polenta commence à épaissir, elle a tendance à gicler, assurez-vous d'avoir des gants de cuisine. Une fois épaissie, la polenta risque moins de gicler de la casserole.

6,25 ml (1¼ c. à thé) de sel

360 ml (1½ tasse) de farine de maïs jaune

15 ml (1 c. à soupe) d'huile d'olive ou de beurre non salé

1. Porter 1,1 litre (4½ tasses) d'eau froide et le sel à ébullition dans une casserole antiadhésive à feu moyen. Ajouter graduellement la farine de maïs, en remuant presque continuellement avec un fouet. Lorsque le mélange commence à épaissir, incorporer l'huile avec une cuillère en bois.

2. Réduire à feu doux. Continuer à remuer pendant environ 30 minutes, ou jusqu'à ce que la polenta soit épaisse et crémeuse, en prenant soin de gratter le fond et les côtés de la casserole, pendant environ 30 minutes.

VERSION MOLLE : servir immédiatement, en suivant la recette, ou mettre au-dessus d'une casserole d'eau bouillante pendant environ 1 heure.

VERSION FERME : verser immédiatement le mélange chaud dans un moule à pain de 12,70 x 22,86 cm (5 x 9 pouces) légèrement huilé. Laisser refroidir à la température de la pièce, environ 30 minutes. Couvrir d'une pellicule en plastique et réfrigérer toute la nuit.

PAR PORTION : 150 CAL ; 3 G PROT ; 3 G MAT GR ; 27 G CARB ; 0 MG CHOL ; 490 MG SOD ; 3 G FIBRES

POLENTA MOLLE AVEC
SAUCE AUX POIVRONS ROUGES

La polenta peut constituer un repas complet, mais il s'agit aussi d'un accompagnement nourrissant.
Essayez cette version avec des champignons Portobello grillés (page 234).

Sauce

30 ml (2 c. à soupe) d'huile d'olive

240 ml (1 tasse) d'oignon haché

45 ml (3 c. à soupe) d'ail écrasé

1 grosse tomate, épépinée et hachée

5 ml (1 c. à thé) de sel

5 ml (1 c. à thé) de piment de Cayenne

5 ml (1 c. à thé) de sucre cristallisé

480 ml (2 tasses) de poivrons rouges rôtis et épépinés (voir page 59)

Polenta

360 ml (1½ tasse) de farine de maïs jaune grossièrement moulue

10 ml (2 c. à thé) de sel

30 ml (2 c. à soupe) de beurre non salé

1. Pour préparer la sauce : chauffer une casserole de 2 litres (8 tasses) à feu moyen. Ajouter l'huile, l'oignon et l'ail et sauter jusqu'à ce que l'oignon soit doré et transparent. Ajouter la tomate, le sel, le piment de Cayenne et le sucre et porter à ébullition. Cuire pendant 15 minutes.

2. Mettre le mélange de tomate et les poivrons dans un robot culinaire et mélanger jusqu'à consistance lisse. Goûter et ajuster l'assaisonnement. Cette partie de la recette peut être faite une journée à l'avance.

3. Pour préparer la polenta : mélanger la farine de maïs avec 1,2 litre (5 tasses) d'eau froide dans une casserole de 3 litres (12 tasses). Ajouter le sel. Porter à ébullition à feu moyen-élevé. Réduire à feu moyen-doux et cuire, en remuant constamment avec une longue cuillère en bois, pendant 20 à 30 minutes. Si la polenta devient trop ferme avant les 20 minutes, ajouter de l'eau bouillante en petite quantité. Quand la polenta sera prête, elle sera épaisse et crémeuse. Ajouter le beurre et, si nécessaire, un peu d'eau chaude pour diluer. La polenta tendre et parfaite formera un léger monticule lorsqu'elle est versée avec une cuillère dans un bol.

4. Réchauffer la sauce. Mettre environ 240 ml (1 tasse) de polenta dans un grand bol à potage ou dans une assiette. Verser la sauce sur chaque portion.

PAR PORTION : 220 CAL ; 4 G PROT ; 10 G MAT GR ; 32 G CARB ; 0 MG CHOL ; 1 220 MG SOD ; 4 G FIBRES

POLENTA APACHE

Toutes les cuisines qui utilisent de la farine de maïs le font à partir de la bouillie de farine de maïs ou de la polenta. Pour l'allonger ou l'assaisonner, d'autres ingrédients sont souvent ajoutés. La polenta est un accompagnement parfait lors d'un dîner composé de légumes ou pour un ragoût de légumes. Pour des présentations spéciales, la polenta froide peut prendre des formes particulières, en diamants ou en triangles, avant d'être grillée ou frite.

2 gros oignons

4 piments poblano
ou 480 ml (2 tasses) de piments
rôtis en conserve

480 ml (2 tasses) de farine de maïs
jaune moulue à la pierre

10 ml (2 c. à thé) de sel

4 feuilles de sauge fraîches, hachées,
ou 10 ml (2 c. à thé) de sauge
séchée

60 ml (4 c. à soupe) d'huile d'olive
ou de beurre non salé

1. Préparer un feu de charbon de bois, ou préchauffer un gril au gaz à feu moyen-élevé. Ou encore préchauffer le four. Doubler un grand moule à pain avec du papier ciré ou une pellicule de plastique. Couper les oignons en tranches de 1,27 cm (½ pouce) d'épaisseur. Griller les oignons jusqu'à ce qu'ils soient calcinés à l'extérieur et encore tendres. Laisser refroidir et hacher grossièrement.

2. Placer le poblano sur le gril ou dans le four, et calciner la peau sur tous les côtés. Mettre les piments dans un sac de papier et laisser reposer jusqu'à ce qu'ils soient refroidis. Peler ou frotter la peau, et enlever la tige et les graines. Hacher.

3. Mélanger la farine de maïs avec 1,4 litre (6 tasses) d'eau froide dans une casserole de 3 litres (12 tasses). Ajouter le sel. Porter à ébullition. Réduire la chaleur à feu moyen-doux et cuire, en remuant constamment avec une longe cuillère en bois, pendant 20 à 30 minutes. Si la polenta devient trop dure avant 20 minutes, ajouter de l'eau bouillante en petite quantité. Lorsque la polenta sera prête, elle sera assez épaisse pour que la cuillère puisse tenir debout.

4. Lorsque la polenta a fini de cuire, ajouter la sauge et mélanger. Verser la polenta dans le moule à pain. Couvrir et laisser refroidir.

5. Juste avant de servir, couper la polenta en tranches de 1,27 cm (½ pouce) d'épaisseur. Chauffer l'huile dans un grand poêlon à feu moyen et faire frire les tranches de polenta des deux côtés jusqu'à ce qu'elles soient croustillantes et dorées.

PAR PORTION : 200 CAL ; 4 G PROT ; 8 G MAT GR ; 31 G CARB ; 0 MG CHOL ;
660 MG SOD ; 5 G FIBRES

POLENTA AUX PIMENTS JALAPEÑO

Cette polenta molle accompagne parfaitement les haricots noirs ou les haricots pinto. Des flocons de piments jalapeño secs sont offerts en plusieurs marques par les entreprises vendant des épices. Si vous n'en trouvez pas près de chez vous, essayez sur internet. Si des giclées de polenta vous brûlent la main pendant que vous la remuez, envelopper votre main avec un linge à vaisselle.

480 ml (2 tasses) de farine de maïs jaune moulue à la pierre

10 ml (2 c. à thé) de sel

15 ml (1 c. à soupe) de flocons de piments jalapeño

45 ml (3 c. à soupe) de beurre non salé

1. Mélanger la farine de maïs avec 1,4 litre (6 tasses) d'eau froide dans une casserole de 3 litres (12 tasses). Ajouter le sel et les piments. Porter à ébullition. Réduire la chaleur à feu moyen-doux et cuire, en brassant constamment avec une cuillère en bois, pendant 20 à 30 minutes. Si la polenta devient trop ferme avant 20 minutes, ajouter de l'eau bouillante en petite quantité. Lorsque la polenta est prête, elle est assez épaisse pour qu'une cuillère tienne debout toute seule.

2. Juste avant de servir, diluer si nécessaire avec de l'eau chaude et incorporer le beurre.

PAR PORTION : 200 CAL ; 4 G PROT ; 7 G MAT GR ; 32 G CARB ; 15 MG CHOL ; 860 MG SOD ; 4 G FIBRES

HARICOTS CUITS AVEC MOUTARDE ET TOMATES

Ce plat acidulé-sucré est préparé avec deux ingrédients très connus et accessibles : des haricots et des tomates en conserve.

2 oignons moyens, hachés

3 boîtes de 480 g (16 onces) de haricots végétariens cuits au four, rincés et égouttés

1 boîte de 480 g (16 onces) de tomates cuites dans son jus

1 boîte de 4840 g (16 onces) de haricots rouges, lavés et égouttés

240 ml (1 tasse) de sucre brun

30 ml (2 c. à soupe) de moutarde préparée

15 ml (1 c. à soupe) de vinaigre de cidre

1. Vaporiser un poêlon avec un vaporisateur antiadhésif à cuisson. Ajouter les oignons et 30 ml (2 c. à soupe) d'eau et cuire, en remuant fréquemment, à feu moyen-élevé jusqu'à ce que l'eau se soit évaporée et que les oignons soient ramollis, environ 5 minutes.

2. Incorporer le reste des ingrédients. Couvrir et cuire pendant 20 minutes, ou jusqu'à ce que le mélange soit bien cuit. Servir chaud.

PAR PORTION : 345 CAL ; 11 G PROT ; 0,8 G MAT GR ; 36G CARB ; 0 MG CHOL ; 1 127 MG SOD ; 17 G FIBRES

RIZ VERT

Vous pouvez pimenter encore plus le riz en ajoutant davantage de piments jalapeño, si vous le désirez. Ce plat est délicieux avec des haricots noirs cuits, du fromage et des tortillas chaudes.

360 ml (1½ tasse) de persil haché frais bien tassé

1 botte de cresson

2 piments jalapeño, épépinés et hachés

10 ml (2 c. à thé) d'ail émincé

10 ml (2 c. à thé) de sel

5 ml (1 c. à thé) de poivre fraîchement moulu

2,5 ml (½ c. à thé) de poivre blanc

45 ml (3 c. à soupe) d'huile végétale

720 ml (3 tasses) de riz à grain long non cuit

1,4 litre (6 tasses) de bouillon de légumes (page 431)

1. Mettre le persil, le cresson, les piments jalapeño et l'ail dans un robot culinaire et hacher très fin. Ajouter le sel et les deux types de poivres.

2. Préchauffer le four à 180 °C (350 °F).

3. Chauffer l'huile dans un chaudron en fonte de 4 litres (16 tasses) ou dans un autre plat de cuisson allant au four et faire sauter le riz en remuant, jusqu'à ce qu'il soit recouvert d'huile et commence à brunir. Ajouter le mélange de légumes et le bouillon de légumes en remuant bien.

4. Cuire pendant 45 minutes, ou jusqu'à ce que le liquide soit absorbé et que le riz soit tendre. Retirer du four et servir.

PAR PORTION : 290 CAL ; 6 G PROT ; 4,5 G MAT GR ; 54 G CARB ; 0 MG CHOL ; 880 MG SOD ; 2 G FIBRES

10 *plats principaux de légumes*

LES SALADES ET LES POTAGES PEUVENT JOUER un rôle de soutien aux heures de repas, mais c'est le plat principal qui prend vraiment le devant de la scène. Ce que vous choisissez de servir comme plat principal donne automatiquement le ton à ce qui précède et ce qui suit durant le repas. Dans ce choix de recettes, vous trouverez des plats succulents à base de légumes qui vont du très basique au plus sophistiqué, avec une variété de saveurs et d'ingrédients provenant du monde entier qui mettent en valeur le caractère polyvalent et extraordinairement généreux de la nature.

COLCANNON

Les Irlandais ont fait de la cuisson de la pomme de terre un art. Cette recette est peut-être l'incarnation de cet art. Elle peut être très riche avec beaucoup de crème et de beurre, mais elle possède une richesse en elle-même dans la combinaison du chou, des poireaux et des pommes de terre. Des pommes de terre Russet sont bonnes pour cette recette, quoique l'on peut utiliser n'importe quelle pomme de terre. Servez comme repas complet avec une salade et un pain au lait irlandais.

450 g (1 livre) de jeune chou vert, coupé en deux et en dés

1,8 kg (4 livres) de pommes de terre Russet, pelées et coupées en quartiers

224 g (8 onces) de poireaux, les parties blanches seulement

480 ml (2 tasses) de lait écrémé évaporé, non dilué

10 ml (2 c. à thé) de sel

5 ml (1 c. à thé) de poivre

1,25 ml (¼ c. à thé) de muscade râpée

60 ml (4 c. à soupe) ou ½ bâtonnet de margarine de soja

1. Mettre le chou dans une casserole de 3 litres (12 tasses) et recouvrir d'eau. Porter à ébullition et cuire jusqu'à ce qu'il soit très tendre, pendant 45 minutes.

2. Mettre les pommes de terre dans une casserole de 4 litres (16 tasses) avec de l'eau pour les recouvrir. Porter à ébullition et cuire pendant 20 à 40 minutes, ou jusqu'à ce que les pommes de terre soient très tendres. (Le temps de cuisson dépendra de la grosseur et de la fraîcheur des pommes de terre.)

3. En attendant, couper la partie blanche des poireaux dans le sens de la longueur et trancher en fines tranches. Placer les poireaux dans un bol d'eau et laisser les tremper pour enlever le sable ou la saleté. Retirer les poireaux de l'eau, vider le bol, le rincer et remplissez-le de nouveau. Placer les poireaux dans l'eau de nouveau et répéter. Égoutter.

4. Mettre les poireaux dans une casserole de 2 litres (8 tasses) et ajouter le lait condensé non sucré, le sel, le poivre et la muscade. Faite bouillir pendant environ 10 minutes, ou jusqu'à ce que les poireaux soient tendres.

5. Préchauffer le four à 180 °C (350 °F). Beurrer un plat de cuisson de 3 litres (12 tasses).

6. Égoutter les pommes de terre et passer les au mélangeur électrique. Ajouter les poireaux et le lait et remuer avec une cuillère. Égoutter le chou et incorporer-le aux pommes de terre. Goûter et ajuster l'assaisonnement si nécessaire.

7. Mettre le mélange dans le plat de cuisson et utiliser une fourchette pour dessiner des lignes sur la surface. Parsemer de petits morceaux de margarine. (Le Colcannon peut être réfrigéré à cette étape si vous le souhaitez, à couvert, pendant plusieurs jours jusqu'à son utilisation.)

8. Cuire pendant environ 1 heure, ou jusqu'à ce qu'il soit cuit et doré sur le dessus. Retirer du four et servir chaud.

PAR PORTION : 240 CAL ; 8 G PROT ; 5 G MAT GR ; 41 G CARB ; 0 MG CHOL ; 600 MG SOD ; 4 G FIBRES

RAGOÛT MONTAGNARD

Servez ce plat chaleureux avec une abondance de pain croustillant. Si vous prévoyez faire de la luge ou skier toute la journée, utilisez une cocotte-minute au lieu de la cuisinière. Si vous utilisez la cocotte-minute, suivez les instructions de la recette jusqu'à ce que vous soyez prêt à ajouter le riz, puis videz le mélange dans la cocotte-minute et ajoutez le riz, les haricots et le bouillon de légumes. Couvrir et cuire pendant 6 heures.

240 ml (1 tasse) d'haricots secs
  ou environ 720 ml (3 tasses) de
  haricots cuits, lavés et égouttés

30 ml (2 c. à soupe) d'huile d'olive

1 gros oignon, coupé en fines
  tranches

4 gousses d'ail émincées

1 boîte de 480 ml (16 onces)
  de tomates dans son jus

1 poivron vert épépiné et
  grossièrement haché

240 ml (1 tasse) de chou vert
  grossièrement haché

120 ml (½ tasse) de pommes
  de terre Russet coupées en dés

15 ml (1 c. à soupe) de poudre
  de chili, ou plus, au goût

2,5 ml (½ c. à thé) de cumin moulu

1 litre (4 tasses) de bouillon de
  légumes (page 431) ou d'eau

80 ml (⅓ tasse) de riz brun non cuit

Sel et poivre noir fraîchement
  moulu, au goût

60 ml (¼ tasse) de fromage
  Monterey Jack ou de Jack Pepper
  épicé, facultatif

1. Mettre les haricots dans un bol avec suffisamment d'eau froide pour couvrir les haricots, c'est-à-dire 7,62 cm (3 pouces). Laisser tremper 8 heures ou toute la nuit dans le réfrigérateur et égoutter. Rincer et réserver.

2. Chauffer l'huile dans une grande casserole à feu moyen-élevé. Ajouter l'oignon et l'ail et cuire en brassant fréquemment, pendant 3 à 5 minutes, ou jusqu'à ce que l'oignon soit tendre. Ajouter les tomates avec le jus, les poivrons, le chou, les pommes de terre, la poudre de chili et le cumin. Continuer à cuire, en remuant fréquemment, pendant 3 minutes.

3. Ajouter le bouillon de légumes, le riz et les haricots. Couvrir et cuire à feu doux environ 2 heures, ou jusqu'à ce que le ragoût soit épais et que les haricots et le riz soient tendres. Assaisonner avec le sel et le poivre. Recouvrir de fromage, si vous en utilisez, et servir chaud.

PAR PORTION : 356 CAL ; 17 G PROT ; 7 G MAT GR ; 59 G CARB ; 0 MG CHOL ; 155 MG SOD ; 15 G FIBRES

PAIN DE LENTILLES AUX NOISETTES

Ce repas est parfait pour un souper nutritif, ou vous pouvez l'envelopper et l'emporter en excursion. Pour la route, vous pouvez le manger tel quel ou l'utiliser en tranches dans les sandwiches.

240 ml (1 tasse) de lentilles
non cuites, lavées

15 ml (1 c. à soupe) d'huile végétale

120 ml (½ tasse) d'oignon haché

2 gousses d'ail émincées

160 ml (⅔ tasse) de carottes
émincées

80 ml (⅓ tasse) de céleri émincé

180 ml (¾ tasse) de noix de cajou
crues non salées, hachées

60 ml (¼ tasse) de raisins secs

2 gros œufs, légèrement battus

30 ml (2 c. à soupe) de farine
de blé entier

5 ml (1 c. à thé) de thym séché

1. Mettre les lentilles dans une casserole et ajouter suffisamment d'eau pour les recouvrir, c'est-à dire 7,62 cm (3 pouces). Cuire à feu moyen-doux jusqu'à ce que les lentilles soient tendres, pendant environ 45 minutes. Égoutter et réserver.

2. Chauffer l'huile dans une casserole ou un poêlon à feu moyen. Ajouter l'oignon et l'ail et cuire, en brassant fréquemment, pendant environ 10 minutes, ou jusqu'à ce que l'oignon soit translucide. Ajouter les carottes et le céleri. Cuire à couvert, jusqu'à ce que les carottes soient tendres, pendant 10 à 15 minutes. Retirer du feu et laisser refroidir.

3. Préchauffer le four à 180 °C (350 °F). Huiler un moule à pain de 22,8 cm x 12,7 cm (9 x 5 pouces).

4. Mélanger les lentilles, les légumes sautés, les noix de cajou, les raisins secs, les œufs, la farine et le thym dans un bol, et bien mélanger. Verser dans le moule à pain.

5. Cuire jusqu'à bien ferme, pendant environ 45 minutes. Trancher, et servir chaud.

PAR PORTION (1 TRANCHE) : 338 CAL ; 18 G PROT ; 11 G MAT GR ; 45 G CARB ; 107 MG CHOL ; 70 MG SOD ; 9 G FIBRES

LENTILLES ROUGES ET POMMES DE TERRE AU CARI

En utilisant des pommes de terre blanchies, déjà coupées et ensachées, et des lentilles rouges cassées, vous accélérez le temps de cuisson de ce plat au cari typique de la cuisine indienne. Autrement, planifiez votre repas en prévoyant un temps de préparation plus long si vous utilisez des pommes de terre non cuites et qui ne sont pas déjà coupées en cubes. Commencez le repas avec des pains de pommes de terre farcies au curi (page 90) et terminez-le avec le pouding au riz et aux dattes (page 524).

240 ml (1 tasse) de lentilles rouges non cuites, lavées

5 ml (1 c. à thé) de sucre brun bien tassé

5 ml (1 c. à thé) de curcuma moulu

45 ml (3 c. à soupe) d'huile végétale

5 ml (1 c. à thé) de graines de moutarde

1 piment fort séché

5 ml (1 c. à thé) de graines de cumin

10 ml (2 c. à thé) de gingembre frais émincé

5 ml (1 c. à thé) d'ail haché émincé

675 g (1½ livre) de petites pommes de terre précuites

5 ml (1 c. à thé) de poudre de cari, ou plus au goût

240 ml (1 tasse) de pois congelés ou frais

Sel au goût

480 ml (2 tasses) de yogourt nature faible en matières grasses, pour garnir

45 ml (3 c. à soupe) de feuilles de cilantro pour garnir

1. Porter 720 ml (3 tasses) d'eau à ébullition dans une casserole couverte à feu élevé. Trier les lentilles. Lorsque l'eau commence à bouillir, ajouter les lentilles, le sucre brun et le curcuma, réduire la chaleur à feu moyen et cuire, en remuant de temps en temps, pendant 20 à 25 minutes, ou jusqu'à tendre.

2. Chauffer l'huile dans un grand poêlon à feu moyen. Ajouter la moutarde et les graines de cumin et sauter pendant environ 1 minute, en laissant les graines éclater. Incorporer le gingembre et l'ail et cuire pendant 1 minute de plus. Ajouter les pommes de terre et frire pendant 10 minutes, ou jusqu'à ce que les pommes de terre brunissent. Ajouter 120 ml (½ tasse) d'eau mélangée avec la poudre de cari et incorporer. Continuer à cuire et à remuer à feu moyen jusqu'à ce que l'eau s'évapore. Ajouter lentement 120 ml (½ tasse) d'eau un peu à la fois jusqu'à ce que les pommes de terre soient tendres.

3. Lorsque les lentilles sont tendres, incorporer avec les pois et les pommes de terre. Ajouter du sel au goût, et cuire jusqu'à ce que les pois soient cuits. Servir, garnir chaque portion avec le yogourt et le cilantro.

PAR PORTION : 380 CAL ; 16 G PROT ; 9 G MAT GR ; 59 G CARB ; 5 MG CHOL ; 100 MG SOD ; 9 G FIBRES

POIS JAUNES CASSÉS AVEC ÉPICES INDIENNES ET CHOUX DE BRUXELLES

Nous avons utilisé le four à micro-ondes pour préparer ce plat très rapidement. Servir avec votre chutney préféré et du riz cuit pour un repas savoureux.

180 ml (¾ tasse) de pois jaunes secs cassés, lavés

1 grosse tomate, hachée fin

5 ml (1 c. à thé) de jus de citron frais

15 ml (1 c. à soupe) d'huile végétale

5 ml (1 c. à thé) de graines de moutarde noires

1,25 ml (¼ c. à thé) de graines de fenugrec

10 ml (2 c. à thé) d'ail haché

720 ml à 1 litre (3 à 4 tasses) de choux de Bruxelles parés

112 g (4 onces) de haricots verts frais, coupés en morceaux de 2,54 cm (1 pouce)

30 ml (2 c. à soupe) de feuilles de cilantro hachées

1. Mettre les pois dans une casserole de 2 litres (8 tasses) et cuire en suivant les instructions sur l'emballage. Retirer du feu lorsque les pois sont tendres, et réserver à couvert pendant 5 minutes.

2. Mettre la tomate et le jus de citron dans un robot culinaire ou un mélangeur, réduire en purée jusqu'à consistance lisse. Réserver.

3. Combiner l'huile, les graines de moutarde et les graines de fenugrec dans un plat pour micro-ondes et cuire à découvert, à feu élevé pendant 1 minute. Ajouter l'ail et cuire pendant 1 minute de plus. Ajouter les choux de Bruxelles et les haricots, les recouvrir avec l'huile et les épices. Ajouter la tomate en purée, couvrir et cuire jusqu'à ce que les légumes soient tendres, pendant 6 à 8 minutes, en remuant une fois. Ajouter les pois, couvrir et cuire pendant 2 minutes de plus. Laisser reposer à couvert, 2 minutes. Incorporer le cilantro, et servir.

PAR PORTION : 153 CAL ; 8 G PROT ; 4 G MAT GR ; 26 G CARB ; 0 MG CHOL ; 30 MG SOD ; 9 G FIBRES

FEUILLES DE CHOUX GARNIES
DE POIS CHICHES, DE RAISINS SECS ET D'ÉPICES

POUR 4 PERSONNES

En garnissant les feuilles de choux d'ingrédients sucrés et épicés, vous ferez de cette recette une entrée séduisante qui se gagnera des admirateurs de tous âges.

1 chou rouge moyen

25 ml (5 c. à thé) de jus de citron frais, divisé

15 ml (1 c. à soupe) de beurre non salé

1 gros oignon rouge, haché

4 carottes émincées

15 ml (1 c. à soupe) de vinaigre de cidre

360 ml (1½ tasse) de fromage cottage

240 ml (1 tasse) de pois chiches cuits, égouttés et rincés

1 petite pomme rouge Granny Smith, pelée, évidée et coupée en dés

60 ml (¼ tasse) de pommes séchées coupées en dés ou de raisins secs

10 ml (2 c. à thé) de miel

5 ml (1 c. à thé) de sauce soja faible en sodium

Yogourt nature pour garnir, facultatif

1. Porter une grande casserole d'eau à ébullition. Entre-temps, enlever les feuilles extérieures du chou. Enlever encore deux feuilles de plus, hacher et réserver.

2. Lorsque l'eau bout, ajouter 15 ml (3 c. à thé) de jus de citron et le chou. Réduire à feu doux et cuire pendant 10 minutes, ou jusqu'à ce que le chou soit tendre. Égoutter dans une passoire et réserver jusqu'à le chou soit assez refroidi pour pouvoir être manipulé.

3. Chauffer le beurre dans un grand poêlon à feu moyen jusqu'à ébullition. Ajouter l'oignon et les carottes, réduire à feu doux et cuire, en remuant fréquemment, jusqu'à ce que l'oignon soit tendre, pendant environ 5 minutes. Ajouter les feuilles de chou coupées et réservées, et remuer jusqu'à ce qu'elles commencent à se ramollir, pendant environ 1 minute. Ajouter le vinaigre et remuer bien. Continuer la cuisson en remuant fréquemment, jusqu'à ce que les carottes soient cuites et que l'oignon ait ramolli, pendant environ 10 minutes. (Si le mélange colle, ajouter de l'eau, 15 ml (1 c. à soupe) à la fois, en faisant attention de ne pas laisser l'eau s'accumuler dans la casserole.)

4. Combiner le mélange d'oignon, le fromage cottage, les pois chiches, la pomme, les fruits secs, le reste des 10 ml (2 c. à thé) de jus de citron, le miel et la sauce de soja dans un bol. Mélanger bien.

5. Préchauffer le four à 220 °C (425 °F).

6. Enlever 1 feuille du chou et placer sur un plan de travail. Mettre un quart de la garniture au centre de la feuille. En utilisant vos doigts, replier les côtés de la feuille sur la garniture et rouler le bas et le haut pour former un paquet. Mettre le rouleau de chou, le côté qui a été ouvert vers le bas, dans un plat de cuisson de 22,8 cm x 33,02 cm (9 x 13 pouces). Répéter l'opération jusqu'à ce qu'à ce que toute la garniture soit utilisée. Verser 60 ml (¼ tasse) d'eau dans le plat de cuisson et recouvrir avec une feuille de papier aluminium.

7. Cuire pendant environ 20 minutes, ou jusqu'à ce que le plat soit complètement chaud. Retirer la casserole du four et laisser reposer à couvert, pendant 10 minutes. Servir chaud et recouvrir de yogourt nature, si désiré.

PAR PORTION : 269 CAL ; 16 G PROT ; 7 G MAT GR ; 34 G CARB ; 21 MG CHOL ; 432 MG SOD ; 6 G FIBRES

CHAMPIGNONS BOURGUIGNONS DANS UNE CITROUILLE ENTIÈRE

Si vous avez utilisé des citrouilles entières et non taillées pour décorer la table pour l'Halloween, voici une façon délicieuse de les utiliser après l'Halloween.

1 citrouille de 2,2 à 2,7 kg
(5 à 6 livres) ou une courge
kabocha de même poids

2 gros oignons jaunes ou rouges, hachés

450 g (1 livre) de champignons
de Paris, coupés en deux

60 ml (¼ tasse) de farine tout usage
blanchie ou de farine à pâtisserie
de blé entier

480 à 600 ml (2 à 2½ tasses)
de vin rouge sec

60 ml (¼ tasse) de sauce soja
faible en sodium

45 ml (3 c. à soupe) de xérès sec

30 ml (2 c. à soupe) de vinaigre
balsamique

15 ml (1 c. à soupe) de miel

4 gousses d'ail

2,5 ml (½ c. à thé) de romarin séché

Poivre noir fraîchement moulu, au goût

2 à 3 cubes de bouillon de légumes,
facultatif

1. Préchauffer le four à 180 °C (350 °F).

2. Utiliser un couteau très pointu pour tailler un cercle en zigzag de 7,62 à 10,16 cm (3 à 4 pouces) au sommet de la citrouille et enlever-le. Si la pelure est trop épaisse pour être coupée facilement, cuire pendant 15 à 20 minutes pour ramollir. Enlever le sommet, jeter les graines et utiliser une grande cuillère pour enlever en grattant les fils.

3. Cuire les oignons dans 30 ml (2 c. à soupe) d'eau dans un grand poêlon pendant 4 à 5 minutes ou jusqu'à ce que les oignons soient tendres. Ajouter les champignons, couvrir et cuire jusqu'à ce qu'ils commencent à perdre leur jus, pendant 3 à 4 minutes. Incorporer la farine et cuire pendant 1 minute. Ajouter 480 ml (2 tasses) du vin rouge et les ingrédients restants et cuire pendant 15 minutes, en remuant fréquemment. Verser le ragoût dans la citrouille, mettre ensuite dans un plat peu profond, comme une assiette à tarte, et couvrir avec le sommet de la citrouille.

4. Cuire pendant environ une heure, ou jusqu'à ce que la citrouille soit très tendre. Lors de la cuisson, remuer plusieurs fois en ajoutant le reste de la demi-tasse de vin si trop de liquide s'est évaporé ou a été absorbé.

5. Pour servir, verser un peu de ragoût, et enlever en grattant un peu de citrouille que vous déposez sur chaque plat. Servir chaud.

PAR PORTION : 157 CAL ; 3 G PROT ; 0,1 G MAT GR ; 19 G CARB ; 0 MG CHOL ; 696 MG SOD ; 6 G FIBRES

COURGE GARNIE À L'ITALIENNE

Une courge Hubbard ou une courge banane est utilisée pour une garniture d'aubergine et d'autres ingrédients du sud de l'Italie. Ajoutez une garniture à base de potage de courge, comme la soupe à la crème de courge musquée (page 390), pour débuter.

1 aubergine moyenne, pelée et
coupée en cubes

2 grosses tomates, coupées en dés

2 poivrons verts, coupés en dés

1 oignon, coupé en dés

4 gousses d'ail, hachées

30 ml (2 c. à soupe) d'huile d'olive

15 ml (1 c. à soupe) de basilic séché

1 grosse courge Hubbard ou une
courge banane, coupée en deux et
épépinée

120 ml (½ tasse) de fromage
parmesan, facultatif

1. Préchauffer le four à 190 °C (375 °F).

2. Mélanger ensemble l'aubergine, les tomates, les poivrons, l'oignon, l'ail, l'huile et le basilic. Verser ce mélange dans les moitiés de courge, et mettre la courge dans un plat de cuisson

3. Cuire pendant environ une heure, ou jusqu'à ce que la courge soit tendre lorsqu'elle est percée avec une fourchette. Remuer une fois les ingrédients de la garniture avec une fourchette lors de la cuisson. Saupoudrer de fromage, si utilisé, les moitiés de courges pendant les 10 dernières minutes de la cuisson.

4. Pour servir, creuser les morceaux de courges et garnir avec la garniture, puis mettre dans un bol. Servir chaud.

PAR PORTION (¼ COURGE GARNIE) : 242 CAL ; 6 G PROT ; 12 G MAT GR ; 40 G CARB ; 0 MG CHOL ; 12 MG SOD ; 12 G FIBRES

CARI AUX LÉGUMES DU SUD DE L'INDE

POUR 6 PERSONNES

Ce cari du sud de l'Inde est bourré de légumes. D'autres légumes — pommes de terre, haricots verts, patates douces, brocoli, aubergine, plantain vert et citrouille blanche — peuvent remplacer ceux qui figurent dans cette recette. Notre recette nécessite du jus de tamarin et des feuilles de murraya, que l'on peut trouver dans la plupart des marchés d'alimentation asiatiques et des marchés indiens, et dans certains magasins où on vend des aliments naturels. Assurez-vous d'accompagner ce plat avec du riz basmati cuit à la vapeur.

2 grosses carottes coupées en rondelles de 0,64 cm (¼ pouce)

2 pommes de terre moyennes pelées et coupées en morceaux de 2,54 cm (1 pouce)

120 ml (½ tasse) d'haricots verts, coupés en morceaux de 2,54 cm (1 pouce)

2 piments verts, coupés en deux, facultatif

5 ml (1 c. à thé) de jus de tamarin frais ou de jus de citron ou de lime frais

45 ml (3 c. à soupe) de noix de coco râpée et non sucrée

1,25 ml (¼ c. à thé) de curcuma moulu

4 feuilles de cari, facultatif

1,25 ml (¼ c. à thé) de cumin moulu, facultatif

1,25 ml (¼ c. à thé) de poudre de chili, facultatif

120 ml (½ tasse) de yogourt nature à la température de la pièce

Sel au goût

1. Combiner les légumes et les piments dans une casserole et ajouter une tasse d'eau. Couvrir et cuire à feu moyen pendant environ 15 minutes ou jusqu'à ce que les légumes soient tendres, mais pas mous.

2. Ajouter le jus de tamarin. Incorporer la noix de coco, le curcuma, les feuilles de cari, le cumin et le chili en poudre. Ajouter graduellement le yogourt au mélange de légumes. Ajouter le sel. Si vous avez mis les feuilles de cari, les enlever avant de servir. Verser à l'aide d'une louche le mélange sur le riz, et servir chaud.

PAR PORTION : 112 CAL ; 2 G PROT ; 4 G MAT GR ; 14 G CARB ; 3 MG CHOL ; 201 MG SOD ; 2 G FIBRES

PATATES DOUCES AU CARI AVEC ÉPINARDS ET POIS CHICHES

Rincer toujours les pois chiches en conserve (et les autres haricots) avant de les utiliser pour réduire le contenu en sodium et améliorer leur goût.

Environ 900 g (2 livres) de patates douces, pelées et coupées en dés

1 boîte de 480 à 600 ml (16 à 20 onces) de pois chiches, égouttés et lavés

1 boîte de 435 ml (14½ onces) de tomates coupées en dés

280 à 336 g (10 à 12 onces) d'épinards frais cuits à la vapeur et grossièrement hachés

60 ml (¼ tasse) de cilantro haché

2 oignons verts, coupés en fines tranches

5 à 10 ml (1 à 2 c. à thé) de poudre de cari ou au goût

2,5 ml (½ c. à thé) de cumin moulu

1,25 ml (¼ c. à thé) de cannelle moulue

Sel au goût

1. Faire cuire les patates douces à l'eau bouillante dans une grande casserole équipée d'un panier à vapeur. Couvrir et cuire jusqu'à tendreté, pendant environ 15 minutes.

2. Pendant ce temps, dans une autre casserole, combiner les pois chiches, les tomates et 120 ml (½ tasse) d'eau. Porter à ébullition à feu moyen. Ajouter l'épinard, couvrir et cuire pendant environ 3 minutes.

3. Incorporer les patates douces, le cilantro, les oignons, la poudre de curry, le cumin, la cannelle et le sel jusqu'à ce que ce soit bien mélangé. Réduire à feu bas et cuire à découvert, jusqu'à ce que les saveurs se soient mélangées, pendant environ 5 minutes. Servir chaud.

PAR PORTION : 278 CAL ; 8 G PROT ; 2 G MAT GR ; 59 G CARB ; 0 MG CHOL ; 392 MG SOD ; 9 G FIBRES

CARI AUX NOIX DE CAJOU,
AU TEMPEH ET AUX CAROTTES

Assurez-vous de trouver la bonne pâte de cari rouge thaï parce que certaines pâtes contiennent de la sauce de poisson. La plupart des magasins naturels et des supermarchés et certains magasins asiatiques commercialisent le même mélange épicé sans produits animaux. Vous pouvez substituer le tofu ferme par le tempeh si vous préférez. Il s'agit d'un plat épicé, servez-le avec beaucoup de riz de jasmin thaï.

45 ml (3 c. à soupe) d'huile
  de canola, divisée

450 g (1 livre) de tempeh à 5 grains,
  en cubes

30 ml (2 c. à soupe) de pâte de cari
  rouge végétarien

15 ml (1 c. à soupe) de sucre brun

480 ml (2 tasses) de lait de coco
  allégé et non sucré, divisé, ou
  480 ml (2 tasses) de lait écrémé
  en conserve

1 gros oignon, grossièrement haché

8 tranches minces de gingembre
  frais

3 gousses d'ail, coupées en fines
  tranches

3 piments serrano, émincés,
  facultatif

480 ml (2 tasses) de carottes naines,
  cuites

5 échalotes, coupées en morceaux
  de 2,54 cm (1 pouce)

240 ml (1 tasse) de noix de cajou
  rôties à sec

1. Chauffer 5 ml (1 c. à thé) d'huile dans un wok à feu moyen-élevé. Faire sauter le tempeh jusqu'à ce qu'il soit doré sur tous les côtés, pendant environ 6 minutes. Réserver.

2. Réchauffer le wok avec la 7,5 ml (½ c. à soupe) d'huile restante à feu moyen. Ajouter la pâte de cari et mélanger pour bien combiner. Ajouter le sucre brun et 240 ml (1 tasse) de lait de coco. Lorsque l'huile est chaude, ajouter l'oignon, le gingembre et l'ail, et cuire à feu doux, jusqu'à tendre, environ 5 minutes.

3. Ajouter le tempeh et les piments et faire sauter pendant 3 minutes. Ajouter les carottes et le reste de la tasse de lait de coco, et cuire pendant 10 minutes. Ajouter les oignons et les noix de cajou, cuire pendant 5 minutes et servir.

PAR PORTION : 660 CAL ; 26 G PROT ; 40 G MAT GR ; 54 G CARB ; 0 MG CHOL ; 210 MG SOD ; 10 G FIBRES

POIS CHICHES ET PATATES DOUCES AU CARI

Équilibrer les saveurs en dosant le cari que vous ajoutez. Si vous n'aimez pas que la plat soit trop épicé, choisissez une poudre de cari douce et n'en mettez pas trop.

675 g (1 ½ livre) patates douces, pelées et coupées en dés pour faire 1,2 litre (5 tasses)

15 ml (1 c. à soupe) d'huile d'olive

2 gros poivrons rouges, coupés en dés

1 gros oignon, coupé en dés

2 oignons verts, hachés

3 gousses d'ail, émincées

15 ml (1 c. à soupe) de gingembre frais émincé

30 ml (2 c. à soupe) de poudre de cari, ou au goût

5 ml (1 c. à thé) de sel, divisé

2 boîtes de 450 ml (15 onces) de pois chiches, égouttés et lavés

15 ml (1 c. à soupe) de vinaigre de cidre

80 ml (⅓ tasse) de coriandre hachée

1. Faire bouillir 5,08 cm (2 pouces) d'eau dans une grande casserole adaptée pour un panier à vapeur à feu élevé. Ajouter les patates douces, couvrir et cuire à la vapeur jusqu'à tendre, pendant environ 10 minutes. Réserver, et garder au chaud jusqu'au moment de servir.

2. Chauffer l'huile dans un grand chaudron à fond épais sur feu moyen. Ajouter les poivrons, les oignons, les oignons verts, l'ail, le gingembre, la poudre de cari et 2,5 ml (½ c. à thé) de sel. Mélanger, couvrir et cuire pendant 3 à 5 minutes. Incorporer les pois chiches et cuire à découvert pendant 5 minutes. Ajouter le vinaigre et le reste du sel. Incorporer les patates douces. Réduire à feu doux, et cuire, en remuant doucement le mélange, pendant environ 2 minutes pour permettre aux patates douces de perdre un peu de leur contenu en amidon. Veiller à ne pas les briser complètement. Ajouter la coriandre, et remuer pour mélanger. Servir chaud.

PAR PORTION : 357 CAL ; 11 G PROT ; 5 G MAT GR ; 70 G CARB ; 0 MG CHOL ; 802 MG SOD ; 11 G FIBRES

COURGES AU CARI DANS UN PAIN ROTI

Le roti est un pain indien plat, habituellement cuit dans un four tandoori. Le pain pita peut être substitué au roti, si désiré.

Pâte

1 litre (4 tasses) de farine tout usage

10 ml (2 c. à thé) de poudre à pâte

5 ml (1 c. à thé) de sel

60 ml (¼ tasse) d'huile végétale

Garniture

1 litre (4 tasses) de courge musquée ou de citrouille ou de calebasse pelée, épépinée et coupée en dés

15 à 30 ml (1 à 2 c. à soupe) d'huile végétale

1 oignon rouge coupé en dés

2 à 3 gousses d'ail, émincées

1 piment vert épépiné et haché, facultatif

30 ml (2 c. à soupe) de poudre de cari

7,5 ml (½ c. à soupe) de cumin

5 ml (1 c. à thé) de thym séché

5 ml (1 c. à thé) de clous de girofle moulus

2,5 ml (½ c. à thé) de poivre noir fraîchement moulu

1,25 ml (¼ c. à thé) de sel

420 ml (1¾ tasse) de pois chiches, cuits, égouttés et lavés

15 ml (1 c. à soupe) de beurre non salé ou d'huile végétale, ou plus au besoin

1. Pour préparer la pâte : combiner la farine, la poudre à pâte et le sel dans un bol à mélanger. Graduellement, mélanger avec l'huile et 240 ml (1 tasse) d'eau. Mettre la pâte sur un plan de travail légèrement enfariné et pétrir jusqu'à consistance lisse et élastique, pendant environ 5 minutes. Former une balle, couvrir d'un torchon à vaisselle et laisser reposer pendant 15 minutes.

2. Pour préparer la garniture : chauffer l'huile dans un poêlon profond à feu moyen. Ajouter l'oignon, l'ail et le poivron, et cuire en remuant fréquemment jusqu'à ramollissement, pendant environ 4 minutes. Ajouter la courge musquée, 480 ml (2 tasses) d'eau, la poudre de cari, le cumin, le thym, les clous de girofle, le poivre et le sel, et cuire en remuant de temps en temps pendant environ 20 minutes, ou jusqu'à ce que la courge soit tendre. Ajouter les pois chiches et cuire pendant 5 à 10 minutes de plus, en remuant de temps en temps. Réserver.

3. Pour garnir le pain roti, diviser la pâte en 4 parties égales. Travailler une partie à la fois, aplatir chaque boule sur un plan de travail légèrement enfariné et former avec chacune un cercle 15,24 à 20,32 cm (6 à 8 pouces) de diamètre. Mettre environ 240 ml (1 tasse) de garniture sur un côté de chaque cercle. Rabattre la pâte sur la garniture et pincer les bords pour sceller.

4. Chauffer le beurre dans un poêlon à feu élevé jusqu'à ce qu'il grésille. Réduire à feu moyen et mettre le pain roti garni dans le poêlon. Cuire à découvert jusqu'à ce que la croûte soit dorée, pendant environ 3 minutes. Tourner le roti avec une large spatule et cuire de l'autre côté jusqu'à ce qu'il soit doré. Mettre sur une assiette et garder au chaud. Répéter avec le reste des pains roti, ajouter de l'huile et du beurre, au besoin. Servir chaud.

PAR PORTION (1 ROTI GARNI) : 783 CAL ; 21 G PROT ; 24 G MAT GR ; 123 G CARB ; 0 MG CHOL ; 835 MG SOD ; 8 G FIBRES

HARICOTS ET LÉGUMES AU CARI

Voici un repas savoureux, riche en épices et en calcium qui aide à prévenir les crampes musculaires dues à la température froide et qui améliore la circulation sanguine. Les petits haricots adzuki, d'un brun-rouge, possèdent un goût sucré et sont populaires dans la cuisine japonaise. Ils ont un contenu en protéines plus élevé que les autres haricots et sont plus faciles à digérer.

240 ml (1 tasse) de haricots adzuki, lavés

15 ml (1 c. à soupe) d'huile d'olive

120 ml (½ tasse) d'oignons coupés en dés

2 gousses d'ail, émincées

900 g (2 livres) de chou vert frisé frais ou de bettes à carde, cuit à la vapeur, et coupé en gros morceaux

10 ml (2 c. à thé) de poudre de cari

Sel et poivre noir fraîchement moulu, au goût

1. Tremper les haricots toute la nuit dans suffisamment d'eau froide, soit 5,08 cm (2 pouces) et réfrigérer. Égoutter, bien laver les haricots et combiner dans un grand chaudron avec 1 litre (4 tasses) d'eau. Porter à ébullition, réduire à feu doux et cuire, couvert, jusqu'à ce que les haricots soient tendres, pendant environ une heure.

2. Entre-temps, chauffer l'huile à feu moyen dans une grande poêle à frire profonde. Ajouter l'oignon et l'ail et cuire en remuant souvent, jusqu'à ce que l'oignon soit tendre, pendant environ 5 minutes. Ajouter les légumes. Asperger de 30 ml (2 c. à soupe) d'eau. Cuire, en remuant fréquemment, jusqu'à ce que les légumes aient une couleur vert vif et soient légèrement ramollis, pendant environ 3 minutes. Retirer du feu.

3. Égoutter les haricots et vider dans un plat de service. Ajouter la poudre de cari et bien remuer. Réchauffer les légumes, si nécessaire, ajouter aux haricots et remuer pour mélanger. Assaisonner avec du sel et du poivre, et servir.

PAR PORTION : 185 CAL ; 10 G PROT ; 3 G MAT GR ; 31 G CARB ; 0 MG CHOL ; 37 MG SOD ; 8 G FIBRES

RAGOÛT DE MASALA AUX LÉGUMES

Le lait de coco crémeux constitue une base délectable pour ce mélange délicat de légumes au cari. Servir avec un accompagnement de bulgur parsemé de fruits secs, une salade de concombres et des tomates dans le yogourt, et du pain pita chaud.

15 ml (1 c. à soupe) d'huile végétale

2 oignons moyens, hachés

2 à 3 gousses d'ail, émincées

4 pommes de terre moyennes
  pelées et coupées en dés

4 carottes coupées en tranches

½ chou-fleur moyen, coupé
  en petits morceaux

480 ml (2 tasses) d'haricots verts
  congelés

5 à 10 ml (1 à 2 c. à thé)
  de gingembre frais râpé

2 piments doux frais, épépinés
  et hachés

10 ml (2 c. à thé) de garam masala
  (voir page 595) ou de poudre
  de cari de bonne qualité

5 ml (1 c. à thé) de coriandre
  moulue

2,5 ml (½ c. à thé) de curcuma
  moulu

1 boîte de 450 ml (15 onces)
  de lait de coco allégé

Sel au goût

240 ml (1 tasse) de pois verts
  congelés

1,25 ml (¼ c. à thé) de cilantro
  haché

1. Chauffer l'huile dans un grand chaudron à feu moyen. Ajouter les oignons et l'ail et cuire en remuant souvent, jusqu'à ce que les oignons soient dorés. Ajouter les pommes de terre, les carottes et 480 ml (2 tasses) d'eau et porter à ébullition. Couvrir et cuire doucement jusqu'à ce que les pommes de terre soient partiellement tendres, pendant 10 à 15 minutes. Ajouter le chou-fleur, les haricots verts, le gingembre, les poivrons, le garam masala, la coriandre et le curcuma. Continuer à cuire doucement à couvert, jusqu'à ce que les légumes soient tendres, pendant 20 minutes.

2. Écraser quelques pommes de terre contre les côtés du chaudron avec une cuillère en bois pour aider à épaissir le ragoût. Incorporer le lait de coco et assaisonner de sel, au goût. Si le temps le permet, laisser reposer le ragoût pendant une heure ou plus avant de servir.

3. Juste avant de servir, chauffer le ragoût, goûter et ajuster les assaisonnements. Incorporer les pois et le cilantro, cuire jusqu'à ce que les pois soient chauds et servir dans des bols peu profonds.

PAR PORTION : 275 CAL ; 8 G PROT ; 11 G MAT GR ; 45 G CARB ; 0 MG CHOL ; 119 MG SOD ; 7 G FIBRES

CASSEROLE AFGHANE AUX COURGES

Préparez ce plat principal très coloré avec n'importe quelle courge d'hiver. Le goût sucré de la courge est mis en valeur par la richesse de la sauce de tomates et l'aigreur du yogourt. Utiliser n'importe quel yogourt nature, mais le yogourt de lait entier donne une saveur plus riche et une texture plus crémeuse.

900 g (2 livres) de courges d'hiver pelées et coupées en cubes de 6,35 cm (2½ pouces)

2 litres (4 tasses) de sauce à spaghetti (page 499)

10 ml (2 c. à thé) de cannelle moulue

5 ml (1 c. à thé) de poivre noir fraîchement moulu

1,25 ml (¼ c. à thé) de clous de girofle moulu

360 ml (1½ tasse) de yogourt nature

60 ml (¼ tasse) d'oignons verts, émincés

15 ml (1 c. à soupe) de menthe fraîche hachée ou 5 ml (1 c. à thé) de menthe séchée, plus pour la garniture

5 ml (1 c. à thé) de sel

1. Porter rapidement 4 litres (16 tasses) d'eau à ébullition, ajouter les courges et cuire pendant environ 25 minutes, ou jusqu'à qu'elles soient tendres mais non bouillie. Retirer du feu, égoutter et réserver.

2. Entre-temps, chauffer la sauce à spaghetti à feu moyen et ajouter la cannelle, le poivre et les clous de girofle. Cuire pendant 10 minutes, ou jusqu'à ce que la sauce soit réduite à environ 720 ml (3 tasses). Mélanger le yogourt avec les oignons verts, la menthe et le sel, et réserver. Mettre les courges dans un plat de service et recouvrir de sauce à spaghetti en laissant quelques courges à découvert. Verser un peu de sauce de yogourt sur le plat, et garnir avec la menthe.

PAR PORTION : 290 CAL ; 10 G PROT ; 7 G MAT GR ; 51 G CARB ; 5 MG CHOL ; 1 690 MG SOD ; 12 G FIBRES

LASAGNE MEXICAINE

Si vous aimez la nourriture mexicaine, vous allez adorer ce plat d'inspiration hispanique !

7 à 15 ml (½ à 1 c. à soupe) d'huile d'olive

1 oignon tranché

1 poivron vert grossièrement haché

1 à 2 gousses d'ail, émincées

15 ml (1 c. à soupe) de poudre de chili, ou au goût

5 ml (1 c. à thé) de cumin moulu

1 pincée de poivre de Cayenne, facultatif

1 boîte de 480 ml (16 onces) d'haricots pinto ou d'haricots rouges, rincés et égouttés

240 ml (1 tasse) de maïs en grains en conserve, frais ou congelé

240 ml (1 tasse) de sauce tomate

6 tortillas de maïs de 17,78 cm (7 pouces)

240 ml (1 tasse) de fromage cottage faible en gras

120 à 240 ml (½ à 1 tasse) de fromage cheddar râpé

1. Chauffer l'huile dans un grand poêlon à feu moyen-élevé. Ajouter l'oignon, le poivron et l'ail, et cuire en remuant fréquemment jusqu'à ramollissement, pendant environ 5 minutes. Incorporer la poudre de chili, le cumin et le poivre de Cayenne, et faire sauter pendant 1 minute de plus.

2. Retirer du feu. Ajouter les haricots, le maïs et la sauce tomate.

3. Préchauffer le four à 180 °C (350 °F).

4. Mettre trois tortillas au fond d'un moule de 2 litres (8 tasses) légèrement graissé. Ajouter la moitié du mélange de haricots et de maïs, et recouvrir de fromage blanc. Saupoudrer de la moitié du cheddar. Répéter les couches jusqu'à ce que tous les ingrédients soient utilisés.

5. Cuire à découvert pendant 45 minutes, ou jusqu'à chaud. Laisser reposer pendant 5 minutes avant de servir.

PAR PORTION : 424 CAL ; 24 G PROT ; 10 G MAT GR ; 62 G CARB ; 20 MG CHOL ; 700 MG SOD ; 13 G FIBRES

PATATES DOUCES FARCIES ET ÉPICÉES

Ces pommes de terre peuvent être servies comme plat principal ou comme accompagnement. Lorsque vous servez les patates douces comme plat principal pour le déjeuner, servez-les entières avec une salade, comme l'arugula ou la salade de poivrons rouges rôtis (page 143).

4 patates douces moyennes

2 gros poivrons, de préférence un rouge et un jaune, ou orange

60 ml (4 c. à soupe) ou ½ bâtonnet de beurre non salé, ou de margarine

0,6 ml (⅛ de c. à thé) de cumin moulu, ou plus, au goût

Sel au goût

360 ml (1½ tasse) de fromage Pepper Jack

240 ml (1 tasse) de crème sure

30 ml (2 c. à soupe) de jus de lime frais, ou plus au goût

30 ml (2 c. à soupe) d'oignon émincé

30 ml (2 c. à soupe) de cilantro haché

1. Préchauffer le four à 180 °C (350 °F). Tapisser de papier d'aluminium une grande plaque de cuisson.

2. Piquer les patates douces et mettre dans une grande poêle à frire anti-adhésive. Cuire pendant 1½ heure, ou jusqu'à ce que le centre soit mou. Retirer du feu, mais garder le four allumé.

3. Entre-temps, épépiner et couper les poivrons et réserver. Couper les pommes de terre en deux sur la longueur, ou laisser les entières et pratiquer une ouverture au centre, mais pas jusqu'en bas. En laissant une mince couche de chair pour conserver leur forme, enlever la chair des pommes de terre. Couper en deux les moitiés des pommes de terre ou les pommes de terre entières. Disposer les robes des pommes de terre sur la plaque de cuisson.

4. Écraser la chair des pommes de terre à l'aide d'une fourchette et les laisser en gros morceaux, avec le beurre, le cumin et le sel, au goût. Mettre le mélange dans les robes des pommes de terre, en distribuant le mélange également. Saupoudrer les pommes de terre farcies de fromage et de poivrons, en conservant les poivrons pour la garniture finale. Cuire environ 10 minutes, ou jusqu'à ce que le fromage fonde.

5. Entre-temps, mélanger la crème sure avec le jus de lime, et réserver. Garnir les pommes de terre avec le reste des poivrons, des oignons, le cilantro et de la crème sure au goût de lime. Servir chaud.

PAR PORTION (1 PATATE AVEC GARNITURE) : 550 CAL ; 15 G PROT ; 37 G MAT GR ; 42 G CARB ; 100 MG CHOL ; 350 MG SOD ; 6 G FIBRES

ENCHILADAS AUX HARICOTS NOIRS ET MAÏS

Voici un plat mexicain au goût frais qui est aussi bon à manger que facile à faire. Un plat que toute la famille appréciera.

1 boîte de 600 ml (20 onces) de sauce enchilada faible en sodium

2 boîtes de 450 ml (15 onces) de haricots noirs, égouttés et lavés

480 ml (2 tasses) de maïs en grains congelés

80 ml (⅓ tasse) d'oignons verts coupés en tranches

1 grosse tomate hachée

80 ml (⅓ tasse) plus 30 ml (2 c. à soupe) de coriandre coupée

5 ml (1 c. à thé) d'origan séché

2,5 ml (½ c. à thé) de cumin moulu

1 pincée de piment jalapeño moulu, facultatif

12 tortillas de maïs de 15,24 cm (6 pouces)

120 ml (½ tasse) de fromage cheddar râpé ou de fromage à base de soja

1. Préchauffer le four à 190 °C (375 °F). Badigeonner un plat de cuisson moyen avec une mince couche de sauce enchilada.

2. Combiner les haricots, le maïs, les oignons et la tomate dans un grand poêlon antiadhésif. Chauffer le feu à moyen-élevé. Ajouter 80 ml (⅓ tasse) de coriandre, l'origan, le cumin et le piment jalapeño. Cuire en remuant de temps en temps jusqu'à ce que le mélange ait légèrement épaissi, pendant 4 à 5 minutes. Retirer du feu.

3. Chauffer les tortillas sur une plaque de cuisson chaude ou un poêlon pendant environ 1 minute. Plonger les tortillas dans la sauce enchilada pour les couvrir légèrement et étendre environ 60 ml (¼ tasse) du mélange d'haricots. Rouler les tortillas et mettre à plat, le coté ouvert sur la plaque à cuisson. Verser le reste de la garniture sur les enchiladas et recouvrir avec le reste de la sauce enchilada. Saupoudrer de fromage.

4. Cuire, à découvert jusqu'à ébullition, pendant environ 15 minutes. Retirer du feu, saupoudrer l'enchilada avec les 30 ml (2 c. à soupe) de coriandre, et servir.

PAR ENCHILADA : 235 CAL ; 9 G PROT ; 8 G MAT GR ; 34 G CARB ; 20 MG CHOL ; 138 MG SOD ; 7 G FIBRES

POUDING À LA CITROUILLE ET AU MAÏS

Cette entrée copieuse et colorée emprisonne les saveurs du Sud-Ouest dans ce plat principal et automnal qui fait appel à la farine chaude et fraîche des tortillas de maïs, de même qu'à une salade de saison aux avocats, et à un dessert à la crème glacée au caramel ou à la cannelle. Les tacos cuits sont une option saine, parce qu'ils n'exigent pas de graisse pour la cuisson. Prévoyez utiliser un ou tous les choix de garniture pour accentuer la saveur subtile du pouding.

Pouding à la citrouille et au maïs

900 ml (3¾ tasse) de chips de maïs cuites au four, écrasées

3 gros œufs

480 ml (2 tasses) de purée de citrouille

112 g (4 onces) de chilis verts doux en conserve hachés

240 ml (1 tasse) de maïs en grains en conserve, frais ou congelé

5 ml (1 c. à thé) de poudre de chili, ou au goût

2,5 ml (½ c. à thé) du cumin moulu

Sel et poivre fraîchement moulu, au goût

Sauce piquante aux piments au goût, facultatif

Garniture

240 ml (1 tasse) de salsa

240 ml (1 tasse) de cilantro

1 avocat pelé et coupé en tranches

1 tomate mûre coupée en fines tranches

1. Préchauffer le four à 200 °C (400 °F). Pulvériser un plat de cuisson de 2 litres (8 tasses) avec un vaporisateur de cuisine antiadhésif.

2. Pour préparer le pouding à la citrouille et au maïs : mettre les chips de maïs écrasées au fond du plat de cuisson. Battre les œufs dans un bol jusqu'à ce qu'ils soient mousseux. Incorporer la purée de citrouille, les poivrons et le maïs. Incorporer la poudre de chili, le cumin, le sel, le poivre et la sauce piquante aux piments. Verser avec une cuillère dans le plat de cuisson et répartir sur les chips.

3. Cuire pendant 20 minutes. Retirer du four, recouvrir de garniture au goût, et servir chaud.

PAR PORTION : 390 CAL ; 12 G PROT ; 20 G MAT GR ; 49 G CARB ; 160 MG CHOL ; 580 MG SOD ; 11 G FIBRES

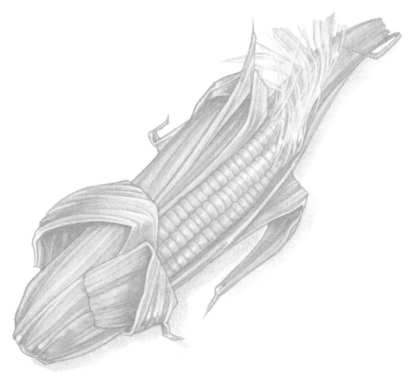

RAGOÛT AUX CHAMPIGNONS ET CHILI

Voici une délicieuse version de chili moyennement épicée. Si vous aimez votre chili très épicé, versez quelques gouttes de sauce piquante à la fin. N'hésitez pas à remplacer les champignons de la recette par votre propre combinaison de champignons préférés.

15 ml (1 c. à soupe) d'huile d'olive

1 oignon moyen haché

4 gousses d'ail, émincées

224 g (8 onces) de champignons de Paris

1 champignon portobello moyen, à tige

224 g (8 onces) de champignons shiitake, à tige

10 ml (2 c. à thé) de poudre de chili

5 ml (1 c. à thé) de cumin moulu

2,5 ml (½ c. à thé) d'origan séché

1 boîte de 450 ml (15 onces) de haricots blancs, égouttés et lavés

1 boîte de 450 ml (15 onces) de haricots pinto, égouttés et lavés

1 boîte de 435 ml (14½ onces) de tomates coupées en dés avec chilis verts

15 ml (1 c. à soupe) de pâte de tomates

15 ml (1 c. à soupe) de vinaigre balsamique

1 oignon vert, coupé en morceaux de 1,27 cm (½ pouce)

Sel au goût

Coriandre pour garnir

1. Chauffer l'huile dans une casserole à feu moyen. Ajouter l'oignon et l'ail, et cuire en remuant souvent jusqu'à ce que l'oignon soit ramolli, pendant environ 5 minutes.

2. Mettre tous les champignons dans un robot culinaire et passer jusqu'à ce qu'ils soient grossièrement hachés, afin d'obtenir environ 1,2 litre (5 tasses). Ajouter les champignons, la poudre de chili, le cumin et l'origan dans une casserole, et cuire, en remuant de temps en temps, jusqu'à ce que les champignons aient perdu leurs jus, pendant environ 5 minutes.

3. Ajouter aux champignons les haricots, les tomates, la pâte de tomates, le vinaigre et 240 ml (1 tasse) d'eau. Porter à ébullition. Réduire à feu doux et cuire à découvert, jusqu'à ce que le mélange ait atteint l'épaisseur désirée, pendant environ 10 minutes. Incorporer les oignons verts et ajouter du sel. Saupoudrer de coriandre, et servir.

PAR PORTION : 313 CAL ; 15 G PROT ; 5 G MAT GR ; 57 G CARB ; 0 MG CHOL ; 627 MG SOD ; 14 G FIBRES

POLENTA AVEC COURGES D'HIVER, GORGONZOLA ET NOIX

Bien que vous puissiez acheter la polenta italienne dans un magasin spécialisé, vous pouvez aussi utiliser toute farine de maïs finement moulue — moulue à la pierre, la farine de maïs organique s'avère un bon choix. Si vous n'aimez pas la saveur forte du fromage bleu, utilisez le fromage asiago ou le fromage feta. Ne mélangez pas trop après avoir ajouté le fromage, afin que l'on sente les morceaux de courge et de fromage dans la polenta. Servir avec des asperges grillées ou des légumes de saison.

30 ml (2 c. à soupe) d'huile d'olive

240 ml (1 tasse) d'oignon émincé

720 ml (3 tasses) de courges d'hiver râpées coupées en dés

240 ml (1 tasse) de farine de maïs

5 ml (1 c. à thé) de sel

2,5 ml (½ c. à thé) de poivre de Cayenne

120 ml (½ tasse) de fromage gorgonzola émietté, ou autre fromage bleu

240 ml (1 tasse) de noix rôties et hachées (voir page 60)

1. Porter une casserole de 2 litres (8 tasses) à feu moyen, et ajouter l'huile. Ajouter l'oignon et les courges, et faire sauter jusqu'à ce que l'oignon ait ramolli, mais pas bruni. Mélanger une tasse d'eau avec la farine de maïs, le sel et le poivre de Cayenne.

2. Porter 720 ml (3 tasses) d'eau à ébullition, et incorporer la farine de maïs humide lorsque l'eau bout. Ajouter les courges et l'oignon. Réduire à feu moyen et cuire en remuant de temps en temps, pendant 20 à 25 minutes.

3. Ajouter le gorgonzola lorsque la polenta est épaisse et se détache des côtés de la casserole. Incorporer les noix, et remuer le mélange de nouveau. Servir chaud.

PAR PORTION : 320 CAL ; 10 G PROT ; 19 G MAT GR ; 29 G CARB ; 10 MG CHOL ; 520 MG SOD ; 5 G FIBRES

RAGÙ DE CHAMPIGNONS SAUVAGES
AVEC POLENTA DORÉE

Trois variétés de champignons séchés — le bolet, champignon de Paris et le shiitake — donnent à ce ragù une saveur intense et terreuse. Les olives vertes ajoutent un vif contraste. Bien que faible en matières grasses, la sauce est riche, prouvant qu'avec peu, on peut faire beaucoup, particulièrement lorsque la sauce est servie avec la polenta dorée. La méthode pour cuire la farine de maïs et réussir une magnifique polenta texturée sans avoir besoin de la remuer constamment est adaptée d'une recette de la grande dame de la cuisine italienne, Marcella Hazan.

Polenta dorée

15 ml (1 c. à soupe) de sel de mer

480 ml (2 tasses) de polenta moulue grossièrement ou de farine de maïs moulue à la pierre

Huile d'olive, pour badigeonner

Ragù de champignons sauvages

56 g (2 onces) de champignons bolet séchés

45 ml (3 c. à soupe) d'huile d'olive, divisée

2 gros oignons, coupés en dés

3 gousses d'ail, émincées

10 ml (2 c. à thé) de romarin frais haché ou 5 ml (1 c. à thé) de romarin séché

240 ml (1 tasse) de vin rouge sec, de préférence du Chianti

675 g (1½ livre) de champignons de Paris, nettoyés, à tige et coupés en tranches

Sel de mer et poivre noir fraîchement moulu, au goût

224 g (8 onces) de champignons shiitake, nettoyés, à tige et grossièrement hachés

1 boîte de 840 ml (28 onces) de tomates italiennes entières rôties

240 ml (1 tasse) de bouillon de légumes (page 431)

180 ml (¾ tasse) d'olives vertes grossièrement hachées

120 ml (½ tasse) de persil frais haché

45 ml (3 c. à soupe) de pâte de tomates

1. Pour préparer la polenta dorée : faire bouillir 1,6 litres (7 tasses) d'eau dans une grande marmite à feu moyen et ajouter le sel. En remuant constamment, verser lentement par poignées la polenta dans la marmite, en la laissant s'écouler petit à petit entre vos doigts. Réduire à feu moyen-doux, cuire et remuer constamment pendant 10 minutes. Couvrir la marmite et cuire pendant 10 minutes de plus. Enlever le couvercle, et brasser vigoureusement avec une cuillère en bois. Couvrir de nouveau et cuire pendant 10 minutes de plus. Répéter l'opération encore 2 fois pour un temps de cuisson total de 40 minutes. Enlever à nouveau le couvercle et continuer à remuer pendant 10 minutes. Verser la polenta dans un plat de cuisson de 25,4 x 35,56 cm (10 x 14 pouces), en étalant une couche d'environ 1,27 cm (½ pouce) d'épaisseur. Laisser refroidir. Une fois refroidie, couvrir et réfrigérer pendant plusieurs heures ou toute la nuit.

2. Pour préparer le ragù de champignons sauvages : mettre les bolets et 480 ml (2 tasses) d'eau tiède dans un bol et laisser tremper pendant au moins 30 minutes. Retirer les champignons du bol, en pressant doucement et en laissant le liquide s'égoutter dans le bol. Hacher grossièrement les champignons et réserver. Laisser s'égoutter le liquide des champignons à travers un filtre à café ou des essuie-tout pour enlever les saletés, et réserver le liquide.

3. Chauffer 15 ml (1 c. à soupe) d'huile dans un grand poêlon à feu moyen-élevé. Ajouter les oignons et faire sauter jusqu'à ramollissement, pendant environ 10 minutes. Ajouter l'ail et le romarin et cuire en remuant fréquemment, jusqu'à légèrement doré, pendant 5 à 8 minutes. Vider le mélange dans un grand chaudron en fonte. Déglacer le poêlon avec 120 ml (½ tasse) de vin rouge, en grattant toutes les particules brunies. Cuire à feu moyen-doux pendant environ 10 minutes, ou jusqu'à ce que le liquide soit réduit de moitié. Ajouter au mélange d'oignon.

Pizza grecque, page 310

▲ Œuf « Grenouille dans le puits », page 434

◀ Soupe froide de la ferme avec salsa, page 399

▲ Sloppy Janes, page 481

▶ Pâtés aux gourganes, page 450

Gâteau aux fruits nappé de glaçage blanc, page 576

4. Essuyer le poêlon propre avec des essuie-tout. Faire chauffer 10 ml (2 c. à thé) d'huile dans le poêlon à feu moyen-élevé. Ajouter la moitié des champignons de Paris et une pincée de sel et de poivre. Faire sauter pendant environ 5 minutes, ou jusqu'à ce que l'excès de liquide s'évapore et que les champignons commencent à brunir. Vider les champignons dans le chaudron en fonte, et sans nettoyer le poêlon, répéter l'opération avec le reste des champignons de Paris, puis avec les shiitakes. Vider le tout dans le chaudron en fonte. Déglacer le poêlon avec le reste de la demi-tasse de vin rouge, en grattant les particules brunies. Ajouter le champignon bolet reconstitué et le liquide égoutté des champignons et cuire à feu moyen pendant environ 10 minutes, ou jusqu'à ce que le liquide soit réduit de moitié. Vider le mélange dans le chaudron en fonte.

5. Presser les tomates pour les broyer, et ajouter avec les autres jus dans le chaudron. Incorporer le bouillon de légumes, les olives, le persil et la pâte de tomates. Cuire à feu moyen-doux pendant 15 minutes pour mélanger les saveurs, et ajuster les assaisonnements.

6. Préchauffer le four à gril. Couper la polenta en 16 morceaux, badigeonner légèrement avec l'huile et mettre sur une plaque de cuisson sous le gril, cuire pendant environ 6 minutes, ou jusqu'à brun doré. Retourner chaque morceau, et griller pendant 5 minutes de plus. Retirer du feu, mettre deux morceaux de polenta dans chaque plat et garnir avec le ragù de champignons chaud.

PAR PORTION : 340 CAL ; 10 G PROT ; 11 MAT GR ; 44 G CARB ; 0 MG CHOL ; 1180 MG SOD ; 5 G FIBRES

RATATOUILLE ET TOURTE DE POLENTA

Lorsque vous versez une couche épaisse de polenta sur la ratatouille et la faites cuire, vous obtenez une délicieuse tourte. Si vous gardez la marmite couverte pendant la cuisson, le dessus de la polenta sera mou au lieu d'être croûté.

37 ml (2½ c. à soupe) d'huile
  d'olive, divisée

1 gros oignon, coupé en quatre et
  en fines tranches

1 grosse aubergine, pelée et coupée
  en cubes de 1,90 cm (¾ pouce)

5 ml (1 c. à thé) de sel

1 gros poivron vert, coupé en
  tranches

2 gousses d'ail moyennes, émincées

480 ml (2 tasses) de tomates
  broyées en conserve ou 2 grosses
  tomates mûres, épépinées et
  hachées

1 courgette moyenne, coupée
  en dés

30 ml (2 c. à soupe) de persil frais
  haché

10 à 15 ml (2 à 3 c. à thé) de pâte
  de tomates

10 ml (2 c. à thé) de vinaigre de vin
  rouge

5 ml (1 c. à thé) de basilic séché ou
  15 ml (1 c. à soupe) de basilic
  frais haché

Poivre noir fraîchement moulu
  au goût

1 recette de polenta de base,
  la version molle (page 256)

1. Chauffer 15 ml (1 c. à soupe) d'huile dans une grosse marmite en fonte allant au four à feu moyen. Ajouter l'oignon et cuire en remuant fréquemment jusqu'à ramollissement, pendant environ 6 minutes. Ajouter 2 ml (1½ c. à soupe) d'huile restante, l'aubergine et 2,5 ml (½ c. à thé) de sel et cuire en remuant fréquemment, pendant 3 minutes. Ajouter le poivron et l'ail et cuire en remuant fréquemment, jusqu'à ce que l'aubergine commence à ramollir, pendant 6 à 7 minutes. Incorporer les tomates et la courgette.

2. Couvrir partiellement, réduire à feu doux, et cuire en remuant souvent pour empêcher les ingrédients de coller, pendant 10 minutes. Ajouter le persil, la pâte de tomates, le vinaigre, le basilic, 2,5 ml (½ c. à thé) du sel restant et le poivre, au goût. Cuire à découvert, pendant 3 minutes. Retirer du feu, égaliser la surface avec une cuillère, et laisser refroidir pendant 1 heure à la température de la pièce.

3. Entre temps, préparer la polenta molle. Aussitôt que la polenta a épaissi, verser immédiatement la polenta chaude sur la ratatouille, en étendant également avec une cuillère. Laisser refroidir pendant 30 minutes.

4. Préchauffer le four à 190 °C (375 °F).

5. Couvrir la marmite en fonte d'un couvercle ou d'une feuille de papier aluminium et cuire jusqu'à bien chaud, pendant 35 à 40 minutes. Retirer du feu et laisser reposer, couvert, pendant 10 minutes avant de servir.

PAR PORTION (AVEC POLENTA) : 250 CAL ; 5 G PROT ; 9 G MAT GR ; 39 G CARB ; 0 MG CHOL ; 930 MG SOD ; 5 G FIBRES

RAGOÛT DU SUD-OUEST
SUR LIT DE POLENTA MOLLE

Ce ragoût épicé au cumin est bon servi seul, mais encore meilleur servi sur in lit de polenta molle. Et l'arrangement coloré — la couleur sable et dorée du ragoût contrastant avec la couleur jaune de la polenta — ne peut être plus charmant. Pour de meilleur résultats, préparez le ragoût quelques heures à l'avance et laissez reposer afin que les saveurs se mélangent bien. Goûter et voir s'il faut ajouter une pincée de sucre, quelques gouttes de jus de citron ou les deux.

15 ml (1 c. à soupe) plus 5 ml
  (1 c. à thé) d'huile d'olive

1 gros oignon haché

2 gousses d'ail moyennes, émincées

21 ml (1½ c. à soupe) de farine
  tout usage

5 ml (1 c. à thé) de cumin moulu

2,5 ml (½ c. à thé) de poudre
  de chili

2,5 ml (½ c. à thé) de coriandre
  moulue

720 ml (3 tasses) de bouillon
  de légumes (page 431)

600 ml (2½ tasses) de courges
  d'hiver pelées et coupées en dés,
  comme la courge musquée ou
  délicata

1 grosse pomme de terre, pelée
  et coupée en dés

240 ml (1 tasse) de maïs en grains
  en conserve, frais ou congelés

1 feuille de laurier

2,5 ml (½ c. à thé) de sel, ou plus
  au goût

15 ml (1 c. à soupe) de pâte de
  tomates

2,5 ml (½ c. à thé) de basilic séché

1 grosse pincée de cannelle moulue

Poivre noir fraîchement moulu
  ou poivre de Cayenne, au goût

1 recette de polenta de base,
  version molle (page 256)

1 poivron rouge haché fin,
  pour garnir

1. Chauffer l'huile dans une grande casserole ou dans une marmite en fonte à feu moyen. Ajouter l'oignon et cuire en remuant souvent, jusqu'à ramollissement, pendant environ 8 minutes. Incorporer l'ail, la farine, le cumin, la poudre de chili et la coriandre, et cuire en remuant souvent, pendant une minute. Incorporer le bouillon, la courge, la pomme de terre, le maïs, la feuille de laurier et le sel. Augmenter à feu élevé et porter à ébullition. Réduire à feu doux, couvrir partiellement et cuire pendant 15 minutes. Incorporer la pâte de tomates, le basilic, la cannelle et le poivre, couvrir partiellement et cuire doucement jusqu'à ce que les saveurs se mélangent, pendant environ 10 minutes. Retirer du feu.

2. Environ 35 minutes avant le repas, préparer la polenta molle. Lorsque la polenta est presque prête, réchauffer le ragoût à feu doux.

3. Déposer la polenta dans de grands bols à soupe peu profonds, et faire un large creux au milieu. Mettre un peu de ragoût dans chaque creux, garnir avec le poivron haché et servir.

PAR PORTION : 325 CAL ; 7 G PROT ; 6 G MAT GR ; 53 G CARB ; 0 MG CHOL ; 284 MG SOD ; 7 G FIBRES

COURGES POIVRÉES RÔTIES
AVEC POLENTA BLANCHE

Les moitiés de courges poivrées sont parfaites pour la garniture. Dans cette préparation, la semoule de maïs blanche, une autre denrée alimentaire essentielle chez les Amérindiens, donne une polenta savoureuse qui se prépare rapidement et se met dans la courge. Et la garniture aux noix de pin et aux herbes a un goût croustillant et croquant.

4 courges poivrées

21 ml (1½ c. à soupe) d'huile d'olive

6,25 ml (1¼ c. à thé) de sel

10 ml (2 c. à thé) de poivre noir fraîchement moulu

1 litre (4 tasses) de bouillon de légumes (page 431) ou d'eau

80 ml (⅓ tasse) d'oignon émincé

2 petites gousses d'ail, émincées

400 ml (1⅔ tasse) de farine de maïs blanche ou de gruau

160 ml (⅔ tasse) de noix de pin

2,5 ml (½ c. à thé) de thym frais émincé

2,5 ml (½ c. à thé) de sauge fraîche émincée

2,5 ml (½ c. à thé) de romarin frais émincé

1. Préchauffer le four à 200 °C (400 °F). Tapisser une plaque à cuisson de papier sulfurisé, et réserver.

2. Couper chaque courge en moitié dans le sens de la longueur en partant du bout jusqu'à la queue, et enlever les graines et les fils. Trancher une petite partie de la base arrondie de chaque moitié afin que les courges puissent se tenir droites. Avec une brosse à pâtisserie, enduire les cavités de la courge d'huile. Saupoudrer 2,5 ml (½ c. à thé) de sel et 2,5 ml (½ c. à thé) de poivre. Mettre les moitiés, le côté tranché en bas, sur la plaque de cuisson et rôtir jusqu'à qu'ils soient tendres, mais toujours fermes, pendant environ 30 minutes.

3. Entre-temps, combiner le bouillon, l'oignon, l'ail, 1,25 ml (¼ c. à thé) de sel et 2,5 ml (½ c. à thé) de poivre dans une casserole à fond épais et faire chauffer à feu doux. Verser la farine de maïs graduellement. Remuer constamment, cuire jusqu'à ce que le mélange soit épais et lisse, pendant environ 15 minutes. Retirer la polenta du feu, couvrir et réserver.

4. Mettre les noix de pin dans un robot culinaire, et passer jusqu'à ce que les noix soient grossièrement moulues. Incorporer le thym, la sauge, le romarin, le reste du sel et 5 ml (1 c. à thé) de poivre.

5. Retirer les courges du four et réduire le feu à 150 °C (300 °F). Retourner soigneusement les courges, remplir chaque cavité avec 120 ml (½ tasse) de polenta et saupoudrer d'environ 30 ml (2 c. à soupe) du mélange de noix de pin, en pressant légèrement le mélange sur la polenta. Remettre les courges au four et cuire jusqu'à ce que la garniture commence à brunir, pendant environ 25 minutes. Servir chaud.

PAR PORTION : 307 CAL ; 8 G PROT ; 10 G MAT GR ; 44 G CARB ; 0 MG CHOL ; 442 MG SOD ; 9 G FIBRES

PETITS PÂTÉS D'AUBERGINE

En Grèce, on connaît ces petits pâtés sous le nom de « melitzanokephtethes ». Au lieu du parmesan râpé, vous pouvez utiliser le fromage grec kefalotyri, que l'on associe naturellement aux petits pâtés. Servir ceux-ci tels quels ou si vous préférez, en tranches sur des pâtes avec une sauce tomate.

675 g (1½ livre) d'aubergines moyennes

360 ml (1½ tasse) de la chapelure régulière (voir page 60) plus supplémentaire pour rouler

1 petit oignon, finement coupé

120 ml (½ tasse) de fromage parmesan râpé

2 gros œufs

30 ml (2 c. à soupe) de persil frais haché

5 ml (1 c. à thé) de poudre à pâte

Sel et poivre noir fraîchement moulu, au goût

120 ml (½ tasse) d'huile végétale, ou plus si nécessaire, pour la friture

1. Fendre les aubergines dans le sens de la longueur en deux endroits. Mettre dans l'eau salée bouillante et cuire pendant environ 15 minutes, ou jusqu'à tendre. Bien égoutter. Lorsque les aubergines sont assez froides pour être manipuler, enlever les peaux et écraser la pulpe.

2. Combiner la pulpe avec la chapelure, l'oignon, le fromage, les œufs, le persil, la levure, le sel et le poivre. Former des petits pâtés ou des croquettes et rouler dans la chapelure additionnelle pour un enrobage croustillant.

3. Chauffer environ 60 ml (¼ tasse) d'huile dans un poêlon à feu moyen et faire frire les petits pâtés jusqu'à ce qu'ils soient dorés des deux côtés. En utilisant une spatule trouée, enlever les petits pâtés de l'huile et laisser égoutter sur des essuie-tout. Répéter avec le reste du mélange, ajouter plus d'huile si nécessaire.

PAR PORTION : 180 CAL ; 8 G PROT ; 10 G MAT GR ; 17 G CARB ; 90 MG CHOL ; 350 MG SOD ; 4 G FIBRES

TOURTE DE POLENTA AVEC COURGETTES RÔTIES

Les morceaux de tourte peut être préparée à l'avance et réfrigérée. Dans ce cas, la cuisson finale prendra plus de temps. Les variétés de polanta à préparation rapide et prête à cuire sont vendues dans plusieurs magasins et peuvent être utilisées pour gagner du temps. La façon la plus simple de couper la courge est de la couper en rondelles de 2,54 cm (1 pouce) d'épaisseur, puis d'utiliser un petit couteau pointu pour couper la pelure des rondelles. Trancher chaque rondelle en cube de 2,54 cm (1 pouce). Des sachets de courges musquées déjà coupées en dés sont disponibles dans quelques supermarchés.

480 ml (2 tasses) de farine meulée à la pierre

5 ml (1 c. à thé) de sel

120 ml (½ tasse) de tomates séchées au soleil dans l'huile

900 g (2 livres) de courges musquées, pelées et coupées en dés

2 poivrons rouges, coupés en dés

1 oignon, grossièrement haché

2,5 ml (½ c. à thé) de sel d'ail

2,5 ml (½ c. à thé) de sel d'oignon

5 ml (1 c. à thé) de poivre noir fraîchement moulu

5 ml (1 c. à thé) de thym séché

2,5 ml (½ c. à thé) de basilic séché

2,5 ml (½ c. à thé) de poivre de Cayenne

30 ml (2 c. à soupe) d'huile d'olive

240 ml (1 tasse) de mozzarella à base de soja ou de fromage mozzarella râpé

1. Préchauffer le four à 180 °C (350 °F).

2. Porter 1 litre (4 tasses) d'eau à ébullition. Mélanger la farine de maïs avec 1 litre (4 tasses) d'eau froide et le sel. Ajouter la farine de maïs à l'eau bouillante, porter de nouveau à ébullition, et cuire pendant 35 minutes. Remuer fréquemment pendant les 20 premières minutes, puis remuer sans arrêt pendant le temps restant. Ajouter les tomates séchées au soleil, et bien remuer.

3. Mélanger les courges, le poivre et l'oignon avec le sel d'ail, le sel d'oignon, le poivre, le thym, le basilic et le poivre de Cayenne, et déposer sur une plaque de cuisson.

4. Rôtir pendant 20 minutes, ou jusqu'à ce que les courges soient tendres. Retirer du feu, et réserver.

5. Utiliser l'huile pour huiler une casserole de 22,86 cm (9 pouces) ou un plat à quiche profond. Mettre la polenta cuite dans la casserole et répartir également. Garnir avec les légumes rôtis et saupoudrer de fromage.

6. Cuire pendant 45 minutes, ou jusqu'à ce que tout soit bien cuit et que le fromage ait fondu et soit doré. Retirer du four, et servir.

PAR PORTION : 360 CAL ; 11 G PROT ; 5 G MAT GR ; 32 G CARB ; 0 MG CHOL ; 334 MG SOD ; 10 G FIBRES

AUBERGINE AU PARMESAN

Contenant seulement un quart des calories et un neuvième des matières grasses de l'aubergine traditionnelle au parmesan, ce plat ne vous fera pas vous sentir lourd, ou coupable.

30 ml (2 c. à soupe) de vin rouge sec

1 oignon moyen, haché

3 grosses gousses d'ail, pressées ou émincées

1 poivron vert moyen, haché

Poivre noir fraîchement moulu, au goût

1 litre (4 tasses) de tomates pelées et hachées (voir page 59)

5 ml (1 c. à thé) de basilic séché ou 15 ml (1 c. à soupe) de basilic frais émincé

1,5 ml (⅓ c. à thé) d'origan séché ou 5 ml (1 c. à thé) d'origan frais émincé

1 pincée de thym séché ou 2,5 ml (½ c. à thé) de thym frais émincé

5 ml (1 c. à thé) de persil séché ou 15 ml (1 c. à soupe) de persil frais haché

Sel, au goût

1 grosse aubergine

60 à 120 ml (¼ à ½ tasse) de bouillon de légumes (page 431)

120 à 240 ml (½ à 1 tasse) de chapelure de blé entier sèche

180 ml (¾ tasse) de fromage mozzarella faible en gras grossièrement râpé

60 à 120 ml (¼ à ½ tasse) de fromage parmesan râpé

1. Chauffer le vin dans une grande casserole à feu moyen. Ajouter l'oignon et cuire en brassant fréquemment, jusqu'à ramollissement, pendant 3 à 4 minutes.

2. Ajouter l'ail et le poivron, et cuire en brassant fréquemment, jusqu'à tendreté, pendant environ 5 minutes. Ajouter le poivre noir et les tomates. Si vous utilisez des herbes séchées, ajoutez-les, couvrir, réduire à feu doux et cuire pendant 5 à 10 minutes. (Si des herbes fraîches sont utilisées, ne les ajouter pas avant l'étape 3.)

3. Ajouter 2,5 ml (½ c. à thé) de sel, augmenter à feu moyen-élevé et cuire à découvert, jusqu'à ce que la sauce épaississe, pendant environ 1 heure. Si vous utilisez des herbes fraîches, ajoutez-les et cuire pendant 5 minutes de plus. Saler davantage, si désiré. Retirer du feu.

4. Peler l'aubergine et couper en diagonale en tranches de 1,27 cm (½ pouce). Étendre les tranches dans une passoire, en les saupoudrant légèrement de sel entre les couches. Recouvrir avec une assiette et déposer dessus un poids, comme une grosse boîte de tomates ou un pot d'eau. Laisser reposer pendant au moins 30 minutes pour laisser égoutter l'excès d'humidité. Laver l'aubergine et tapoter avec un essuie-tout pour l'assécher.

5. Préchauffer le four à 180 °C (350 °F). Vaporiser une grande plaque à cuisson avec le vaporisateur antiadhésif à cuisson.

6. Plonger les tranches d'aubergine dans le bouillon de légumes et recouvrir de chapelure. Mettre sur la plaque de cuisson.

7. Cuire jusqu'à ce que l'aubergine soit tendre et la chapelure croustillante, pendant environ 30 minutes.

8. Vaporiser la base et les côtés d'un plat de cuisson carré de 20,32 cm (8 pouces) avec le vaporisateur antiadhésif à cuisson. Étaler une mince couche de sauce dans le fond, et mettre la moitié des tranches d'aubergine dessus. Saupoudrer environ un tiers de la mozzarella sur l'aubergine. Étaler une couche plus épaisse de sauce que la première fois et saupoudrer la moitié du fromage parmesan. Répéter l'opération, en commençant par l'aubergine et en finissant avec le fromage parmesan. Couvrir.

9. Cuire pendant environ 30 minutes. Enlever le couvercle, saupoudrer le reste de la mozzarella sur le plat et cuire jusqu'à ce que le fromage ait fondu et fasse des bulles, pendant environ 10 minutes. Retirer du feu et laisser reposer pendant 5 à 10 minutes avant de servir.

PAR PORTION (UN CARRE DE 10,16 CM OU 4 POUCES) : 225 CAL ; 13 G PROT ; 7 G MAT GR ; 28 G CARB ; 17 G CHOL ; 608 MG SOD ; 5 G FIBRES

Le zeste d'orange transforme cet humble plat en plat exotique. Les bateaux peuvent être servis chauds ou à la température de la pièce et constituer un plat principal copieux.

1,3 kg (3 livres) d'aubergines moyennes

120 ml (½ tasse) de sel

90 ml (6 c. à soupe) d'huile d'olive

2 oignons moyens, hachés

10 ml (2 c. à thé) de grains d'ail

112 g (4 onces) de champignons, frais ou en conserve

1 boîte de 840 ml (28 onces) de tomates italiennes Roma, égouttées, en réservant 120 ml (½ tasse) de son jus

240 ml (1 tasse) d'olives noires dénoyautées

Zeste de 2 grosses oranges

5 ml (1 c. à thé) de poivre noir fraîchement moulu

1,8 litres (7½ tasses) de chapelure régulière

15 ml (1 c. à soupe) de romarin frais haché, ou au goût

30 ml (2 c. à soupe) de persil frais haché, ou au goût

10 ml (2 c. à thé) d'aneth frais haché ou au goût

5 ml (1 c. à thé) de graines d'aneth

1 gousse d'ail émincée

1. Couper en deux les aubergines dans le sens de la longueur jusqu'aux extrémités des tiges. Pratiquer une fente de 1,27 cm (½ pouce) en diagonale, et trancher soigneusement autour à l'intérieur du périmètre sans couper la peau. Saler les moitiés d'aubergines, en appuyant sur les fentes ouvertes pour permettre au sel d'entrer. Mettre dans une passoire et laisser égoutter pendant 30 minutes.

2. Rincer les aubergines à fond. En utilisant une cuillère, enlever la chair de l'aubergine et enlever l'excès d'eau. Réserver.

3. Préchauffer le four à 190 °C (375 °F).

4. Chauffer 60 ml (4 c. à soupe) d'huile dans un poêlon à feu moyen-élevé, et faire sauter les oignons, l'ail, les champignons et les morceaux d'aubergines. Cuire jusqu'à ce que le jus commence à s'évaporer et que les légumes commencent à brunir. Ajouter les tomates et le jus, les olives, le zeste d'orange et le poivre. Réduire à feu moyen et cuire pendant 8 à 10 minutes de plus, en remuant souvent. Incorporer la chapelure, le romarin, le persil, l'aneth et les graines d'aneth.

5. Verser 2,54 cm (1 pouce) d'eau dans un grand plat à rôtir. Placez le « bateau » d'aubergine dans le plat. Mettre le mélange à garniture dans chaque « bateau ». Mettre l'ail émincé sur la garniture. Badigeonner le dessus et les bords des « bateaux » avec le reste de l'huile. Couvrir chaque « bateau » d'une feuille de papier d'aluminium, sans serrer.

6. Cuire pendant 5 minutes et enlever la feuille de papier aluminium. Cuire pendant 15 minutes de plus, et retirer du four. Pour servir, trancher chaque « bateau » en trois segments et déposer sur un plat de service.

PAR PORTION : 267 CAL ; 5 G PROT ; 16 G MAT GR ; 32 G CARB ; 0 MG CHOL ; 400 MG SOD ; 8 G FIBRES

BIFTECK D'AUBERGINES AVEC POIS CHICHES, POIVRONS ROUGES, FROMAGE FETA ET OLIVES NOIRES

POUR 4 PERSONNES

Cette recette inventive avec ses saveurs fortes évoque les images de la Méditerranée.

Marinade balsamique

15 ml (1 c. à soupe) de vinaigre balsamique

15 ml (1 c. à soupe) de tamari ou de sauce soja faible en sodium

2 gousses d'ail émincées

1,25 ml (¼ c. à thé) de poivre noir fraîchement moulu

30 ml (2 c. à soupe) d'huile d'olive

Bifteck d'aubergines

1 grosse aubergine (environ 450 g ou 1 livre)

360 ml (1½ tasse) de pois chiches, cuits ou en conserve, égouttés

2 poivrons rouges moyens rôtis (voir page 59), pelés, épépinés et coupés en cubes

112 g (4 onces) de fromage feta coupé en cubes ou émietté

120 ml (½ tasse) d'olives noires dénoyautées, de préférence grecques ou marocaines

30 ml (2 c. à soupe) d'origan ou de persil italien frais haché

Sel de mer et poivre noir fraîchement moulu, au goût

4 pains pita de 16,51 cm (6½ pouces)

20 ml (4 c. à thé) de vinaigre balsamique

1 bouquet d'origan frais, pour garnir

1. Pour préparer la marinade balsamique : combiner tous les ingrédients, en ajoutant lentement l'huile et en remuant vivement pour bien mélanger. Réserver.

2. Préparer un charbon de bois chaud ou préchauffer un gril au gaz à feu moyen-élevé. Mettre une grille à légume sur le gril. Ou préchauffer le four.

3. Pour préparer les biftecks d'aubergine : couper l'aubergine dans le sens de la longueur en quatre tranches de 1,27 cm (½ pouce) d'épaisseur pour que celles-ci ressemblent à des biftecks. Badigeonner les « biftecks » avec la marinade.

4. Griller l'aubergine pendant 2 minutes par côté, ou jusqu'à ce qu'elle soit tendre sans être ramollie. Retirer du feu et déposer un bifteck sur chaque assiette.

5. Mettre les pois chiches, les poivrons, le feta, les olives et l'origan dans un bol. Assaisonner au goût avec le sel et le poivre et remuer pour bien mélanger. Ajouter de la marinade, et remuer de nouveau. Griller le pain pita, couper des morceaux en forme de pointes de tarte, et réserver.

6. Mettre une ou deux cuillères du mélange d'olive et de poivre sur chaque bifteck d'aubergine avec le mélange baignant le plat. Asperger de vinaigre, mettre plusieurs pointes de pitas sur le plat et garnir l'aubergine avec plusieurs brins d'origan frais. Servir immédiatement.

PAR PORTION : 460 CAL ; 18 G PROT ; 16 G MAT GR ; 65 G CARB ; 10 MG CHOL ; 1060 MG SOD ; 10 G FIBRES

AUBERGINES AVEC OIGNONS CARAMÉLISÉS, TOMATES ET MENTHE

Ce plat a une belle présentation et est aussi facile à servir. Servez-le avec du pain croustillant.

675 à 900 g (1½ à 2 livres) d'aubergines italiennes, environ 20,32 cm (8 pouces) de long et de 7,62 cm (3 pouces) de diamètre

120 ml (½ tasse) d'olive, divisée

3 gros oignons Vidalia, ou autres oignons doux finement tranchés

120 ml (½ tasse) de liqueur d'anisette

360 ml (1½ tasse) de tomates Roma ou autres tomates fermes hachées, plus le jus

240 ml (1 tasse) de feuilles de menthe fraîches hachées

15 ml (1 c. à soupe) d'origan séché, ou 45 ml (3 c. à soupe) d'origan frais haché

240 ml (1 tasse) de noix de pin

Sel de mer grossièrement moulu, au goût

Poivre blanc fraîchement moulu, au goût

1. Préchauffer le four à 180 °C (350 °F).

2. Couper les aubergines en deux dans le sens de la longueur, enlever les bouts de tige durs. Vaporiser les côtés coupés avec un vaporisateur antiadhésif à cuisson, et mettre les côtés pulvérisés en bas sur une plaque à cuisson.

3. Cuire pendant 25 à 30 minutes, ou jusqu'à ce que la peau et l'intérieur soient très tendres. Retirer du feu, et réserver.

4. Chauffer 15 ml (1 c. à soupe) d'huile dans un grand poêlon en fonte ou en acier inoxydable à feu moyen-doux. Faire sauter les oignons jusqu'à ce qu'ils soient tendres et caramélisés, pendant environ 12 minutes. Ajouter l'anisette, augmenter le feu à moyen-élevé et cuire pendant environ 30 secondes. Retirer du feu et augmenter la température du four à griller.

5. À l'aide de pincettes ou d'une spatule, enlever les oignons du poêlon, et réserver. Mettre les aubergines dans le poêlon, à l'endroit, et couvrir également les aubergines d'oignons. Mettre les tomates et le jus, la menthe, l'origan et les noix de pin sur les oignons, dans cet ordre. Verser le reste de l'huile dessus.

6. Placer le poêlon sous le gril pendant 3 à 4 minutes, ou jusqu'à ce que la menthe et les oignons soient légèrement brunis. Retirer du feu et assaisonner avec le sel et le poivre au goût. Servir.

PAR PORTION : 470 CAL ; 8 G PROT ; 31 G MAT GR ; 32 G CARB ; 0 MG CHOL ; 15 MG SOD ; 6 G FIBRES

Voici un plat principal très agréable, particulièrement lorsqu'il est servi avec une salade verte ; il constitue aussi un bon accompagnement.

240 ml (1 tasse) de gruau cuit ou de polenta (voir page 62)

45 ml (3 c. à soupe) d'huile d'olive

675 à 900 g (1½ à 2 livres) d'aubergines

1 gousse d'ail émincée

1 petit oignon haché

45 ml (3 c. à soupe) de farine de maïs

1 boîte de champignons de 210 ml (7 onces), plus le liquide

5 ml (1 c. à thé) de bicarbonate de soude

5 ml (1 c. à thé) de sel assaisonné

120 ml (½ tasse) de chapelure ou de miettes de craquelins

480 ml (2 tasses) de fromage de soja ou de mozzarella régulier râpé

1. Graisser une assiette à tarte profonde de 22,86 cm (9 pouces) avec 15 ml (1 c. à soupe) d'huile. Presser le gruau dans le fond et sur les côtés de l'assiette. Réserver et laisser refroidir

2. Peler l'aubergine et la trancher en gros morceaux. Placer les gros morceaux dans une casserole, et ajouter juste assez d'eau pour couvrir. Cuire à feu doux jusqu'à ce que les morceaux soient tendres, pendant 15 à 20 minutes.

3. Entre temps, chauffer le reste des 30 ml (2 c. à soupe) d'huile dans un poêlon à feu moyen, et faire sauter l'ail et l'oignon jusqu'à ce qu'ils soient dorés, pendant environ 7 minutes.

4. Préchauffer le four à 180 °C (350 °F).

5. Enlever l'aubergine ramollie du feu, égoutter et écraser légèrement avec un pilon. Mélanger la farine de maïs et le liquide des champignons en remuant jusqu'à consistance lisse. Incorporer le bicarbonate de soude et ajouter le mélange à l'aubergine. Incorporer l'oignon, l'ail, le reste du sel, les champignons et la chapelure. Verser à la cuillère dans l'assiette à tarte et saupoudrer de fromage.

6. Cuire pendant environ 25 minutes, ou jusqu'à ce que le fromage ait fondu et fasse des bulles. Retirer du feu et laisser refroidir légèrement avant de couper et de servir.

PAR PORTION : 240 CAL ; 8 G PROT ; 9 G MAT GR ; 32 G CARB ; 0 MG CHOL ; 960 MG SOD ; 4 G FIBRES

AUBERGINES NAINES FARCIES (IMAM BAYILDI)

POUR 6 PERSONNES

Pour un menu de buffet, les aubergines naines sont un choix parfait puisque la portion est plus petite.

6 aubergines naines

45 ml (3 c. à soupe) d'huile d'olive

1 gros oignon coupé en quatre et finement tranché

2 gousses d'ail écrasées

1 boîte de tomates de 435 ml (14½ onces) coupées en cubes dans son jus, égouttées et le jus réservé

120 ml (½ tasses) de persil frais haché, plus pour la garniture, facultatif

1 feuille de laurier

2,5 ml (½ c. à thé) de cannelle moulue

Sel et poivre noir fraîchement moulu au goût

60 ml (¼ tasse) de jus de citron frais

2,5 ml (½ c. à thé) de sucre cristallisé

1. Couper les aubergines en deux dans le sens de la longueur. Utiliser une cuillère à melon ou une petite cuillère, enlever soigneusement la chair, en laissant 0,32 cm (⅛ pouce) de chair et la peau de l'aubergine intacte.

2. Hacher fin la chair, et réserver. Réserver les peaux d'aubergines dans un grand poêlon au chaud. Chauffer 15 ml (1 c. à soupe) d'huile dans une casserole à feu moyen. Ajouter l'oignon et cuire, en remuant souvent, jusqu'à ramollissement et jusqu'à ce qu'il commence à brunir, pendant environ 10 minutes. Ajouter l'ail et cuire, en remuant souvent, pendant 1 minute de plus. Ajouter les tomates, la chair d'aubergine réservée, le persil, la feuille de laurier et la cannelle. Assaisonner avec le sel et le poivre. Cuire, en remuant de temps en temps, jusqu'à ce que l'aubergine soit tendre et qu'une bonne partie du liquide ait été absorbée, pendant environ 10 minutes. Retirer la casserole du feu, retirer la feuille de laurier et remplir généreusement les peaux d'aubergine du mélange.

3. Mélanger le reste des 30 ml (2 c. à soupe) d'huile, le jus de citron, le jus de tomate réservé et le sucre. Verser sur les aubergines garnies. Couvrir et cuire à feu doux jusqu'à ce que les aubergines soient tendres, pendant environ 30 minutes. Retirer la casserole du feu et laisser refroidir.

4. Placer soigneusement les aubergines sur un plat de service, en les arrangeant si nécessaire. Avec une cuillère, prendre le jus de la casserole et en verser sur les aubergines. Servir tiède à la température de la pièce, ou couvrir et refroidir pour servir froid. Saupoudrer du persil haché, si utilisé.

PAR PORTION (2 MOITIÉS GARNIES) : 136 CAL ; 2 G PROT ; 8 G MAT GR ; 16 G CARB ; 0 MG CHOL ; 352 MG SOD ; 2 G FIBRES

TORTE AUX ASPERGES ET AUX ARTICHAUTS

POUR 4 PERSONNES

Délicieux pour un souper léger, cette torte est la simplicité même parce qu'elle se prépare rapidement. Des biscuits chauds et un punch aux fruits, suivis d'un sorbet au citron, sont des compléments parfaits.

12 pointes d'asperges dodues, coupées

30 ml (2 c. à soupe) d'huile d'olive

15 ml (1 c. à soupe) d'ail émincé

360 ml (1½ tasse) de cœurs d'artichaut, coupés en deux et bien égouttés

6 gros œufs, battus

240 ml (1 tasse) de fromage mozzarella faible en gras

Sel et poivre noir fraîchement moulu

1. Préchauffer le four à gril.

2. Blanchir les asperges dans l'eau bouillante pendant environ 2 minutes. Retirer du feu, plonger dans l'eau froide et réserver. Lorsqu'elles elles ont assez refroidies pour être manipulées, couper les asperges en morceaux de 7,62 cm (3 pouces).

3. Chauffer l'huile dans un grand poêlon à feu moyen, et faire sauter l'ail pendant 1 à 2 minutes. Ajouter les asperges et les cœurs d'artichaut, et faire sauter pendant 3 minutes. Brasser les œufs avec le fromage, le sel et le poivre, et verser sur les légumes. Faire cuire les œufs, en soulevant les bords et en inclinant le poêlon pour que la partie des œufs non cuite se répandent autour. Lorsque le fond et les côtés semblent cuits, après environ 5 minutes, mettre à griller au four jusqu'à ce que le dessus de l'omelette brunisse et se gonfle. Retirer du four et servir.

PAR PORTION : 300 CAL ; 21 G PROT ; 19 G MAT GR ; 11 G CARB ; 330 MG CHOL ; 360 MG SOD ; 4 G FIBRES

POCHETTE AUX CHAMPIGNONS ET TOMATES

Cette tarte savoureuse, qui se situe entre la pizza et la tarte, avec sa croûte en forme de pochette constitue un repas substantiel et sans prétention ; servez-le chaud.

30 ml (2 c. à soupe) d'huile d'olive, de préférence extra vierge

1 gros oignon, tranché mince

Sel et poivre noir fraîchement moulu au goût

224 g (8 onces) de champignons de Paris tranchés

1 croûte à tarte fait maison ou déjà préparée de 22,86 cm (9 pouces) (voir page 518)

112 g (4 onces) de fromage de chèvre émietté

10 ml (2 c. à thé) de thym ou de romarin frais grossièrement haché, ou 3 ml (⅔ c. à thé) de thym ou de romarin séché

2 à 3 tomates moyennes, coupées en tranches de 0,64 cm (¼ pouce), puis coupées en deux

1. Préchauffer le four à 230 °C (450 °F).

2. Chauffer 15 ml (1 c. à soupe) d'huile dans un poêlon à feu moyen-élevé. Ajouter l'oignon et cuire en brassant souvent, jusqu'à ce que l'oignon soit ramolli et brun doré, pendant 8 à 10 minutes. Assaisonner avec le sel et le poivre.

3. Vider les oignons dans un bol. Chauffer le reste de l'huile dans le poêlon. Ajouter les champignons et cuire en brassant souvent, jusqu'à ce qu'ils soient ramollis et que le jus soit évaporé, pendant environ 6 minutes. Assaisonner avec le sel et le poivre.

4. Mettre les champignons dans le bol avec les oignons et mélanger doucement.

5. Mettre la croûte à tarte sur une plaque de cuisson. Distribuer le mélange de champignons et d'oignons également sur la croûte en laissant une bordure de 2,54 cm (1 pouce). Parsemer de fromage chèvre et saupoudrer de thym et de poivre au goût.

6. En commençant par le bord extérieur du mélange d'oignons et de champignons, disposer les tranches de tomates dessus. Saupoudrer d'une pincée de sel et le poivre. Rabattre la pâte sur la garniture, en pinçant la pâte à chaque 2,54 cm ou 5,08 cm (1 ou 2 pouces).

7. Cuire jusqu'à ce que la croûte soit dorée, pendant 18 à 20 minutes. Mettre sur une grille pour refroidir légèrement. Couper en quatre et servir chaud.

PAR PORTION : 260 CAL ; 4 G PROT ; 6 G MAT GR ; 48 G CARB ; 15 MG CHOL ; 190 MG SOD ; 3 G FIBRES

ARTICHAUTS BRAISÉS ET POMMES DE TERRE NOUVELLES AVEC SAUCE À L'ANETH AU CITRON

Tailler les artichauts est une tâche délicate, mais qui en vaut la peine, car ceci confère une merveilleuse saveur terreuse à tout ragoût de légumes. En s'inspirant de la cuisine grecque, le goût des artichauts est ici accentué grâce à une sauce aromatisée au citron et à l'aneth.

1 citron coupé en deux

8 petits artichauts ou 4 gros artichauts

10 ml (2 c. à thé) d'huile d'olive

240 ml (1 tasse) d'oignons hachés

2 gousses d'ail moyennes émincées

450 g (1 livre) de carottes naines, grattées et coupées en bâtonnets

450 g (1 livre) de pommes de terre nouvelles, coupées en deux ou en quatre

540 ml (2¼ tasses) de bouillon de légumes faible en sodium ou bouillon de légumes (page 431)

1 gros œuf

45 à 60 ml (3 à 4 c. à table) de jus de citron frais

80 ml (⅓ tasse) d'aneth frais haché, plus brins pour la garniture

Sel et poivre noir fraîchement moulu, au goût

1. Remplir un grand bol d'eau froide. Presser le jus d'un demi-citron dans l'eau, et réserver. Enlever les feuilles extérieures vert foncé de l'artichaut. Avec un couteau à peler, couper l'artichaut à 2,54 cm (1 pouce) de la tige. Enlever la partie verte fibreuse du cœur de l'artichaut. Frotter les surfaces coupées avec l'autre moitié du citron. Enlever les feuilles intérieures qui restent juste sous le cœur, en exposant la partie pourpre. Avec une cuillère à melon ou une petite cuillère, enlever la partie duveteuse. Frotter les surfaces coupées avec le citron. Mettre l'artichaut coupé dans l'eau citronnée. Répéter l'opération avec le reste des artichauts.

2. Chauffer l'huile dans un chaudron en fonte ou une casserole profonde à feu moyen. Ajouter l'oignon et cuire en remuant fréquemment, jusqu'à ce qu'il soit ramolli, pendant 2 à 3 minutes. Ajouter l'ail et cuire, en remuant, pendant 30 secondes. Ajouter les carottes et les pommes de terre et cuire en remuant, pendant 2 minutes.

3. Égoutter les artichauts. Si vous utilisez de gros artichauts, les couper en quatre ou en huit. Ajouter les artichauts et le bouillon au mélange de carottes et porter à ébullition. Réduire à feu doux, couvrir, et cuire jusqu'à ce que les légumes soient tendres, pendant 12 à 18 minutes. Avec une cuillère trouée, déposer les légumes dans un grand bol à service ou une assiette profonde et couvrir pour garder au chaud.

4. Battre ensemble l'œuf et 45 ml (3 c. à soupe) du jus de citron dans un bol, et ajouter l'aneth. Graduellement, verser un peu de bouillon de légumes chaud dans le mélange d'œuf en battant toujours, ajouter ensuite ce mélange au liquide restant dans une casserole profonde. Cuire à feu moyen, en remuant jusqu'à ce qu'à évaporation de l'eau et que le mélange épaississe légèrement, pendant 2 à 3 minutes. Ne pas laisser la sauce bouillir. Assaisonner avec le sel, le poivre et le jus de citron au goût. Verser la sauce sur les légumes, garnir de brins d'aneth et servir immédiatement.

PAR PORTION : 278 CAL ; 11 G PROT ; 3 G MAT GR ; 50 G CARB ; 36 MG CHOL ; 301 MG SOD ; 14 G FIBRES

SEITAN BRAISÉ AVEC SAUCE TOMATE ODORANTE

Si le seitan est vendu dans un bouillon, vous aurez besoin de 2 paquets pour cette recette. Après avoir jeté le bouillon, vous obtiendrez environ 450 g (1 livre) de seitan.

10 ml (2 c. à thé) d'huile d'olive

1 oignon rouge, haché

5 gousses d'ail, émincées

1 chili serrano, épépiné et haché

450 g (1 livre) de seitan

1 grosse courgette, coupée en dés

450 g (1 livre) de champignons de Paris coupés en tranches

1 boîte de 450 ml (15 onces) de pois chiches, égouttés et lavés

1 bâtonnet de cannelle

1 boîte de 840 ml (28 onces) de sauce tomate avec piments rouges rôtis

120 ml (½ tasse) de cilantro haché

15 ml (1 c. à soupe) de garam masala (voir page 595)

5 ml (1 c. à thé) de curcuma moulu

45 ml (3 c. à soupe) de yogourt au soja nature

1. Chauffer l'huile, l'oignon et le chili dans une casserole de 5 litres (20 tasses), à feu élevé pendant deux minutes pour amollir. Couper le seitan en morceaux de la taille d'une bouchée, et ajouter à la casserole. Ajouter la courgette, les champignons, les pois chiches et le bâtonnet de cannelle. Cuire le mélange pendant 6 minutes, en remuant fréquemment.

2. Réduire à feu doux, et ajouter la sauce tomate, le cilantro, le garam masala et le curcuma. Cuire pendant 10 minutes, et incorporer le yogourt. Retirer du feu, et garder au chaud jusqu'au moment de servir.

PAR PORTION : 179 CAL ; 13 G PROT ; 4 G MAT GR ; 21 G CARB ; 0 MG CHOL ; 126 MG SOD ; 7 G FIBRES

RAPINI AVEC HARICOTS BLANCS ET POMMES DE TERRE

Dans ce ragoût délicieusement différent, le goût doux-amer du rapini est un beau complément aux haricots blancs et aux pommes de terre. Servir dans des bols à soupe larges et profonds avec du pain italien croûté pour tremper toute la sauce. Avec tous ces légumes, vous n'aurez pas besoin d'une salade comme accompagnement, mais un dessert comme le gâteau au chocolat éclipse totale (page 506) constitue une succulente conclusion au repas.

3 pommes de terre moyennes, pelées et tranchées

Sel au goût

30 ml (2 c. à soupe) d'huile d'olive

5 grosses gousses d'ail, émincées

5 ml (1 c. à thé) de piment rouge écrasé, ou plus au goût

2 gosses bottes de rapini, les tiges taillées, et le reste coupé en deux en diagonale

1,25 ml (¼ c. à thé) de poivre noir fraîchement moulu

480 ml (2 tasses) de haricots Great Northern ou autres haricots, égouttés et lavés

Environ 1 litre (4 tasses) de bouillon de légumes (page 431)

1. Combiner les pommes de terre avec l'eau légèrement salée pour couvrir dans une casserole moyenne, et porter à ébullition à feu élevé Réduire à feu moyen-doux, couvrir partiellement et cuire jusqu'à ce que les pommes de terre soient tendres sous la fourchette, environ 10 minutes. Bien égoutter, et réserver.

2. Entre temps, chauffer l'huile dans une grande casserole à feu moyen. Ajouter l'ail et le poivre rouge écrasé et cuire, en remuant occasionnellement, pendant 2 minutes. Incorporer le rapini, le sel, le poivre, et 60 ml (¼ tasse) d'eau. Couvrir, et cuire jusqu'à ce que le rapini soit tendre, en remuant de temps en temps, pendant 5 à 8 minutes. Ajouter les pommes de terre, les haricots et le bouillon de légumes, et bien remuer. Augmenter le feu à moyen-élevé, et porter à ébullition. Cuire, à découvert, en remuant de temps en temps, jusqu'à ce que les saveurs se soient mélangées et que le mélange soit bien chauffé, pendant environ 5 minutes. Ajuster les assaisonnements au goût, et servir chaud.

PAR PORTION : 267 CAL ; 11 G PROT ; 5 G MAT GR ; 42 G CARB ; 0 MG CHOL ; 185 MG SOD ; 8 G FIBRES

POMMES DE TERRE AU FOUR GARNIES
D'UN RAGOÛT ÉPICÉ AUX LÉGUMES

Ce ragoût de légumes fait aussi une bonne garniture pour les patates douces au four.

4 grosses pommes de terre Russet, épluchées

15 ml (1 c. à soupe) d'huile végétale

240 ml (1 tasse) d'oignon haché

120 ml (½ tasse) de poivron vert haché

120 ml (½ tasse) de carotte coupée en dés

1 gousse d'ail hachée

1 boîte de 435 ml (14½ onces) de tomates broyées

1 boîte de 450 ml (15 onces) de haricots noirs, égouttés et rincés

120 ml (½ tasse) de bouillon de légumes (page 431) ou d'eau

15 ml (1 c. à soupe) de poudre de chili

5 ml (1 c. à thé) de cumin moulu

240 ml (1 tasse) de courge jaune coupée en dés

240 ml (1 tasse) de courgette coupée en dés

30 ml (2 c. à soupe) de cilantro haché

Sel et poivre noir fraîchement moulu au goût

1. Préchauffer le four à 200 °C (400 °F).

2. Piquer les pommes de terre avec les dents d'une fourchette et cuire jusqu'à ce que les pommes de terre soient tendres, environ 1 heure.

3. Entre temps, chauffer l'huile dans une grande poêle antiadhésive à feu moyen. Ajouter l'oignon, le poivron, la carotte et l'ail, et cuire en remuant souvent, jusqu'à ce que les légumes commencent à ramollir, environ 10 minutes. Ajouter les tomates, les haricots, la poudre de chili et le cumin. Réduire à feu doux et cuire, couvert, pendant 20 minutes.

4. Ajouter la courge jaune et la courgette. Couvrir et cuire jusqu'à ce que les légumes soient tendres et croustillants, environ 5 minutes de plus. Incorporer le cilantro, et assaisonner avec le sel et le poivre.

5. Pour servir, fendre les pommes de terre au four, et écraser leur chair légèrement. Verser le ragoût de légumes au milieu.

PAR PORTION : 392 CAL ; 12 G PROT ; 6 G MAT GR ; 80 G CARB ; 0 MG CHOL ; 225 MG SOD ; 7 G FIBRES

RAGÙ CRÉMEUX AUX CHAMPIGNONS

Brunir la farine à sec dans une poêle est la façon classique de préparer une base de roux — assurez-vous d'utiliser une poêle à fond épais et de remuer constamment pour éviter que la farine ne brûle. Pour une version sans produit laitier, remplacer le lait par un breuvage de soja nature.

- 120 ml (½ tasse) de farine tout usage
- 3 clous de girofle
- 3 grosses échalotes, pelées
- 15 ml (1 c. à soupe) d'huile végétale
- 450 g (1 livre) de champignons mélangés, comme shiitake, chanterelle et portobello, tranchés
- 5 ml (1 c. à thé) de sel
- 1 litre (4 tasses) de lait faible en matières grasses
- 1 petite feuille de laurier
- 1 pincée de muscade moulue

1. Cuire la farine dans une poêle à fond épais sur un feu moyen en brassant constamment, jusqu'à ce que la farine soit légèrement brunie (la couleur d'une coquille d'amande) environ 5 minutes. Retirer immédiatement du feu et continuer à remuer jusqu'à ce que la farine refroidisse un peu, environ 2 à 3 minutes. Réserver pour refroidir complètement.

2. Entre temps, piquer une échalote de clous de girofle, et réserver. Couper en fines tranches les deux échalotes restantes. Chauffer l'huile dans une grande casserole à feu élevé. Ajouter les échalotes tranchées et cuire en remuant jusqu'à ce qu'elles soient brun doré, environ 3 minutes. Ajouter les champignons et 2,5 ml (½ à thé) de sel, et cuire en remuant jusqu'à ce que les champignons soient tendres et commencent à perdre leur jus, environ 3 ou 4 minutes. Retirer du feu et réserver.

3. Incorporer graduellement 180 ml (¾ tasse) de lait dans la farine refroidie en remuant jusqu'à ce qu'il ne reste plus de grumeaux. Ajouter 2,5 ml (½ c. à thé) de sel restant, l'échalote entière avec les clous de girofle, la feuille de laurier et la muscade. Mettre à feu moyen-élevé et porter à ébullition, en remuant constamment. Bouillir jusqu'à épaississement en brassant constamment, environ 5 minutes.

4. Réduire à feu doux et cuire en brassant de temps en temps jusqu'à ce que les saveurs se soient mélangées, environ 15 minutes. Jeter l'échalote entière et la feuille de laurier. Incorporer le mélange de champignons et chauffer. Servir chaud.

PAR PORTION (1 TASSE) : 323 CAL ; 16 G PROT ; 8 G MAT GR ; 47 G CARB ; 10 MG CHOL ; 669 MG SOD ; 7 G FIBRES

CASSEROLE DE CHAMPIGNONS SAUVAGES ET TOMATES

Ce plat chaud est étonnamment léger lorsqu'il est consommé dès sa sortie du four. Pour la cuisson, une casserole en faïence s'avère le meilleur choix parce que la chaleur irradiante et lente crée une croûte autour du moule, l'une des parties les plus savoureuses du plat. Ce plat est meilleur lorsqu'il est mangé immédiatement, et il est facile de le réchauffer dans un four à micro-ondes. Les enfants l'adorent.

42 g (1½ once) d'un mélange de champignons sauvages séchés, comme le bolet

1 litre (4 tasses) d'eau bouillante

2 gros oignons, coupés en tranches

45 ml (3 c. à soupe) de beurre non salé ou d'huile d'olive

45 ml (3 c. à soupe) de sucre brun

5 ml (1 c. à thé) de sel

45 ml (3 c. à soupe) de farine

675 ml (1½ livre) environ de pain rassis, croûté de style campagnard de préférence, coupé en tranches épaisses

720 ml (3 tasses) de tomates hachées

600 ml (2½ tasses) de fromage style gruyère grossièrement râpé

30 ml (2 c. à soupe) de sauge fraîche émincée

120 ml (½ tasse) de fromage parmesan râpé

2,5 ml (½ c. à thé) de graines de carvi, facultatif

1. Mettre les champignons dans un grand récipient résistant à la chaleur et ajouter l'eau bouillante. Couvrir, et infuser pendant 1 à 2 heures, ou jusqu'à ce que les champignons soient tendres. Égoutter l'infusion, en réservant le liquide. Hacher grossièrement les champignons et réserver dans un grand bol.

2. Mettre les oignons, le beurre et le sucre dans un grand poêlon, couvrir et cuire à feu moyen pendant 10 minutes, ou jusqu'à ce que les oignons soient doux et commencent à se caraméliser au fond. Ajouter le sel, et remuer dans la farine pour épaissir. Mettre les oignons dans un bol, et déglacé le poêlon avec environ 240 ml (1 tasse) de l'infusion de champignon, en battant bien. Verser le liquide pour déglacer dans l'infusion de champignon.

3. Préchauffer le four à 190 °C (375 °F). Vaporiser un moule de 3 litres (12 tasses) avec un vaporisateur antiadhésif à cuisson.

4. Disposer le pain en couches dans le moule. Hacher tout reste de pain en petits morceaux de forme irrégulière, et réserver. Combiner les champignons et les tomates, et couvrir la couche de pain avec le mélange. Combiner le gruyère et la sauge, et disperser uniformément sur le mélange de tomate et de champignon. Couvrir avec le pain haché. Étendre les oignons sur le pain et verser l'infusion de champignons. Tapoter doucement avec le dos d'une cuillère en bois. Saupoudrer de fromage parmesan et de graines de cumin, au goût.

5. Cuire au four, à découvert, pendant 45 à 55 minutes, ou jusqu'à ce que le dessus du plat soit prêt et croustillant. Servir chaud, sorti directement du four.

PAR PORTION : 710 CAL ; 32 G PROT ; 28 G MAT GR ; 83 G CARB ; 75 MG CHOL ; 1470 MG SOD ; 6 G FIBRES

FONDUE AU FROMAGE CLASSIQUE

Pour de meilleurs résultats, faire cette fondue dans une casserole à fond épais sur la cuisinière et ensuite vider dans votre poêlon à fondue ou la cocotte mijoteuse. Le kirsch — un cognac suisse préparé avec des noyaux de cerise — est facultatif, mais il ajoute vraiment de la saveur.

Fondue au fromage classique

1 gousse d'ail écrasée

600 ml (2½ tasses) de Chardonnay ou autre vin blanc sec

30 ml (2 c. à soupe) de fécule de maïs

450 g (1 livre) de fromage gruyère râpé

450 g (1 livre) de fromage Emmental râpé

30 ml (2 c. à soupe) de kirsch, facultatif

Accompagnements

1 à 2 pains français, coupés en cubes

1 pain pumpernickel (ou de seigle) non tranché, coupé en cubes

2 douzaines de gressins

1. Pour préparer la fondue au fromage classique : frotter l'intérieur d'une casserole avec l'ail. En utilisant un poêlon à fondue ou une cocotte-minute, bien frotter également avec l'ail. Verser le vin, et chauffer à feu doux jusqu'à ébullition.

2. Mélanger la fécule de maïs avec 60 ml (¼ tasse) d'eau, en remuant pour faire une pâte, et incorporer dans le vin. Augmenter le feu à feu moyen, et cuire jusqu'à ce que le mélange de vin bout et commence à épaissir, en remuant souvent. Réduire à feu doux.

3. Combiner les fromages, en utilisant une généreuse poignée à la fois, incorporer dans le vin jusqu'à ce le fromage fonde. Répéter en ajoutant le fromage et en remuant jusqu'à ce que tout le fromage soit utilisé et que le mélange soit lisse, pendant environ 10 minutes.

4. Incorporer le kirsch, si utilisé, et vider le fromage fondu dans le poêlon à fondue, et servir. Garder la fondue au chaud sur un réchaud à alcool ou dans la cocotte mijoteuse à feu très doux. Servir avec les accompagnements.

PAR PORTION (SANS ACCOMPAGNEMENT) : 510 CAL ; 33 G PROT ; 34 G MAT GR ; 5 G CARB ; 115 MG CHOL ; 340 MG SOD ; 0 G FIBRES

FONDUE ITALIENNE

Les supermarchés offrent aux cuisiniers occupés plusieurs moyens de gagner du temps dans la préparation de la fondue : une variété de fromages ensachés et déjà râpés, de légumes préparés et des gressins empaquetés, de sorte que le dîner peut être prêt en quinze minutes. Si vous avez davantage de temps, râpez vos propres fromages — un mélange de mozzarella, de fontina, de provolone, de romano, de parmesan ou de fromages asiago, pour un total de 900 g (2 livres), ou de 2 litres (8 tasses).

Fondue italienne

600 ml (2½ tasses) de vin blanc sec

1 gousse d'ail écrasée

10 ml (2 c. à thé) de basilic séché

2,5 ml (½ c. à thé) d'origan séché

1,25 ml (¼ c. à thé) de poivron rouge écrasé

30 ml (2 c. à soupe) de fécule de maïs

900 g (2 livres) de fromage italien râpé

30 ml (2 c. à soupe) de tomates séchées au soleil émincées, facultatif

Accompagnements

1 pain italien croustillant

2 douzaines de gressins

3 à 4 litres (12 à 16 tasses) d'une combinaison de légumes cuits et crus coupés en portions, comme carottes naines, lanières de poivron, asperges, brocoli, tomates cerise

1. Pour préparer la fondue italienne : verser le vin dans une casserole et chauffer à feu doux jusqu'à ébullition. Ajouter l'ail, le basilic, l'origan et le poivron rouge écrasé, et cuire pendant 2 minutes de plus.

2. Mélanger la fécule de maïs avec 60 ml (¼ tasse) d'eau, en remuant pour faire une pâte, et incorporer dans le vin. Augmenter à feu moyen et cuire jusqu'à ce que le mélange de vin bout et commence à épaissir, en remuant souvent. Réduire à feu doux.

3. Combiner les fromages, en utilisant une généreuse poignée à la fois, incorporer dans le vin jusqu'à ce le fromage fonde. Répéter, en ajoutant le fromage et en remuant jusqu'à ce que tout le fromage soit utilisé et que le mélange soit lisse, pendant environ 3 minutes. Incorporer les tomates séchées au soleil, au goût.

4. Vider le mélange de fromage dans un poêlon à fondue ou une cocotte mijoteuse, et servir. Garder la fondue au chaud sur un réchaud à alcool à feu très doux. Servir avec les accompagnements.

PAR PORTION (SANS ACCOMPAGNEMENT) : 430 CAL ; 26 G PROT ; 29 G MAT GR ; 10 G CARB ; 90 MG CHOL ; 850 MG SOD ; 0 G FIBRES

Le savoureux fromage Pepper Jack a besoin d'un peu d'aide pour qu'il ait un goût merveilleux. Avec le fromage fondu dans la bière mexicaine, des graines de citrouille moulues et des chilis verts, la fondue devient particulièrement inoubliable si elle est accompagnée de tortillas de maïs fraîches. Les chilis jalapeños au vinaigre (jalapeños en escabeche) peuvent être consommés avec un condiment ou plongés dans la fondue et conviennent particulièrement à ceux qui aiment les aliments relevés.

**Fondue au fromage
et chili du Sud-Ouest**

1 gousse d'ail écrasée

600 ml (2½ tasses) de bière Dos Equis ou autre bière mexicaine

30 ml (2 c. à soupe) de fécule de maïs

120 ml (½ tasse) de graines de citrouille crues décortiquées, moulues finement

675 g (1½ livre) de fromage Pepper Jack râpé

120 ml (½ tasse) de chilis verts coupés en dés et en conserve

Accompagnement

24 tortillas à farine ou de maïs, coupées en morceaux

450 g (1 livre) de chips tortilla, de préférence cuites au four

3 à 4 litres (12 à 16 tasses) d'une combinaison de légumes cuits et crus coupés en portions pour la trempette, comme des bâtonnets de carottes, poivrons, céleri, radis, carottes naines, brocoli et pois « Sugar snap »

480 ml (2 tasses) de chilis jalapeño au vinaigre

1. Pour préparer la fondue au fromage et au chili : mettre l'ail et la bière dans une casserole, et chauffer à feu doux jusqu'à ce que le mélange bouillonne.

2. Mélanger la fécule de maïs avec 60 ml (¼ tasse) d'eau, en remuant pour faire une pâte, et incorporer la bière. Augmenter le feu, et chauffer la bière jusqu'à ce qu'elle bout et commence à épaissir. Réduire à feu doux. Ajouter les graines de citrouille, et cuire pendant 2 minutes. Ajouter le fromage, en utilisant une généreuse poignée à la fois, incorporer à la bière jusqu'à ce que le fromage fonde, pendant 2 à 3 minutes. Répéter jusqu'à ce que le fromage soit tout utilisé. Incorporer les chilis verts.

3. Vider le mélange de fromage dans un poêlon à fondue ou une cocotte-minute. Garder la fondue au chaud sur un réchaud à alcool ou à feu très doux. Au moment de servir, mettre les tortillas de maïs dans des paniers doublés avec une serviette ou un torchon humide. Réchauffer chaque panier dans un four à micro-ondes pendant 20 secondes ; mettre les paniers plus petits remplis de chips de tortilla à côté de chaque assiette. Sortir les paniers de légumes frais et les petits bols de jalapeños au vinaigre. Servir avec les accompagnements.

PAR PORTION (SANS ACCOMPAGNEMENT) : 560 CAL ; 31 G PROT ; 41 G MAT GR ; 13 G CARB ; 120 MG CHOL ; 690 MG SOD ; 0 G FIBRES

pizzas et pâtes

PEUT-ÊTRE LES PLUS APPRÉCIÉS DES ALIMENTS de tous les jours, les pâtes et les pizzas satisfont notre appétit pour les aliments préparés et savoureux qui ne grèvent pas notre budget hebdomadaire. Mais mieux encore, les pâtes et les pizzas sont des aliments pleins de ressources. À cause de leurs saveurs agréables et douces, elles servent de canevas pour une gamme d'ingrédients au goût affirmé, des sauces aux tomates et du fromage mozzarella doux aux chilis rouges fougueux et aux légumes acides comme le rapini. La seule limite à la création de plats fabuleux est votre imagination, et parfois, plus celle-ci est débridée mieux cela vaut !

PIZZA AUX LÉGUMES GRILLÉS

Des croûtes à pizza toute faites sont une base pour des combinaisons de légumes appétissantes. On peut varier cette recette de nombreuses façons. Par exemple, saupoudrer la pizza de mozzarella râpé ou de fromage cheddar avant d'ajouter du parmesan. Utilisez du pain pita au lieu de la croûte à pizza, et versez un filet de vinaigrette italienne crémeuse mélangée avec un peu de tahini.

1 petit rutabaga pelé

1 oignon rouge, coupé en tranches

4 tomates prune

2 petites courgettes, coupées en deux dans le sens de la longueur

2 petites aubergines japonaises

1 grosse croûte à pizza (environ 450 g ou 1 livre) précuite

2 gousses d'ail émincées

30 ml (2 c. à soupe) de fromage parmesan, facultatif

15 ml (1 c. à soupe) de sauge fraîche émincée ou 5 ml (1c. à thé) de sauge séchée, ou au goût

Sel et poivre noir fraîchement moulu, au goût

1. Préchauffer le four à gril. Vaporiser une plaque à pâtisserie avec le vaporisateur antiadhésif à cuisson.

2. Couper le rutabaga en minces tranches de 0,64 cm (¼ pouce) d'épaisseur. Cuire dans un bain-marie ou une marguerite à la vapeur, couvert, pendant 5 minutes.

3. Mettre le rutabaga et d'autres légumes sur la plaque à pâtisserie, et griller en tournant fréquemment, jusqu'à ce que les légumes soient tendres sous la fourchette et brun doré. Retirer du feu, et laisser refroidir jusqu'à ce que le plat soit suffisamment refroidi pour être manipulé. Réduire la température du four à 250 °C (500 °F).

4. Couper le rutabaga en bandes de 0,64 cm (¼ pouce) d'épaisseur. Couper les courgettes et les aubergines en tranches de 0,64 cm (¼ pouce) d'épaisseur.

5. Écraser les tomates dans un bol avec une fourchette. Étendre les tomates également sur la croûte à pizza. Disperser l'ail sur les tomates, puis les légumes grillés dessus. Saupoudrer de fromage parmesan.

6. Cuire jusqu'à ce que la croûte soit croustillante et jusqu'à ce que les légumes soient chauds, pendant environ 12 minutes. Assaisonner avec la sauge, le sel et le poivre, et servir.

PAR PORTION : 332 CAL ; 11 G PROT ; 2 G MAT GR ; 60 G CARB ; 0 MG CHOL ; 934 MG SOD ; 8 G FIBRES

PIZZA MARGHERITA

Cette pizza pleine de ressources a été créée à Naples dans les années 1800. La tradition veut qu'un boulanger local préparant de la pizza ait été chargé de créer une pizza spéciale pour honorer le couple royal en visite, le Roi Umberto et la reine, Margherita. D'où le nom de la pizza. Cette pizza est probablement devenue la norme à l'aune de laquelle toutes les autres pizzas sont jugées. Vous pouvez y ajouter des fromages, des garnitures ou des sauces, selon votre goût.

1 croûte à pizza de 30,48 à 35,56 cm (12 à 14 pouces), fraîchement préparée ou commerciale

15 ml (1 c. à soupe) d'huile d'olive, facultatif

5 ml (1 c. à thé) d'ail émincé

240 ml (1 tasse) de sauce tomate au goût de basilic ou de sauce à pizza

4 tomates prune, évidées, épépinées et coupées en dés (voir page 59)

60 ml (¼ tasse) de basilic frais en juliennes, plus feuilles additionnelles pour garnir

480 ml (2 tasses) de fromage mozzarella régulier ou à base de soja faible en matières grasses

180 ml (¾ tasse) de fromage parmesan râpé

1. Préchauffer le four à 230 °C (450 °F).

2. Précuire la croûte à pizza fraîche, si utilisée, 3 à 4 minutes. Retirer du four, et réserver pour refroidir légèrement. Badigeonner la croûte avec l'huile, si utilisée. Saupoudrer d'ail et étendre la sauce également sur la croûte. Garnir avec les tomates, le basilic et le mozzarella. Saupoudrer de 120 ml (½ tasse) de parmesan.

3. Cuire pendant 12 à 15 minutes, ou jusqu'à ce que le fromage fonde. Retirer du four, garnir avec les feuilles de basilic réservées et le reste du parmesan, et servir.

PAR PORTION : 340 CAL ; 20 G PROT ; 14 G MAT GR ; 34 G CARB ; 30 MG CHOL ; 770 MG SOD ; 4 G FIBRES

CALZONES AVEC TOMATES SÉCHÉES AU SOLEIL ET AIL POUR 6 PERSONNES

Les calzones ressemblent à des pizzas pochette : il s'agit de ronds de pâte rabattu sur une garniture qui sont cuits, puis prêts à emporter. Vous pouvez congeler ceux-ci avant que vous ne finissiez de les préparer. Pour cuire les calzones congelés, laissez dégeler presque complètement à la température de la pièce, puis procédez en suivant les instructions à l'étape 10 et 11.

Croûte

1 paquet de levure sèche active

1 pincée de sucre cristallisé

720 ml (3 tasses) de farine tout usage, plus farine additionnelle pour pétrir

2,5 ml (½ c. à thé) de sel

30 à 45 ml (2 à 3 c. à soupe) d'huile d'olive

15 ml (1 c. à soupe) de farine de maïs pour saupoudrer

Garniture

2 ou 3 gros bulbes d'ail entiers

12 tomates séchées au soleil égouttées, si empaquetées dans l'huile (réserver l'huile)

80 ml (⅓ tasse) de feuilles de persil hachées grossièrement

1 oignon vert émincé

5 ml (1 c. à thé) d'huile d'olive ou d'huile provenant des tomates séchées

8 grosses feuilles de basilic frais, coupées

56 à 112 g (2 à 4 onces) de fromage Fontina ou Bel Paese, sans la croûte et râpé grossièrement

56 à 112 g (2 à 4 onces) de fromage mozzarella, coupé en dés

15 ml (1 c. à soupe) de farine de maïs

1. Pour préparer la croûte : saupoudrer de levure une tasse d'eau chaude (41 °C à 46,1 °C [105 °F à 115 °F]) dans un bol. Ajouter le sucre, et remuer pour mélanger. Laisser reposer jusqu'à ce que de la mousse se forme, pendant environ 10 minutes.

2. Combiner la farine et le sel dans un bol non réactif. Incorporer le mélange de levure et l'huile, en ajoutant plus de farine si nécessaire pour former une boule. Disposer la pâte sur une surface légèrement enfarinée et pétrir jusqu'à ce qu'elle soit lisse et élastique, pendant environ 5 minutes.

3. Mettre la pâte dans un bol légèrement huilé, et tourner pour couvrir. Couvrir avec un linge à vaisselle, et laisser gonfler dans un endroit chaud jusqu'à ce qu'elle double de volume, pendant environ 45 minutes.

4. Frapper la pâte avec le poing et diviser en 6 parts égales. Couvrir, et laisser reposer pendant 30 minutes.

5. Préchauffer le four à 180 °C (350 °F).

6. Entre temps, pour préparer la garniture : couper et jeter les bouts des têtes d'ail. Mettre l'ail sur une feuille d'aluminium, verser quelques gouttes d'huile si désiré, envelopper fermement et cuire jusqu'à ce que l'ail soit très ramolli, pendant environ 1 heure. Retirer l'ail du four et lorsqu'il est suffisamment refroidi pour être manipulé, extraire l'ail de la peau et mettre dans un petit plat. Réserver.

7. Mettre les tomates dans un bol d'eau chaude pendant 15 minutes, puis égoutter. Couper les tomates en fines tranches et mettre les tranches dans un saladier. Combiner le persil, l'oignon vert et l'huile dans un bol séparé. Réserver.

8. Travailler une portion de pâte à la fois, étirer pour faire un cercle d'environ 0,32 cm (⅛ pouce) d'épaisseur sur une surface légèrement enfarinée. Étaler un sixième du mélange d'oignon sur la pâte, en laissant une bordure de 2,54 cm (1 pouce) près du bord. Étaler un sixième de l'ail sur la pâte, et ajouter un sixième de basilic, un sixième de fromage Fontina, un sixième de fromage mozzarella et un sixième de tomates.

9. Utiliser un pinceau à pâtisserie ou le bout de votre doigt pour humidifier le bord de la pâte (la partie non huilée) avec un peu d'eau. Rabattre le cercle de moitié pour enfermer la garniture : appuyer fermement pour sceller et aplatir les bords. En utilisant vos doigts, allonger les bords, et pincer. Répéter avec le reste de la pâte, et garnir pour faire 6 calzones. Réfrigérer pendant 1 heure avant de cuire au four. (À cette étape, les calzones peuvent être enveloppés dans du plastique et congelés jusqu'à 8 semaines.)

10. Préchauffer le four à 230 °C (450 °F). Mettre la grille du four au niveau le plus bas dans le four. Saupoudrer la farine de maïs sur une grande plaque à pâtisserie.

11. Mettre les calzones sur la plaque à pâtisserie, et pulvériser avec de l'eau afin de rendre la pâte croustillante. Cuire, en pulvérisant avec l'eau de nouveau à mi-cuisson, jusqu'à ce que la pâte soit brun doré, pendant environ 30 minutes.

PAR CALZONE : 370 CAL ; 13 G PROT ; 9 G MAT GR ; 57 G CARB ; 17 MG CHOL ; 317 MG SOD ; 4 G FIBRES

PIZZA GRECQUE

Cette pizza vous offre les saveurs grecques classiques.

1 croûte à pizza de
30,48 cm x 35,56 cm
(12 à 14 pouces), fraîchement
préparée ou commerciale

240 ml (1 tasse) de sauce à pizza

5 ml (1 c. à thé) d'origan frais
émincé ou 2,5 ml (½ c. à thé)
d'origan séché

10 à 15 rondelles d'oignon rouge
coupées en fines tranches, ou
au goût

360 ml (1½ tasse) de fromage
mozzarella régulier ou à base de
soja, râpé et faible en matières
grasses

120 ml (½ tasse) de fromage feta
émietté

2 tomates prune, évidées, épépinées
et coupées en dés (voir page 59)

80 ml (⅓ tasse) d'olives noires
grecques kalamata dénoyautées,
hachées ou coupées en tranches

1. Préchauffer le four à 230 °C (450 °F).

2. Préchauffer la croûte à pizza fraîche, si utilisée, pendant 3 à 4 minutes. Retirer du four et réserver pour refroidir légèrement. Étaler la sauce sur la croûte. Saupoudrer la pizza d'origan, disposer les rondelles d'oignon sur la sauce et garnir avec le fromage mozzarella. Étaler le fromage feta, les tomates et les olives sur le fromage mozzarella.

3. Cuire au four pendant 10 à 12 minutes, ou jusqu'à ce que le fromage fonde. Retirer du four, et servir.

PAR PORTION : 300 CAL ; 15 G PROT ; 12 G MAT GR ; 35 G CARB ; 25 MG CHOL ; 910 MG SOD ; 4 G FIBRES

PIZZA AUX FINES HERBES DU JARDIN

Si vous utilisez des herbes séchées dans cette recette, diviser simplement en trois les mesures. Vous pouvez aussi essayer différentes variantes d'herbes, selon ce que vous avez sous la main.

1 croûte à pizza de
30,48 x 35,56 cm (12 à 14 pouces),
fraîchement préparée ou
commerciale

45 ml (3 c. à soupe) d'huile d'olive

2 à 4 gousses d'ail écrasées, ou
au goût

45 à 60 ml (3 à 4 c. à soupe) de
basilic frais haché

30 ml (2 c. à soupe) de persil frais
haché

5 ml (1 c. à thé) de thym frais

5 ml (1 c. à thé) de marjolaine
fraîche émincée

5 ml (1 c. à thé) d'origan frais
émincé

240 ml (1 tasse ou 4 onces) de
fromage mozzarelle régulier ou
à base de soja, râpé et faible en
matières grasses

1. Préchauffer le four à 230 °C (450 °F).

2. Préchauffer la croûte à pizza fraîche, si utilisée, pendant 3 à 4 minutes. Retirer du four, et réserver pour refroidir légèrement. Badigeonner généreusement la croûte d'huile. Saupoudrer l'ail et les herbes sur la pizza et ajouter le fromage.

3. Cuire pendant 6 à 8 minutes. Retirer du four, et servir.

PAR PORTION : 260 CAL ; 10 G PROT ; 13 G MAT GR ; 28 G CARB ; 10 MG CHOL ; 380 MG SOD ; 3 G FIBRES

Faire votre propre croûte

Les pizzas faites maison sont un plaisir gustatif et la fabrication de votre propre croûte ajoute au plaisir de la dégustation. Vous pouvez contrôler les ingrédients qui entrent dans la composition de la croûte, comme les herbes séchées et d'autres assaisonnements — et vous pouvez augmenter la valeur nutritive de la croûte en utilisant de la farine de blé entier. Mieux que tout, si la fabrication de la pâte à pizza peut se faire seul, c'est aussi une occasion pour la famille de se rassembler. Vous manquez de temps? Utilisez de la pâte à pizza fraîche ou congelée déjà préparée. Si vous ne pouvez pas trouver de la pâte à pizza fraîche déjà préparée, la pâte à pain congelée est disponible dans la plupart des supermarchés. Assurez-vous d'acheter de la pâte congelée vendue en paquets de pâte pour trois pizzas, et non pas de la pâte sous forme de pâte précuite ou « minute ». Laissez la pâte dégeler à la température de la pièce pendant plusieurs heures, et utilisez un morceau de pâte pour 2 à 3 pizzas moyennes, selon l'épaisseur de la croûte désirée.

Puisque la pâte à pain congelée est plus sucrée que la pâte à pizza traditionnelle, pétrir 60 ml (¼ tasse) de son d'avoine, de germes de blé grillés ou de farine de maïs avec la pâte, ajoutera de la saveur et de la texture à la croûte une fois celle-ci terminée. Vous aurez besoin d'une petite quantité d'huile d'olive — jusqu'à 15 ml (1 c. à soupe) — pour ramollir la pâte à pain. D'autres croûtes qui permettent de gagner du temps sont les croûtes déjà préparées et précuites, disponibles dans la plupart des supermarchés. Des croûtes à grains entiers sont aussi vendues dans les magasins d'alimentation spécialisés.

PÂTE « PRESSE-BOUTON » POUR PIZZAS   DONNE 1 GRANDE OU 2 PETITES PIZZAS

Utilisez de la farine non blanchie tout usage plutôt que de la farine blanchie — elle donne une meilleure pâte, plus résistante dans le robot culinaire. Et ne soyez pas tenté de passer la pâte au robot culinaire plus longtemps que nécessaire dans l'espoir d'éliminer les grumeaux au moment du pétrissage. Le résultat ne sera pas le même.

7,5 ml (1½ c. à thé) de levure sèche active

10 ml (2 c. à thé) de sel

10 ml (2 c. à thé) d'huile d'olive, plus pour graisser le bol

2,5 ml (½ c. à thé) de sucre cristallisé

420 ml (1¾ tasse) plus 15 ml (1 c. à soupe) de farine tout usage non blanchie et plus pour pétrir

1. Mettre 180 ml (¾ tasse) d'eau chaude (41 °C à 46,1 °C ou 105 °F à 115 °F) dans le robot culinaire. Saupoudrer la levure dans l'eau et ajouter le sel, l'huile et le sucre. Passer rapidement au robot pour mélanger. Laisser reposer pendant une minute. Ajouter 420 ml (1¾ tasse) de farine, et passer au robot en deux impulsions de 4 secondes, en attendant plusieurs secondes entre chaque impulsion. Passer au robot 4 secondes de plus, en ajoutant le reste de la cuillère à soupe de farine avec la machine en marche. Laisser reposer la pâte pendant 1 minute.

2. Huiler légèrement un bol. Tourner la pâte sur une surface légèrement enfarinée — la pâte sera un peu gluante. Avec les mains couvertes de farine, pétrir doucement pendant 30 à 45 secondes. Mettre la pâte dans le bol enduit d'huile, en tournant pour couvrir la surface entière. Couvrir avec une pellicule de plastique, et réserver dans un endroit chaud jusqu'à ce que la pâte double de volume, pendant 1 à 1½ heure. Procéder comme mentionné dans les recettes individuelles.

PAR ⅛ DE PÂTE : 112 CAL ; 3 G PROT ; 1 G MAT GR ; 21 G CARB ; 0 MG CHOL ; 538 MG SOD ; 1 G FIBRES

15 ml (1 c. à soupe) de levure sèche active

30 ml (2 c. à soupe) d'huile d'olive

7,5 ml (1½ c. à thé) de sel

480 ml (2 tasses) de farine de blé entier

360 à 480 ml (1½ à 2 tasses) de farine à pain

1. Mélanger dans un bol la levure avec 120 ml (½ tasse) d'eau chaude (41 °C à 46,1 °C ou 105 °F à 115 °F) et réserver pendant 5 à 10 minutes, ou jusqu'à ce que la levure commence à mousser.

2. Ajouter une autre tasse d'eau chaude, l'huile et le sel, et remuer pour combiner. En utilisant un mélangeur, ajouter la farine à l'aide d'une tasse jusqu'à ce que la pâte gluante forme un ensemble. Pétrir dans le robot culinaire ou à la main pendant 5 minutes, jusqu'à ce que la pâte soit lisse et élastique. Couvrir, mettre la pâte dans un endroit chaud pendant 1 à 1½ heure afin qu'elle gonfle, ou jusqu'à ce que la pâte double de volume.

3. Donner un coup de poing sur la pâte, et former des boules de même taille pour 2 grandes ou 4 petites pizzas. Vaporiser les moules à pizza ou les plaques à pâtisserie avec un vaporisateur antiadhésif à cuisson ou badigeonner avec l'huile. Laisser reposer la pâte pendant 30 minutes, former des croûtes à pizza, et mettre dans des moules à pizza ou sur des plaques à pâtisserie.

PAR PORTION : 150 CAL ; 5 G PROT ; 3 G MAT GR ; 27 G CARB ; 0 MG CHOL ; 290 MG SOD ; 3 G FIBRES

PIZZA À LA « VIANDE » POUR LES AMATEURS

Pour gagner du temps avec la sauce tomate, utilisez une boîte de tomates broyées italiennes déjà assaisonnées ou de sauce tomates au lieu de la préparer vous-même.

1 croûte à pizza de
   30,48 à 35,56 cm
   (12 à 14 pouces) fraîchement
   préparée ou commerciale

Sauce tomate simplement assaisonnée

240 ml (1 tasse) de sauce tomate
   en conserve

60 ml (¼ tasse) d'oignon haché

15 ml (1 c. à soupe) d'huile d'olive

15 ml (1 c. à soupe)
   d'assaisonnement italien

Sel et poivre noir fraîchement
   moulu, au goût

Garniture à la « viande »

15 ml (1 c. à soupe) d'huile d'olive,
   divisée

112 g (4 onces) de « viande hachée »
   à base de soja

2 segments de « saucisse » à base
   de soja, coupés en tranches de
   1,27 cm (½ pouce) d'épaisseur

60 ml (¼ tasse) d'oignon haché

480 ml (2 tasses) de fromage
   mozzarella ou de mozzarella à
   base de soja râpé et faible en
   matières grasses

12 tranches de « pepperoni » à base
   de soja

6 tranches de « bacon canadien » à
   base de soja

1. Préchauffer le four à 230 °C (450 °F).

2. Préchauffer la croûte à pizza fraîche, si utilisée, pendant 3 à 4 minutes. Retirer du four, et réserver pour refroidir légèrement.

3. Pour préparer la sauce tomate : combiner la sauce tomate, l'oignon, l'huile, l'assaisonnement italien, le sel et le poivre. Réserver.

4. Pour préparer la garniture à la « viande » : chauffer 5 ml (1 c. à thé) d'huile dans un grand poêlon à feu moyen-élevé, et faire sauter la « viande hachée » et les segments de « saucisse » pendant environ 3 minutes, ou jusqu'à ce qu'ils soient chauds et légèrement croustillants. En utilisant une spatule, enlever la « viande » de la casserole, ajouter les 10 ml (2 c. à thé) d'huile restante du poêlon et faire sauter les oignons pendant 3 minutes, ou jusqu'à qu'ils soient translucides. Ajouter la sauce tomate, et remuer. Retirer du feu.

5. Étaler la sauce tomate sur la croûte. Garnir avec la « viande hachée », la « saucisse », le fromage, le « pepperoni » et les tranches de « bacon ».

6. Cuire au four pendant 13 à 15 minutes, ou jusqu'à ce que le fromage fonde. Retirer du four, et servir.

PAR PORTION : 360 CAL ; 27 G PROT ; 13 G MAT GR ; 36 G CARB ; 20 MG CHOL ; 1 040 MG SOD ; 6 G FIBRES

PIZZA AUX ARTICHAUTS, FROMAGE DE CHÈVRE ET TOMATES SÉCHÉES AU SOLEIL

Si vous n'utilisez pas de tomates vendues dans l'huile, reconstituez-les avec de l'eau avant de commencer à faire la pizza. Le fromage de chèvre ne fond pas complètement, mais il est aplati et légèrement doré.

1 croûte à pizza de 30,48 à 35,56 cm (12 à 14 pouces), fraîchement préparée ou commerciale

15 ml (1 c. à soupe) d'huile d'olive

240 ml (1 tasse) de sauce tomate

240 ml (1 tasse) de petits artichauts hachés ou de cœurs d'artichauts, congelés ou empaquetés dans l'eau et égouttés

480 ml (2 tasses) de fromage mozzarella régulier ou à base de soja râpé faible en matières grasses

112 g (4 onces) de fromage de chèvre, coupé en petits morceaux

240 ml (1 tasse) de tomates séchées au soleil, reconstituées, ou 80 ml à 120 ml (1/3 à 1/2 tasse) de tomates séchées au soleil dans l'huile et égouttées

1. Préchauffer le four à 230 °C (450 °F).

2. Précuire au four la croûte à pizza fraîche, si utilisée, pendant 3 à 4 minutes. Retirer du four, et réserver pour refroidir légèrement. Badigeonner l'huile sur la croûte. Garnir la croûte avec la sauce et les artichauts. Saupoudrer de mozzarella, de fromage de chèvre et de tomates.

3. Cuire au four pendant 12 à 15 minutes, ou jusqu'à ce que le fromage fonde. Retirer du four, et servir.

PAR PORTION : 350 CAL ; 20 G PROT ; 16 G MAT GR ; 36 G CARB ; 30 MG CHOL ; 830 MG SOD ; 5 G FIBRES

PIZZA PROVENÇALE

Cette pizza réunit les saveurs ensoleillées et robustes du sud de la France. Pour plus de saveur, ajoutez de l'ail au goût.

1 croûte à pizza de
30,48 à 35,56 cm
(12 à 14 pouces), fraîchement
préparée ou commerciale

30 ml (2 c. à soupe) d'huile d'olive

120 ml (½ tasse) d'oignon haché

1 petite aubergine italienne,
pelée et coupée en tranches de
1,27 cm (½ pouce) d'épaisseur

2 tomates, évidées et hachées

120 ml (½ tasse) de haricots verts,
coupés en morceaux de
2,54 à 5,08 cm (1 à 2 pouces)

10 à 15 olives noires dénoyautées

30 ml (2 c. à soupe) de câpres,
égouttées

15 ml (1 c. à soupe) de vinaigre
balsamique

15 ml (1 c. à soupe) de basilic frais
en juliennes

5 ml (1 c. à thé) de thym frais ou
2,5 ml (½ c. à thé) de thym séché

480 ml (2 tasses) de fromage
mozzarella régulier ou à base
de soja râpé faible en matières
grasses

1. Préchauffer le four à 230 °C (450 °F).

2. Précuire au four la croûte à pizza fraîche, si utilisée, pendant 3 à 4 minutes. Retirer du four, et réserver pour refroidir légèrement. Chauffer l'huile dans un grand poêlon à feu moyen et faire sauter les oignons pendant 3 à 4 minutes, jusqu'à ce qu'ils soient translucides. Ajouter l'aubergine, couvrir, et cuire pendant 3 à 4 minutes, en tournant de temps en temps. Ajouter les tomates et les haricots verts, couvrir, et remuer de temps en temps pendant 3 ou 4 autres minutes. Ajouter les olives, les câpres, le vinaigre, le basilic et le thym. Remuer, et retirer du feu. Étaler le mélange de légumes sur la croûte, et garnir avec le fromage.

3. Cuire au four pendant 12 à 15 minutes, ou jusqu'à ce que le fromage fonde. Retirer du four, et servir.

PAR PORTION : 340 CAL ; 16 G PROT ; 15 G MAT GR ; 36 G CARB ; 20 MG CHOL ; 620 MG SOD ; 4 G FIBRES

Cette pizza est assez inhabituelle, mais la purée de pommes de terre ajoute une texture et un goût agréable. Si vous utilisez des restes de purée de pommes de terre, réchauffez-les, la purée s'étendra plus facilement.

1 croûte à pizza de 30,48 à 35,56 cm (12 à 14 pouces) fraîchement préparée ou commerciale

15 ml (1 c. à soupe) d'huile d'olive pour badigeonner, facultatif

1 tête d'ail (voir ci-dessous)

240 à 480 ml (1 à 2 tasses de purée de pomme de terre chaude

1 paquet de fromage ricotta de 450 ml (15 onces) sans matières grasses, facultatif

240 ml (1 tasse) de fromage mozzarella à base de soja ou de fromage mozzarella frais, coupé en fines tranches

1. Préchauffer le four à 230 °C (450 °F).

2. Précuire la pizza fraîche, si utilisée, pendant 3 à 4 minutes. Retirer du feu et réserver pour rafraîchir légèrement. Badigeonner la croûte avec l'huile, et étendre l'ail sur la croûte. Garnir avec les cuillerées de pommes de terre, à une épaisseur de 1,27 à 2,5 cm (½ à 1 pouce), en étendant les pommes de terre également sur l'ail. Verser le ricotta, si utilisée, sur les pommes de terre et garnir avec le fromage mozzarella.

3. Cuire pendant 12 à 14 minutes, ou jusqu'à ce que le fromage fonde et que la pizza soit entièrement chaude.

PAR PORTION : 340 CAL ; 21 G PROT ; 9 G MAT GR ; 42 G CARB ; 35 MG CHOL ; 650 MG SOD ; 4 G FIBRES

Ail rôti

Pour préparer l'ail rôti, couper 1,27 à 2,5 cm (½ à 1 pouce) à partir du sommet d'une gousse d'ail. Vaporiser l'ail de 15 ml (1 c. à soupe) ou plus d'huile d'olive, envelopper la tête dans une feuille de papier d'aluminium et rôtir pendant 30 minutes ou 1 heure à 200 °C (400 °F), ou jusqu'à ce que l'ail soit tendre lorsqu'on le perce avec un couteau. Laisser refroidir l'ail, extraire l'ail rôti de sa peau et disposer sur la pizza. Pour les amateurs d'ail, doubler la quantité d'ail. Conserver l'ail rôti inutilisé dans un récipient couvert au réfrigérateur.

PIZZA VERTE SUPRÊME

L'utilisation de tous les légumes verts donnera une tarte succulente et assez unique.

1 croûte à pizza de
30,48 à 35,56 cm
(12 à 14 pouces), fraîchement
préparée ou commerciale

30 ml (2 c. à soupe) d'huile d'olive

60 ml (¼ tasse) d'oignon haché

240 ml (1 tasse) de brocoli haché

120 ml (½ tasse) de cœurs
d'artichaut congelés ou de cœurs
d'artichaut en conserve, égouttés
et tranchés

1 petite courgette, coupée en
tranches de 1,27 cm (½ pouce)
d'épaisseur

120 ml (½ tasse) de pointes
d'asperges de 2,54 cm (1 pouce)
de longueur

240 ml (1 tasse) d'épinards frais
coupés en julienne

120 ml (½ tasse) de sauce pesto

480 ml (2 tasses) de fromage
mozzarella râpé, faible en gras,
nature ou soja

60 ml (¼ tasse) de fromage
parmesan râpé

1. Préchauffer le four à 230 °C (450 °F).

2. Précuire la pizza fraîche, si utilisée, pendant 3 à 4 minutes. Retirer du feu et réserver pour refroidir légèrement.

3. Chauffer l'huile dans un grand poêlon à feu moyen, et faire sauter l'oignon pendant 3 à 4 minutes, jusqu'à ce qu'il soit translucide. Ajouter le brocoli, les artichauts, la courgette et l'asperge. Couvrir et cuire pendant 4 à 5 minutes de plus, en remuant de temps en temps jusqu'à ce que les légumes commencent à ramollir. Retirer du feu et ajouter les épinards. Remuer le mélange jusqu'à ce que les épinards commencent à se flétrir, pendant environ 1 minute. Verser la sauce pesto sur la croûte, en l'étendant également. Garnir avec les légumes cuits et saupoudrer de mozzarella et de fromage parmesan.

4. Cuire pendant 10 à 12 minutes, ou jusqu'à ce que le fromage fonde. Retirer du feu et servir.

PAR PORTION : 430 CAL ; 21 G PROT ; 24 G MAT GR ; 34 G CARB ; 30 MG CHOL ; 700 MG SOD ; 5 G FIBRES

PIZZA À LA COURGE CARAMÉLISÉE

La garniture est également bonne sur tout pain assez épais ou sur des croûtes de pizza précuites. Vous pouvez rôtir les légumes jusqu'à 2 jours à l'avance.

675 g (1½ livre) de courge d'hiver, pelée et coupée en fines tranches

1 gros oignon, comme le Maüi, le Bermudes ou le Vidalia, coupé en très fines tranches

10 ml (2 c. à thé) de romarin frais haché ou 5 ml (1 c. à thé) de romarin séché

5 ml (1 c. à thé) de sauge séchée

7,5 ml (1½ c. à thé) de sel

7,5 ml (1½ c. à thé) de poivre noir fraîchement moulu

90 ml (6 c. à soupe) d'huile d'olive

5 ml (1 c. à thé) d'ail écrasé

2 croûtes à pizza moyennes précuites

60 ml (¼ tasse) de fromage parmesan râpé

360 ml (1½ tasse) de fromage feta émietté

1. Préchauffer le four à 170 °C (325 °F).

2. Placer la courge tranchée et l'oignon dans un plat de cuisson et faire sauter avec le romarin, la sauge, 5 ml (1 c. à thé) du sel, 5 ml (1 c. à thé) du poivre, et 45 ml (3 c. à soupe) d'huile pour enduire. Recouvrir avec une feuille de papier d'aluminium ou un couvercle bien ajusté.

3. Cuire pendant environ 1 heure, ou jusqu'à ce que la courge soit tendre et que les oignons commencent à caraméliser. Retirer du feu et augmenter la température à 190 °C (375 °F).

4. Mélanger le reste des 45 ml (3 c. à soupe) d'huile avec les 2,5 ml (½ c. à thé) de sel qui reste, les 2,5 ml (½ c. à thé) de poivre et l'ail. Badigeonner chaque pizza avec le mélange. Saupoudrer de fromage parmesan et garnir avec la courge, l'oignon et le fromage feta.

5. Cuire pendant 15 minutes. Retirer du feu et servir.

PAR PORTION : 240 CAL ; 11 G PROT ; 10 G MAT GR ; 31 G CARB ; 35 MG CHOL ; 1 220 MG SOD ; 6 G FIBRES

PIZZA MEXICAINE

Cette pizza au goût relevé emprisonne les délicieuses saveurs du Sud-Ouest.

1 pizza de 30,48 à 35, 56 cm
(12 à 14 pouces), fraîchement
préparée ou commerciale

30 ml (2 c. à soupe) d'huile végétale

170 g (6 onces) de « viande hachée »
à base de soja au goût de taco

5 tomatillos frais, coupés en fines
tranches

240 ml (1 tasse) de salsa,
ou plus si désiré

1 boîte de 70 ml (2¼ onces)
d'olives noires, égouttées

480 ml (2 tasses) de fromage
cheddar râpé

1 avocat, pelé et tranché,
pour la garniture

60 ml (¼ tasse) de feuilles de
cilantro pour la garniture

60 ml (¼ tasse) de chips tortillas
émiettés pour la garniture

1. Préchauffer le four à 230 °C (450 °F).

2. Précuire la pizza fraîche si utilisée, pendant 3 à 4 minutes. Retirer du four, et réserver pour refroidir légèrement.

3. Chauffer 15 ml (1 c. à soupe) d'huile dans un grand poêlon à feu moyen et faire sauter la « viande hachée » pendant environ 1 minute. Réserver.

4. Mettre le tomatillos sur la croûte à pizza et garnir avec la « viande hachée ». Ajouter la salsa, les olives et le fromage cheddar, en étendant également.

5. Cuire pendant 12 à 15 minutes, ou jusqu'à ce que le fromage fonde. Retirer du four, garnir avec l'avocat, le cilantro et les chips, et servir.

PAR PORTION : 470 CAL ; 22 G PROT; 26 G MAT GR ; 42 G CARB ; 40 MG CHOL ;
940 MG SOD ; 9 G FIBRES

« PIZZA » À LA POLENTA

Plat populaire en Italie, la polenta fait référence tant à un type de farine de maïs qu'au plat avec lequel la farine de maïs est utilisée. Vous trouverez l'ail granulé dans votre centre diététique local.

2 paquets de 540 ml (18 onces)
de polenta précuite

30 ml (2 c. à soupe) de fécule
de maïs naturelle

30 ml (2 c. à soupe) de farine
non-blanchie tout usage

15 ml (1 c. à soupe) d'ail écrasé

120 ml (½ tasse) plus 80 ml
(⅓ tasse) de parmesan à base
de soja ou de fromage parmesan
régulier

480 ml (2 tasses) de sauce tomates

4 tranches de « bacon canadien »
à base de soja en tranches de
5,08 cm (2 pouces)

½ poivron rouge moyen, coupé en
tranches de 5,08 cm (2 pouces)

3 oignons verts, coupés en fines
tranches

1. Préchauffer le four à 230 °C (450 °F). Vaporiser une plaque à pizza avec le vaporisateur antiadhésif à cuisson.

2. Trancher la polenta, et mettre dans un robot culinaire. Passer la polenta et ajouter 30 ml (2 c. à soupe) d'eau, la farine de maïs, la farine, l'ail et 120 ml (½ tasse) de fromage parmesan. Mélanger jusqu'à consistance lisse. Étendre la polenta également sur la plaque à pizza.

3. Cuire pendant 15 minutes. Retirer la polenta du four et étendre également la sauce sur la croûte à pizza. Garnir avec « le bacon », le poivron, les oignons verts et 80 ml (⅓ tasse) du parmesan qui reste.

4. Cuire pendant 25 minutes de plus, jusqu'à bien cuit. Retirer du four, et laisser reposer pendant 5 minutes avant de servir.

PAR PORTION : 179 CAL ; 11 G PROT ; 1 G MAT GR ; 31 G CARB ; 0 MG CHOL ;
694 MG SOD ; 3 G FIBRES

Lorsque les oignons doux comme les Vidalia ou les Maüi sont de saison, utilisez-les. Gardez toujours les feuilles de pâte phyllo couvertes d'une pellicule plastique afin de les empêcher de sécher, de devenir cassantes et difficiles à travailler.

21 ml (1½ c. à soupe) d'huile d'olive extra-vierge

1,5 kg (3 livres) d'oignons, coupé en fines tranches

1 grosse gousse d'ail, émincée

15 ml (1 c. à soupe) d'herbes de Provence

3,75 ml (¾ c. à thé) de sel

2,5 ml (½ c. à thé) de poivre noir fraîchement moulu

1 feuille de laurier

8 feuilles de pâte phyllo de 45,72 x 35,56 cm (18 x 14 pouces), décongelées

24 olives grecques noires, dénoyautées et coupées en deux

1. Chauffer 7,5 ml (1½ c. à thé) d'huile dans un poêlon antiadhésif grand et profond à feu moyen. Ajouter un tiers des oignons et cuire, en remuant, jusqu'à ce qu'ils soient légèrement flétris, pendant 4 à 5 minutes. Mettre dans un plat.

2. Répéter deux fois avec le reste de l'huile et des oignons, déposer les oignons dans le plat quand ils sont légèrement flétris.

3. Remettre tous les oignons au poêlon. Ajouter l'ail, les herbes de Provence, le sel, le poivre et la feuille de laurier. Cuire, en remuant de temps en temps, jusqu'à ce que les oignons soient tendres, pendant environ 25 minutes.

4. Retirer du feu et laisser refroidir légèrement, en remuant de temps en temps. Jeter la feuille de laurier.

5. Préchauffer le four à 200 °C (400 °F). Vaporiser un plat à cuisson de 27,94 x 43,18 cm (11 x 17 pouces) avec le vaporisateur antiadhésif à cuisson.

6. Dérouler la pâte phyllo, jeter toutes les feuilles déchirées et couvrir immédiatement d'une pellicule en plastique pour l'empêcher de sécher. Enlever la pellicule plastique et vaporiser légèrement la feuille supérieure avec le vaporisateur antiadhésif à cuisson, en partant du bord extérieur. Soulever soigneusement et déposer dans le moule préparé.

7. Répéter avec le reste de la pâte phyllo et vaporiser une autre fois avec le vaporisateur antiadhésif, en empilant les feuilles dans le moule. Douce-ment, étendre la pâte dans les coins du plat et plier ou pincer les bords pour former une croûte de 1,27 cm (½ pouce). Étendre le mélange d'oignon également sur la pâte phyllo, et parsemer d'olives.

8. Cuire jusqu'à ce que la feuille phyllo soit d'un brun doré et ait rétréci des bords du moule, pendant environ 20 minutes. Pour couper facilement, faire soigneusement glisser la pizza du moule sur un plat de service. En utilisant des ciseaux de cuisine, couper en tranches rectangulaires. Servir chaud.

PAR PORTION : 212 CAL ; 5 G PROT ; 7 G MAT GR ; 34 G CARB ; 0 MG CHOL ; 552 MG SOD ; 5 G FIBRES

LINGUINI AU FOUR

Si vous aimez les pâtes, vous serez heureux de les manger d'une nouvelle façon. Cette tarte combine le fromage et les pâtes dans un plat principal nourrissant. Servir avec des légumes verts et un sorbet pour le dessert.

250 g (9 onces) de linguini frais

3 gros œufs

1 botte d'échalotes, coupées en fines tranches

224 g (8 onces) de fromage de chèvre, émietté

224 g (8 onces) de fromage ricotta faible en gras

Sel et poivre noir fraîchement moulu, au goût

1 croûte à tarte non cuite épaisse de 2,86 cm (9 pouces) (page 373)

80 ml (⅓ tasse) de fromage parmesan râpé

1. Préchauffer le four à 190 °C (375 °F).

2. Chauffer une casserole d'eau légèrement salée à feu moyen, et lorsque l'eau bout, cuire les linguinis en suivant les instructions sur l'emballage. Égoutter, et réserver.

3. Mélanger ensemble les œufs, la moitié des oignons, le fromage de chèvre, le ricotta, le sel et le poivre. Incorporer les linguinis et verser le mélange dans la croûte. Garnir avec le reste des oignons et le fromage parmesan.

4. Cuire pendant 40 minutes, ou jusqu'à ce que le dessus devienne doré. Retirer du four, et servir chaud.

PAR PORTION : 480 CAL ; 22 G PROT ; 25 G MAT GR ; 43 G CARB ; 155 MG CHOL ; 520 MG SOD ; 2 G FIBRES

MANICOTTI FACILE ALLA ROMANA

Les pâtes manicotti sont aussi appelées « pâtes en tuyaux de poêle ». Elles sont cuites jusqu'à ce qu'elles soient tendres, mais toujours légèrement fermes, de façon à pouvoir être manipulées facilement. Ces pâtes en forme de tube continueront à ramollir lors de la cuisson au four.

30 ml (2 c. à soupe) d'huile d'olive

480 ml (2 tasses) d'oignons coupés en dés

15 ml (1 c. à soupe) d'ail émincé

240 ml (1 tasse) de champignons frais tranchés, facultatif

4 paquets de 360 ml (12 onces) d'épinards congelés hachés, bien dégelés et séchés

290 g (10½ onces) de tofu ferme

120 ml (½ tasse) de fromage parmesan râpé ou de parmesan à base de soja

5 ml (1 c. à thé) de sel

5 ml (1 c. à thé) de poivre noir fraîchement moulu

1,25 ml (¼ c. à thé) de muscade moulue

224 ml (8 onces) de manicotti non cuit

480 ml (2 tasses) de sauce marinara préparée

1. Préchauffer le four à 180 °C (350 °F).

2. Chauffer une casserole de 3 litres (12 tasses) à feu moyen et ajouter l'huile. Faire sauter l'oignon et l'ail jusqu'à ce qu'ils soient bien dorés. Ajouter les champignons et cuire jusqu'à ce qu'ils soient brunis, pendant environ 5 minutes.

3. Ajouter les épinards à la casserole, et cuire.

4. Mettre le tofu dans un robot culinaire, et réduire en purée. Ajouter le fromage parmesan, le sel, le poivre et la muscade. Passer de nouveau au robot pour bien mélanger, et verser le mélange sur les épinards. Mélanger bien encore et cuire.

5. Porter 4 litres (16 tasses) d'eau salée à ébullition et mettre les manicottis dans l'eau. Retirer après 1 minute et verser les manicottis dans un bol d'eau froide. Retirer soigneusement de l'eau et placer sur une serviette de cuisine sèche. En utilisant une cuillère, remplir chaque manicotti avec environ 120 ml (½ tasse) de la garniture d'épinards. Répéter avec le reste des manicottis. Mettre dans un plat de cuisson en verre ou un plat à lasagne. Garnir avec la sauce marinara, et couvrir le plat d'une feuille de papier d'aluminium.

6. Cuire pendant 45 minutes, ou jusqu'à bien cuit. Retirer du feu, et servir chaud.

PAR PORTION : 340 CAL ; 20 G PROT ; 9 G MAT GR ; 50 G CARB; 5 MG CHOL ; 890 MG SOD ; 10 G FIBRES

Le tajine, ce ragoût d'Afrique du Nord, est un plat dans lequel les légumes et les épices sont habituellement cuits à feu doux avec de la viande ou des fruits de mer. Cette recette de tagine conserve la saveur des assaisonnements et substitue le tofu à la viande. Le couscous ajoute de l'éclat au plat.

Tajine marocain au tofu

30 ml (2 c. à soupe) d'huile d'olive

450 g (1 livre) de tofu très ferme, égoutté et haché en morceaux de 0,64 cm (¾ pouce)

1 gros oignon Vidalia ou autre oignon sucré, haché

3 grosses gousses d'ail, émincées

7,5 ml (1½ c. à thé) de gingembre moulu

6,25 ml (1¼ c. à thé) de cannelle moulue

3 ml (¾ c. à thé) de cumin moulu

1,25 ml (¼ c. à thé) de paprika

240 ml (1 tasse) de bouillon de légumes faible en sodium ou de bouillon de légumes (page 431)

30 ml (2 c. à soupe) de miel

Jus et le zeste de 1 citron

Sel et poivre noir fraîchement moulu au goût

120 ml (½ tasse) d'amandes tranchées, rôties (voir page 60)

Couscous

540 ml (2¼ tasses) de bouillon de légumes faible en sodium ou bouillon de légumes (page 431)

280 ml (1¼ tasse) de couscous non cuit

60 ml (¼ tasse) de canneberges séchées hachées

60 ml (¼ tasse) d'abricots séchés hachés

45 ml (3 c. à soupe) de persil frais émincé

45 ml (3 c. à soupe) de menthe fraîche émincée

Jus et le zeste de 1 citron

Sel et poivre noir fraîchement moulu au goût

1. Pour préparer le tajine marocain au tofu : chauffer 15 ml (1 c. à soupe) d'huile dans un grand poêlon à feu moyen-élevé. Ajouter le tofu, et faire sauter jusqu'à ce qu'il brunisse légèrement, pendant environ 7 minutes. Mettre dans un autre plat.

2. Chauffer le reste de l'huile dans le même grand poêlon à feu moyen-élevé. Ajouter l'oignon et l'ail, et faire sauter pendant 5 minutes. Ajouter le gingembre, la cannelle, le cumin et le paprika, et faire sauter pendant 1 minute. Remettre le tofu au poêlon. Incorporer le bouillon, le miel, le jus de citron, et porter à ébullition. Réduire à feu moyen, couvrir et cuire jusqu'à ce que le tofu ait absorbé les saveurs, pendant environ 15 minutes. En utilisant une cuillère trouée, mettre le tofu dans un plat, et couvrir avec une feuille de papier d'aluminium pour garder au chaud.

3. Ajouter les amandes au reste du liquide dans le poêlon, et porter à ébullition à feu élevé. Cuire jusqu'à ce que le liquide soit légèrement sirupeux, pendant environ 5 minutes. Retirer du feu, et assaisonner au goût. Réserver.

4. Pour préparer le couscous : dans une casserole, porter le bouillon à ébullition à feu élevé et incorporer le couscous, les canneberges et les abricots. Remettre à bouillir, couvrir et fermer le feu. Laisser reposer jusqu'à ce que l'eau soit entièrement absorbée, pendant 5 à 10 minutes.

5. Remuer le mélange de couscous avec une fourchette, ajouter le persil, la menthe, le jus de citron et le zeste. Retirer du feu et laisser reposer, couvert, pendant 5 minutes. Assaisonner avec le sel et le poivre.

6. Diviser le mélange de couscous en 6 portions et garnir chaque assiette avec le tofu. Verser sur chaque portion un filet de la sauce aux amandes et au miel, et servir immédiatement.

PAR PORTION : 365 CAL ; 12 G PROT ; 11 G MAT GR ; 44 G CARB ; 0 MG CHOL ; 137 MG SOD ; 4 G FIBRES

COQUILLETTES AVEC COURGE MUSQUÉE

Les cuisiniers italiens aiment remplir les pâtes de potiron et la courge musquée est un membre de la famille des potirons. Vous pouvez remplacer la courge d'hiver ou les boîtes de potiron en conserve par la courge musquée. Vous avez besoin de quatre paquets de 336 g (12 onces) de courge congelée et 1,1 kg (2½ livres) de potiron en purée en conserve. Congeler le tofu en change la texture, et procure un meilleur complément à la douceur sucrée de la courge.

1,3 kg (3 livres) de courge musquée

30 ml (2 c. à soupe) d'huile d'olive

480 ml (2 tasses) d'oignons coupés en dés

2 paquets de tofu soyeux ferme de 290 g (10½ onces), congelé et dégelé

240 ml (1 tasse) de noix de pécan hachées

10 ml (2 c. à thé) de sel

2,5 ml (½ c. à thé) de poivre blanc moulu

2,5 ml (½ c. à thé) de poivre noir fraîchement moulu

336 g (12 onces) de pâtes sèches en coquilles

1 litre (4 tasses) de sauce marinara préparée

15 ml (1 c. à soupe) de cannelle moulue

1. Préchauffer le four à 180 °C (350 °F).

2. Couper la courge en deux dans le sens de la longueur et enlever les graines et les fibres. Placer la courge, le côté de la tranche sur une plaque de cuisson et cuire jusqu'à ce qu'elle soit tendre lorsque percée avec un couteau, pendant environ 45 minutes. Retirer du four, et réserver pour refroidir.

3. Utiliser une cuillère pour enlever les morceaux de la courge lorsqu'elle est suffisamment refroidie pour être manipulée. Utiliser un presse-purée ou un mixeur électrique pour briser les morceaux de courge en petits morceaux, et réserver. Cela peut être fait la veille.

4. Chauffer l'huile dans une casserole de 4 litres (16 tasses) à feu moyen. Faire sauter l'oignon jusqu'à ce qu'il soit ramolli, pendant 5 à 7 minutes. Émietter le tofu, ajouter à la casserole et sauter jusqu'à ce qu'il soit légèrement bruni. Ajouter les noix de pécan, le sel, le poivre blanc et noir et la courge préparée. Cuire ensemble pendant 30 minutes à feu moyen, en remuant fréquemment.

5. Porter 8 litres (24 tasses) d'eau salée à ébullition, et mettre les coquilles dans l'eau. Cuire pendant 15 minutes, ou jusqu'à *al dente*. Égoutter et étendre sur des serviettes de cuisine sèches.

6. Entre-temps, chauffer la sauce marinara et ajouter la cannelle. Porter à ébullition, et cuire pendant 10 minutes. Verser 240 ml (1 tasse) de la sauce marinara dans un grand plat de cuisson. Remplir chaque coquille d'une cuillère à table de garniture de courge, et disposer les coquilles en rangées dans le plat de cuisson. Couvrir les coquilles du reste de la sauce marinara. Recouvrir avec une feuille de papier d'aluminium.

7. Cuire pendant 25 à 30 minutes, ou jusqu'à bien cuit, retirer du four et servir.

PAR PORTION : 440 CAL ; 15 G PROT ; 15 G MAT GR ; 65 G CARB ; 0 MG CHOL ; 970 MG SOD ; 9 G FIBRES

PÂTES COQUILLETTES AVEC HARICOTS NOIRS ET ARTICHAUTS

Cette recette n'est peut-être pas une recette traditionnelle préparée par une grand-mère italienne, mais la combinaison d'artichauts et d'haricots assaisonnés avec des graines de cumin et du tofu fumé (ou du fromage fumé) est irrésistible.

336 g (12 onces) de pâtes coquillettes moyennes, non cuites

1 boîte de 450 ml (15 onces) d'haricots noirs rincés et égouttés, ou 360 ml (1½ tasse) d'haricots noirs cuisinés

15 ml (1 c. à soupe) d'huile d'olive

1 oignon rouge moyen, haché

4 gousses d'ail émincées

7,5 ml (1½ c. à thé) de graines de cumin, légèrement écrasées

0,6 ml (⅛ c. à thé) de poivron rouge écrasé

1 boîte de cœurs d'artichaut de 420 ml (14 onces) égouttés, lavés et grossièrement hachés

480 ml (2 tasses) de bouillon de légumes faible en sodium (page 431)

1,25 ml (¼ c. à thé) de sel

80 ml (⅓ tasse) de persil frais haché

5 à 10 ml (1 à 2 c. à thé) de vinaigre de cidre

1,25 ml (¼ c. à thé) de poivre noir fraîchement moulu

240 ml (1 tasse) de tofu fumé ou de fromage mozzarella fumé râpé

1. Chauffer une casserole d'eau légèrement salée à feu moyen, et lorsque l'eau bout cuire les pâtes en suivant les instructions sur le paquet. Égoutter, rincer, égoutter encore et mettre dans un bol à service. Réserver.

2. Entre temps, mesurer 60 ml (¼ tasse) d'haricots noirs, verser dans un bol, et écraser avec une fourchette. Réserver.

3. Chauffer l'huile dans un grand poêlon antiadhésif à feu moyen-élevé. Ajouter l'oignon et cuire, en remuant fréquemment, jusqu'à ce que l'oignon soit ramolli, pendant 3 à 5 minutes. Ajouter l'ail et le poivron rouge écrasé et cuire, en remuant, pendant 30 à 60 secondes. Ajouter les cœurs d'artichaut écrasés et les haricots noirs entiers, et bien mélanger. Ajouter le bouillon et le sel, et porter à ébullition. Réduire à feu moyen et cuire, en remuant de temps en temps, jusqu'à ce que les saveurs se soient mélangées, pendant environ 10 minutes. Ajouter le persil, le vinaigre et le poivre. Ajouter les pâtes et le tofu et bien mélanger. Servir immédiatement.

PAR PORTION : 313 CAL ; 10 G PROT ; 5 G MAT GR ; 51 G CARB ; 0 MG CHOL ; 299 MG SOD ; 11 G FIBRES

PÂTES FRAÎCHES

La fabrication des pâtes peut sembler compliquée, mais avec un peu de pratique, l'opération est très facile. De plus, les pâtes achetées en magasin ne peuvent se comparer au niveau du goût ou de la texture aux pâtes fraîches. Vous pouvez préparer les pâtes fraîches à la main ou avec l'aide d'un robot culinaire — les deux techniques sont décrites ci-dessous. La quantité de farine dont vous avez besoin varie énormément, selon la taille des œufs, le type de farine et même de la température ambiante. Si la pâte est humide ou colle dans les mains au lieu de former une boule molle, ajoutez 5 ml (1 c. à thé) de farine à la fois, en pétrissant avant l'ajout de farine additionnelle, jusqu'à ce que la pâte ait la bonne consistance. Si la pâte est sèche et friable, ajoutez 5 ml (1 c. à thé) d'eau à la fois, en pétrissant avant chaque ajout de farine, jusqu'à ce qu'elle ait la bonne consistance.

Si vous utilisez de l'eau plutôt que les œufs ou un succédané d'œuf, l'eau devrait être de l'eau chaude du robinet, et non de l'eau bouillante. Cette version est un peu plus collante que l'œuf ou le succédané d'œufs, alors prenez soin d'enfariner le rouleau à pâtisserie, le plan de travail et vos mains.

Environ 720 ml (3 tasses) de farine
  non-blanchie tout usage

4 gros œufs, 240 ml (1 tasse)
  de succédané d'œuf, ou
  240 ml (1 tasse) d'eau chaude

Pour faire des pâtes à la main : verser la farine sur une surface plane, faire un monticule. Creuser un trou au milieu. Verser les œufs dans le milieu, et casser les jaunes avec une fourchette, ou verser le succédané d'œuf ou l'eau chaude. Avec vos doigts, commencer à mélanger un peu de farine à la fois avec les œufs ou l'eau. Lorsque le mélange forme une pâte, mélanger bien et commencer à pétrir. Pétrir jusqu'à ce que la pâte forme une boule molle et ferme, pendant environ 8 minutes. Envelopper la pâte dans un linge humide.

Pour faire des pâtes avec un robot culinaire : insérer la lame de métal dans le robot, verser 360 ml (1½ tasse) de farine et verser 2 œufs dessus, ou faire démarrer le robot et verser la moitié du succédané d'œuf ou l'eau chaude dans le tube d'alimentation. Passer au robot jusqu'à ce que la pâte forme une boule au dessus des lames et nettoyer les côtés du bol, environ 1 minute. Puis passer au robot pendant encore 2 minutes pour pétrir. Enlever la pâte et envelopper dans une serviette humide. Répéter avec le reste des ingrédients.

1. Pour former les pâtes : prendre un morceau de pâte de la grosseur appropriée à la recette que vous préparez — un morceau de la taille d'un œuf pour les raviolis ou les cappellinis; un plus gros morceau pour les tortellinis, les cannellonis, les agnolottis ou les coquilles. Conserver le reste de la pâte en le recouvrant d'une serviette. Étirer la pâte avec une machine à pâte ou un rouleau à pâtisserie jusqu'à ce qu'elle soit presque translucide. Si vous utilisez une machine à pâte, passer un morceau de pâte enfarinée, enfariner de nouveau, et passer le deuxième morceau, et continuer à traiter en terminant avec le morceau le plus mince. Couper selon les formes désirées pour le plat et ajouter la garniture si nécessaire. Essayer d'utiliser autant de pâte roulée que possible la première fois. Vous pouvez rassembler les chutes de pâte et les rouler de nouveau, mais rouler trop de fois durcit la pâte. Répéter avec le reste de la pâte.

2. Pour cuire les pâtes : porter une grande casserole d'eau à ébullition, et ajouter un pincée de sel. Ajouter la pâte fraîche et mélanger doucement. L'eau commencera à faire des bulles à la surface après 1 à 2 minutes, pour indiquer que les pâtes sont cuites. Remuer et cuire pendant 30 autres secondes ou jusqu'à ce que le plat soit prêt. Les pâtes devraient être servies *al dente*, ou légèrement fermes sous la dent. Ne pas trop cuire les pâtes fraîches.

PAR PORTION : 248 CAL ; 10 G PROT ; 4 G MAT GR ; 43 G CARB ; 110 MG CHOL ;
36 MG SOD ; 2 G FIBRES

PÂTES AVEC CHAMPIGNONS PORTOBELLO
DANS UNE SAUCE À LA MOUTARDE

Parlons fusion ! Cette recette combine des pâtes italiennes et une sauce à la française assaisonnée de mirin japonais, le tout cuit dans un wok chinois. Ce qui prouve aussi que vous pouvez utiliser un wok pour à peu près tout. Pour de meilleurs résultats, choisir des pâtes courtes qui retiendront bien la sauce.

600 ml (2½ tasses) de pâtes courtes non cuites, comme les orecchiette ou les gnocchis

37 ml (2½ c. à soupe) d'huile d'olive

225 g (8 onces) de champignons portobello avec les tiges, et tranchés finement

7,5 ml (1½ c. à thé) de sel

6 gousses d'ail émincées

1 gros oignon rouge, coupé en fines tranches

21 ml (1½ c. à soupe) de romarin frais haché

2,5 à 5 ml (½ à 1 c. à thé) de poivron rouge écrasé

60 ml (¼ tasse) de bouillon de légumes (page 431)

120 ml (½ tasse) de mirin ou de vin blanc sec

120 ml (½ tasse) de moutarde de Dijon

60 ml (¼ tasse) de noix de pin rôties (voir page 60)

1. Porter 2½ litres (10 tasses) d'eau légèrement salée à ébullition dans un wok à feu élevé. Ajouter les pâtes et remuer pour empêcher de coller. Cuire, en remuant de temps en temps, jusqu'à ce que les pâtes soient tendres, pendant 10 à 12 minutes. Égoutter bien et réserver. Assécher le wok.

2. Mettre le wok à feu élevé et ajouter 21 ml (1½ c. à soupe) d'huile. Ajouter les champignons et 5 ml (1 c. à thé) du sel et faire sauter jusqu'à ce que les champignons soient tendres, environ 2 minutes. Vider dans un bol à mélange, et réserver.

3. Remettre le wok à feu élevé, et ajouter 15 ml (1 c. à soupe) de l'huile restante. Ajouter l'ail et l'oignon, et faire sauter pendant 1 minute. Ajouter 2,5 ml (½ c. à thé) de sel, de romarin et le poivron rouge écrasé, et faire sauter pendant une minute et demie. Ajouter le bouillon de légumes et porter à ébullition. Réduire à feu doux, et cuire pendant 2 minutes, en grattant les particules brunes se trouvant au fond du wok. Mettre dans le bol à mélanger avec les champignons.

4. Remettre le wok à feu élevé. Ajouter le mirin et la moutarde, et remuer avec un fouet métallique pour bien mélanger. Porter à ébullition, ajouter les pâtes et le mélange de champignons et cuire, en remuant, pendant 2 minutes. Saupoudrer les noix de pin, et servir.

PAR PORTION : 212 CAL ; 8 G PROT ; 5 G MAT GR ; 32 G CARB ; 0 MG CHOL ; 659 MG SOD ; 3 G FIBRES

MACARONI ET FROMAGE

Ces pâtes sont devenues un plat populaire sur plusieurs tables américaines. L'addition des fromages parmesan et roquefort confère à ce plat un tout autre accent et un caractère raffiné.

360 ml (1½ tasse) de macaronis moyens, non cuits

30 ml (2 c. à soupe) de beurre non salé

30 ml (2 c. à soupe) de farine ordinaire

240 ml (1 tasse) de lait entier

240 ml (1 tasse) de fromage cheddar râpé très fin

120 ml (½ tasse) de fromage parmesan râpé

60 ml (¼ tasse) de fromage roquefort en morceaux

Sel et poivre noir fraîchement moulu, au goût

60 ml (¼ tasse) de chapelure sèche

1. Préchauffer le four à 180 °C (350 °F). Graisser légèrement un plat allant au four de 1,4 litre (6 tasses).

2. Chauffer une casserole d'eau légèrement salée à feu moyen et lorsque l'eau bout, faire cuire les pâtes en suivant les instructions sur l'emballage. Égoutter, laver, égoutter de nouveau et réserver dans le plat de cuisson.

3. Entre temps, faire fondre le beurre dans une casserole, et battre avec la farine. Cuire environ 2 minutes, ou jusqu'à ce que le mélange épaississe. Ajouter graduellement le lait, en battant constamment et cuire pendant 6 à 7 minutes, ou jusqu'à ce que la sauce épaississe. Retirer du feu, et réserver.

4. Combiner 15 ml (1 c. à soupe) de chaque fromage dans un bol, et réserver. Ajouter le fromage restant à la sauce blanche et remuer jusqu'à consistance lisse. Si nécessaire, chauffer de nouveau les fromages à feu doux pour faire fondre, et assaisonner au goût. Verser la sauce sur les macaronis, et remuer pour bien mélanger. Ajouter la chapelure au reste du fromage, et saupoudrer sur les macaronis.

5. Cuire pendant 35 à 40 minutes, ou jusqu'à ce que les ingrédients soient bien chauds, et jusqu'à ce que le fromage soit légèrement bruni et fasse des bulles. Servir immédiatement.

PAR PORTION : 300 CAL ; 14 G PROT ; 15 G MAT GR ; 28 G CARB ; 45 MG CHOL ; 500 MG SOD ; 1 G FIBRES

PENNES AVEC ASPERGES ET HERBES PRINTANIÈRES

La sauce pour ces pâtes printanières légères est préparée avec de l'ail et du tofu poché, mélangée jusqu'à consistance veloutée et lisse et garnie d'herbes fraîches. Vous pouvez saupoudrer les pâtes avec du fromage parmesan fraîchement râpé, si désiré. La sauce peut être préparée à l'avance. Couvrir et réfrigérer jusqu'à deux jours. Réchauffer la sauce avant de faire la recette.

340 g (12 onces) de pennes séchées
  non cuites

300 ml (1¼ tasse) de bouillon de
  légumes ou de fond de légumes
  (page 431)

8 gousses d'ail, pelées

180 ml (¾ tasse) de tofu soyeux
  faible en gras

20 ml (4 c. à thé) d'huile d'olive

10 ml (2 c. à thé) jus de citron frais

2,5 ml (½ c. à thé) de moutarde
  de Dijon

Sel et poivre noir fraîchement
  moulu, au goût

30 ml (2 c. à soupe) de ciboulette
  fraîche hachée

30 ml (2 c. à soupe) d'estragon
  frais haché

30 ml (2 c. à soupe) de persil
  frais haché

7,5 ml (1½ c. à thé) de zeste
  de citron

450 g (1 livre) d'asperges coupées

224 g (8 onces) de carottes pelées

Tranches de citron, facultatif

1. Chauffer une casserole d'eau légèrement salée à feu moyen, et lorsque l'eau bout, cuire les pâtes en suivant les instructions sur l'emballage. Égoutter, laver, égoutter de nouveau et réserver dans un bol de service.

2. Entre temps, combiner le bouillon et l'ail dans une petite casserole, et porter à ébullition à feu moyen-élevé. Réduire à feu doux. Couvrir et cuire jusqu'à ce que l'ail soit très tendre, pendant 15 à 20 minutes. Mettre le bouillon, l'ail, le tofu, l'huile, le jus de citron, la moutarde, le sel et le poivre dans un mélangeur ou un robot culinaire, et réduire en purée jusqu'à consistance lisse et crémeuse. Remettre dans la casserole. Chauffer à feu doux, ne pas faire bouillir. Incorporer la ciboulette, l'estragon, le persil et le zeste de citron. Couvrir et garder au chaud.

3. Peler les tiges d'asperge et couper en morceaux de 3,81 cm (1½ pouce) de long. Couper les carottes en bâtonnets de 4,45 x 0,64 cm (1¾ x ¼ pouces) d'épaisseur. Mettre les carottes dans un panier à vapeur au-dessus de l'eau bouillante, et déposer les asperges sur le dessus. Couvrir et cuire à la vapeur jusqu'à ce que les légumes soient tendres, environ 4 à 5 minutes.

4. Ajouter les légumes et la sauce aux herbes réservée aux pâtes, et bien mélanger pour couvrir. Servir chaud avec des quartiers de citron que vous pouvez presser, si désiré.

PAR PORTION : 400 CAL ; 16 G PROT ; 7 G MAT GR ; 71 G CARB ; 0 MG CHOL ; 310 MG SOD ; 7 G FIBRES

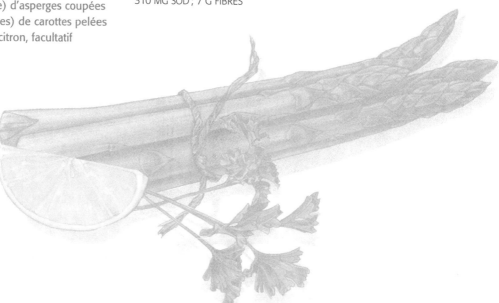

PÂTES DE CHEVEUX D'ANGE
AVEC FENOUIL ET SAFRAN

Ce plat délicat de pâtes du Sud de l'Italie plaira sûrement à tout le monde avec ses saveurs de fenouil, de safran, de noix de pin et de raisins de Corinthe

2 bulbes moyens de fenouil

450 g (1 livre) de pâtes cheveux d'ange, non cuite

30 ml (2 c. à soupe) d'huile d'olive

2 petits oignons rouges, hachés

2,5 ml (½ c. à thé) de graines de fenouil

2,5 ml (½ c. à thé) de safran

45 ml (3 c. à soupe) de raisins de Corinthe ou de raisins secs, plongés dans l'eau tiède pendant quelques minutes et égouttés

30 ml (2 c. à soupe) de noix de pin

Sel au goût

1. Porter une grande casserole d'eau légèrement salée à ébullition. Entre temps, laver et couper les fenouils, en jetant les tiges, mais en gardant les bulbes et les feuilles. Réserver la moitié des feuilles. Trancher le reste des feuilles, et réserver. Ajouter les bulbes de fenouil à l'eau bouillante, et cuire pendant 10 minutes. En utilisant une grande cuillère trouée ou écumoire, retirer les bulbes de fenouil. Couper les bulbes en dés, et réserver.

2. Porter l'eau à ébullition, et ajouter les pâtes, en remuant pour empêcher de coller. Cuire jusqu'à ce que les pâtes soient tendres, pendant environ 6 minutes. Égoutter les pâtes, en réservant 120 ml (½ tasse) de l'eau de cuisson.

3. Entre-temps, chauffer 15 ml (1 c. à soupe) d'huile dans un grand poêlon à feu doux. Ajouter les oignons, les graines de fenouil et les feuilles hachées, et cuire, en remuant, jusqu'à ce que les oignons soient tendres, pendant environ 10 minutes.

4. Combiner le safran et 21 ml (1½ c. à soupe) d'eau chaude dans une tasse. Remuer pour mélanger et ajouter au poêlon. Incorporer le fenouil coupé en dés, et cuire, en remuant, pendant environ 15 minutes, ou jusqu'à ce que le fenouil soit très tendre. Ajouter les raisins de Corinthe et les noix de pin. Si le mélange semble sec, ajouter à la cuillère l'eau des pâtes réservée pour humidifier.

5. Ajouter les pâtes cuites et les feuilles de fenouil restantes. Augmenter le feu à feu moyen et cuire, en remuant, pendant 1 minute. Verser la cuillère d'huile restante, ajouter du sel et servir.

PAR PORTION : 211 CAL ; 6 G PROT ; 6 G MAT GR ; 34 G CARB ; 0 MG CHOL ; 43 MG SOD ; 6 G FIBRES

Le tofu et les œufs ajoutent des protéines à ce plat de nouilles consistant. On trouve le «kecap manis» (sauce soja douce) et le sambal (sel épicé) dans les marchés asiatiques et dans certains supermarchés bien approvisionnés.

450 g (1 livre) de nouilles saba ou autres nouilles asiatiques non cuites

30 à 60 ml (2 à 4 c. à soupe) d'huile d'arachide

1 oignon, haché fin

3 gousses d'ail émincées

Un morceau de gingembre de 3,81 cm (1½ pouce) frais râpé

2 poireaux ou 6 oignons verts, hachés

240 à 480 ml (1 à 2 tasses) de pois mange-tout

240 à 480 ml (1 à 2 tasses) de pousses de haricots mung

45 ml (3 c. à soupe) de *kecap manis* ou 45 ml (3 c. à soupe) de sauce soja faible en sel plus 21 ml (1½ c. à soupe) de sucre brun

5 à 15 ml (1 à 3 c. à thé) de sambal ou de poivre de Cayenne

2 gros œufs, brouillés, facultatif

450 g (1 livre) de tofu ferme, égoutté et coupé en cubes, facultatif

1. Mettre une casserole d'eau légèrement salée à feu moyen, et lorsque l'eau bout, cuire les pâtes en suivant les instructions sur l'emballage. Égoutter, laver, égoutter de nouveau et réserver dans un bol à mélanger.

2. Chauffer l'huile dans un wok ou un grand poêlon à feu moyen. Ajouter l'oignon, l'ail et le gingembre, et faire sauter pendant environ 5 minutes, ou jusqu'à ce que l'oignon soit ramolli.

3. Ajouter les poireaux, les pois mange-tout et les pousses de haricots, et cuire jusqu'à ce que les légumes soient croustillants et tendres. Ajouter les nouilles, le kecap manis et le sambal au goût. Ajouter les œufs et le tofu. Bien mélanger jusqu'à ce que tous les ingrédients soient bien chauds, pendant environ 5 minutes.

PAR PORTION : 270 CAL ; 24 G PROT ; 15 G MAT GR ; 58 G CARB ; 70 MG CHOL ; 280 MG SOD ; 5 G FIBRES

TARTE DE CAPELLINI-TOMATES

Les pâtes cuites en croûtes peuvent être lourdes, mais cette recette utilise des feuilles de chou qui réduisent non seulement l'apport en hydrates de carbone, mais rehaussent la saveur des tomates. La saveur s'améliore durant la nuit, et la tarte est meilleure servie le jour suivant à la température de la pièce. Utilisez le plus gros chou, et choisissez les feuilles intactes.

15 ml (1 c. à soupe) de chapelure (voir page 60)

224 g (8 onces) de cappellinis non cuits ou autres pâtes minces, semblables aux spaghettis

6 grosses feuilles de chou ou plus si nécessaire

480 ml (2 tasses) de tomates hachées, plus 1 grosse tomate

20 olives Kalamata, hachées

30 ml (2 c. à soupe) de basilic frais haché

15 ml (1 c. à soupe) de grosses câpres

15 ml (1 c. à soupe) d'huile d'olive

5 ml (1 c. à thé) d'ail haché

Poivre noir fraîchement moulu, au goût

80 ml (⅓ tasse) de fromage parmesan râpé

Persil frais haché pour la garniture

1. Préchauffer le four à 180 °C (350 °F). Vaporiser un plat à tarte 25,50 cm (10 pouces) avec le vaporisateur antiadhésif à cuisson, et saupoudrer de chapelure. Tailler toutes les nervures dures à la base de chaque feuille de chou.

2. Chauffer une casserole d'eau légèrement salée à feu moyen, et lorsque l'eau bout, cuire les pâtes en suivant les instructions sur l'emballage. Égoutter, rincer, égoutter de nouveau et mettre dans un bol.

3. Tailler toutes les nervures dures à la base de chaque feuille de chou et faire cuire les feuilles dans l'eau bouillante pendant environ 5 minutes, ou jusqu'à ce qu'elles soient tendres. Égoutter et assécher avec des serviettes de papier.

4. Coucher les feuilles de chou dans le plat à tarte, utiliser des ciseaux pour couper les feuilles également le long du pourtour du plat. S'assurer que les feuilles se chevauchent bien pour qu'elles couvrent complètement le fond du plat.

5. Ajouter les tomates hachées, les olives, le basilic, les câpres, l'huile, l'ail et le poivre dans le bol avec les pâtes, et mélanger ensemble. Mettre le mélange de pâtes dans le plat à tarte, et aplatir fermement avec une cuillère en bois ou une spatule. Couper la tomate en tranches minces et disposer également sur le mélange. Saupoudrer les tomates de fromage parmesan.

6. Cuire pendant 30 minutes, jusqu'à ce que tout soit bien chaud. Retirer du four, et laisser refroidir sur une grille. Garnir avec le persil, et servir à la température de la pièce.

PAR PORTION : 150 CAL ; 5 G PROT ; 6 G MAT GR ; 21 G CARB ; 0 MG CHOL ; 270 MG SOD ; 2 G FIBRES

Amoureux du basilic, réjouissez-vous : cette recette de pâtes à la primavera a un goût de basilic. Ce plat se prépare aussi très rapidement.

Pâtes

480 ml (2 tasses) de fleurettes de brocoli frais

½ poivron rouge moyen, épépiné et coupé en tranches minces

240 ml (1 tasse) de champignons de Paris coupés en tranches

120 ml (½ tasse) de carottes coupées en minces tranches de 5 cm de longueur x 0,64 cm d'épaisseur (2 x ¼ pouces)

240 ml (1 tasse) de courgettes hachées

225 g (8 onces) de fettuccini non cuit

Pesto

240 ml (1 tasse) de feuilles de basilic frais

60 ml (¼ tasse) de sauce à salade italienne sans huile

1 à 2 gousses d'ail, coupées en deux

30 ml (2 c. à soupe) d'huile d'olive

15 ml (1 c. à soupe) de fromage parmesan râpé

1,25 ml (¼ c. à thé) de zeste de citron, facultatif

1. Pour préparer les pâtes : combiner le brocoli, le poivron, les champignons, les carottes, la courgette dans un panier à vapeur placé dans une grande casserole remplie de 5,08 cm (2 pouces) d'eau. Cuire, couvert, à feu moyen jusqu'à ce que les légumes soient tendres, pendant environ 10 minutes ou jusqu'à l'obtention de la texture désirée. Retirer du feu, et réserver.

2. Chauffer une casserole d'eau légèrement salée à feu moyen, et lorsque l'eau bout, cuire les pâtes en suivant les instructions sur le paquet. Égoutter, rincer, égoutter encore une fois et réserver dans un bol.

3. Pour préparer le pesto : mettre le basilic, la sauce à salade, l'ail, l'huile, le fromage parmesan et le zeste de citron, en utilisant un robot culinaire ou un mélangeur, et réduire en purée jusqu'à consistance lisse. Verser le pesto sur les fettuccinis, et remuer pour couvrir.

4. Mettre les fettuccinis dans une assiette de service. Garnir avec le mélange de légumes, et servir immédiatement.

PAR PORTION : 310 CAL ; 10 G PROT ; 7 G MAT GR ; 50 G CARB ; 1 MG CHOL ; 84 MG SOD ; 5 G FIBRES

PÂTES PAPILLONS AVEC POMMES DE TERRE, CÂPRES ET OLIVES

Au lieu de faire sauter les pommes de terre, vous pouvez les trancher, les recouvrir légèrement d'huile d'olive et les faire cuire au four jusqu'à ce qu'elles soient légèrement croustillantes.

15 ml (1 c. à soupe) d'huile d'olive

80 ml (⅓ tasse) d'oignons hachés

2 tranches de « bacon » au tempeh, coupées en dés

480 ml (2 tasses) de pommes de terre rouges coupées en fines tranches

120 ml (½ tasse) de vin blanc

60 ml (¼ tasse) de basilic frais coupé en julienne

240 ml (1 tasse) de bouillon de légumes faible en sodium ou de fond de légumes (page 431)

120 ml (½ tasse) d'olives grecques ou italiennes dénoyautées et coupées en deux

15 ml (1 c. à soupe) de câpres égouttées

15 ml (1 c. à soupe) de sel

224 g (8 onces) de grosses pâtes papillon (farfalle)

60 ml (¼ tasse) de persil haché

Sel et poivre noir fraîchement moulu au goût

1. Porter une grande casserole d'eau à ébullition. Entre temps, faire chauffer l'huile dans un poêlon à feu moyen. Ajouter l'oignon et le « bacon » tempeh et cuire, en remuant de temps en temps, jusqu'à ce que l'oignon et le « bacon » soit légèrement brunis, pendant 2 minutes. Ajouter les pommes de terre et cuire, en remuant de temps en temps, jusqu'à ce qu'elles soient à leur tour légèrement brunies, pendant 5 à 7 minutes.

2. Ajouter le vin et le basilic à la casserole, et cuire jusqu'à ce qu'il y ait un léger épaississement, environ 2 minutes. Ajouter le fond de légumes, les olives et les câpres et cuire, en remuant de temps en temps, jusqu'à ce que le liquide soit réduit de moitié, pendant 8 à 10 minutes.

3. Ajouter 15 ml (1 c. à soupe) de sel et les pâtes à l'eau bouillante, en remuant pour les empêcher de coller. Cuire les pâtes jusqu'à ce qu'elles soient bien tendres ou selon les instructions sur le paquet, pendant environ 10 minutes. Retirer du feu, égoutter, laver à l'eau froide et bien égoutter.

4. Ajouter à la sauce, le persil, le sel et le poivre, et bien remuer. Ajouter les pâtes, et remuer pour couvrir. Servir chaud.

PAR PORTION : 219 CAL ; 5 G PROT ; 6 G MAT GR ; 28 G CARB ; 0 MG CHOL ; 250 MG SOD ; 2 G FIBRES

PÂTES AVEC PESTO DE CILANTRO
ET OIGNONS DOUX

Pour changer de rythme, essayer ce plat de pâtes avec sa saveur du Sud-Ouest. Vous pouvez aussi utiliser le pesto de cilantro comme condiment pour les légumes grillés ou le mélanger avec du yogourt et le servir avec des chips tortillas cuites au four

Pâtes

340 g (12 onces) d'orecchiette, de gnocchi ou de pâtes en coquilles de dimension moyenne

Pesto de cilantro

360 ml (1 ½ tasse) de cilantro

60 ml (¼ tasse) d'amandes tranchées, grillées (voir page 60)

1 chili jalapeño, épépiné et grossièrement haché

3 gousses d'ail écrasées

2,5 ml (½ c. à thé) de sel

30 ml (2 c. à soupe) d'huile végétale

15 ml (1 c. à soupe) de jus de lime frais

1,25 ml (¼ c. à thé) de poivre noir fraîchement moulu

Mélange d'oignons doux

10 ml (2 c. à thé) d'huile d'olive

240 ml (1 tasse) d'oignons doux hachés, comme les Vidalia

240 ml (1 tasse) de poivrons rouges coupés en dés

1 boîte de 135 ml (4½ onces) de poivrons verts doux

240 ml (1 tasse) de fromage Pepper Jack râpé

1. Pour préparer les pâtes : chauffer une casserole d'eau légèrement salée à feu moyen, et lorsque l'eau bout, cuire les pâtes en suivant les instructions sur le paquet. Égoutter, et réserver 80 ml (⅓ tasse) de l'eau des pâtes. Rincer les pâtes, égoutter de nouveau, et réserver dans un bol à mélanger.

2. Entre-temps, pour préparer le pesto de cilantro : mettre le cilantro, les amandes, le jalapeño, l'ail, le sel et le poivre dans un robot culinaire ou un mélangeur, et hacher finement. Pendant que le moteur tourne, ajouter l'huile et le jus de lime par le tuyau d'alimentation, jusqu'à ce que le mélange forme une pâte, puis arrêter le moteur pour nettoyer les côtés du récipient du robot au besoin. Vider le mélange dans un bol, en ajoutant l'eau de cuisson des pâtes qui a été réservée. Bien mélanger.

3. Pour préparer le mélange d'oignons doux : chauffer l'huile à feu moyen-élevé. Ajouter l'oignon et le poivron et cuire, en remuant fréquemment, jusqu'à ce qu'ils soient tendres, pendant 5 à 6 minutes. Ajouter le jalapeño et cuire, en remuant, pendant 1 minute. Combiner le mélange d'oignons doux, le fromage Pepper Jack et le pesto de coriandre avec les pâtes, et bien mélanger. Servir immédiatement.

PAR PORTION : 580 CAL ; 20 G PROT ; 22 G MAT GR ; 77 G CARB ; 25 MG CHOL ; 550 MG SOD ; 7 G FIBRES

Conseils pour la cuisson des pâtes

Il semble que tous ceux qui cuisinent les pâtes ont leurs propres idées sur la meilleure façon de les cuire. Ajouter de l'huile à l'eau ? Verser un filet d'huile sur les pâtes après la cuisson ? Ajouter du sel à l'eau ? Cuire sans sel ? Laver les pâtes à l'eau froide après la cuisson ? Juste égoutter les pâtes dans une passoire ? Nous vous suggérons de suivre les instructions qui sont inscrites sur l'emballage des pâtes que vous choisissez, puis de goûter ensuite les pâtes après plusieurs minutes de cuisson. Lorsque vous aimez leur texture, retirez les pâtes du feu et égouttez-les. Souvenez-vous : les pâtes fraîches cuisent très rapidement, alors soyez vigilant !

PÂTES AVEC VERDURES

Vous voulez préparer cette recette à l'avance ? Vous n'avez qu'à laver et cuire les légumes quelques heures plus tôt. Le mélange de fromage blanc peut être préparé à l'avance et se conserve trois jours au réfrigérateur.

900 g (2 livres) de verdure, seule ou combiner avec des bettes suisses, du brocoli rabe, des betteraves vertes, du chou frisé, de l'escarole, des feuilles de pissenlit, des choux verts

15 ml (1 c. à soupe) de sel et plus, si désiré

120 ml (½ tasse) de fromage blanc sans matières grasses ou faible en gras

30 ml (2 c. à soupe) de lait faible en gras

15 ml (1 c. à soupe) d'huile d'olive

2 grosses gousses d'ail émincées

1,25 ml (¼ c. à thé) de poivron rouge écrasé ou plus au goût

450 g (1 livre) de spaghettis non cuits

60 ml (¼ tasse) de fromage pecorino râpé

1. Porter une grosse casserole d'eau à ébullition. Remplir un grand bol d'eau froide et réserver.

2. Entre temps, couper les bouts des légumes et laver à fond. Lorsque l'eau bout, ajouter 15 ml (1 c. à soupe) de sel et les légumes. Cuire jusqu'à ce que les légumes soient tendres, pendant 2 à 5 minutes. En utilisant une cuillère trouée, retirer de l'eau. Vider dans le bol d'eau froide, puis égoutter. Réserver l'eau de cuisine des pâtes. Assécher doucement les légumes, et hacher grossièrement. Réserver.

3. Mélanger le fromage blanc dans un robot culinaire ou un mélangeur jusqu'à consistance lisse. Gratter les côtés du récipient, et mélanger de nouveau. Ajouter le lait, et mélanger jusqu'à consistance crémeuse.

4. Chauffer l'huile dans un grand poêlon antiadhésif à feu moyen. Ajouter l'ail et le poivron rouge écrasé. Cuire, en remuant, pendant environ 30 secondes, ou jusqu'à ce que l'ail commence à se colorer. Ajouter les légumes, en remuant pendant 1 minute. Verser 120 ml (½ tasse) du liquide de cuisson réservé des légumes. Ajouter le sel et retirer du feu, mais garder au chaud.

5. Remettre la casserole d'eau à ébullition et ajouter les pâtes. Cuire jusqu'à ce que les pâtes soient tendres, pendant environ 10 minutes ou selon les instructions sur le paquet. Égoutter bien. Vider les pâtes dans la casserole avec les légumes. Ajouter le mélange de fromage blanc et de pecorino, remuer et servir.

PAR PORTION : 189 CAL ; 10 G PROT ; 4 G MAT GR ; 28 G CARB ; 6 MG CHOL ; 453 MG SOD ; 4 G FIBRES

COUSCOUS PILAF AVEC CRÈME AU SAFRAN

Le pilaf est traditionnellement fait avec du riz ou du bulgur, mais voici une manière délicieuse de le préparer avec du couscous.

Pilaf

15 ml (1 c. à soupe) d'huile d'olive

2,5 ml (½ c. à thé) de graines de coriandre

160 ml (⅔ tasse) de poivron rouge coupé en dés

1,25 ml (¼ c. à thé) de poivre de Cayenne

1,25 ml (¼ c. à thé) de cannelle moulue

720 ml (3 tasses) de fond de légumes (page 431) ou d'eau

360 ml (1½ tasse) de couscous non cuit

Sel et poivre noir fraîchement moulu au goût

60 ml (¼ tasse) de menthe fraîche hachée ou 15 ml (1 c. à soupe) de thym frais haché

Crème au safran

120 ml (½ tasse) de fromage en crème, léger

80 ml (⅓ tasse) de yogourt faible en gras

1 pincée de safran

1. Pour préparer le pilaf : chauffer l'huile dans une casserole à feu moyen. Ajouter la coriandre, et frire jusqu'à ce qu'elle soit grillée. Incorporer le poivron, le poivre de Cayenne et la cannelle, et cuire en remuant fréquemment, jusqu'à tendre, pendant environ 4 minutes.

2. Ajouter le fond de légumes et porter à ébullition. Incorporer le couscous. Porter à ébullition, couvrir et fermer le feu. Laisser reposer jusqu'à ce que l'eau soit absorbée, pendant 5 à 10 minutes. Aérer avec une fourchette et assaisonner avec le sel, le poivre et la menthe.

3. Pour préparer la crème de safran : mettre le fromage, le yogourt et le safran dans un mélangeur ou un robot culinaire, et réduire en purée jusqu'à consistance crémeuse. Servir dans un plat à part.

PAR PORTION (AVEC 15 ML [1 C. À SOUPE] DE CRÈME AU SAFRAN) : 141 CAL ; 5 G PROT ; 5 G MAT GR ; 21 G CARB ; 8 MG CHOL ; 219 MG SOD ; 3 G FIBRES

COUSCOUS AUX HARICOTS ET À LA GRENADE POUR 4 À 6 PERSONNES

Pour ce plat, les haricots les plus délicats sont les haricots blancs minuscules ou une variété italienne connue sous le nom de fagioli del Purgatorio. Malheureusement, on ne les trouve pas partout. Le meilleur substitut est le haricot italien cannellini, que l'on peut trouver dans la plupart des supermarchés. Pour l'aubergine, choisissez les longues aubergines thaï, ou d'autres aubergines longues et minces. Elles cuisent rapidement et absorbent moins d'huile que les plus grandes aubergines. Vous pouvez acheter le vinaigre de grenade dans une épicerie vendant des produits du Moyen-Orient ou dans un magasin vendant des aliments naturels.

240 ml (1 tasse) de petits haricots blancs, non cuits et lavés

105 ml (7 c. à soupe) d'huile d'olive

480 ml (2 tasses) d'aubergines asiatiques coupées en dés

30 ml (2 c. à soupe) de graines de sésame

15 ml (1 c. à soupe) d'ail haché

336 ml (12 onces) de coucous non cuit

30 ml (2 c. à soupe) de vinaigre de grenade

240 ml (1 tasse) de pépins de grenade

30 ml (2 c. à soupe) de feuilles de cilantro émincées

Sel au goût

1. Verser l'eau bouillante sur les haricots, et faire tremper toute la nuit au réfrigérateur. Le lendemain, égoutter les haricots et cuire dans l'eau pendant environ 25 minutes, ou jusqu'à ce qu'ils soient tendres. Égoutter, puis réserver.

2. Faire chauffer 30 ml (2 c. à soupe) d'huile dans un grand poêlon ou un wok et chauffer, jusqu'à ce que l'huile commence à fumer. Faites sauter l'aubergine pendant environ 5 minutes, ou jusqu'à ce qu'elle soit tendre. Ajouter les graines de sésame. Continuer à faire sauter jusqu'à ce que les graines de sésame commencent à changer de couleur. Ajoutez l'ail. Remuer et continuer à cuire pendant 1 minute. Retirer du feu, et réserver.

3. Pour faire cuire le couscous, porter 480 ml (2 tasses) d'eau à ébullition, et ajouter le couscous. Porter à ébullition, couvrir et fermer le feu. Laisser reposer jusqu'à ce que l'eau soit absorbée, pendant 5 à 10 minutes. Aérer avec une fourchette, et verser ensuite dans un bol de service.

4. Pour préparer la vinaigrette, battre ensemble 75 ml (5 c. à soupe) de l'huile restante et le vinaigre, et verser sur le couscous chaud. Bien remuer. Ajouter les haricots et l'aubergine. Ajouter les pépins de grenade et le cilantro, ajuster les assaisonnements et servir.

PAR PORTION : 530 CAL ; 16 G PROT ; 19 G MAT GR ; 76 G CARB ; 0 MG CHOL ; 10 MG SOD ; 13 G FIBRES

SAUTÉ MAROCAIN

Ce plat du dîner inspiré de la cuisine marocaine est délicieux servi avec des tomates hachées, arrosé d'une huile d'olive fruitée, de vinaigre balsamique, de sel et de poivre fraîchement moulu. Servir avec le gâteau orange poché (page 505) au dessert.

1 boîte de couscous à cuisson rapide

2,5 ml (½ c. à thé) d'huile d'olive

1 oignon moyen, haché

5 ml (1 c. à thé) de poudre de cari au goût

2,5 ml (½ c. à thé) plus 0,6 ml (⅛ c. à thé) de cannelle moulue

2 gousses d'ail, écrasées

2 boîtes de pois chiches de 450 ml (15 onces), égouttés et lavés

2 courgettes moyennes, coupées en gros morceaux

480 ml (2 tasses) de tomates hachées ou 1 boîte de tomates de 435 ml (14½ onces) coupées en dés, égouttées

480 ml (2 tasses) de maïs sucré, congelé

Sel et poivre noir fraîchement moulu, au goût

120 ml (½ tasse) de cilantro haché

1. Porter 480 ml (2 tasses) d'eau à ébullition dans une casserole, et ajouter le couscous. Porter à ébullition, couvrir et éteindre le feu. Laisser reposer jusqu'à ce que l'eau soit absorbée, pendant 5 à 10 minutes. Aérer avec une fourchette, et réserver.

2. Entre temps, dans un grand poêlon antiadhésif, chauffer l'huile à feu moyen. Ajouter l'oignon et cuire, en remuant fréquemment, pendant 4 minutes. Incorporer la poudre de cari, la cannelle et l'ail, et cuire pendant une minute. Ajouter la courgette, les haricots, les tomates, le maïs en grain et 240 ml (1 tasse) d'eau, et cuire, en remuant de temps en temps, pendant 10 minutes. Si le mélange est trop sec, ajouter plus d'eau si nécessaire.

3. Assaisonner avec le sel, le poivre et la coriandre.

4. Aérer le couscous avec une fourchette, et verser dans un plat de service. Garnir avec le mélange de légumes, et servir chaud.

PAR PORTION : 452 CAL ; 18 G PROT ; 3 G MAT GR ; 92 G CARB ; 0 MG CHOL ; 271 MG SOD ; 12 G FIBRES

12

grains et légumes

LES PROTÉINES ET LES NUTRIMENTS RICHES en substances nutritives étant à la base du régime végétarien, les grains et les légumineuses sont des substituts idéaux à la viande, à la fois légers pour le palais et le portefeuille. En raison de leurs saveurs subtiles, les grains et les légumineuses fournissent une base idéale qui permet aux cuisiniers de développer des saveurs complexes. Et ces aliments goûtent aussi bons lorsqu'ils sont servis presque sans apprêt, si ce n'est le plus simple assaisonnement. Grâce à la curiosité dont font aujourd'hui preuve les consommateurs, les marchés offrent maintenant un incroyable assortiment de grains et de légumineuses comme le faro et l'amarante, qui complètent ou remplacent l'orge et l'avoine, les lentilles et les haricots rouges.

QUINOA PILAF AVEC FRUITS SECS ET NOIX DE PÉCAN POUR 6 PERSONNES

Le quinoa est très riche en protéines, et sur le plan nutritif, nous le considérons comme un plat principal. C'est un plat super avec un cari aux légumes. Essayez-le avec du brocoli cuit à la vapeur à l'ail (page 243). Assurez-vous de bien laver le quinoa à moins que vous n'achetiez le quinoa sans saponine. La saponine est la substance amère qui recouvre le quinoa.

720 ml (3 tasses) de quinoa cru, lavé

30 ml (2 c. à soupe) d'huile d'olive

240 ml (1 tasse) d'oignons hachés

480 ml (2 tasses) de bouillon de légumes ou de fond de légumes (page 431)

120 ml (½ tasse) de raisins secs dorés

120 ml (½ tasse) d'abricots séchés hachés

120 ml (½ tasse) de canneberges séchées

5 ml (1 c. à thé) de sel, ou au goût

5 ml (1 c. à thé) de coriandre moulue

2,5 ml (½ c. à thé) de poivre noir fraîchement moulu

15 ml (1 c. à soupe) de zeste de citron, facultatif

120 ml (½ tasse) de noix de pécan hachées

1. Porter 2 litres (8 tasses) d'eau à ébullition, et incorporer le quinoa. Réduire à feu doux et cuire, couvert, pendant 10 à 15 minutes, ou jusqu'à ce que le quinoa soit tendre. Retirer du feu, et bien égoutter.

2. Chauffer l'huile dans une casserole de 2 litres (8 tasses) à feu moyen. Faire sauter l'oignon jusqu'à ce qu'il soit doré. Ajouter le fond de légumes, les raisins secs, les abricots, les canneberges, le sel, la coriandre, le poivre et le zeste de citron, si utilisé. Porter à ébullition, et cuire pendant 3 minutes. Ajouter le quinoa et remuer. Couvrir la casserole, et réduire à feu très doux, cuire pendant 5 minutes de plus. Incorporer les noix de pécan, faire gonfler et servir.

PAR PORTION : 560 CAL ; 16 G PROT ; 17 G MAT GR ; 92 G CARB ; 0 MG CHOL ; 460 MG SOD ; 9 G FIBRES

COURGE DÉLICATA GARNIE DE RIZ SAUVAGE AU CARI POUR 6 PERSONNES

Vous pouvez remplacer le riz sauvage par du coucous.

3 courges délicata, coupées en deux et épépinées

30 ml (2 c. à soupe) de beurre non salé ou de margarine

120 ml (½ tasse) d'oignons hachés

10 ml (2 c. à thé) de poudre de cari

5 ml (1 c. à thé) de cannelle moulue

2,5 ml (½ c. à thé) de poivre noir fraîchement moulu

1,25 ml (¼ c. à thé) de poivre de Cayenne

2 pommes Granny Smith, pelées, évidées et hachées

120 ml (½ tasse) de raisins secs

120 ml (½ tasse) de noix de cajou hachées

240 ml (1 tasse) de riz sauvage cuit (voir page 62)

80 ml (⅓ tasse) de yogourt nature

80 ml (⅓ tasse) de chutney à la mangue

1. Préchauffer le four à 180 °C (350 °F).

2. Placer les moitiés de courges, les côtés coupés vers le bas, sur une plaque à pâtisserie. Cuire pendant environ 20 minutes, ou juste jusqu'à ce que les courges ne soient pas tout à fait cuites. Retirer du four et réserver jusqu'à la deuxième cuisson.

3. Chauffer le beurre dans une grande casserole à feu moyen, et ajouter les oignons. Faire sauter les oignons pendant environ 5 minutes, ou jusqu'à ce qu'ils soient translucides. Ajouter le cari, la cannelle, le poivre noir et le poivre de Cayenne, et bien remuer. Ajouter les pommes, les raisins secs et les noix de cajou, et continuer à cuire jusqu'à ce que les pommes soient tendres. Ajouter le riz, le yogourt et le chutney, et bien remuer. Diviser et déposer également les légumes au cari entre les moitiés de courges.

4. Cuire les courges pendant 25 minutes, ou jusqu'à ce qu'elles soient tendres et que la garniture soit complètement chaude.

PAR PORTION (1 DEMI-COURGE GARNIE) : 260 CAL ; 6 G PROT ; 10 G MAT GR ; 43 G CARB ; 10 MG CHOL ; 55 MG SOD ; 5 G FIBRES

QUINOA ET PILAF DE GRAINES DE POTIRON DANS UNE COURGE POIVRÉE

Ce plat offre une belle présentation comme plat principal. Le grain très nutritif du quinoa fait de cette recette un repas complet. Les graines vertes du potiron et le poivron rouge comblent la vue tout autant qu'ils nourrissent le corps. On peut trouver les graines de potiron dans la plupart des magasins d'aliments naturels. Lorsque le quinoa est parfaitement cuit, vous remarquerez des petites spirales blanches sur le bord de chaque graine. Si vous consommez des produits laitiers, songez à ajouter au pilaf du fromage mexicain queso blanco ou un fromage épicé Jack Pepper. Ou vous pouvez vouloir servir un bol de crème sure assaisonnée avec du sel et des jalapeños émincés

4 petites courges poivrées

480 ml (2 tasses) de quinoa, lavé

1 litre (4 tasses) d'eau bouillante

30 ml (2 c. à soupe) d'huile d'olive

480 ml (2 tasses) d'oignon coupé en dés

15 ml (1 c. à soupe) d'ail émincé

240 ml (1 tasse) de graines de potiron, non traitées et décortiquées

1 gros poivron rouge, coupé fin en dés

30 ml (2 c. à soupe) de persil frais émincé

10 ml (2 c. à thé) de sel

5 ml (1 c. à thé) de cumin moulu

5 ml (1 c. à thé) de poivre noir fraîchement moulu

1. Préchauffer le four à 180 °C (350 °F).

2. Couper les courges en deux, et en grattant, enlever les graines et les fibres. Mettre les moitiés des courges, le côté tranché dessous, sur une plaque à pâtisserie. Cuire pendant 30 minutes, ou jusqu'à ce que les courges soient presque tendres lorsqu'elles sont percées avec un petit couteau.

3. Entre temps, cuire en remuant le quinoa dans 1 litre (4 tasses) d'eau bouillante. Réduire à feu doux, couvrir et cuire. Après 15 minutes, retirer du feu, et réserver pendant 5 minutes, à couvert.

4. Chauffer l'huile dans une casserole de 4 litres (8 tasses) à feu moyen, et faire sauter l'oignon et l'ail pendant environ 3 minutes, ou jusqu'à ce que l'oignon soit transparent. Ajouter le reste des ingrédients, et faire sauter jusqu'à ce que les poivrons soient tendres, pendant environ 3 minutes de plus. Ajouter le quinoa dans la casserole, et remuer doucement. Goûter, et ajuster l'assaisonnement.

5. Remplir généreusement le centre de chaque moitié de courge avec le pilaf. Mettre les moitiés de courge garnies dans un plat de cuisson avec 1,27 cm (½ pouce) d'eau au fond du plat. Couvrir avec une feuille d'aluminium ou un couvercle.

6. Cuire pendant 30 minutes, ou jusqu'à ce que les courges soient entièrement tendres. Retirer du feu, et servir chaud.

PAR PORTION : 510 CAL ; 16 G PROT ; 16 G MAT GR ; 85 G CARB ; 0 MG CHOL ; 600 MG SOD ; 18 G FIBRES

AMARANTE, QUINOA ET SÉSAME NOIR AVEC UN ASSAISONNEMENT ÉPICÉ D'ARACHIDES MOULUES

La graine d'amarante fut une source importante de protéines pour les Aztèques. En raison d'un malentendu culturel, les conquérants espagnols interdirent son utilisation et sa possession par les Mexicains, et l'amarante disparut des cuisines pendant presque 500 ans. Mais aujourd'hui, cette minuscule graine à la saveur si particulière est de retour ! Il y un inconvénient, toutefois, à l'utilisation de l'amarante : celle-ci devient gluante après la cuisson. Pour résoudre ce problème, vous n'avez qu'à la laver après l'avoir cuite. Servez ce succulent plat d'inspiration thaï avec des champignons shiitake grillés ou sautés.

120 ml (½ tasse) de graines d'amarante lavées

120 ml (½ tasse) de quinoa lavé

30 ml (2 c. à soupe) d'huile de canola

60 ml (¼ tasse) de graines noires de sésame

240 ml (1 tasse) d'oignons verts hachés fins

5 ml (1 c. à thé) de poudre de cari

120 ml (½ tasse) d'arachides sèches rôties

120 ml (½ tasse) noix de coco non sucrée, râpée

2,5 ml (½ c. à thé) de poivre de Cayenne

15 ml (1 c. à soupe) de sucre cristallisé ou de Sucanat

1. Mettre l'amarante et le quinoa dans une casserole de 2 litres (8 tasses) avec 720 ml (3 tasses) d'eau froide et porter à ébullition. Réduire à feu doux, couvrir et cuire pendant 20 minutes.

2. Entre temps, chauffer une casserole de 2 litres (8 tasses) à feu moyen, et ajouter l'huile. Faire sauter les graines de sésame pendant 1 minute. Ajouter les oignons et la poudre de cari, et retirer du feu.

3. Mettre les arachides et la noix de coco dans un mélangeur ou un robot culinaire, et pulvériser. Ajouter le poivre de Cayenne et le sucre, et mélanger.

4. Lorsque l'amarante et le quinoa ont fini de cuire, les déposer dans une passoire, et bien rincer à l'eau chaude. Vider les grains dans la casserole avec les graines de sésame, et réchauffer. Juste avant de servir, ajouter le mélange d'arachides et bien remuer.

PAR PORTION : 480 CAL ; 14 G PROT ; 28 G MAT GR ; 44 G CARB ; 0 MG CHOL ; 160 MG SOD ; 8 G FIBRES

CHAMPIGNONS SHIITAKE ET ORGE CUIT

L'orge et les champignons shiitake donnent une saveur terreuse à ce ragoût. Seitan, carottes et choux de Bruxelles fournissent assez de substances et de variétés pour faire de ce plat un repas en soi. Servir avec du pain de seigle chaud.

720 ml (3 tasses) d'orge cuit (voir page 62)

240 ml (1 tasse) de champignons shiitake, coupés en tranches

240 ml (1 tasse) de carottes hachées tranchées en diagonale

240 ml (1 tasse) de choux de Bruxelles coupés en quatre

2 ciboules, émincées

240 ml (1 tasse) de seitan coupé en cubes

120 ml (½ tasse) de basilic frais haché fin, plus plusieurs brins pour la garniture

15 ml (1 c. à soupe) d'arrow-root

240 ml (1 tasse) de bouillon de légumes (page 431)

Sel et poivre noir fraîchement moulu, au goût

1. Préchauffer le four à 190 °C (375 °F). Vaporiser un plat de cuisson de 3 litres (12 tasses) avec un vaporisateur antiadhésif à cuisson, et réserver.

2. Combiner dans un bol l'orge, les champignons, les carottes, les choux de Bruxelles, les ciboules, le seitan et le basilic. Combiner l'arrow-root avec le fond de légumes et remuer jusqu'à consistance lisse. Ajouter le mélange de légumes, et assaisonner avec le sel et le poivre. Mettre le mélange dans le plat de cuisson et couvrir.

3. Cuire jusqu'à ce que les légumes soient tendres, pendant environ 20 minutes. Garnir avec le basilic frais, et servir chaud.

PAR PORTION : 306 CAL ; 14 G PROT ; 8 G MAT GR ; 50 G CARB ; 0 MG CHOL ; 350 MG SOD ; 8 G FIBRES

QUINOA ET PETITS PÂTÉS DE CHAMPIGNONS AVEC SAUCE GYPSY

Le quinoa possède une saveur merveilleuse relevée avec un soupçon de malt. Les champignons ajoutent leur propre saveur et consistance, et le tofu lie tous ces ingrédients. La sauce gypsy est vraisemblablement une recette roumaine qui a été transmise par une famille de bohémiens vivant en Amérique. Elle était faite à l'origine en écrasant les ingrédients dans un mortier avec un pilon. Cette sauce se conserve bien au réfrigérateur. N'oubliez pas de bien laver le quinoa afin d'enlever le goût amer à la surface du grain. Lorsque le quinoa est cuit, vous verrez une spirale blanche à l'intérieur de chaque grain. Ces petits pâtés se marient bien avec des carottes à l'aneth cuites à la vapeur servies comme accompagnement.

Sauce gypsy

60 ml (¼ tasse) d'amandes blanchies, rôties (voir page 60)

80 ml (⅓ tasse) de chapelure sèche (voir page 60)

15 ml (1 c. à soupe) d'ail écrasé

2,5 ml (½ c. à thé) de poivre de Cayenne

240 ml (1 tasse) de tomates épépinées et coupées en dés (voir page 59)

1 poivron rouge rôti (voir page 59) ou 180 ml (¾ tasse) de piment

2,5 ml (½ c. à thé) de sel

1,25 ml (¼ c. à thé) de poivre noir fraîchement moulu, ou au goût

30 ml (2 c. à soupe) de vinaigre de xérès ou de vinaigre de cidre

80 ml (⅓ tasse) d'huile d'olive

Pâtés

240 ml (1 tasse) de quinoa rincé

30 ml (2 c. à soupe) de margarine de soja

480 ml (2 tasses) d'oignons coupés en dés

1 litre (4 tasses) de champignons frais émincés

480 ml (2 tasses) de purée de tofu soyeux très ferme

5 ml (1 c. à thé) de sel

5 ml (1 c. à thé) de poivre noir fraîchement moulu

30 ml (2 c. à soupe) d'huile de canola

1. Préchauffer le four à 180 °C (350 °F).

2. Pour préparer la sauce gypsy : mettre les amandes, la chapelure, l'ail et le poivre de Cayenne dans un robot culinaire ou un mélangeur, et passer jusqu'à ce que les amandes soient finement moulues. Ajouter la tomate, le poivron, le sel et le poivre. Réduire en purée jusqu'à consistance très lisse. Ajouter le vinaigre et mélanger de nouveau. Gratter les côtés du bol. Verser lentement un mince filet d'huile. Goûter, et ajuster les assaisonnements. Ajouter plus de poivre de Cayenne pour épicer ou plus de vinaigre pour acidifier.

3. Pour préparer les petits pâtés : porter 480 ml (2 tasses) d'eau à ébullition, ajouter le quinoa, et réduire à feu doux. Couvrir et continuer à cuire pendant environ 15 minutes ou jusqu'à ce que l'eau soit absorbée. Réserver.

4. Chauffer la margarine dans un grand poêlon, et faire sauter les oignons jusqu'à ce qu'ils soient ramollis, pendant environ 3 minutes. Ajouter les champignons, et faire sauter à feu moyen jusqu'à ce que les champignons soient brun foncé et friables. Mettre dans un bol.

5. Ajouter le tofu, le quinoa, le sel et le poivre. Mélanger bien et former environ 8 grands pâtés faits chacun avec une tasse du mélange.

6. Chauffer un grand poêlon ou une plaque en fonte à feu moyen et badigeonner d'un peu d'huile. Faire frire les petits pâtés jusqu'à ce qu'ils soient grillés de chaque côté, environ 8 minutes par côté. Garnir chaque petit pâté d'une cuillerée de sauce gypsy et servir.

PAR PORTION : 180 CAL ; 7 G PROT ; 8 G MAT GR ; 20 G CARB ; 0 MG CHOL ; 350 MG SOD ; 2 G FIBRES

CRÊPES AU RIZ SAUVAGE

POUR 4 PERSONNES

Le riz sauvage ajoute un goût de noisette et une texture moelleuse à ces crêpes savoureuses. Pour une préparation plus rapide, utiliser le riz sauvage à cuisson rapide que l'on trouve dans les supermarchés et les magasins d'aliments naturels, et suivre les instructions sur l'emballage. Mais le plus rapide est de chercher du riz sauvage précuit vendu emballé sous vide dans les supermarchés. Pour faire changement, servir les crêpes avec une délicieuse sauce aux amandes (page 230).

180 ml (¾ tasse) de riz sauvage non cuit

660 ml (2¾ tasses) de bouillon de légumes (page 431)

¼ d'oignon, haché finement plus ¾ d'oignon grossièrement haché

30 ml (2 c. à soupe) d'huile végétale

2 branches de céleri, coupées en fines tranches

300 ml (1¼ tasse) de champignons de Paris 120 ml (½ tasse) de pleurotes en huître, séparés en petits blocs, ou 120 ml (½ tasse) supplémentaire de champignons de Paris

5 à 6 champignons shiitake, ou de champignons shiitakes secs reconstitués dans l'eau chaude, coupés en quatre ou en huit

1 grosse tomate hachée

15 ml (1 c. à soupe) de sauce soja faible en sel

2,5 ml (½ c. à thé) de sauge séchée

Sel et poivre noir fraîchement moulu

8 à 12 crêpes sans cholestérol (page 113)

1. Mettre le riz, le bouillon de légumes et l'oignon haché fin dans une casserole, et porter à ébullition à feu élevé. Réduire à feu moyen-doux, couvrir et cuire jusqu'à ce que le riz soit tendre et que tout le liquide soit absorbé, pendant environ 1 heure. (Si vous utilisez le riz sauvage à cuisson rapide, suivre les instructions sur l'emballage pour le temps de cuisson. Si vous utilisez le riz sauvage précuit, aller directement à l'étape 2 et n'ajouter pas de bouillon de légumes ; ajouter l'oignon avec le céleri à l'étape 3.)

2. Préchauffer le four à 180 °C (350 °F).

3. Chauffer l'huile dans un poêlon à feu moyen, et ajouter le céleri. Cuire, en remuant fréquemment, jusqu'à ce que le céleri soit tendre, pendant environ 5 minutes. Ajouter l'oignon grossièrement haché et tous les champignons et cuire, en remuant fréquemment, jusqu'à ce que les légumes soient tendres, pendant environ 10 minutes. Ajouter le riz cuit, la tomate, la sauce soja, la sauge, le sel et le poivre, et cuire pendant 10 à 15 minutes de plus.

4. Garnir les crêpes avec le mélange de riz. Rouler les crêpes et les mettre, les côtés ouverts au fond, dans un plat de cuisson. Cuire pendant 10 minutes, et servir.

PAR PORTION : 468 CAL ; 16 G PROT ; 17 G MAT GR ; 65 G CARB ; 146 MG CHOL ; 666 MG SOD ; 9 G FIBRES

grains et légumes **345**

KASHA PILAF AVEC LÉGUMES

Le kasha, ou sarrasin grillé, est un met russe très apprécié. Ici il est combiné avec trois légumes colorés : la patate douce, le maïs en grain et les pois.

21 ml (1½ c. à soupe) d'huile végétale

½ oignon moyen, haché

360 ml (1½ tasse) de kasha cru, lavé

1 gros œuf, battu légèrement

600 ml (2½ tasses) d'eau bouillante

1 patate douce moyenne, pelée et coupée en cubes

120 ml (½ tasse) de maïs en grains, congelés

120 ml (½ tasse) de pois congelés

1. Chauffer l'huile dans un poêlon à feu moyen. Ajouter l'oignon, et cuire, en remuant fréquemment, jusqu'à ce qu'à ce qu'il soit brun doré, pendant 5 à 8 minutes. Retirer du feu, et réserver.

2. Chauffer le kasha dans un poêlon sec à feu moyen-doux. Faire griller, en remuant fréquemment, jusqu'à ce que le kasha devienne légèrement plus foncé, pendant 3 à 5 minutes. Ajouter l'œuf, et remuer rapidement pour recouvrir tous les grains. Ajouter l'eau bouillante immédiatement, mais ne pas remuer.

3. Ajouter la patate douce, le maïs en grains et les pois. Réduire à feu doux et cuire, couvert, jusqu'à ce que l'eau soit absorbée, que le kasha soit gonflé et que la patate douce soit tendre, pendant 20 à 25 minutes. Garnir avec les morceaux d'oignons cuits, et servir chaud.

PAR PORTION : 330 CAL ; 10 G PROT ; 8 G MAT GR ; 58 G CARB ; 53 MG CHOL ; 38 MG SOD ; 7 G FIBRES

RIZ JOLOF

Ce plat de riz originaire de l'Afrique de l'Ouest est très riche en plus d'avoir un goût épicé. Vous pouvez cependant ajuster la recette selon votre goût. Ce riz est délicieux servi avec le condiment à la banane (page 232) comme accompagnement.

240 ml (1 tasse) de haricots noirs non cuits ou environ 720 ml (3 tasses) de haricots noirs cuits

2 aubergines moyennes

5 ml (1 c. à thé) de sel

21 ml (1½ c. à soupe) d'huile végétale

2 gros oignons, hachés

45 ml (3 c. à soupe) de gingembre frais haché

2 piments jalapeño, rôtis, équeutés, épépinés et hachés

2 gousses d'ail, émincées

1 poivron vert, haché

4 grosses tomates, hachées

21 ml (1½ c. à soupe) de pâte de tomates

10 ml (2 c. à thé) de poivre de Cayenne

10 ml (2 c. à thé) de poudre de cari

Sauce piquante aux piments, au goût, facultatif

450 g (1 livre) de carottes, hachées

360 ml (1½ tasse) de riz brun à grain long, non cuit

224 g (8 onces) d'haricots verts, coupés en trois

1. Mettre les haricots dans une grande casserole et ajouter 1 litre (4 tasses) d'eau. Faire tremper pendant 8 heures ou toute la nuit au réfrigérateur. Égoutter. Ajouter 2 litres (8 tasses) d'eau fraîche aux haricots et cuire à feu moyen pendant 15 minutes, ou jusqu'à ce qu'ils soient tendres. Égoutter, et réserver l'eau de cuisson.

2. Trancher les aubergines en rondelles de 1,27 cm (½ pouce) d'épaisseur et mettre dans une passoire. Saupoudrer de sel et laisser égoutter pendant 5 minutes.

3. Chauffer l'huile dans une casserole allant au four ou dans un poêlon à feu moyen. Ajouter les aubergines, 15 ml (1 c. à soupe) d'oignon, 15 ml (1 c. à soupe) de gingembre, 1 piment jalapeño, 1 gousse d'ail et le poivron. Cuire, en remuant fréquemment ou jusqu'à ce que les aubergines soient dorées. Retirer ensuite les aubergines, et réserver.

4. Ajouter l'oignon restant, le gingembre, le piment jalapeño, l'ail, les tomates, la pâte de tomates, le poivre de Cayenne, la poudre de cari, et cuire pendant 10 minutes.

5. Préchauffer le four à 200 °C (400 °F).

6. Ajouter les haricots, les carottes et le riz au mélange d'oignons. Cuire pendant encore 5 minutes. Ajouter les haricots verts et les aubergines. Cuire pendant 15 minutes à couvert.

7. Mettre au four pendant 25 à 30 minutes, ou jusqu'à bien cuit. Servir chaud.

PAR PORTION : 308 CAL ; 8 G PROT ; 3 G MAT GR ; 60 G CARB ; 0 MG CHOL ; 311 MG SOD ; 13 G FIBRES

RISOTTO AUX ASPERGES AVEC
CHAMPIGNONS ET TOMATES SÉCHÉES AU SOLEIL

Ce plat est aussi réconfortant qu'élégant. Les textures et les saveurs des asperges, des champignons et du basilic font ressortir la riche saveur crémeuse du riz Arborio.

15 ml (1 c. à soupe) d'huile d'olive

1 gros oignon, coupé en dés

1 grand poireau, coupé en deux, nettoyé et haché fin

15 ml (1 c. à soupe) d'ail émincé

480 ml (2 tasses) de riz Arborio, non cuit

1,25 ml (¼ c. à thé) de poivre noir fraîchement moulu

2 litres (8 tasses) de bouillon de légumes (page 431)

12 tomates séchées au soleil, coupées en fines tranches en diagonale

240 ml (1 tasse) d'asperges, tranchées en diagonale

360 ml (1 ½ tasse) de champignons de Paris, coupés en tranches

120 ml (½ tasse) de basilic frais grossièrement haché

60 ml (¼ tasse) de fromage parmesan râpé, facultatif

1. Chauffer l'huile dans une grande casserole à feu moyen-élevé. Ajouter l'oignon, le poireau et l'ail et cuire, en remuant fréquemment, jusqu'à ce que l'oignon commence à ramollir, pendant environ 3 minutes. Ajouter le riz et le poivre et cuire pendant 5 minutes de plus.

2. Chauffer le bouillon de légumes dans une autre casserole à feu moyen jusqu'à ce qu'il commence presque à bouillir, puis retirer du feu. Ajouter au mélange 1,7 litre (7 tasses) de bouillon de légumes et les tomates séchées au soleil. Porter le mélange de riz à ébullition, réduire à feu doux et cuire pendant 12 minutes, en remuant fréquemment.

3. Entre-temps, après que le mélange de riz ait cuit pendant 5 minutes, cuire à la vapeur les asperges, les champignons et le basilic jusqu'à ce que les asperges soient tendres et encore croustillantes, pendant environ 5 minutes. Ajouter au mélange de riz avec le reste du bouillon de légumes. Mélanger bien, et cuire jusqu'à ce que le mélange soit crémeux et que le riz soit prêt, environ 5 minutes de plus. Incorporer le fromage parmesan, juste avant de servir.

PAR PORTION : 344 CAL ; 9 G PROT ; 3 G MAT GR ; 68 G CARB ; 0 MG CHOL ; 94 MG SOD ; 3 G FIBRES

RISOTTO AVEC PÉTALES DE COURGETTE ET BASILIC

Pour ce plat coloré, choisir le riz blanc à grain court Arborio, très apprécié en Italie.

1,2 à 1,3 litre (5 à 5½ tasses) de bouillon de légumes non salé (page 431)

60 ml (4 c. à soupe) ou ½ bâtonnet de beurre non salé, divisé

240 ml (1 tasse) d'oignon haché fin

360 ml (1½ tasse) de riz Arborio, non cuit

120 ml (½ tasse) de vin blanc sec

5 ml (1 c. à thé) de sel

480 ml (2 tasses) de petites courgettes tendres coupées en dés

120 ml (½ tasse) de fromage parmesan râpé

240 ml (1 tasse) de basilic frais grossièrement haché

18 fleurettes de courgettes (voir page 191), les pétales uniquement, nettoyées et déchiquetées en grands morceaux, facultatif

Poivre noir fraîchement moulu, au goût

1. Chauffer le bouillon de légumes dans une petite casserole à feu très doux, et continuer à cuire.

2. Faire fondre 30 ml (2 c. à soupe) de beurre dans une grande casserole à feu moyen. Ajouter l'oignon et cuire, en remuant fréquemment, pendant 5 minutes, ou jusqu'à ce qu'il soit tendre mais non bruni. Ajouter le riz, réduire à feu moyen-doux, et remuer pendant 1 minute. Ajouter le vin et le sel.

3. Remuer constamment le riz avec une grande cuillère en bois jusqu'à ce que tout le vin soit absorbé. Avec une louche, ajouter 240 ml (1 tasse) de bouillon de légumes chaud, et remuer fréquemment pendant que le riz cuit doucement. Lorsque le riz a absorbé la première tasse de bouillon de légumes, ajouter la deuxième. Continuer à remuer et ajouter encore une tasse de bouillon de légumes, en attendant toujours que le riz ait absorbé le liquide avant d'en rajouter, environ 30 minutes chaque fois. Lorsque l'opération est terminée, le riz doit être crémeux et tendre, mais avec un centre ferme.

4. Ajouter la courgette, et cuire pendant 1 minute. Ajouter le fromage, le reste des 30 ml (2 c. à soupe) de beurre et le basilic. Si nécessaire, ajouter plus de bouillon de légumes pour que le risotto demeure humide et crémeux — il devrait former un monticule s'il est servi à la cuillère dans une assiette. Incorporer les fleurs de courgettes, si utilisées. Assaisonner au goût avec le poivre, et servir.

PAR PORTION : 470 CAL ; 10 G PROT ; 13 G MAT GR ; 76 G CARB ; 30 MG CHOL ; 770 MG SOD ; 2 G FIBRES

CHOU GARNI AU RIZ BASMATI

Ces feuilles de choux garnies se nichent dans une couche de choucroute et de sauce tomates. Essayez de trouver un gros chou avec de grandes feuilles afin de pouvoir y mettre beaucoup de garniture. Ce plat peut être préparé 24 heures à l'avance. Couvrir et réfrigérer, puis laisser reposer à la température de la pièce avant de cuire. Réservez le chou restant pour un potage.

15 ml (1 c. à soupe) plus 5 ml (1 c. à thé) d'huile d'olive

240 ml (1 tasse) d'oignon haché

120 ml (½ tasse) de céleri haché

120 ml (½ tasse) de poivron rouge ou vert

Sel au goût

720 ml (3 tasses) de champignons coupés en fines tranches

1 gousse d'ail, émincée

720 ml (3 tasses) de bouillon de légumes (page 431) ou d'eau

360 ml (1½ tasse) de riz basmati non cuit

Poivre noir fraîchement moulu au goût

30 ml (2 c. à soupe) de persil frais haché

1 gros chou vert, évidé

900 g (2 livres) de choucroute fraîche

840 ml (3½ tasses) de sauce tomates, préparée

1. Chauffer l'huile dans une grande casserole à feu moyen-doux. Ajouter l'oignon, le céleri et le poivron. Assaisonner avec le sel. Couvrir et cuire pendant 5 minutes. Incorporer les champignons et l'ail. Couvrir, et cuire pendant 5 minutes.

2. Incorporer le bouillon de légumes et le riz ; assaisonner avec le poivre. Augmenter le feu et porter à ébullition. Couvrir, réduire à feu moyen-doux, et cuire pendant 15 minutes, jusqu'à ce que le riz soit tendre. Retirer du feu, et faire aérer le riz avec une fourchette. Ajouter le persil, et réserver.

3. Porter 2,54 cm (1 pouce) d'eau à ébullition dans une grande casserole. Mettre le chou dans l'eau, le côté évidé vers le bas. Couvrir, et cuire pendant 5 minutes. Retirer le chou de la daubière. Dès que possible, utiliser une fourchette, si nécessaire, et enlever les 4 premières feuilles. Remettre le chou dans la casserole, couvrir et cuire pendant 5 minutes ; enlever encore 4 feuilles pour un total de 8 feuilles. Recouvrir les feuilles d'une pellicule en plastique. Lorsque les feuilles sont suffisamment refroidies pour être manipulées, enlever autant que possible l'arête dure au centre des feuilles.

4. Préchauffer le four à 190 °C (375 °F). Égoutter la choucroute dans une passoire. Rincer brièvement, puis assécher. Disposer la choucroute en couches dans une casserole peu profonde de 33,02 x 22,86 cm (13 x 9 pouces). Garnir avec 480 ml (2 tasses) de sauce tomates.

5. Mettre environ 180 ml (¾ tasse) de riz au centre de chaque feuille. Plier les côtés et mettre les feuilles garnies, les côtés qui ont été ouverts vers le bas, dans la cocotte. Verser 360 ml (1½ tasse) de la sauce tomates restante sur le chou. Couvrir avec une feuille d'aluminium.

6. Cuire jusqu'à ce que se forment des bulles et que le plat soit chaud, pendant environ 45 minutes. Vérifier après 30 minutes et, si le plat est trop liquide, retirer la feuille d'aluminium pendant les 10 à 15 dernières minutes de cuisson. Servir chaud.

PAR PORTION (2 FEUILLES GARNIES DE SAUCE) : 504 CAL ; 14 G PROT ; 6 G MAT GR ; 90 G CARB ; 0 MG CHOL ; 158 MG SOD ; 12 G FIBRES

GRAINS DE BLÉ AVEC ORZO
ET CANNEBERGES SÉCHÉES

Ce savoureux mélange est excellent préparé avec des grains de blé durs ou tendres. Les grains mettent du temps à cuire, mais le trempage au cours de la nuit réduit le temps de cuisson. Nous préférons ce plat servi chaud, mais vous pouvez aussi le servir à la température de la pièce.

240 ml (1 tasse) de grains de blé cru, lavés

1 boîte de 390 ml (14 onces) de bouillon de légumes ou 420 ml (1¾ tasse) de bouillon de légumes (page 431)

360 ml (1½ tasse) d'orzo séché

160 ml (⅔ tasse) de canneberges séchées

60 ml (¼ tasse) d'huile d'olive

1 gros oignon, haché

1 poire Bartlett moyenne, évidée et coupée en dés

240 ml (1 tasse ou 4 onces) d'amandes ou de noix du Brésil rôties et hachées (voir la page 60)

1 bouquet de ciboule fraîche, coupée en fines tranches (⅓ tasse)

60 ml (¼ tasse) de persil frais haché

45 ml (3 c. à soupe) de jus de citron frais

10 ml (2 c. à thé) de moutarde à gros grains

5 ml (1 c. à thé) de sel

1,25 ml (¼ c. à thé) de poivre noir fraîchement moulu

1. Combiner dans un bol peu profond les grains de blé et l'eau froide pour couvrir. Laisser reposer pendant au moins 12 heures au réfrigérateur.

2. Égoutter les grains de blé. Combiner avec le bouillon et 360 ml (1½ tasse) d'eau froide fraîche dans une casserole moyenne. Porter à ébullition, réduire à feu doux, couvrir et cuire doucement pendant 1 heure, jusqu'à ce que les grains soient tendres. Enlever l'excès de liquide, et réserver pour refroidir.

3. Porter une casserole d'eau légèrement salée à ébullition à feu moyen. Ajouter l'orzo, et remuer pour l'empêcher de coller. Cuire en suivant les instructions sur l'emballage, ou jusqu'à ce que l'orzo soit tendre, pendant 5 à 8 minutes. Égoutter, laver à l'eau froide et bien égoutter. Combiner les grains de blé, l'orzo et les canneberges dans un bol. Réserver.

4. Chauffer l'huile dans un grand poêlon profond ou un poêlon en fonte à feu moyen. Ajouter l'oignon et cuire, en remuant de temps en temps, jusqu'à ramollissement, pendant environ 10 minutes. Ajouter le mélange de grains de blé et remuer jusqu'à ce que les grains soient bien cuits. Incorporer le reste des ingrédients et bien mélanger. Vider dans une assiette peu profonde, et servir chaud.

PAR PORTION : 321 CAL ; 5 G PROT ; 9 G MAT GR ; 54 G CARB ; 0 MG CHOL ; 310 MG SOD ; 7 G FIBRES

MÉLANGE AUX TROIS CHAMPIGNONS

On trouve les citrons marinés en pot dans les épiceries vendant des produits du Moyen-Orient, tout comme la purée de poivron rouge épicée connu sous le nom d'harissa — quelques gouttes suffisent.

30 ml (2 c. à soupe) d'huile d'olive

1 gros poivron vert, coupé en dés

1 gros oignon, coupé en dés

3 gousses d'ail moyenne, émincées

15 ml (1 c. à soupe) de paprika hongrois sucré ou 7,5 ml (1½ c. à thé) de paprika hongrois épicé

1 grosse tomate mûre, coupée en dés

2,5 à 5 ml (½ à 1 c. à thé) de sel

1,25 ml (¼ c. à thé) de poivre noir fraîchement moulu

½ citron mariné coupé en deux, épépiné, et tranché en julienne, facultatif

675 g (1½ livre) de champignons mélangés, comme le portobello, la pleurote et le shiitake, hachés

3 tiges de persil plat frais, hachées

3 tiges de cilantro, hachées

1 sachet de blé entier ou de couscous régulier de 336 g (12 onces)

10 olives espagnoles vertes dénoyautées

Sauce *harissa*, pour servir, facultatif

1. Chauffer l'huile dans un grand poêlon antiadhésif à feu moyen-élevé. Ajouter le poivron et l'oignon et cuire, en remuant, jusqu'à ce que les légumes soient tendres, pendant environ 5 minutes. Ajouter l'ail et le paprika et cuire, en remuant, pendant 1 minute. Ajouter la tomate, le sel, le poivre et la moitié du citron coupée en julienne. Cuire pendant 1 minute, en remuant. Ajouter un tiers des champignons et cuire, en remuant, jusqu'à ce qu'ils commencent à perdre leur jus, pendant 2 à 3 minutes. Ajouter un autre tiers des champignons et cuire en remuant, pendant 2 à 3 minutes. Ajouter le reste des champignons et cuire jusqu'à ce que les champignons soient tendres, pendant 3 à 5 minutes. Incorporer le persil et le cilantro, et cuire pendant 1 minute de plus. Retirer du feu.

2. Entre-temps, porter 480 ml (2 tasses) d'eau à ébullition dans une casserole, et ajouter le couscous. Porter de nouveau à ébullition, couvrir et éteindre le feu. Laisser reposer jusqu'à ce que l'eau soit absorbée, pendant 5 à 10 minutes. Aérer avec une fourchette, faire un monticule avec le couscous posé sur un grand plateau, l'entourer du mélange de champignons et garnir avec les olives et le reste du citron en julienne. Servir avec un petit plat de sauce harissa, au goût.

PAR PORTION : 305 CAL ; 10 G PROT ; 6 G MAT GR ; 54 G CARB ; 0 MG CHOL ; 349 MG SOD ; 6 G FIBRES

PAIN DU MOYEN-ORIENT AUX LENTILLES ET AU BULGUR

Les graines de lin, une source importante d'oméga 3, remplacent les œufs pour lier le pain. Mais, si vous préférez, vous pouvez substituer deux gros œufs aux graines de lin et à l'eau. Pour plus de facilité, vous pouvez utiliser un moule à pain en aluminium jetable. Cuire le pain jusqu'à deux jours à l'avance, et réfrigérer dans son moule. Réchauffer, recouvert d'une feuille d'aluminium, dans un four à 175 °C (350 °F) pendant environ 30 minutes. Préparer la mayonnaise à l'ail jusqu'à deux jours à l'avance et réfrigérer dans un bol couvert ou un récipient en plastique.

Pain de lentilles et bulgur

30 ml (2 c. à soupe) de graines de lin

120 ml (½ tasse) de bulgur non cuit, lavé

1. Préchauffer le four à 190 °C (375 °F). Vaporiser un moule à pain de 22,86 x 12,70 cm (9 x 5 pouces) avec un vaporisateur antiadhésif à cuisson. Tapisser le fond du moule avec une feuille de papier ciré, et vaporiser légèrement le papier avec le vaporisateur antiadhésif.

240 ml (1 tasse) d'eau bouillante

10 ml (2 c. à thé) de sel

300 ml (1 ¼ tasse) de lentilles, lavées

10 ml (2 c. à thé) d'huile d'olive

2 oignons moyens, hachés

3 carottes moyennes, râpées

4 gousses d'ail moyennes, émincées

7,5 ml (1 ½ c. à thé) de cumin moulu

2,5 ml (½ c. à thé) de coriandre moulue

0,6 ml à 1,25 ml (⅛ à ¼ c. à thé) de poivre de Cayenne

480 ml (2 tasses) de feuilles de persil fraîches, lavées et séchées
2 tranches de pain de blé entier, sans les croûtes et le pain déchiqueté en gros morceaux

170 g (6 onces) de tofu soyeux doux ou ferme, faible en gras

60 ml (¼ tasse) de jus de citron frais

0,6 ml (⅛ c. à thé) de poivre noir fraîchement moulu

Persil frais ou brins de menthe, pour la garniture

Mayonnaise à l'ail

240 ml (1 tasse) de mayonnaise de soja

120 ml (½ tasse) de fines herbes fraîches hachées, comme le basilic, l'estragon ou le cerfeuil

2 petites gousses d'ail, émincées

5 ml (1 c. à thé) de poivre noir fraîchement moulu

1,25 ml (¼ c. à thé) de sel

2. Pour préparer le pain aux lentilles et au bulgur : mettre les graines de lin dans un robot culinaire ou un mélangeur, et réduire en une poudre dure. Ajouter 80 ml (⅓ tasse) d'eau froide et combiner jusqu'à ce que le tout soit mélangé, en arrêtant une ou deux fois afin de gratter les côtés du bol avec une spatule en caoutchouc. Verser dans un bol, couvrir et réserver au réfrigérateur.

3. Combiner le bulgur, l'eau bouillante et 2,5 ml (½ c. à thé) de sel dans un bol. Laisser reposer jusqu'à ce que le bulgur soit tendre et que la plupart du liquide soit absorbé, pendant environ 25 minutes. Égoutter le mélange dans une passoire, en pressant pour enlever l'excès d'eau. Réserver.

4. Entre-temps, porter une grande casserole d'eau à ébullition. Ajouter les lentilles et 2,5 ml (½ c. à thé) de sel et cuire jusqu'à ce que les lentilles soient tendres, pendant environ 20 minutes. Égoutter, et laver à l'eau froide. Réserver.

5. Chauffer un grand poêlon antiadhésif à feu moyen. Ajouter les oignons et cuire, en remuant fréquemment, jusqu'à ce que l'oignon soit ramolli, pendant 3 à 5 minutes. Ajouter les carottes, l'ail, le cumin, la coriandre et le poivre de Cayenne, et cuire, en remuant, jusqu'à ce que le mélange soit odorant, pendant 1 à 2 minutes. Vider dans un bol.

6. Mettre le persil dans le robot culinaire, et mettre en marche l'appareil jusqu'à ce que le persil soit haché. Ajouter le pain et poursuivre l'opération jusqu'à ce que le pain se transforme en grosses miettes. Ajouter au mélange d'oignons. Ajouter au robot le tofu, et réduire en purée jusqu'à consistance lisse. Ajouter le mélange de graines de lin réservé, 240 ml (1 tasse) des lentilles cuites, le jus de citron, le poivre et le reste des 5 ml (1 c. à thé) de sel, et continuer à réduire en purée jusqu'à consistance lisse. Vider dans le bol avec le mélange d'oignons. En utilisant une spatule en caoutchouc, incorporer le reste des lentilles cuites et le bulgur trempé, et bien mélanger. Verser le mélange dans le moule préparé, en étendant uniformément et en pressant vers le fond.

7. Cuire pendant 50 à 60 minutes, ou jusqu'à ce que le dessus soit légèrement doré et ferme au toucher.

8. Entre-temps, préparer la mayonnaise à l'ail : mélanger tous les ingrédients dans un bol. Couvrir et réfrigérer au moins 1 heure. Bien battre avant de servir.

9. Déposer le pain sur une grille, et laisser refroidir dans son moule pendant 5 minutes. Passer un couteau autour du pain pour le détacher, puis poser à l'envers sur un plateau de service. Protéger vos mains avec des gants de cuisine, saisir fermement le moule et le plateau ensemble et retourner. Enlever le moule et le papier. Garnir avec le persil, et servir chaud ou à la température ambiante avec la mayonnaise à l'ail.

PAR PORTION (1 TRANCHE AVEC 15 ML [1 C. À SOUPE] DE MAYONNAISE) : 245 CAL ; 13 G PROT ; 6 G MAT GR ; 39 G CARB ; 0 MG CHOL ; 683 MG SOD ; 9 G FIBRES

GRAINS AU GINGEMBRE

Le riz complet et les légumes constituent ici la base d'un repas nourrissant. Servir le plat seul ou comme accompagnement avec du tempeh cuit et mariné.

Grains

120 ml (½ tasse) de pois frais
ou congelés

120 ml (½ tasse) de carottes
coupées en dés

120 ml (½ tasse) de maïs en grains
frais ou congelés

720 ml (3 tasses) de riz brun complet
ou autre céréale (voir page 62)

120 ml (½ tasse) de tomates prunes
coupées en dés

60 ml (¼ tasse) de ciboule
hachée fin

Sauce au gingembre

30 à 45 ml (2 à 3 c. à soupe)
de gingembre frais râpé

15 ml (1 c. à soupe) de tamari ou
de sauce soja faible en sodium

15 ml (1 c. à soupe) de graines
de sésame rôties (voir page 60)

10 ml (2 c. à thé) de miso rouge
ou brun

5 ml (1 c. à thé) d'huile de sésame
rôtie

1. Pour préparer les grains : cuire à la vapeur les pois, les carottes et le maïs en grains jusqu'à ce qu'ils soient presque tendres. Combiner dans un bol le riz, les tomates et les oignons. Ajouter les légumes cuits à la vapeur, et bien mélanger.

2. Pour préparer la sauce au gingembre : mélanger tous les ingrédients et 60 ml (¼ tasse) d'eau dans un bol jusqu'à ce que les ingrédients soient bien mélangés. Ajouter au mélange de riz et bien mélanger le tout. Servir chaud ou à la température de la pièce.

PAR PORTION : 244 CAL ; 7 G PROT ; 4 G MAT GR ; 46 G CARB ; 0 MG CHOL ; 328 MG SOD ; 6 G FIBRES

POIVRONS GRILLÉS À LA MAROCAINE

Fatigué des poivrons farcis traditionnels ? Essayez cette version facile à préparer et servie rapidement. La garniture épicée de couscous peut aussi être servie seule, chaude ou à la température de la pièce. Servir avec des tranches de tofu cuites et marinées préemballées, puis au dessert des fraises fraîches avec du yogourt.

240 ml (1 tasse) de couscous non cuit

12,5 à 15 ml (2½ à 3 c. à thé) d'huile d'olive

4 poivrons moyens, coupés en deux dans le sens de la longueur

1 oignon rouge moyen, haché fin

3 gousses d'ail, émincées

120 ml (½ tasse) de raisins secs dorés

7,5 ml (1½ c. à thé) de cumin moulu

2,5 ml (½ c. à thé) de cannelle moulue

1 boîte de 450 ml (15 onces) de pois chiches, égouttés et rincés

120 ml (½ tasse) de persil plat frais haché

30 ml (2 c. à soupe) de jus de citron frais

Sel et poivre noir fraîchement moulu au goût

30 ml (2 c. à soupe) de cilantro haché ou de brins de cilantro

1. Porter à ébullition 360 ml (1½ tasse) d'eau dans une casserole et ajouter le couscous. Porter de nouveau à ébullition, couvrir et éteindre le feu. Laisser reposer jusqu'à ce que toute l'eau soit absorbée, pendant 5 à 10 minutes. Aérer avec une fourchette.

2. Entre-temps, dans un grand poêlon antiadhésif, chauffer 5 ml (1 c. à thé) d'huile à feu moyen-élevé. Ajouter les moitiés de poivron, et cuire, en les tournant une fois, jusqu'à ce qu'ils commencent à ramollir, pendant environ 6 minutes. Enlever les poivrons et réserver. Chauffer un autre 5 ml (½ c. à thé) d'huile dans le poêlon. Ajouter l'oignon et cuire, en remuant fréquemment, jusqu'à ce qu'il ramollisse, environ 6 à 7 minutes. Si la casserole est sèche, ajouter 2,5 ml (½ c. à thé) d'huile additionnelle. Ajouter l'ail, les raisins secs, le cumin et la cannelle, et cuire, en remuant fréquemment, pendant 2 minutes.

3. Vider le mélange d'oignons dans un bol. Ajouter le couscous, les haricots, le persil, le jus de citron, le sel et le poivre, au goût. Verser environ 160 ml (⅔ tasse) du mélange sur chaque moitié de poivron, en en appuyant légèrement pour bien remplir.

4. Chauffer les 5 ml (1 c. à thé) d'huile restante dans un poêlon. Ajouter les poivrons farcis, la peau des poivrons vers le bas, et cuire jusqu'à ce que les peaux commencent à plisser et à brunir, pendant environ 5 minutes. Retourner doucement les poivrons pour dorer le mélange de couscous, pendant environ 2 minutes.

5. Vider les poivrons dans des plats individuels, saupoudrer de cilantro haché et servir.

PAR PORTION (2 MOITIÉS DE POIVRONS GARNIS) : 357 CAL ; 14 G PROT ; 5 G MAT GR ; 91 G CARB ; 0 MG CHOL ; 333 MG SOD ; 9 G FIBRES

PILAF À L'ÉPEAUTRE OU AU KAMUT AVEC LENTILLES

POUR 6 PERSONNES

Cette recette se rapproche des célèbres pilafs du Moyen-Orient dans lesquels les lentilles sont combinées avec une céréale cuite et des oignons caramélisés. Les lentilles vertes sont les meilleures parce qu'elles conservent leur forme, tout comme les lentilles « beluga » noires. Les oignons doivent être caramélisés, mais non brûlés — il vaut mieux utiliser les oignons rouges parce qu'ils contiennent davantage de sucre.

240 ml (1 tasse) de lentilles
« beluga » vertes ou noires, lavées

45 ml (3 c. à soupe) de beurre
non salé

45 ml (3 c. à soupe) d'huile d'olive

3 gros oignons rouges, coupés en
fines tranches

10 ml (2 c. à thé) de sucre cristallisé,
facultatif

2,5 ml (½ c. à thé) de cannelle
moulue

1,25 ml (¼ c. à thé) de cumin
moulu

Sel et poivre noir fraîchement moulu
au goût

360 ml (1 ½ tasse) de kamut
ou d'épeautre, lavé

Persil frais haché pour garniture,
facultatif

1. Mettre les lentilles dans une casserole, et couvrir avec de l'eau salée. Porter à ébullition. Couvrir la casserole, réduire à feu doux, et cuire jusqu'à ce que les lentilles soient tendres, mais non molles, pendant environ 20 minutes.

2. Chauffer le beurre et l'huile dans une grande casserole ou un poêlon à feu moyen, et faire sauter les oignons et le sucre, si utilisé, en remuant souvent, pendant environ 30 minutes, ou jusqu'à ce que les oignons soient d'un brun très doré. Lorsque les oignons sont presque cuits, relever avec la cannelle, le cumin, le sel et le poivre. Agiter bien. Égoutter sur du papier absorbant pour qu'ils soient croustillants.

3. Entre-temps, cuire le kamut *al dente* dans 1 litre (4 tasses) d'eau salée à feu moyen, pendant environ 45 minutes. Égoutter bien. Ajouter aux lentilles, et remuer pour combiner. Bien chauffer, en s'assurant que tous les liquides ont été absorbés. Incorporer la moitié des oignons. Assaisonner au goût. Garnir avec le reste des oignons. Servir chaud ou à la température de la pièce. Garnir avec le persil haché, si désiré.

PAR PORTION : 410 CAL ; 14 G PROT ; 14 G MAT GR ; 59 G CARB ; 15 MG CHOL ;
65 MG SOD ; 17 G FIBRES

PÂTÉS À L'AMARANTE ET CHAMPIGNONS SAUVAGES

Le goût terreux et de noisettes de l'amarante est parfait pour ces galettes.

Pâtés à l'amarante

480 ml (2 tasses) d'eau bouillante

14 g (½ once) de champignons séchés de type bolet

240 ml (1 tasse) de graines d'amarante, lavées

30 ml (2 c. à soupe) d'échalotes émincées

3,75 ml (¾ c. à thé) de sel

1 gros œuf

30 ml (2 c. à soupe) de farine tout usage

15 ml (1 c. à soupe) de marjolaine fraîche finement hachée

Huile d'olive pour friture

240 ml (1 tasse) de fromage parmigiano-reggiano râpé (voir page 207)

Mélange de champignons

30 ml (2 c. à soupe) d'huile d'olive

450 g (1 livre) de champignons sauvages, comme chanterelles ou morilles, nettoyés et coupés en morceaux de la taille d'une bouchée

Sel et poivre noir fraîchement moulu au goût

30 ml (2 c. à soupe) d'échalotes émincées

1 gousse d'ail, émincée

120 ml (½ tasse) de vin blanc sec

30 ml (2 c. à soupe) de beurre non salé

15 ml (1 c. à soupe) de marjolaine fraîche grossièrement hachée

1. Pour préparer les pâtés à l'amarante : verser l'eau bouillante sur les champignons bolet, et laisser tremper pendant 15 minutes. En utilisant une cuillère trouée, retirer les champignons de l'eau. Verser soigneusement l'eau des champignons à travers une passoire aux mailles fines dans un autre récipient, en jetant tout dépôt. Laver les champignons de nouveau, et hacher très fin. Réserver.

2. Mettre l'amarante, les échalotes, le sel, les champignons et 360 ml (1½ tasse) du liquide de champignons dans une casserole, et chauffer à feu moyen. Couvrir et réduire à feu très doux. Cuire pendant 25 minutes, ou jusqu'à ce que l'amarante absorbe tout le liquide. Vider dans un bol, et laisser refroidir. Incorporer l'œuf, la farine et la marjolaine.

3. Pour préparer le mélange de champignons : chauffez l'huile dans un grand poêlon à feu moyen-élevé. Ajouter les champignons, assaisonner avec du sel et cuire, en remuant de temps en temps, jusqu'à ce que les champignons perdent leur humidité et commencent à brunir. Ajouter les échalotes et l'ail, cuire pendant 1 minute de plus et ajouter le vin. Continuer à cuire jusqu'à ce qu'il ne reste plus que quelques cuillères à table de liquide. Incorporer le beurre et la marjolaine, et vider dans un bol ou une casserole. Garder au chaud pendant la préparation des pâtés.

4. Versez une couche d'huile de 0,32 cm (⅛ pouce) dans un grand poêlon, et chauffer à feu moyen. Lorsque l'huile est chaude, verser 30 ml (2 c. à soupe) de pâte d'amarante, et aplanir avec une fourchette dans un moule à crêpe. Cuire jusqu'à ce que le fond soit doré, environ 1 minute, retourner et dorer le dessus. Répéter avec le reste de la pâte jusqu'à ce qu'elle soit utilisée.

5. Pour servir, alterner les couches de gâteaux d'amarante et les champignons sur des assiettes individuelles ou un grand plateau. Garnir avec le fromage parmigiano-reggiano, et servir immédiatement.

PAR PORTION : 280 CAL ; 11 G PROT ; 16 G MAT GR ; 22 G CARB ; 40 MG CHOL ; 400 MG SOD ; 5 G FIBRES

POIS CHICHES DANS UNE SAUCE TAHINI ET À L'AUBERGINE

Préparez cette recette avec des pois chiches secs, et non en conserve, pour une saveur intense et riche.

Pois chiches

480 ml (2 tasses) de pois chiches secs, lavés

15 ml (1 c. à soupe) d'huile d'olive

240 ml (1 tasse) d'oignon grossièrement haché

80 ml (⅓ tasse) de bulgur concassé non cuit, lavé

5 ml (1 c. à thé) de graines de carvi

2,5 ml (½ c. à thé) de poivron rouge broyé, plus au goût

900 g (2 livres) d'aubergine, pelée et coupée en morceaux de 2,54 (1 pouce)

45 ml (3 c. à soupe) de pâte de tomates

30 ml (2 c. à soupe) de tahini

2 à 3 gousses d'ail, écrasées

10 ml (2 c. à thé) de coriandre moulue, ou plus au besoin

6,25 ml (1¼ c. à thé) de sel, ou au goût

Salade aux tomates et concombres

720 ml (3 tasses) de tomates prune coupées en dés

480 ml (2 tasses) de concombres pelés, épépinés, et coupés en dés

120 ml (½ tasse) de cilantro ou de persil haché

60 ml (¼ tasse) de jus de citron frais

5 ml (1 c. à thé) sel

1. Faire tremper les pois chiches dans l'eau pour couvrir toute la nuit au réfrigérateur. Égoutter et réserver. Chauffer l'huile dans un grand poêlon à feu moyen-élevé. Ajouter l'oignon, et cuire pendant 2 minutes, en remuant fréquemment. Ajouter les pois chiches, le bulgur, les graines de cumin, le poivron rouge écrasé et l'eau pour couvrir. Mettre l'aubergine dessus. Porter à ébullition à feu élevé, réduire à feu moyen-doux, et cuire jusqu'à ce que le plat soit prêt, pendant 1 à 2 heures.

2. Entre-temps, mélanger la pâte de tomates et le tahini dans 120 ml (½ tasse) d'eau chaude. Réserver. Lorsque le ragoût est prêt, incorporer le mélange de pâte de tomates, l'ail, la coriandre et le sel au goût. Bien agiter. Si nécessaire, écraser les morceaux d'aubergine contre les côtés de la casserole, et mélanger pour créer une sauce épaisse et crémeuse. Ajouter plus de poivrons rouges et de graines de coriandre, si nécessaire. Cuire à feu moyen jusqu'à ce que l'ail ramollisse, pendant environ 3 minutes.

3. Pour préparer la salade aux tomates et concombres : mélanger tous les ingrédients dans un bol. Réserver.

4. Déposer à la louche le ragoût dans de grands bols peu profonds et saupoudrer sur une bonne partie de la salade. Servir le reste de la salade à table.

PAR PORTION : 400 CAL ; 18 G PROT ; 10 G MAT GR ; 66 G CARB ; 0 MG CHOL ; 896 MG SOD ; 16 G FIBRES

SUPER RAGOÛT TROIS HARICOTS

Ce plat principal nourrissant chassera le froid intense des jours d'hiver. Il vaut mieux le servir sur un lit de riz chaud.

15 ml (1 c. à soupe) d'huile d'olive

1 petit oignon rouge, coupé en dés

1 petit poivron vert, coupé en dés

1 grosse tomate, évidée et coupée en dés

15 ml (1 c. à soupe) de gingembre frais émincé

5 ml (1 c. à thé) de graines de cumin

5 ml (1 c. à thé) de coriandre moulue

480 ml (2 tasses) de bouillon de légumes (page 431)

240 ml (1 tasse) de lentilles cuites (voir page 64)

240 ml (1 tasse) de haricots noirs cuits (voir page 64)

240 ml (1 tasse) de pois chiches cuits (voir page 64)

60 ml (¼ tasse) de feuilles de cilantro haché, plus brins pour garnir

Sel et poivre blanc fraîchement moulu, au goût

1. Chauffer l'huile dans une casserole à feu moyen. Ajouter l'oignon et le poivron, et faire sauter jusqu'à ce qu'ils ramollissent. Ajouter la tomate et cuire, en remuant de temps en temps, jusqu'à ce qu'elle soit molle et juteuse, pendant environ 2 minutes. Incorporer le gingembre, le cumin et la coriandre, et bien mélanger.

2. Ajouter le bouillon, les lentilles, les haricots noirs, les pois chiches et le cilantro, et cuire, à couvert, pendant 5 à 10 minutes pour chauffer. Assaisonner avec le sel et le poivre. Retirer du feu, garnir de cilantro et servir.

PAR PORTION : 307 CAL ; 15 G PROT ; 7 G MAT GR ; 48 G CARB ; 0 MG CHOL ; 757 MG SOD ; 11 G FIBRES

La garniture de pain de maïs sur ces haricots épicés au chili lui donne une touche parfaite.

Chili

30 ml (2 c. à soupe) d'huile végétale

1 gros oignon, haché

1 gros poivron vert, coupé en dés

2 gousses d'ail, émincées

15 ml (1 c. à soupe) de cumin moulu

15 ml (1 c. à soupe) de poudre de chili

7,5 ml (1½ c. à thé) de coriandre moulue

5 ml (1 c. à thé) de poudre de cacao

Sel au goût

2 boîtes de 570 ml (19 onces) de haricots noirs, égouttés et lavés

360 ml (1½ tasse) de maïs en grains frais, congelés, ou en conserve

300 ml (1¼ tasse) de bouillon de légumes (page 431)

240 ml (1 tasse) de tomates broyées en conserve

15 ml (1 c. à soupe) de pâte de tomates

5 ml (1 c. à thé) d'origan séché

5 ml (1 c. à thé) de sucre cristallisé

Garniture de pain de maïs

160 ml (⅔ tasse) de farine non blanchie tout usage

120 ml (½ tasse) de farine de maïs jaune fine

21 ml (1½ c. à soupe) de sucre cristallisé

10 ml (2 c. à thé) de poudre à pâte

2,5 ml (½ c. à thé) de sel

30 ml (2 c. à soupe) d'huile végétale

1. Pour préparer le chili : chauffer 21 ml (1½ c. à soupe) d'huile dans une grosse marmite de 4 litres (16 tasses) ou une poêle allant au four à feu moyen. Ajouter l'oignon et le poivron, et cuire, en remuant fréquemment, pendant environ 8 minutes, ou jusqu'à ce que les légumes soient ramollis. Ajouter l'ail et cuire, en remuant, pendant 1 minute. Mélanger le cumin, le chili en poudre, la coriandre, le cacao et le sel au goût dans un bol.

2. Ajouter 7,5 ml (½ c. à soupe) d'huile et le mélange d'épices à la casserole, et agiter pendant 1 minute à feu moyen. Ajouter les haricots, le maïs en grains, le bouillon, les tomates, la pâte de tomates, l'origan et le sucre et porter graduellement le mélange à ébullition, en remuant de temps en temps. Réduire à feu doux, et cuire pendant 7 à 8 minutes, en remuant de temps en temps, et en ajoutant plus de sel si nécessaire. Retirer la casserole du feu.

3. Préchauffer le four à 200 °C (400 °F).

4. Pour préparer la garniture de pain de maïs : mélanger la farine, la farine de maïs, le sucre, la poudre à pâte et le sel dans un bol. Faire un trou au milieu des ingrédients secs. Ajouter 180 ml (¾ tasse) d'eau et l'huile dans le trou, et remuer jusqu'à ce que tous les ingrédients soient mélangés. Laisser reposer la pâte pendant 2 minutes. Verser la pâte sur le chili, et étendre également (la pâte sera mince).

5. Cuire au four pendant 25 à 30 minutes, ou jusqu'à ce que la garniture soit bien cuite et le chili soit pétillant. Retirer du four, et laisser refroidir au moins 10 minutes avant de servir.

PAR PORTION : 383 CAL ; 16 G PROT ; 8 G MAT GR ; 62 G CARB ; 0 MG CHOL ; 366 MG SOD ; 15 G FIBRES

Cette sauce piquante et aillée vous rappellera la musique gypsy.

Haricots blancs

450 g (1 livre) de haricots blancs
    secs ou autres haricots blancs,
    lavés

480 ml (2 tasses) d'oignons coupés
    en dés

10 ml (2 c. à thé) de sauge séchée

Sel au goût

Sauce gypsy

Voir page 77

1. Pour préparer les haricots blancs : tremper les haricots dans l'eau pour couvrir pendant 4 heures ou la nuit au réfrigérateur. Bien égoutter et rincer. Mettre les haricots dans une casserole de 4 litres (16 tasses) avec l'oignon, la sauge et l'eau fraîche, suffisamment pour qu'il y ait 7,62 cm (3 pouces) d'eau. Porter à ébullition. Après 30 minutes, retirer l'écume qui s'est formée à la surface. Faire bouillir pendant une autre heure. Goûter les haricots pour vous assurer qu'ils sont tendres, et retirer du feu. Ajouter du sel.

2. Préchauffer le four à 180 °C (350 °F).

3. Entre temps, pour préparer la sauce gypsy : badigeonner les tranches de pain avec un peu d'huile et cuire pendant 15 minutes, ou jusqu'à ce qu'elles soient dorées et croustillantes. Laisser refroidir. Briser en petits morceaux et mettre dans un robot culinaire avec les amandes, l'ail et le poivre de Cayenne ; passer jusqu'à ce que les amandes et le pain soient moulus. Ajouter la tomate, le poivron, le sel et le poivre. Passer au robot jusqu'à consistance très lisse. Ajouter le vinaigre. Passer au robot de nouveau. Ajouter lentement le reste de l'huile dans un mince filet. Goûter et ajuster les assaisonnements. Ajouter plus de poivre de Cayenne pour épicer le plat ou plus de vinaigre pour un goût plus acidulé. Cette sauce se conserve bien au réfrigérateur.

4. Pour servir, remuer la sauce dans les haricots juste avant de servir. Ou servir les haricots dans un bol, chaque bol garni avec environ 30 ml (2 c. à soupe) de la sauce, et permettre à vos invités de la remuer dans leurs haricots.

PAR PORTION : 330 CAL ; 14 G PROT ; 12 G MAT GR ; 44 G CARB ; 0 MG CHOL ;
180 MG SOD ; 10 G FIBRES

PÂTÉ AUX HARICOTS NOIRS ÉPICÉS

L'utilisation de haricots noirs instantanés dans ce plat rend la préparation aussi rapide que facile. Les haricots noirs instantanés sont disponibles dans les magasins d'aliments naturels et les supermarchés bien approvisionnés.

1 petit oignon, haché

3 gousses d'ail, émincées

3 gros oignons verts, coupés en tranches

112 g (4 onces) de chilis verts en conserve coupés en dés, non égouttés

4 tomates prune, pelées, épépinées et coupées en dés (voir page 59)

30 ml (2 c. à soupe) de salsa épaisse

200 g (7 onces) de haricots noirs instantanés

240 ml (1 tasse) d'eau bouillante

15 à 45 ml (1 à 3 c. à soupe) d'huile végétale

Garnitures facultatives : laitue déchiquetée, tomates coupées en dés, fromage cheddar râpé, crème sure ou yogourt faible en gras, et olives noires tranchées

1. Vaporiser légèrement un lourd poêlon avec le vaporisateur antiadhésif à cuisson. Ajouter l'oignon, l'ail et 15 ml (1 c. à soupe) d'eau, et cuire à feu moyen-élevé, en remuant fréquemment, jusqu'à ce que l'eau s'évapore et que les légumes commencent à être dorés. Ajouter les oignons, les chilis avec le liquide, les tomates et la salsa. Mélanger bien, et retirer du feu.

2. Ajouter les haricots et l'eau bouillante au poêlon. Mélanger bien, en grattant le mélange au fond du poêlon. Laisser reposer jusqu'à ce que les haricots aient absorbé le liquide et deviennent lisses comme les haricots frits, environ 10 minutes. Former 6 petits pâtés.

3. Chauffer 15 ml (1 c. à soupe) d'huile à feu élevé dans un poêlon séparé. Ajouter les petits pâtés, réduire à feu moyen et le cuire jusqu'à ce que les pâtés soient croustillants sur un côté. Tourner et cuire de l'autre côté jusqu'à ce qu'il soit croustillant. Répéter avec le reste de la pâte, et ajouter l'huile, si nécessaire. Mettre les petits pâtés sur des assiettes individuels, et servir avec la laitue, les tomates, le fromage, la crème sure et les olives, si désiré.

PAR PORTION (1 PÂTÉ) : 109 CAL ; 4 G PROT ; 2 G MAT GR ; 17 G CARB ; 0 MG CHOL ; 66 MG SOD ; 5 G FIBRES

PÂTÉS AUX HARICOTS NOIRS DE LA BARBADE
AVEC SALSA À LA MANGUE

La salsa à la mangue à la fois douce et acidulée est un accompagnement savoureux pour ces pâtés aux haricots noirs inspirés de la cuisine des Caraïbes.

Salsa à la mangue

480 ml (2 tasses) de mangue pelée et coupée en dés

120 ml (½ tasse) de poivron rouge coupée en dés

60 ml (¼ tasse) d'oignon rouge coupé en dés fin

1 chili serrano, épépiné et émincé

30 ml (2 c. à soupe) de cilantro grossièrement haché

15 ml (1 c. à soupe) de jus de lime frais

10 ml (2 c. à thé) de gingembre frais émincé

Pâtés aux haricots noirs

2 boîtes de 450 ml (15 onces) de haricots noirs, égouttés et lavés

60 ml (¼ tasse) de cilantro hachée, plus extra pour garniture, facultatif

60 ml (¼ tasse) d'oignon rouge haché fin

1 gros blanc d'œuf, légèrement battu

5 ml (1 c. à thé) de cumin moulu

5 ml (1 c. à thé) d'ail émincé

2,5 ml (½ c. à thé) de piment de la Jamaïque

0,6 ml (⅛ c. à thé) de poivre de Cayenne

80 ml (⅓ tasse) de chapelure sèche de blé entier (voir page 60)

15 ml (1 c. à soupe) d'huile d'olive

Tranches de lime pour garnir, facultatif

1. Pour préparer la salsa : combiner tous les ingrédients dans un bol. Réserver.

2. Pour préparer les pâtés de haricots noirs : mettre les haricots dans un bol et écraser avec une fourchette ou le presse-purée jusqu'à ce qu'ils collent ensemble. Ajouter le cilantro, l'oignon, le blanc d'œuf, le cumin, l'ail, le piment de la Jamaïque et le poivre de Cayenne. Mélanger les ingrédients jusqu'à ce qu'ils soient bien combinés.

3. Diviser le mélange de haricots en 8 parties égales. Former avec chaque portion des pâtés de 1,27 cm (½ pouce) d'épaisseur, et recouvrir les petits pâtés de chapelure. Vaporiser les 2 côtés des petits pâtés avec le vaporisateur antiadhésif à cuisson.

4. Chauffer l'huile dans un poêlon à feu moyen-élevé. Ajouter les pâtés de haricots, et frire jusqu'à ce qu'ils soient brun doré sur les 2 côtés, en tournant une fois, pendant environ 8 minutes. Servir chaud avec la salsa à la mangue. Garnir avec le cilantro et les tranches de lime, si utilisées.

PAR PORTION (2 PÂTÉS AVEC SALSA): 424 CAL ; 19 G PROT ; 5 G MAT GR ; 75 G CARB ; 0,1 MG CHOL ; 81 MG SOD ; 13 G FIBRES

13

repas à base de soja

SIGNALÉ PAR LES EXPERTS COMME UN ALIMENT riche en protéines, le soja est la seule source végétale de protéines complètes — et présente également des bénéfices importants pour la santé. Le soja ne contient pas de cholestérol et ne conduit pas à l'obstruction des artères par les graisses saturées, un problème de santé qui tue plusieurs Américains chaque année. Ces importantes découvertes sur le soja devraient réjouir chacun d'entre nous.

Pour les végétariens, le soja comporte plusieurs avantages sur le plan culinaire. Les chercheurs ont pris la modeste fève de soja et l'ont transformée en boissons délicieuses, en substituts de la viande appétissants, aussi en aliments semblables aux produits laitiers aux diverses ressources, en farines, en céréales, en condiments et en une gamme de tofu et de tempeh riches en protéines qui améliorent l'ordinaire de tout végétarien ou non végétarien.

TOFU BRÛLÉ AVEC GLAÇAGE À L'ORANGE

Puisque ce plat est prêt quelques minutes à peine après que vous ayez fait sauter le tofu, assurez-vous d'avoir déjà préparé le cresson et d'avoir tous les ingrédients à votre portée avant de commencer la cuisson. Le jus d'orange réduit dans le glaçage exalte sa saveur. Servez ce plat avec du riz complet sauté au goût accentué par les noix de pécan grillées.

450 g (1 livre) de tofu ferme, lavé et égoutté

120 ml (½ tasse) de jus d'orange frais, réduit

30 ml (2 c. à soupe) de shoyu ou de sauce soja faible en sodium

30 ml (2 c. à soupe) de saké

1 oignon vert, coupé en fines tranches

60 ml (¼ tasse) de farine tout usage non-blanchie

21 ml (1½ c. à soupe), plus 5 ml (1 c. à thé) d'huile végétale

2 gousses d'ail moyennes, coupées en fines tranches

2 bottes de cresson, lavées et tiges enlevées

15 ml (1 c. à soupe) de graines de sésame

Quelques gouttes d'huile de sésame rôtie

Sel au goût

Poivre noir fraîchement moulu au goût

1. Étendre le bloc de tofu sur le côté. Couper dans le sens de la longueur en 4 tranches égales, puis couper le bloc en diagonale pour former 8 triangles. En conservant le bloc intact, mettre le tofu dans une assiette. Mettre sur cette assiette une autre assiette, puis un lourd objet afin d'en extraire l'excès d'humidité. Laisser reposer pendant 15 minutes.

2. Entre temps, porter le jus d'orange à ébullition dans une casserole à feu moyen-élevé. Cuire afin de réduire le jus à 30 ml (2 c. à soupe), pendant environ 8 minutes. Vider dans un bol, et incorporer le shoyu, le saké, l'oignon vert et 30 ml (2 c. à soupe) d'eau. Réserver.

3. Répandre la farine dans une assiette. Presser chaque triangle de tofu dans la farine, en s'assurant que les deux côtés sont bien couverts. Chauffer un poêlon à fond épais à feu élevé, et ajouter 21 ml (1½ c. à soupe) d'huile végétale. Ajouter immédiatement le tofu en une couche, en cuisant par portion si nécessaire, et cuire jusqu'à légèrement doré, en tournant une fois, pendant 2 à 3 minutes pour chaque côté. Diviser le tofu dans 4 plats, et réserver.

4. Chauffer l'huile restante 5 ml (1 c. à thé) dans le même poêlon à feu élevé. Ajouter l'ail, et remuer pendant 10 secondes. Ajouter le mélange de jus d'orange (soyez prudent, il produira de la vapeur), et cuire pendant 30 secondes. Verser le glaçage à l'orange sur les triangles de tofu.

5. Ajouter le cresson au poêlon, et faire sauter à feu élevé jusqu'à ce qu'il soit flétri, pendant environ 30 secondes. Retirer du feu. Incorporer les graines de sésame, verser un filet d'huile de sésame, et assaisonner avec le sel et le poivre au goût. Disposer le cresson en monticule à côté du tofu. Servir chaud.

PAR PORTION : 184 CAL ; 8 G PROT ; 10 G MAT GR ; 14 G CARB ; 0 MG CHOL ; 570 MG SOD ; 2 G FIBRES

TOFU GRILLÉ AVEC GLAÇAGE AU MIEL ET AU WASABI

Le tofu obtient un goût accentué grâce au wasabi, le raifort vert japonais.

60 ml (¼ tasse) de tamari

60 ml (¼ tasse) de gingembre frais émincé

60 ml (¼ tasse) de vinaigre de riz

30 ml (2 c. à soupe) d'échalotes émincées

30 ml (2 c. à soupe) d'huile de sésame foncée

450 g (1 livre) de tofu très ferme, égoutté et coupé en grosses tranches de 1,27 cm (½ pouce) d'épaisseur

30 ml (2 c. à soupe) de wasabi

60 ml (¼ tasse) de miel

1 litre (4 tasses) de riz cuit (voir page 62), comme le riz brun, riz sauvage ou japonica, chaud

30 ml (2 c. à soupe) de graines de sésame rôties (voir page 60), facultatif

1. Combiner dans un bol le tamari, le gingembre, le vinaigre, les échalotes et l'huile de sésame. Mettre les tranches de tofu sur un plateau, et couvrir les deux côtés du mélange. Couvrir, et réfrigérer pendant plusieurs heures.

2. Préparer un feu de charbon de bois chaud, ou préchauffer un gril au gaz à feu moyen-élevé.

3. Arranger les tranches de tofu sur le gril ou sur un plateau à poignée allant sous le gril, et cuire jusqu'à ce les tranches soient légèrement dorées et que le centre soit suffisamment chauffé, pendant environ 3 minutes par côté. Retirer soigneusement et mettre sur un plat de service.

4. Entre temps, mélanger ensemble dans un petit bol le wasabi et le miel. Ajouter l'eau au besoin pour former un glaçage épais.

5. Disposer les biftecks de tofu grillés sur un lit de riz chaud. Badigeonner avec le glaçage au miel et au wasabi, et saupoudrer de graines de sésame, si désiré. Servir chaud.

PAR PORTION (AVEC 240 ML [1 TASSE] DE RIZ) : 486 CAL ; 25 G PROT ; 15 G MAT GR ; 69 G CARB ; 0 MG CHOL ; 837 MG SOD ; 4 G FIBRES

Une petite goutte de sauce piquante et les saveurs complémentaires du cumin et du jus de lime rehaussent le goût du tofu grillé. Servir avec des haricots frits ou du riz à la mode mexicaine et garni de chilis coupés en dés.

Tofu grillé

450 g (1 livre) de tofu très ferme, bien égoutté

4 gousses d'ail moyennes, écrasées

15 ml (1 c. à soupe) de gaines de cumin

5 ml (1 c. à thé) d'origan séché

3,75 ml (¾ c. à thé) de sel

45 ml (3 c. à soupe) de jus de lime frais

15 ml (1 c. à soupe) de jus d'orange frais

15 ml (1 c. à soupe) d'huile d'olive ou d'huile végétale légère

Poivre noir fraîchement moulu au goût

Salade de jicamas

45 ml (3 c. à soupe) de jus de lime frais

15 ml (1 c. à soupe) d'huile d'olive ou d'huile végétale légère

10 ml (2 c. à thé) de miel ou de sirop d'érable pur

1,25 ml (¼ c. à thé) de sauce aux piments piquante

1 petit (34 g ou 1¼ once) jicama, pelé et râpé

3 carottes (224 g ou 8 onces au total), pelées et râpées

60 ml (¼ tasse) de cilantro haché

Tranches de lime et brins de cilantro pour garnir

1. Pour préparer le tofu grillé : couper le tofu en deux à la verticale, et fendre chaque morceau en deux à l'horizontale. Mettre les morceaux de tofu dans un plat de cuisson, et couvrir avec une pellicule de plastique et une assiette. Mettre sur le tofu des boîtes de conserve ou un poids pour le compresser. Réfrigérer le tofu pendant 30 à 45 minutes.

2. Entre temps, en utilisant un mortier et un pilon ou le côté d'un couteau, écraser l'ail, le cumin, l'origan et le sel dans la pâte, et mettre dans un bol. Battre avec le jus de lime et le jus d'orange, l'huile et le poivre.

3. Retirer le tofu du plat de cuisson, et tapoter avec des serviettes de papier pour l'assécher, en jetant tout liquide restant. Remettre le tofu dans le plat, et verser dessus la moitié du mélange de jus de lime, en étendant les épices également et en tournant le tofu pour l'enrober. Couvrir et réfrigérer pendant au moins 2 heures ou jusqu'à une journée, en tournant de temps en temps.

4. Préparer un feu de charbon de bois chaud, ou préchauffer un gril au gaz à feu moyen-élevé.

5. Entre-temps, pour préparer la salade de jicamas : battre ensemble le jus de lime, l'huile, le miel et la sauce piquante. Incorporer le jicama, les carottes et le cilantro, et bien remuer. Assaisonner avec le sel et le poivre.

6. Huiler légèrement la grille. Retirer le tofu de la marinade, en réservant la marinade pour arroser le plat. Griller le tofu, en battant occasionnellement, jusqu'à ce qu'il soit légèrement doré, pendant 3 à 4 minutes par côté. Diviser la salade en assiettes individuelles. Garnir chaque assiette d'un morceau de tofu grillé. Garnir avec les tranches de lime et les brins de cilantro, et servir.

PAR PORTION : 239 CAL ; 11 G PROT ; 11 G MAT GR ; 28G CARB ; 0 MG CHOL ; 473 MG SOD ; 7 G FIBRES

Les multiples saveurs de ce plat rendent encore plus attrayante cette entrée inspirée de la cuisine asiatique.

900 g (2 livres) de tofu mou, ferme ou soyeux

10 ml (2 c. à thé) d'huile de canola

5 ml (1 c. à thé) d'huile de sésame foncée

5 ml (1 c. à thé) d'ail haché

10 ml (2 c. à thé) de gingembre frais haché

224 g (8 onces) de champignons shiitake frais, hachés fin

2 oignons verts, hachés

15 ml (1 c. à soupe) de xérès

15 ml (1 c. à soupe) de sauce de soja tamari ou de sauce soja faible en sodium, plus extra pour garniture

15 ml (1 c. à soupe) de cilantro haché

2,5 ml (½ c. à thé) sel, ou au goût

1,25 ml (¼ c. à thé) de poivre noir fraîchement moulu

1 pincée de poivron rouge écrasé ou une goutte de sauce piquante aux piments

1. Si vous utilisez du tofu mou, égouttez-le pendant 2 à 3 heures en mettant dessus le poids d'une assiette. Couper chaque morceau de tofu en deux à la verticale pour former 4 blocs plus petits.

2. Utiliser une cuillère parisienne, et creuser le centre de chaque bloc de tofu, à environ 3,81 cm (1½ pouce) de profondeur par 3,81 cm (1½ pouce) de largeur. Émincer le tofu qui a été creusé, et réserver.

3. Chauffer les huiles de canola et de sésame dans un poêlon à feu moyen, et faire sauter l'ail et le gingembre jusqu'à ramollissement. Ajouter les champignons shiitake, les oignons, le xérès, et réserver le tofu haché. Cuire jusqu'à assèchement et de couleur brun doré, pendant environ 5 minutes. Ajouter le tamari, le cilantro, le sel, le poivre et le poivron rouge écrasé. Cuire pendant 2 à 3 autres minutes, retirer du feu et réserver.

4. Mettre le mélange de champignons dans une poche à douille, et faire passer dans la cavité chaque bloc de tofu. Ou utiliser une cuillère pour déposer le mélange dans les cavités.

5. Cuire à la vapeur sur une grille et dans un cuiseur-vapeur à légumes le tofu farci jusqu'à ce qu'il soit chaud, pendant 5 minutes. Servir avec la sauce tamari ou la sauce soja faible en sodium.

PAR PORTION : 190 CAL ; 13 G PROT ; 10 G MAT GR ; 11 G CARB ; 0 MG CHOL ; 550 MG SOD ; 1 G FIBRES

TOFU AU BARBECUE ET POMMES

Ce plat peut transformer tout repas en une énorme fête à la mode campagnarde. Il se marie parfaitement avec une salade verte et votre dessert favori — la tarte meringuée au citron est un bon choix

30 ml (2 c. à soupe) d'huile végétale

170 g (6 onces) de tofu au goût de barbecue cuit au four, et coupé en cubes

240 g (1 tasse) de céleri coupé en cubes

240 g (1 tasse) d'oignons coupés en dés

1 chili Anaheim ou autre chili, épépiné et coupé en fines tranches, ou plus au goût

½ chou pommé régulier ou Savoie, râpé

480 ml (2 tasses) de haricots cuits au four

120 ml (½ tasse) de sauce barbecue, ou au goût

1 pomme, évidée et coupée en cubes

480 ml (2 tasses) de pain de maïs coupé en cubes, plus extrapour la garniture

30 ml (2 c. à soupe) de beurre non salé, coupé en cubes

1. Préchauffer quatre à 180 °C (350 °F). Vaporiser un plat de cuisson de 2 litres allant au four avec le vaporisateur antiadhésif à cuisson, et réserver.

2. Chauffer l'huile dans un grand poêlon à feu moyen, et faire sauter le tofu, le céleri, l'oignon, le chili et le chou. Cuire pendant environ 8 minutes, et ajouter les haricots, 60 ml (¼ tasse) de la sauce barbecue et les pommes. Continuer de cuire pendant 5 minutes environ.

3. Doubler le plat de cuisson avec quelques cubes de pain de maïs, sur les côtés du plat. Avec une cuillère, verser le mélange de haricots dans le plat de cuisson, et garnir avec quelques cubes de pain de maïs, afin de former une croûte sur le dessus. Verser sur le plat un filet du reste de la sauce, soit 60 ml (¼ tasse), et parsemer de beurre.

4. Cuire pendant 15 minutes, ou jusqu'à ce que le pain de maïs commence à dorer. Servir chaud.

PAR PORTION : 310 CAL ; 10 G PROT ; 13 G MAT GR ; 38 G CARB ; 10 MG CHOL ; 450 MG SOD ; 6 G FIBRES

TOFU CUIT AU FOUR ET PANÉ
AVEC UNE SAUCE AUX CHAMPIGNONS PORTOBELLO POUR 8 PERSONNES

ou est emballé sous vide dans des emballages en plastique et doit être réfrigéré. Étant donné que la plupart des marinades contiennent un ingrédient acide comme le vinaigre, le jus d'agrumes ou le vin, la marinade devrait toujours être préparée dans un bol non réactif en verre ou en céramique. Recherchez la chapelure qui ne contient pas de l'huile partiellement hydrogénée. Vous trouverez ci-dessous la recette de sauce aux champignons.

Marinade au Cabernet

320 ml (1⅓ tasse) de bouillon de légumes chaud (page 431)

180 ml (¾ tasse) de vin Cabernet

60 ml (¼ tasse) de sauce tamari ou de sauce soja faible en sodium

60 ml (¼ tasse) de pâte de tomates

2 oignons verts, coupés en fines tranches

10 ml (2 c. à thé) d'ail en granules

10 ml (2 c. à thé) d'origan séché

900 g (2 livres) de tofu ferme, égoutté et coupé en cubes

Panure de pain de maïs

80 ml (⅓ tasse) de farine de maïs jaune

45 ml (3 c. à soupe) de farine de blé entier

45 ml (3 c. à soupe) de chapelure (voir page 46)

15 ml (1 c. à soupe) d'ail en granules

10 ml (2 c. à thé) d'origan séché

3 pincées de poivre de Cayenne

1. Pour préparer la marinade au Cabernet : combiner le bouillon de légumes, le vin, le tamari, la pâte de tomates, les oignons, l'ail et l'origan, et verser dans un grand plat. Mettre le tofu dans le plat et faire mariner pendant plusieurs heures ou toute la nuit. Retirer le tofu de la marinade, et mettre dans une passoire allant au four micro-ondes et disposée au-dessus d'un bol. Couvrir sans serrer avec du papier sulfurisé, et cuire au four à micro-ondes à température élevée pendant 5 minutes. Réserver.

2. Préchauffer le four à 200 °C (400 °F). Vaporiser une plaque de cuisson avec le vaporisateur antiadhésif à cuisson, et réserver.

3. Pour préparer la panure de pain de maïs : combiner tous les ingrédients dans un bol, et couvrir totalement les morceaux de tofu. Mettre le tofu pané sur la plaque préparée, et le disposer en une couche.

4. Cuire sur la grille au centre du four pendant une heure, en tournant après 30 minutes. Cuire jusqu'à brun doré, retirer du four et servir avec la sauce aux champignons portobello (ci-dessous).

PAR PORTION : 228 CAL ; 16 G PROT ; 4 G MAT GR ; 20 G CARB ; 0 MG CHOL ; 593 MG SOD ; 4 G FIBRES

SAUCE AUX CHAMPIGNONS PORTOBELLO

42 g (1½ once) de champignons portobello séchés

480 ml (2 tasses) d'eau bouillante

45 ml (3 c. à soupe) d'huile d'olive

45 ml (3 c. à soupe) de farine de blé entier

360 ml (1½ tasse) de bouillon de bœuf végétarien bouillant

160 ml (⅔ tasse) de levure nutritive

2,5 ml (½ c. à thé) de ciboulette séchée et congelée

15 ml (1 c. à soupe) de sauce tamari soja

1. Combiner les champignons séchés et l'eau bouillante dans une casserole. Cuire les champignons à feu doux pendant 15 minutes. Retirer du feu, et réserver.

2. Chauffer l'huile dans une casserole à feu moyen pendant 2 minutes. Ajouter la farine, en remuant pour former un roux. Retirer les champignons du liquide de trempage, trancher grossièrement et ajouter au roux. Cuire le mélange pendant 2 minutes, en remuant constamment. Ajouter le bouillon chaud, et en remuant fréquemment, cuire pendant 3 minutes. Réduire à feu doux, ajouter la levure et remuer ou battre jusqu'à ce que les ingrédients soient mélangés. Ajouter la ciboulette et la sauce soja tamari, et cuire pendant 5 minutes, en remuant de temps en temps.

PAR PORTION DE 120 ML (½ TASSE) : 74 CAL ; 3 G PROT ; 5G MAT GR ; 4 G CARB ; 0 MG CHOL ; 157 MG SOD ; 1 G FIBRES

ZITI CUIT AU FOUR

Les amateurs de soja seront gâtés grâce au seitan qui se marie ici au tofu. Ce plat nourrissant est facile à préparer et plein de saveurs.

340 g (12 onces) de ziti séché

225 g (8 onces) de seitan

480 ml (2 tasses) de champignons de Paris

1 pot de 750 ml (25 onces) de sauce tomates

450 g (1 livre) de tofu très ferme, égoutté, ou de ricotta faible en matières grasses

80 ml (⅓ tasse) de basilic frais haché ou 27,5 ml (5½ c. à thé) de basilic séché

30 ml (2 c. à soupe) de jus de citron frais

20 ml (4 c. à thé) d'huile d'olive

Sel au goût

2,5 ml (½ c. à thé) de poivre noir grossièrement moulu

120 ml (½ tasse) de feuilles de persil, hachées

1. Préchauffer le four à 200 °C (400 °F).

2. Chauffer une casserole remplie d'eau légèrement salée à feu moyen, et lorsque l'eau bout, cuire les pâtes en suivant les instructions sur le paquet. Égoutter, laver, égoutter de nouveau et réserver.

3. Hacher grossièrement le seitan et les champignons jusqu'à ce qu'ils soient friables. Mettre le mélange dans une grande casserole, incorporer la sauce tomate et le cuire à feu moyen-doux, en remuant de temps en temps, pendant 10 minutes. Retirer du feu, et couvrir pour garder au chaud.

4. Mettre le tofu, le basilic, le jus de citron, 10 ml (2 c. à thé) d'huile, le poivre et le sel dans un robot culinaire ou un mélangeur, et passer jusqu'à ce que le mélange ait une consistance qui ressemble au fromage ricotta. Si le ricotta est utilisé, mélanger à la main.

5. Répandre plusieurs cuillères à soupe du mélange de tomates et de seitan dans un plat de cuisson de 33,02 x 22,86 cm (13 x 9 pouces), en s'assurant de couvrir également le fond et les côtés pour empêcher que le mélange ne colle. Combiner les pâtes, le mélange de tofu, le reste du mélange de tomates et de seitan et le persil. Incorporer doucement pour combiner tous les ingrédients. Répandre également sur le plat de cuisson.

6. Cuire au four pendant 15 minutes, ou jusqu'à ce que le plat soit suffisamment chaud. Retirer du four, et servir chaud.

PAR PORTION : 382 CAL ; 22 G PROT ; 7 G MAT GR ; 58 G CARB ; 0 MG CHOL ; 854 MG SOD ; 5 G FIBRES

FONDUE BABAGHANZA

La saveur ici capte l'essence du plat classique à l'aubergine du Moyen-Orient, le Baba Ghanoush (page 95). Utilisez les accompagnements traditionnels qui se marient bien avec l'aubergine, comme les olives et les concombres. Un dessert d'accompagnement ? Le gâteau à l'orange poché (page 505).

Fondue Babaghanza

1 grosse (environ 450 g ou 1 livre) aubergine ferme

336 g (12 onces) de tofu mou et soyeux

60 ml (¼ tasse) de tahini

60 ml (¼ tasse) de jus de citron frais

60 ml (¼ tasse) d'huile d'olive

2 grosses gousses d'ail, écrasées

5 ml (1 c. à thé) sel, ou au goût

2,5 ml (½ c. à thé) de poivre noir fraîchement moulu

2,5 ml (½ c. à thé) de poivre de Cayenne

45 ml (3 c. à soupe) de feuilles de coriandre émincées

Accompagnements

24 pains pita, coupés en quatre

3 à 4 litres (12 à 16 tasses) d'une combinaison de légumes crus et cuits pour la trempette, comme les bâtonnets de concombres, de carottes, poivrons en lanière, céleri, radis, carottes naines, fleurettes de brocoli et pois « Sugar snap », coupés en portions prêts à servir

1. Préchauffer le four à 180 °C (350 °F). Vaporiser une plaque de cuisson avec un vaporisateur antiadhésif à cuisson, et réserver.

2. Pour préparer la fondue Babaghanza : couper l'aubergine en deux, et mettre le côté tranché dessous, sur la plaque de cuisson. Cuire jusqu'à ramollissement de la chair, pendant environ 45 minutes. Gratter la chair de l'aubergine ramollie dans un mélangeur, et passer jusqu'à consistance lisse. Ajouter le tofu, le tahini, le jus de citron, l'huile, l'ail, le sel, le poivre noir et le poivre de Cayenne, et passer au mélangeur jusqu'à consistance lisse.

3. Pour servir, incorporer la coriandre, et chauffer le mélange d'aubergine jusqu'à ébullition. Vider dans un poêlon à fondue ou une mijoteuse. Garder la fondue au chaud sur un réchaud à alcool ou dans la mijoteuse à feu très doux. Servir avec le pain pita et les accompagnements.

PAR PORTION (SANS ACCOMPAGNEMENT) : 150 CAL ; 4 G PROT ; 12 G MAT GR ; 7 G CARB ; 0 MG CHOL ; 300 MG SOD ; 2 G FIBRES

QUICHE ÉPAISSE AUX TOMATES SÉCHÉES AU SOLEIL

Lorsque vous préparez la pâte, réserver le reste du tofu soyeux pour l'utiliser dans la garniture de la quiche. Vous pouvez préparer la pâte une journée à l'avance et la réfrigérer, en couvrant. Sortir la pâte du réfrigérateur une heure avant de faire la recette.

Pâte

480 ml (2 tasses) de farine de blé entier à pâtisserie, plus extra pour rouler

80 ml (⅓ tasse) de flocons d'avoine

1,5 ml (¼ c. à thé) de sel de mer

80 ml (⅓ tasse) de tofu soyeux faible en calories

15 ml (1 c. à soupe) d'huile d'olive

15 ml (1 c. à soupe) de sirop de riz brun

8 ml (⅓ tasse), plus 15 ml (1 c. à soupe) d'eau glacée

Garniture

1 paquet de 84 g (3 onces) de tomates séchées au soleil

240 ml (1 tasse) d'eau bouillante

120 ml (½ tasse) de lait de soja

30 ml (2 c. à soupe) de jus de citron frais

10 ml (2 c. à thé) d'huile d'olive

1,25 ml (¼ c. à thé) de poivron rouge écrasé

120 ml (½ tasse) d'oignons verts coupés en tranches

4 gousses d'ail, émincées

1 grosse échalote, émincée

1 boîte de 411 ml (13¾ onces) de cœurs d'artichaut, coupés en cubes

30 ml (2 c. à soupe) de câpres, lavées

30 ml (2 c. à soupe) de basilic frais haché

1 paquet de 345 g (12⅓ onces) de tofu soyeux faible en matières grasses

45 ml (3 c. à soupe) de miso blanc doux

56 ml (¼ tasse) de xérès sec ou de cidre de pommes

80 ml (⅓ tasse) de flocons de pommes de terre

80 ml (⅓ tasse) de levure nutritive

1,25 ml (¼ c. à thé) de curcuma moulu

5 ml (1 c. à thé) de basilic séché

1. Pour préparer la pâte : vaporiser légèrement un moule à tarte épaisse de 24,13 cm (9½ pouces) avec un vaporisateur contenant de l'huile d'olive. Mettre la farine, l'avoine et le sel dans un robot culinaire, et passer pour mélanger. Ajouter le tofu, l'huile et le sirop de riz, et mélanger. Avec le moteur en marche, verser l'eau glacée à travers le tube d'alimentation, et passer au robot jusqu'à ce que le mélange forme une boule. Tourner sur un plan de travail légèrement enfariné. Saupoudrer légèrement la pâte de farine, et rouler pour former une pièce de 0,32 cm à 0,64 cm (⅛ à ¼ pouce) d'épaisseur. Presser dans le moule préparé, et couper les bords en laissant un chevauchement de 2,54 cm (1 pouce). En utilisant le pouce et l'index et en appuyant, former une bordure décorative sur le côté, autour de la bordure supérieure. Mettre la pâte de côté au réfrigérateur.

2. Préchauffer le four à 190 °C (375 °F).

3. Pour préparer la garniture : combiner les tomates et l'eau dans un bol, et réserver. Combiner le lait de soja et le jus de citron dans un bol non réactif, et réserver. Chauffer l'huile et écraser le poivron rouge dans un poêlon de 25,40 cm (10 pouces) à feu moyen-élevé pendant environ 1 minute. Ajouter les oignons, l'ail et des échalotes et faire sauter pendant 3 minutes. Égoutter les tomates, en réservant le liquide de trempage. Ajouter les tomates, les artichauts, les câpres et le basilic frais dans la casserole. Réduire à feu moyen-élevé, et cuire le mélange pendant 5 minutes, en remuant de temps en temps.

4. Mettre le tofu dans un robot culinaire, et mélanger jusqu'à consistance lisse. Mettre le miso dans un bol, ajouter le xérès et le mélanger avec une fourchette jusqu'à lisse. Ajouter le mélange de miso et de lait de soja et le liquide de trempage de la tomate réservé pour le tofu, et passer au robot culinaire. Ajouter les flocons de pommes de terre, la levure et le curcuma, et passer au robot. Incorporer le mélange de tofu dans les artichauts, et mélanger complètement. Avec une cuillère, verser le mélange sur le fond de tarte, et saupoudrer de basilic séché. Mettre au four sur la grille du milieu.

5. Cuire au four pendant 35 minutes, ou jusqu'à légèrement doré. Retirer du four, et laisser reposer pendant 15 minutes. Servir tiède.

PAR PORTION : 215 CAL ; 14 G PROT ; 3 G MAT GR ; 35 G CARB ; 0 MG CHOL ; 800 MG SOD ; 6 G FIBRES

repas à base de soja **373**

Ces pâtés au tofu sont particulièrement délicieux servis avec du riz et des tranches de bok choy sautées.

Pâtés

420 g (15 onces) de tofu ferme, lavé et égoutté

5 gros blancs d'œuf

80 ml (⅓ tasse) de farine de blé entier tout usage

80 ml (⅓ tasse) de pois congelés

3 oignons verts émincés

15 ml (1 c. à soupe) de gingembre frais râpé

15 ml (1 c. à soupe) de sauce soja faible en sodium

Sel et poivre blanc moulu au goût

10 ml (2 c. à thé) d'huile de sésame rôtie, ou plus au besoin

15 ml (1 c. à soupe) de graines de sésame, rôties (voir page 60)

1 carotte moyenne, râpée

Sauce

45 ml (3 c. à soupe) de sauce soja faible en sodium

2,5 ml (½ c. à thé) d'huile de sésame ou aux chilis rôtis

2,5 ml (½ c. à thé) de vinaigre de riz

1. Assécher le tofu avec des serviettes de papier, et mettre dans un bol. Écraser le tofu avec une fourchette jusqu'à ce qu'il ressemble à des œufs hachés. Mélanger dans les blancs d'œuf, la farine, les pois, tous les oignons verts sauf 5 ml (1 c. à thé), le gingembre, la sauce soja, le sel et le poivre au goût jusqu'à ce que tous les ingrédients soient bien mélangés.

2. Chauffer l'huile dans un grand poêlon antiadhésif. Ajouter environ 60 ml (¼ tasse) du mélange de tofu par pâté au poêlon, en aplanissant avec le dos d'une cuillère pour former de petites galettes. Cuire jusqu'à brun doré, pendant environ 2 minutes par côté.

3. Entre-temps, pour préparer la sauce : mélanger la sauce soja, l'huile, le vinaigre et 5 ml (1 c. à thé) d'oignon vert dans un bol.

4. Pour servir les gâteaux au tofu, saupoudrer de graines de sésame et de carotte râpée, et accompagner de la sauce de soja et de sésame.

PAR PORTION : 110 CAL ; 10 G PROT ; 3,5 G MAT GR ; 10 G CARB ; 0 MG CHOL ; 380 MG SOD ; 2 G FIBRES

TOFU À LA SAUCE BARBECUE

Pour cette recette, vous aurez besoin de tofu ferme ou très ferme qui a été congelé. Pour congeler, égoutter, couper en blocs, envelopper dans une pellicule de plastique et congeler le tofu jusqu'à ce qu'il soit ferme (voir aussi page 60-61).

900 g (2 livres) de tofu ferme
  ou très ferme, coupé en blocs
  de 7,62 cm x 2,54 cm
  (3 pouces x 1 pouce), décongelé
  et essoré

Marinade

80 ml (⅓ tasse) de beurre d'arachides

80 ml (⅓ tasse) d'huile végétale

7,5 ml (1½ c. à thé) de paprika

5 ml (1 c. à thé) de sel

2,5 ml (½ c. à thé) de poudre d'ail

Sauce barbecue

240 ml (1 tasse) de sauce tomates
  en conserve

½ oignon moyen, haché

120 ml (½ tasse) de sucre brun
  ou de miel

15 ml (1 c. à soupe) de persil frais
  haché

7,5 ml (1½ c. à thé) de mélasse

2,5 ml (½ c. à thé) de sel

2,5 ml (½ c. à thé) de piment
  de la Jamaïque moulu

0,6 ml (⅛ c. à thé) de poivre
  de Cayenne

60 ml (¼ tasse) de jus de citron frais

15 ml (1 c. à soupe) de sauce soja

1. Préchauffer le four à 180 °C (350°F). Couvrir légèrement une plaque de cuisson avec le vaporisateur antiadhésif à cuisson. Mettre les blocs de tofu sur la plaque.

2. Pour préparer la marinade : mettre tous les ingrédients dans un mélangeur, et réduire en purée jusqu'à consistance lisse. Avec une cuillère, verser sur les blocs de tofu, tourner pour enrober et faire mariner au réfrigérateur pendant une heure.

3. Entre temps, pour préparer la sauce barbecue : mélanger la sauce tomate, l'oignon, le sucre, le persil, la mélasse, le sel, le piment de la Jamaïque et le poivre de Cayenne dans une casserole. Porter a ébullition, réduisez à feu doux et cuire, en remuant de temps en temps, pendant une heure. Incorporer le jus de citron et la sauce soja.

4. Cuire le tofu pendant 25 minutes par côté. Badigeonner la sauce barbecue sur les 2 côtés du tofu cuit au four, et cuire jusqu'à ce que le tofu soit chaud, pendant 15 à 20 minutes de plus.

PAR PORTION : 188 CAL ; 10 G PROT ; 10 G MAT GR ; 16 G CARB ; 0 MG CHOL ; 453 MG SOD ; 2 G FIBRES

Le soja comme substitut de la viande

Plein de ressources, s'adaptant à toutes les situations, le soja se décline en d'innombrables produits, et abondent particulièrement dans les supermarchés où il est vendu sous forme de substituts de la viande, des tranches de « poulet » aux « boulettes de viande ». Pour ceux qui adoptent progressivement un régime sans viande, ces produits sont avantageux parce qu'ils persuadent les omnivores sceptiques qu'ils n'abandonnent pas le bœuf, la volaille et les fruits de mer pour un produit sans goût, le tofu.

Connus comme des « substituts de la viande », ces produits sont préparés avec des protéines de soja et sont vendus frais, en conserve, congelés ou séchés. Les substituts de la viande à base de soja peuvent être utilisés dans nombre de recettes de la même façon que les produits à base de viande, mais généralement ils sont préparés et peuvent être servis plus rapidement.

Voici différents produits à base de soja :

- « Viande hachée » : taco assaisonné et nature ; parfait avec les sauces, les chilis et comme garniture pour les tacos, les burritos ou les crêpes.

- « Saucisse » : les miettes ou les rondelles sont maigres et peuvent nécessiter plus d'huile pour les sauter.

- « Pepperoni » : recommandé dans les sandwiches et sur les pizzas.

- Tranches de « poulet » et de « bœuf » : recommandées dans les ragoûts et les sautés.

- « Boulettes de viande » : utiliser dans les héros (sandwiches garnis de viande et de fromage) ou les pizzas, les ragoûts et le spaghetti.

KEBABS DE TOFU GRILLÉ AU CHIPOTLE AVEC ÉPIS DE MAÏS ET ASPERGES

Les chilis chipotle dans une sauce adobo sont en réalité des chilis jalapeño séchés, mélangés avec des herbes et du vinaigre. Vendus dans les marchés latinos, les magasins de produits alimentaires spécialisés et certains supermarchés, ces chilis épicés ajoutent un goût unique à nombre de plats. Les kebabs de tofu peuvent être grillés, avec ou sans brochettes, sur un gril à légume légèrement huilé afin d'empêcher les kebabs de se désagréger et le tofu ou les légumes de tomber sur les charbons.

Marinade chipotle

240 ml (1 tasse) de bouillon végétarien au goût de « poulet » ou bouillon de légumes (page 431)

60 ml (¼ tasse) de sauce tamari ou de soja faible en sodium

1 chipotle à l'adobo en conserve, émincé

21 ml (1½ c. à soupe) de sauce adobo

1 grosse gousse d'ail, émincée

15 ml (1 c. à soupe) de moutarde de Dijon

7,5 ml (1½ c. à thé) d'oignons en granules

7,5 ml (1½ c. à thé) de cilantro séché

Kebabs de tofu

900 g (2 livres) de tofu très ferme

3 courgettes, coupées en rondelles de 2,54 cm (1 pouce)

1 poivron rouge moyen, coupé en bandes verticales, 2,54 cm (1 pouce) de largeur

1 oignon rouge moyen, coupé en rondelles de 2,54 cm (1 pouce)

12 tomates cerise

240 ml (1 tasse) de cubes d'ananas

6 épis de maïs, sans leur enveloppe

450 g (1 livre) d'asperges fraîches, coupées

1. Pour préparer la marinade chipotle : combiner le bouillon, le tamari, le chipotle, la sauce adobo et l'huile dans une tasse à mesurer. Ajouter la moutarde, l'oignon et la coriandre.

2. Pour préparer les kebabs de tofu : couper chaque bloc de tofu en deux à l'horizontale, et, en respectant un modèle en damier, couper 2 tranches à la verticale et 2 tranches à l'horizontale pour un total de 36 cubes de tofu. Mettre le tofu dans un plat de cuisson non réactif de 22 cm x 33 cm (9 x 13 pouces). Verser la marinade sur le tofu, couvrir et réfrigérer pendant 1 à 24 heures.

3. Préparer un feu de charbon de bois chaud, ou préchauffer un gril au gaz à intensité moyenne-élevée. Tremper 8 grandes brochettes de bambou dans l'eau chaude pendant au moins 30 minutes.

4. Enfiler sur les brochettes le tofu, la courgette, le poivron, l'oignon, les tomates et l'ananas, et réserver.

5. Blanchir le maïs, et réserver. Mettre les kebabs sur le feu, et faire griller le maïs et les asperges. En tournant soigneusement et en arrosant les légumes et le tofu fréquemment avec la marinade, cuire pendant environ 15 minutes, ou jusqu'à ce que les légumes soient prêts, en s'assurant que les légumes ne brûlent pas. Servir.

PAR PORTION : 279 CAL ; 20 G PROT ; 5 G MAT GR ; 32 G CARB ; 0 MG CHOL ; 334 MG SOD ; 10 G FIBRES

TRANCHES DE TOFU PANÉ AVEC SAUCE TARTARE

POUR 4 PERSONNES

Si vous servez plus de quatre portions, la première partie de la recette double facilement et la quantité de sauce donnée ci-dessous suffira.

Tranches de tofu

450 g (1 livre) de tofu ferme ou très ferme, égoutté

80 ml (⅓ tasse) de germe de blé

5 ml (1 c. à thé) d'un mélange d'assaisonnement d'herbes et d'épices sans sel

2,5 ml (½ c. à thé) de sel

Sauce tartare

180 ml (¾ tasse) de yogourt de soja faible en gras

15 à 21 ml (1 à 1½ c. à soupe) de reliche au vinaigre, ou au goût

15 ml (1 c. à soupe) de mayonnaise ou de mayonnaise à base de soja faible en matières grasses

10 ml (2 c. à thé) de moutarde de Dijon, ou au goût

1. Préchauffer le four à 230 °C (450 °F). Huiler légèrement une plaque de cuisson antiadhésive, et réserver.

2. Couper le tofu en tranches de 1,27 cm (½ pouce) d'épaisseur. Sécher le tofu entre plusieurs couches de serviettes de papier, puis couper dans le sens de la longueur en bandes de 1,27 cm (½ pouce) de largeur. Mélanger les germes de blé, le mélange d'assaisonnement et le sel dans un bol peu profond. Ajouter les bâtonnets de tofu, et enrober avec le mélange. Disposer le tofu pané sur la plaque de cuisson. Cuire pendant 15 à 20 minutes, ou jusqu'à ce que les tranches soient dorées et fermes.

3. Entre temps, pour préparer la sauce tartare : combiner tous les ingrédients dans un bol, et bien mélanger. Réserver.

4. Servir les tranches chaudes de tofu avec la sauce tartare comme garniture ou accompagnement.

PAR PORTION : 269 CAL ; 12 G PROT ; 9 G MAT GR ; 36 G CARB ; 17 MG CHOL ; 501 MG SOD ; 5 G FIBRES

TOFU CROUSTILLANT AUX GRAINES DE SÉSAME NOIRES

POUR 2 PERSONNES

Cette recette donne un tofu à l'enrobage croustillant et savoureux. Pour une meilleure texture, s'assurer d'utiliser un tofu très ferme et de bien l'égoutter. Les graines de sésame régulières sont excellentes, mais pour une présentation qui attire l'oeil, utilisez des graines de sésame noires. Un autre plus ? On peut doubler facilement cette recette.

240 ml (1 tasse) de poivron jaune coupé en fines tranches

240 ml (1 tasse) de germes de haricots mung

160 ml (⅔ tasse) d'oignons verts hachés

80 ml (⅓ tasse) de graines de sésame

450 g (1 livre) de tofu très ferme, coupé en tranches de 1,27 cm (½ pouce) d'épaisseur, bien égoutté et essoré (environ 8 tranches)

60 ml (4 c. à soupe) d'huile d'ail rôti ou d'olive

21 ml (1½ c. à soupe) de gingembre frais émincé

60 ml (¼ tasse) de vinaigre de riz

1. Mélanger le poivron, les germes de haricots et les oignons verts dans un bol. Diviser également les légumes dans 2 assiettes.

2. Mettre les graines de sésame sur une petite assiette. Saupoudrer les tranches tofu de graines de sésame pour couvrir tous les côtés. Chauffer 30 ml (2 c. à soupe) d'huile dans un poêlon à fond épais à feu moyen. Ajouter le tofu, et le cuire jusqu'à brun doré, pendant environ 3 minutes par côté. Diviser le tofu également dans les 2 assiettes, en intercalant le tofu avec les monceaux de légumes.

3. Ajouter les 30 ml (2 c. à soupe) d'huile restante au poêlon. Ajouter le gingembre, et cuire à feu moyen, en remuant souvent, pendant 1 minute. Incorporer le vinaigre, porter à ébullition et retirer du feu. Verser un filet de sauce de la casserole sur le tofu et les légumes. Servir chaud.

PAR PORTION (224 G OU 8 ONCES DE TOFU) : 334 CAL ; 15 G PROT ; 24 G MAT GR ; 10 G CARB ; 0 MG CHOL ; 18 MG SOD ; 3 G FIBRES

CURRY DE TOFU À LA NOIX DE COCO
ET POIS MANGE-TOUT

Pour couper le tofu en cubes, diviser le bloc en deux à l'horizontale. Trancher les deux blocs, en faisant trois incisions dans le sens de la longueur et en diagonale. Pour respecter la manière asiatique, servez ce curry avec du riz au jasmin ou des nouilles au riz.

28 g (1 once) de champignons shiitake entiers séchés

504 g (18 onces) de tofu très ferme, pressé (voir page 60-61)

7,5 ml (1 ½ c. à thé) d'huile d'olive

1 oignon rouge moyen, haché

1 poivron rouge moyen, haché

4 gousses d'ail, émincées

15 ml (1 c. à soupe) de gingembre frais râpé

1,25 (¼ c. à thé) de poivron rouge écrasé

224 g (8 onces) de champignons de Paris blancs, coupés en tranches

60 ml (¼ tasse) de basilic frais haché

120 ml (½ tasse) de vin blanc fruité, ou bouillon de légumes (page 431)

1 boîte de 435 ml (14 ½ onces) de tomates coupées en dés

1 boîte de 420 ml (14 onces) de lait de noix de coco allégé

5 à 10 ml (1 à 2 c. à thé) de sauce chili thaï épicé

5 ml (1 c. à thé) de curcuma moulu

Jus de 1 lime

5 ml (1 c. à thé) de sauce soja

336 g (12 onces) de pois mange-tout frais, lavés et coupés

1. Laver les champignons shiitake, mettre dans une casserole avec de l'eau pour couvrir et cuire à feu moyen-élevé. Porter à ébullition, réduire à feu moyen et cuire pendant 5 minutes. Retirer du feu, et réserver pendant 20 minutes.

2. Vaporiser un poêlon électrique ou une poêle cylindrique avec le vaporisateur antiadhésif à cuisson, et chauffer à feu moyen-élevé pendant 1 minute. Appuyer, et sécher le tofu entre plusieurs couches de serviettes de papier. Essorer le tofu, puis faire dorer les cubes dans la casserole chaude, en vaporisant avec davantage d'huile, au besoin. Tourner fréquemment, jusqu'à ce que les cubes soient dorés sur tous les côtés. Retirer de la casserole, et réserver sur une assiette propre et sèche.

3. Ajouter l'huile au poêlon, chauffer pendant quelques secondes et ajouter l'oignon, le poivron, l'ail, le gingembre et le poivron rouge écrasé, en faisant sauter pendant 4 minutes. Égoutter les champignons shiitake et les ajouter avec les champignons de Paris et le basilic au mélange. Cuire pendant 5 minutes, en remuant fréquemment.

4. Ajouter le tofu et le vin dans la casserole. Cuire pendant 1 minute, et ajouter les tomates et le lait de coco. Réduire à feu doux, et incorporer la sauce chili, le curcuma, le jus de lime et la sauce soja. Cuire pendant 5 minutes de plus et ajouter les pois mange-tout. Cuire le mélange jusqu'à ce que les pois mange-tout soient suffisamment chauds, pendant environ 2 minutes. Servir immédiatement.

PAR PORTION : 206 CAL ; 11 G PROT ; 8 G MAT GR ; 17 G CARB ; 0 MG CHOL ; 221 MG SOD ; 4 G FIBRES

TOFU AU GOMBO

Le gombo peut être préparé avec un certain nombre d'ingrédients principaux, aussi, pourquoi ne pas l'utiliser avec le tofu ? Le tofu mariné est un complément moderne à ce plat cajun très apprécié — avec la texture toute particulière du gombo. Monté avec des œufs, ce plat est servi chaud, tout droit sorti du four et doré, sur un lit de polenta (page 256).

Marinade

½ oignon, coupé en dés

60 ml (¼ tasse) de moutarde de Dijon

1,25 ml (¼ c. à thé) de poivre de Cayenne

60 ml (¼ tasse) d'huile d'arachide

60 ml (¼ tasse) de vinaigre de cidre

15 ml (1 c. à soupe) d'ail émincé

15 ml (1 c. à soupe) de sucre brun

450 g (1 livre) de tofu ferme, coupé en cubes

Gombo

45 ml (3 c. à soupe), plus 60 ml (¼ tasse) d'huile de canola

½ oignon, coupé en dés

2 branches de céleri, coupées en dés

1 poivron vert, coupé en dés

½ poivron rouge, coupé en dés

15 ml (1 c. à soupe) d'ail émincé

480 ml (2 tasses) de bouillon de légumes (page 431)

240 ml (1 tasse) de tomates en conserve coupées en dés

5 ml (1 c. à thé) de thym séché

5 ml (1 c. à thé) d'origan séché

5 ml (1 c. à thé) de basilic séché

2 feuilles de laurier

Sel et poivre noir fraîchement moulu, au goût

112 g (4 onces) de gombo, coupé en morceaux de 1,27 cm (½ pouce)

120 ml (½ tasse) de farine tout usage

1. Pour préparer la marinade: combiner l'oignon, la moutarde, le poivre de Cayenne, l'huile, le vinaigre, l'ail et le sucre dans un bol. Mettre les cubes de tofu dans le mélange et faire mariner dans le réfrigérateur pendant 2 à 24 heures.

2. Pour préparer le gombo : chauffer 15 ml (1 c. à soupe) de l'huile dans une grande casserole à feu moyen. Faire sauter l'oignon, le céleri, les poivrons verts et l'ail pendant environ 10 minutes, ou jusqu'à ce que les oignons soient translucides et que les légumes aient ramolli. Ajouter le bouillon de légumes, les tomates, le thym, l'origan, le basilic, les feuilles de laurier, le sel et le poivre. Réduire à feu moyen-doux et cuire pendant 15 à 20 minutes.

3. Chauffer 30 ml (2 c. à soupe) d'huile dans un grand poêlon, et faire sauter le gombo jusqu'à ce qu'il soit brun clair. Retirer du poêlon et ajouter au mélange de tomates.

4. Égoutter le tofu, en jetant la marinade, et en conservant les oignons coupés en dés. Chauffer à nouveau le poêlon, et faire sauter le tofu et l'oignon jusqu'à ce qu'ils soient légèrement dorés. Retirer du poêlon, et ajouter au mélange de tomates.

5. Chauffer 60 ml (¼ tasse) de l'huile restante dans le poêlon, et battre dans la farine. Continuer à fouetter le mélange jusqu'à ce qu'il soit brun clair et sente légèrement les noisettes, pendant 3 à 4 minutes.

6. Réchauffer le mélange de tomates à feu moyen, et incorporer le roux, 15 ml (1 c. à soupe) à la fois. Remuer jusqu'à ce que le gombo ait la consistance de la sauce. Retirer du feu et servir sur un lit de polenta (recette de base).

PAR PORTION : 360 CAL ; 8 G PROT ; 30 G MAT GR ; 16 G CARB ; 0 MG CHOL ; 240 MG SOD ; 3 G FIBRES

JAMBALAYA

Un délicieux plat créole où la viande et les fruits de mer sont remplacés par le tofu. Notez que celui-ci doit être congelé et décongelé, si vous prévoyez préparer cette recette à l'avance.

450 g (1 livre) de tofu ferme

1 boîte de 435 ml (14½ onces) de tomates coupées en dés

15 ml (1 c. à soupe) d'huile végétale

1 gros oignon, grossièrement haché

4 gousses d'ail moyennes, émincées

2 poivrons verts moyens, épépinés et coupés en dés

2 branches de céleri, coupées en fines tranches

80 ml (⅔ tasse) de persil frais émincé

2 feuilles de laurier

10 ml (2 c. à thé) de thym séché ou moulu

10 ml (2 c. à thé) de sel

1,25 ml (¼ c. à thé) de poivre de Cayenne, ou plus au goût

360 ml (1½ tasse) de riz brun à long grain, non cuit

Poivre noir fraîchement moulu au goût

Sauce piquante aux piments, facultatif

1. Égoutter le tofu, et couper en tranches de 2,50 cm (1 pouce) d'épaisseur. Mettre dans un sac en plastique et congeler pendant 1 à 2 jours (voir page 60-61).

2. Décongeler le tofu au four micro-ondes pendant 2 à 3 minutes ou à la température de la pièce pendant environ 4 heures. Égoutter et extraire l'excès d'humidité avec vos mains. Couper en cubes de 1,27 cm (½ pouce), et réserver.

3. Égoutter les tomates, en réservant le jus. Dans une grande tasse à mesurer, combiner le jus réservé avec assez d'eau pour égaler 600 ml (2½ tasses). Réserver les tomates et le mélange de jus.

4. Chauffer l'huile dans une grande casserole à feu moyen-élevé. Ajouter l'oignon et l'ail, et cuire, en remuant souvent, jusqu'à ce que les légumes soient légèrement dorés, pendant environ 3 minutes. Ajouter les tomates réservées et le mélange de jus, les poivrons, le céleri, la moitié du persil, les feuilles de laurier, le thym, le sel et le poivre de Cayenne. Bien mélanger, et porter à ébullition. Incorporer les cubes tofu et le riz. Couvrir, réduire à feu doux et cuire jusqu'à ce que le riz soit tendre, pendant environ 45 minutes.

5. Retirer du feu, et laisser reposer, couvrir pendant 10 minutes. Jeter les feuilles de laurier, et incorporer les 80 ml (⅓ tasse) de persil restant. Assaisonner avec le poivre et la sauce piquante au goût. Servir chaud.

PAR PORTION : 276 CAL ; 9 G PROT ; 6 G MAT GR ; 46 G CARB ; 0 MG CHOL ; 866 MG SOD ; 4 G FIBRES

TEMPEH ET SALSA DE MAÏS ÉPICÉE

Cette entrée substantielle est idéale servie avec du riz et des haricots ou comme garniture avec les quesadillas, les tacos ou les burritos. Son accent mexicain provient de la coriandre, du cumin et des chilis jalapeño, et les graines de tournesol lui donnent un goût croquant. Les flocons à la dulse (l'algue) confèrent au plat un goût de fumée.

30 ml (2 c. à soupe) d'huile d'olive

224 g (8 onces) de tempeh, émietté

21 ml (1½ c. à soupe) de graines de cumin

10 ml (2 c. à thé) de sel

120 ml (½ tasse) de bouillon de légumes (page 431) ou d'eau

2 gros oignons rouges, coupés en dés

2 poivrons rouges, coupés en dés

2 branches de céleri, coupées en dés

4 gousses d'ail, émincées

30 ml (2 c. à soupe) de chilis jalapeño épépinés et émincés

30 ml (2 c. à soupe) de flocons fumés à la dulse (voir Glossaire, page 585)

720 ml (3 tasses) de maïs en grains

480 ml (2 tasses) de tomates coupées en dés

480 ml (2 tasses) de cilantro grossièrement haché

120 ml (½ tasse) de graines de tournesol, rôties (voir page 60)

1. Chauffer un wok à feu élevé, et ajouter 15 ml (1 c. à soupe) d'huile. Ajouter le tempeh, et faire sauter pendant 1 minute. Ajouter le cumin et 5 ml (1 c. à thé) de sel, et faire sauter pendant 2 minutes. Ajouter le bouillon de légumes, et porter à ébullition. Réduire à feu doux, et cuire pendant 2 minutes. Retirer du feu, et réserver.

2. Chauffer le wok à feu élevé, et ajouter les 15 ml (1 c. à soupe) de l'huile restante. Ajouter les oignons, les poivrons, le céleri, l'ail, le jalapeño et les 5 ml (1 c. à thé) du sel restant, et faire sauter pendant 2 minutes.

3. Réduire à feu moyen, et incorporer la dulse et le maïs. Couvrir et cuire pendant 2 minutes.

4. Ajouter les tomates et la coriandre, et faire sauter pendant 1 minute. Ajouter le mélange de tempeh réservé, et cuire, en remuant, pendant 1 minute. Ajouter les graines de tournesol, bien remuer, et servir chaud.

PAR PORTION : 309 CAL ; 14 G PROT ; 15 G MAT GR ; 35 G CARB ; 0 MG CHOL ; 768 MG SOD ; 5 G FIBRES

TEMPEH À LA SAUCE BARBECUE AVEC POIVRONS

Le tempeh mariné qui cuit à feu doux avec des poivrons doux dans une sauce barbecue constitue un repas délicieux pour un jour de semaine. Servez ce plat sur un lit de riz ou comme sandwich sur des petits pains multi-grains rôtis.

120 ml (½ tasse) de sauce soja tamari ou de sauce soja faible en sodium

30 ml (2 c. à soupe) de vinaigre de vin de riz

20 ml (4 c. à thé) de jus de citron frais

10 ml (2 c. à thé) de miel

224 g (8 onces) de tempeh

240 ml (1 tasse) d'oignons coupés en tranches

2 poivrons rouges ou verts, coupés en lanière

60 ml (¼ tasse) de pâte de tomates

15 à 30 ml (1 à 2 c. à soupe) de mélasse

15 à 30 ml (1 à 2 c. à soupe) de sucre brun

10 ml (2 c. à thé) de moutarde jaune préparée

10 ml (2 c. à thé) de vinaigre de cidre de pommes

5 ml (1 c. à thé) d'ail émincé

5 ml (1 c. à thé) de poudre de chili

Sel et poivre noir fraîchement moulu

1. Combiner la sauce soja tamari, le vinaigre, le jus de citron et le miel dans un saladier.

2. Mettre le tempeh dans le bol, et couvrir avec la marinade. Couvrir, et réfrigérer pendant plusieurs heures ou toute la nuit, en tournant de temps en temps. Égoutter le tempeh, et réserver la marinade. Couper le tempeh en cubes.

3. Vaporiser un grand poêlon avec le vaporisateur antiadhésif à cuisson, et chauffer à feu moyen jusqu'à chaud. Ajouter l'oignon et les poivrons, et cuire, en remuant fréquemment, jusqu'à tendre, pendant environ 5 minutes.

4. Ajouter la marinade, la pâte de tomates, la mélasse, le sucre, la moutarde, le vinaigre, l'ail, la poudre de chili, et 180 ml (¾ tasse) d'eau dans le poêlon. Porter le mélange à ébullition. Réduire à feu doux et cuire, à découvert, jusqu'à ce que le mélange épaississe, en écrasant légèrement le tempeh avec une fourchette. Assaisonner avec le sel et le poivre, et servir.

PAR PORTION : 222 CAL ; 18 G PROT ; 5 G MAT GR ; 30 G CARB ; 0 MG CHOL ; 215 MG SOD ; 7 G FIBRES

BURGERS AUX HARICOTS NOIRS
AVEC TEMPEH CROUSTILLANT

Ces burgers végétaliens renferment des protéines complètes et les chips tempeh fournissent un plaisir protéiné complémentaire. Comme garniture, utilisez des oignons coupés en fines tranches pour le contraste.

Burgers de haricots noirs

720 ml (3 tasses) de haricots noirs cuits (voir page 64)

480 ml (2 tasses) de riz brun cuit (voir page 62)

240 ml (1 tasse) de chapelure (voir page 60)

60 ml (¼ tasse) d'oignons verts hachés

15 ml (1 c. à soupe) de poudre de chili

15 ml (1 c. à soupe) de ketchup

2,5 ml (½ c. à thé) sel

2,5 ml (½ c. à thé) de poivre noir fraîchement moulu

6 petits pains de blé entier

Tempeh croustillants

336 g (12 onces) de tempeh, coup en fines tranches

30 ml (2 c. à soupe) de poudre de chili

2,5 ml (½ c. à thé) de sel

2,5 ml (½ c. à thé) de poivre

1. Préchauffer le four à 190 °C (375 °F). Vaporiser une plaque à pâtisserie avec le vaporisateur antiadhésif à cuisson.

2. Pour préparer les burgers de haricots noirs : combiner les haricots, le riz, la chapelure, les oignons verts, la poudre de chili, le ketchup, le sel et le poivre dans un robot culinaire et passer, en ajoutant juste assez d'eau pour mélanger les ingrédients, jusqu'à consistance lisse. Former 6 pâtés de taille égale, et réfrigérer pendant 1 heure.

3. Entre-temps, pour préparer le tempeh croustillant : remuer le tempeh avec la poudre de chili, le sel et le poivre. Étendre les tranches également sur une plaque à pâtisserie pendant environ 15 minutes, ou jusqu'à ce qu'elles soient brunes et croustillantes. Retirer du four, et réserver.

4. Chauffer un poêlon à feu moyen, et vaporiser avec le vaporisateur anti-adhésif à cuisson. Ajouter les pâtés, en cuisant pendant 5 minutes par côté, ou jusqu'à ce qu'ils soient suffisamment chauffés. Mettre chaque burger sur un petit pain de blé. Garnir avec les chips de tempeh et vos condiments préférés.

PAR PORTION : 490 CAL ; 26 G PROT ; 8 G MAT GR ; 81 G CARB ; 0 MG CHOL ; 820 MG SOD ; 16 G FIBRES

SAVOUREUSE TARTE AUX POMMES DE TERRE

Vous êtes perplexe quant à la façon d'utiliser le reste de la purée ? Ou vous ne pouvez attendre pour utiliser les restes ? La plupart des supermarchés vendent de la purée déjà préparée. Transformez les pommes de terre en une savoureuse tarte pour accompagner la salade d'épinards avec tempeh croustillant (page 195) et des fruits frais au dessert.

30 ml (2 c. à soupe) d'huile végétale

360 ml (1½ tasse) de purée de pommes de terre (page 386)

360 ml (1½ tasse) de pois frais ou congelés

170 g (6 onces) de « viande hachée » de soja

112 g (4 onces) de fromage râpé suisse faible en matières grasses

2 gros œufs, battus

60 ml (¼ tasse) de persil frais émincé, pour garnir

360 ml (1½ tasse ou 3½ onces) de rondelles d'oignons frites

1. Préchauffer le four à 190 °C (375 °F). Vaporiser un moule à tarte ou à gâteau avec un vaporisateur antiadhésif à cuisson, et réserver.

2. Chauffer l'huile dans un grand poêlon à feu moyen, et incorporer les pommes de terre, les pois et la « viande hachée ». Cuire, en remuant fréquemment, pendant environ 5 minutes.

3. Entre temps, combiner le fromage et les œufs. Incorporer le mélange de « viande hachée » et bien mélanger. Avec une cuillère, verser dans le moule à tarte.

4. Cuire pendant 20 à 25 minutes, ou jusqu'à ce que le dessus devienne légèrement doré et que le centre soit ferme. Retirer du four, et garnir avec le persil et les rondelles d'oignon.

PAR PORTION : 280 CAL ; 18 G PROT ; 13 G MAT GR ; 23 G CARB ; 80 MG CHOL ; 460 MG SOD ; 3 G FIBRES

« SAUCISSE » ET PURÉE

Inspiré par le populaire plat britannique «Bangers and Mash», ou saucisses et purée de pommes de terre, cette recette troque la viande pour des rondelles de «saucisse» à base de soja. Servez ce plat accompagné d'épinards cuits à la vapeur auxquels on a ajouté une goutte de jus de citron et un filet d'huile d'olive.

1,1 kg (2½ livres) de petites pommes de terre lavées et pelées

Sel et poivre noir fraîchement moulu, au goût

5 ml (1 c. à thé) d'huile d'olive

1 gros oignon, coupé en deux dans le sens de la longueur et tranché

5 ml (1 c. à thé) de sucre cristallisé

2,5 ml (½ c. à thé) de thym séché

30 ml (2 c. à soupe) de farine tout usage

360 ml (1½ tasse) de bouillon de champignons ou de légumes (page 431)

80 ml (⅓ tasse) de vin rouge

15 ml (1 c. à soupe) de sauce soja faible en sodium

224 g (8 onces) de « saucisse » de soja, décongelé et coupé en morceaux de la taille d'une bouchée

240 ml (1 tasse) de lait ou de lait de soja faible en matières grasses, chauffé

5 ml (1 c. à thé) de beurre non salé ou de margarine

1. Cuire les pommes de terre dans de l'eau pour couvrir avec du sel jusqu'à ce qu'elles soient tendres, pendant 20 à 40 minutes. (Le temps de cuisson dépend de la taille et de la fraîcheur des pommes de terre.) Égoutter, et réserver.

2. Entre temps, chauffer l'huile dans une grande casserole à feu moyen-élevé. Ajouter l'oignon, le sucre et le thym, et cuire, en remuant fréquemment, jusqu'à ce que les tranches d'oignons soient dorées. Incorporer la farine, et cuire, en remuant, pendant 2 minutes. Incorporer le bouillon, le vin et la sauce de soja. Cuire jusqu'à ce que le mélange ait épaissi, en remuant constamment. Ajouter la « saucisse » à la sauce, et cuire jusqu'à ce que les ingrédients soient chauffés.

3. Laver les pommes de terre, et écraser avec un presse-purée. Ajouter le lait et le beurre chaud, et fouetter les pommes de terre avec un batteur à main jusqu'à velouté. Ajouter le sel et le poivre au goût. Servir la purée de pommes de terre garnie avec la sauce et les « saucisses ».

PAR PORTION : 387 CAL ; 15 G PROT ; 9 G MAT GR ; 63 G CARB ; 3 MG CHOL ; 949 MG SOD ; 7 G FIBRES

TAMALES AU « BŒUF »

La combinaison du chili en poudre, de fromages assortis et de chilis jalapeño fait triompher dans ce plat les saveurs tex-mex. Cependant, ce plat principal substantiel, est un parent de l'authentique tamale mexicain, avec la farine de maïs comme principal féculent.

15 ml (1 c. à soupe) d'huile végétale

240 ml (1 tasse) d'oignons hachés

2 chilis jalapeño, émincés

2 gousses d'ail, émincées

900 g (2 livres) de tranches de « steak » à base de soja

1 boîte de 960 ml (32 onces) de haricots pinto, égouttés et lavés

1 boîte de 960 ml (32 onces) de tomates, avec le jus

480 ml (2 tasses) de maïs en grains frais ou congelé

45 ml (3 c. à soupe) de poudre de chili

15 ml (1 c. à soupe) de cumin en poudre

5 ml (1 c. à thé) de feuilles de cilantro

Sel et poivre noir fraîchement moulu au goût

1 litre (4 tasses) de bouillon de légumes (page 431)

240 ml (1 tasse) de farine de maïs jaune

240 ml (1 tasse) de fromage Monterey Jack et/ou de fromage cheddar râpé

1. Chauffer l'huile dans un grand poêlon à feu moyen. Faire sauter les oignons et les jalapeños pendant environ 3 minutes. Ajouter l'ail et faire sauter pendant 30 secondes, ou jusqu'à doré.

2. Ajouter les tranches de « bifteck » au poêlon. Incorporer les haricots, les tomates, le maïs, la poudre de chili, le cumin, le cilantro, le sel et le poivre, et cuire pendant 10 minutes.

3. Entre temps, porter 720 ml (3 tasses) de bouillon de légumes à ébullition dans une grande casserole. Combiner les 240 ml (1 tasse) du bouillon restant avec la farine de maïs dans un bol. Mélanger le bouillon bouillant, en remuant constamment pour éviter que se forment des grumeaux, et brasser jusqu'à consistance lisse. Réduire à feu doux, et cuire jusqu'à ce que le mélange épaississe, pendant environ 30 minutes. Retirer du feu. Avec une cuillère, verser le mélange de farine de maïs dans un plat de cuisson de 22,86 cm x 33,02 cm (9 pouces x 13 pouces).

4. Préchauffer le four à 180 °C (350 °F).

5. Cuire le mélange de farine de maïs pendant 20 minutes. Retirer du four, disposer en une couche le mélange de « bifteck » sur la farine de maïs et saupoudrer dessus le fromage. Cuire pendant 10 minutes de plus, ou jusqu'à ce que le fromage fonde. Retirer du four, et servir.

PAR PORTION : 400 CAL ; 28 G PROT ; 7 G MAT GR ; 60 G CARB ; 15 MG CHOL ; 1 330 MG SOD ; 15 G FIBRES

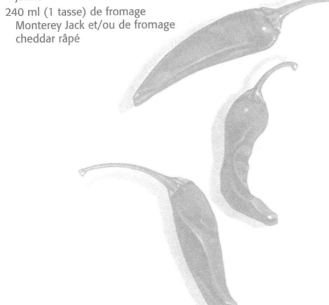

PIZZA AU « POULET » À L'ESTRAGON

Ces pizzas savoureuses se marient bien avec une salade arugula, et pour demeurer dans la thématique italienne, essayez les glaces spumoni, tiramisù ou gelato comme dessert.

3 croûtes à pizza de 17,78 cm (7 pouces) précuites

15 ml (1 c. à soupe) d'huile d'olive

170 g (6 onces) de tranches de « poulet » à base de soja

5 ml (1 c. à thé) de poudre d'ail

1 poivron rouge rôti (voir page 59), coupé en tranches

480 ml (2 tasses) de cœurs d'artichaut en quartiers

60 ml (¼ tasse) de tomates séchées au soleil, scellées dans leur huile, bien égouttées

3 brins d'estragon frais

480 ml (2 tasses) de fromage mozzarella râpé faible en matières grasses

60 ml (¼ tasse) de fromage parmesan râpé

1. Préchauffer le four à 230 °C (450 °F). Vaporiser chaque croûte de pizza avec le vaporisateur antiadhésif à cuisson, et mettre sur une plaque à pâtisserie.

2. Chauffer l'huile dans un grand poêlon à feu moyen. Faire sauter les tranches de « poulet » pendant 2 minutes, et assaisonner avec de l'ail. Ajouter le poivron et les cœurs d'artichaut au poêlon et faire sauter pendant 2 minutes de plus.

3. Diviser les tomates et le mélange de « poulet » également entre les croûtes de pizza et saupoudrer d'estragon, de mozzarella et de parmesan.

4. Cuire pendant 10 minutes, ou jusqu'à ce que le fromage fonde. Retirer du four, et servir chaud.

PAR PORTION (UNE DEMI-PIZZA): 400 CAL ; 25 G PROT ; 16 G MAT GR ; 42 G CARB ; 25 MG CHOL ; 870 MG SOD ; 3 G FIBRES

soupes
et ragoûts

SI VOUS CHERCHEZ UNE FAÇON IDÉALE DE
simplifier les heures du repas, réduire le temps
de cuisson ou économiser sur le coût du panier
d'alimentation, alors l'humble — ou l'élégant —
bol de soupe ou le ragoût est la réponse. Il peut
être difficile de distinguer un potage d'un ragoût
puisque les ragoûts ne sont que des potages plus
nourrissants. Dans les deux cas, les potages et
les ragoûts ne grèvent pas le budget et peuvent
facilement nourrir une famille ou un groupe —
et n'oubliez pas à quel point ces plats peuvent
être délicieux ! Il convient de vous rappeler que
les recettes dans ce chapitre et ailleurs dans le livre
qui font appel au bouillon de légumes peuvent
utiliser le bouillon de légumes acheté en magasin plutôt que celui fait maison.

SOUPE À LA CRÈME DE COURGE MUSQUÉE

Vous pouvez utiliser toutes les variétés de courge d'hiver pour préparer ce potage — chacune donnera un goût légèrement différent. Vous êtes pressé ? Utilisez plutôt la matière solide du potiron en conserve. Pour réduire le nombre de calories, utilisez le lait entier évaporé en conserve plutôt que la crème.

1 courge musquée, coupée en deux et épépinée

30 ml (2 c. à soupe) de beurre

240 ml (1 tasse) d'oignon émincé

5 ml (1 c. à thé) de coriandre moulue

5 ml (1 c. à thé) de cardamome moulue

2,5 ml (½ c. à thé) de noix de muscade moulue

480 ml (2 tasses) de bouillon de légumes au poulet

5 ml (1 c. à thé) de sel

2,5 ml (½ c. à thé) de poivre blanc

360 ml (1½ tasse) de crème épaisse

1. Préchauffer le four à 180 °C (350 °F).

2. Mettre la courge musquée du côté tranché sur une plaque à pâtisserie. Cuire à 180 °C (350 °F) environ 25 minutes, ou jusqu'à tendre et qu'un couteau enfoncé dans la chair puisse être retiré sans difficulté. Retirer du four, et réserver pour refroidir. Lorsque la courge est suffisamment refroidie pour être manipulée, gratter la chair, et réduire en purée. Mesurer 720 ml (3 tasses), et conserver le reste en vue d'une autre utilisation.

3. Chauffer le beurre dans une casserole à feu moyen, et ajouter l'oignon. Réduire à feu doux, et cuire jusqu'à ce que l'oignon soit transparent, mais pas brun. Ajouter 720 ml (3 tasses) de purée de courge, la coriandre, la cardamome, la muscade, le bouillon, le sel et le poivre. Cuire pendant 15 minutes. (Le potage peut être préparé à l'avance à cette étape, et sa préparation terminée juste avant de servir.)

4. Ajouter la crème épaisse, et ramener le mélange à feu doux. Ajuster les assaisonnements, retirer du feu, et servir.

PAR PORTION : 210 CAL ; 2 G PROT ; 20 G MAT GR ; 8 G CARB ; 70 MG CHOL ; 1 170 MG SOD ; 2 G FIBRES

SOUPE À LA COURGE MUSQUÉE ET AUX ARACHIDES

Incroyable mais vrai ! Cette combinaison de courge et d'arachides est unique et délicieuse.

30 ml (2 c. à soupe) d'huile végétale

10 ml (2 c. à thé) de graines
de cumin ou 5 ml (1 c. à thé)
de cumin moulu

480 ml (2 tasses) d'arachides
non salées, de préférence crues

2 oignons moyens, coupés en dés

2 gousses d'ail, émincées

3 carottes, pelées et coupées en dés

4 branches de céleri, coupées en dés

10 ml (2 c. à thé) de gingembre frais
râpé ou 5 ml (1 c. à thé) de
gingembre moulu

0,5 ml (⅛ c. à thé) de poivre noir
fraîchement moulu

0,5 ml (⅛ c. à thé) de poivre
de Cayenne, facultatif

0,5 ml (⅛ c. à thé) de thym séché

1,4 litre (6 tasses) de bouillon de
légumes (page 431) ou d'eau

1 grosse courge musquée, pelée
et coupée en morceaux de
2,54 cm (1 pouce)

60 ml (¼ tasse) de jus de citron
frais

Sel de mer et poivre noir moulu,
au goût

1. Chauffer l'huile dans une grande casserole à feu moyen. Lorsque chaud, ajouter le cumin et les arachides, et faire sauter jusqu'à ce que les arachides commencent à brunir et le cumin à être odorant. Augmenter le feu à moyen-élevé, et ajouter les oignons, l'ail, les carottes, le céleri et les assaisonnements. Cuire les légumes jusqu'à ramollissement de la chair. Ajouter le bouillon et la courge, et cuire jusqu'à ce que la courge soit très molle.

2. Mettre le mélange dans un mélangeur ou un robot culinaire, et réduire en purée jusqu'à consistance lisse. Remettre dans la casserole. Ajouter le jus de citron, et assaisonner avec le sel et le poivre. Servir chaud.

PAR PORTION : 210 CAL ; 8 G PROT ; 15 G MAT GR ; 16 G CARB ; 0 MG CHOL ;
170 MG SOD ; 5 G FIBRES

SOUPE À L'OIGNON PRESQUE CLASSIQUE

La version traditionnelle de la soupe à l'oignon fait appel au bouillon de bœuf, mais ici le goût corsé est communiqué par les herbes. Servez la soupe avec des toasts à l'ail ou des croûtons. Un bouquet garni est un assaisonnement français traditionnel, qui comprend le persil, la feuille de laurier et le thym, liés ensemble au moment de la cuisson, puis jeter ensuite.

1 bouquet garni, avec herbes additionnelles de votre choix, fraîches ou séchées, comme romarin, marjolaine, aneth, graines de coriandre, graines de céleri (voir ci-dessous)

10 ml (2 c. à thé) d'huile d'olive

1 à 1,4 litre (4 à 6 tasses) d'oignons coupés en fines tranches

1 pincée de sel

1,4 litre (6 tasses) d'eau ou de bouillon de légumes (page 431)

Sel, sauce soja faible en sodium, ou miso léger au goût, facultatif

Oignons verts coupés en tranches ou persil frais émincé pour garnir

1. Choisir les herbes pour le bouquet garni, puis les attacher ensemble. Réserver.

2. Chauffer l'huile dans une grande casserole à feu moyen-doux, et faire cuire les oignons. Ajouter le sel pour empêcher que les ingrédients collent, et remuer fréquemment. Couvrir la casserole, en laissant le couvercle légèrement entrouvert. Faire cuire les oignons pendant 30 minutes à 1 heure, ou jusqu'à ce qu'ils soient dorés et qu'ils aient été réduits à environ un tiers de leur volume original.

3. Ajouter l'eau avec le bouquet garni. Cuire pendant au moins 30 minutes. Enlever le bouquet garni. Assaisonner avec le sel, la sauce soja ou le miso. Garnir avec des oignons verts ou le persil frais, et servir.

PAR PORTION : 71 CAL ; 1 G PROT ; 3 G MAT GR ; 10 G CARB ; 0 MG CHOL ; 69 MG SOD ; 2 G FIBRES

Bouquet Garni

Pour faire un bouquet garni, mettre 1 feuille de laurier, 4 tiges de persil, 2 brins de thym dans un petit carré de coton à fromage, puis lier les bouts ensemble. Jeter dans un faitout ou une soupière. Enlever le bouquet avant de servir.

SOUPE AUX LÉGUMES VERTS ET AU GINGEMBRE

Dans ce potage, les légumes verts s'animent grâce à un peu de gingembre frais, une note inspirée.

240 ml (1 tasse) d'oignons hachés

240 ml (1 tasse) de céleri ou de fenouil haché

240 ml (1 tasse) de pommes de terre pelées et coupées en cubes

1 petite courgette, hachée

80 ml (⅓ tasse) de riz blanc basmati, ou autre riz blanc non cuit

0,5 ml (⅛ c. à thé) de poivre blanc

1 feuille de laurier

1 pincée de thym séché

1 pincée de basilic séché

1 litre (4 tasses) de haricots à écosser

60 ml (¼ tasse) de persil frais haché

1 morceau de gingembre frais de 7,62 cm (3 pouces)

2,5 ml (½ c. à thé) de sel, ou au goût

1,25 ml (¼ c. à thé) de poivre noir fraîchement moulu, ou au goût

30 à 45 ml (2 à 3 c. à soupe) de garniture de votre choix, comme : ciboulette fraîche hachée, menthe, cilantro, oignons verts ou feuilles de basilic

1. Combiner l'oignon, le céleri ou le fenouil, les pommes de terre, la courgette, le riz, le poivre blanc, la feuille de laurier, le thym, le basilic et 1,6 à 1,9 litre (7 à 8 tasses) d'eau dans une grande casserole. Porter à ébullition, réduire à feu moyen-doux, et cuire jusqu'à ce que les pommes de terre soient tendres, pendant environ 15 minutes. Ajouter les haricots verts, et cuire, à découvert, jusqu'à ce qu'ils soient tendres, pendant environ 10 minutes. Ajouter le persil. Enlever, et jeter la feuille de laurier.

2. Mettre les ingrédients en lots dans un robot culinaire ou un mélangeur, et réduire en purée jusqu'à consistance lisse, en ajoutant de l'eau si nécessaire. Peler le gingembre, gratter et extraire le jus de gingembre avec une passoire dans un petit bol. Ajouter 10 à 15 ml (2 à 3 c. à thé) du jus au potage. Ajouter le sel, le poivre et la garniture de votre choix. Servir chaud ou froid.

PAR PORTION : 98 CAL ; 3 G PROT ; 0,4 G MAT GR ; 21 G CARB ; 0 MG CHOL ; 200 MG SOD ; 5 G FIBRES

SOUPE À LA KABOCHA

La kabocha est une courge d'hiver d'origine japonaise, bien qu'elle soit généralement vendue aujourd'hui aux États-Unis. Elle est ronde et a une couleur vert foncé. Vous pouvez la trouver dans les supermarchés bien approvisionnés, les magasins d'aliments naturels ou dans les épiceries asiatiques.

3 poireaux, coupés en fines tranches

30 ml (2 c. à soupe) d'huile végétale

3 pommes vertes, pelées, évidées et coupées en dés

1 courge kabocha, pelée, épépinée et coupée en dés

1 litre (4 tasses) de bouillon de légumes (page 431)

1 boîte de 360 ml (12 onces) de lait évaporé ou de lait écrémé évaporé

720 ml (3 tasses) de riz brun à grain court cuit

1,25 ml (¼ c. à thé) de gingembre moulu

Sel au goût

1. Faire cuire les poireaux dans l'huile dans une grande casserole à feu doux pendant 10 minutes, en remuant de temps en temps. Ajouter les pommes, la courge et le bouillon. Porter à ébullition, réduire à feu doux, couvrir et cuire pendant 10 minutes.

2. Ajouter le lait, le riz, le gingembre et le sel. Chauffer suffisamment, et servir.

PAR PORTION : 270 CAL ; 8 G PROT ; 5 G MAT GR ; 51 G CARB ; 2 MG CHOL ; 197 MG SOD ; 8 G FIBRES

Considéré au Japon comme un mets raffiné, ce potage est mis au goût du jour : dans cette recette le tofu remplace les œufs. Le kombu est une sorte d'algue séchée, populaire dans la cuisine japonaise. On le trouve dans les magasins d'aliments naturels et les marchés japonais. On trouve les noix de ginkgo en automne et en hiver dans les magasins d'alimentation pour gourmets et les marchés japonais. Les ginkgos frais doivent être décortiqués, puis trempés dans l'eau chaude et pelés. On peut aussi trouver ces noix en conserve dans la saumure. Lavez-les avant des les utiliser.

450 g (1 livre) de tofu mou

240 ml (1 tasse) de bouillon de légumes (page 431), de préférence fait avec du kombu

30 ml (2 c. à soupe) de sauce soja faible en sodium

45 ml (3 c. à soupe) de saké, de vin blanc ou de xérès sec

4 à 8 tiges d'asperges

4 gros champignons communs ou shiitake (frais ou séché et reconstitué), coupés en deux ou en quatre

8 à 12 noix de ginkgo, décortiqués, facultatif

2 oignons verts, émincés ou coupés en tranches

1. Mettre le tofu, le bouillon, la sauce soja et le saké dans un robot culinaire ou un mélangeur, et réduire en purée jusqu'à ce que les ingrédients soient bien mélangés. Couper les asperges sur une longueur de 1,27 cm (½ pouce), et cuire à la vapeur jusqu'à à tendre, pendant 2 à 3 minutes.

2. Diviser uniformément les asperges, champignons et les noix de ginkgo dans des bols à soupe profonds. Les remplir avec le bouillon de tofu au trois-quarts. Couvrir chaque bol d'une feuille d'aluminium et placer les bols dans une grande casserole. Ajouter suffisamment d'eau pour couvrir le fond des bols. Couvrir la casserole et amener à ébullition, réduire à feu doux, et cuire pendant 40 minutes. Parsemer chaque bol d'oignons verts et servir chaud.

PAR PORTION : 98 CAL ; 10 G PROT ; 4 G MAT GR ; 6 G CARB ; 0 MG CHOL ; 524 MG SOD ; 2 G FIBRES

SOUPE AUX ÉPINARDS ET AUX POIS

Cette soupe «facile à préparer» est d'un vert intense.

7 ml (½ c. à soupe) d'huile d'olive

7 ml (½ c. à soupe) de beurre
non salé

2 poireaux moyens, coupés
en tranches

1 oignon moyen, tranché

3 carottes moyennes, coupées
en rondelles

1 branche de céleri, hachée

10 brins de persil frais, hachés

1,25 ml (¼ c. à thé) de marjolaine
séchée ou 5 ml (1 c. à thé) de
marjolaine fraîche

5 ml (1 c. à thé) de sel

240 ml (1 tasse) de pois frais
ou congelé

1 botte d'épinards, bien lavés,
avec les tiges

Poivre noir fraîchement moulu,
au goût

5 à 10 ml (1 à 2 c. à thé) de jus
de citron frais ou de vinaigre de
vin blanc

Calendula, fleurs de bourrache
ou de croûtons pour la garniture,
facultatif

1. Chauffer l'huile et le beurre dans une grande casserole à feu moyen-élevé. Ajouter les poireaux, l'oignon, les carottes, le céleri, le persil, la marjolaine, le sel et 120 ml (½ tasse) d'eau. Bien remuer, cuire pendant 1 ou 2 minutes et ajouter 1,2 litre (5 tasses) d'eau. Porter à ébullition, réduire à feu doux, couvrir, et cuire jusqu'à ce que les légumes soient tendres, pendant environ 25 minutes.

2. Incorporer les pois et les feuilles des épinards dans le potage, et cuire jusqu'à ce qu'ils se flétrissent et deviennent d'un vert brillant. Retirer du feu. Mettre le mélange de soupe dans un robot culinaire ou un mélangeur, et réduire en purée jusqu'à consistance lisse. Remettre la purée dans la casserole.

3. Assaisonner avec le poivre, et incorporer suffisamment de jus de citron ou de vinaigre pour plus de saveur. Garnir avec des fleurs de bourrache ou des croûtons, si utilisés, et servir immédiatement.

PAR PORTION : 83 CAL ; 5 G PROT ; 2 G MAT GR ; 13 G CARB ; 3 MG CHOL ; 453 MG SOD ; 5 G FIBRES

SOUPE AUX HARICOTS NOIRS

Mélange crémeux, ce potage riche et nourrissant se prépare en quelques minutes.

2 boîtes de 465 ml (15½ onces) de haricots noirs, égouttés et bien rincés

15 ml (1 c. à soupe) d'ail émincé

15 ml (1 c. à soupe) de flocons d'oignon séché

360 ml (1½ tasse) de bouillon de légumes (page 431)

170 g (6 onces) de tofu mou et soyeux

Sel et poivre fraîchement moulu au goût

480 ml (2 tasses) de croûtons comme garniture, facultatif

120 ml (½ tasse) de rondelles d'oignons frits comme garniture, facultatif

60 ml (4 c. à soupe) de crème sure faible en gras comme garniture, facultatif

1. Mettre 1 boîte de haricots dans un robot culinaire ou un mélangeur. Ajouter l'ail, les flocons d'oignon, 180 ml (¾ tasse), le tofu, le sel et le poivre, et réduire en purée jusqu'à consistance lisse.

2. Mettre ce mélange dans une grande casserole, et ajouter le reste des haricots et le reste du bouillon de légumes. Chauffer à feu moyen jusqu'à chaud. Avec une louche, verser dans les bols à soupe individuels, garnir de croûtons, de rondelles d'oignon et de crème sure, et servir.

PAR PORTION : 230 CAL; 17 G PROT ; 1,5 G MAT GR ; 42 G CARB ; 0 MG CHOL ; 780 MG SOD ; 14 G FIBRES

POTAGE FROID RAFRAÎCHISSANT

Ce potage froid contient plein de légumes croquants.

1 boîte de 1,2 litre (5 tasses) de jus
de tomates

1 petit oignon rouge, haché fin

1 gousse d'ail, émincée

120 ml (½ tasse) de maïs en grains
frais ou congelé

1 boîte de 450 ml (15 onces) de
haricots noirs, égouttés et rincés

1 concombre, épépiné et coupé
en dés

1 poivron rouge, épépiné et coupé
en dés

1 poivron vert, épépiné et coupé en
dés

1 courgette, coupée en dés

1 branche de céleri, coupée en dés

4 oignons verts, émincés

1 boîte de 120 ml (4 onces) de
chilis verts

240 ml (1 tasse) de jicama haché fin

60 ml (¼ tasse) de cilantro haché
ou de persil frais

30 ml (2 c. à soupe) de vinaigre de
vin rouge

30 ml (2 c. à soupe) de jus de lime
frais

Sauce piquante aux piments au goût

5 ml (1 c. à thé) de raifort préparé

Poivre noir fraîchement moulu au
goût

16 biscottes, pour garnir

1. Verser le jus de tomate dans un grand bol, et réserver. Mettre l'oignon, l'ail et 60 ml (¼ tasse) d'eau dans une casserole. Cuire et remuer jusqu'à ce que l'oignon ramollisse légèrement, pendant environ 2 minutes.

2. Ajouter le mélange d'ail et d'oignon et les ingrédients restants, sauf les biscottes, au jus de tomate. Bien remuer. Couvrir et réfrigérer plusieurs heures afin de permettre aux saveurs de se mélanger. Remuer bien et verser dans des bols de soupe. Garnir avec les biscottes.

PAR PORTION : 143 CAL ; 6 G PROT ; 0,3 G MAT GR ; 28 G CARB ; 0 MG CHOL ;
774 MG SOD ; 6 G FIBRES

SOUPE AU PESTO

Un grand hors-d'œuvre que l'on peut servir à tout repas, ce savoureux mélange froid de tomates mûres, d'herbes et de légumes peut se retrouver sur votre table en un rien de temps.

120 ml (½ tasse) de tomate hachée

80 ml (⅓ tasse) d'oignon haché fin

1 petite gousse d'ail, hachée

120 ml (½ tasse) de carotte râpée

120 ml (½ tasse) de betterave râpée

60 ml (¼ tasse) de noix de pin

180 ml (¾ tasse) de feuilles de basilic

30 ml (2 c. à soupe) de sauce soja

15 ml (1 c. à soupe) de vinaigre de cidre de pommes, facultatif

Feuilles de basilic fraîches, pour garnir, facultatif

1. Combiner tous les ingrédients et 1,4 litre (6 tasses) d'eau, sauf le basilic pour la garniture, dans un mélangeur ou un robot culinaire, et passer jusqu'à ce que les ingrédients soient hachés fin, mais pas homogènes.

2. Diviser en 6 bols à servir. Garnir avec les feuilles de basilic, si désiré, et servir.

PAR PORTION : 61 CAL ; 3 G PROT ; 4 G MAT ; 6 G CARB ; 0 MG CHOL ; 124 MG SOD ; 2 G FIBRES

SOUPE AUX POIS AVEC QUINOA

Le quinoa translucide ajoute une texture nacrée à ce potage d'un vert vibrant. Assurez-vous d'enlever tout grain de quinoa décoloré avant la cuisson, car ces grains formeront des taches brunes dans le plat.

120 ml (½ tasse) de quinoa, lavé et égoutté

240 ml (1 tasse) d'eau froide

10 ml (2 c. à thé) d'huile végétale

1 oignon moyen, haché

720 ml (3 tasses) de bouillon de légumes (page 431)

1 litre (4 tasses) de pois frais ou congelés

180 ml (6 onces) de yogourt de soja nature

1 pincée de sel et de poivre blanc

30 ml (2 c. à soupe) de feuilles de menthe fraîches râpées, facultatif

1. Combiner le quinoa et l'eau dans une casserole moyenne. Couvrir et porter à ébullition à feu moyen-élevé. Réduire à feu doux, couvrir et cuire jusqu'à ce que l'eau soit absorbée, environ 15 minutes. Remuer avec une fourchette, et réserver.

2. Entre temps, chauffer l'huile dans une grande casserole à feu moyen-élevé. Ajouter l'oignon et le cuire, en remuant fréquemment, jusqu'à ramollissement de la chair, pendant 4 à 5 minutes. Ajouter le bouillon de légumes, couvrir, et porter à ébullition. Ajouter les pois, réduire à feu moyen, et cuire jusqu'à ce que les pois soient tendres, pendant environ 5 minutes.

3. Réserver 120 ml (½ tasse) de pois. Mettre le reste des pois dans un robot culinaire ou un mélangeur, et réduire en purée jusqu'à consistance lisse. Faire passer la purée à travers une passoire aux mailles fines dans la casserole, en utilisant une spatule en caoutchouc pour presser le mélange à travers les mailles. Incorporer le quinoa réservé, les pois, le yogourt, le sel et le poivre.

4. Réchauffer à feu doux, en remuant de temps en temps. Avec une louche, verser la soupe dans 6 bols et garnir chaque portion avec de la menthe.

PAR PORTION : 207 CAL ; 9 G PROT ; 3 G MAT GR ; 28 G CARB ; 0 MG CHOL ; 281 MG SOD ; 6 G FIBRES

SOUPE FROIDE DE LA FERME AVEC SALSA

Achetez pour ce potage froid et fortifiant les légumes de la ferme les plus frais que vous pouvez trouver. Si vous pouvez trouver des tomates mûres et des chilis forts, préparez votre propre salsa, sinon achetez votre salsa préférée.

4 gros concombres, pelés

4 poivrons verts, épépinés

240 ml (1 tasse) de feuilles de cilantro

480 ml (2 tasses) d'oignons verts coupés en tranches (environ 2 bottes)

120 ml (½ tasse) de chilis verts doux mexicains, en conserve

2 gousses d'ail, écrasées

15 ml (1 c. à soupe) de vinaigre de vin blanc

7,5 ml (1½ c. à thé) de sel

60 ml (¼ tasse) d'huile d'olive

360 ml (1½ tasse) de salsa, pour garnir

1. Couper les concombres en deux dans le sens de la longueur, et couper en gros morceaux. Couper les poivrons en dés. Mettre les concombres, les poivrons, le cilantro, les oignons et les chilis verts dans un mélangeur ou un robot culinaire, et passer jusqu'à consistance lisse.

2. Ajouter l'ail, le vinaigre, le sel et l'huile d'olive, et bien mélanger. Ajouter 480 ml (2 tasses) d'eau, goûter et ajuster les assaisonnements avec le sel et le vinaigre. Ajouter plus d'eau pour réduire le potage, si nécessaire.

3. Remplir 2 contenants à glaçons avec le potage et congeler toute la nuit. Laisser refroidir le reste. Mettre les cubes gelés du potage refroidi dans de grands récipients à isolation thermique. Au moment de servir, verser le potage dans des tasses, et garnir chaque tasse avec une grande cuillerée de salsa.

PAR PORTION : 130 CAL ; 3 G PROT ; 7 G MAT GR ; 16 G CARB ; 0 MG CHOL ; 690 MG SOD ; 5 G FIBRES

Cette version actualisée du potage classique provençal ne contient pas de fromage parmesan et est garnie de légumes.

Haricots noirs

360 ml (1½ tasse) de haricots noirs secs, rincés

1 gros oignon, coupé en dés

6 gousses d'ail, émincées

Sel et poivre noir fraîchement moulu au goût

8 grandes feuilles de basilic, en juliennes, pour garnir

Garniture de légumes

170 ml (6 onces) de haricots verts, tranchés en diagonale en morceaux de 2,54 cm (1 pouce)

2 petites courgettes, taillées et coupées en cubes

½ pommes de terre, pour croûtons, facultatif

Purée de basilic

80 ml (⅓ tasse) d'huile d'olive

4 grosses gousses d'ail

360 ml (1½ tasse) de feuilles de basilic fraîches

Sel et poivre noir fraîchement moulu au goût

1. Pour préparer les haricots noirs : Mettre dans une grande marmite, et ajouter suffisamment d'eau pour couvrir 5,08 cm (2 pouces). Couvrir la marmite, réserver à la température de la pièce, et faire tremper toute la nuit.

2. Égoutter les haricots, et remettre dans la marmite. Couvrir avec 2,8 litres (12 tasses) d'eau. Ajouter l'oignon et l'ail, et porter à ébullition, en enlevant l'écume à la surface. Réduire à feu doux, et cuire jusqu'à ce que les haricots soient très tendres, pendant environ 1½ heure, en remuant de temps en temps. Ajouter de l'eau, si nécessaire, ou faire bouillir le potage jusqu'à ce qu'il ait épaissi, mais sans qu'il devienne sec. Assaisonner avec le sel et le poivre au goût.

3. Pour préparer la garniture de légumes : couvrir une grille avec des serviettes de papier. Chauffer une casserole d'eau jusqu'à ébullition, et cuire les haricots verts pendant 3 minutes. Ajouter la courgette, et cuire jusqu'à ce que les haricots verts soient tendres, pendant environ 2 minutes de plus. Égoutter, passer les légumes à l'eau froide, et égoutter sur la grille.

4. Pour les croûtons, si utilisés, peler une demi pomme de terre, et couper en dés de 0,32 cm (⅛ pouce). Chauffer l'huile d'arachide à 190 °C (375 °F), et à grande friture, sauter les de pommes de terre en dés jusqu'à ce qu'elles soient dorées. Retirer du feu, égoutter et réserver.

5. Pour préparer la purée de basilic : mettre l'huile, l'ail et le basilic dans un mélangeur, et réduire en purée jusqu'à consistance lisse, en démarrant et en arrêtant l'appareil, afin de pouvoir gratter les côtés du récipient. Assaisonner avec le sel et le poivre.

6. Pour servir, porter la soupe à ébullition. Assaisonner les légumes avec le sel et le poivre. Ajouter au potage les trois quarts des légumes et toute la purée de basilic. Avec une louche, verser le potage dans 4 bols à soupe. Verser le reste des légumes, en les divisant, sur chaque portion, et garnir avec le basilic en juliennes.

PAR PORTION : 320 CAL ; 10 G PROT ; 20 G MAT GR ; 31 G CARB ; 0 MG CHOL ; 8 MG SOD ; 11 G FIBRES

SOUPE AU PISTOU À LA PROVENÇALE

Voici une version délicatement plus légère d'une combinaison provençale traditionnelle : un potage de légumes enrichi de pistou. Le pistou — une sauce au pesto, aux noix, à l'huile d'olive, à l'ail et au basilic — est unique à la région de la Méditerranée en France, puisque le basilic pousse bien dans les climats tempérés. Il ajoute à la fois du corps et un goût intense d'herbes aux potages et aux ragoûts. Cuire le potage avec un choix d'herbes connues comme le bouquet garni permet de rehausser le goût.

Soupe provençale

21 ml (1½ c. à soupe) d'huile d'olive

675 g (1½ livre) de pommes de terre nouvelles, coupées en cubes de 1,27 cm (½ pouce)

450 g (1 livre) de carottes, coupées en diagonale et en tranches de 0,64 cm (¼ pouce) d'épaisseur

240 ml (1 tasse) de céleri coupé en dés

1 bouquet garni (voir page 392)

1 pincée de safran, facultatif

225 g (½ livre) de haricots verts, coupés en morceaux de 2,54 cm (1 pouce)

450 g (1 livre) de courgettes, coupées en cubes de 1,27 cm (½ pouce)

240 ml (1 tasse) de macaroni non cuit

Sel et poivre noir fraîchement moulu, au goût

60 ml (¼ tasse) de feuilles de persil plat

Pistou

120 ml (½ tasse) de noisettes, rôties (page 60)

2 gousses d'ail

720 ml (3 tasses) de basilic frais ou de persil italien

1 petite tomate, pelée, épépinée et hachée

Sel et poivre noir fraîchement moulu, au goût

7 ml (½ c. à soupe) d'huile d'olive

1. Pour préparer le potage à la provençale : chauffer 15 ml (1 c. à soupe) d'huile dans une casserole à feu moyen. Ajouter les pommes de terre, les carottes et le céleri, et cuire, en remuant, pendant environ 5 minutes. Ajouter 2 litres (8 tasses) d'eau, le bouquet garni et le safran, si utilisé. Porter à ébullition, réduire à feu moyen, et cuire pendant 10 minutes.

2. Ajouter les haricots verts et continuer à cuire jusqu'à ce que les légumes soient presque tendres, pendant environ 25 minutes. Ajouter la courgette et le macaroni, et cuire jusqu'à ce que les pâtes soient tendres, pendant 10 minutes de plus. Assaisonner avec le sel et le poivre au goût, incorporer le persil, et verser un filet d'huile avec les 7 ml (½ c. à soupe) d'huile restante. Retirer du feu, couvrir et garder au chaud.

3. Pour préparer le pistou : mettre les noix dans un robot culinaire, ajouter l'ail et passer jusqu'à ce que les noix soient hachées fin. Ajouter le basilic ou le persil et la tomate, et le passer, en grattant le bol, jusqu'à ce que le mélange forme une pâte lisse. Ajouter de l'eau pour réduire au besoin. Vider dans un petit bol, ajouter le sel et le poivre et remuer dans 7,5 ml (½ c. à soupe) d'huile.

4. Pour servir, verser avec une louche le potage dans 6 bols à soupe peu profonds, ou vider dans un plat de service. Incorporer le pistou, ou servir séparément aux invités afin qu'ils le préparent à leur goût.

PAR PORTION : 336 CAL ; 8 G PROT ; 12 G MAT GR ; 52 G CARB ; 0 MG CHOL ; 62 MG SOD ; 9 G FIBRES

SOUPE AUX ARACHIDES ET AUX CAROTTES

Si vous appréciez les aliments épicés, essayez 15 ml (1 c. à soupe) de pâte de curry rouge thaï lorsque vous ajoutez le beurre d'arachides.

45 ml (3 c. à soupe) d'huile d'olive

480 ml (2 tasses) d'oignon coupé en dés

450 g (1 livre) de carottes, pelées coupées en fines tranches

2,5 ml (½ c. à thé) de poivre de Cayenne

10 ml (2 c. à thé) de sel

1 litre (4 tasses) de bouillon de légumes (page 431)

120 ml (½ tasse) de beurre d'arachides

120 ml (½ tasse) d'arachides rôties à sec hachées, pour garnir, facultatif

1. Chauffer l'huile d'olive dans une casserole de 3 litres (12 tasses). Faire sauter l'oignon jusqu'à ce qu'il ait ramolli et soit doré. Ajouter les carottes, et faire sauter pendant 5 minutes. Ajouter le poivre de Cayenne, le sel et le bouillon, couvrir et cuire pendant 20 minutes, ou jusqu'à ce que les carottes soient très tendres. Réduire les carottes et les oignons en purée dans un mélangeur ou un robot culinaire, et remettre dans la marmite.

2. Ajouter le beurre d'arachides, et bien battre. Cuire pendant 5 minutes. Ajuster les assaisonnements au goût. Avec une louche, verser dans 6 bols, et saupoudrer 15 ml (1 c. à soupe) d'arachides hachées sur chaque portion.

PAR PORTION : 250 CAL ; 6 G PROT ; 18 G MAT GR ; 19 G CARB ; 0 MG CHOL ; 1 060 MG SOD ; 4 G FIBRES

SOUPE ÉPICÉE ET GLACÉE AUX PRUNES

Apprécié les jours de canicule, ce potage a une apparence et un goût merveilleux avec ces gros morceaux de glace flottant à la surface. La texture du potage est suffisamment épaisse pour que la glace qui fond dans le bol ne nuise pas à la recette.

1,3 kg (3 livres) de prunes pourpres ou rouges très mûres en quartiers et dénoyautés

Jus et zeste de 1 orange

480 ml (2 tasses) de jus d'orange

60 ml (¼ tasse) de miel, ou plus au besoin

5 ml (1 c. à thé) de cannelle moulue

1,25 ml (¼ c. à thé) de clous de girofle moulus

1,25 ml (¼ c. à thé) de coriandre moulue

720 ml (3 tasses) de vin rouge

1. Couper les prunes en quatre, et enlever les noyaux. Mettre dans une marmite de 4 litres (16 tasses). Peler le zeste de l'orange en 1 ou 2 longs morceaux, et ajouter à la marmite. Ajouter tous les ingrédients restants, et chauffer à feu moyen. Porter à ébullition, réduire à feu doux, et cuire à couvert, pendant 30 minutes. Enlever le zeste d'orange. Mettre le mélange de fruits dans un robot culinaire, et réduire en purée jusqu'à consistance lisse. Laisser refroidir.

2. Juste avant de servir, goûter, et ajuster les assaisonnements avec le miel ou diluer avec de l'eau au besoin.

PAR PORTION : 230 CAL ; 2 G PROT ; 1,5 G MAT GR ; 43 G CARB ; 0 MG CHOL ; 5 MG SOD ; 3 G FIBRES

SOUPE AU MAÏS GRILLÉ

Voici la façon parfaite d'utiliser le maïs qui est trop défraîchi pour que l'on puisse le consommer en épi. Seulement, assurez-vous d'enlever l'enveloppe avant de griller le maïs pour obtenir un goût de fumée. Utilisez tout type d'oignon doux de saison — Vidalia, Maui, Walla Walla ou Bermudes.

- 8 épis de maïs, sans leurs enveloppes
- 2 gros oignons sucrés, pelés et tranchés épais
- 3 tomates moyennes, coupées en deux
- 2 poivrons verts épépinés, coupés en deux
- 720 ml (3 tasses) de pommes de terre coupées en dés
- 224 g (8 onces) de tofu fumé, coupé en dés
- 30 ml (2 c. à soupe) de levure alimentaire, facultatif
- 10 ml (2 c. à thé) d'ail écrasé
- 10 ml (2 c. à thé) de sel
- 5 ml (1 c. à thé) de poivre noir fraîchement moulu

1. Allumer un feu de charbon de bois, si utilisé, environ 30 minutes avant de servir. Autrement, chauffer un gril du gaz au moment de servir. Enlever tous les filandres du maïs, et disposer le maïs sur le gril, avec les tranches d'oignon, les moitiés de tomate et les poivrons. Tourner le maïs jusqu'à ce qu'il soit marqué au gril sur tous les côtés, et que le jaune brunisse. Tourner les oignons, les tomates et les poivrons, et griller jusqu'à ce qu'ils soient tendres.

2. En utilisant un petit couteau pointu, enlever les grains de l'épi. Utiliser le dos du couteau pour gratter l'épi. L'opération devrait donner environ 1,2 litre (5 tasses). Trancher l'oignon, la tomate et le poivron grossièrement en dés.

3. Mettre tous les légumes grillés dans une marmite de 4 litres (16 tasses), avec le reste des ingrédients et 2 litres (8 tasses) d'eau. Porter à ébullition, et cuire pendant 45 minutes, ou jusqu'à ce que les pommes de terre soient tendres et se défassent.

4. Mettre la moitié des légumes dans un robot culinaire, et réduire en purée jusqu'à consistance lisse. Remettre dans la marmite, et goûter. Ajuster les assaisonnements. Réchauffer avant de servir.

PAR PORTION : 240 CAL ; 10 G PROT ; 3,5 G MAT GR ; 46 G CARB ; 5 MG CHOL ; 660 MG SOD ; 7 G FIBRES

SOUPE CRÉMEUSE AUX POIS MANGE-TOUT

La belle couleur vert pâle de ce potage et sa saveur subtile font qu'il est parfait servi au printemps avec une fleur comestible comme garniture. Les pois congelés ne sont pas cuits avant d'être réduits en purée parce qu'ils sont blanchis avant la congélation. Ce qui donne au potage une couleur éclatante.

- 1 litre (4 tasses) de bouillon de légumes (page 431)
- 450 g (1 livre) de pois mange-tout, effilochés
- 4 oignons verts, émincés
- 5 ml (1 c. à thé) de menthe séchée ou 2 feuilles de menthe fraîche
- 10 ml (2 c. à thé) de sucre cristallisé
- 2,5 ml (½ c. à thé) de poivre blanc
- 10 ml (2 c. à thé) de sel
- 2,5 ml (½ c. à thé) de noix de muscade fraîchement râpée
- 240 ml (1 tasse) de pois congelés, décongelés
- 480 ml (2 tasses) de lait écrémé évaporé, non dilué
- Brins de menthe et de fleurs comestibles, pour garnir, facultatif

1. Porter le bouillon à ébullition, et ajouter les pois mange-tout, les oignons, la menthe, le sucre, le poivre, le sel et la muscade. Porter de nouveau à ébullition, réduire à feu doux et cuire à découvert, pendant 20 minutes.

2. Mettre les pois mange-tout dans un mélangeur ou un robot culinaire, avec suffisamment de liquide pour faciliter le traitement, et réduire en purée jusqu'à consistance complètement lisse. Ajoutez les pois dégelés, et réduire en purée de nouveau.

3. Juste avant de servir, ajouter le lait condensé non sucré et porter à ébullition. Goûter et ajuster les assaisonnements. Garnir avec des brins de menthe et une fleur comestible pour un dîner spécial.

PAR PORTION : 150 CAL ; 9 G PROT ; 0 G MAT GR ; 27 G CARB ; 0 MG CHOL ; 1 360 MG SOD ; 4 G FIBRES

SOUPE À LA CRÈME D'ASPERGE

POUR 4 À 6 PERSONNES

Si vous avez un moulin à légumes, ce potage peut être préparé avec les bouts d'asperges, qui habituellement sont jetés. Cuire jusqu'à ce que les extrémités soient tendres, réduire en purée dans le moulin pour enlever les fibres dures, et ajouter au reste de la purée.

675 g (1½ livre) d'asperges vertes

480 ml (2 tasses) de pommes de terre blanches coupées en dés

480 ml (2 tasses) d'oignon coupé en dés

1 litre (4 tasses) de bouillon de légumes (page 431)

2,5 ml (½ c. à thé) de poivre blanc

10 ml (2 c. à thé) de sel, ou au goût

480 ml (2 tasses) de lait écrémé évaporé en conserve, non dilué

1. Casser les bouts durs des asperges. Couper les parties tendres en morceaux de 2,54 cm (1 pouce). Mettre dans une casserole de 3 litres (12 tasses), avec les pommes de terre, l'oignon, le bouillon, le poivre et le sel. Porter à ébullition à feu moyen, et cuire pendant 20 minutes, ou jusqu'à ce que les pommes de terre soient très tendres.

2. Mettre les légumes cuits dans un mélangeur ou un robot culinaire, avec suffisamment de liquide faciliter le traitement, réduire en purée jusqu'à consistance complètement lisse. À cette étape, le mélange peut être réfrigéré pendant 1 à 2 jours.

3. Juste avant de servir, porter le potage à ébullition, et ajouter le lait. Porter de nouveau à ébullition. Goûter, et ajuster les assaisonnements. Si le potage est trop épais, diluer avec plus de lait ou d'eau.

PAR PORTION : 200 CAL ; 10 G PROT ; 0 G MAT GR ; 0 G CARB ; 0 MG CHOL ; 1 340 MG SOD ; 5 G FIBRES

SOUPE CRÉMEUSE AUX ÉPINARDS

POUR 4 PERSONNES

Les pommes de terre en purée confèrent à cette soupe une saveur complexe et une riche texture.

1 gros oignon, grossièrement haché

3 pommes de terre, pelées et hachées

3 courgettes, coupées en tranches

15 ml (1 c. à soupe) de sauce soja faible en sodium

480 ml (2 tasses) de feuilles d'épinards frais, bien tassées et lavées

Poivre noir fraîchement moulu au goût

80 ml (⅓ tasse) champignons enoki coupés, facultatif

1. Mettre l'oignon dans une grande casserole avec 120 ml (½ tasse) d'eau. Cuire et remuer à feu moyen-élevé jusqu'à ce que l'oignon ramollisse, pendant environ 3 minutes.

2. Ajouter 1,3 litre (5½ tasses) d'eau, les pommes de terre, la courgette et la sauce soja. Porter à ébullition. Réduire à feu doux, couvrir, et cuire pendant 35 minutes. Ajouter les épinards et le poivron, et cuire pendant 2 minutes de plus. Retirer du feu.

3. Mettre les légumes dans un robot culinaire ou un mélangeur, et réduire en purée jusqu'à consistance lisse. Remettre le mélange dans la casserole, et incorporer les champignons. Chauffer à feu moyen-doux jusqu'à ce que potage soit chaud, pendant environ 5 minutes. Servir chaud.

PAR PORTION : 123 CAL ; 3 G PROT ; 0,1 G FAT ; 27 G CARB, 0 MG CHOL ; 181 MG SOD ; 5 G FIBRES

BORSCHT FROID AU GINGEMBRE
AVEC CHAMPIGNONS

Ce potage froid et élégant est un heureux contraste. Il procure de l'énergie et ses saveurs savoureuses et douces offrent un bel équilibre.

1,5 kg (2½ livres) de betteraves parées

2 litres (8 tasses) de bouillon de légumes (page 431)

120 ml (½ tasse) de vin rouge sec

30 à 60 ml (2 à 4 c. à soupe) de sauce soja faible en sodium

Jus de 1 citron

45 à 60 ml (3 à 4 c. à soupe) de gingembre frais coupé en fines tranches

224 g (8 onces) de champignons blancs, coupés en tranches

Poivre noir fraîchement moulu, au goût

1 cube de bouillon de légumes, facultatif

1. Faire bouillir les betteraves dans le bouillon de légumes dans une grande marmite jusqu'à ce qu'elles soient tendres, pendant 30 à 45 minutes. Enlever les betteraves avec une cuillère trouée, rafraîchir légèrement à l'eau courante et enlever la peau.

2. Ajouter le reste des ingrédients à l'eau des betteraves. Trancher les betteraves en minces lanières ou en allumettes, et les remettre dans le potage. Cuire à feu doux pendant 30 minutes. Retirer du feu, et laisser refroidir au moins 3 heures avant de servir.

PAR PORTION : 88 CAL ; 2 G PROT ; 0 G MAT GR ; 16 G CARB ; 0 MG CHOL ; 437 MG SOD ; 5 G FIBRES

SOUPE AUX SALSIFIS RÔTIS AU FOUR

This satisfying soup heralds the crisp days of autumn.

675 g (1½ livre) de salsifis, taillé et pelé

30 ml (2 c. à soupe) d'huile d'olive

Sel et poivre noir fraîchement moulu, au goût

840 ml (3½ tasses) de bouillon de légumes (page 431)

2,5 ml (½ c. à thé) de thym frais haché

60 ml (¼ tasse) de lait de soja ou de lait entier, facultatif

1. Préchauffer le four à 200 °C (400 °F).

2. Remuer les salsifis avec l'huile, le sel et le poivre. Étendre sur une plaque à pâtisserie, et rôtir jusqu'à tendre, pendant environ 30 minutes.

3. Couper les salsifis rôtis en morceaux de 2,54 cm (1 pouce). Réserver 80 ml (⅓ tasse) pour la garniture. Mettre le reste des salsifis dans une grande casserole, et ajouter le bouillon de légumes et le thym. Cuire à feu moyen jusqu'à ce que les ingrédients soient chauffés et que les saveurs se soient mélangées, pendant environ 15 minutes.

4. Mettre le mélange dans un mélangeur ou un robot de cuisine, et réduire en purée jusqu'à consistance lisse. Remettre dans la casserole, ajouter le lait, si désiré, et chauffer. Avec une louche, verser le potage dans des bols, et garnir avec les salsifis réservés.

PAR PORTION : 186 CAL ; 6 G PROT ; 8 G MAT GR ; 28 G CARB ; 0 MG CHOL ; 117 MG SOD ; 5 G FIBRES

SOUPE AUX TOMATES
ET AUX HARICOTS BLANCS

Les notes harmonieuses des herbes fraîches rehaussent le goût de ce potage « prêt quand vous l'êtes ». Les haricots blancs forment une base crémeuse pour les potages, mais aussi pour les sauces et les ragoûts.

2 boîtes de 480 ml (16 onces) de haricots cannellini, lavés et égouttés

1 boîte de 840 ml (28 onces) de tomates dans leur jus, non égouttées

2 oignons verts (les parties vertes seulement), hachés

240 ml (1 tasse) de bouillon de légumes (page 431)

30 ml (2 c. à soupe) de cilantro ou d'aneth émincé, ou plus au goût

5 à 10 ml (1 à 2 c. à thé) d'un mélange d'assaisonnements aux herbes et aux épices sans sel

Poivre fraîchement moulu au goût

1. Mettre la moitié des haricots dans un mélangeur ou un robot culinaire. Ajouter les tomates avec leur jus et les oignons verts, et réduire le mélange en purée jusqu'à consistance lisse.

2. Verser la purée dans une grande casserole. Incorporer le reste des haricots, le bouillon de légumes, le cilantro, le mélange d'assaisonnements et le poivre noir fraîchement moulu au goût. Chauffer à feu doux, en remuant de temps en temps. Servir chaud.

PAR PORTION : 226 CAL ; 13 G PROT ; 1 G MAT GR ; 42 G CARB ; 0 MG CHOL ; 375 MG SOD ; 9 G FIBRES

SOUPE AUX POIVRONS RÔTIS ET AUX TOMATES

POUR 4 PERSONNES

Le rôtissage des poivrons prend un peu de temps, mais une fois cette opération terminée, ce potage frais et coloré peut être préparé rapidement. Vous pouvez rôtir les poivrons un jour ou deux à l'avance et les conserver au réfrigérateur.

Soupe aux poivrons rôtis et aux tomates

3 poivrons rouges moyens, ou 3 poivrons rouges rôtis en pot ou en conserve

600 ml (2½ tasses) de jus de tomates ou un mélange de jus de légumes

2 gousses d'ail moyennes, pelées

30 ml (2 c. à soupe) d'huile végétale

30 ml (2 c. à soupe) de vinaigre de cidre

1,25 ml (¼ c. à thé) de sel

1,25 ml (¼ c. à thé) de poivre fraîchement moulu

Tranches de lime pour garnir

Garniture

1 gros avocat mûr, coupé en dés

1 concombre, épépiné et coupé en dés

60 ml (¼ tasse) d'oignon rouge haché fin

30 ml (2 c. à soupe) de cilantro haché

15 ml (1 c. à soupe) de chili jalapeño, facultatif

1,25 ml (¼ c. à thé) de sel

Tranches de lime pour garnir

1. Préchauffer le four à gril.

2. Pour préparer la soupe aux piments rôtis et aux tomates : mettre les poivrons sur le gril, en tournant fréquemment, jusqu'à ce que les poivrons soient entièrement calcinés, pendant environ 15 minutes. Vider dans un sac de papier, et laisser refroidir pendant 5 minutes. Frotter la peau calcinée avec vos doigts. Enlever les dernières particules de peau avec des serviettes de papier. Jeter les cœurs et les graines. Sinon, utiliser les poivrons rouges rôtis déjà préparés, et jeter les cœurs et les graines.

3. Entre temps, pour préparer la garniture : mettre l'avocat, le concombre, le cilantro, le jalapeño, si utilisé, et le sel dans un saladier.

4. Mettre le poivron, le jus de tomate, l'ail, l'huile, le vinaigre, le sel et le poivre dans un robot culinaire ou un mélangeur, et réduire en purée jusqu'à consistance lisse. Réfrigérer jusqu'à ce que le plat soit prêt à servir.

5. Diviser le potage en 4 bols. Verser avec une cuillère la garniture sur les bols, et servir avec des tranches de lime.

PAR PORTION (SANS GARNITURE) : 120 CAL ; 2 G PROT ; 7 G MAT GR ; 12 G CARB ; 0 MG CHOL ; 680 MG SOD ; 2 G FIBRES

SOUPE AUX LÉGUMES DU PRINTEMPS

Ajouter de la laitue à un potage donne une présentation inhabituelle au plat.

15 ml (1 c. à soupe) d'huile d'olive

240 ml (1 tasse) d'oignon émincé

1 petite gousse d'ail, émincée

180 ml (¾ tasse) de carottes émincées

240 ml (1 tasse) de pois frais ou congelés écossés

1,4 litre (6 tasses) de bouillon de légumes (page 431)

480 ml (2 tasses) de laitue romaine déchiquetée

2,5 ml (½ c. à thé) de sel

1,25 ml (¼ c. à thé) de poivre noir fraîchement moulu

Tranches de lime pour garnir

1. Chauffer l'huile dans une grande casserole à feu moyen. Ajouter l'oignon, l'ail et la carotte, et cuire, en remuant de temps en temps, jusqu'à ce que l'oignon soit tendre et commence à brunir, pendant environ 10 minutes.

2. Ajouter les pois, et cuire, en remuant, pendant 1 minute. Ajouter le bouillon de légumes chaud, et porter à ébullition. Cuire pendant 1 minute. Incorporer la laitue, le sel et le poivre. Servir chaud avec des tranches de citron que vous pouvez presser dans chaque portion.

PAR PORTION : 115 CAL ; 6 G PROT ; 5 G MAT GR ; 15 G CARB ; 0 MG CHOL ; 550 MG SOD ; 3 G FIBRES

SOUPE MAROCAINE AUX LÉGUMES

Le cumin, la coriandre et le curcuma donnent une saveur unique à ce potage substantiel de l'Afrique du Nord. Le seitan est un produit de gluten de blé, qui entre dans la confection des gâteaux. Le seitan est disponible dans les magasins d'aliments naturels et les marchés asiatiques. On le retrouve dans le rayon des produits réfrigérés.

30 ml (2 c. à soupe) d'huile de canola

1 gros oignon, haché grossièrement

10 ml (2 c. à thé) de cumin moulu

5 ml (1 c. à thé) de coriandre moulue

5 ml (1 c. à thé) de curcuma moulu

1 boîte de 840 ml (28 onces) de tomates entières dans leur jus, grossièrement hachées

1,4 litre (6 tasses) de bouillon de légumes (page 431)

480 ml (2 tasses) de pois chiches cuits ou en conserve

2 gros poivrons rouges ou verts, hachés

1,25 ml (¼ c. à thé) de poivre noir fraîchement moulu

2 petites courgettes, coupées en dés

112 g (4 onces) de seitan, coupé en dés

224 g (8 onces) de vermicelles non cuit ou de spaghettini, brisés en morceaux de 2,54 cm (1 pouce)

15 ml (1 c. à soupe) de levure alimentaire

1. Chauffer l'huile dans une grande casserole à feu moyen, et faire sauter l'oignon, le cumin, la coriandre et le curcuma jusqu'à ce que l'oignon soit tendre, pendant environ 5 minutes. Ajouter les tomates avec le jus, le bouillon de légumes, les pois chiches, les poivrons et le poivre noir et cuire à découvert, pendant 1 heure.

2. Ajouter la courgette, le seitan et les vermicelles ou les spaghettinis. Cuire jusqu'à ce que les pâtes soient tendres, pendant environ 10 minutes. Incorporer la levure alimentaire, et servir.

PAR PORTION : 205 CAL ; 7 G PROT ; 4 G MAT GR ; 32 G CARB ; 0 MG CHOL ; 407 MG SOD ; 5 G FIBRES

PANADE FRANÇAISE À L'AIL

La panade est une pâte que l'on prépare en combinant un liquide et du pain pour former une purée à la consistance lisse. On la trouve dans plusieurs plats français. Ici, la panade donne au potage une texture épaisse. Les poireaux ressemblent à de grands oignons. Ils poussent sous la terre dans un sol sablonneux, aussi assurez-vous de bien les laver. Vous pouvez consommer uniquement la base blanche et un peu de la partie verte tendre au-dessus de la base. D'abord, coupez les longues feuilles vertes au-dessus de la base, puis, en utilisant un couteau pointu, enfoncez profondément la lame dans le poireau, mais pas entièrement. Aérez les couches de poireau, et lavez le poireau à l'eau courante pour enlever le sable et les saletés. Terminez la préparation du poireau comme l'indique la recette. Comme dans la plupart des recettes, vous pouvez remplacer les poireaux par les oignons, les oignons verts ou les échalotes.

45 ml (3 c. à soupe) d'huile de canola

2 oignons moyens, hachés

6 échalotes, hachées

3 poireaux, hachés

3 gousses d'ail, émincées

Tranches de pain français rassis de 16,51 cm (6½ pouces), sans la croûte

160 ml (⅔ tasse) de lait ou de lait écrémé

1,4 litre (6 tasses) de bouillon de légumes (page 431) ou d'eau

Bouquet garni (voir page 392)

5 ml (1 c. à thé) de miso léger, ou au goût

240 ml (1 tasse) de lait écrémé évaporé

Sel et poivre blanc au goût

120 ml (½ tasse) de cresson ou de persil frais haché

15 ml (1 c. à soupe) de ciboulette fraîche hachée

1. Chauffer l'huile dans une grande casserole à feu moyen, et faire sauter les oignons, les échalotes, les poireaux, et l'ail jusqu'à ce que les oignons commencent à dorer.

2. Entre temps, émietter le pain dans un bol de grosseur moyenne. Chauffer le lait jusqu'à ébullition, et verser sur le pain. Bien mélanger pour former la panade. Ajouter la panade et le bouillon (ou l'eau) dans la casserole, et porter à ébullition. Choisir les herbes pour le bouquet garni, et attacher. Incorporer le miso et le bouquet garni, et attacher la corde à la poignée de la casserole afin de faciliter la récupération. Cuire, à découvert, pendant 30 minutes à feu doux. Jeter le bouquet garni.

3. Verser suffisamment de potage dans un mélangeur pour le remplir à demi, et mélanger jusqu'à consistance lisse. Répéter avec le reste du potage. Ajouter le lait écrémé évaporé et réchauffer doucement. Ne pas faire bouillir le potage.

4. Pour servir, assaisonner avec le sel et le poivre blanc. Incorporer le cresson ou le persil et la ciboulette.

PAR PORTION : 348 CAL ; 13 G PROT ; 11 G MAT GR ; 46 G CARB ; 5 MG CHOL ; 615 MG SOD ; 5 G FIBRES

SOUPE AUX HARICOTS
ET POMMES DE TERRE À LA RUSSE

Pour des raisons de commodité, vous pouvez faire cuire ce potage pendant 3 heures dans une mijoteuse, plutôt qu'une heure sur la cuisinière.

15 ml (1 c. à soupe) d'huile végétale

1 gros oignon, coupé en fines tranches

3 pommes de terre Russet, pelées et coupées en cubes

225 g (½ livre) de haricots verts, coupés en morceaux de 2,54 cm (1 pouce)

1,2 litre (5 tasses) de bouillon de légumes (page 431)

30 ml (2 c. à soupe) de farine à pâtisserie de blé entier

80 ml (⅓ tasse) de crème sure faible en gras

180 ml (¾ tasse) de choucroute préparée avec le jus

15 ml (1 c. à soupe) d'aneth séché

Sel et poivre blanc au goût

1. Chauffer l'huile dans une grande casserole à feu moyen-élevé, et faire sauter l'oignon jusqu'à ce qu'il soit ramolli, pendant environ 5 minutes. Ajouter les pommes de terre et les haricots verts, et cuire pendant 3 minutes de plus, en remuant fréquemment. Ajouter le bouillon de légumes au besoin avec des cuillerées à table pour empêcher les pommes de terre de roussir. Ajouter lentement le reste du bouillon. Réduire à feu doux, couvrir et cuire pendant 1 heure de plus.

2. Entre temps, combiner la farine et la crème sure dans un petit bol. Ajouter au potage chaud avec des cuillerées, en remuant pour mélanger. Ajouter la choucroute et l'aneth, et continuer à cuire pendant 15 minutes au four ou pendant 30 minutes dans la mijoteuse. Assaisonner avec du sel et du poivre blanc, et servir.

PAR PORTION : 260 CAL ; 6 G PROT ; 6 G MAT GR ; 46 G CARB ; 5 MG CHOL ; 810 MG SOD ; 7 G FIBRES

SOUPE À LA CALABAZA AVEC FÈVES DE LIMA

POUR 4 PERSONNES

La courge calabaza est la courge la plus populaire en Amérique Centrale et en Amérique du Sud. Elle est grosse et ronde, a une coloration orange et verte à l'extérieur, une chair orange et jaune, et une saveur douce. Un autre ingrédient peu courant, le miso rouge, est facile à trouver dans les magasins d'aliments naturels. Ce condiment, préparé avec des fèves de soja existe en plusieurs saveurs : il peut être clair et doux, foncé et salé. Le miso rouge fait partie des variétés salées ; si vous le désirez, vous pouvez le remplacer par un autre miso salé.

240 ml (1 tasse) de fèves de lima sèches, trempées toute la nuit dans l'eau pour couvrir

1 à 1,2 litre (4 à 5 tasses) de courges calabaza pelées et coupées en cubes

2 feuilles de laurier

14 à 28 ml (1 à 2 c. à soupe) de miso rouge dissous dans 120 ml (½ tasse) d'eau, ou du sel au goût

1. Égoutter et laver les fèves. Combiner les fèves et 1 litre (4 tasses) d'eau dans une grande casserole, et porter à ébullition à feu moyen. Ajouter la courge calabaza, les feuilles de laurier et le reste des 1,2 litre (5 tasses) d'eau. Cuire jusqu'à ce que les fèves soient tendres et que la courge calabaza « fonde » dans le liquide, pendant environ 1 heure.

2. Utiliser 240 ml (1 tasse) du potage et verser dans un mélangeur, puis réduire en purée jusqu'à consistance lisse. Remettre dans la casserole. Ajouter le miso dissous ou le sel. Enlever, et jeter les feuilles de laurier. Servir chaud.

PAR PORTION : 144 CAL ; 6 G PROT ; 1 G MAT GR ; 30 G CARB ; 0 MG CHOL ; 364 MG SOD ; 15 G FIBRES

SOUPE AUX LENTILLES ROUGES

POUR 4 À 6 PERSONNES

Ce potage velouté et lisse est particulièrement indiqué lors d'un repas léger avec du riz complet et des légumes.

45 ml (3 c. à soupe) d'huile végétale

2 oignons moyens, hachés

240 ml (1 tasse) de lentilles rouges

3 carottes moyennes, pelées et hachées grossièrement

Environ 480 ml (2 tasses) de lait de noix de coco en conserve

5 ml (1 c. à thé) de sel, ou plus au goût

1 feuille de laurier

3 gousses d'ail émincées

1 morceau de 2,54 cm (1 pouce) de gingembre frais, pelé et émincé

15 ml (1 c. à soupe) de poudre de cari, de préférence épicé

120 ml (½ tasse) de cilantro haché

1. Chauffer 30 ml (2 c. à soupe) d'huile dans une casserole à feu moyen. Ajouter les oignons, et cuire, en remuant fréquemment, jusqu'à ce qu'ils commencent à brunir, pendant environ 10 minutes. Ajouter 1 litre (4 tasses) d'eau, les lentilles, les carottes, le lait de coco, le sel et la feuille de laurier. Couvrir, et porter à ébullition. Réduire à feu moyen-doux, et cuire en couvrant partiellement, jusqu'à ce que les lentilles soient tendres, pendant environ 20 minutes.

2. Entre temps, chauffer 15 ml (1 c. à soupe) de l'huile restante dans un petit poêlon à feu moyen. Ajouter l'ail, le gingembre, la poudre de cari et le cilantro. Cuire, en remuant fréquemment, jusqu'à ce que le plat soit parfumé, pendant environ 2 minutes. Ajouter au potage.

3. Enlever la feuille de laurier. Mettre le potage dans un mélangeur, et réduire en purée jusqu'à ce que la soupe ait une apparence veloutée et lisse. Goûter, et ajouter un peu plus de sel si désiré. Servie chaud.

PAR PORTION : 399 CAL ; 14 G PROT ; 26 G MAT GR ; 33 G CARB ; 0 MG CHOL ; 33 MG SOD ; 14 G FIBRES

BISQUE À L'ORANGE ET AUX TOMATES FACILE À PRÉPARER

Lorsque vous voulez déjeuner rapidement et facilement, essayez cette recette. Plus grande est la qualité de la sauce marinara, meilleur est le potage. La sauce marinara nature est meilleure, et celle qui est lisse est meilleure que celle qui est épaisse. Si vous le désirez, vous pouvez remplacer le lait écrémé évaporé par du lait de riz ou de soja.

1 litre (4 tasses) de sauce marinara, de préférence organique

1 orange

60 ml (¼ tasse) de fécule de maïs

1 litre (4 tasses) de lait écrémé évaporé en conserve

1. Mettre la sauce marinara dans une casserole de 3 litres (12 tasses), et porter à ébullition. En utilisant un éplucheur, enlever le zeste de l'orange en larges bandes. Ajouter le zeste à la sauce marinara. Presser l'orange, et laisser le jus s'égoutter dans la sauce marinara. Faire cuire la sauce pendant 10 minutes, et enlever le zeste.

2. Entre temps, battre la farine de maïs dans le lait, et porter le lait à ébullition, puis cuire jusqu'à ce que le mélange épaississe. Ajouter le lait dans la casserole, battre les ingrédients ensemble et porter de nouveau à ébullition. Retirer du feu, et servir.

PAR PORTION : 230 CAL ; 13 G PROT ; 0 G MAT GR ; 42 G CARB ; 0 MG CHOL ; 630 MG SOD ; 4 G FIBRES

SOUPE AUX POMMES DE TERRE ET AU CHOU À LA MIJOTEUSE

La saveur de ce potage est inspirée par le Colcannon, un plat irlandais. Tous les ingrédients peuvent être préparés la veille, mis dans le bol en céramique de la mijoteuse et réfrigérés. La levure de bière, également connue sous le nom de levure alimentaire, est disponible dans les centres diététiques et les marchés où on vend des produits alimentaires naturels.

60 ml (¼ tasse) de beurre non salée ou margarine de soja

720 ml (3 tasses) d'oignons coupés en dés

½ tête de chou pommé

1 litre (4 tasses) de pommes de terre pelées et coupées en dés

10 ml (2 c. à thé) de sel

5 ml (1 c. à thé) de poivre fraîchement moulu

30 ml (2 c. à soupe) de levure de bière, facultatif

2 feuilles de laurier

1. Chauffer un poêlon à feu moyen, et ajouter le beurre. Faire sauter l'oignon et l'ail jusqu'à ce que les oignons soient tendres et dorés, pendant environ 5 minutes. Gratter les oignons et mettre dans une mijoteuse de 3 litres (12 tasses).

2. Ajouter le reste des ingrédients à la mijoteuse avec de l'eau pour couvrir. Régler la cuisson à feu moyen pendant 8 heures. Couvrir. Goûter, et ajuster les assaisonnements à la fin du temps de cuisson, et servir.

PAR PORTION : 220 CAL ; 4 G PROT ; 8 G MAT GR ; 34 G CARB ; 20 MG CHOL ; 850 MG SOD ; 4 G FIBRES

POSOLE DE SANTA FE

Le posole est la version amérindienne de la grosse semoule de maïs. Le posole séché, que l'on trouve dans les épiceries latino et les magasins d'aliments naturels, est beaucoup plus savoureux et a une texture plus molle que la grosse semoule de maïs en conserve. Le posole est mis à tremper toute la nuit, puis il est cuit jusqu'à ce qu'il soit tendre, de la même manière que les haricots secs. La grosse semoule en conserve peut être utilisée comme substitut au posole quand cela est nécessaire. Le chili préféré pour cette recette est le chili vert du Nouveau-Mexique, mais on le trouve rarement à l'extérieur de cet État. Les garnitures ne sont pas nécessaires, mais elles font de ce plat un plat convivial.

720 ml (3 tasses) de posole séché ou 1,4 litre (6 tasses) de grosse semoule de maïs en conserve

2 litres (8 tasses) d'eau bouillante

720 ml (3 tasses) d'oignons coupés en dés grossièrement

45 ml (3 c. à soupe) d'ail écrasé

720 ml (3 tasses) de pommes de terre rouges coupées en dés, non pelées

240 ml (1 tasse) de carottes coupées en tranches

2 poivrons rouges, épépinés et coupés en dés

720 ml (3 tasses) de champignons blancs

720 ml (3 tasses) de chilis poblano coupés en dés (environ 4 gros poblanos)

10 ml (2 c. à thé) de sel

1 avocat, coupé en dés pour garnir

2 limes coupées en très fines tranches pour garnir

Chips tortillas au goût pour garnir

1 tasse de feuilles de coriandre pour garnir

120 ml (½ tasse) de chilis serrano ou de chilis verts en conserve pour garnir

1. Mettre le posole séché dans une grande casserole, et couvrir avec 2 litres (8 tasses) d'eau bouillante. Laisser reposer pendant 2 heures ou toute la nuit. Égoutter et mettre le posole dans une marmite avec 4 litres (16 tasses) d'eau. Porter à ébullition, couvrir et cuire pendant 1 heure.

2. Ajouter le reste des ingrédients, sauf les garnitures, et cuire à couvert pendant 1 heure. Ajouter plus d'eau au besoin. Goûter et ajuster les assaisonnements. Mettre les garnitures dans des bols et servir comme accompagnements.

PAR PORTION : 320 CAL ; 6 G PROT ; 2 G MAT GR ; 69 G CARB ; 0 MG CHOL ; 620 MG SOD ; 6 G FIBRES

SOUPE AUX HARICOTS NOIRS À LA SAUCE CHIPOTLE POUR 6 PERSONNES

Ce potage peut être préparé avec des restes de haricots ou avec des haricots noirs en conserve. Les chilis chipotle sont des chilis jalapeño qui sont fumés et séchés. Ils sont souvent cuits dans une sauce épicée. Vous pouvez les acheter dans des boîtes de 112 g (4 onces), qui contiennent deux chilis entiers dans la sauce. Réservez les chilis qui restent pour préparer d'autres plats. En raison de la combinaison de saveurs fumées et épicées, on ne peut remplacer les chipotles.

30 ml (2 c. à soupe) d'huile d'olive

480 ml (2 tasses) d'oignons coupés en dés

15 ml (1 c. à soupe) d'ail écrasé

1 litre (4 tasses) de haricots noirs cuits

10 ml (2 c. à thé) de sel, ou au goût

5 ml (1 c. à thé) de poivre noir

5 ml (1 c. à thé) de cumin moulu

1 chili chipotle

30 ml (2 c. à soupe) de sauce d'une boîte de chipotles en adobo

1. Chauffer une casserole de 3 litres (12 tasses) à feu moyen, et ajouter l'huile. Faire sauter l'oignon et l'ail jusqu'à très ce qu'ils soient très ramollis et dorés. Ajouter le reste des ingrédients et l'eau pour couvrir. Cuire pendant 30 minutes.

2. Mettre plus de la moitié des haricots dans un robot culinaire ou un moulin, et réduire en purée jusqu'à consistance lisse. Remettre dans la casserole, et bien remuer. Ajouter de l'eau si le potage est trop épais. Goûter, et ajuster les assaisonnements. Réchauffer le potage avant de servir.

PAR PORTION : 240 CAL ; 12 G PROT ; 6 G MAT GR ; 37 G CARB ; 0 MG CHOL ; 920 MG SOD ; 11 G FIBRES

SOUPE AUX POMMES DE TERRE ET AU POTIRON

Ce potage pittoresque est servi dans un potiron évidé — ce qui a pour effet d'en arrêter sa conversation

1 potiron de 3,6 à 4,5 kg
(8 à 10 livres)

2 pommes de terre moyennes,
pelées et hachées

2 oignons blancs moyens, hachés

1,4 litre (6 tasses) d'eau

5 ml (1 c. à thé) de sel, ou au goût

Poivre blanc au goût

5 ml (1 c. à thé) de thym séché

120 ml (½ tasse) de lait écrémé
condensé

30 ml (2 c. à soupe) de persil frais
émincé, pour garnir

Graines de potiron rôties, pour
garnir, facultatif (voir page 60)

1. Couper le tiers supérieur du potiron, en utilisant un couteau de chef résistant. Enlever les graines et les fibres, et conserver les graines. En utilisant une grosse cuillère, enlever la chair du potiron, en laissant une surface de 2,54 cm (1 pouce) à l'intérieur. Réfrigérer la coque et le tiers supérieur du potiron.

2. Combiner les pommes de terre, les oignons, 480 ml (2 tasses) de chair de potiron et de l'eau dans une grande marmite. Ajouter le sel, le poivre blanc et le thym. Porter à ébullition, couvrir et cuire à feu moyen jusqu'à ce que les légumes soient tendres sous la fourchette, pendant environ 20 minutes.

3. Entre temps, préchauffer le four à 95 °C (200 °F). Mettre la coque et le tiers supérieur du potiron sur une plaque à pâtisserie, et déposer au four pour réchauffer.

4. Retirer les légumes de l'eau de cuisson, en utilisant une cuillère trouée. Mettre les légumes dans un robot culinaire, et réduire en purée jusqu'à consistance lisse, ou écraser à la main jusqu'à ce qu'il ne reste plus de motte. Remettre la purée dans l'eau de cuisson. Incorporer le lait concentré, en en ajoutant plus si nécessaire pour une consistance plus crémeuse. Chauffer à feu doux jusqu'à ce que les ingrédients soient chauds, en prenant soin de ne pas faire bouillir le potage.

5. Pour servir, mettre la coque de potiron sur un grand plateau de service. Verser la soupe chaude et parsemer de graines de potiron grillées, si utilisées. Couvrir avec le couvercle du potiron pour garder au chaud.

PAR PORTION : 103 CAL ; 3 G PROT ; 0,1 G MAT GR ; 22 G CARB ; 1 MG CHOL ;
386 MG SOD ; 4 G FIBRES

SOUPE CRÉMEUSE AUX LÉGUMES

Les potages crémeux traditionnels sont préparés avec un roux se composant de beurre, de farine et de lait. Cette recette savoureuse omet la farine et épaissit le potage avec de l'avoine.

5 ml (1 c. à thé) d'huile d'olive

60 ml (¼ tasse) de jus de pommes
ou de vin blanc

480 ml (2 tasses) de brocoli haché

240 ml (1 tasse) d'oignon haché

5 ml (1 c. à thé) d'ail émincé

5 ml (1 c. à thé) de thym séché

2,5 ml (½ c. à thé) de basilic séché

720 ml (3 tasses) de bouillon
de légumes (page 431)

240 ml (1 tasse) de flocons
d'avoine cuits

Poivre de Cayenne au goût

1. Combiner l'huile, le jus ou le vin, le brocoli, l'oignon et l'ail dans une grande casserole, et chauffer à feu moyen. Cuire, en remuant fréquemment, jusqu'à ce que les légumes soient ramollis, pendant environ 15 minutes. Ajouter le thym, le basilic et le bouillon de légumes.

2. Porter à ébullition. Réduire à feu doux, et cuire à couvert pendant 10 minutes.

3. Mettre le mélange de légumes dans un robot culinaire ou un mélangeur, et réduire en purée jusqu'à consistance lisse. Ajouter les flocons d'avoine, et passer jusqu'à ce que le mélange soit épais et crémeux. Remettre dans la casserole, et ajouter le poivre de Cayenne au goût. Réchauffer avant de servir.

PAR PORTION (1 TASSE) : 97 CAL ; 5 G PROT ; 3 G MAT GR ; 16 G CARB ; 0 MG CHOL ;
764 MG SOD ; 3 G FIBRES

SOUPE À LA COURGE MUSQUÉE
AVEC SAUGE ET CROÛTONS AUX HERBES

Pour une touche très spéciale, grillez les graines de courge musquée et saupoudrez-les sur la soupe. Lavez les graines, essorez-les avec des serviettes de papier, puis étendez-les sur une plaque à pâtisserie, et faites-les cuire à 180 °C (350 °F) pendant 30 à 40 minutes, en remuant de temps en temps. Cette soupe que l'on peut préparer à l'avance peut être congelée pendant un mois.

3 moyennes ou 2 grosses courges musquées ou poivrées de 1,8 kg (4 livres)

1 litre (4 tasses) de bouillon de légumes commercial ou 1 litre (4 tasses) de bouillon de légumes (page 431)

5 ml (1 c. à thé) de sel

1,25 ml (¼ c. à thé) de poivre blanc moulu

60 ml (4 c. à soupe) d'huile d'olive extra vierge ou 45 ml (3 c. à soupe) d'huile végétale et 15 ml (1 c. à soupe) d'huile de noix

24 petites feuilles de sauge fraîches

4 tranches de pain blanc à la texture ferme

1. Préchauffer le four à 200 °C (400 °F).

2. Couper la courge en deux dans le sens de la longueur, et enlever les graines. Conserver les graines et faire griller si désiré (voir ci-dessus). Mettre les moitiés de courge du côté tranché sur une grande plaque à pâtisserie avec des côtés. Cuire jusqu'à ce que les peaux soient brunies et que la courge soit tendre, pendant environ 1 heure et 10 minutes. Laisser légèrement refroidir.

3. Enlever la peau de la courge et mettre la courge dans une grande casserole. Bien écraser avec un presse-purée, et incorporer le bouillon et 480 ml (2 tasses) d'eau. Porter à ébullition à feu moyen-élevé, en remuant fréquemment. Assaisonner avec le sel et le poivre blanc, et retirer du feu. Le potage devrait être aussi épais que la sauce tomate ; sinon, ajouter jusqu'à 240 ml (1 tasse) d'eau de plus, si nécessaire. Pour obtenir une texture plus fine, laisser refroidir légèrement et mettre la soupe dans un robot culinaire ou un mélangeur, et réduire en purée jusqu'à consistance lisse. Laissez refroidir complètement, vider dans un récipient couvert et réfrigérer pendant au moins 8 heures.

4. Jusqu'à 4 heures avant de servir, chauffer 45 ml (3 c. à soupe) d'huile dans un poêlon à feu moyen. Ajouter les feuilles de sauge et faire cuire jusqu'à ce qu'elles soient légèrement brunies, en tournant une fois, pendant environ 1 minute. Enlever la sauge du poêlon et égoutter sur des serviettes de papier. Réservez l'huile dans le poêlon.

5. Couper les croûtes du pain, en réservant les croûtes pour une autre utilisation. Couper chaque tranche de pain en diagonale en 4 triangles, et couper chaque triangle en deux pour un total de 32 croûtons.

6. Chauffer l'huile réservée dans le poêlon à feu moyen. Ajouter la moitié des croûtons, et cuire, en tournant une fois, jusqu'à ce qu'ils soient dorés sur les deux côtés, pendant environ 1 minute. Vider sur les serviettes de papier pour égoutter. Chauffer le reste, soit 15 ml (1 c. à soupe) de l'huile dans le poêlon, et cuire le reste des croûtons comme auparavant.

7. Réchauffer la crème sure à feu doux, en remuant de temps en temps. À l'aide d'une louche, verser la soupe dans les bols, et parsemer de 3 feuilles de sauge grillées sur chaque portion. Garnir chaque bol de 4 croûtons, et servir chaud.

PAR PORTION : 223 CAL ; 4 G PROT ; 7 G MAT GR ; 31 G CARB ; 0 MG CHOL ; 428 MG SOD ; 7 G FIBRES

SOUPE AUX LÉGUMES-RACINES

Ce potage profitera de la réfrigération au cours de la nuit, et permettra aux saveurs de se mélanger. Le potage a une saveur agréable, aigre-douce. Le servir avec du pain pumpernickel ou du pain de seigle.

15 ml (1 c. à soupe) d'huile d'olive
ou d'huile de canola

3 carottes, taillées, pelées, coupées
en fines tranches

2 oignons moyens blancs ou jaunes,
pelés, hachés

3 gousses d'ail, émincées

6 betteraves, 560 g (environ
1 ¼ livre), pelées, coupées en
quatre et en fines tranches

1 chou pommé, évidé, et ciselé

45 ml (3 c. à soupe) de pâte de
tomates

45 ml (3 c. à soupe) de sucre brun

30 ml (2 c. à soupe) de vinaigre
de riz

5 ml (1 c. à thé) de graines de carvi

Sel et poivre noir moulu, au goût

Yogourt ou crème sure à base
de soja et sans produits laitiers
pour garnir, facultatif

1. Chauffer l'huile dans une grande casserole à feu moyen, en inclinant la casserole pour étendre l'huile. Ajouter les carottes, les oignons et l'ail. Couvrir et cuire, en remuant de temps en temps, pendant 5 minutes. Ajouter les betteraves et le chou. Couvrir et cuire pendant 10 minutes de plus.

2. Ajouter le reste des ingrédients y compris 2,4 litres (10 tasses) d'eau, sauf le yogourt. Porter à ébullition. Réduire à feu doux, et le cuire pendant 1½ heure. Goûter le potage pour les assaisonnements, en ajoutant le sel et le poivre au besoin.

3. Avec une louche, verser le potage dans des bols individuels. Garnir avec le yogourt ou la crème sure à base de soja. Servir.

PAR PORTION : 111 CAL ; 3 G PROT ; 2 G MAT GR ; 22 G CARB ; 0 MG CHOL ; 84 MG SOD ;
5 G FIBRES

SOUPE D'HIVER AUX LÉGUMES ET À L'ORGE BRUN À LA COCOTTE-MINUTE

Si vous n'avez pas encore rempli vos placards d'orge brun, vous pouvez préparer ce potage avec des grains de blé. Vous pouvez aussi commander l'orge brun grâce à la vente par correspondance et l'utiliser pour sa couleur somptueuse, sa texture molle et son goût de noisette. Pendant que cuit le potage, le chou fond, devient tendre, et épaissit le bouillon. La crème de moutarde incorporée à la fin ajoute au plat une saveur dont vous vous rappellerez et donne un fini aristocratique aux modestes ingrédients.

Soupe d'hiver aux légumes et à l'orge brun

14 g (½ once) ou 120 ml (½ tasse) de champignons porcini séchés

480 ml (2 tasses) d'eau bouillante

10 ml (2 c. à thé) d'huile végétale

240 ml (1 tasse) d'oignons hachés grossièrement

240 ml (1 tasse) de carotte pelée, coupée en dés

1,2 litre (5 tasses) de bouillon de légumes (page 431)

120 ml (½ tasse) de haricots à oeil noir

120 ml (½ tasse) d'orge brun ou de grains de blé, lavés

450 g (1 livre) de chou râpé

2 grosses tiges de céleri, coupées en deux dans le sens de la longueur et en tranches de 1,27 cm (½ pouce)

2 gros panais, pelés et coupés en morceaux de 2,54 cm (1 pouce)

2,5 ml (½ c. à thé) de sel

Poivre noir fraîchement moulu, au goût

Crème de moutarde à l'aneth

180 ml (¾ tasse) de crème sure faible en matières grasses

30 ml (2 c. à soupe) de moutarde de Dijon, de préférence de gros grains, et plus au goût

45 ml (3 c. à soupe) d'aneth frais haché ou 7,5 ml (1½ c. à thé) séché

21 ml (1½ c. à soupe) de jus de citron frais, plus au goût

1. Pour préparer la soupe : mettre les champignons séchés dans un petit bol, et verser dessus l'eau bouillante. Couvrir, et faire tremper jusqu'à ce que les champignons soient ramollis, pendant environ 10 minutes.

2. Entre temps, chauffer l'huile dans une cocotte-minute à feu moyen. Ajouter l'oignon et la carotte, et cuire en remuant fréquemment, jusqu'à ce que les légumes soient tendres, pendant environ 5 minutes. Réduire le feu si les légumes commencent à brunir pendant cette période.

3. En utilisant une cuillère trouée, retirer les champignons ramollis, et trancher les gros morceaux. Verser le bouillon de champignons dans la cocotte-minute, en prenant soin de laisser tout résidu sablonneux au fond du bol. Ajouter les champignons, le bouillon de légumes, les haricots à l'oeil noir et l'orge. Fermer le couvercle. À feu élevé, élever la pression au maximum. Réduire le feu juste assez pour maintenir la pression élevée et cuire pendant 12 minutes. Relâcher la pression rapidement. Enlever le couvercle, en l'inclinant loin de vous pour permettre à l'excès de vapeur de s'échapper.

4. Incorporer le chou, le céleri, le panais et le sel. Remettre à cuire à haute pression, et cuire pendant 8 minutes.

5. Entre temps, pour préparer la crème de moutarde à l'aneth : mélanger la crème sure, la moutarde, l'aneth et le jus de citron. Ajouter plus de moutarde ou de jus de citron au goût. Réserver.

6. Après 8 minutes, relâcher rapidement la pression. Enlever le couvercle, et avec une louche, retirer environ 120 ml (½ tasse) de bouillon et mélanger à 30 ml (2 c. à soupe) de crème de moutarde à l'aneth. Incorporer ce mélange au potage. Goûter le potage, et ajouter une quantité généreuse de poivre et plus de sel, si nécessaire. Avec une louche, verser le potage dans de grands bols, et verser une cuillerée de crème de moutarde à l'aneth au centre de chaque portion.

PAR PORTION (AVEC 15 ML [1 C. À SOUPE] DE CRÈME) : 204 CAL ; 5 G PROT ; 4 G MAT GR ; 36 G CARB ; 10 MG CHOL ; 288 MG SOD ; 11 G FIBRES

SOUPE AUX HARICOTS NOIRS DES CARAÏBES

Ce potage au goût corsé est plutôt un ragoût avec ses multiples ingrédients. L'accompagnement parfait est un panier rempli de pains grillés, sortant tout juste du four; le pain pita grillé convient bien également.

320 ml (1⅓ tasse) de haricots noirs secs

1,6 à 1,9 litre (7 à 8 tasses) de bouillon de légumes (page 431) ou d'eau

120 ml (½ tasse) de bière éventée ou de bière sans alcool

60 ml (¼ tasse) de rhum foncé, plus un bouillon de légumes ou de l'eau

4 gousses d'ail émincées

2 oignons verts émincés, coupés en tranches

30 ml (2 c. à soupe) de beurre non salé ou d'huile végétale

240 ml (1 tasse) de céleri haché fin

1 poivron vert, épépiné et coupé en dés

1 poivron rouge, épépiné et coupé en dés

1 piment chili, épépiné et émincé

2 grosses carottes, pelées et coupées en dés

120 ml (½ tasse) de tomates broyées en conserve

21 ml (1½ c. à soupe) de cumin moulu

7 ml (½ c. à soupe) de chili en poudre

5 ml (1 c. à thé) de sauce aux piments rouges

2,5 ml (½ c. à thé) de poivre noir fraîchement moulu

5 ml (½ c. à thé) de sel

1,25 ml (¼ c. à thé) de poivre de Cayenne

15 ml (1 c. à soupe) de cilantro émincé

Yogourt ou crème sure, facultatif

1. Faire tremper les haricots toute la nuit dans l'eau pour couvrir. Égoutter les haricots, et les mettre dans une grande casserole avec le bouillon de légumes, la bière, le rhum, l'ail et la moitié des oignons. Cuire, à découvert, pendant 1 à 2 heures, à feu moyen-élevé, en remuant de temps en temps. (Si la vapeur du bouillon s'évapore trop rapidement, réduire à feu doux, et ajouter jusqu'à 480 ml [2 tasses] d'eau chaude et continuer à cuire.)

2. Chauffer le beurre ou l'huile dans une casserole. Faire sauter le reste des oignons, le céleri, les poivrons et les carottes à feu moyen jusqu'à ce que les légumes soient ramollis, pendant 5 à 7 minutes. Réserver.

3. Lorsque les haricots sont tendres, mettre la moitié du mélange de haricots dans un robot culinaire et réduire en purée jusqu'à consistance lisse. Remettre la purée dans la casserole, et ajouter les légumes sautés, les tomates broyées et les assaisonnements. Porter à ébullition, et cuire pendant 15 minutes, en remuant de temps en temps. Ajouter plus d'eau chaude ou de rhum si le potage est trop épais, ou continuer à cuire s'il ne l'est pas suffisamment. Servir avec une cuillerée de yogourt ou de crème aigre, au goût.

PAR PORTION : 139 CAL ; 5 G PROT ; 4 G MAT GR ; 20 G CARB ; 10 MG CHOL ; 281 MG SOD ; 5 G FIBRES

RAGOÛT DE POMMES DE TERRE, DE HARICOTS VERTS ET DE COURGETTES À LA GRECQUE

POUR 6 À 8 PERSONNES

Ce ragoût au goût piquant sera aussi bon s'il est fait le jour précédent, mais n'ajoutez pas d'herbes ou de fromage avant de réchauffer le plat, si vous utilisez ces ingrédients. Un pain frais, croustillant, comme le pain au levain, accompagne parfaitement ce ragoût. Pour compléter le repas, servez une grande salade d'épinards additionnée de pois chiches.

15 ml (1 c. à soupe) d'huile d'olive

1 gros oignon, haché

2 grosses pommes de terre au four de 560 g (1¼ livre), pelées et coupées en morceaux de 1,27 cm (½ pouce)

2 courgettes, coupées en deux dans le sens de la longueur et en morceaux de 1,27 cm (½ pouce)

450 g (1 livre) de haricots verts congelés, décongelés

1 boîte de 840 ml (28 onces) de tomates en dés, non égouttées

2,5 ml (½ c. à thé) d'origan séché

60 ml (¼ tasse) de persil frais haché

60 ml (¼ tasse) d'aneth frais haché

2,5 ml (½ c. à thé) de sel

1,25 ml (¼ c. à thé) de poivre fraîchement moulu

112 g (4 onces) de fromage feta, coupé en morceaux, facultatif

1. Chauffer l'huile dans une grande casserole à feu moyen. Ajouter l'oignon, et cuire en remuant fréquemment, jusqu'à ce qu'il ait ramolli, pendant 3 à 4 minutes.

2. Incorporer les pommes de terre jusqu'à ce qu'elles soient bien mélangées. Ajouter 120 ml (½ tasse) d'eau. Faire bouillir lentement, couvrir et cuire jusqu'à ce que les pommes de terre soient partiellement tendres, pendant environ 10 minutes.

3. Incorporer la courgette, les haricots verts, les tomates avec son jus, et l'origan. Porter de nouveau légèrement à ébullition, couvrir et le cuire jusqu'à ce que les légumes soient tendres, pendant environ 15 minutes.

4. Incorporer le persil, l'aneth, le sel et le poivre. Avec une louche, verser le ragoût dans des bols peu profonds, et saupoudrer le fromage feta sur chaque portion, si désiré.

PAR PORTION : 173 CAL ; 5 G PROT ; 3 G MAT GR ; 35 G CARB ; 0 MG CHOL ; 411 MG SOD ; 6 G FIBRES

SOUPE À LA COURGE ET AUX HARICOTS BLANCS

La courge d'hiver procure à ce potage une saine dose de vitamine A. Servez ce potage avec du pain italien croustillant et une salade verte de saison pour un déjeuner ou un dîner savoureux.

30 ml (2 c. à soupe) d'huile végétale
ou d'huile d'olive

1 litre (4 tasses) de courge musquée
ou poivrée hachée et pelée

2 gousses d'ail émincées

1 oignon moyen, coupé en tranches

240 ml (1 tasse) de céleri haché

½ piment Scotch Bonnet ou 1 chili
jalapeño, épépiné et émincé

15 ml (1 c. à soupe) de gingembre
frais émincé

1,4 litre (6 tasses) de bouillon de
légumes (page 431) ou d'eau

15 ml (1 c. à soupe) de persil frais
émincé

15 ml (1 c. à soupe) de feuilles
de thym fraîches, ou

5 ml (1 c. à thé) séchées

15 ml (1 c. à soupe) de cari
en poudre

5 ml (1 c. à thé) de cumin moulu

2,5 ml (½ c. à thé) de sel

2,5 ml (½ c. à thé) de piment
de la Jamaïque moulu

240 ml (1 tasse) de chou frisé
haché fin

240 ml (1 tasse) de haricots blancs
cannellini cuits

1. Combiner l'huile, la courge musquée ou poivrée, l'ail, l'oignon, le céleri, le piment et le gingembre dans une casserole. Faire sauter à feu moyen jusqu'à ce que les ingrédients soient ramollis pendant 7 à 10 minutes.

2. Ajouter le bouillon de légumes ou l'eau, le persil, le thym, la poudre de cari, le cumin, le sel et le piment de la Jamaïque. Cuire pendant 20 minutes, en remuant de temps en temps. Ajouter le chou frisé et les haricots, et cuire jusqu'à ce que le chou frisé soit tendre, pendant 5 à 10 minutes. Servir immédiatement.

PAR PORTION : 126 CAL ; 4 G PROT ; 3 G MAT GR ; 20 G CARB ; 0 MG CHOL ;
156 MG SOD ; 6 G FIBRES

RAGOÛT MAROCAIN

Le mélange d'épices berbères utilisé dans cette recette peut être réfrigéré dans un pot fermé jusqu'à deux semaines ou mis au congélateur jusqu'à trois mois. Il est excellent comme apprêt avec l'aubergine, la courgette et le tofu grillés.

Mélange d'épices berbères

30 ml (2 c. à soupe) de graines de cumin ou 5 ml (1 c. à thé) de cumin moulu

7 ml (½ c. à soupe) de graines de fenouil

15 ml (1 c. à soupe) de grains de poivre noir

15 ml (1 c. à soupe) de baies de genièvre

3 clous de girofle entiers

7 ml (½ c. à soupe) de graines de coriandre

15 ml (1 c. à soupe) de racine de gingembre fraîche, pelée et râpée

Ragoût

30 ml (2 c. à soupe) d'huile d'olive

360 ml (1 ½ tasse) d'oignon haché

240 ml (1 tasse) de poivron vert haché

240 ml (1 tasse) de poivron rouge haché

720 ml (3 tasses) de pommes de terre pelées et hachées

1 petite courge musquée, pelée, épépinée et hachée

480 ml (2 tasses) de carottes pelées et hachées

480 ml (2 tasses) de tomates hachées

30 ml (2 c. à soupe) de paprika doux

2,5 ml (½ c. à thé) de cannelle moulue

2,5 ml (½ c. à thé) de curcuma moulu

21 ml (1 ½ c. à soupe) de mélange d'épices berbère

3 gousses d'ail émincées

1 litre (4 tasses) d'eau ou de bouillon de légumes (page 431)

Sel au goût

60 ml (¼ tasse) de persil frais haché

1 pincée de safran

1. Pour préparer le mélange d'épices berbère : dans un petit bol, combiner tous les ingrédients, et réserver.

2. Chauffer l'huile à feu moyen dans une grande casserole ou une grosse marmite. Ajouter les légumes, les épices, le mélange d'épices berbère et l'ail, et cuire, en remuant de temps en temps, pendant 3 à 5 minutes. Ajouter l'eau, couvrir et cuire jusqu'à ce que les légumes soient tendres, pendant 20 à 25 minutes. Saler au goût ; garnir avec le persil et le safran.

PAR PORTION : 181 CAL ; 4 G PROT ; 5 G MAT GR ; 33 G CARB ; 0 MG CHOL ; 481 MG SOD ; 7 G FIBRES

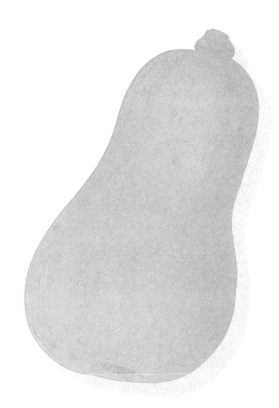

RAGOÛT DE L'AFRIQUE DU NORD
AUX POIVRONS ET AUX TOMATES

Ce solide ragoût vous réchauffera en hiver.

10 ml (2 c. à thé) d'huile d'olive

240 ml (1 tasse) d'oignon tranché

1 gros poivron vert ou rouge, coupé en minces tranches de 3,08 cm (2 pouces) de long

4 gousses d'ail moyennes, émincées

2 chilis Anaheim frais, épépinés et coupés en minces tranches de 3,08 cm (2 pouces) de long

2,5 ml (½ c. à thé) de cumin moulu

3 tomates mûres moyennes, coupées en deux, épépinées et hachées grossièrement

1 boîte de pois chiches de 450 à 570 ml (15 à 19 onces), lavés et égouttés, ou 360 à 420 ml (1½ à 1¾ tasse) de pois chiches cuits

Sel et poivre noir fraîchement moulu, au goût

4 gros œufs

1 pincée de paprika

1. Chauffer l'huile dans un grand poêlon antiadhésif à feu moyen-élevé. Ajouter l'oignon, et cuire, en remuant souvent, jusqu'à ce qu'il soit doré, pendant 2 à 3 minutes. Ajouter le poivron, l'ail, les chilis et le cumin, et cuire, en remuant fréquemment jusqu'à ce que les ingrédients soient ramollis, pendant 3 à 5 minutes. Ajouter les tomates et les pois chiches, et porter à ébullition. Cuire en remuant de temps en temps, jusqu'à ce que les tomates soient brisées en morceaux, et en réduisant le feu au besoin, pendant environ 10 minutes.

2. Assaisonner le ragoût avec le sel et le poivre au goût. Casser les œufs, un à un, et déposer dans un quart du ragoût, en prenant soin de ne pas casser les jaunes. Couvrir le poêlon, et cuire à feu moyen-doux jusqu'à ce que les œufs soient prêts, pendant 5 à 7 minutes.

3. Saupoudrer chaque œuf d'un peu de paprika. Avec une cuillère trouée ou écumoire, mettre un œuf avec un peu de ragoût dans chaque plat. Verser à la cuillère le ragoût additionnel autour des œufs, et servir immédiatement.

PAR PORTION : 271 CAL ; 15 G PROT ; 10 G MAT GR ; 35 G CARB ; 213 MG CHOL ; 88 MG SOD ; 6 G FIBRES

RAGOÛT THAÏ AUX PATATES DOUCES

Le riz basmati ou le riz au jasmin thaï est l'accompagnement idéal pour ce plat épicé et sa sauce incroyable. On trouve facilement la pâte de chili thaï et la citronnelle dans les marchés asiatiques.

3 gousses d'ail moyennes, émincées

15 ml (1 c. à soupe) de citronnelle

15 ml (1 c. à soupe) de gingembre frais émincé

5 ml (1 c. à thé) de pâte de chili thaï

15 ml (1 c. à soupe) d'huile de sésame

1 oignon moyen, haché

450 g (1 livre) de patates douces, pelées et coupées en cubes

240 ml (1 tasse) de bouillon de légumes (page 431)

1 boîte de 420 ml (14 onces) de lait de noix de coco allégé

5 ml (1 c. à thé) de sel

60 ml (¼ tasse) d'arachides rôties à sec, hachées

1. Écraser l'ail, la citronnelle, le gingembre et la pâte de chili ensemble avec un mortier ou un pilon jusqu'à ce qu'une pâte se forme. Sinon, émincer avec un couteau.

2. Chauffer l'huile de sésame dans une casserole à feu moyen. Ajouter l'oignon, et cuire jusqu'à ce que celui-ci soit doré, en remuant de temps en temps, pendant environ 7 minutes. Ajouter le mélange de pâte, et remuer jusqu'à ce qu'il soit odorant, pendant environ 30 secondes. Ajouter les patates douces, le bouillon de légumes et le lait de coco, et porter à ébullition. Réduire à feu doux, et cuire jusqu'à ce que les pommes de terre soient très tendres, pendant environ 20 minutes. Incorporer le sel, et garnir avec les arachides. Servir.

PAR PORTION : 366 CAL ; 8 G PROT ; 14 G MAT GR ; 59 G CARB ; 0 MG CHOL ; 749 MG SOD ; 4 G FIBRES

RAGOÛT AUX NOIX DE CAJOU

Lorsque les noix de cajou ont trempées toute la nuit et qu'ils sont cuits, ils deviennent mous et s'apprêtent mieux à un ragoût que lorsqu'ils sont croquants. Bien que ce ragoût puisse être préparé sans trempage, la texture et la saveur ne sont pas les mêmes. Les oignons cuits épaississent les jus, de sorte qu'un peu de fécule de maïs peut être nécessaire.

480 ml (2 tasses) de noix de cajou entières crues

30 ml (2 c. à soupe) d'huile d'olive

720 ml (3 tasses) d'oignons hachés grossièrement

10 ml (2 c. à thé) d'ail écrasé

450 g (1 livre) de panais

450 g (1 livre) de carottes

280 ml (2 tasses) de chou vert tranché

240 ml (1 tasse) de prunes entières, dénoyautées

1 litre (4 tasses) de bouillon végétarien ou de bouillon de légumes (page 431)

120 ml (½ tasse) de xérès ou de jus de pommes

10 ml (2 c. à thé) de sel

5 ml (1 c. à thé) de poivre grossièrement moulu

10 ml (2 c. à thé) de thym séché

2 feuilles de laurier

30 ml (2 c. à soupe) de fécule de maïs mélangée avec 30 ml (2 c. à soupe) d'eau

1. Faire tremper les noix de cajou dans l'eau toute la nuit.

2. Chauffer une casserole de 4 litres (16 tasses) à feu moyen, et ajouter l'huile d'olive. Faire sauter les oignons pendant 3 minutes, ou jusqu'à ce qu'ils commencent à brunir. Ajouter l'ail, couvrir et réduire à feu doux. Cuire pendant environ 30 minutes, ou jusqu'à ce que les oignons soient très mous et ait une couleur brun ambré.

3. Entre temps, peler les panais et les carottes, et couper sur une longueur de 2,54 cm (1 pouce). Ajouter les légumes à la casserole lorsque les oignons ont fini de brunir. Ajouter le chou, les pruneaux, le bouillon, le xérès, le sel, le poivre, le thym et les feuilles de laurier, et cuire à feu doux pendant 45 minutes.

4. Égoutter les noix de cajou, et ajouter à la casserole. Cuire pendant 15 autres minutes. Incorporer le mélange de farine de maïs, et ajouter le mélange (juste assez) pour épaissir le ragoût au besoin.

PAR PORTION : 400 CAL ; 9 G PROT ; 20 G MAT GR ; 46 G CARB ; 0 MG CHOL ; 640 MG SOD ; 8 G FIBRES

RAGOÛT DE LÉGUMES
AVEC GINGEMBRE ET PIMENTS FORTS

Ce plat de légumes substantiel trouve ses racines en Afrique. Vous pouvez atténuer le goût piquant du plat, si vous le désirez, en diminuant la quantité de chilis.

6 petites pommes de terre

3 carottes, coupées en quatre sur une longueur de 5,04 cm (2 pouces)

240 ml (1 tasse) de haricots verts, coupés en diagonale sur une longueur de 5,04 cm (2 pouces)

15 ml (1 c. à soupe) d'huile végétale

10 ml (2 c. à thé) d'ail émincé

5 ml (1 c. à thé) de gingembre frais râpé

6 oignons verts, coupés en diagonale sur une longueur de 5,04 cm (2 pouces)

1 poivron coupé en morceaux de 1,27 cm (½ pouce)

1 à 4 chilis coupés en morceaux de 0,64 cm (¼ pouce)

1 petit chou coupé en 8 tranches

5 ml (1 c. à thé) de curcuma moulu

5 ml (1 c. à thé) de poivre noir fraîchement moulu

Sel au goût

1. Mettre les pommes de terre dans une casserole, et ajouter de l'eau légèrement salée pour couvrir. Porter à ébullition à feu moyen, et cuire jusqu'à ce que les pommes de terre soient presque tendres. (Le temps de cuisson dépend de la taille et de la fraîcheur des pommes de terre.) Ajouter les carottes et les haricots, et cuire pendant 5 minutes. Égoutter, et réserver.

2. Chauffer l'huile dans un poêlon à feu moyen. Ajouter l'ail, le gingembre, les oignons verts, les poivrons, les chilis et cuire, en remuant fréquemment, jusqu'à ce que les oignons soient ramollis, pendant environ 5 minutes.

3. Ajouter les pommes de terre, les carottes et les haricots, et mélanger doucement. Garnir avec les tranches de chou et saupoudrer de curcuma. Couvrir, et cuire à la vapeur pendant quelques minutes, en prenant soin de ne pas trop cuire les légumes. Remuer doucement, et vider dans un plat de service. Assaisonner avec le poivre et le sel, et servir.

PAR PORTION : 201 CAL ; 5 G PROT ; 3 G MAT GR ; 40 G CARB ; 0 MG CHOL ; 60 MG SOD ; 5 G FIBRES

Le sancocho, un ragoût copieux des Caraïbes, vous offre le goût des aliments réconfortants des Îles.
Servez cette version sans viande avec du riz. On peut trouver les plantains dans les supermarchés ou les
magasins d'alimentation latino.

15 ml (1 c. à soupe) d'huile de canola

1 oignon moyen, coupé en dés

1 poivron vert moyen, coupé en dés

224 g (8 onces) de champignons blancs, coupés en tranches

1 ou 2 chilis jalapeño, épépinés et émincés

480 ml (2 tasses) de bouillon de légumes (page 431), ou de bouillon de légumes en conserve ou d'eau

1 boîte de 420 ml (14 onces) de tomates dans leur jus

2 grosses carottes, pelées et coupées en dés

1 gros plantain vert, pelé et haché grossièrement

1 grosse pomme de terres bouillie, pelée et coupée en dés

30 ml (2 c. à soupe) de persil frais émincé

15 ml (1 c. à soupe) d'origan frais haché ou 5 ml (1 c. à thé) d'origan séché

2,5 ml (½ c. à thé) de poivre noir fraîchement moulu

2,5 ml (½ c. à thé) de sel

1. Chauffer l'huile dans une grande casserole à feu moyen. Ajouter l'oignon, le poivron, les champignons et les jalapeños et cuire, en remuant fréquemment, jusqu'à ce que les légumes commencent à ramollir, environ 7 minutes. Incorporer le bouillon de légumes, les tomates dans leur jus, les carottes, le plantain, la pomme de terre et les assaisonnements, et cuire.

2. Cuire à feu moyen-doux, en remuant de temps en temps, jusqu'à ce que la pomme de terre et les carottes soient tendres, pendant environ 25 minutes. Servir chaud.

PAR PORTION : 198 CAL ; 5 G PROT ; 4 G MAT GR ; 39 G CARB ; 0 MG CHOL ; 92 MG SOD ; 5 G FIBRES

Servez le mélange d'asperges sur le quinoa ou sur d'autres grains.

9,3 g (⅓ once) de champignons
   de type bolet

15 ml (1 c. à soupe) d'huile végétale

3 gousses d'ail, émincées

225 g (½ livre) de champignons
   portobello ou shiitake frais, hachés

120 ml (½ tasse) de xérès

2,5 ml (½ c. à thé) de sel

450 g (1 livre) de pointes
   d'asperges, taillées et coupées
   en diagonale sur une longueur
   de 2,54 cm (1 pouce)

1 poivron rouge, épépiné et en
   juliennes

5 ml (1 c. à thé) de fécule de maïs
   dissous dans 15 ml (1 c. à soupe)
   d'eau

5 ml (1 c. à thé) de vinaigre
   de vin rouge

Sel et poivre noir fraîchement moulu
   au goût

1. Mettre les champignons séchés dans un plat allant au four, et couvrir avec l'eau bouillante. Faire tremper pendant 15 minutes.

2. Entre-temps, chauffer l'huile dans un grand poêlon à feu moyen. Ajouter l'ail et les champignons frais, et cuire en remuant fréquemment jusqu'à ce que les champignons soient tendres. Ajouter le xérès, le sel et le jus de champignon.

3. Ajouter les asperges, le poivron, et les champignons séchés. Cuire à feu doux à découvert, jusqu'à ce que les asperges soient tendres, environ 7 minutes. Ajouter la fécule de maïs et le vinaigre. Porter le mélange à ébullition, et cuire jusqu'à ce qu'il épaississe légèrement, pendant environ 30 secondes. Assaisonner au goût.

PAR PORTION : 100 CAL ; 3 G PROT ; 3,5 G MAT GR ; 8 G CARB ; 0 MG CHOL ; 300 MG SOD ; 3 G FIBRES

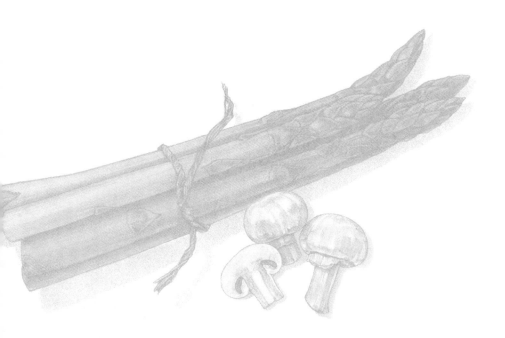

RAGOÛT DE HARICOTS D'AUTOMNE

Cette composition combine plusieurs variétés de légumineuses à l'ancienne, ce qui donne un mélange coloré dans le plat de cuisson. Les nombreuses variétés de légumineuses peuvent nécessiter des temps de cuisson différents, aussi, avant de préparer le ragoût, assurez-vous que tous les haricots sont cuits. On peut trouver le beurre de truffes dans les magasins d'alimentation pour gourmet ; vous pouvez aussi préparer votre propre beurre de truffes en mélangeant les truffes dans du beurre ramolli et en réservant pendant plusieurs heures, afin de communiquer le goût de la truffe au beurre.

15 ml (1 c. à soupe) d'huile d'olive

1 échalote hachée

2 gousses d'ail, coupées en fines tranches

Feuilles de 10 brins de persil, hachées

450 g (1 livre) d'un mélange de haricots comme les flageolets, haricots Seneca, haricots canneberge, haricots de Lima et petits haricots blancs, cuits et égouttés

3 tomates fraîches, hachées, ou l'équivalent de tomates de culture biologique en conserve

120 ml (½ tasse) de bouillon de légumes (page 431) ou d'eau

Sel et poivre noir fraîchement moulu au goût

15 ml (1 c. à soupe) de beurre de truffe

10 feuilles de basilic, déchiquetées

1. Chauffer l'huile dans un grand poêlon à feu moyen. Ajouter l'échalote, l'ail et le persil, et cuire en remuant, jusqu'à ce que les légumes soient ramollis et odorants, pendant 3 à 5 minutes.

2. Ajouter les haricots et les tomates. Cuire en remuant, jusqu'à ce que les tomates soient cuites et deviennent odorantes, pendant 5 à 10 minutes. Ajouter le bouillon de légumes, et assaisonner au goût. Incorporer le beurre de truffe et le basilic, et servir.

PAR PORTION : 310 CAL ; 18 G PROT ; 5 G MAT GR ; 50 G CARB ; 5 MG CHOL ; 35 MG SOD ; 19 G FIBRES

RAGOÛT DE LÉGUMES AVEC TOFU

Ce ragoût robuste constitue un plat principal impressionnant et sophistiqué, qui convient en toute saison.

112 g (¼ livre) de haricots verts

4 cœurs d'artichaut, frais, congelés
   ou en conserve

140 g (5 onces) de champignons
   blancs

1 poivron

1 courgette

2 branches de céleri

2 gros oignons

8 gousses d'ail, écrasées

Sel et poivre noir fraîchement moulu
   au goût

240 ml (1 tasse) de vin blanc

240 ml (1 tasse) de bouillon
   de légumes (page 431)

30 ml (2 c. à soupe) d'huile végétale

252 g (9 onces) de tofu ferme,
   égoutté et coupé en cubes

1. Préchauffer le four à 200 °C (400 °F).

2. Nettoyer et laver les légumes, et couper en morceaux de la taille d'une bouchée. Mettre les légumes dans un plat allant au four, ajouter l'ail écrasé, le sel et le poivre. Ajouter le vin blanc et le bouillon de légumes, et couvrir le plat. Cuire pendant 45 minutes.

3. Entre-temps, chauffer l'huile dans un grand poêlon à feu moyen. Lorsque le poêlon est chaud, faire sauter le tofu jusqu'à ce que les cubes deviennent dorés. Retirer du feu et réserver.

4. Quand le ragoût est cuit, retirer du four, ajouter les cubes de tofu, et servir.

PAR PORTION : 220 CAL ; 8 G PROT ; 9 G MAT GR ; 18 G CARB ; 0 MG CHOL ; 115 MG SOD ; 4 G FIBRES

Avec une abondance de saveurs additionnelles, et sans l'ajout habituel de la viande, ce plat devient un banquet végétarien.

450 g (1 livre) de tofu ferme

15 ml (1 c. à soupe) d'huile végétale

360 ml (1½ tasse) d'oignons hachés

3 à 4 gousses d'ail moyennes, émincées 3 pommes de terre moyennes, pelées et coupées en cubes de 1,27 cm (½ pouce)

3 pommes moyennes, pelées, évidées et coupées en dés

1 gros poivron vert, coupé en lanières

1 boîte de 420 à 480 ml (14 à 16 onces) de tomates coupées en dés, non égouttées

5 à 10 ml (1 à 2 c. à thé) de poudre de cari, ou de garam masala de bonne qualité

5 ml (1 c. à thé) de gingembre frais émincé

120 ml (½ tasse) de raisins

80 ml (⅓ tasse) de cilantro ou de persil haché

2,5 ml (½ c. à thé) de gros sel kasher

Yogourt à base de soja, ou régulier faible en matières grasses, pour servir, facultatif

1. Préchauffer le four à 180 °C (350 °F). Huiler légèrement une plaque à pâtisserie antiadhésive.

2. Égoutter le tofu et couper en des tranches de 1,27 cm (½ pouce) d'épaisseur. Faire sécher entre un linge à vaisselle ou des serviettes de papier. Couper en cubes de 1,27 cm (½ pouce), mettre ensuite sur la plaque à pâtisserie préparée et disposer en une couche.

3. Cuire au four pendant 15 minutes. Remuer soigneusement, et continuer à cuire jusqu'à ce que le tofu soit doré sur la plupart des côtés, en remuant toutes les 5 minutes, pendant environ 20 minutes.

4. Entre-temps, dans une grosse casserole profonde, chauffer l'huile à feu moyen. Ajouter les oignons et l'ail, et cuire, en remuant de temps en temps, jusqu'à ce que les légumes soient dorés, pendant 10 à 12 minutes. Ajouter les pommes de terre, les pommes, le poivron, les tomates, la poudre de cari, le gingembre et 480 ml (2 tasses) d'eau. Augmenter à feu élevé et porter à ébullition. Réduire à feu doux, et cuire à couvert jusqu'à ce que les pommes de terre soient tendres, pendant environ 20 minutes.

5. Incorporer le tofu cuit au four, les raisins secs, le cilantro et le sel, et cuire à découvert en remuant de temps en temps, jusqu'à ce que les saveurs se soient mélangées, pendant 10 à 15 minutes. Servir chaud, garni avec le yogourt, si désiré.

PAR PORTION : 290 CAL ; 8 G PROT ; 5 G MAT GR ; 60 G CARB ; 0 MG CHOL ; 147 MG SOD ; 6 G FIBRES

BOUILLON DE LÉGUMES

Les bouillons de légumes qui sont vendus dans le commerce sont faciles à trouver et pratiques lorsque vous manquez de temps pour préparer votre propre bouillon de légumes. Prévoyez des réserves de bouillon lorsque vous avez du temps à votre disposition et congelez-les en vue d'une utilisation ultérieure.

4 grosses carottes, coupées en tranches

1 gros oignon, coupé en fines tranches

1 gros bulbe de fenouil (y compris les feuilles), haché grossièrement, ou 4 grosses branches de céleri, hachées

4 gousses d'ail écrasées

2 pommes de terre rouges moyennes, coupées en quatre

1 feuille de laurier

30 ml (2 c. à soupe) de feuilles fraîches d'origan émincées ou 10 ml (2 c. à thé) d'origan séché

30 ml (2 c. à soupe) de feuilles fraîches de basilic émincées ou 10 ml (2 c. à thé) de basilic séché

30 ml (2 c. à soupe) de thym frais émincé, ou 10 ml (2 c. à thé) de thym séché

Sel et poivre noir fraîchement moulu, au goût

1. Combiner tous les ingrédients dans une grosse marmite. Ajouter 2,4 litres (10 tasses) d'eau, et porter à ébullition à feu moyen. Couvrir, réduire à feu doux et cuire pendant 1½ heure.

2. Enlever et jeter la feuille de laurier. Doubler une passoire avec du coton à fromage, mettre au dessus d'un grand bol et égoutter. Jeter les légumes, ou réduire en purée la moitié des légumes avec le liquide pour obtenir un bouillon plus épais. Conserver au réfrigérateur dans un récipient hermétique jusqu'à 3 jours ou au congélateur jusqu'à 3 mois.

PAR TASSE (ÉGOUTTÉ) : 22 CAL ; 0,6 G PROT ; 0 G MAT GR ; 5 G CARB ; 0 MG CHOL ; 288 MG SOD ; 1 G FIBRES

BOUILLON RAPIDE

Cette réserve de bouillon de légumes préparée rapidement peut être réfrigérée jusqu'à 5 jours ou congelée jusqu'à 6 mois. Vous pouvez conserver le bouillon dans un récipient hermétique au réfrigérateur jusqu'à 3 jours ou au congélateur jusqu'à 3 mois. Le bouillon de légumes peut être décongelé au four à micro-ondes en 10 minutes.

480 ml (2 tasses) de poireaux hachés, la partie verte seulement ou 240 ml (1 tasse) d'oignon haché

2 carottes, pelées et hachées

1 branche de céleri (y compris les feuilles), hachée

1 feuille de laurier

10 gros brins de persil frais, hachés

1 grosse gousse d'ail, coupée en tranches

1,25 ml (¼ c. à thé) de marjolaine séchée

1 pincée de thym séché

5 ml (1 c. à thé) de sel

1,6 litre (7 tasses) d'eau froide

Combiner tous les ingrédients dans une casserole, et ajouter 1,6 litre (7 tasses) d'eau froide. Porter à ébullition à feu moyen, réduire à feu doux, et cuire pendant 25 minutes. Égoutter avec une passoire au-dessus d'un grand bol.

PAR TASSE (ÉGOUTTÉ) : 12 CAL ; 0 G PROT ; 0 G MAT GR ; 1 G CARB ; 0 MG CHOL ; 406 MG SOD ; 0 G FIBRES

repas rapides

DANS UN MONDE EN CONSTANT mouvement, tous désirent que les repas soient servis sans retard. Mais peu d'entre nous veulent sacrifier la saveur à la vitesse. Ces recettes réconcilient ces deux éléments, avec des plats délicieux préparés en 30 minutes ou moins !

OMELETTE BONANZA À LA WESTERN

POUR 4 PERSONNES

Cette variante de l'omelette à la western fait appel à un mélange nourrissant de pommes de terre, d'oignon, de «saucisse» et de poivrons que l'on incorpore aux œufs pour doubler le temps de cuisson. Les biscuits campagnards, le jus d'orange et le café chaud accompagnent parfaitement ce plat servi au petit-déjeuner ou en entrée lors d'un brunch

30 ml (2 c. à soupe) de beurre
non salé ou de margarine

120 ml (½ tasse) de pommes
de terre en dés

120 ml (½ tasse) d'oignon coupé
en dés

200 g (7 onces) de «saucisse»
émiettée à base de soja

120 ml (½ tasse) de poivron rouge
ou vert coupé en dés

Sel et poivre noir fraîchement
moulu, au goût

6 gros œufs, séparés

60 ml (4 c. à soupe) de fromage
cheddar râpé faible en matières
grasses

45 ml (3 c. à soupe) de persil haché,
pour garnir

1. Préchauffer le four à gril.

2. Chauffer 15 ml (1 c. à soupe) de beurre dans un poêlon antiadhésif de 25,40 cm (10 pouces) à feu moyen. Ajouter les pommes de terre, et faire sauter pendant 3 à 4 minutes, ou jusqu'à ce que les pommes de terre commencent à dorer. Réduire à feu à moyen-doux, et ajouter le reste du beurre, l'oignon, la «saucisse», les poivrons, le sel et le poivre. Faire sauter jusqu'à ce que l'oignon et la «saucisse» commencent à brunir, pendant environ 4 minutes. Retirer du feu, et réserver.

3. Battre les jaunes d'œuf jusqu'à ce qu'ils épaississent légèrement. Battre les blancs d'œuf jusqu'à fermeté. Incorporer les blancs aux jaunes d'œuf avec 30 ml (2 c. à soupe) de fromage. Verser les œufs sur le mélange de «saucisse». Cuire à feu moyen jusqu'à ce que le fond de l'omelette forme une croûte, en soulevant les bords pour que les œufs non cuits glissent dessous.

4. Mettre le poêlon sous le gril et cuire le mélange d'œufs pendant 2 à 3 minutes, ou jusqu'à ce que le dessus commence à brunir et que les œufs soient fermes. Retirer du four, et faire glisser l'omelette dans un plat de service. Garnir avec le reste du fromage et le persil avant de servir.

PAR PORTION : 390 CAL ; 28 G PROT ; 24 G MAT GR ; 15 G CARB ; 445 MG CHOL ; 540 MG SOD ; 3 G FIBRES

GÂTEAUX DU PETIT-DÉJEUNER AU FROMAGE RICOTTA AVEC FRAMBOISES

POUR 4 PERSONNES

Presque tout le monde aime les fraises fraîches, et cette recette originale pour le petit-déjeuner tire partie de ce fruit qui pousse par temps chaud. Si vous le désirez, vous pouvez mettre en valeur les gâteaux avec un fruit ou une mince couche de sirop d'érable et de sucre de confiseurs. Pour les accompagner, ajouter un bol de fraises légèrement saupoudrées de sucre de confiserie, et pour boire, un jus de framboises ou un autre jus de fruit bien frais ou du thé vert chaud.

2 gros œufs

240 ml (1 tasse) de fromage ricotta
faible en matières grasses

80 ml à 120 ml (⅓ à ½ tasse) de
sucre de confiserie

30 ml (2 c. à soupe) de fécule
de maïs

5 ml (1 c. à thé) d'extrait de citron

240 ml (1 tasse) de fraises en
tranches, plus pour garniture

1. Préchauffer le four à 200 °C (400 °F). Vaporiser quatre moules en verre de 180 ml (¾ tasse) avec le vaporisateur antiadhésif à cuisson, et réserver.

2. Battre les œufs dans un bol jusqu'à mousseux. Incorporer le fromage ricotta, le sucre, la farine de maïs et l'extrait de citron, et bien mélanger. Incorporer les fraises, en prenant soin de ne pas les écraser. Remplir chaque moule au deux tiers.

3. Cuire pendant environ 20 minutes au four, ou jusqu'à ce que le dessus soit légèrement bruni. Retirer du four, et servir chaud avec des fraises supplémentaires et les garnitures de votre choix.

PAR PORTION : 210 CAL ; 9 G PROT ; 10 G MAT GR ; 19 G CARB ; 140 MG CHOL ; 270 MG SOD ; < 1 G FIBRES

ŒUF « GRENOUILLE DANS LE PUITS »

Cette version végétarienne américanisée du populaire plat britannique « Saucisses en pâte » — un plat de pudding et de saucisses du Yorkshire cuit dans un four chaud — est servi avec des « saucisses », du fromage gruyère, des œufs et du pain au levain, et constitue une solution simple pour le brunch, ou peut être servie pour le dîner. Vous pouvez doubler cette recette facilement, et faire tremper et cuire les deux tranches de pain sur des plaques à pâtisserie séparées. Servez ce plat avec des fruits frais tranchés ou une salade verte et une vinaigrette acide, plus quelque chose de sucré pour le dessert, comme une crème anglaise, une bagatelle, ou des scones avec une tartinade au citron ou de la confiture de fraises.

1 tranche épaisse de 2,54 cm (1 pouce) de pain sandwich ou autre

2 gros œufs

80 ml (⅓ tasse) de lait faible en matières grasses

120 ml (½ tasse) de fromage gruyère râpé

2 « saucisses » à base de soja

Sel et poivre noir fraîchement moulu, au goût

1. Préchauffer le four à 220 °C (425 °F). Vaporiser une plaque à pâtisserie de 10,16 cm (4 pouces) allant au four avec le vaporisateur antiadhésif à cuisson.

2. Faire un trou au centre de la tranche de pain. Mettre 1 œuf et le lait dans un gros bol à mélanger, et bien battre. Incorporer le fromage râpé. Mettre la tranche de pain dans le mélange, en l'immergeant afin qu'elle absorbe le mélange d'œuf.

3. Vaporiser un gros poêlon avec le vaporisateur antiadhésif à cuisson. Chauffer à feu moyen, et faire sauter les « saucisses » jusqu'à ce qu'elles soient dorées, pendant 5 à 6 minutes.

4. Mettre la tranche de pain sur la plaque à pâtisserie. Casser le deuxième œuf dans le trou, déposer les « saucisses » cuites autour du pain et verser le reste du mélange d'œufs dessus.

5. Cuire pendant 20 minutes, ou jusqu'à ce que les œufs soient prêts et que le fromage soit doré. Retirer du four et assaisonner avec le sel et le poivre.

PAR PORTION : 710 CAL ; 50 G PROT ; 37 G MAT GR ; 41 G CARB ; 485 MG CHOL ; 1 050 MG SOD ; 4 G FIBRES

Inspirée par le plat populaire «pigs in blanket» — des saucisses de Francfort cuites enveloppées dans une pâte à biscuit — cette version végétarienne est une célébration de l'enfance qui retient l'attention avec sa touche asiatique. Servir avec la salade chaude aux pommes de terre (page 193) ou des chips de maïs. Le thé glacé ou la citronnade sont des boissons parfaites pour cette recette. Quoi servir au dessert ? De la crème glacée.

4 « saucisses » de Francfort à base de soja

8 papillotes de rouleaux impériaux (carré de 15,24 cm ou 6 pouces)

120 ml (½ tasse) de choucroute

60 ml (4 c. à soupe) de reliche

Moutarde américaine au goût

240 ml (1 tasse) de mozzarella râpée, faible en matières grasses

45 ml (3 c. à soupe) d'huile végétale

1. Cuire les « saucisses » de Francfort ou les « saucisses » en suivant les instructions sur l'emballage.

2. Entre-temps, séparer les 2 papillotes de rouleaux impériaux et les mettre sur un plan de travail. Disposer 30 ml (⅛ tasse) de choucroute et 15 ml (1 c. à soupe) de reliche sur le tiers supérieur du rouleau. En utilisant des pincettes, retirer une « saucisse » du poêlon, et la mettre sur la choucroute. Étendre 15 ml (1 c. à soupe) de moutarde sur les 2 côtés de la « saucisse », saupoudrer avec 60 ml (¼ tasse) de fromage, et envelopper en roulant vers vous, jusqu'à ce que la garniture soit couverte. Humidifier la longue bordure avec de l'eau pour sceller. Répéter l'opération jusqu'à ce que tous les ingrédients soient utilisés.

3. Chauffer l'huile végétale dans un gros poêlon à feu moyen. Faire frire les papillotes de « saucisses » jusqu'à ce qu'elles soient gonflées et dorées sur tous les côtés, pendant 3 à 4 minutes. En utilisant des pincettes, retirer du feu et mettre sur plusieurs serviettes de papier pour enlever l'excès d'huile. Servir la moutarde en décrivant des zigzags au centre du rouleau.

PAR PORTION : 410 CAL ; 22 G PROT ; 16 G MAT GR ; 72 G CARB ; 10 MG CHOL ; 970 MG SOD ; 2 G FIBRES

BRUSCHETTA AU « PEPPERONI » À LA MODE ITALIENNE POUR 4 PERSONNES

Inspiré par la bruschetta traditionnelle italienne grillée, badigeonnée d'huile d'olive et frottée d'ail, ce sandwich ouvert nourrissant constitue une entrée substantielle pour le déjeuner, accompagnée d'une salade avec vinaigrette et d'une crème anglaise au dessert.

2 mini baguettes de 140 g
(ou 5 onces chacune)

15 ml (3 c. à thé) d'huile d'olive

10 ml (2 c. à thé) d'ail émincé

120 ml (8 c. à soupe) de sauce marinara

1 paquet de 112 g (4 onces) de « pepperoni » à base de soja, tranché

240 ml (1 tasse) de poivrons rouges rôtis hachés

480 ml (2 tasses) de fromage mozzarella râpé faible en matières grasses

1. Préchauffer le gril à 230 °C (450 °F). Diviser les baguettes en deux dans le sens de la longueur, et mettre 4 moitiés côte à côte sur une plaque à pâtisserie.

2. Combiner l'huile et l'ail dans un saladier, et badigeonner de façon uniforme les moitiés de baguettes. Mettre les baguettes au four pendant 5 minutes, ou jusqu'à ce que les pains soient légèrement brunis et dégagent un arôme. Retirer du four, et mettre sur un plan de travail.

3. Étendre 30 ml (2 c. à soupe) de sauce marinara sur chaque moitié des baguettes. Disposer soigneusement les tranches de pepperoni sur chaque moitié, en les divisant en quatre portions égales. Parsemer chaque moitié de poivrons rouges hachés, et garnir avec le fromage, en s'assurant de couvrir chaque moitié entièrement.

4. Augmenter la température du four à 240 °C (475 °F), et cuire les pains pendant environ 5 minutes, ou jusqu'à ce que le fromage fasse des bulles et brunisse légèrement. Retirer du four, et servir.

PAR PORTION : 540 CAL ; 30 G PROT ; 20 G MAT GR ; 62 G CARB ; 35 MG CHOL ; 1 030 MG SOD ; 6 G FIBRES

PLANTAINS AVEC HARICOTS NOIRS ÉPICÉS POUR 4 PERSONNES

Cette recette populaire vite faite de plantains et de haricots frits des Caraïbes et de l'Amérique latine évoque les images de plages de sable blanc et de la vie au soleil. Les haricots noirs épicés servis comme accompagnement ajoutent de la saveur à cette recette ; vous pouvez aussi rehausser et relever ce plat avec quelques gouttes de sauce piquante aux piments et quelques chilis jalapeño en dés.

15 ml (1 c. à soupe) d'huile végétale, plus pour frire

1 gros oignon, coupé en dés

5 ml (1 c. à thé) d'ail émincé

840 ml (3½ tasses) de haricots noirs en conserve, égouttés et rincés

240 ml (1 tasse) de bouillon de légumes

10 ml (2 c. à thé) de cumin moulu

5 ml (1 c. à thé) de graines de coriandre, rôties et légèrement écrasées

Sel et poivre noir fraîchement moulu

4 gros plantains mûrs

120 ml (½ tasse) de salsa, ou plus à volonté

120 ml (½ tasse) de crème sure végétalienne

120 ml (½ tasse) de cilantro pour garnir

1. Chauffer l'huile dans une grosse casserole à feu moyen. Faire sauter l'oignon jusqu'à ce qu'il soit doré, pendant environ 5 minutes. Ajouter les haricots, le bouillon de légumes, le cumin, les graines de coriandre, le sel et le poivre au goût. Réduire à feu moyen-doux, et cuire pendant environ 15 minutes, ou jusqu'à aromatique.

2. Entre-temps, trancher chaque plantain en deux dans le sens de la longueur, et enlever la peau. Chauffer suffisamment l'huile pour frire dans un gros poêlon. Frire les moitiés de plantain jusqu'à ce qu'ils soient dorés sur un côté, tourner et continuer à frire jusqu'à doré. Retirer du feu, et mettre sur des serviettes de papier pour absorber l'excès d'huile.

3. Pour servir, mettre 2 moitiés de plantain dans chaque assiette. Avec une cuillère, verser les haricots sur les plantains, ou les disposer à côté. Garnir chaque portion avec 30 ml (2 c. à soupe) de salsa, et 30 ml (2 c. à soupe) de crème sure, avec une petite pincée de cilantro ou faire circuler les sauces pour le service individuel.

PAR PORTION : 590 CAL ; 18 G PROT ; 16 G MAT GR ; 102 G CARB ; 0 MG CHOL ; 300 MG SOD ; 19 G FIBRES

MUFFINS AU FROMAGE SUISSE

Inspiré par le muffin gallois à base de fromage, cette recette pour le dîner a pour accompagnements une salade de mesclun avec des croûtons croquants, et un bol de pommes et de poires entières fraîches pour le dessert.

3 muffins anglais de blé entier, coupés en deux en diagonale

240 ml (1 tasse) de choucroute, lavée et égouttée

15 ml (1 c. à soupe) de margarine de soja

180 ml (¾ tasse) de bière

5 ml (1 c. à thé) de sauce Worcestershire végétarienne

5 ml (1 c. à thé) de moutarde de Dijon, ou plus au goût

Sel et poivre noir moulu, au goût

338 g (¾ livre) de fromage style suisse faible en matières grasses, comme le Jarlsberg, coupé en dés

15 ml (1 c. à soupe) de fécule de maïs

1 gros œuf, battu légèrement

45 ml (3 c. à soupe) de morceaux de « bacon » à base de soja

2,5 ml (½ c. à thé) de paprika

1. Préchauffer le four à 200 °C (400 °F). Doubler une plaque à pâtisserie avec du papier d'aluminium, et réserver.

2. Mettre les moitiés de muffin sur la plaque à pâtisserie. Griller pendant 2 à 3 minutes, ou jusqu'à ce que les muffins soient croustillants. Mettre des portions égales de choucroute sur les moitiés de muffin, et remettre la plaque au four sous le gril. Cuire jusqu'à ce que la choucroute soit chauffée. Retirer du four, et réserver.

3. Entre-temps, faire fondre la margarine dans un bain-marie à feu moyen. Brasser ensemble la bière, la sauce Worcestershire, la moutarde, le sel et le poivre, et ajouter à la margarine. Remuer les cubes de fromage avec la farine de maïs. Pendant que la bière chauffe, ajouter les cubes quelques-uns à la fois, et remuer souvent jusqu'à ce que le fromage fonde.

4. Retirer 60 ml (¼ tasse) du mélange chaud, et battre dans l'œuf pour tempérer. Cuire pendant 3 à 4 minutes de plus, en remuant constamment. Incorporer l'œuf immédiatement dans le fromage fondu, et battre pour combiner.

5. Avec une cuillère, verser des portions égales de fromage chaud sur les moitiés de muffin, saupoudrer des morceaux de « bacon » et de paprika, et servir.

PAR PORTION : 280 CAL ; 24 G PROT ; 12 G MAT GR ; 18 G CARB ; 55 MG CHOL ; 710 MG SOD ; 3 G FIBRES

SALADE DE GOURGANES AVEC FROMAGE FETA

Faciles à trouver dans la plupart des supermarchés, les gourganes en conserve se marient naturellement avec le feta, un fromage populaire dans les pays méditerranéens. Choisissez votre sauce à salade crémeuse préférée, et complétez ce plat léger, facile à préparer avec un pain qui se prépare rapidement ou des muffins anglais grillés. Servez avec des fruits au dessert.

480 ml (2 tasses) de gourganes en conserve, égouttées et rincées

112 g (4 onces) de fromage feta émietté

120 ml (½ tasse) de persil haché

120 ml (½ tasse) de croûtons assaisonnés

1 poivron rouge, coupé en dés

112 g (4 onces) de champignons tranchés

Combiner tous les ingrédients dans un gros saladier. Remuer avec votre sauce à salade favorite, et servir.

PAR PORTION : 210 CAL ; 12 G PROT ; 8 G MAT GR ; 24 G CARB ; 25 MG CHOL ; 560 MG SOD ; 5 G FIBRES

Les chapeaux des champignons géants portobello forment la base de ces mini pizzas qui possèdent les mêmes saveurs intenses que la pizza type, mais sans les calories. Pour une préparation rapide, utilisez le pesto préparé vendu dans le commerce. Servez ce plat avec des bâtonnets de pain ou des gressins (page 171) et une salade verte, et terminez au dessert avec une gelato italienne

4 chapeaux de champignons portobello géants

30 ml (2 c. à soupe) de vinaigre balsamique

21 ml (1½ c. à soupe) de pesto au basilic

360 ml (1½ tasse) d'une combinaison de fromages mozzarella et provolone râpés pauvres en matières grasses

56 g (2 onces) de tranches de « pepperoni » à base de soja

6 fonds d'artichaut, hachés

30 ml (2 c. à soupe) d'olives hachées salées et dans son huile, facultatif

1 pincée d'origan

1. Préchauffer le four à 250 °C (500 °F). Doubler une plaque à pâtisserie avec du papier d'aluminium, et vaporiser le papier d'aluminium avec le vaporisateur antiadhésif à cuisson.

2. Essuyer les chapeaux de champignons pour les nettoyer et enlever les tiges. Trancher les tiges, et mettre dans un saladier. En utilisant une petite cuillère, enlever doucement les lamelles noires sous les chapeaux des champignons, et jeter les lamelles. Mettre les champignons, le chapeau dessous, sur une feuille doublée de papier d'aluminium.

3. Combiner le vinaigre balsamique et le pesto dans un petit saladier, et badigeonner le mélange sur les chapeaux de champignons. Mettre au four, et cuire pendant 5 à 7 minutes, ou jusqu'à ce que les champignons soient tendres.

4. Entre-temps, combiner dans un bol 240 ml (1 tasse) de fromage, les tranches de « pepperoni », les fonds d'artichaut, les champignons hachés, les olives, au goût, et l'origan, en remuant pour bien mélanger. Retirer les champignons du four, et en divisant le mélange également, garnir chaque chapeau. Saupoudrer 120 ml (½ tasse) du reste du fromage sur les champignons.

5. Cuire au four pendant 7 à 10 minutes de plus, retirer du four et servir.

PAR PORTION : 250 CAL ; 17 G PROT ; 13 G MAT GR ; 11 G CARB ; 30 MG CHOL ; 600 MG SOD ; 3 G FIBRES

TACOS CUITS AU FOUR

Pour préparer ces tacos rapidement et de façon efficace, veuillez mettre tous les ingrédients préparés devant vous. De cette façon, la garniture et les tacos peuvent être préparés en quelques minutes. Pour un changement de goût, utilisez des haricots pinto frits. Servez les tacos cuits au four avec une salade légère de cresson, des quartiers d'orange et des noix, ou essayez la salade de papaye et de cresson avec lime (page 189).

8 tortillas de 20,32 cm (8 pouces), nature ou aromatisées

1 boîte de 450 ml (15 onces) de haricots noirs sans gras

224 g (8 onces) de tofu cuit au four à la saveur tex-mex, coupé en 16 longs morceaux

112 g (4 onces) de chilis verts doux hachés

224 g (8 onces) de fromage cheddar râpé faible en matières grasses ou fromage cheddar à base de soja

360 ml (1½ tasse) de salsa

Cilantro haché pour garnir

1 avocat tranché pour garnir, facultatif

1. Préchauffer le four à 230 °C (450 °F). Vaporiser un moule de 22,86 cm x 33,02 cm (9 x 13 pouces) ou un plus grand plat à cuisson avec le vaporisateur antiadhésif à cuisson.

2. En commençant avec une tortilla, étendre sur la moitié de la tortilla 30 ml (2 c. à soupe) de haricots, mettre 2 tranches de tofu sur les haricots et saupoudrer 15 ml (1 c. à soupe) de chilis hachés et 15 ml (1 c. à soupe) de fromage râpé. Envelopper, et mettre dans le plat à cuisson.

3. Répéter avec le reste des ingrédients, en disposant les tortillas garnies, roulées et bien couvertes dans le plat. Lorsque l'opération est terminée, verser la salsa dessus, en l'étendant également, et saupoudrer avec le reste du fromage, en couvrant les tortillas de façon uniforme avec le fromage. Couvrir entièrement le moule avec une feuille d'aluminium.

4. Cuire pendant environ 20 minutes, ou jusqu'à ce que le fromage fonde et que la garniture soit chaude. Garnir à volonté, et servir.

PAR PORTION : 610 CAL ; 40 G PROT ; 16 G MAT GR ; 78 G CARB ; 10 MG CHOL ; 1 390 MG SOD ; 9 G FIBRES

QUESADILLAS AU FROMAGE ET AUX HARICOTS

En tout temps pendant la journée, lorsque vous avez très envie de plats tex-mex, vous pouvez préparer en vitesse l'une de ces quesadillas avec une garniture, et faire un repas nutritif. Les quesadillas peuvent être servies avec un potage à la crème de maïs pour débuter, et vous pouvez terminer le repas avec un bol de baies saisonnières sucrées. Comme breuvage, vous pouvez servir un thé à la menthe glacée et bien frais ou une citronnade frappée au sherry (page 101).

360 ml (1½ tasse) de haricots végétariens frits sans matières grasses

240 ml (1 tasse) de maïs en grains

120 ml (½ tasse) de salsa

5 ml (1 c. à thé) de chili en poudre, ou plus au goût

6 tortillas de 20,32 cm (8 pouces) sans matières grasses, de préférence aromatisées

480 ml (2 tasses) fromage à base de soja au goût de cheddar

3 tomates équeutées et hachées

1 avocat pelé et haché

5 ml (1 c. à thé) de cumin moulu

Jus de 1 lime

Sel et poivre fraîchement moulu au goût

1. Combiner les haricots, le maïs en grains, la salsa et la poudre de chili dans une casserole, et cuire en remuant, à feu moyen jusqu'à ce que les ingrédients soient chauds.

2. Mettre une tortilla à plat sur un plan de travail. Saupoudrer environ 80 ml (⅓ tasse) de fromage sur la tortilla. Étendre environ 120 ml (½ tasse) du mélange de haricots sur la moitié de la tortilla et rabattre la tortilla pour recouvrir la garniture et le fromage. Réserver. Répéter avec le reste des ingrédients jusqu'à ce que 6 quesadillas soient prêtes pour la cuisson.

3. Vaporiser un gros poêlon antiadhésif avec le vaporisateur antiadhésif à cuisson, et chauffer à feu moyen. Mettre 3 quesadillas dans le poêlon, et cuire en tournant 2 ou 3 fois, jusqu'à ce que les tortillas brunissent légèrement des deux côtés et que le fromage fonde. Retirer du poêlon, et disposer sur des plats de service individuels. Répéter avec le reste des quesadillas. Pulvériser de nouveau le poêlon au besoin pour empêcher de coller.

4. Remuer ensemble les tomates, l'avocat et le cumin. Asperger le mélange de jus de lime et assaisonner avec le sel et le poivre. Verser des portions égales du mélange sur les quesadillas, et servir.

PAR PORTION : 360 CAL ; 18 G PROT ; 11 G MAT GR ; 51 G CARB ; 0 MG CHOL ; 870 MG SOD ; 8 G FIBRES

TOURTE ÉTAGÉE DE TORTILLAS

POUR 6 À 8 PERSONNES

Ce plat principal attirant, un «gâteau» de tortillas étagé, enchantera vos brunches ou les invités du dîner avec ses saveurs robustes. Servez comme entrée un bol de guacamole avec des chips et pour dessert, une glace au chocolat avec sauce au chocolat saupoudrée de cannelle.

30 ml (2 c. à soupe) d'huile végétale

1 paquet de 340 g (12 onces) de «viande hachée» à base de soja à saveur de taco

480 ml (2 tasses) de salsa

360 ml (1 ½ tasse) de haricots pinto, égouttés et lavés

5 tortillas de 20,32 cm (8 pouces) sans matières grasses

224 g (8 onces) de fromage à base de soja au goût de cheddar

1 grosse tomate coupée en fines tranches

120 ml (½ tasse) de feuilles de cilantro pour garnir

½ avocat coupé en dés, pour garnir

120 ml (½ tasse) de crème sure à base de soja pour garnir

1. Préchauffer le four à 220 °C (425 °F). Vaporiser un moule à gâteaux rond et profond de 25,40 ml (10 pouces), avec un vaporisateur antiadhésif à cuisson.

2. Chauffer l'huile dans un gros poêlon à feu moyen. Faire sauter la «viande» pendant 3 à 4 minutes, ajouter la salsa et les haricots, et cuire jusqu'à ce que les ingrédients soient chauds, pendant environ 5 minutes, en remuant fréquemment.

3. Mettre une tortilla au fond du moule à gâteaux, et mettre dessus environ 120 ml (½ tasse) du mélange de «viande», en l'étendant pour couvrir la surface. Saupoudrer d'environ 60 ml (¼ tasse) du fromage. Garnir avec la deuxième tortilla, et répéter avec le mélange de garniture et le fromage. Répéter l'opération avec le reste des tortillas, en garnissant avec le mélange et le fromage jusqu'à ce que tous les ingrédients soient utilisés. Verser tout reste de mélange sur le plat, mettre les tranches de tomates sur le mélange et saupoudrer avec le reste du fromage.

4. Cuire pendant environ 10 minutes, ou jusqu'à ce que le fromage fonde, et retirer du four. Garnir avec le cilantro, l'avocat coupé en dés et la crème sure à base de soja. Pour servir, trancher comme pour un gâteau avec la garniture.

PAR PORTION : 340 CAL ; 20 G PROT ; 12 G MAT GR ; 38 G CARB ; 0 MG CHOL ; 1 120 MG SOD ; 7 G FIBRES

BEIGNETS AU RIZ SAUVAGE

Posés sur des feuilles d'épinards, ces savoureux beignets au riz sauvage tirent leur accent de la salsa à base de fruits, qui peut être préparée avec des fruits comme la pêche, la mangue, la papaye ou avec d'autres fruits. Vous pouvez acheter le riz sauvage précuit et emballé sous vide dans les magasins d'aliments spécialisés ou dans plusieurs supermarchés bien approvisionnés.

3 très gros œufs

240 ml (1 tasse) de fromage ricotta faible en matières grasses

120 ml (½ tasse) de chapelure assaisonnée

720 ml (3 tasses) de riz sauvage cuit

15 ml (1 c. à soupe) d'ail émincé

1 pincée d'origan

1 pincée de poivre rouge écrasé, facultatif

Sel et poivre noir moulu, au goût

60 à 90 ml (4 à 6 c. à soupe) d'huile végétale, pour la cuisson

140 g (5 onces) de petites feuilles d'épinards, lavées

360 ml (1½ tasse) de salsa aux fruits, ou au goût

1. Battre les œufs dans un gros bol à mélange jusqu'à mousseux. Incorporer le fromage ricotta, la chapelure et le riz sauvage, et remuer jusqu'à ce que le riz soit également réparti. Ajouter l'ail, l'origan, le poivron rouge, si utilisé, le sel et le poivre.

2. Chauffer 60 ml (4 c. à soupe) d'huile dans un gros poêlon à feu moyen. Lorsque le poêlon est chaud, mettre environ 80 ml (⅓ tasse) du mélange de riz par beignet dans le poêlon, en cuisant 3 à 4 beignets à la fois pour un total de 12 beignets. Ajouter plus d'huile au besoin. Cuire les beignets jusqu'à ce qu'ils soient dorés, 5 à 6 minutes. En utilisant une spatule, retourner les beignets, et dorer l'autre côté. Retirer du feu, et égoutter avec des serviettes de papier. Continuer jusqu'à ce que le mélange soit utilisé.

3. Pour servir, disposer des portions égales de feuilles d'épinards sur les assiettes, mettre 2 beignets par portion sur les feuilles et garnir avec la salsa, au goût.

PAR PORTION : 300 CAL ; 13 G PROT ; 13 G MAT GR ; 35 G CARB ; 14 MG CHOL ; 480 MG SOD ; 3 G FIBRES

TARTE OLE FRIJOLE

Une bière bien fraîche, du guacamole avec des croustilles et de la cannelle ou une glace au chocolat au dessert, complètent bien ce plat principal du Sud-Ouest.

1 boîte de 480 ml (16 onces) de haricots frits végétariens sans matières grasses

5 ml (1 c. à thé) de chili en poudre, ou au goût

120 ml (½ tasse) de salsa

1 paquet de 336 g (12 onces) de « viande hachée » à base de soja à la saveur de taco

1 fond de tarte de 22,86 cm (9 pouces) épais et non cuit

480 ml (2 tasses) de fromage cheddar râpé, faible en matières grasses

1. Préchauffer le four à 200 °C (400 °F).

2. Mélanger ensemble les haricots, la poudre de chili, la salsa et la « viande hachée ». Verser le mélange sur le fond de tarte, et garnir avec le fromage.

3. Cuire au four pendant environ 20 minutes, ou jusqu'à ce que le fromage ait complètement fondu et fasse des bulles. Retirer du four, et servir.

PAR PORTION : 340 CAL ; 28 G PROT ; 9 G MAT GR ; 36 G CARB ; 15 MG CHOL ; 930 MG SOD ; 8 G FIBRES

« POULET » AU PARMESAN SUR MUFFINS ANGLAIS

Utilisez les gros muffins anglais comme base pour cette garniture d'inspiration italienne. Accompagnez ce mets d'une soupe minestrone et une tarte aux pommes, comme dessert.

4 minces tranches d'aubergine, environ 42 g (1½ once) par tranche

30 ml (2 c. à soupe) d'huile d'olive

15 ml (1 c. à soupe) d'ail émincé

170 g (6 onces) de lanières de « poulet » à base de soja

120 ml (8 c. à soupe) de sauce spaghetti

2 très gros muffins anglais, divisés en deux

30 ml (2 c. à soupe) de margarine de soja

85 g (3 onces) de tomates séchées au soleil dans leur huile

Sel aux épices au goût

4 tranches de fromage mozzarella faible en matières grasses, environ 42 g (1½ onces) par tranche

60 ml (4 c. à soupe) de fromage parmesan fraîchement râpé

1. Préchauffer le four à gril. Doubler une plaque à pâtisserie avec du papier d'aluminium, et réserver.

2. Disposer les tranches d'aubergine sur la plaque à pâtisserie, badigeonner 15 ml (1 c. à soupe) d'huile d'olive et griller au four pendant environ 7 minutes, en tournant une fois, jusqu'à ce que l'aubergine soit tendre et brune. Retirer du four et réserver. Réduire le feu à 220 °C (425 °F).

3. Chauffer 15 ml (1 c. à soupe) de l'huile restante dans un gros poêlon à feu moyen. Faire sauter l'ail et les lanières de « poulet » pendant 2 à 3 minutes, ou jusqu'à ce que le « poulet » devienne doré et soit chaud. Incorporer 60 ml (4 c. à soupe) de sauce spaghetti. Retirer du feu, et réserver.

4. Disposer les moitiés de muffin sur une plaque à pâtisserie. Étaler 7,5 ml (1½ c. à thé) de margarine sur chaque moitié de muffin. Mettre les morceaux de tomates séchées au soleil sur les muffins, et répandre 15 ml (1 c. à soupe) de sauce spaghetti sur chaque moitié de muffin. Déposer les tranches d'aubergine sur la sauce, garnir avec une portion des lanières de « poulet » réparties également sur les muffins, et saupoudrer avec du sel aux épices. Garnir chaque muffin avec une tranche de fromage mozzarella et une pincée de fromage parmesan.

5. Disposer les muffins sur une plaque à pâtisserie, et mettre au four. Cuire pendant 7 à 10 minutes, ou jusqu'à ce que le fromage fonde et fasse des bulles.

PAR PORTION : 440 CAL ; 26 G PROT ; 26 G MAT GR ; 29 G CARB ; 25 MG CHOL ; 760 MG SOD ; 5 G FIBRES

SOUPE NOURRISSANTE AVEC TORTILLAS

Ce plat coloré vous procure les riches saveurs du Sud-Ouest sous la forme d'un potage servi comme plat principal. Servez avec ce potage des tortillas de maïs ou de farine blanche, et terminez le repas avec de la crème glacée au tofu à la fraise et au cassis (page 501) et des biscuits au beurre, ou une meringue.

1 litre (4 tasses) de bouillon de légumes (page 431)

240 ml (1 tasse) de tomates hachées avec leurs jus

15 ml (1 c. à soupe) de jus de lime frais

15 ml (1 c. à soupe) d'huile végétale

336 g (12 onces) de « viande » à base de soja à saveur de taco

5 ml (1 c. à thé) d'assaisonnement à saveur de taco, ou au goût

5 ml (1 c. à thé) de cumin moulu, ou au goût

240 ml (1 tasse) de fromage cheddar râpé à base de soja

112 g (4 onces) de chilis verts hachés

Sel et poivre noir fraîchement moulu au goût

60 ml (¼ tasse) de feuilles de cilantro

½ avocat, coupé en dés

12 tomates en grappe

180 ml (¾ tasse ou environ 2 onces) de chips de maïs cuites au four et écrasées

1. Chauffer le bouillon de légumes dans une grosse casserole, et ajouter les tomates hachées et le jus de lime.

2. Entre temps, chauffer l'huile dans un gros poêlon, et faire sauter la « viande » hachée à base de soja. Incorporer l'assaisonnement de taco et le cumin moulu, et continuer à cuire jusqu'à ce que la viande ait bruni.

3. Lorsque le bouillon bout, retirer du feu. Incorporer le fromage râpé, les chilis hachés, le sel et le poivre au goût. Verser la « viande » hachée à base de soja dans de gros bols à soupe, et avec une louche verser dessus le potage chaud. Garnir les portions avec le cilantro, l'avocat coupé en dés, les tomates en grappe et les tortillas. Servir chaud.

PAR PORTION : 550 CAL ; 42 G PROT ; 21 G MAT GR ; 49 G CARB ; 0 MG CHOL ; 1 850 MG SOD ; 15 G FIBRES

SALADE AUX TONS DE ROUGE

Rappelant un plat populaire des années 50, cette salade satisfait notre goût d'un plat coloré où domine le rouge lors des repas du printemps et de l'été. Cette salade peut être assaisonnée avec un mélange d'huile et de vinaigre balsamique, ou avec une autre sauce à salade de votre choix. Parce qu'il s'agit d'un plat de résistance pour le déjeuner ou le dîner, débuter le repas avec un potage froid comme le gaspacho, et accompagnez la salade de carrés de fromage grillés, puis terminez avec une douceur, comme un morceau de tarte aux baies. Essayez ce mets avec de la citronnade glacée.

1 botte de radis, feuilles vertes enlevées,taillés et coupés en quatre

½ chou rouge pommé, évidé et haché

240 ml (1 tasse) de tomates en grappes

600 ml (2½ tasses) de haricots rouges, égouttés et lavés

1 gros poivron rouge, épépiné et coupé en dés

½ gros oignon rouge, coupé en dés

Sel et poivre noir fraîchement moulu, au goût

Sauce à salade au goût

Mettre tous les légumes et les haricots dans un gros saladier, et assaisonner avec le sel et le poivre. Utiliser pour la salade une sauce à salade, remuer et servir.

PAR PORTION : 100 CAL ; 6 G PROT ; 0,5 G MAT GR ; 20 G CARB ; 0 MG CHOL ; 200 MG SOD ; 6 G FIBRES

SALADE DE KASHA ET DE PERSIL

Les salades froides à base de grains sont toujours appréciées, et cette recette ne fait pas exception avec son abondance de légumes frais et son fromage salé et émietté. Pour leur saveur, les muffins aux fruits constituent un contrepoint intéressant, tandis qu'une tarte aux fruits de saison est un dessert idéal.

480 ml (2 tasses) de bouillon de légumes (page 431) ou d'eau

1 gros œuf

240 ml (1 tasse) de kasha non cuit

60 ml (4 c. à soupe) d'huile d'olive, ou plus au besoin

112 g (4 onces) de fromage feta émietté

1 botte de persil, haché fin

1 grosse tomate, coupée en cubes

84 g (3 onces) de céleri coupé en dés

56 g (2 onces) de carottes râpées

Jus de 1 gros citron

Sel et poivre noir fraîchement moulu au goût

1 laitue Boston, les feuilles détachées et lavées

1. Porter le bouillon de légumes à ébullition dans une grosse casserole à feu moyen-élevé.

2. Entre-temps, battre légèrement l'œuf et verser sur le kasha dans un bol, en remuant pour couvrir les grains. Chauffer 15 ml (1 c. à soupe) d'huile dans un poêlon à feu moyen, et faire sauter le kasha enrobé d'œuf pendant environ 2 minutes. Retirer du feu et, lorsque le bouillon de légumes bout, avec une cuillère, verser le kasha dans le liquide chaud. Réduire à feu moyen-doux, couvrir et cuire pendant 10 minutes, ou jusqu'à ce que les grains soient tendres. Retirer du feu, mettre dans un bol et refroidir au réfrigérateur pendant 10 minutes, en remuant fréquemment les grains afin qu'ils refroidissent.

3. Entre-temps, mettre le fromage et les légumes dans un gros bol. Ajouter le kasha refroidi, et remuer les grains avec les légumes. Combiner le reste de l'huile et le jus de citron, en battant pour bien mélanger. Parer la laitue, et assaisonner avec le sel et le poivre.

4. Pour servir, disposer les feuilles de laitue dans un saladier ou sur un plat de service, et avec une cuillère verser le kasha et les légumes sur la salade.

PAR PORTION : 270 CAL ; 9 G PROT ; 15 G MAT GR ; 29 G CARB ; 50 MG CHOL ; 330 MG SOD ; 5 G FIBRES

SALADE MÉDITERRANÉENNE HACHÉE

La salade hachée, ce plat retro, populaire dans les années 1950, occupe de nouveau le devant de la scène, avec un éventail d'ingrédients coupés à l'identique. Pleine de ressources, vous pouvez adapter la salade en combinant les ingrédients de votre choix. Cette salade servie comme plat principal se marie bien avec un pain baguette croustillant à l'ail et un punch aux fruits. Pour le dessert, essayez quelque chose de léger comme un sorbet aux fruits avec des biscuits.

240 ml (1 tasse) d'orzo non cuit

½ laitue romaine pommée, lavée et évidée

224 g (8 onces) de cœurs de palmier coupés en morceaux

1 litre (4 tasses) de tomates cerise ou de tomates en grappe

84 g (3 onces) d'olives salées dans leur huile, et hachées

360 ml (1 ½ tasse) de cœurs d'artichaut, hachés

60 ml (4 c. à soupe) de câpres

224 g (8 onces) de fromage mozzarella coupé en cubes et faible en matières grasses

240 ml (1 tasse) de pois chiches, lavés et égouttés

60 ml (¼ tasse) de vinaigre de vin rouge

120 ml (½ tasse) d'huile d'olive

Sel et poivre noir fraîchement moulu au goût

15 ml (1 c. à soupe) d'origan séché

5 ml (1 c. à thé) d'ail émincé

1. Chauffer une casserole d'eau légèrement salée à feu moyen, et lorsque l'eau est bouillante, cuire l'orzo en suivant les instructions sur le paquet. Égoutter, en rinçant les pâtes sous l'eau froide.

2. Sécher les feuilles de laitue à fond et couper les en morceaux de la taille d'une bouchée. Mettre dans un bol. Ajouter l'orzo, les cœurs de palmier, les tomates, les olives, les cœurs d'artichaut, les câpres, le fromage mozzarella et les pois chiches.

3. Combiner le reste des ingrédients. Verser un filet sur la salade, en réservant tout reste de sauce, et remuer les légumes. Servir immédiatement.

PAR PORTION : 480 CAL ; 20 G PROT ; 28 G MAT GR ; 40 G CARB ; 20 MG CHOL ; 790 MG SOD ; 6 G FIBRES

SALADE DE PASTÈQUE, DE RAISINS ET DE TOMATES

Rafraîchissant et légère, cette salade servie comme plat principal honorera un repas chaud pendant l'été avec ses saveurs acidulées bien que toujours douces. Ajouter ou retrancher la pastèque, les raisins et les tomates selon votre désir, en ajustant le vinaigre en conséquence. Une variante charmante consiste à utiliser pour cette recette une cuillère parisienne pour préparer la pastèque. Des tranches de pizza ou des carrés de fromage grillé complètent le repas

720 ml (3 tasses) de pastèque
découpée en cubes ou en boules,
sans les pépins

480 ml (2 tasses) de raisins verts
sans pépins, lavés

½ poivron rouge, épépiné
et coupé en cubes

1 botte de persil italien,
grossièrement haché

1 grosse tomate jaune

1 grosse tomate rouge ou orange

112 g (4 onces) de fromage
gorgonzola émietté

15 ml (1 c. à soupe) de vinaigre
balsamique, ou au goût

Combiner tous les ingrédients, remuer et servir.

PAR PORTION : 230 CAL ; 8 G PROT ; 10 G MAT GR ; 29 G CARB ; 25 MG CHOL ;
20 MG SOD ; 3 G FIBRES

SALADE AVEC CHUTNEY À LA MANGUE

POUR 2 PERSONNES

Ce plat délicieux au déjeuner et servi comme plat principal léger est accompagné d'un pain vite préparé avec des fruits ou des légumes, des muffins ou des sandwiches au fromage grillé. Et il prévoit un dessert, une tarte au citron ou aux pommes avec une glace à la vanille. Comme boisson, essayez le thé aux herbes.

140 g (5 onces) de légumes verts du printemps, lavés et séchés

3 mangues mûres, pelées et coupées en dés

120 ml (½ tasse) de noix de pécan hachées

240 ml (1 tasse) de châtaignes d'eau coupées en tranches

5 ml (1 c. à thé) de poudre de cari, ou plus au goût

30 ml (2 c. à soupe) d'huile végétale

60 ml (4 c. à soupe) de vinaigre de riz

60 ml (¼ tasse) de yogourt nature sans matières grasses

180 ml (¾ tasse) de chutney à la mangue

Gingembre frais râpé pour garnir

1. Disposer les légumes verts dans un saladier, et remuer avec les mangues, les noix de pécan, et les châtaignes d'eau. Réserver.

2. Remuer ensemble la poudre de cari, l'huile végétale, le vinaigre, le yogourt et le chutney pour faire une sauce épaisse et crémeuse. Verser dessus le mélange de salade, et remuer pour bien combiner. Garnir avec le gingembre râpé, et servir.

PAR PORTION : 640 CAL ; 10 G PROT ; 37 G MAT GR ; 80 G CARB ; 0 MG CHOL ; 80 MG SOD ; 14 G FIBRES

« POULET » AVEC SEMOULE DE MAÏS CRÉMEUSE

POUR 4 PERSONNES

La semoule de maïs fournit une base neutre pour des ingrédients et des assaisonnements qui ont du caractère comme ceux que l'on trouve dans cette version allégée d'un plat inspiré de la cuisine du Sud-Ouest. Une soupe claire et légère pourrait introduire le repas, et une tarte aux fruits ou aux baies, ou le sablé aux baies et au chocolat (page 516) pour terminer et constituer un dessert substantiel.

480 ml (2 tasses) de lait de soja nature

120 ml (½ tasse) de gruau de maïs à cuisson rapide

182 g (6½ onces) de fromage râpé à base de soja, mélange de saveurs de parmesan, de mozzarella et de romano, ou au goût

15 ml (1 c. à soupe) d'huile d'olive

1 oignon, haché

1 poivron vert, haché

112 g (4 onces) de champignons coupés en tranches

170 g (6 onces) de lanières de « poulet » à base de soja

480 ml (2 tasses) de tomates entières rôties, écrasées et non égouttées

Sel et poivre noir fraîchement moulu au goût

1. Porter à ébullition le lait de soja dans une grande casserole à feu moyen-élevé. Battre lentement la semoule de maïs dans la casserole, en remuant pour bien combiner. Saupoudrer le fromage râpé sur le mélange, et remuer. Réduire à feu moyen-doux, couvrir la casserole, et cuire pendant environ 10 minutes, en remuant de temps en temps, ou jusqu'à ce que la semoule devienne épaisse et crémeuse. Retirer du feu.

2. Entre-temps, chauffer l'huile dans un gros poêlon à feu moyen. Ajouter l'oignon, le poivron vert et les champignons hachés, et faire sauter pendant 5 minutes. Ajouter les lanières de « poulet », les tomates broyées avec leur jus, le sel et le poivre. Continuer à cuire, pendant environ 10 minutes de plus.

3. Verser la semoule de maïs dans des assiettes individuelles, garnir avec le mélange de légumes, et servir.

PAR PORTION : 350 CAL ; 24 G PROT ; 11 G MAT GR ; 43 G CARB ; 0 MG CHOL ; 600 MG SOD ; 5 G FIBRES

TRIANGLES DE TOFU AVEC SAUCE CHILI THAÏ

Parfait pour un déjeuner rapide, ces délicieux triangles de tofu à la sauce thaï prennent bien un soupçon d'assaisonnement asiatique. Pour que ce plat soit vraiment thaï, utilisez une sauce chili thaï douce — recherchez un produit qui est épais et texturé grâce aux chilis rouges râpés et vinaigrés. Si vous ne trouvez pas ce produit, utilisez la sauce chinoise hoisin. Les nouilles au riz rondes et sèches sont vendues dans les marchés asiatiques, les marchés où l'on vend des aliments naturels et certains supermarchés, mais vous pouvez aussi utiliser des spaghettis.

450 g (1 livre) de tofu ferme ou très ferme

Fécule de maïs, pour saupoudrer

112 g (4 onces) de nouilles au riz rondes et sèches

240 ml (1 tasse) d'huile végétale, pour frire, ou plus au besoin

2 aubergines asiatiques, lavées et coupées en fines tranches en diagonale

30 ml (2 c. à soupe) de sauce soja tamari

120 ml (8 c. à soupe) de sauce chili thaï douce, ou autre sauce asiatique douce comme la sauce hoisin

120 ml (½ tasse) d'arachides non salées écrasées, pour garnir

60 ml (4 c. à soupe) de feuilles de cilantro, pour garnir

1 chili vert, coupé en fines tranches, pour garnir

1. Trancher le tofu en deux à l'horizontale, et couper chaque moitié en triangles pour un total de 8 triangles. Mettre le tofu sur plusieurs couches de serviettes de papier et presser pour éliminer l'eau en excès. Saupoudrer chaque morceau de tofu de fécule de maïs, et réserver.

2. Porter une grosse casserole d'eau à ébullition, et cuire les nouilles pendant 6 à 7 minutes, ou selon les instructions sur l'emballage. Retirer du feu, égoutter, et réserver.

3. Chauffer l'huile dans un gros poêlon ou un wok à feu moyen. Lorsque l'huile est chaude, mettre soigneusement le tofu dans l'huile, en prenant soin de ne pas trop mettre de morceaux. Faire frire 3 à 4 minutes sur un côté jusqu'à doré et, en utilisant des pincettes, tourner les triangles pour dorer le deuxième côté. Retirer du feu, et égoutter sur des serviettes de papier. Répéter l'opération jusqu'à ce que le tofu soit cuit.

4. Jeter l'huile, sauf environ 15 ml (1 c. à soupe) d'huile du poêlon ou du wok. Faire sauter les tranches d'aubergine pendant 4 à 5 minutes, ou jusqu'à ce qu'elles soient ramollies et légèrement dorées. Incorporer la sauce soja, cuire 30 secondes, ou jusqu'à ce que l'aubergine soit recouverte de la sauce soja, et retirer du feu.

5. Pour servir, mettre une portion des nouilles dans chaque assiette individuelle, et garnir avec les triangles de tofu et les tranches d'aubergine. Garnir chaque assiette avec 30 ml (2 c. à soupe) de sauce chili douce thaï, 30 ml (2 c. à soupe) d'arachides écrasées, 15 ml (1 c. à soupe) de cilantro et les tranches de chili verts.

PAR PORTION : 520 CAL ; 27 G PROT ; 24 G MAT GR ; 54 G CARB ; 0 MG CHOL ; 1 100 MG SOD ; 8 G FIBRES

PÂTÉS AUX GOURGANES AVEC POIVRONS ROUGES ET YOGOURT

Ce plat principal et simple se marie bien avec les saveurs et les ingrédients de la cuisine méditerranéenne. Il se prépare rapidement et est indiqué pour un repas en famille, mais sa présentation est suffisamment spectaculaire pour impressionner les invités de marque.

480 ml (2 tasses) de gourganes en conserve, égouttées et lavées

1 gros œuf

1 oignon, pelé et coupé en dés

5 ml (1 c. à thé) d'ail émincé

15 ml (1 c. à soupe) d'huile d'olive, plus huile pour frire

15 ml (1 c. à soupe) de jus de citron frais

45 ml (3 c. à soupe) de farine tout usage

30 ml (2 c. à soupe) de persil italien haché

360 ml (1½ tasse) de yogourt nature ou régulier faible en matières grasses, pour garnir

1 poivron rouge, épépiné et coupé en dés, pour garnir

1. Mettre les gourganes, l'œuf, l'oignon, l'ail, 15 ml (1 c. à soupe) huile d'olive, le jus de citron, la farine et 15 ml (1 c. à soupe) de persil dans un robot culinaire ou un mélangeur, et passer jusqu'à ce que le mélange soit grossièrement haché et bien combiner.

2. Chauffer 30 à 45 ml (2 à 3 c. à soupe) d'huile dans un gros poêlon à feu moyen. Lorsque l'huile est chaude, verser 60 ml (¼ tasse) du mélange de haricots dans l'huile, et répéter jusqu'à ce que le poêlon soit plein. Cuire pendant 2 à 3 minutes sur un côté et, lorsque ce côté est ferme et légèrement bruni, tourner pour cuire l'autre côté. Retirer soigneusement du poêlon et mettre sur des assiettes. Répéter avec le reste du mélange de haricots jusqu'à ce que le mélange soit utilisé.

3. Pour servir, verser de généreuses cuillerées de yogourt sur chaque portion, et saupoudrer de persil et de poivron rouge coupé en dés. Servir immédiatement.

PAR PORTION : 250 CAL ; 12 G PROT ; 11 G MAT GR ; 26 G CARB ; 60 MG CHOL ; 120 MG SOD ; 5 G FIBRES

TOFU MA PO VÉGÉTARIEN

Les histoires à propos des origines de cette extravagance qu'est le tofu sont colorées et attribuent la création du plat à la vieille femme au visage grêlée (Ma Po) pendant la dynastie Qing, dans la province de Sichuan, en Chine. Peu importe ses origines, ce plat de fromage de soja se décline en d'innombrables variantes, y compris cette version, qui fait abondamment appel aux oignons, lesquels ajoutent au plat du croquant, de la saveur et de la couleur. Si vous préférez moins de gingembre, assurez-vous de réduire la quantité nécessaire pour cette recette.

450 g (1 livre) de tofu ferme

30 à 45 ml (2 à 3 c. à soupe) d'huile végétale

15 ml (1 c. à soupe) de gingembre frais émincé, ou au goût

15 ml (1 c. à soupe) d'ail émincé, ou au goût

224 g (8 onces) de gluten de blé à la saveur de soja, coupé en cubes

480 ml (2 tasses) de brocoli chinois avec feuilles et tiges

15 ml (1 c. à soupe) de sauce chili asiatique

30 ml (2 c. à soupe) de sauce aux haricots noirs et à l'ail

30 à 45 ml (1 à 2 c. à soupe) de sauce soja

1 pincée de sucre

2 bottes d'oignons verts, coupés en longs morceaux de 2,54 cm (1 pouce)

15 ml (1 c. à soupe) de fécule de maïs mélangée avec 30 ml (2 c. à soupe) d'eau

240 ml (1 tasse) de bouillon de champignons ou de légumes (page 431)

1. Égoutter le tofu, et éliminer en pressant l'excès d'humidité entre 2 couches de serviettes de papier. Couper le tofu en cubes, et réserver.

2. Chauffer un gros wok ou poêlon à feu moyen, et ajouter 30 ml (2 c. à soupe) d'huile. Ajouter le gingembre et l'ail, et faire sauter pendant 30 secondes. Ajouter le gluten de blé, et continuer à cuire pendant 2 à 3 minutes, en ajoutant plus d'huile au besoin.

3. Ajouter le brocoli chinois, la sauce chili, la sauce à l'ail, la sauce soja, et une pincée de sucre, en faisant sauter pendant 2 à 3 minutes. Ajouter les oignons. Combiner le mélange de fécule de maïs avec le bouillon de champignons ou de légumes, et verser dans le wok, en faisant sauter pendant 2 minutes de plus. Retirer du feu, ajuster les assaisonnements et servir.

PAR PORTION : 200 CAL ; 36 G PROT ; 14 G MAT GR ; 19 G CARB ; 0 MG CHOL ; 1 040 MG SOD ; 4 G FIBRES

Cet amoncellement de chapeaux de champignons, préparés avec une savoureuse garniture, sont assez nourrissants pour être servis comme plat principal. Vous pouvez débuter ce repas avec un potage léger, à base de légumes, par exemple, la soupe aux pois et aux épinards (page 395) et terminer avec un dessert à base de pommes comme le strudel aux pommes et à la cannelle (page 519) ou une tarte garnie de crème glacée avec une sauce au caramel onctueuse.

2 chapeaux géants de champignons portobello, d'environ 170 g (6 onces) chacun

15 ml (1 c. à soupe) d'huile végétale, plus pour badigeonner

120 ml (½ tasse) d'orzo non cuit

½ courgette, coupée en dés

½ poivron rouge, épépiné et coupé en dés

112 g (4 onces) de fromage feta émietté

30 ml (2 c. à soupe) de graines de potiron, rôties

Feuilles de persil plat, pour garnir

1. Préchauffer le four à 230 °C (450 °F).

2. Essuyer les chapeaux de champignons afin qu'ils soient propres, enlever les bouts des tiges et en utilisant une cuillère, en grattant, enlever les lamelles noires dessous. Badigeonner légèrement les chapeaux avec l'huile, et mettre sur une plaque à pâtisserie, le côté du chapeau dessous. Rôtir au four pendant 10 à 15 minutes.

3. Entre-temps, porter une casserole d'eau légèrement salée à ébullition, et ajouter l'orzo. Cuire pendant 5 à 6 minutes, ou jusqu'à ce que l'orzo soit tendre. Égoutter, et réserver.

4. Chauffer l'huile dans un grand poêlon à feu moyen. Lorsque l'huile est chaude, faire sauter la courgette et le poivron rouge pendant 4 à 5 minutes, ou jusqu'à ramollissement. Enlever les chapeaux des champignons du four, puis verser soigneusement le jus qui s'est accumulé au centre des chapeaux dans le poêlon. Réserver les chapeaux.

5. Ajouter le fromage, les graines de potiron, et l'orzo, au mélange de courgette. Faire sauter pendant 2 à 3 minutes. Retirer du feu, et verser le mélange dans les chapeaux, en le divisant uniformément. Garnir, et servir pendant que le plat est chaud.

PAR PORTION : 540 CAL ; 19 G PROT ; 31 G MAT GR ; 46 G CARB ; 50 MG CHOL ; 650 MG SOD ; 5 G FIBRES

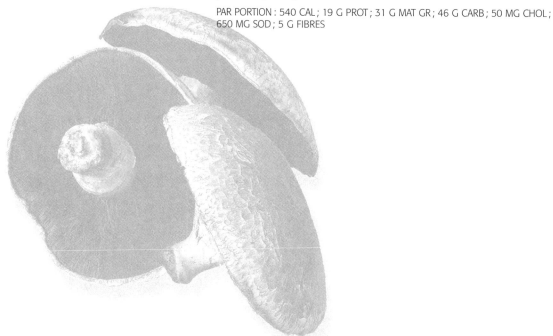

CHILI AUX TROIS HARICOTS

Ce solide chili qui peut également être très épicé, selon le mode de préparation, nécessite une visite au comptoir à salades de votre supermarché pour vous permettre de choisir différentes garnitures et faire de ce plat deux repas en un : une salade et un bol de haricots. Le chili est délicieux servi chaud, mais même froid et servi à midi comme casse-croûte, il est très agréable. Ce repas étant très nourrissant, vous pourriez vouloir servir un dessert léger, par exemple un flan, et conserver au plat une saveur tex-mex. Mais si les calories ne sont pas pour vous un souci, essayer les sopaipillas ou cajeta, ou le lait caramélisé, faciles à préparer à la maison. Pour ce repas, la meilleure boisson est bien sûr une bière mexicaine bien fraîche ou peut-être une margarita capiteuse et mousseuse.

15 ml (1 c. à soupe) d'huile végétale

1 oignon, pelé et coupé en dés

1 paquet de 336 g (12 onces) de « viande hachée » à base de soja à saveur de taco

420 ml (1¾ tasse) de haricots noirs

420 ml (1¾ tasse) de haricots blancs

420 ml (1¾ tasse) de haricots rouges

480 ml (2 tasses) de tomates hachées et rôties avec une boîte de jus

5 ml (1 c. à thé) de chipotles en conserve en adobo, réduit en purée avec la sauce, ou au goût

1 chili jalapeño, épépiné et coupé en dés, ou au goût

5 ml (1 c. à thé) de poudre de chili, ou au goût

Sel et poivre noir fraîchement moulu

1,4 litre (6 tasses) garnitures pour la salade : radis en tranches, fromage râpé, olives, céleri tranché, carottes râpées, oignons verts, oignons tranchés, poivrons verts ou rouges en lanières, tofu en cubes, fleurettes de chou-fleur, noix, maïs en grains et pois verts

1. Chauffer l'huile dans un grand poêlon à feu moyen. Lorsque l'huile est chaude, faire sauter l'oignon et la « viande » pendant environ 7 minutes, ou jusqu'à ce que la « viande » brunisse légèrement.

2. Entre-temps, combiner les haricots et les tomates dans une grande casserole et chauffer à feu moyen. Incorporer les chipotles, le chili jalapeño, et la poudre de chili au goût. Assaisonner avec le sel et le poivre. Cuire jusqu'à ce que le mélange commence à bouillir. Incorporer la « viande » et les oignons. Retirer du feu et mettre de côté.

3. Pour servir, disposer les garnitures pour la salade dans des plats de service séparés, verser environ 240 ml (1 tasse) de chili dans des bols individuels et garnir avec 240 ml (1 tasse) de garniture, au goût.

PAR PORTION : 320 CAL ; 25 G PROT ; 3 G MAT GR ; 50 G CARB ; 0 MG CHOL ; 430 MG SOD ; 20 G FIBRES

Préparez vous-même des repas rapides

Il est facile de préparer vous-même des repas rapides (et nous ne voulons pas dire à la chaîne comme dans les restaurants !) Pour planifier des repas rapides sans négliger les éléments essentiels à une saine alimentation ou sacrifier le goût des aliments, inspecter soigneusement votre garde-manger. Gardez en réserve de l'orge, de l'avoine, du riz complet, de la farine de maïs, du couscous et d'autres grains à cuisson rapide. Sélectionnez des produits en conserve, tels que les haricots, les poivrons rouges rôtis, les salsas et les légumes, et choisissez pour les pâtes vos marques préférées de pâtes sèches et de sauces en conserve. Remplissez votre congélateur de pains de grain entiers, de tortillas de blé entier et de légumes congelés. Gardez à jour votre réserve d'épices et de condiments, et avant que vous ne preniez le chemin du marché pour votre visite hebdomadaire, assurez-vous d'avoir suffisamment d'œufs, de lait et de lait de soja, de produits de soja et de fromage, ainsi que d'autres produits laitiers, qui peuvent constituer la base de tout repas végétarien rapide. Cela semble si facile, mais combien de cuisiniers suivent ces règles ? Êtes-vous l'un d'eux ?

« BŒUF » À L'ORANGE À LA MODE HUNAN ET ASPERGES SAUTÉES

Cette entrée populaire dans beaucoup de restaurants chinois, parfois très épicée, peut être reproduite facilement à la maison, sans le bœuf et, si vous le désirez, sans les chilis. Cette entrée avec « bœuf » et asperges constitue un repas complet, mais vous pourriez commencer le repas avec une soupe à la crème de maïs à la mode chinoise et terminer avec un dessert léger à base de fruits ou un sorbet servi avec des biscuits chinois. Quoi boire ? Essayez le thé au jasmin chaud ou une bière chinoise glacée.

224 g (8 onces) de nouilles de blé sèches ou de riz asiatique

336 g (12 onces) de lanières de « bifteck » à base de soja

75 ml (5 c. à soupe) de fécule de maïs

60 ml (¼ tasse) de sauce soja faible en sodium

10 ml (2 c. à thé) d'ail émincé

30 ml (2 c. à soupe) de sucre cristallisé, ou au goût

360 ml (1½ tasse) de bouillon de légumes

10 ml (2 c. à thé) d'huile de sésame

10 ml (2 c. à thé) de gingembre émincé

30 ml (2 c. à soupe) d'huile végétale, ou plus au besoin

450 g (1 livre) d'asperges, taillées et coupées sur 5,08 cm (2 pouces) de longueur

3 chilis rouges séchés, facultatif

Zeste de 1 grosse orange

1 botte d'oignons verts, taillés et coupés sur 5,08 cm (2 pouces) de longueur

1. Cuire les nouilles en suivant les instructions sur le paquet, ou jusqu'à ce qu'elles soient tendres, pendant environ 8 minutes. Égoutter, rincer et égoutter de nouveau. Réserver. Remuer le « bifteck » avec 45 ml (3 c. à soupe) de fécule de maïs. Réserver.

2. Entre-temps, mélanger ensemble la sauce soja, l'ail, le sucre, le bouillon de légumes, l'huile de sésame, le reste de la fécule de maïs et le gingembre. Réserver.

3. Chauffer 30 ml (2 c. à soupe) d'huile dans une grande casserole ou un wok à feu moyen-élevé. Lorsque chaud, faire sauter les lanières de « bifteck » pendant environ 2 minutes. Ajouter, et sauter les asperges et les chilis, si utilisés, pendant 30 secondes.

4. Ajouter tout le mélange de sauce soja immédiatement, et continuer à cuire jusqu'à ce que la sauce épaississe et que les asperges deviennent brillantes et tendres. Remettre le « bifteck » dans la casserole, ajouter le zeste d'orange et faire sauter pendant 2 à 3 minutes de plus. Retirer du feu.

5. Disposer les nouilles dans un bol ou un plat de service, et garnir avec les ingrédients sautés. Garnir avec les oignons tranchés, et servir.

PAR PORTION : 370 CAL ; 16 G PROT ; 7 G MAT GR ; 62 G CARB ; 0 MG CHOL ; 1 010 MG SOD ; 7 G FIBRES

Inspirée par le populaire plat cajun de la Louisiane le « dirty rice », riz sauté et mélangé à des poivrons, des oignons, du céleri, cette variante a toute la puissance et la saveur que vous êtes en droit d'attendre d'un tel plat, mais omet le porc et les foies de volaille, qui donnent habituellement au plat sa couleur caractéristique. Le pain de maïs chaud et les poires cuites sont des accompagnements parfaits, tandis qu'un thé glacé à la menthe ou une citronnade permet d'équilibrer les saveurs.

480 ml (2 tasses) de bouillon de légumes (page 431)

240 ml (1 tasse) de riz à cuisson rapide

30 ml (2 c. à soupe) d'huile d'olive, ou plus au besoin

1 gros oignon, haché

2 poivrons rouges, épépinés et coupés en cubes

240 ml (1 tasse) de céleri coupé en cubes

140 g (5 onces) de « bacon » à base de soja coupé en dés

252 g (9 onces) de « boulettes de viande » à base de soja

Mélange d'assaisonnement cajun ou créole, au goût

Sauce piquante aux piments, au goût

Sel et poivre noir fraîchement moulu, au goût

1. Verser le bouillon de légumes dans une grande casserole, et porter à ébullition à feu moyen. Ajouter le riz, réduire à feu doux et cuire en suivant les instructions sur le paquet.

2. Entre-temps, chauffer l'huile dans un grand poêlon à feu moyen, et faire sauter l'oignon, les poivrons et le céleri pendant 7 à 10 minutes, ou jusqu'à ce qu'ils se flétrissent, soient odorants et légèrement dorés. Retirer du poêlon, et réserver. Avec le reste de l'huile dans le poêlon, cuire le « bacon » et les « boulettes de viande », en ajoutant plus d'huile au besoin. Faire sauter pendant 5 ou 6 minutes, et retirer du feu.

3. Lorsque le riz est cuit et que tout le liquide est absorbé, ajouter au riz les légumes, le « bacon », les « boulettes de viande », l'assaisonnement cajun, la sauce piquante aux piments, le sel et le poivre, en remuant jusqu'à ce que tous les ingrédients soient combinés. Continuer à cuire pendant 5 minutes de plus, et servir.

PAR PORTION : 250 CAL ; 16 G PROT ; 8 G MAT GR ; 29 G CARB ; 0 MG CHOL ; 770 MG SOD ; 4 G FIBRES

« BŒUF » STROGANOFF

Utilisez le riz cuit à la vapeur ou les nouilles comme base pour le stroganoff et servez des asperges cuites à la vapeur ou des haricots verts sautés comme accompagnement. On peut facilement doubler cette recette, et en faire un atout lors de l'arrivée des invités. Un dessert chic comme la crème de chocolat au ricotta (page 533) conclut le repas d'une excellente manière.

15 ml (1 c. à soupe) d'huile végétale

170 g (6 onces) de champignons coupés en tranches

170 g (6 onces) de lanières de « bifteck » à base de soja

240 ml (1 tasse) de crème sure sans matières grasses

60 ml (¼ tasse) de xérès sec

2,5 ml (½ c. à thé) de poudre d'oignon

240 ml (1 tasse) de bouillon de légumes (page 431)

15 ml (1 c. à soupe) de fécule de maïs

15 ml (1 c. à soupe) de pâte de tomates

Sel et poivre noir fraîchement moulu, au goût

1. Chauffer l'huile dans un grand poêlon à feu moyen. Faire sauter les champignons et les lanières de « bifteck » à base de soja jusqu'à ce qu'elles soient brunies, en remuant fréquemment pour empêcher qu'elles ne collent. Réduire à feu à moyen-doux.

2. Combiner la crème sure, le xérès, la poudre d'oignon et 180 ml (¼ tasse) de bouillon de légumes et incorporer le mélange de « bifteck ». Remuer le reste du bouillon de légumes avec la farine de maïs et la pâte de tomates jusqu'à consistance lisse, et ajouter au poêlon, en remuant pour combiner. Assaisonner avec le sel et le poivre, et continuer à cuire jusqu'à ce que le mélange épaississe légèrement, pendant environ 5 minutes. Retirer du feu, et servir.

PAR PORTION : 150 CAL ; 9 G PROT ; 3,5 G MAT GR ; 16 G CARB ; 10 MG CHOL ; 480 MG SOD ; 3 G FIBRES

POMMES ET « POULET » AU CARI

Les saveurs de l'Inde s'épanouissent dans ce plat de « poulet » et de pommes, relevé avec de la poudre de cari douce ou forte. Servir sur du riz basmati indien, accompagné de yogourt et de pain indien

30 ml (2 c. à soupe) d'huile végétale

7,5 ml (1½ c. à thé) de curcuma moulu

10 ml (2 c. à thé) de poudre de cari fort ou doux, ou au goût

1 oignon, haché

15 ml (1 c. à soupe) de gingembre frais râpé

180 ml (¾ tasse) de jus ou de cidre de pommes

30 ml (2 c. à soupe) de fécule de maïs

1 paquet de 170 g (6 onces) de lanières de « poulet »

225 g (8 onces) de champignons coupés en tranches

1 pomme, évidée et coupée en dés, avec la pelure

480 ml (2 tasses) de riz basmati cuit, facultatif

120 ml (½ tasse) d'arachides rôties à sec pour garnir

1. Chauffer l'huile dans un grand poêlon à feu moyen, et incorporer le curcuma et la poudre de cari. Faire sauter pendant 2 à 3 minutes. Incorporer les oignons et le gingembre, et cuire pendant 5 minutes de plus.

2. Verser 60 ml (¼ tasse) de jus de pommes dans un petit bol, et battre dans la farine de maïs. Verser le mélange et le jus de pommes sur le poêlon et ajouter les lanières de « poulet », les champignons et la pomme. Cuire jusqu'à ce que le mélange épaississe légèrement, pendant 7 à 10 minutes.

3. Servir, retirer du feu, et verser sur le riz, si utilisé. Parsemer d'arachides comme garniture.

PAR PORTION : 310 CAL ; 14 G PROT ; 18 G MAT GR ; 30 G CARB ; 0 MG CHOL ; 240 MG SOD ; 7 G FIBRES

POIS CHICHES FRITS

Ce plat principal de pois chiches légèrement épicé se prépare en quelques minutes et est délicieux servi avec de la raïta (page 188).

Environ 1 litre (4 tasses) de pois chiches en conserve, en réservant 120 ml (½ tasse) du liquide

30 ml (2 c. à soupe) d'huile végétale

45 ml (3 c. à soupe) de gingembre frais râpé

2 piments verts frais ou au goût

1 grosse tomate mûre, coupée en cubes

5 ml (1 c. à thé) de poudre de cari ou au goût

5 ml (1 c. à thé) de coriandre moulu

20 ml (4 c. à thé) de cumin moulu

5 ml (1 c. à thé) de curcuma

5 ml (1 c. à thé) de poivre de Cayenne moulu

Sel au goût

Cilantro pour la garniture, facultatif

1. Égoutter le liquide des pois chiches et réserver. Chauffer l'huile dans un grand poêlon à feu moyen. Ajouter les pois chiches, le gingembre et les piments, et faire sauter jusqu'à ce que les pois chiches commencent à brunir, pendant environ 8 minutes. Ajouter les morceaux de tomates, et continuer à cuire jusqu'à ce que les tomates deviennent tendres, pendant environ 5 minutes de plus.

2. Entre-temps, combiner la poudre de cari, la coriandre, le cumin, le curcuma et le poivre de Cayenne avec le liquide de pois chiches réservé, et bien mélanger. Ajouter au mélange dans le poêlon, et bien remuer. Assaisonner de sel, et cuire pendant environ 5 minutes de plus. Servir chaud.

PAR PORTION : 230 CAL ; 10 G PROT ; 7 G MAT GR ; 31 G CARB ; 0 MG CHOL ; 580 MG SOD ; 9 G FIBRES

MANGUE ET POIS MANGE-TOUT SAUTÉS

Se prêtant à de multiples utilisations, la mangue fraîche donne ici un accent sucré à ce plat principal savoureux. Si vous êtes un amateur de mangues, ajoutez davantage de cubes de mangue pour satisfaire votre goût et votre passion.

15 ml (1 c. à soupe) d'huile végétale

5 ml (1 c. à thé) d'ail

224 g (8 onces) de tofu cuit assaisonné à la sauce teriyaki, coupé en cubes

224 g (8 onces) de pois mange-tout, parés

224 g (8 onces) de germes de haricots, rincées

2 mangues, pelées, épépinées et coupées en cubes

180 ml (¾ tasse) de jus de mangue

15 ml (1 c. à soupe) de sauce soja, ou au goût

5 ml (1 c. à thé) d'huile de sésame

15 ml (1 c. à soupe) de farine de maïs mélangée avec 15 ml (1 c. à soupe) d'eau 84 g (3 onces) de nouilles de haricots mungo, trempées dans l'eau bouillante pendant 20 minutes

1. Chauffer le wok à feu moyen-élevé. Lorsqu'il est chaud, ajouter l'huile. Ajouter l'ail, faire sauter pendant 30 secondes et ajouter les cubes de tofu. Faire sauter pendant 1 minute, et ajouter les pois mange-tout, les germes de haricots et la chair d'une mangue. Continuer à cuire pendant 2 à 4 minutes de plus.

2. Mélanger le jus de mangue avec la sauce soja, l'huile de sésame et le mélange de farine de maïs et verser dans le wok. Couvrir le wok, et cuire pendant 3 à 4 minutes de plus.

3. Égoutter les nouilles. Enlever le couvercle du wok, et incorporer les nouilles. Cuire pendant 2 à 3 minutes, ou jusqu'à ce que la sauce épaississe. Retirer du feu, et déposer dans un plat de service ou dans des assiettes individuelles. Garnir avec les cubes de mangue restants, et servir.

PAR PORTION : 390 CAL ; 20 G PROT ; 13 G MAT GR ; 38 G CARB ; 0 MG CHOL ; 520 MG SOD ; 6 G FIBRES

ROULEAUX DE CHOU NAPA

Plat familial nourrissant, ces rouleaux au chou réconcilient l'Orient et l'Occident. Ils sont faciles à préparer et sont parfaits par temps froid. Servez un potage chaud pour commencer, et terminez avec des fruits frais et du fromage.

8 grandes feuilles de chou chinois (napa) sans taches, lavées

30 ml (2 c. à soupe) d'huile végétale

224 g (8 onces) de champignons tranchés finement

360 ml (1½ tasse), environ 225 g (½ livre) d'aubergines coupées en dés

336 g (12 onces) de « viande » de soja non assaisonnée, moulue

10 ml (2 c. à thé) d'ail haché

10 ml (2 c. à thé) d'origan séché

Sel et poivre noir fraîchement moulu, au goût

480 ml (2 tasses) de sauce à pâte alimentaire

240 ml (1 tasse) de fromage mozzarella faible en matières grasses, râpé

1. Préchauffer le four à 220 °C (425 °F). Vaporiser un plat allant au four de 23 x 30,48 cm (9 x 12 pouces) avec un vaporisateur antiadhésif à cuisson.

2. Pour préparer les feuilles de chou, couper et enlever la partie dure et triangulaire à l'extrémité de la tige de chaque feuille, et réserver

3. Chauffer l'huile dans un grand poêlon à feu moyen, et faire sauter les champignons, l'aubergine, la « viande » de soja, l'ail, l'origan, le sel et le poivre pendant 7 à 10 minutes ou jusqu'à ce que les champignons et l'aubergine soient tendres. Ajouter 240 ml (1 tasse) de sauce à pâte et réduire le feu à moyen-doux.

4. Mettre les feuilles de chou dans l'eau bouillante pendant 2 minutes ou jusqu'à ce qu'elles soient légèrement tendres. En utilisant des pincettes, enlever 1 feuille de l'eau et la déposer, la partie extérieure vers le bas, dans un plat de cuisson. Mettre environ 80 ml (⅓ tasse) du mélange de « viande » sur la partie supérieure de la feuille et rouler la feuille fermement. Répéter avec le reste des ingrédients jusqu'à ce que toutes les feuilles soient garnies. Déposer la « viande » restante et la sauce à pâte sur les feuilles et saupoudrer de fromage.

5. Cuire pendant 10 à 12 minutes, ou jusqu'à ce que le fromage ait fondu. Retirer du four, et servir.

PAR PORTION : 350 CAL ; 32 G PROT ; 13 G MAT GR ; 27 G CARB ; 10 G CHOL ; 1 180 MG SOD ; 9 G FIBRES

SAUTÉ AIGRE-DOUX

Ce plat combine les saveurs classiques et aigres-douces chinoises que nous adorons. Délicieux servi seul, ce sauté aux généreuses portions est aussi bon comme garniture sur du riz asiatique ou des nouilles aux œufs. Accompagnez de boulettes de pâtes végétariennes ou de Pot Stickers (page 82), et terminez le repas avec un délicat sorbet aux fruits.

120 ml (½ tasse) de jus d'ananas

60 ml (¼ tasse) de vinaigre blanc

60 ml (4 c. à soupe) de sauce soja faible en sel

45 ml (3 c. à soupe) de sucre granulé

30 ml (2 c. à soupe) de farine de maïs

30 ml (2 c. à soupe) d'huile végétale

240 ml (1 tasse) de noix de cajou

225 g (½ livre) de tofu, coupé en cubes

840 ml (3½ tasses) de cubes d'ananas frais (1 ananas moyen)

225 g (½ livre) de pois mange-tout, parés

1 poivron rouge, coupé dans le sens de la longueur en minces bandes

10 ml (2 c. à thé) d'ail haché

15 ml (1 c. à soupe) de gingembre frais haché

1. Combiner le jus d'ananas, le vinaigre, la sauce soja, le sucre et la farine de maïs, et bien mélanger. Chauffer le mélange dans un petit poêlon jusqu'à ce qu'il soit légèrement épais, et réserver.

2. Chauffer l'huile dans un grand wok à feu moyen et lorsque l'huile est chaude, ajouter les noix de cajou, et faire sauter pendant une minute. Retirer du feu, et réserver. Ajouter le tofu, les cubes d'ananas et les pois mange-tout, et faire sauter pendant une minute. Ajouter le poivron rouge, l'ail et le gingembre, et faire sauter pendant encore une minute. Ajouter la sauce aigre-douce, remuer pour bien mélanger, et faire sauter 2 minutes de plus.

3. Retirer du feu, et servir seul ou sur du riz ou des nouilles.

PAR PORTION : 620 CAL ; 16 G PROT ; 17 G MAT GR ; 106 G CARB ; 0 MG CHOL ; 890 MG SOD ; 8 G FIBRES

KEBABS VÉGÉTARIENS SUR UN LIT DE COUSCOUS

Des jours plus chauds signifient faire une cuisine sur le gril à l'extérieur, quoique ce plat se cuisine aussi bien sur le gril du four ou sur le gril de votre cuisinière. Si vous voulez utiliser du charbon de bois, assurez-vous d'allumer les briquettes au moins une demi-heure avant la cuisson. Utilisez des brochettes de métal parce que les brochettes de bambou ont tendance à carboniser. Cette recette vous fournit un guide, mais vous pouvez varier votre sélection d'ingrédients et la quantité de marinade teriyaki selon votre goût. Vous pouvez aussi augmenter la quantité de légumes et de coucous à cuisson rapide pour régaler plus de personnes. Vous trouverez la marinade teriyaki dans la section des produits alimentaires asiatiques de votre épicerie. Servez les kebabs avec une salade verte et un dessert léger comme un sorbet aux fruits.

240 ml (1 tasse) de coucous à cuisson rapide

112 g (4 onces) de tofu cuit assaisonné teriyaki

8 gros champignons blancs, avec leur tige

1 courgette, coupée en morceaux

10 tomates cerises

4 « boulettes de viande » végétariennes

Marinade teriyaki au goût

Ustensile additionnel :

4 brochettes mesurant 25,40 x 30,48 cm (10 à 12 pouces) de longueur en métal

1. Porter une casserole remplie de 360 ml (1½ tasse) d'eau à ébullition à feu moyen, et incorporer le couscous. Cuire en suivant les instructions sur le paquet. Retirer du feu, et réserver.

2. Préchauffer le gril ou le four, ou si un gril extérieur est utilisé, allumer le charbon de bois, environ 30 minutes avant de vous en servir.

3. Couper le tofu en 4 gros morceaux. Commencer à enfiler les ingrédients sur les brochettes, en commençant par un champignon, le côté du chapeau d'abord. Alterner avec un morceau de tofu, de courgette et de tomate, terminer avec un champignon, la tige d'abord. Répéter avec la deuxième brochette. Pour les brochettes restantes, utiliser des « boulettes de viande » au lieu du tofu. Mettre les brochettes garnies sur une plaque à pâtisserie, et verser un filet de marinade teriyaki au goût.

4. Braiser ou griller les brochettes, en les tournant après 5 minutes de cuisson, et arroser avec la sauce teriyaki. Cuire pendant environ 5 minutes de plus, ou jusqu'à ce que les champignons soient tendres. Retirer du feu.

5. Pour servir, déposer le couscous sur des assiettes individuelles, et garnir avec 2 brochettes par personne.

PAR PORTION : 590 CAL ; 39 G PROT ; 12 G MAT GR ; 87 G CARB ; 0 MG CHOL ; 500 MG SOD ; 10 G FIBRES

PÂTÉS DE POLENTA AVEC CŒURS D'ARTICHAUT

Les rouleaux de polenta précuite enveloppés dans du plastique aident à préparer ce dîner rapidement. Si le comptoir à salades de votre épicerie ne vous offre pas une salade d'antipasto, utilisez des légumes italiens marinées en bocaux. Débuter le repas avec le potage minestrone ou le poivron rôti et la soupe de tomates (page 406), et terminer avec le sorbet à l'orange nappé de fondant au chocolat chaud.

30 ml (2 c. à soupe) d'huile d'olive, ou plus si nécessaire

1 grand poireau, tranché fin

Environ 480 ml (2 tasses) de cœurs d'artichaut en pot, et égouttés

224 g (8 onces) d'antipasto ou de salade d'olives mélangées

6 tranches de 56 g (2 onces) de polenta

45 ml (3 c. à soupe) de fromage parmesan râpé

15 ml (1 c. à soupe) de câpres, égouttées

1. Chauffer 15 ml (1 c. à soupe) d'huile dans un grand poêlon à feu moyen, et faire sauter les morceaux de poireau pendant 5 minutes. Ajouter les cœurs d'artichaut, et continuer à faire sauter pendant 3 minutes plus. Ajouter l'antipasto, et faire sauter jusqu'à bien cuit. Retirer du poêlon, et réserver.

2. Chauffer la cuillère à soupe d'huile restante à feu moyen et faire frire les tranches de polenta jusqu'à ce qu'elles soient dorées des deux côtés, ajouter plus d'huile si nécessaire. Retirer du poêlon, déposer dans des assiettes et garnir également chaque assiette de légumes sautés. Saupoudrer chaque portion de fromage parmesan et de câpres, et servir.

PAR PORTION : 470 CAL ; 13 G PROT ; 11G MAT GR ; 82 G CARB ; 5 MG CHOL ; 1 270 MG SOD ; 13 G FIBRES

CRÊPES AUX CHAMPIGNONS ET AUX BETTES

Des crêpes déjà préparées et préemballées ouvrent de nouvelles perspectives et permettent d'agrandir notre répertoire culinaire. Ces crêpes doivent être mangées immédiatement.

Crêpes

30 ml (2 c. à soupe) d'huile d'olive

224 g (8 onces) de champignons

2 tomates coupées

1 botte de bettes, lavées et coupées finement en diagonale

180 ml (¾ tasse) de vin blanc

224 g (8 onces) de fromage soja râpé

15 ml (1 c. à soupe) de flocons d'oignons séchés

6 crêpes de 22,86 cm (9 pouces)

45 ml (3 c. à soupe) de persil haché pour la garniture

Sauce

30 ml (2 c. à soupe) de beurre non salé ou de margarine de soja

30 ml (2 c. à soupe) de farine

120 ml (½ tasse) de vin blanc

120 ml (½ tasse) de champignons hachés

120 ml (½ tasse) de lait de soja ou de lait entier, ou plus si nécessaire

240 ml (1 tasse) de fromage soja

1. Pour préparer les crêpes : chauffer l'huile dans un grand poêlon à feu moyen. Faire sauter les champignons, une tomate hachée et les bettes pendant environ 1 minute, ou jusqu'à ce que les bettes se flétrissent légèrement. Ajouter le vin, le fromage soja et les flocons d'oignons, et continuer à cuire jusqu'à ce que le fromage fonde, pendant environ 5 minutes. Retirer du feu, et réserver.

2. Mettre une crêpe sur un plan de travail plat, et verser la garniture sur le tiers inférieur de la crêpe. Rouler la crêpe, et la mettre soigneusement sur une assiette. Répéter l'opération jusqu'à ce que toutes les crêpes et la garniture soient utilisées.

3. Pour préparer la sauce : chauffer le beurre ou la margarine et la farine dans une casserole à feu moyen, en remuant constamment pendant 2 à 3 minutes. Incorporer le vin, les champignons, le lait de soja et le fromage soja, et cuire, en remuant fréquemment, jusqu'à ce que le mélange épaississe, pendant environ 5 minutes.

4. Pour servir, verser la sauce également sur les crêpes et garnir avec le persil coupé.

PAR PORTION : 690 CAL ; 40 G PROT ; 35 G MAT GR ; 40 G CARB ; 20 MG CHOL ; 1 870 MG SOD ; 4 G FIBRES

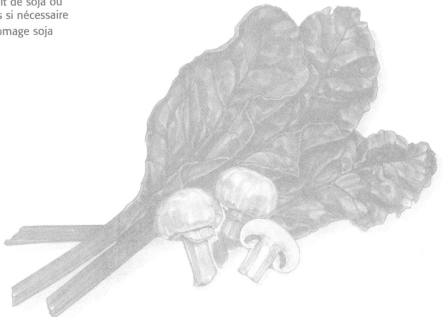

HACHIS DE RIZ SAUVAGE

Dans le monde de l'alimentation, «un hachis» signifie habituellement un plat de viande haché et des légumes souvent servis avec une sauce au jus ou, moins souvent, avec un peu de ketchup et la portion est souvent garnie avec un œuf poché. Ces versions végétariennes tirent leur texture et leur saveur du riz sauvage précuit — vendu et emballé sous vide dans les magasins d'alimentation spécialisés et dans certains supermarchés — de la «viande hachée», du fromage de soja râpé et de légumes frais coupés en dés. Le résultat est un repas substantiel, aussi servez un dessert léger — peut-être un sorbet à l'orange ou à la lime avec des biscuits à la vanille.

30 ml (2 c. à soupe) d'huile d'olive

1 gros oignon, coupé en dés

336 g (12 onces) de «viande hachée» à base de soja

112 g (4 onces) de céleri haché

112 g (4 onces) de champignons, coupés en dés

240 ml (1 tasse) de cœurs d'artichaut, bien égouttés et hachés

224 g (8 onces) de riz sauvage précuit

Sel et poivre noir fraîchement moulu, au goût

Un peu de sauce aux piments rouges, au goût

224 g (8 onces) de fromage soja râpé, de préférence au goût de mozzarella

1. Chauffer l'huile dans un grand poêlon, et faire sauter l'oignon pendant environ 5 minutes, ou jusqu'à ce qu'il devienne doré. Ajouter la «viande hachée» à base de soja, le céleri, les champignons et les cœurs d'artichaut, et faire sauter pendant 5 autres minutes.

2. Incorporer le riz sauvage, et cuire pendant 2 à 3 minutes, ou jusqu'à ce que le riz soit complètement cuit. Ajouter le sel et le poivre, la sauce aux piments rouges et le fromage soja, et cuire, en remuant, pendant environ 2 minutes, ou jusqu'à ce que le fromage fonde. Retirer du feu, et servir.

PAR PORTION : 180 CAL ; 16 G PROT ; 6 G MAT GR ; 15 G CARB ; 0 MG CHOL ; 480 MG SOD ; 3 G FIBRES

HARICOTS CUITS AU FOUR

Ce repas consistant et peu coûteux est prêt en quelques minutes, si vous utilisez des haricots en conserve. Encore mieux, sa saveur robuste plaira à chaque membre de la famille, particulièrement avec de la sauce barbecue ou sauce tomate épicée. Servez une salade verte comme accompagnement, et terminez le repas avec des biscuits aux brisures de chocolat et une glace.

240 ml (1 tasse) de champignons coupés en tranches

120 ml (½ tasse) de chapelure épicée

Environ 480 ml (2 tasses) de haricots blancs cuits

½ botte d'épinards (environ 225 g ou ½ livre), lavés et coupés en julienne

½ oignon rouge, coupé en dés

480 ml (2 tasses) de fromage cheddar faible en matières grasses, râpé

5 ml (1 c. à thé) d'assaisonnement cajun ou d'assaisonnement épicé, au goût

75 ml (5 c. à soupe) de morceaux de soja au « bacon »

60 ml (4 c. à soupe) de fromage parmesan râpé

120 ml (½ tasse) de persil haché pour la garniture

1. Préchauffer le four à 200 °C (400 °F). Vaporiser un plat de cuisson de 2 litres (8 tasses) avec un vaporisateur antiadhésif à cuisson, et réserver.

2. Disposer en couche les champignons coupés dans le fond du plat et saupoudrer de chapelure pour former une croûte. Mélanger ensemble les haricots, les épinards, l'oignon, le cheddar et l'assaisonnement dans un grand bol à mélanger. Verser dans le plat de cuisson. Combiner les particules de « bacon » et le fromage parmesan et en saupoudrer le dessus du plat.

3. Cuire les haricots pendant 20 minutes, retirer du four, garnir avec le persil, et servir.

PAR PORTION : 400 CAL ; 34 G PROT ; 10 G MT GR ; 46 G CARB ; 15 MG CHOL ; 1 850 MG SOD ; 11 G FIBRES

PÂTES AUX LÉGUMES VERTS, CŒURS D'ARTICHAUT, CHAMPIGNONS PORTOBELLO ET FROMAGE GORGONZOLA

POUR 4 PERSONNES

L'utilisation d'une forme de pâtes intéressante augmente l'attrait de ce plat principal consistant, garni de fromage.

224 g (8 onces) de pâtes comme les campanelle ou fusilli

30 ml (2 c. à soupe) d'huile d'olive ou plus au besoin

5 à 10 ml (1 à 2 c. à thé) d'ail haché

224 g (8 onces) de champignons portobello tranchés

1 botte de légumes verts, comme le brocoli, les bettes ou les épinards, lavés et parés

30 ml (2 c. à soupe) de vinaigre balsamique

112 g (4 onces) de fromage gorgonzola, ou au goût, émietté

420 ml (1¾ tasse) de cœurs d'artichaut

Poivron rouge écrasé au goût, facultatif

1. Chauffer une casserole d'eau légèrement salée à feu moyen, et lorsque l'eau bout, cuire les pâtes en suivant les instructions sur le paquet. Égoutter et rincer les pâtes à l'eau froide.

2. Entre temps, chauffer 30 ml (2 c. à soupe) d'huile dans un grand poêlon à feu moyen. Lorsque l'huile est chaude, faire sauter l'ail et les tranches de champignons portobello pendant 2 à 3 minutes. Tourner les tranches, et continuer à cuire jusqu'à ramollissement. Ajouter plus d'huile, si nécessaire.

3. Trancher en diagonale les légumes verts en morceaux de 2,54 cm (1 pouce) d'épaisseur. Ajouter la moitié des légumes au poêlon. Lorsqu'ils sont cuits, ajouter l'autre moitié des légumes verts et le vinaigre balsamique, en remuant fréquemment.

4. Ajouter les pâtes, le fromage gorgonzola émietté et les cœurs d'artichaut, et continuer à remuer jusqu'à ce que le fromage ait fondu. Retirer du feu, relever avec le poivron rouge écrasé, si désiré, et servir.

PAR PORTION : 440 CAL ; 18 G PROT ; 16 G MAT GR ; 56 G CARB ; 30 MG CHOL ; 620 MG SOD ; 4 G FIBRES

TARTE AUX TOMATES ET AU MAÏS

Ce plat principal et festif célèbre la générosité de l'été en mettant en valeur deux plats populaires estivaux : le maïs frais et les tomates mûries sur la vigne. Lorsque les légumes sont encore chauds et à peine sortis du four, la garniture est tendre et croustillante, mais légèrement ferme, une fois refroidie. Pour accentuer le caractère mexicain, enrichissez la garniture d'olives noires coupées et d'oignons verts tranchées, garnissez de tranches d'avocat et de grains de maïs chauffés ou de tortillas et d'un accompagnement de haricots noirs épicés ou de haricots frits. Comme boisson provenant du Sud, servez une bière mexicaine fraîche. Comme dessert, servez quelque chose de léger comme des meringues ou des fruits de saison frais et en tranches.

2 gros œufs

480 ml (2 tasses) de fromage cheddar faible en matières grasses, râpé, ou d'un mélange de cheddar et de mozzarella faible en matières grasses

240 ml (1 tasse) de maïs en grains, de préférence frais

112 g (4 onces) de piment vert doux

5 ml (1 c. à thé) de poudre chili

5 ml (1 c. à thé) de cumin moulu

1 croûte à tarte non cuite de 22,86 cm (9 pouces)

2 tomates mûres, tranchées minces

60 ml (¼ tasse) de cilantro haché pour la garniture

240 ml (1 tasse) de salsa pour la garniture, facultatif

1. Préchauffer le four à 230 °C (450 °F).

2. Combiner les œufs, le fromage, les grains de maïs, les piments, la poudre de chili et le cumin dans un bol à mélanger, et battre pour bien mélanger. Verser sur la croûte à tarte, en lissant le dessus de la garniture.

3. Cuire pendant 25 minutes, ou jusqu'à ce que le centre soit ferme. Retirer du four, déposer les tranches de tomates sur le dessus, saupoudrer de cilantro, et servir. Servir avec votre salsa préférée, si désiré.

PAR PORTION : 250 CAL ; 14 G PROT ; 12 G MAT GR ; 23 G CARB ; 80 MG CHOL ; 590 MG SOD ; 3 G FIBRES

QUATRE HARICOTS AU FOUR

POUR 6 PERSONNES

Façon peu coûteuse de préparer des haricots épicés aux saveurs du Sud-Ouest, ce plat se cuit également dans le four, et le fromage fond en se mélangeant. Repas complet, particulièrement lorsqu'il est servi avec des tortillas et un accompagnement de tomates tranchées, ce plat est parfait avec une infusion et un sorbet aux fruits comme le sorbet aux amandes et aux abricots (page 502) au dessert.

30 ml (2 c. à soupe) d'huile végétale

1 gros oignon coupé en dés

1 paquet de 250 g (9 onces) de « boulettes de viande » à la base de soja

240 ml (1 tasse) de haricots rouges égouttés et lavés

240 ml (1 tasse) de haricots blancs, égouttés et lavés

240 ml (1 tasse) de pois chiche, égouttés et lavés

240 ml (1 tasse) d'haricots noirs, égouttés et lavés

480 ml (2 tasses) de salsa

5 ml (1 c. à thé) de poudre chili, au goût

Sel et poivre noir fraîchement moulu, au goût

1 paquet de 240 g (8½ onces) de fromage de soja râpé

240 ml (1 tasse) ou 112 g (environ 4 onces) de chips au taco écrasés

1 gros avocat, coupé en dés, pour la garniture

1. Préchauffer le four à 220 °C (425 °F).

2. Chauffer l'huile dans un grand poêlon à feu moyen. Faire sauter l'oignon jusqu'à ce qu'il soit translucide, pendant environ 5 minutes. Ajouter les « boulettes de viande », et faire sauter pendant 2 à 3 minutes de plus. Retirer du feu, et réserver.

3. Combiner les haricots dans un plat de cuisson de 2 litres (8 tasses). Incorporer 240 ml (1 tasse) de salsa, la poudre de chili, le sel et le poivre. Incorporer les oignons et les « boulettes de viande », et garnir avec le fromage râpé.

4. Cuire pendant 10 à 12 minutes, ou jusqu'à ce que le mélange soit bien cuit. Retirer du feu, verser le reste de la tasse de salsa sur le fromage, saupoudrer la salsa de chips au taco écrasés, et garnir avec l'avocat coupé en dés.

PAR PORTION : 520 CAL ; 26 G PROT ; 19 G MAT GR ; 62 G CARB ; 0 MG CHOL ; 1 160 MG SOD ; 15 G FIBRES

RAVIOLI AU FROMAGE AVEC TOMATES EN GRAPPE

POUR 4 PERSONNES

Un plat de pâtes réjouissant, concocté avec plusieurs ingrédients de base pour un repas vite préparé. Servez avec une salade verte, des brownies noir et blanc faibles en calories (page 173) ou des blondies et du jus de fruit.

250 g (9 onces) de raviolis farcis de fromage frais

30 ml (2 c. à soupe) d'huile d'olive

1 paquet d'épinards, lavé et paré

480 ml (2 tasses) de tomates en grappe ou de tomates cerise

15 ml (1 c. à soupe) de poudre d'oignon

Sel et poivre noir fraîchement moulu, au goût

60 ml (4 c. à soupe) de fromage parmesan râpé

1. Porter une grande casserole d'eau légèrement salée à ébullition à feu moyen-élevé, et cuire les raviolis en suivant les instructions sur le paquet. Retirer du feu, égoutter et rincer.

2. Chauffer l'huile dans un grand poêlon à feu moyen, et ajouter les épinards, les tomates cerise, la poudre d'oignon, le sel et le poivre, et faire sauter jusqu'à ce que les épinards et les tomates se flétrissent, pendant 5 à 7 minutes. Incorporer les raviolis, et cuire pendant 2 à 3 minutes de plus. Retirer du feu.

3. Pour servir, déposer sur des assiettes et saupoudrer de fromage parmesan.

PAR PORTION : 270 CAL ; 12 G PROT ; 13 G MAT GR ; 28 G CARB ; 30 MG CHOL ; 260 MG SOD ; 5 G FIBRES

NOUILLES DE SARRAZIN
AVEC RUBANS DE COURGETTE

Les épluchures de courgette produisent un effet semblable à celui d'un ruban et embellissent ce plat. Ce mets asiatique est aussi coloré que savoureux et se conclut bien avec des mangues fraîches ou des papayes au dessert.

112 g (4 onces) de nouilles de sarrasin

1 grande courgette

45 ml (3 c. à soupe) de sauce soja faible en sodium, ou au goût

45 ml (3 c. à soupe) de mirin, ou au goût

5 ml (1 c. à thé) de farine de maïs

15 ml (1 c. à soupe) d'huile végétale

15 ml (1 c. à soupe) d'ail haché

240 ml (1 tasse) d'edamame (fèves de soja vertes) frais, écalé

240 ml (1 tasse) de champignons tranchés

1 bouquet d'oignons verts coupés en fines tranches pour la garniture

1. Chauffer une casserole d'eau légèrement salée à feu moyen, et lorsque l'eau bout, cuire les pâtes en suivant les instructions sur le paquet. Égoutter, en rinçant les pâtes sous l'eau froide.

2. Utiliser un éplucheur à légumes pointu, et trancher soigneusement en minces bandes la courgette dans le sens de la longueur. Réserver. Combiner la sauce soja, le mirin et la farine de maïs dans un bol, et réserver.

3. Chauffer l'huile dans un grand poêlon ou un wok à feu moyen-élevé. Faire sauter l'ail pendant 30 secondes, et ajouter l'edamame, les champignons, la courgette et le mélange de soja, et faire sauter pendant environ 30 secondes de plus, ou jusqu'à ce que les légumes soient cuits. Retirer du feu.

4. Pour servir, répartir également les nouilles dans des assiettes ou dans des bols, et garnir des légumes et de la sauce. Saupoudrer de morceaux d'oignons verts, et servir.

PAR PORTION : 330 CAL ; 20 G PROT ; 12 G MAT GR ; 64 G CARB ; 0 MG CHOL ; 680 MG SOD ; 9 G FIBRES

POIVRONS À VOLONTÉ

Ce sauté coloré qui se prête à de multiples utilisations est servi comme plat principal léger ou comme accompagnement, selon votre menu du jour. Et selon votre tolérance aux épices, vous pouvez l'agrémenter en ajoutant des chilis jalapeño, des piments cerise et des piments hongrois tranchés — ou même quelques chilis habanera forts. Assurez-vous de varier la couleur des poivrons doux, en substituant aux autres poivrons doux un poivron pourpre ou blanc, si vous le désirez. Servez ce plat avec de la bière bien froide et terminer le repas avec des fruits frais coupés.

1 paquet de tofu de 450 g (1 livre), de préférence à l'assaisonnement italien

2 poivrons rouges, équeutés, épépinés, coupés en deux

1 poivron vert, équeuté, coupé en deux et épépiné

1 poivron jaune, équeuté, coupé en deux et épépiné

1 poivron orange, équeuté, coupé en deux et épépiné

45 ml (3 c. à soupe) d'huile d'olive

5 ml (1 c. à thé) d'origan séché

Piments jalapeños, piments cerise et piments hongrois, tranchés fin, facultatif

Sel et poivre noir fraîchement moulu, au goût

112 g (4 onces) de fromage gorgonzola émietté

1. Trancher le tofu cuit dans le sens de la longueur en 24 bandes minces, et réserver. Trancher en largeur les poivrons en minces lanières de 1,27 cm (½ pouce), et réserver.

2. Chauffer 30 ml (2 c. à soupe) d'huile dans un grand poêlon à feu moyen, et ajouter les bandes de tofu et l'origan et, en remuant doucement, cuire jusqu'à ce que les bandes commencent à dorer, pendant environ 5 minutes. Retirer du feu, et réserver.

3. Ajouter environ la moitié des poivrons au poêlon et, en utilisant des pincettes pour empêcher les lanières de se briser, faire sauter à feu moyen pendant environ 5 minutes, ou jusqu'à ce que les poivrons commencent à ramollir et leurs côtés à brunir légèrement. Retirer du poêlon. Ajouter le reste de l'huile, et ajouter les lanières de poivrons restantes. Cuire pendant environ 5 minutes, retirer du poêlon et déposer sur les bandes de tofu. Assaisonner avec le sel et le poivre, saupoudrer de fromage gorgonzola et servir.

PAR PORTION : 410 CAL ; 28 G PROT ; 29 G MAT GR ; 14 G CARB ; 25 MG CHOL ; 720 MG SOD ; 4 G FIBRES

POIS CHICHES CHAUDS AU CARI

Ce plat parfumé aux saveurs de l'Inde, rapide à faire, convient bien par temps chaud. Servez-le avec des pitas chauds ou croustillants, comme le pain poivré pappadam. Vous pouvez aussi servir des pains nan avec cumin (page 178).

180 ml (¾ tasse) de lait de coco léger

30 ml (2 c. à soupe) de gingembre frais râpé ou haché

5 ml (1 c. à thé) de cumin moulu

15 ml (3 c. à thé) de poudre de cari, ou au goût

420 ml (1½ tasse) de pois chiches cuits ou en conserve, égouttés et rincés

120 ml (½ tasse) de raisins secs

Sel au goût

45 ml (3 c. à soupe) de chutney, ou au goût

70 à 84 g (2½ à 3 onces) d'épinards (petites feuilles)

3 gros œufs durs

3 oignons verts, tranchés fin, pour garnir

1. Chauffer 60 ml (¼ tasse) de lait de coco dans un grand poêlon, et incorporer le gingembre, le cumin et 10 ml (2 c. à thé) de la poudre de cari. Faire frire le mélange pendant environ 5 minutes, ou jusqu'à ce qu'il soit très parfumé. Ajouter les pois chiches, et faire sauter pendant 5 minutes. Ajouter un autre 60 ml (¼ tasse) de lait de coco, les raisins secs et le sel au goût, et cuire pendant 5 minutes. Retirer du feu, et réserver.

2. Ajouter 60 ml (¼ tasse) du lait de noix de coco restant avec 15 ml (1 c. à soupe) du chutney et 5 ml (1 c. à thé) de la poudre de cari restante. Réserver.

3. Disposer les feuilles d'épinards sur un plat ou dans des assiettes. Peler et couper en deux les œufs. Verser le mélange de pois chiches sur les feuilles d'épinards, y mettre ensuite les moitiés d'œufs et déposer une portion de chutney sur le dessus. Garnir avec les oignons tranchés, et verser le mélange de lait de coco sur la salade avant de servir.

PAR PORTION : 400 CAL ; 18 G PROT ; 13 G MAT GR ; 59 G CARB ; 210 MG CHOL ; 115 MG SOD ; 11 G FIBRES

POLENTA AVEC FENOUIL ET RAPINI

La toujours populaire polenta avec cette petite variante pour un plat facile à préparer.

15 ml (1 c. à soupe) d'huile d'olive

6 gousses d'ail grossièrement hachées

1 bulbe de fenouil, feuilles parées et tranchées finement

30 ml (2 c. à soupe) de tomates séchées au soleil dans leur huile, et égouttées ½ bouquet de rapini (480 ml ou 2 tasses), les extrémités coupées et la partie feuillue tranchée mince

360 ml (1½ tasse) de bouillon de légumes (page 431)

120 ml (½ tasse) de farine de maïs à cuisson rapide

180 ml (¾ tasse) de fromage mozzarella émietté

Sel et poivre noir fraîchement moulu, au goût

1. Chauffer l'huile dans un grand poêlon à feu moyen, et faire sauter l'ail pendant 2 à 3 minutes, ou jusqu'à ce qu'il devienne doré. Ajouter le bulbe de fenouil et les tomates séchées, et faire sauter pendant 2 à 3 minutes, ou jusqu'à ce que le fenouil ramollisse légèrement. Ajouter le rapini, et continuer à faire sauter pendant 3 minutes de plus.

2. Ajouter le bouillon de légumes et incorporer la farine de maïs, en poursuivant la cuisson pendant 5 minutes de plus. Incorporer le fromage, le sel et le poivre, et réduire à feu doux. Cuire pendant 5 minutes de plus, ou jusqu'à ce que la farine de maïs devienne tendre. Servir pendant que le plat est chaud.

PAR PORTION : 200 CAL ; 9 G PROT ; 7 G MAT GR ; 25 G CARB ; 10 MG CHOL ; 150 MG SOD ; 3 G FIBRES

MAÏS QUATRE FAÇONS

Des fruits et des légumes fraîchement cueillis avec de la polenta, et votre repas est prêt en quelques minutes. Ce plat met l'été dans votre assiette ; servez avec un potage crémeux aux tomates pour commencer et une tarte aux petits fruits comme dessert. Ce plat est une façon efficace de combattre la chaleur.

30 ml (2 c. à soupe) d'huile végétale

450 g (1 livre) de polenta

420 ml (1¾ tasse) de bouillie de semoule de maïs, égouttée

420 ml (1¾ tasses) de maïs en grains, égouttés

360 ml (1½ tasse) d'épis de maïs miniatures, égouttés

21 ml (1½ c. à soupe) de poudre de chili, ou au goût

120 ml (½ tasse) de fromage de soja ou de fromage faible en gras

Jus de 1 lime

½ bouquet de cilantro haché, pour la garniture

1. Chauffer l'huile dans un grand poêlon à feu moyen. Trancher la polenta en 8 rondelles, et lorsque l'huile est chaude, faire cuire les rondelles sur un côté pendant 3 à 4 minutes, ou jusqu'à ce qu'elles soient dorées. Retourner, et frire l'autre côté pendant un autre 3 à 4 minutes ou jusqu'à dorer. Enlever du poêlon, et mettre les rondelles côte à côte dans des assiettes.

2. Ajouter la semoule de maïs et les épis de maïs miniatures au poêlon. Saupoudrer de poudre de chili et de fromage, et faire sauter pendant 2 à 3 minutes, ou jusqu'à ce que les ingrédients soient bien cuits et que le fromage ait fondu. Retirer du feu.

3. Pour servir, déposer également le mélange de maïs sur des assiettes ou entre les rondelles de polenta. Asperger chaque portion de jus de lime, et garnir de cilantro.

PAR PORTION : 560 CAL ; 16 G PROT ; 11 G MAT GR ; 106 G CARB ; 0 MG CHOL ; 670 MG SOD ; 14 G FIBRES

TOFU TEXAN

Agissez comme si vous étiez devant un feu de camp dans une plaine du Texas après une dure journée. Ce repas consistant vous remettra d'aplomb avec son abondance de haricots bourratifs, son pain au levain et son tofu épicé. Vous pouvez garnir les haricots et le tofu avec des tranches de piments jalapeño pour épicer davantage le plat. Et vous pouvez intensifier les saveurs en utilisant plus de poudre de chili et quelques gouttes de sauce aux piments rouge. Le dîner est complet avec des chaussons aux pommes et du cidre aux pommes chaud.

Pain au levain coupé en 4 tranches de 2,54 cm (1 pouce) d'épaisseur

720 ml (3 tasses) de haricots cuits, style végétarien

60 ml (4 c. à soupe) d'huile végétale pour la friture

1 oignon coupé en dés

10 ml (2 c. à thé) de cumin moulu

10 ml (2 c. à thé) de poudre de chili

2,5 ml (½ c. à thé) de poudre d'oignon

30 ml (2 c. à soupe) de farine de maïs

450 g (1 livre) de tofu ferme ou très ferme, coupé en gros cubes

60 ml (4 c. à soupe) de morceaux de « bacon »

224 g (8 onces) de fromage à base de soja, de préférence un mélange de fromage cheddar et Monterey Jack, émietté

120 ml (½ tasse) de feuilles de cilantro pour la garniture

1. Préchauffer le four à 230 °C (450 °F). Déposer les tranches de pain épaisses dans un grand plat de cuisson, et réserver.

2. Mettre les haricots dans une grande casserole, et chauffer à feu moyen. Lorsque les haricots sont chauds, retirer du feu, et réserver.

3. Chauffer 15 ml (1 c. à soupe) d'huile dans un grand poêlon à feu moyen, et faire sauter l'oignon jusqu'à ce qu'il soit doré, pendant environ 5 minutes. Retirer l'oignon du feu, et réserver.

4. Entre-temps, combiner le cumin, la poudre de chili, la poudre d'oignon et la farine de maïs dans un grand bol, en mélangeant bien. Mettre le tofu coupé en cubes dans un bol, et saupoudrer chaque côté du mélange. Ajouter le reste de l'huile dans le poêlon, et chauffer à feu moyen. Faire sauter tous les côtés des cubes de tofu jusqu'à ce qu'ils soient croustillants, pendant 3 à 5 minutes. Retirer les cubes du feu et mettre dans un bol avec l'oignon.

5. Répartir les haricots également sur les tranches de pain, et saupoudrer les morceaux de « bacon » sur les haricots. Déposer ensuite le tofu et les oignons, et saupoudrer chaque portion de fromage râpé.

6. Cuire pendant environ 5 minutes, ou jusqu'à ce que le fromage fonde. Retirer du four, et garnir de feuilles de cilantro avant de servir.

RIZ PILAF À LA GRECQUE

Comment utiliser le reste du riz pose généralement des problèmes, mais pas si vous préparez ce plat vite fait et savoureux, inspiré de la cuisine grecque. Commencez votre repas avec une version végétarienne de l'œuf grec et du potage au citron, ou de l'avgolemono (sauce grecque aux œufs et au citron), ou bien avec un hors-d'œuvre de pain grillé italien tartiné d'une pâte de tomates séchées au soleil. Terminez le dîner avec des baklavas et servez avec du thé au citron chaud.

15 ml (1 c. à soupe) d'huile d'olive

1 oignon coupé en dés

5 ml (1 c. à thé) d'ail haché

720 ml (3 tasses) de riz cuit froid

60 ml (¼ tasse) d'eau ou de bouillon de « poulet » végétarien, ou plus au besoin

Jus de 1 citron

480 ml (2 tasses) de pois verts frais ou congelés

Environ 480 ml (2 tasses) de cœurs d'artichaut en conserve, coupés en quartier et égouttés

10 ml (2 c. à thé) d'origan séché

Sel et poivre noir fraîchement moulu, au goût

2 pains pita de 17,78 cm (7 pouces) de diamètre, coupés en 6

112 g (4 onces) d'olives kalamata dénoyautés

112 g (4 onces) de fromage feta émietté comme garniture

1. Préchauffer le four à gril.

2. Chauffer l'huile dans un grand poêlon à feu moyen. Ajouter l'oignon et l'ail, et faire sauter pendant 2 minutes, ou jusqu'à ce que l'oignon soit doré. Ajouter le riz, en brisant les grumeaux, l'eau et le jus de citron. Remuer jusqu'à ce que tous les grains soient couverts d'huile. Réduire à feu moyen-doux. Incorporer les pois, les cœurs d'artichaut, l'origan, le sel et le poivre, et continuer à cuire jusqu'à ce que le mélange soit cuit.

3. Entre-temps, griller les morceaux de pita au four jusqu'à ce qu'ils soient croustillants, pendant 1 à 1½ minute, en veillant à ce qu'ils ne brûlent pas. Enlever les pitas du four, et réserver.

4. Pour servir, incorporer les olives dans le mélange de riz, verser le mélange sur un plat de service ou des assiettes individuelles et garnir avec le fromage feta. Mettre 2 morceaux de pita, les pointes dirigées vers le bas, dans le riz juste avant de servir.

PAR PORTION : 350 CAL ; 12 G PROT ; 12 G MAT GR ; 49 G CARB ; 15 MG CHOL ; 1 040 MG SOD ; 7 G FIBRES

AUBERGINES GRILLÉES AVEC FROMAGE GORGONZOLA

Songez à servir les succulentes aubergines d'été comme plat principal et léger, et servez ce plat avec du fromage gorgonzola. Commencez le repas avec un bouillon, puis servez des tranches de Focaccia avec l'aubergine, et un dessert aux fruits plus complexe, comme une compote de petits fruits avec du yogourt à la vanille.

675 g (1½ livre) d'aubergines coupées en 8 tranches épaisses

60 ml (4 c. à soupe) de pesto

2 grosses tomates tranchées

112 g (4 onces) de fromage gorgonzola émietté

60 ml (4 c. à soupe) de câpres, égouttées

Poivre noir fraîchement moulu, au goût

1. Préchauffer le four à griller. Tapisser un plat de cuisson de papier d'aluminium, et réserver.

2. Mettre les tranches d'aubergine dans un plat et arroser de 30 ml (2 c. à soupe) de pesto. Cuire jusqu'à ce que le dessus commence à brunir et que l'aubergine commence à ramollir. Retourner les aubergines en utilisant une spatule, et étaler le pesto sur l'autre côté. Cuire de nouveau pendant environ 5 minutes de plus. Retirer du four.

3. Pour servir, disposer les d'aubergine sur des assiettes individuelles, et déposer sur chaque portion des quantités égales de tomates, de fromage gorgonzola et de câpres. Poivrer.

PAR PORTION : 230 CAL ; 11 G PROT ; 16 G MAT GR ; 14 G CARB ; 30 MG CHOL ; 770 MG SOD ; 3 G FIBRES

GNOCCHI AVEC SAUCE AUX COURGETTES

Les boulettes de pâte de pommes de terre tendres ou les gnocchis donnent un nappage particulier à ce plat grâce à cette savoureuse sauce aux courgettes.

2 grandes courgettes

2 grosses tomates

30 ml (2 c. à soupe) d'huile d'olive

30 ml (2 c. à soupe) d'ail haché

240 ml (1 tasse) de sauce marinara ou de sauce tomate

Jus de 1 citron

Sel et poivre noir fraîchement moulu, au goût

1 paquet de 675 g (1½ livre) de gnocchis

1. Couper les courgettes en quatre tranches dans le sens de la longueur, puis en tranches minces dans le sens de la largeur, et réserver. Couper les tomates en dés, et réserver.

2. Chauffer l'huile dans un grand poêlon à feu moyen, et ajouter l'ail. Faire sauter pendant environ 5 minutes, ou jusqu'à ce que la courgette commence à brunir. Augmenter à feu moyen-élevé, et ajouter les tomates, la sauce marinara, le jus de citron, le sel et le poivre. Cuire pendant environ 8 minutes de plus, ou jusqu'à ce que les tomates ramollissent. Retirer du feu.

3. Porter une grande casserole d'eau légèrement salée à ébullition à feu moyen. Cuire les gnocchis en suivant les instructions sur le paquet, ou pendant 3 à 5 minutes. Lorsqu'ils sont cuits, les gnocchis flottent à la surface. Retirer avec une écumoire, et réserver.

4. Pour servir, déposer des portions égales de gnocchis dans des assiettes individuelles, et napper avec la sauce.

PAR PORTION : 300 CAL ; 7 G PROT ; 15 G MAT GR ; 37 G CARB ; 20 MG CHOL ; 260 MG SOD ; 5 G FIBRES

SAUCE AUX HARICOTS BLANCS
SUR UN LIT DE TORTELLONIS

On dirait à la regarder et à la goûter une sauce à base de crème très riche, mais en réalité, il ne s'agit que d'une purée de haricots blancs. S'il vous reste de la sauce, vous pouvez la réfrigérer pour une autre occasion.

1 paquet de 250 g (9 onces) de tortellonis frais

1 botte de bettes rouges, tranchées

1 boîte de 570 ml (19 onces) de haricots cannelloni, égouttés et lavés

120 ml (½ tasse) de bouillon de légumes (page 431)

15 ml (1 c. à soupe) d'ail haché

15 ml (1 c. à soupe) de jus de citron frais

Sel et poivre noir fraîchement moulu au goût

Basilic frais pour garnir

120 ml (½ tasse) de fromage parmesan râpé pour garnir, facultatif

1. Chauffer une casserole d'eau légèrement salée à feu moyen, et lorsque l'eau bout, cuire les tortellonis en suivant les instructions sur le paquet. Égoutter et rincer les pâtes sous l'eau froide.

2. Cuire à la vapeur les bettes avec leurs feuilles dans une grande casserole à feu moyen jusqu'à ce qu'elles se flétrissent. Retirer les bettes de la casserole avec des pincettes, éliminer en exerçant une pression l'excès d'humidité, et réserver pour égoutter.

3. Mettre les haricots cannelloni, le bouillon de légumes, l'ail, le jus de citron, le sel et le poivre dans un robot culinaire ou un mélangeur, et réduire en purée jusqu'à consistance lisse. Chauffer dans une grande casserole à feu moyen jusqu'à ce que les ingrédients soient chauds.

4. Pour servir, mettre les bettes dans des plats individuels, faire un lit pour les tortellonis et garnir avec la sauce aux haricots blancs. Parsemer chaque portion de basilic et de fromage parmesan.

PAR PORTION : 370 CAL ; 20 G PROT ; 6 G MAT GR ; 62 G CARB ; 30 MG CHOL ; 810 MG SOD ; 10 G FIBRES

RAGOÛT DE POIS CHICHES AVEC POLENTA FRITE

Voici un plat nourrissant à la mode paysanne qui se marie bien et que l'on peut servir avec un vin rouge corsé, du pain italien chaud et des morceaux de fromage. Un fruit frais est le dessert idéal.

30 ml (2 c. à soupe) d'huile végétale

1 gros oignon, coupé en dés

15 ml (1 c. à soupe) d'ail haché

Sel et poivre noir fraîchement moulu, au goût

2 boîtes de 465 ml (15½ onces) de pois chiches, égouttés

1 litre (4 tasses) de gros morceaux de tomates cuites à l'étouffée avec leur jus

1 paquet de 450 g (1 livre) de polenta préparée et coupée en 12 tranches

120 ml (½ tasse) de persil haché

120 ml (½ tasse) de fromage parmesan râpé

1. Chauffer l'huile dans un grand poêlon à feu moyen, et faire sauter l'oignon et l'ail pendant 5 minutes, ou jusqu'à ce que l'oignon commence à dorer. Ajouter le sel, le poivre et une boîte de pois chiches, réduire à feu moyen-doux, et poursuivre la cuisson.

2. Mettre l'autre boîte de pois chiches et les tomates dans un robot culinaire ou un mélangeur, et passer jusqu'à ce que les ingrédients soient grossièrement hachés. Verser dans le poêlon avec le mélange de pois chiches et d'oignon, et poursuivre la cuisson.

3. Vaporiser un autre poêlon avec un vaporisateur antiadhésif à cuisson, et chauffer à feu moyen. Frire les tranches de polenta jusqu'à ce qu'elles deviennent tendres, et faire dorer légèrement les deux côtés. Retirer les tranches du poêlon en utilisant une spatule, couper en gros morceaux, et ajouter au ragoût.

4. Pour servir, déposer des portions de ragoût sur des assiettes individuelles, et garnir avec le persil.

PAR PORTION : 370 CAL ; 15 G PROT ; 9 G MAT GR ; 60 G CARB ; 5 MG CHOL ; 1 110 MG SOD ; 10 G FIBRES

ORZO AVEC « SAUCISSE »

Soyez créatif avec ce plat, commencez avec des pâtes orzo, mais essayez ensuite une autre variété de pâtes très petites comme les coquillettes. Ajoutez différents poivrons, ou un oignon coupé, du fromage râpé ou des pois verts. Ce plat s'adapte bien aux différents goûts.

240 ml (1 tasse) d'orzo non cuit

30 ml (2 c. à soupe) d'huile végétale

200 g (7 onces) de « saucisse » à base de soja

1 botte d'oignons verts, tranchés fin

1 poivron rouge, épépiné et coupé en dés

1 poivron vert, épépiné et coupé en dés

Sel et poivre noir fraîchement moulu

360 ml (1½ tasse) de sauce spaghetti

5 ml (1 c. à thé) d'origan séché

1 pincée de sauge

120 ml (½ tasse) de fromage parmesan

1. Chauffer une casserole d'eau légèrement salée à feu moyen, et lorsque l'eau bout, cuire l'orzo en suivant les instructions sur le paquet. Égoutter et rincer les pâtes sous l'eau froide.

2. Chauffer l'huile dans un grand poêlon à feu moyen. Émietter la viande de « saucisse » et faire sauter pendant 3 minutes, en remuant fréquemment. Ajouter les oignons, les poivrons rouges et verts, le sel et le poivre, et faire sauter pendant 5 minutes, ou jusqu'à ce que les poivrons commencent à ramollir.

3. Ajouter la sauce spaghetti, l'origan, la sauge et l'orzo, et remuer pour bien combiner. Retirer du feu, et verser dans des assiettes individuelles. Saupoudrer chaque portion de fromage parmesan.

PAR PORTION : 340 CAL ; 20 G PROT ; 7 G MAT GR ; 46 G CARB ; 10 G CHOL ; 620 MG SOD ; 6 G FIBRES

ORZO ET RICOTTA CUITS AU FOUR

Ce plat simple se prépare rapidement et, lorsqu'il est servi dès sa sortie du four, il s'agit d'un repas nourrissant par temps froid. Servi à la température de la pièce, ce plat devient un plat parfait pour affronter les températures printanières ou automnales. Du cidre de pommes chaud ou un thé parfumé aux herbes complète merveilleusement bien ce plat.

240 ml (1 tasse) d'orzo non cuit

15 ml (1 c. à soupe) d'huile d'olive

224 g (8 onces) de champignons tranchés

360 ml (1½ tasse) de cœurs d'artichaut coupé en quatre

15 ml (1 c. à soupe) d'ail haché

360 ml (1½ tasse) de fromage mozzarella râpé

240 ml (1 tasse) de fromage ricotta faible en matières grasses

240 ml (1 tasse) de chapelure assaisonné à l'italienne

240 ml (1 tasse) de persil haché

Sel et poivre noir fraîchement moulu au goût

5 ml (1 c. à thé) de poudre d'ail

1. Préchauffer le four à 230 °C (425 °F). Vaporisez un plat de cuisson de 2 litres (8 tasses) avec le vaporisateur antiadhésif à cuisson.

2. Chauffer une casserole d'eau légèrement salée à feu moyen, et lorsque l'eau bout, cuire l'orzo en suivant les instructions sur le paquet. Égoutter, puis rincer les pâtes sous l'eau froide.

3. Chauffer l'huile dans un grand poêlon à feu moyen. Faire sauter les champignons et les cœurs d'artichaut pendant 4 à 5 minutes. Ajouter l'ail, et cuire pendant 1 minute de plus. Retirer du feu, et mettre les légumes dans le plat de cuisson. Incorporer l'orzo dans le mélange de champignons.

4. Entre-temps, remuer ensemble la mozzarella, le ricotta, la chapelure et le persil. Assaisonner avec le sel, le poivre et la poudre d'ail. Verser le mélange de fromage sur les légumes, et lisser ensuite avec le dos de la cuillère.

5. Cuire pendant environ 15 minutes, ou jusqu'à ce que le fromage fonde et que le dessus devienne doré. Retirer du feu, et servir.

PAR PORTION : 360 CAL ; 21 G PROT ; 11 G MAT GR ; 45 G CARB ; 30 MG CHOL ; 760 MG SOD ; 5 G FIBRES

COUCHES DE LINGUINE EN UN PLAT

POUR 6 PERSONNES

Si vous ne pouvez trouver de pâtes fraîches, utilisez des pâtes sèches, mais ajustez votre temps de cuisson en conséquence.

250 g (9 onces) de pâtes linguine fraîches

30 ml (2 c. à soupe) d'huile d'olive

1 poireau, tranché fin

170 g (6 onces) de rapini, tiges coupées

480 ml (2 tasses) de cœurs d'artichaut coupés en quart

250 g (9 onces) de « boulettes de viande » végétariennes

480 ml (2 tasses) de sauce pour pâtes alimentaires

240 ml (1 tasse) de fromage ricotta sans matières grasses

45 ml (3 c. à soupe) de fromage parmesan râpé

1. Préchauffer le four à 230 °C (450 °F). Vaporiser un plat de cuisson de 2 litres (8 tasses) avec le vaporisateur antiadhésif à cuisson, et réserver.

2. Chauffer une casserole d'eau légèrement salée à feu moyen, et lorsque l'eau bout, cuire les pâtes en suivant les instructions sur le paquet. Égoutter, laver les pâtes sous l'eau froide.

3. Entre-temps, chauffer l'huile dans un grand poêlon à feu moyen, et faire sauter le poireau, les rapini et les cœurs d'artichaut pendant environ 4 minutes, ou jusqu'à ramollissement. Retirer du feu, et réserver.

4. Déposer la moitié des linguines dans le fond du plat de cuisson. Disposer en couches « les boulettes de viande » sur le dessus et verser 240 ml (1 tasse) de sauce pour pâtes alimentaires sur « les boulettes de viande ». Disposer en couches « les boulettes de viande » avec les légumes sautés.

5. Déposer le reste des linguines sur les légumes, et ajouter la sauce restante. Verser le fromage ricotta sur la sauce, en le lissant. Saupoudrer de fromage parmesan.

6. Cuire pendant 15 minutes, ou jusqu'à ce que le dessus brunisse légèrement. Retirer du feu, et servir.

PAR PORTION : 350 CAL ; 20 G PROT ; 8 G MAT GR ; 47 G CARB ; 40 MG CHOL ; 710 MG SOD ; 5 G FIBRES

ORGE ET « BOULETTES DE VIANDE »

POUR 5 PERSONNES

L'orge à cuisson rapide est la clé du succès de ce plat principal nourrissant. Commencez le repas avec un bouillon de légumes léger garni de ciboulette hachée, et servez un sorbet au citron au dessert.

240 ml (1 tasse) d'orge à cuisson rapide non cuit

30 à 45 ml (2 à 3 c. à soupe) d'huile végétal

1 boîte de 385 g (13¾ onces) de poivrons rouges rôtis

250 g (9 onces) de « boulettes de viande » végétariennes

224 g (8 onces) de champignons tranchés

Sel et poivre noir fraîchement moulu, au goût

120 ml (½ tasse) de persil tranché pour garnir

1. Faire cuire l'orge en suivant les instructions sur le paquet.

2. Entre-temps, chauffer l'huile dans un grand poêlon à feu moyen. Couper les poivrons en longues bandes, et ajouter les « boulettes de viande » et les champignons dans le poêlon. Faire sauter le mélange pendant 5 minutes, et assaisonner avec le sel et le poivre. Incorporer l'orge cuit, et faire sauter pendant 2 ou 3 minutes de plus, en ajoutant, si nécessaire, 30 à 45 ml (2 à 3 c. à soupe) d'eau pour empêcher le mélange de coller.

3. Pour servir, retirer du feu, et verser le mélange dans des assiettes individuelles. Garnir chaque portion avec du persil.

PAR PORTION : 290 CAL ; 16 G PROT ; 11 G MAT GR ; 33 G CARB ; 0 MG CHOL ; 570 MG SOD ; 7 G FIBRES

repas pour enfants

CHAQUE PARENT SAIT QUE RÉUSSIR À faire manger sainement son enfant peut être très difficile. Mais les recettes suivantes aideront à répondre à l'éternelle question « qu'est-ce qu'on mange ? » en offrant des repas savoureux et colorés aux enfants. Et ces plats ne sont pas uniquement destinés aux enfants : parents, assoyez-vous, et mangez vous aussi !

GÂTEAU TROPICAL AU FROMAGE ET AUX BANANES

Séduisez les enfants au petit déjeuner avec ces petits gâteaux. Vous pouvez servir ces gâteaux tels quels ou recouverts de sirop d'érable ou d'un autre sirop aux fruits.

224 g (8 onces) de fromage assaisonné à saveur d'ananas, faible en matières grasses ou de fromage à la crème nature, à la température de la pièce

1 gros œuf

120 ml (½ tasse) de fromage ricotta faible en matières grasses

30 ml (2 c. à soupe) de sucre glace

5 ml (1 c. à thé) d'extrait de vanille

120 ml (½ tasse) de miettes de biscuits Graham

2 bananes, tranchées en quartiers dans le sens de la longueur et coupées en dés

1. Préchauffer le four à 180 °C (350 °F). Vaporiser huit moules à muffins de 120 ml (½ tasse) avec le vaporisateur antiadhésif à cuisson.

2. Mettre le fromage à la crème et l'œuf dans un bol à mélanger, utiliser un mélangeur électrique et battre jusqu'à ce que les ingrédients soient bien mélangés. Incorporer le fromage ricotta, le sucre et l'extrait de vanille, et battre le mélange jusqu'à consistance lisse. Incorporer les miettes de biscuits et les bananes tranchées. Verser le mélange dans les moules à muffins.

3. Cuire pendant environ 20 minutes, ou jusqu'à les gâteaux lèvent et soient fermes. Retirer du four, et servir chaud.

PAR PORTION : 170 CAL ; 4 G PROT ; 10 G MAT GR ; 17 G CARB ; 50 MG CHOL ; 140 MG SOD ; 1 G FIBRES

BAGUETTES À LA MOZZARELLA ET AUX « BOULETTES DE VIANDE »

Les membres de votre famille aimeront ces savoureuses baguettes, prêtes en quelques minutes. Servez et mangez les baguettes ouvertes ou fermez-les pour en faire des sandwiches. Pour préparer plus de deux baguettes, doubler simplement les ingrédients. Si votre enfant n'aime pas «la verdure» dans sa nourriture, éliminez le basilic et le persil. Servez une salade verte assaisonnée, et terminez le repas avec du yogourt glacé.

2 mini baguettes de 140 g (5 onces)

10 ml (2 c. à thé) de beurre non salé

240 ml (1 tasse) de fromage mozzarella faible en matières grasses

10 mini « boulettes de viande » végétariennes

240 ml (1 tasse) de sauce spaghetti

15 ml (1 c. à soupe) d'ail haché, ou au goût

Sel et poivre noir fraîchement moulu

5 ml (1c. à thé) de basilic séché

10 ml (2 c. à thé) de persil haché

1. Préchauffer le four à griller.

2. Trancher les baguettes en deux dans le sens de la longueur pour que chaque partie s'ouvre presque à plat, mais sans se séparer complètement. Évider légèrement en enlevant la mie dans chaque moitié de baguette. Beurrer les moitiés de baguettes des deux côtés, saupoudrer chaque côté d'une moitié de tasse de fromage, et réserver.

3. Entre-temps, vaporiser un grand poêlon avec le vaporisateur antiadhésif à cuisson, et cuire les « boulettes de viande » à feu moyen, en remuant fréquemment, jusqu'à ce qu'elles commencent à brunir, pendant 3 à 5 minutes. Ajouter la sauce à spaghetti, et réduire à feu doux.

4. Griller les mini baguettes jusqu'à ce que le fromage fonde et brunisse, pendant environ 3 minutes. Retirer du feu, et déposer 5 boulettes de viande avec la sauce dans la partie évidée. Répéter avec la seconde baguette. Saupoudrer de basilic et de persil, et servir.

PAR PORTION : 770 CAL ; 43 G PROT ; 21 G MAT GR ; 103 G CARB ; 30 MG CHOL ; 1 890 MG SOD ; 10 G FIBRES

BURGERS À L'ORGE ET AUX CHAMPIGNONS

POUR 6 PERSONNES

La pâte pour confectionner ces «burgers» étant très tendre et liquide, veuillez donc tourner les petits pâtés soigneusement, en gardant les ingrédients ensemble, lorsque le fromage refroidit et que les petits pâtés deviennent plus fermes. Garnir ces succulents «burgers» en utilisant toutes sortes de garnitures : salade de chou cru, cornichons, tranches de tomates et oignons, reliche et ketchup. Ajoutez des frites et vos enfants seront au paradis.

120 ml (½ tasse) d'orge à cuisson rapide non cuit

1 gros œuf bien battu

240 ml (1 tasse) de fromage ricotta

240 ml (1 tasse) de fromage cheddar râpé

240 ml (1 tasse) de champignons hachés

60 ml (¼ tasse) de persil haché

Sel et poivre noir fraîchement moulu, au goût

1. Cuire l'orge en suivant les instructions sur le paquet et lorsque l'orge est cuit, retirer du feu, et réserver.

2. Entre-temps, combiner l'œuf, le fromage ricotta, le fromage cheddar, les champignons, le persil, la chapelure, le sel et le poivre. Incorporer l'orge dans le mélange d'œuf.

3. Vaporiser un grand poêlon antiadhésif ou une plaque en fonte avec le vaporisateur antiadhésif à cuisson. Lorsque chaud, verser environ 120 ml (½ tasse) du mélange dans le poêlon et cuire jusqu'à ce que le fond devienne doré. En utilisant une spatule, tourner le burger soigneusement, et cuire le deuxième côté jusqu'à ce que le mélange soit ferme et que le fromage ait fondu. Retirer du poêlon, et réserver. Répéter avec le reste du mélange.

PAR PORTION : 180 CAL ; 11 G PROT ; 9 G MAT GR ; 12 G CARB ; 100 MG CHOL ; 170 MG SOD ; 1 G FIBRES

BURGERS AUX LENTILLES

POUR 12 PERSONNES

Vous pouvez confectionner ces délicieux burgers faibles en matières grasses avec pratiquement rien et en moins d'une heure, ou les déguster presque tout de suite si vous les sortez du congélateur. Servir les burgers sur des petits pains avec votre garniture préférée.

240 ml (1 tasse) de lentilles sèches

1 feuille de laurier

15 ml (1 c. à soupe) d'huile d'olive

120 ml (½ tasse) d'oignon coupé en dés

120 ml (½ tasse) de céleri coupé en dés

15 ml (1 c. à soupe) d'estragon frais haché

10 ml (2 c. à thé) de marjolaine fraîche hachée

5 ml (1 c. à thé) de cumin moulu

2,5 ml (½ c. à thé) d'huile de sésame foncée

2,5 ml (½ c. à thé) de jus de citron frais

2,5 ml (½ c. à thé) de sel

1,25 ml (¼ c. à thé) de poivre noir fraîchement moulu

180 ml (¾ tasse) de flocons d'avoine

180 ml (¾ tasse) de chapelure sèche

1. Cuire les lentilles avec la feuille de laurier dans 600 ml (2½ tasses) d'eau dans une casserole à feu moyen jusqu'à ce que la peau des lentilles fendent facilement, pendant environ 45 minutes.

2. Entre-temps, chauffer l'huile dans un grand poêlon à feu moyen, et sauter l'oignon et le céleri dans l'huile, en remuant jusqu'à ramollissement, pendant environ 5 minutes. Retirer du feu, et incorporer les ingrédients restants, sauf l'avoine et la chapelure.

3. Préchauffer le four à 200 °C (400 °F). Vaporiser une plaque à pâtisserie antiadhésive avec le vaporisateur antiadhésif à cuisson, et réserver.

4. Broyer l'avoine dans un mélangeur ou un robot culinaire jusqu'à finement moulue. Combiner l'avoine et les miettes de pain avec le mélange de lentilles. Fabriquer 12 petits pâtés avec le mélange tandis que c'est encore chaud. Ensuite si vous le désirez, vous pouvez congeler les petits pâtés.

5. Cuire les petits pâtés sur une plaque à pâtisserie anti-adhérente jusqu'à ce qu'ils soient légèrement brunis sur les deux côtés. Retirer du feu et servir ou garder pour servir plus tard.

PAR BURGER : 69 CAL ; 3 G PROT ; 2 G MAT GR ; 10 G CARB ; 0 MG CHOL ; 166 MG SOD ; 4 G FIBRES

BURGERS AU SEITAN À LA SAUCE BARBECUE

Les enfants peuvent goûter à plusieurs variantes du « burger », y compris celle-ci avec ses assaisonnements épicés.

336 g (12 onces) de seitan

15 ml (1 c. à soupe) d'huile d'olive

240 ml (1 tasse) d'oignon finement haché

3 gousses d'ail hachées

120 ml (½ tasse) de poivron vert finement haché

120 ml (½ tasse) de champignons shiitake, parés et finement hachés

5 ml (1 c. à thé) de sel

1,25 ml (¼ c. à thé) d'origan séché

1,25 ml (¼ c. à thé) de thym séché

1,25 ml (¼ c. à thé) de graines de céleri

1,25 ml (¼ c. à thé) de moutarde sèche

1,25 ml (¼ c. à thé) de gingembre moulu

0,6 ml (⅛ c. à thé) de poivre de Cayenne

10 ml (2 c. à thé) de chili chipotle en conserve dans une sauce adobo

120 ml (½ tasse) de farine de pain de blé entier

60 ml (¼ tasse) farine de maïs jaune

7,5 ml (1½ c. à thé) de poudre de chili moyennement épicée

5 ml (1 c. à thé) de cumin moulu

1,25 ml (¼ c. à thé) de poivre noir fraîchement moulu

120 ml (½ tasse) de sauce barbecue

8 brioches de grains entiers, séparées

Tranches d'avocat, tranches de tomate et mesclun pour garnir

1. Égoutter le seitan, presser pour enlever l'excès de liquide et hacher grossièrement afin d'obtenir 480 ml (2 tasses). Mettre dans un robot culinaire, et hacher en petits morceaux. Réserver.

2. Chauffer l'huile à feu moyen. Ajouter l'oignon et cuire en remuant fréquemment, jusqu'à ramollissement, pendant environ 4 minutes. Ajouter l'ail, le poivron, les champignons, 2,5 ml (½ c. à thé) de sel et de poivre, l'origan, le thym, les graines de céleri, la moutarde, le gingembre et le poivre de Cayenne. Augmenter à feu moyen-élevé, et cuire en remuant fréquemment, pendant 5 minutes. Vider les légumes dans un grand bol. Ajouter les morceaux de seitan et le chipotle et bien mélanger.

3. Allumer un feu de charbon de bois, si utilisé, environ 30 minutes avant de servir. Autrement, chauffer un gril au gaz à feu élevé au moment de servir.

4. Mélanger ensemble la farine, la farine de maïs, la poudre de chili, le cumin, le reste du sel et du poivre. Incorporer graduellement le mélange de farine dans le mélange de seitan jusqu'à ce que les ingrédients soient bien combinés. Utiliser 80 ml (⅓ tasse) pour chaque pâté et en les compactant fermement, former avec le mélange 8 petits pâtés ronds.

5. Mettre les burgers sur le gril, badigeonner de sauce barbecue, et cuire pendant 5 minutes. Tourner les burgers, badigeonner avec plus de sauce barbecue, et cuire pendant environ 4 minutes. Servir chaud sur de petits pains avec la sauce barbecue restante, garnir avec l'avocat, la tomate et le mesclun.

PAR BURGER : 215 CAL ; 15 G PROT ; 4 G MAT GR ; 33 G CARB ; 0 MG CHOL ; 675 MG SOD ; 4 G FIBRES

SANDWICHES AU FROMAGE À LA CRÈME

Le mélange de fromage ricotta et de fromage à la crème permet de contrôler l'apport en matières grasses dans ce sandwich apprécié des enfants.

120 ml (½ tasse) de fromage ricotta faible en matières grasses

85 g (3 onces) de fromage à la crème allégé

120 ml (½ tasse) de yogourt nature sans matières grasses

1 gousse d'ail écrasée

15 ml (1 c. à soupe) de ciboulette hachée

15 ml (1 c. à soupe) de basilic frais ou 5 ml (1 c. à thé) de basilic séché

15 ml (1 c. à soupe) de persil frais haché

2,5 ml (½ c. à thé) de sel

2,5 ml (½ c. à thé) de poivre noir fraîchement moulu

8 tranches de pain complet

Laitue déchiquetée

Pousses vertes

1 tomate, en tranches

Mélanger ensemble le fromage, le yogourt, l'ail, les herbes, le sel et le poivre, jusqu'à ramollissement.

Étendre le mélange sur les 4 tranches de pain. Garnir avec la laitue, la luzerne, la tomate et le reste du pain tranché.

PAR PORTION : 256 CAL ; 14 G PROT ; 8 G MAT GR ; 33 G CARB ; 22 MG CHOL ; 605 MG SOD ; 4 G FIBRES

SOUS-MARIN VÉGÉTALIEN ESTIVAL

Parfait pour un pique-nique, ce sandwich bourré d'ingrédients végétariens, de viande de soja et de tranches de fromage de soja constitue un déjeuner ou un dîner délectable. Plusieurs supermarchés vendent maintenant de l'hummus déjà préparé, vous pouvez ainsi faire votre choix.

2 mini baguettes, d'environ 140 g (5 onces) chacune

30 ml (2 c. à soupe) de mayonnaise de soja

30 ml (2 c. à soupe) de moutarde de Dijon

30 ml (2 c. à soupe) d'hummus

30 ml (2 c. à soupe) de reliche

8 feuilles d'épinards, ou plus si nécessaire

4 tranches de « dinde » végétarienne

4 tranches de « pastrami » végétarien

4 tranches de fromage végétalien assaisonné au goût de provolone

4 tranches minces d'oignon rouge, coupé en deux

1 grosse tomate, tranchée fin, coupée en deux

1. Trancher chaque baguette en deux dans le sens de la longueur, mais sans les détacher complètement. Placer une baguette sur du papier aluminium ou sur une assiette.

2. Étendre de la mayonnaise et de la moutarde sur chaque moitié de baguette. Étendre de l'hummus et de la reliche sur l'autre moitié. En commençant avec les feuilles d'épinards, disposer en couches les ingrédients dans la baguette, en pliant en deux les tranches de « dinde », de « pastrami » et de fromage. Terminer avec l'oignon et les tranches de tomates.

3. Envelopper dans une feuille d'aluminium pour le pique-nique, ou servir immédiatement.

PAR PORTION : 460 CAL ; 23 G PROT ; 14 G MAT GR ; 65 G CARB ; 0 MG CHOL ; 1 390 MG SOD ; 7 G FIBRES

SLOPPY JANES

Tout le monde aime les gâteries, et cette version végétarienne du Sloppy Joes est un plat indiqué à l'occasion du déjeuner ou du dîner. Vos enfants ouvriront grand les yeux.

4 petits pains kaiser

15 ml (1 c. à soupe) d'huile végétale, ou plus au besoin

1 oignon coupé en dés

336 g (12 onces) de « bœuf haché » à base de soja, émietté

120 ml (½ tasse) de céleri coupé en dés

120 ml (½ tasse) champignons coupés en tranches

180 ml (¾ tasse) de sauce barbecue

60 ml (¼ tasse) de bouillon de légumes (page 431)

Quelques gouttes de sauce piquante aux piments au goût, facultatif

112 g (4 onces) de fromage cheddar râpé faible en matières grasses

1. Préchauffer le four à 240 °C (475 °F).

2. Trancher les pains en deux, en coupant le tiers supérieur du pain et en conservant la partie inférieure. Creuser l'intérieur de la partie inférieure, et mettre la partie supérieure et la partie inférieure des pains sur une grande plaque à pâtisserie.

3. Chauffer l'huile dans un grand poêlon à feu moyen. Lorsque l'huile est chaude, sauter l'oignon pendant environ 5 minutes. Incorporer le « bœuf haché » le céleri, les champignons, la sauce barbecue, le bouillon et la sauce piquante aux piments, si utilisée. Cuire à feu moyen pendant 4 ou 5 minutes, ou jusqu'à ce que le mélange soit chaud. Retirer du feu.

4. Verser des portions égales du mélange sur la partie inférieure des pains. Saupoudrer chaque pain de fromage, et vaporiser les parties supérieures des pains avec le vaporisateur antiadhésif à cuisson. Les disposer sur la plaque à pâtisserie, couper les côtés.

5. Cuire le dessus et le fond des pains pendant environ 5 minutes, ou jusqu'à ce que le dessus soit doré et que le fromage fonde. Retirer du four, et servir.

PAR PORTION : 410 CAL ; 32 G PROT ; 9 G MAT GR ; 59 G CARB ; 5 MG CHOL ; 1 240 MG SOD ; 7 G FIBRES

TACOS TENDRES AUX HARICOTS NOIRS

Cette recette convient pour un repas en famille avec une abondance de serviettes de table, car les enfants aimeront assembler leurs propres tacos et en réclameront d'autres. Pour vous désaltérer, servez une boisson fraîche, comme le jus d'orange. Cette recette donne 2 tacos par personne.

30 ml (2 c. à soupe) d'huile végétale

448 g (16 onces) de tofu cuit au four à la saveur tex-mex, coupé en dés

480 ml (2 tasses) de haricots noirs végétariens frits

15 ml (1 c. à soupe) d'assaison-nements pour taco, ou au goût

120 ml (½ tasse) de salsa verte

224 g (8 onces) de fromage de chèvre émietté ou 170 g (6 onces) de fromage Monterrey Jack râpé

240 ml (1 tasse) de feuilles de cilantro hachées

360 ml (1½ tasse) de salsa rouge

480 ml (2 tasses) de guacamole

16 tortillas de blé entier ou petites tortillas de maïs

1. Chauffer un très grand poêlon et ajouter l'huile. Faire sauter le tofu jusqu'à ce qu'il soit doré. Retirer du feu et mettre dans un plat de service.

2. Mettre les haricots noirs, l'assaisonnement pour taco et la salsa verte dans le poêlon, et chauffer à feu moyen en remuant constamment, jusqu'à ce que les ingrédients soient chauffés. Retirer du feu et mettre les haricots dans un plat de service. Mettre le fromage, les feuilles de cilantro, la salsa et le guacamole dans des plats séparés.

3. Chauffer les tortillas dans un grand poêlon ou sur une plaque en fonte à feu moyen. Chauffer les deux côtés, mais empêcher les tortillas de devenir croustillantes. Retirer du feu, et mettre sur un plateau de service. Laisser les invités assembler les tacos avec les ingrédients assortis sur la table.

PAR PORTION : 520 CAL ; 23 G PROT ; 19 G MAT GR ; 61 G CARB ; 10 MG CHOL ; 1 080 MG SOD ; 9 G FIBRES

QUESADILLAS AU « BŒUF » AVEC HARICOTS NOIRS

Comme casse-croûte ou déjeuner à emporter, ces savoureux quesadillas sont parfaites accompagnées d'un yogourt au citron, d'un fruit frais et d'une citronnade.

15 ml (1 c. à soupe) d'huile végétale

170 g (6 onces) de bandes de « steak » à base de soja

5 ml (1 c. à thé) de poudre de chili, ou au goût

120 ml (½ tasse) de salsa

1 boîte de 465 ml (15½ onces) de haricots noirs frits végétariens sans matières grasses

6 tortillas de farine blé entier

360 ml (1½ tasse) de fromage cheddar râpé

Brins de cilantro

1. Chauffer l'huile dans un grand poêlon et faire sauter les bandes de « bœuf » à base de soja pendant 2 à 3 minutes. Retirer du poêlon, et réserver.

2. Chauffer la salsa et les haricots frits dans le poêlon pendant environ 5 minutes, puis retirer du poêlon. Laver le poêlon, ou chauffer un deuxième poêlon.

3. Mettre une tortilla sur le plan de travail et saupoudrer la surface de 60 ml (¼ tasse) de fromage. Garnir le fromage avec des bandes de « bœuf », environ 80 ml (⅓ tasse) de haricots noirs, et une petite pincée de cilantro. Rabattre la tortilla sur la garniture, vaporiser le poêlon ou la plaque de cuisson avec un vaporisateur antiadhésif à cuisson et cuire la quesadilla jusqu'à ce que le fromage ait fondu. Répéter avec le reste des ingrédients jusqu'à ce qu'ils soient tous utilisés. Servir les quesadillas chaudes ou à la température de la pièce.

PAR PORTION : 240 CAL ; 14 G PROT ; 8 G MAT GR ; 34 G CARB ; 15 MG CHOL ; 810 MG SOD ; 7 G FIBRES

FLAUTAS DE HARICOTS NOIRS

La flauta, qui a la forme d'une flûte, est une collation populaire au Mexique et qui fait habituellement appel aux tortillas de maïs. Cette version utilise les tortillas de farine blanche, mais n'hésitez pas à servir des tortillas de maïs si vous préférez, et à choisir un format de tortilla qui vous convient. Pour varier, remplacer les haricots noirs écrasés par environ 1 litre (4 tasses) de haricots pinto frits en conserve. Étalez sur les tortillas et procédez comme dans la recette.

Environ 1 litre (4 tasses) de haricots noirs en conserve avec le liquide des haricots

10 ml (2 c. à thé) de poudre de chili

2,5 ml (½ c. à thé) de cumin moulu

1 gousse d'ail, émincée

1 feuille de laurier

12 tortillas de farine blanche de 15,24 cm (6 pouces)

6 oignons verts émincés

2 tomates hachées

240 ml (1 tasse) de fromage cheddar ou fromage cheddar à base de soja râpé

Salsa, crème sure ou yogourt pour trempette, facultatif

1. Combiner les haricots, le liquide des haricots, la poudre de chili, le cumin, l'ail et la feuille de laurier dans une casserole. Cuire à feu doux pendant 10 minutes. Retirer la feuille de laurier. Égoutter le mélange de haricots, en réservant le liquide. Écraser les haricots, en ajoutant le liquide au besoin, pour obtenir la consistance désirée.

2. Préchauffer le four à 200 °C (400 °F).

3. Remplir les tortillas de 15 à 30 ml (1 ou 2 c. à soupe) du mélange de haricots et garnir d'oignons verts, de tomates et de fromage. Rouler chaque tortilla garnie en forme de tube, et disposer sur un plat allant au four de 22,86 x 33,02 cm (9 x 13 pouces), les côtés ouverts dessous. Cuire jusqu'à ce que les tortillas soient légèrement dorées, pendant environ 15 minutes. Utiliser tout reste du mélange de haricots pour la trempette, ou tremper les flautas dans la salsa, la crème sure ou le yogourt.

PAR FLAUTA (SANS SALSA, CRÈME SURE OU YOGOURT) : 83 CAL ; 5 G PROT ; 3 G MAT GR ; 8 G CARB ; 10 MG CHOL ; 65 MG SOD ; 4 G FIBRES

QUESADILLAS DE HARICOTS NOIRS

Selon le type de fromage et de haricots que vous choisissez, vous pouvez vraiment vous montrer créatif avec ce «sandwich» inspiré de la cuisine tex-mex. Cette version fait appel au fromage Monterey Jack et aux haricots noirs, mais le cheddar piquant et les haricots d'Espagne, et le fromage mozzarella et les haricots Anasazi sont deux autres plats populaires et originaux. On trouve les tortillas de blé germé et de blé entier dans les magasins d'aliments naturels.

Environ 480 ml (2 tasses) de haricots noirs en conserve, lavés

60 ml (¼ tasse) de tomates rouges ou vertes hachées

45 ml (3 c. à soupe) de feuilles de cilantro hachées

12 olives noires, dénoyautées et coupées en fines tranches

8 tortillas de 15,24 cm (6 pouces) de blé germé ou de blé entier 112 g (4 onces) de fromage Monterrey Jack ou de fromage à base de soja 32 feuilles d'épinards, environ 280 g (environ 10 onces), sans les tiges et hachées finement

60 ml (¼ tasse) de salsa épicée, ou au goût

1. Préchauffer le four à 180 °C (350 °F).

2. Écraser les haricots dans un grand bol. Incorporer la tomate, le cilantro et les olives. Étaler le mélange de haricots uniformément sur les 4 tortillas. Parsemer de fromage, d'épinards et de salsa. Garnir avec le reste des tortillas.

3. Mettre les tortillas garnies sur une plaque à pâtisserie non graissée, et cuire jusqu'à ce que le fromage ait fondu, pendant environ 12 minutes. Sinon, faire cuire les tortillas sur un plan de cuisson en fonte épais à feu moyen, en tournant une fois, jusqu'à ce que le fromage fonde. Couper en morceaux, et servir chaud.

PAR PORTION : 443 CAL ; 21 G PROT ; 14 G MAT GR ; 56 G CARB ; 25 MG CHOL ; 646 MG SOD ; 8 G FIBRES

FAJITAS

Ce chili copieux fait équipe avec le seitan pour que ce plat prêt en 15 minutes ait le même goût que si on avait mis une heure à le préparer. Ayez à votre portée un plateau rempli de mélanges savoureux et de garnitures comme le guacamole, la tomate fraîche, le fromage râpé et la salsa, et laissez les convives préparer leurs propres fajitas.

Roulés de fajita de blé entier, enveloppés dans du papier d'aluminium

1 petit oignon rouge, haché

2 gousses d'ail moyenne, émincées

2 poivrons, épépinés et coupés en bandes

450 g (1 livre) seitan, coupé en fines lanières

15 ml (1 c. à soupe) de poudre de chili

30 ml (2 c. à soupe) de sauce soja faible en sodium, shoyu ou tamari

Guacamole, facultatif

2 ou 3 tomates prune, pelées et coupées en dés

Garniture : fromage cheddar râpé faible en matières grasses, salsa et crème sure faible en matières grasses

1. Chauffer les roulés de fajita dans un four à 90 °C (200 °F).

2. Vaporiser un poêlon antiadhésif avec le vaporisateur antiadhésif à cuisson, ajouter l'oignon et le cuire en remuant, à feu moyenne-doux jusqu'à ce que l'oignon soit légèrement ramolli. Ajouter l'ail éminé et les poivrons, et le cuire en remuant fréquemment, pendant 5 minutes de plus. Ajouter le seitan, la poudre de chili et la sauce soja. Réduire à feu doux, et cuire pendant 5 minutes.

3. Pour servir, couvrir les roulés de fajita d'une serviette pour les conserver au chaud, et disposer les garnitures de fajita sur un petit plateau. Verser la guacamole, si utilisé, les tomates, le fromage, la salsa et la crème sucre dans petits bols, et faire circuler.

PAR PORTION (SANS GUACAMOLE) : 203 CAL ; 11 G PROT ; 5 G MAT GR ; 29 G CARB ; 0 MG CHOL ; 803 MG SOD ; 3 G FIBRES

« BACON-LAITUE-TOMATE »
AVEC TARTINADE À LA MANGUE

Cette riche tartinade à la mangue ajoute une couche de saveur exotique à ces fajitas peu communs.

Tartinade à la mangue

240 ml (1 tasse) de mangue mûre
   coupée en dés

180 ml (¾ tasse) de tofu soyeux

30 ml (2 c. à soupe) d'huile d'olive

15 ml (1 c. à soupe) de jus
   de citron frais

15 ml (1 c. à soupe) de jus
   de lime frais

15 ml (1 c. à soupe) de miel

1 pincée de cumin moulu

1 pincée de coriandre moulue

BLT (bacon-laitue-tomate)

10 ml (2 c. à thé) d'huile végétale

8 tranches de « bacon » canadien
   végétarien

4 tortillas de 25,40 cm (10 pouces)

1 petite laitue pommée Boston,
   séparée en feuilles

1 grosse tomate, coupée en dés

1 avocat, coupé en dés

60 à 120 ml (¼ à ½ tasse) de
   mangue mûre coupée en dés,
   facultatif

1. Pour préparer la tartinade à la mangue : mettre tous les ingrédients dans un mélangeur ou un robot culinaire, et réduire en purée jusqu'à consistance lisse. Ajuster les assaisonnements au goût, en ajoutant le sel et plus de citron ou de jus de lime au besoin. Vider dans un petit bol, couvrir et réfrigérer jusqu'au moment de servir.

2. Chauffer l'huile dans un grand poêlon antiadhésif à feu moyen. Ajouter des portions de « bacon » et cuire en suivant les instructions sur le paquet, jusqu'à chaud. Vider dans un plat. Laver, et sécher le poêlon.

3. Chauffer les tortillas dans le même poêlon à feu moyen jusqu'à ce qu'elles soient molles et malléables, pendant environ 1 minute par côté. Mettre 2 tranches de « bacon » au centre de chaque tortilla, en les laissant se chevaucher légèrement. Garnir avec une rangée de feuilles de laitue, puis des tomates, l'avocat et la mangue, au goût, en les divisant également. Assaisonner légèrement avec le sel et le poivre. Verser un peu de tartinade à la mangue sur la garniture. Rabattre partiellement le fond de la tortilla sur la garniture, puis rouler en paquet et servir.

PAR PORTION : 429 CAL ; 8 G PROT ; 23 G MAT GR ; 51 G CARB ; 0 MG CHOL ;
381 MG SOD ; 6 G FIBRES

SALADE DE PÂTES ET DE LÉGUMES

Pour que vos enfants soient séduits, variez les légumes — les pois, les haricots verts et la courge sont tous savoureux — et utilisez des haricots rouges ou roses, ou des haricots cannellini, plutôt que des pois chiches.

450 g (1 livre) de pâtes comme les farfalle, rotini, torsades, coquilles ou gros macaroni

60 ml (¼ tasse) d'huile d'olive

2 grosses gousses d'ail émincées ou pressées

1 carotte, coupée en deux dans le sens de la longueur et en minces tranches

240 ml (1 tasse) de maïs en grains

½ poivron vert, rouge ou jaune, épépiné et coupé en dés

80 à 120 ml (⅓ à ½ tasse) d'oignon émincé

1 tomate hachée

1 boîte de 465 ml (15½ onces) de pois chiches, égouttés et lavés

30 ml (2 c. à soupe) de ciboules taillées

15 à 21 ml (1 à 1½ c. à soupe) de vinaigre balsamique ou aux herbes

10 ml (2 c. à thé) de feuilles de basilic séchées, émiettées ou 30 à 45 ml (2 à 3 c. à soupe) de basilic frais, haché

5 ml (1 c. à thé) de sel

Poivre noir fraîchement moulu au goût

1. Chauffer une casserole d'eau légèrement salée à feu moyen jusqu'à ébullition, cuire les pâtes en suivant les instructions sur l'emballage. Égoutter, remuer avec 15 ml (1 c. à table) d'huile d'olive et 1 gousse d'ail, et réserver.

2. Combiner la carotte, le maïs, le poivron, l'oignon, la tomate, les pois chiches et la ciboulette dans un grand saladier, et remuer bien. Ajouter les pâtes, et remuer pour combiner.

3. Mélanger le reste de l'huile d'olive, le vinaigre, et 21 ml (1½ c. à soupe) d'eau, le reste de l'ail, et le basilic. Assaisonner avec le sel et le poivre, et bien mélanger. Verser un filet de sauce sur la salade, et bien remuer. Réfrigérer pendant au moins 30 minutes avant de servir.

4. Pour servir, remuer de nouveau et goûter l'assaisonnement, en ajoutant plus si nécessaire. Servir à la température de la pièce ; celle-ci soit être fraîche.

PAR PORTION : 230 CAL ; 7 G PROT ; 7 G MAT GR ; 37 G CARB ; 0 MG CHOL ; 280 MG SOD ; 3 G FIBRES

MACARONI CONFETTI AU FROMAGE

Ce plat coloré de pâtes devrait séduire vos enfants. Servez-le avec une salade de fruits et un sparkler aux canneberges (page 100).

360 ml (1½ tasse) de macaroni déjà coupé, non cuit

120 ml (½ tasse) de carotte râpée

120 ml (½ tasse) de courge jaune d'été râpée

15 ml (1 c. à soupe) de persil frais haché

120 ml (½ tasse) de lait faible en matières grasses

120 ml (½ tasse) de fromage cheddar râpé, faible en gras

5 ml (1 c. à thé) d'arrow-root

2,5 ml (½ c. à thé) de moutarde en poudre

2,5 ml (½ c. à thé) de paprika

1. Chauffer une casserole remplie d'eau légèrement salée jusqu'à ébullition et cuire les pâtes en suivant les instructions sur l'emballage. Égoutter. Combiner le macaroni avec la carotte, la courge et le persil dans un bol. Réserver.

2. Préchauffer le four à 180 °C (350 °F). Huiler légèrement un plat de cuisson de l,4 litre (6 tasses).

3. Battre ensemble dans une casserole le lait, le fromage, l'arrow-root, la moutarde et le paprika. Chauffer le mélange à feu moyen-élevé, et cuire en remuant, jusqu'à ce que le fromage fonde et que le mélange commence à épaissir légèrement. Verser sur le macaroni et bien mélanger. Avec une cuillère, verser le mélange sur le plat de cuisson préparé.

4. Cuire jusqu'à légèrement doré, pendant environ 40 minutes. Retirer du four, et servir.

PAR PORTION : 226 CAL ; 10 G PROT ; 6 G MAT GR ; 34 G CARB ; 17 MG CHOL ; 109 MG SOD ; 2 G FIBRES

Les lasagnes, quelle que soit leur présentation, demeurent un plat familial populaire. Avec cette version, vous goûtez à deux sauces aux saveurs entièrement différentes dans un plat principal unique.

Sauce tomate

7,5 ml (½ c. à soupe) d'huile d'olive

1 petit oignon, émincé

2 gousses d'ail émincées

5 ml (1 c. à thé) d'origan séché

2,5 ml (½ c. à thé) de sel

2,5 ml (½ c. à thé) de poivre noir
 fraîchement moulu

2 boîtes de 840 ml (28 onces)
 de tomates prune

120 ml (½ tasse) de feuilles
 de persil frais

Sauce béchamel

15 ml (1 c. à soupe) de margarine

15 ml (1 c. à soupe) de farine
 blanche tout usage

240 ml (1 tasse) de lait écrémé

Sel et poivre noir fraîchement
 moulu, au goût

Garniture

336 g (12 onces) d'épinards frais,
 coupés

480 ml (2 tasses) de fromage ricotta
 faible en matières grasses

120 ml (½ tasse) de succédané
 d'œuf ou 2 gros œufs, battus

2 gousses d'ail émincées

120 ml (½ tasse) de fromage
 parmesan râpé, facultatif

Sel et poivre noir fraîchement
 moulu, au goût

450 g (1 livre) de lasagnes, cuites et
 égouttées

240 à 480 ml (1 à 2 tasses) de
 fromage mozzarella râpé

1. Préchauffer le four à 180 °C (350 °F). Vaporiser un plat allant au four de 22,86 x 33,02 cm (9 x 13 pouces) avec un vaporisateur antiadhésif à cuisson.

2. Pour préparer la sauce tomate : chauffer l'huile à feu moyen dans une grande casserole. Cuire l'oignon et l'ail, en remuant, pendant 3 minutes. Ajouter l'origan, le sel, le poivre et les tomates. Cuire à feu moyen jusqu'à ce que le mélange épaississe, pendant 45 minutes. En utilisant le dos d'une cuillère en bois, écrasez les tomates pendant qu'elles cuisent. Ajouter le persil, et réserver.

3. Pour préparer la sauce béchamel : faire fondre la margarine dans une petite casserole à feu moyen. Battre dans la farine et cuire pendant 30 secondes. Ajouter lentement le lait, en battant et en cuisant jusqu'à épaississement, pendant environ 10 minutes. Ajouter le sel et le poivre. Réserver.

4. Pour préparer la garniture : cuire les épinards à feu moyen dans un bain-marie ce qu'ils se flétrissent. Égoutter, extraire toute eau en excès et hacher grossièrement. Vider dans un saladier. Ajouter le ricotta, le succédané d'œuf ou les œufs, l'ail, le fromage parmesan, le sel et le poivre. Bien mélanger, et réserver.

5. Étendre la moitié de la sauce béchamel au fond de la casserole. Disposer un quart des nouilles en une couche sur la sauce, en les faisant se chevaucher légèrement. Étendre la moitié de la sauce tomate sur les lasagnes et garnir avec la moitié du fromage mozzarella. Disposer en une couche un autre quart des pâtes, et étendre avec la moitié du mélange d'épinards. Poursuivre en alternant les pâtes, la sauce tomate, le fromage mozzarella et le mélange d'épinards. Étendre dessus le reste de la sauce béchamel. Couvrir avec une feuille d'aluminium.

6. Cuire pendant 20 minutes. Retirer la feuille d'aluminium, et continuer à cuire jusqu'à ce que des bulles se forment, pendant environ 15 minutes de plus. Retirer du four, et servir.

PAR PORTION : 437 CAL ; 22 G PROT ; 12 G MAT GR ; 55 G CARB ; 38 MG CHOL ; 1 021 MG SOD ; 8 G FIBRES

PÂTES DE MAÏS À LA MEXICAINE

Un plat original et délicieux avec pour ces pâtes de maïs une garniture de haricots pinto et de poivrons dans une sauce épicée.

240 ml (1 tasse) de purée de tomates en conserve

1 oignon rouge moyen, haché

2 gousses d'ail, émincées

2 gros poivrons rouges rôtis, hachés
  1 chili pasilla rôti, haché, ou 15 ml (1 c. à soupe) de chilis jalapeño hachés

10 ml (2 c. à thé) de cumin moulu

10 ml (2 c. à thé) d'origan moulu

10 ml (2 c. à thé) de chili en poudre

Poivre de Cayenne au goût

Jus de ½ citron

360 ml (1½ tasse) de haricots pinto ou rouges, lavés

240 ml (1 tasse) de maïs en grains, frais ou congelés

80 ml (⅓ tasse) de crème sure ou de yogourt nature

120 ml (½ tasse) de fromage cheddar grossièrement râpé

392 g (14 onces) de pâtes de maïs non cuites

Feuilles de cilantro, émincées

12 tortillas à farine, facultatif

1. Chauffer la purée de tomates dans un grand poêlon à feu moyen. Ajoutez l'oignon et l'ail, et cuire jusqu'à ce que l'oignon ramollisse, pendant environ 5 minutes. Incorporer les poivrons rouges et les chilis pasilla, le cumin, l'origan, le chili en poudre, le poivre de Cayenne et le jus de citron. Ajouter les haricots et le maïs.

2. Avec une cuillère, verser la crème sure dans un saladier, et incorporer une cuillerée comble du mélange de haricots, puis remuer le mélange dans le poêlon. Ajouter le fromage râpé, et bien mélanger.

3. Entre temps, préparer les pâtes de maïs en suivant les instructions sur l'emballage, et égoutter. Mettre dans un grand plat de service, garnir les pâtes cuites avec le mélange de fromage et de haricots, et saupoudrer de cilantro. Servir immédiatement, accompagnées de tortillas à farine, si utilisées.

PAR PORTION : 408 CAL ; 16 G PROT ; 6 G MAT GR ; 71 G CARB ; 15 MG CHOL ; 84 MG SOD ; 7 G FIBRES

TARTE AUX PENNES, AU BROCOLI ET AU FROMAGE MOZZARELLA

Comme toujours, les pâtes se marient parfaitement avec le fromage mozzarella, particulièrement lorsque celui-ci est fumé.

75 ml (5 c. à soupe) de chapelure italienne

15 ml (3 c. à thé) d'huile d'olive

1 oignon moyen haché

1 paquet de 280 g (10 onces) de brocoli congelé coupé, ou 720 ml (3 tasses)

170 g (6 onces) de pennes sèches, ou 360 ml (1½ tasse)

4 gros œufs

180 ml (¾ tasse) de lait faible en matières grasses

2,5 à 5 ml (½ à 1 c. à thé) de sauce piquante aux piments

360 ml (1½ tasse) ou 140 g (5 onces) de fromage mozzarella fumé et râpé

Sel et poivre noir fraîchement moulu au goût

1. Préchauffer le four à 180 °C (350 °F). Vaporiser un moule à tarte profond de 22,86 cm (9 pouces) avec un vaporisateur antiadhésif à cuisson. Saupoudrer 30 ml (2 c. à soupe) de chapelure, en inclinant le plat pour l'enrober entièrement.

2. Chauffer une casserole d'eau légèrement salée à feu moyen jusqu'à ébullition et cuire les pâtes en suivant les instructions sur l'emballage. Égoutter, et réserver.

3. Entre-temps, mélanger ensemble les 45 ml (3 c. à soupe) de chapelure restante et 5 ml (1 c. à thé) d'huile. Réserver. Chauffer les 10 ml (2 c. à thé) d'huile restante dans un poêlon antiadhésif à feu moyen. Ajouter l'oignon, et cuire en remuant fréquemment, jusqu'à ce que l'oignon soit doré, pendant 4 à 5 minutes. Réserver.

4. Mettre le brocoli dans une passoire et passer à l'eau froide pour décongeler. Bien égoutter et réserver. Battre ensemble les œufs, le lait, la sauce chaude, le sel et le poivre dans un saladier. Ajouter le fromage, l'oignon réservé, le brocoli et les pâtes, et mélanger avec une spatule. Verser dans la casserole, en étendant uniformément. Saupoudrer uniformément avec le mélange de chapelure réservé. (La tarte peut être préparée à l'avance à cette étape. Couvrir et réfrigérer jusqu'à 2 jours. Amener à la température de la pièce avant de la cuire.)

5. Cuire la tarte, à découvert, jusqu'à ce que le dessus soit légèrement doré et que la garniture soit prête, pendant environ 45 minutes. (Le bout d'un couteau inséré au milieu devrait demeurer propre après avoir été retiré.) Déposer sur une grille et laisser légèrement refroidir. Couper en morceaux, et servir chaud.

PAR PORTION : 384 CAL ; 27 G PROT ; 18 G MAT GR ; 28 G CARB ; 242 MG CHOL ; 435 MG SOD ; 4 G FIBRES

PÂTES PAILLE ET FOIN

Ces rubans verts et ces pâtes jaunes — «paille et foin» — sont parsemés de gros morceaux de tomates dans une huile d'olive aillée. Si vous ne pouvez trouver de tomates fraîches et savoureuses, optez pour des tomates en conserve.

240 ml (1 tasse) de tomates fraîches grossièrement hachées,
ou 2 boîtes de 840 ml (28 onces) de tomates dans leur jus, égouttées et hachées

21 à 30 ml (1 ½ à 2 c. à soupe) d'huile d'olive

1 à 2 gousses d'ail émincées

1 pincée de poivre de Cayenne

2,5 ml (½ c. à thé) de sel

140 g (5 onces) de fettuccini aux épinards frais

140 g (5 onces) de fettuccini frais nature

60 ml (¼ tasse) de feuilles de basilic frais, haché ou 15 ml (1 c. à soupe) de basilic séché

1. Mettre les tomates dans un grand saladier. Réchauffer l'huile, l'ail, le poivre de Cayenne et le sel dans un poêlon à feu très doux. Lorsque l'ail commence à grésiller, retirer le poêlon du feu, et laisser reposer pendant 10 minutes. Ne laissez pas brunir l'ail ou il aura un goût amer. Verser le mélange d'épices sur les tomates.

2. Chauffer une casserole remplie d'eau légèrement salée jusqu'à ébullition et cuire les pâtes en suivant les instructions sur le paquet. Égoutter. Mettre dans un bol de service, et remuer avec le mélange de tomates. Saupoudrer de basilic, remuer de nouveau, et servir.

PAR PORTION : 250 CAL ; 9 G PROT ; 7 G MAT GR ; 41 G CARB ; 0 MG CHOL ; 450 MG SOD ; 3 G FIBRES

RAVIOLIS AVEC LÉGUMES DE SAISON

Ce plat est habituellement servi avec une sauce légère au beurre et de la sauge fraîche ou d'autres herbes. Si vous avez une machine à fabriquer les pâtes, ou un autre équipement pour faire les raviolis, suivez les instructions du fabricant. Au lieu du rapini, utilisez d'autres types de légumes. N'excédez pas le rapport de un légume vert amer (comme les feuilles de chou ou feuilles de moutarde) pour deux légumes verts non amers (comme les épinards).

1 litre (4 tasses) de feuilles d'épinards en paquet

480 ml (2 tasses) de feuilles de rapini en paquet

1,25 ml (¼ c. à thé) de muscade moulue

60 ml(¼ tasse) de fromage parmesan rapé, facultatif

1,25 ml (¼ c. à thé) de sel, au goût

1 recette de pâtes fraîches (page 325)

1. Laver les légumes verts, mais ne les sécher pas. Dans un bain-marie ou une marguerite, cuire à la vapeur les légumes verts jusqu'à ce qu'ils se flétrissent, pendant environ 5 minutes. Lorsque les légumes verts ont refroidi, extraire l'eau et hacher fin. Vider les légumes verts dans un bol. Mélanger avec la muscade, le fromage parmesan, et le sel.

2. Rouler une boule de pâte fraîche de la taille d'un œuf aussi mince que possible, en utilisant une machine à fabriquer les pâtes ou un rouleau à pâtisserie, en rectangle ou en cercle. Couper en bandes d'environ 5,08 x 30,48 cm (2 x 12 pouces). Mettre 1 bande sur une surface enfarinée, et parsemer de petites quantités de légumes de saison à environ 2,54 cm (1 pouce) les uns des autres. Mettre une deuxième bande de pâtes dessus. Appuyer autour des portions de garniture, couper ensuite les pâtes garnies en carrés avec un couteau.

3. Presser les bords ensemble une deuxième fois afin de s'assurer qu'ils collent bien. Déposer les raviolis sur un plat enfariné. Répéter avec le reste de la pâte et la garniture. Faire bouillir les raviolis dans une casserole d'eau salée pendant 2 minutes. Égoutter et ajouter la sauce de votre choix.

PAR PORTION (SANS SAUCE) : 268 CAL ; 12 G PROT ; 4 G MAT GR ; 46 G CARB ; 110 MG CHOL ; 164 MG SOD ; 4 G FIBRES

SPAGHETTI SUPRÊME AVEC LÉGUMES VERTS

Cette sauce aux légumes bourrée de substances nutritives vous change de la sauce aux tomates habituelle servie sur des spaghettis.

225 g (8 onces) de spaghetti non cuit, ou d'autres pâtes non cuites

450 g (1 livre) d'épinards, ou de brocoli hachés congelés, décongelés

120 ml (½ tasse) de lait écrémé

1 gousse d'ail écrasée

15 ml (1 c. à soupe) de beurre non salé, fondu

Sel au goût

20 ml (4 c. à thé) de fromage parmesan râpé, facultatif

1. Chauffer une casserole d'eau légèrement salée jusqu'à ébullition et cuire les pâtes en suivant les instructions sur le paquet. Égoutter.

2. Entre-temps, cuire à la vapeur les épinards ou le brocoli jusqu'à ce qu'ils soient cuits. Mettre dans un mélangeur, ajouter le lait, l'ail, le beurre et le sel, et réduire purée. Verser la sauce sur les pâtes chaudes. Remuer, saupoudrer de fromage parmesan, et servir.

PAR PORTION : 242 CAL ; 9 G PROT ; 4 G MAT ; 44 G CARB ; 1 MG CHOL ; 184 MG SOD ; 7 G FIBRES

« TORTELLINI » ET FROMAGE

Adaptation du populaire concept «mac-et-poulet», cette entrée devient plus qu'un plat de pâtes ou une simple entrée pour le déjeuner avec son complément de rapini cuit à la vapeur et de «saucisses» italiennes sautées à base de soja. Cette recette fournit à vos enfants tous les légumes dont ils ont besoin dans un plat de pâtes. Comme accompagnements, des tomates mûres en tranches avec une salade garnie de croûtons, des feuilles de basilic frais et peut-être des tranches de mozzarella, servis avec des morceaux de focaccia grillée.

15 ml (1 c. à soupe) d'huile végétale

4 rondelles de «saucisse» à base de soja, saveur italienne coupées en minces tranches en diagonale

1 botte de rapini, coupée

45 ml (3 c. à soupe) de margarine de soja ou de beurre non salé

45 ml (3 c. à soupe) de farine tout usage

240 ml (1 tasse) de lait faible en matières grasses ou de lait de soja

480 ml (2 tasses) de fromage cheddar faible en matières grasses ou de fromage cheddar régulier

5 ml (1 c. à thé) d'ail émincé

5 ml (1 c. à thé) d'origan séché

2,5 ml (½ c. à thé) de poivron rouge écrasé (facultatif)

Sel et poivre noir fraîchement moulu, au goût

280 g (10 onces) de tortellinis frais tricolores ou autres tortellinis, saveur de gourmet

1. Chauffer l'huile dans un grand poêlon à feu moyen, et faire sauter la «saucisse», pendant environ 5 minutes.

2. Entre-temps, cuire à la vapeur le rapini, à couvert, jusqu'à ce que les feuilles soient flétries, retirer du feu et égoutter totalement, en retirant l'excès d'eau et en pressant avec des pincettes. Réserver, et garder au chaud.

3. Pour préparer le roux, chauffer la margarine à feu moyen, et lorsqu'elle a fondu, incorporer la farine. Ajouter immédiatement le lait et le fromage, et battre jusqu'à ce que le fromage fonde et la sauce épaississe. Incorporer l'ail, l'origan, le poivron rouge écrasé, si utilisé, et le sel et le poivre au goût.

4. Cuire les tortellinis en suivant les directions sur le paquet, pendant environ 4 minutes, ou jusqu'à ce que les pâtes soient tendres, et égoutter. Servir, disposer des portions égales de rapini dans chaque plat. Garnir avec les tortellinis, la sauce au fromage et la «saucisse».

PAR PORTION : 540 CAL ; 36 G PROT ; 25 G MAT GR ; 46 G CARB ; 135 MG CHOL ; 810 MG SOD ; 4 G FIBRES

CHAUDRÉE D'ASPERGES

Ce potage délicat et séduisant est parfait pour le mois de mars, alors que le temps est plus doux. Vous pouvez préparer les croûtons une journée à l'avance et les conserver dans un récipient hermétique.

Croûtons au parmesan (facultatif)

6 tranches de 1,27 cm (½ pouce) d'épaisseur de pain italien de campagne

30 ml (2 c. à soupe) d'huile d'olive, de préférence extra vierge

60 ml (¼ tasse) de fromage parmigiano-reggiano râpé

Bouillon d'asperges

450 g (1 livre) d'asperges, les extrémités dures coupées

1 oignon Vidalia, haché grossièrement

1 petite feuille de laurier

1 grosse carotte, coupée, pelée et hachée grossièrement

1 grosse branche de céleri avec les feuilles, hachée grossièrement

6 brins de persil frais

5 ml (1 c. à thé) de sel

2 litres (8 tasses) d'eau froide

Soupe

75 ml (5 c. à soupe) d'huile d'olive

1 oignon Vidalia, haché fin

450 g (1 livre) de pommes de terre nouvelles, pelées et coupées en morceaux de 1,27 cm (½ pouce)

60 ml (¼ tasse) d'eau

450 g (1 livre) d'asperges, les extrémités coupées et jetées

5 ml (1 c. à thé) de sel

120 ml (½ tasse) de lait, crème épaisse ou de demi-crème

Sel et poivre noir fraîchement moulu, au goût

1. Pour préparer les croûtons au fromage parmesan : préchauffer le four à gril. Ajuster la grille à 20,32 cm (8 pouces) sous le gril.

2. Badigeonner d'huile les deux côtés du pain et mettre les tranches sur une plaque à pâtisserie. Griller pendant 3 à 10 minutes, en tournant au besoin, jusqu'à ce que les tranches soient d'un brun doré et croustillantes. Retirer du four, et lorsque les tranches ont suffisamment refroidi pour être manipulées, les couper en cubes. Saupoudrer de fromage parmesan et griller 1 à 2 minutes de plus, ou jusqu'à ce que les cubes soient dorés. Retirer du four, et réserver.

3. Pour préparer le bouillon d'asperges : couper le bout des asperges et réserver pour la garniture. Mettre les pointes d'asperges dans une soupière avec le reste des ingrédients. Porter à ébullition à feu moyen, réduire à feu doux, et cuire à découvert, pendant 20 minutes. Retirer du feu et égoutter dans un bol, en réservant le liquide. Jeter les matières solides. Mesurer 1,4 litre (6 tasses) de bouillon, si vous en avez moins, ajouter suffisamment d'eau afin d'obtenir 1,4 litre (6 tasses).

4. Pour préparer la soupe : pendant que cuit le bouillon, chauffer 30 ml (2 c. à soupe) d'huile dans un poêlon à feu moyen-doux. Ajouter la moitié de l'oignon, toutes les pommes de terre, et l'eau. Couvrir, et cuire pendant 20 minutes, en remuant plusieurs fois, jusqu'à ce que les légumes soient cuits. Couper le bout des asperges, et réserver avec les autres bouts pour la garniture. Couper les pointes d'asperges en morceaux de 2,54 cm (1 pouce) de longueur.

5. Chauffer 45 ml (3 c. à soupe) de l'huile qui reste dans une grande casserole à feu moyen. Ajouter le reste des oignons et les pointes d'asperges en morceaux, et cuire en remuant fréquemment, pendant 3 à 5 minutes ou jusqu'à ce que les oignons soient ramollis. Ajouter le sel et le bouillon d'asperges, et porter doucement à ébullition. Cuire à feu moyen à découvert, pendant 4 à 8 minutes, ou jusqu'à ce que les asperges soient tendres, le temps de cuisson exact dépendant de la taille et de la fraîcheur des asperges. En utilisant une cuillère trouée ou écumoire, retirer les asperges de la casserole, et mettre dans un robot de cuisine. Passer jusqu'à consistance lisse en ajoutant au robot le bouillon au besoin. Vider la purée dans une passoire aux mailles fines, et presser dans la passoire pour enlever les fibres dures. Remettre la purée dans la soupière. Ajouter les pommes de terre et les oignons, et remuer pour mélanger. Ajouter le lait, le sel et le poivre, et cuire à feu moyen-doux.

6. Entre-temps, porter l'eau à ébullition. Ajouter les pointes d'asperges, et cuire jusqu'à ce qu'elles soient tendres. Retirer du feu, et égoutter.

7. Pour servir, avec une louche verser la soupe dans des bols, garnir chaque portion avec des pointes d'asperges, et faire circuler les croûtons, si utilisés. Offrir en supplément du poivre noir fraîchement moulu.

PAR PORTION : 170 CAL ; 4 G PROT ; 9 G MAT GR ; 19 G CARB ; 0 MG CHOL ; 610 MG SOD ; 3 G FIBRES

TOURTE AUX HARICOTS ET AUX « SAUCISSES »

Voici une recette dont les enfants raffolent, et puisque la garniture est préparée avec des produits sous emballage pratique, vous pouvez le préparer en moins de deux. Ce qui en fait un grand plat, le vendredi soir au dîner.

Garniture de haricots et de saucisses

15 ml (1 c. à soupe) d'huile végétale

1 gros oignon haché

2 boîtes de 840 ml (28 onces) de haricots cuits végétariens

6 hot-dogs au tofu, coupés en morceaux de 1,27 cm (½ pouce)

10 ml (2 c. à thé) de moutarde

Sel et poivre noir fraîchement moulu, au goût

Garniture de biscuit à la semoule de maïs

360 ml (1½ tasse) de farine tout usage

120 ml (½ tasse) de semoule de maïs jaune fine

21 ml (1½ c. à soupe) de sucre cristallisé

7,5 ml (1½ c. à thé) de poudre à pâte

2,5 ml (½ c. à thé) de bicarbonate de soude

60 ml (4 c. à soupe) de beurre froid non salé, coupé en morceaux de 0,64 cm (¾ pouce)

180 ml (¾ tasse) de babeurre

1. Pour préparer la garniture de haricots et de « saucisses » : chauffer l'huile dans un gros poêlon allant au four à feu moyen. Ajouter l'oignon, et cuire en remuant jusqu'à ramollissement, pendant environ 8 minutes. Incorporer les haricots, les hot-dogs au tofu, la moutarde, le sel et le poivre au goût. Réduire à feu doux, et cuire en remuant de temps en temps, pendant que vous préparez la garniture.

2. Préchauffer à 200 °C (400 °F).

3. Pour préparer la garniture de biscuits à la semoule de maïs : mélanger dans un saladier la farine, la semoule de maïs, le sucre, la poudre à pâte, et le bicarbonate de soude. Couper le beurre en morceaux avec deux couteaux jusqu'à ce que le mélange ressemble à de grosses miettes. Faire un trou dans les ingrédients secs. Ajouter tout le babeurre immédiatement. Remuer jusqu'à ce que les ingrédients du mélange soient combinés et que la pâte tienne ensemble. Laisser reposer la pâte pendant 2 minutes.

4. Saupoudrer la pâte de farine et déposer sur un plan de travail enfariné. Pétrir 4 ou 5 fois, et étendre la pâte pour couvrir la surface du poêlon. En utilisant un couteau pointu, couper la pâte en longues bandes de 5,08 cm (2 pouces) de largeur. Mettre les bandes de pâte sur les haricots chauds.

5. Cuire jusqu'à ce que la garniture soit légèrement dorée, pendant environ 20 minutes. Laisser refroidir au moins 10 minutes avant de servir.

PAR PORTION : 360 CAL ; 18 G PROT ; 8 G MAT GR ; 61 G CARB ; 13 MG CHOL ; 931 MG SOD ; 10 G FIBRES

CRÊPES DE MAÏS TEX-MEX

Ces crêpes consistantes peuvent être relevées avec des jalapeños coupés, plus de poudre de chili et une goutte de sauce piquante aux piments, si votre famille aime les aliments épicées. Vous pouvez même choisir une salsa plus épicée pour donner plus de goût au plat. Au déjeuner ou au dîner, offrez des morceaux de fruits frais comme accompagnement.

240 ml (1 tasse) de maïs en crème

120 ml (½ tasse) de semoule
de maïs fine

180 ml (¾ tasse) de farine
tout usage

5 ml (1 c. à thé) de poudre à pâte

Sel au goût

120 ml (½ tasse) de chilis verts
hachés

1 gros œuf, bien battu

10 ml (2 c. à thé) de chili en poudre,
ou au goût

360 ml (1½ tasse) de salsa
pour garnir

240 ml (1 tasse) de fromage
cheddar râpé pour garnir

240 ml (1 tasse) de feuilles
de cilantro pour garnir

1. Combiner le maïs, la farine de maïs, la farine, la poudre à pâte et le sel dans un saladier. Incorporer les chilis, l'œuf et la poudre de chili, en mélangeant bien.

2. Chauffer un grand poêlon à feu moyen et lorsque chaud, vaporiser avec un vaporisateur antiadhésif à cuisson. Avec une cuillère, verser la pâte à raison d'un quart ou d'une demi-tasse, et cuire jusqu'à ce que le dessous soit doré. Retourner et cuire l'autre côté jusqu'à ce qu'il soit doré. Retirer du feu, et garder au chaud jusqu'à ce que les crêpes soient prêtes à servir. Continuer à cuire jusqu'à ce que toute la pâte soit utilisée.

PAR PORTION : 240 CAL ; 7 G PROT ; 2,5 G MAT GR ; 49 G CARB ; 55 MG CHOL ; 670 MG SOD ; 3 G FIBRES

PÂTÉS AUX POMMES DE TERRE EN PURÉE

Vos enfants refusent de manger leurs pois et leurs carottes ? Servez ces légumes dans ces délicieux pâtés préparés avec les restes de la purée de pommes de terre. Les adultes aimeront également ces délices qui procurent une sensation de bien-être et de réconfort. Vous pouvez même utiliser pour leur préparation de la purée de pommes de terre déjà préparée que l'on trouve dans certains supermarchés. La chapelure panko, un produit japonais, permet d'obtenir une couche particulièrement croustillante pour les aliments frits. Mais vous pouvez aussi utiliser la chapelure habituelle, ou l'omettre. Cette recette donne huit pâtés de 120 ml (½ tasse) pour les enfants, ou de plus grands de 240 ml (1 tasse) pour les adultes.

1 gros œuf, légèrement battu

Sel et poivre noir fraîchement moulu au goût

480 ml (2 tasses) de purée de pommes de terre

240 ml (1 tasse) de fromage cheddar râpé

240 ml (1 tasse) de pois frais ou congelés

240 ml (1 tasse) de carottes râpées

120 ml (½ tasse) de chapelure panko, ou plus au besoin

1. Combiner l'œuf, le sel et le poivre dans un saladier. Incorporer la purée de pommes de terre, le fromage, les pois et les carottes. Mettre la chapelure dans un petit bol.

2. Vaporiser un grand poêlon avec le vaporisateur antiadhésif à cuisson, et chauffer à feu moyen. Retirer environ 240 ml (1 tasse) du mélange de pommes de terre du bol, et saupoudrer la chapelure dessus. Tourner les pommes de terre sur le poêlon chaud, en disposant au moins 2 pâtés sur le poêlon, et cuire à feu moyen jusqu'à ce que le fond commence à être doré et que le fromage fonde, environ 5 minutes. Saupoudrer la chapelure sur les côtés non cuits, et tourner les pâtés pour dorer l'autre côté. Cuire pendant 5 minutes de plus, tourner les pâtés une dernière fois, et cuire pendant environ 3 minutes de plus. Retirer du poêlon, et réserver.

3. Répéter avec le reste des ingrédients jusqu'à ce que tous les ingrédients soient utilisés. Servir immédiatement.

PAR PORTION : 350 CAL ; 14 G PROT ; 16 G MAT GR ; 37 G CARB ; 95 MG CHOL ; 570 MG SOD ; 5 G FIBRES

PAIN SANS VIANDE AU SEITAN

Ce pain a un goût de viande et contient beaucoup moins de graisses, de cholestérol et de sodium que le pain de viande habituel. Le jour suivant, faites goûter à vos enfants et à votre famille les sandwiches au « pain sans viande » avec vos garnitures préférées.

480 ml (2 tasses) de seitan moulu

336 g (12 onces) de tofu ferme, égoutté et émietté

1 tranche de pain émietté

2 gros œufs battus légèrement, facultatif

1,25 ml (¼ c. à thé) de clou de girofle moulu

0,6 ml (⅛ c. à thé) de muscade moulue

3,75 ml (¾ c. à thé) de poivre noir fraîchement moulu

3,75 ml (¾ c. à thé) de sel

15 ml (1 c. à soupe) de sauce soja faible en sodium

15 ml (1 c. à soupe) de sauce Worcestershire végétarienne ou de sauce soja

30 ml (2 c. à soupe) d'huile végétale

120 ml (½ tasse) de céleri émincé

1 oignon, coupé en dés

1 carotte, coupée en dés

60 ml (¼ tasse) de persil frais haché

1. Préchauffer le four à 180 °C (350 °F). Huiler un moule à pain de 22,86 x 12,70 cm (9 x 5 pouces), et réserver.

2. Écraser ensemble le seitan, le tofu, les miettes de pain, les œufs, si utilisés, et les assaisonnements. Réserver.

3. Chauffer l'huile dans un grand poêlon à feu moyen, et faire sauter le céleri, l'oignon et la carotte, en remuant, jusqu'à ramollissement, pendant environ 7 minutes. Incorporer le persil, et retirer du feu. Ajouter les légumes au mélange de tofu, et bien mélanger. Former un pain, et mettre dans le moule à pain.

4. Cuire, à découvert, jusqu'à bien doré, pendant environ 1 heure. Retirer du four, et servir.

PAR PORTION : 140 CAL ; 11 G PROT ; 8 G MAT GR ; 8 G CARB ; 0 MG CHOL ; 674 MG SOD ; 1 G FIBRES

BÂTONNETS CROUSTILLANTS AU TOFU
AVEC SAUCE KETCHUP

POUR 6 PERSONNES

La plupart des enfants aiment ce plat parce qu'il est accompagné de sauce ketchup. Pour plus de saveur, utilisez du tofu assaisonné aux herbes.

Sauce ketchup

60 ml (¼ tasse) de pâte de tomates

30 ml (2 c. à soupe) de sirop d'érable

30 ml (2 c. à soupe) de jus de citron frais

2,5 ml (½ c. à thé) de racine de gingembre frais en purée

15 ml (1 c. à soupe) de persil frais émincé

Poivre de Cayenne au goût

Sel au goût

Bâtonnets de tofu

672 g (24 onces) de tofu en paquet ferme ou très ferme

80 ml (⅓ tasse) craquelins émiettés finement

30 ml (2 c. à soupe) de semoule de maïs

21 ml (1½ c. à soupe) d'assaisonnements tout usage, sans sel

2,5 ml (½ c. à thé) de chili chipotle moulu ou de poudre de chili

1,25 ml (¼ c. à thé) de sel

1. Pour préparer la sauce ketchup : battre ensemble 180 ml (¾ tasse) d'eau, la pâte de tomates, le sirop d'érable, le jus de citron, et le gingembre, dans une petite casserole. Chauffer à feu moyen jusqu'à ébullition, en remuant constamment, et cuire pendant 1 minute. Retirer du feu, et laisser refroidir. Ajouter le persil, et assaisonner avec le poivre de Cayenne et le sel.

2. Préchauffer le four à 190 °C (375 °F).

3. Pour fabriquer les bâtonnets de tofu : égoutter tofu, et envelopper dans des serviettes de papier pendant 10 à 15 minutes, en pressant pour éliminer l'excès d'humidité. Dans un bol peu profond, mélanger ensemble les miettes de craquelins, la farine de maïs, les assaisonnements, le chili moulu, et le sel. Réserver.

4. Asperger une plaque grillagée avec de l'huile d'olive ou vaporiser avec un vaporisateur antiadhésif. Couper les blocs de tofu en 12 bâtonnets d'environ 7,62 cm (3 pouces) de longueur et de 1,90 cm (¾ de pouce) d'épaisseur. Saupoudrer les bâtonnets d'un mélange de chapelure, et mettre les bâtonnets sur plaque grillagée. Badigeonner d'huile.

5. Cuire les bâtonnets jusqu'à ce qu'ils soient croustillants et dorés, pendant 35 à 45 minutes. Retirer du four, et servir les bâtonnets de tofu chauds. Verser un filet de sauce ketchup sur les bâtonnets, ou servir comme accompagnement.

PAR PORTION : 253 CAL ; 17 G PROT ; 11 G MAT GR ; 21 G CARB ; 0 MG CHOL ; 84 MG SOD ; 1 G FIBRES

TOFU ENROBÉ DE PÂTE AU SÉSAME

POUR 4 PERSONNES

La saveur des graines de sésame se retrouve dans la pâte de tahini à base de sésame.

30 ml (2 c. à soupe) de sauce soja tamari faible en sodium

450 g (1 livre) de tofu très ferme, coupé en 8 morceaux en forme de triangle de 1,27 cm (½ pouce d'épaisseur)

80 ml (⅓ tasse) de tahini

15 ml (1 c. à soupe) de jus de citron frais

120 ml (½ tasse) de graines de sésame

30 ml (2 c. à soupe) d'huile végétale

1. Badigeonner 15 ml (1 c. à soupe) de sauce tamari sur les tranches de tofu, et réserver.

2. Mettre la sauce tahini avec 80 ml (⅓ tasse) d'eau, le jus de citron et 15 ml (1 c. à soupe) de la sauce tamari restante dans un mélangeur ou un robot culinaire, et réduire en purée jusqu'à consistance lisse. Vider le mélange dans un bol peu profond.

3. Mettre les graines de sésame dans un plat. Faire tremper et enrober les tranches de tofu dans le mélange de tahini puis couvrir de graines de sésame.

4. Chauffer l'huile dans un grand poêlon à feu moyen. Ajouter les tranches de tofu enrobées et cuire jusqu'à ce qu'elles soient légèrement dorées, pendant environ 2 à 3 minutes par côté. Travailler avec deux portions si nécessaire. Servir chaud.

PAR TRIANGLE : 178 CAL ; 6 G PROT ; 15 G MAT GR ; 5 G CARB ; 0 MG CHOL ; 225 MG SOD ; 2 G FIBRES

SAUCE SPAGHETTI SANS VIANDE

Parfois, il est plus facile d'obtenir que les enfants mangent des légumes lorsque ceux-ci sont apprêtés, comme dans le cas de cette sauce spaghetti. Si vous devez utiliser ce moyen, trancher les légumes très fin pour qu'ils aient l'apparence d'une sauce et soient légèrement texturés. Sinon, vous pouvez couper les légumes en dés ou en cubes afin qu'ils soient reconnaissables. D'une manière ou d'une autre, le résultat sera une sauce spaghetti assaisonnée que toute la famille appréciera. Cette sauce peut être utilisée sur des pizzas ou des lasagnes ou servie sur vos pâtes préférées. Si vous croyez qu'il y a trop de légumes dans la préparation et que la sauce est trop sucrée, ajoutez un petit peu de vinaigre de vin rouge. Cette quantité de sauce permet de servir 8 adultes.

60 ml (¼ tasse) d'huile d'olive

480 ml (2 tasses) d'oignon coupé en dés

15 ml (1 c. à soupe) d'ail émincé

240 ml (1 tasse) de champignons coupés en dés

240 ml (1 tasse) de courgette coupée en dés

240 ml (1 tasse) de carotte hachée fin

240 ml (1 tasse) de piment vert coupé en dés

1 litre (4 tasses) de sauce marinara

10 ml (2 c. à thé) de basilic séché

2,5 ml (½ c. à thé) d'origan séché

5 ml (1 c. à thé) de poivre noir fraîchement moulu

60 ml (¼ tasse) de fromage parmesan ou de fromage parmesan à base de soja

Chauffer l'huile d'olive à feu moyen dans une casserole de 4 litres (16 tasses). Ajouter l'oignon et l'ail, et faire sauter jusqu'à ramollissement, pendant environ 5 minutes. Ajouter les champignons, et faire sauter jusqu'à ce qu'ils soient dorés, pendant environ 5 minutes. Ajouter la carotte et le piment vert, et cuire, en remuant de temps en temps, pendant 10 minutes. Ajouter le reste des ingrédients, réduire à feu moyen-doux et cuire, à découvert, pendant 20 minutes. Goûter, et ajuster les assaisonnements au goût.

PAR PORTION : 70 CAL ; 2 G PROT ; 4,5 G MAT GR ; 7 G CARB ; 0 MG CHOL ; 75 MG SOD ; 1 G FIBRES

KIWIS GOURMANDS

Rien ne rend les petits garçons (et même les petites filles !) plus heureux qu'un dessert que les adultes considèrent comme étant gourmand… et cette recette correspond à cette description. Cette recette semblera meilleure servie dans une coupe à sorbet démodée et garnie d'un bonbon gélatineux qui a la forme d'un insecte. Vous pouvez éliminer la banane et ajoutez plus de kiwis, mais la banane modifie le goût de la préparation que les enfants aimeront probablement davantage. La banane épaissit aussi le mélange. Ce dessert aux kiwis semble encore plus gourmand avec l'addition de fraises, de mangue, ou d'autres fruits colorés finement coupées en dés.

8 kiwis, pelés et coupés en quatre

1 grosse banane pelée et coupée en tranches

6 bonbons ayant la forme d'un vers de terre sans gélatine

Mettre les kiwis et la banane dans un mélangeur, et réduire en purée jusqu'à consistance lisse. Goûter, et si nécessaire, ajouter du sucre ou l'édulcorant de votre choix parce que certaines bananes et kiwis sont plus sucrés que d'autres. Refroidir jusqu'au moment de servir. Verser 80 ml (⅓ tasse) dans chaque plat et garnir avec un bonbon de fantaisie.

PAR PORTION : 120 CAL ; 2 G PROT ; 0,5 G MAT GR ; 28 G CARB ; 0 MG CHOL ; 0 MG SOD ; 3 G FIBRES

17 desserts

VOUS N'AVEZ PAS BESOIN D'AVOIR UNE passion pour les sucreries pour apprécier le fait que les desserts sont souvent le couronnement d'un repas. Cela ne signifie pas que ces plats doivent être bourrés de gras et de calories. Même un morceau de fruit frais fera l'affaire, mais jetez un coup d'œil à ces alternatives santé comparées aux pâtisseries très caloriques qui nous séduisent si souvent.

GLACE AU TOFU À LA PÊCHE FRAÎCHE

POUR 6 PERSONNES

Voici une friandise à savourer uniquement lorsque les pêches locales sont complètement mûres. La saveur et la texture des pêches sont alors à leur meilleur pour ce dessert gelé. On trouve les granules de lécithine dans les magasins de produits naturels ; ils enrichissent et épaississent la glace.

360 ml (1½ tasse) de lait entier ou lait de soja

120 ml (½ tasse) d'huile d'amande ou de canola

80 ml (⅓ tasse) de sirop de riz ou autres édulcorants

60 ml (¼ tasse) de lécithine

240 ml (1 tasse) de tofu mou, égoutté

10 ml (2 c. à thé) d'extrait de vanille

30 ml (2 c. à soupe) de brandy aux pêches, facultatif

3 grosses pêches mûres, pelées, dénoyautées et hachées

1 grosse pêche mûre, pelée, dénoyautée et coupée en fines tranches

1. Mettre tous les ingrédients à l'exception de la pêche dans un mélangeur ou un robot culinaire, et réduire en purée jusqu'à consistance très lisse. Ajuster l'édulcorant en ajoutant plus de sirop de riz ou d'autres édulcorants, si désiré. Incorporer la pêche coupée en tranches. Laisser le mélange refroidir.

2. Verser le mélange dans une machine à glaces, et congeler en suivant les instructions du fabricant. Ou si vous n'avez pas de machine, verser le mélange dans un plat en verre épais, et congeler. Lorsque le mélange est gelé, passer au robot culinaire ou mélangeur jusqu'à consistance lisse. Geler de nouveau. Passer de nouveau au robot ou au mélangeur, et geler jusqu'au moment de servir.

PAR PORTION : 350 CAL ; 6 G PROT ; 24 G MAT GR ; 30 G CARB ; 5 MG CHOL ; 80 MG SOD ; 0 G FIBRES

GLACE AU TOFU, AUX FRAISES ET AU CASSIS

POUR 6 PERSONNES

Le cassis est une liqueur fabriquée avec les baies noires du groseillier, et sa saveur intensifie le goût des fraises. Si vous ne voulez pas utiliser une liqueur, essayez de trouver du sirop de cassis dans un magasin de produits fins ou un marché vendant des produits du Moyen-Orient.

480 ml (2 tasses) ou 280 g (10 onces) de fraises sucrées, équeutées et coupées en deux

340 ml (1½ tasse) ou 420 g (15 onces) de tofu égoutté

120 ml (½ tasse) d'huile d'amande, ou d'huile de canola

360 ml (1½ tasse) de lait entier ou de soja

60 ml (¼ tasse) de sirop de riz

60 ml (¼ tasse) de crème de cassis (liqueur)

80 ml (⅓ tasse) de granules de lécithine

15 ml (1 c. à soupe) d'extrait de vanille

240 ml (1 tasse) de fraises sucrées, équeutées et coupées en tranches

1. Mettre 480 ml (2 tasses) de fraises, le tofu, l'huile, le lait, le sirop de riz, le cassis, la lécithine et la vanille dans un robot culinaire, et réduire en purée jusqu'à consistance lisse. Incorporer les baies coupées en tranches. Laisser refroidir le mélange.

2. Verser le mélange dans une machine à glaces, et geler en suivant les instructions du fabricant. Ou si vous n'avez pas de machine, verser le mélange dans un plat en verre épais, et congeler. Lorsque le mélange est gelé, passer au robot ou au mélangeur, jusqu'à consistance lisse. Geler de nouveau. Passer de nouveau au robot ou au mélangeur, et geler jusqu'au moment de servir.

PAR PORTION : 270 CAL ; 7 G PROT ; 24 G MAT GR ; 27 G CARB ; 5 MG CHOL ; 115 MG SOD ; 2 G FIBRES

GLACE AU TOFU, AUX CERISES BOURGOGNES ET NOIX DE MACADAM

Les noix de macadam ajoutent un goût riche et crémeux à ce dessert. Si vous n'en avez pas sous la main, utilisez des noix de pin ou de cajou. Seules ces trois variétés de noix ont une consistance lisse lorsqu'elles sont moulues.

120 ml (½ tasse) de noix de macadam hachées

240 ml (1 tasse) de tofu égoutté

120 ml (½ tasse) de sirop de riz

120 ml (½ tasse) d'huile d'amande ou de canola

60 ml (¼ tasse) de granules de lécithine

360 ml (1½ tasse) de lait entier ou de soja

15 ml (1 c. à soupe) de jus de citron frais pressé

10 ml (2 c. à thé) d'extrait d'amande, facultatif

10 ml (2 c. à thé) d'extrait de vanille

720 ml (3 tasses) de cerises noires dénoyautées et hachées (divisées)

1. Mettre les noix de macadam dans un mélangeur ou un robot culinaire, et passer jusqu'à consistance lisse. Ajouter le reste des ingrédients en réservant 240 ml (1 tasse) de cerises. Passer jusqu'à consistance lisse et refroidir.

2. Verser le mélange dans une machine à glaces, et geler en suivant les instructions du fabricant. Ou si vous n'avez pas de machine, verser le mélange dans un plat en verre épais, et geler. Lorsque le mélange est gelé, passer au robot ou au mélangeur, jusqu'à consistance lisse. Geler de nouveau. Passer de nouveau au robot ou au mélangeur, et geler jusqu'au moment de servir.

PAR PORTION : 460 CAL ; 7 G PROT ; 32 G MAT GR ; 41 G CARB ; 5 MG CHOL ; 115 MG SOD ; 3 G FIBRES

SORBET AUX ABRICOTS ET AMANDES

À moins que vous n'ayez un abricotier dans votre jardin et que ces fruits puissent mûrir naturellement, vous n'aurez jamais d'abricots sucrés et tout à fait savoureux. Cependant, cela ne pose pas de problème puisque les abricots séchés sont également délicieux. Voilà pourquoi cette recette fait appel aux abricots séchés plutôt qu'aux abricots frais.

720 ml (3 tasses) de nectar d'abricots

480 ml (2 tasses) d'abricots séchés et hachés

480 ml (2 tasses) de lait d'amande

120 ml (½ tasse) d'huile d'amande ou de canola

80 ml (⅓ tasse) de miel

15 ml (1 c. à soupe) d'extrait de vanille

5 ml (1 c. à thé) d'extrait d'amande (facultatif)

1. Mettre le nectar d'abricot et les abricots dans une casserole de 2 litres (8 tasses), et porter à ébullition. Couvrir, et réserver pendant 1 heure. Mettre les abricots trempés et le reste des ingrédients dans un robot culinaire ou un mélangeur, et réduire en purée jusqu'à consistance lisse. Goûter et ajuster les édulcorants, si nécessaire.

2. Verser le mélange dans une machine à glaces, et geler en suivant les instructions du fabricant. Ou si vous n'avez pas de machine, verser le mélange dans un plat en verre épais, et geler. Lorsque le mélange est gelé, passer au robot ou au mélangeur, jusqu'à consistance lisse. Geler de nouveau. Passer de nouveau au robot ou au mélangeur, et geler jusqu'au moment de servir.

PAR PORTION : 450 CAL ; 3 G PROT ; 19 G MAT GR ; 69 G CARB ; 0 MG CHOL ; 55 MG SOD ; 4 G FIBRES

BARRES GLACÉES AUX BAIES ET BANANES

Ces barres glacées remplies de fruits ne contiennent pas de cholestérol et contiennent peu de calories. Si vous avez davantage de mélange que de moules, congelez le surplus dans un autre récipient jusqu'à ce qu'il soit un peu gelé, et consommez comme de la glace glacée avant qu'il ne devienne trop dur.

300 ml (1 ¼ tasse) de fraises fraîches
   (ou congelées, non sucrées)
360 ml (1 ½ tasse) de lait de soja
   à la vanille
1 petite banane, coupée
   en morceaux
1,25 ml (¼ c. à thé) d'extrait
   d'amande

1. Rafraîchir totalement les fraises, le lait de soja et la banane. Mettre les fraises, le lait de soja, la banane et l'extrait d'amande dans un robot culinaire ou un mélangeur, et réduire en purée jusqu'à consistance très lisse.

Pour congeler les barres, choisissez l'une des méthodes suivantes :

MÉTHODE 1 : Verser le mélange dans une casserole non réactive peu profonde, et congeler jusqu'à ce que le mélange soit un peu gelé, mais pas complètement solidifié. Avec une cuillère à glace ou une cuillère en métal, vider les gros morceaux du mélange gelé dans un mélangeur ou un robot culinaire adapté avec une lame de métal et passer jusqu'à consistance lisse. Verser immédiatement le mélange dans des moules en plastique ou en papier, et passer à la deuxième étape.

MÉTHODE 2 : Verser le mélange dans une machine à glaces contenant environ 1,2 litre (5 tasses). Congeler en suivant les instructions du fabricant jusqu'à ce que le mélange soit un peu gelé, mais encore mou. Puis verser le mélange dans des moules en plastique (ou des gobelets en papier), puis passer à la deuxième étape.

MÉTHODE 3 : Lorsque vous êtes à court de temps — ou pour faire une barre glacée de type sucette — transvider le mélange du robot culinaire ou du mélangeur directement dans des moules en plastique (ou des gobelets en papier), puis passer à la deuxième étape.

2. Lorsque le mélange a été versé dans les moules, appuyer pour enlever les trous d'air et remplir au ¼. Mettre un bâton en bois ou en plastique au milieu de chaque moule. Congeler pendant plusieurs heures. Au moment de servir, passer le moule sous l'eau chaude pour détacher la barre.

PAR BARRE : 23 CAL ; 0,5 G PROT ; 0,3 G MAT GR ; 4 G CARB ; 0 MG CHOL ; 2 MG SOD ; 0,5 G FIBRES

FRAISES ET BANANES GLACÉES

Ce dessert frais et léger conclut parfaitement un repas copieux. Servez dans des gobelets ou des verres à vin. Pour congeler les bananes, pelez-les, enveloppez-les dans une feuille plastique, puis les mettre au congélateur pendant au moins 4 heures. Les framboises, les myrtilles ou les mangues surgelées peuvent remplacer les fraises.

5 bananes très mûres, congelées
120 ml à 240 ml (½ à 1 tasse)
   de fraises congelées
5 ml (1 c. à thé) d'extrait de vanille
60 à 120 ml (¼ à ½ tasse) de lait
   de soja ou de lait faible en
   matières grasses

Couper les bananes en tranches de 1,27 cm (½ pouce) d'épaisseur. Séparer les fraises si elles sont en paquet. Mettre les fraises, les bananes, la vanille et environ 60 ml (¼ tasse) de lait de soja dans un robot culinaire ou un mélangeur, et réduire en purée, en ajoutant plus de lait au besoin, jusqu'à consistance lisse et crémeuse. Ne pas trop mélanger, sinon le mélange deviendra liquide. Verser dans des coupes à dessert et servir immédiatement.

PAR PORTION : 96 CAL ; 1 G PROT ; 0,5 G MAT GR ; 21 CARB ; 0 MG CHOL ; 2 MG SOD ; 2 G FIBRES

BARRE GLACÉE À LA FRAISE

Ces barres fraîches et crémeuses sont particulièrement délicieuses au printemps, saison où les fraises sont à leur meilleur.

300 ml (1¼ tasse) de fraises fraîches, ou congelées non sucrées

360 ml (1½ tasse) de lait de soja à la vanille

15 ml (1 c. à soupe) de jus de citron frais

1,25 ml (¼ c. à thé) d'extrait d'amande

60 ml (¼ tasse) de jus de pommes non sucré

1. Bien refroidir les fraises et le lait de soja. Mettre les fraises, le lait de soja, le jus de citron, et l'extrait d'amande et le jus de pomme concentré dans un robot culinaire ou un mélangeur, et passer jusqu'à consistance très lisse. Pour congeler les barres, choisissez l'une des méthodes suivantes :

MÉTHODE 1 : Verser le mélange dans une casserole non réactive peu profonde, et congeler jusqu'à ce que le mélange soit un peu gelé, mais pas complètement solidifié. Avec une cuillère à glace ou une cuillère en métal, vider les gros morceaux du mélange gelé dans un mélangeur ou un robot culinaire adapté avec une lame de métal et passer jusqu'à consistance lisse. Verser immédiatement le mélange dans des moules en plastique ou des gobelets en papier, et passer à la deuxième étape.

MÉTHODE 2 : Verser le mélange dans une machine à glaces contenant environ 1,2 litre (5 tasses). Congeler en suivant les instructions du fabricant jusqu'à ce que le mélange soit un peu gelé, mais encore mou. Puis verser le mélange dans des moules en plastique (ou des gobelets en papier), puis passer à la deuxième étape.

MÉTHODE 3 : Lorsque vous êtes à court de temps — ou pour faire une barre glacée du type sucette — transvider le mélange du robot culinaire ou du mélangeur directement dans des moules en plastique (ou des gobelets en papier), puis passer à la deuxième étape.

2. Lorsque le mélange a été versé dans les moules, appuyer pour enlever les trous d'air et remplir au ¾. Mettre un bâton en bois ou en plastique au milieu de chaque moule. Congeler pendant plusieurs heures. Au moment de servir, passer le moule sous l'eau chaude pour détacher la barre.

PAR BARRE : 23 CAL ; 0,5 G PROT ; 0,3G MAT GR ; 5 G CARB ; 0 MG CHOL ; 3 MG SOD ; 0,5 G FIBRES

LAIT GLACÉ À LA MYRTILLE ET À L'ORANGE

Les myrtilles sont un parent proche des bleuets. Les bleuets sauvages du Maine sont un substitut parfait, et les bleuets cultivés n'auront pas autant de saveur.

600 ml (2½ tasses) de sucre cristallisé ou de sirop de riz

240 ml (1 tasse) de jus d'orange

Zeste de 1 citron

Zeste de ½ orange

480 ml (2 tasses) ou 310 g (11 onces) de myrtilles fraîches ou congelées ou de myrtilles sauvages

720 ml (3 tasses) de lait entier

1. Chauffer le sucre et le jus d'orange dans une casserole à feu moyen jusqu'à ce que ce que le mélange atteigne le point d'ébullition. Ajouter les zestes de citron et d'orange. Remuer jusqu'à ce que le sucre soit dissout, retirer du feu et laisser refroidir le mélange.

2. Combiner le mélange de jus d'orange, de myrtilles, et de lait, verser le mélange dans une machine à glaces, et congeler en suivant les instructions du fabricant. Ou si vous n'avez pas de machine, verser le mélange dans un plat en verre épais, et congeler. Lorsque le mélange est gelé, passer au robot ou au mélangeur jusqu'à consistance lisse. Geler de nouveau. Passer de nouveau au robot ou au mélangeur, et congeler jusqu'au moment de servir.

PAR PORTION : 330 CAL ; 4 G PROT ; 3 G MAT GR ; 76 G CARB ; 10 MG CHOL ; 40MG SOD ; 1 G FIBRES

GÂTEAU DES ANGES AU CHOCOLAT FAVORI DE PAPA POUR 12 PERSONNES

Ce gâteau est léger comme l'air, contient peu de matières grasses et est facile à préparer. Le truc est de préparer tous les ingrédients à l'avance. Assurez-vous d'amener les blancs d'œuf à la température de la pièce afin qu'ils atteignent leur plein volume lorsqu'ils sont battus. Servez avec des fraises et une crème fouettée légèrement sucrée ou une sauce au chocolat chaude et une glace.

300 ml (1¼ tasse) de sucre
   cristallisé

240 ml (1 tasse) de farine
   tout usage

2,5 ml (½ c. à thé) de sel

12 blancs d'œuf à la température
   de la pièce

15 ml (1 c. à soupe) de jus
   de citron frais

15 ml (3 c. à thé) d'extrait de vanille

15 ml (1 c. à soupe) de zeste
   d'orange râpé

100 g (3½ onces) de chocolat noir
   à l'orange, râpé

1. Préchauffer le four à 180 °C (350 °F).

2. Tamiser 60 ml (¼ tasse) de sucre avec la farine et le sel, 3 fois. Utiliser un mélangeur électrique à vitesse moyenne-élevée, et battre les blancs d'œufs jusqu'à mousseux. Ajouter le jus de citron et battre en neige. Asperger uniformément 240 ml (1 tasse) de sucre restant sur les blancs d'œufs, 60 ml (¼ tasse) à la fois et battre à vitesse moyenne pendant 1 à 2 minutes. Tamisez 56 ml (¼ tasse) du mélange de farine sur les blancs d'œufs et incorporer doucement en utilisant une spatule en caoutchouc. Ajouter la vanille et le zeste d'orange. Sinon, incorporer le mélange de farine restant et le chocolat râpé jusqu'à bien mélangé. Déposer la pâte dans un moule à gâteau des anges de 25,4 cm (10 pouces) non graissé.

3. Cuire jusqu'à ce que le gâteau soit légèrement doré et qu'un couteau inséré au centre en ressorte propre, pendant 40 à 45 minutes. Retirer le moule du four et retourner sur une grille. Laisser refroidir pendant 30 à 45 minutes. Glisser un couteau autour du moule et du centre pour démouler le gâteau.

PAR PORTION : 175 CAL ; 5 G PROT ; 3 G MAT GR ; 34 G CARB ; 0 MG CHOL ;
56 MG SOD ; 1 G FIBRES

GÂTEAU À L'ORANGE POCHÉE POUR 8 PERSONNES

Voici un gâteau moelleux et dense préparé sans farine. Il a une riche saveur et n'a pas besoin de glaçage.

1 grosse orange navel, non pelée
   et épépinée

240 ml (1 tasse) d'amandes
   moulues ou de farine d'amande

120 ml (½ tasse) de sucre cristallisé
   ou de miel

3 gros œufs ou 360 ml (1½ tasse)
   de succédané d'œuf

5 ml (1 c. à thé) d'extrait d'amande,
   facultatif

2,5 ml (½ c. à thé) de poudre à pâte

60 ml (¼ tasse) d'amandes
   en tranches

1. Préchauffer le four à 180 °C (350 °F). Doubler de papier sulfurisé un moule à charnières de 20,32 cm (8 pouces), au centre et sur les bords, et vaporiser légèrement avec un vaporisateur antiadhésif à cuisson.

2. Mettre l'orange entière, y compris l'écorce, dans une casserole de 2 litres (8 tasses) et recouvrir d'eau. Porter à ébullition et cuire pendant 20 minutes. Égoutter, refroidir, et couper l'orange en quartiers. Mettre les quartiers d'orange dans un robot culinaire, et réduire en purée.

3. Mettre les amandes et le sucre dans un bol, et mélanger. Ajouter les œufs et l'extrait d'amande, et battre ensemble.

4. Ajouter la purée d'orange au mélange d'amande, et bien mélanger. Tamiser la poudre à pâte sur le dessus, et incorporer au reste. Verser immédiatement dans le moule. Saupoudrer d'amandes tranchées uniformément sur le dessus, et mettre au four.

5. Cuire pendant 50 à 60 minutes, ou jusqu'à ce qu'un couteau inséré au centre du gâteau en ressorte propre.

PAR PORTION : 180 CAL ; 6 G PROT ; 10 G MAT GR ; 18 G CARB ; 80 MG CHOL ;
55 MG SOD ; 2 G FIBRES

GÂTEAU AU CHOCOLAT ÉCLIPSE TOTALE

La riche saveur du chocolat éclipse le fait qu'aucun œuf, beurre ou sucre raffiné ne sont utilisés pour donner de la densité à cette pâtisserie, avec une texture ressemblant à celle du caramel mou. On trouve les graines de lin dans les magasins d'aliments naturels

Gâteau

360 ml (1½ tasse) de farine tout usage non blanchie

180 ml (¾ tasse) de poudre de cacao non sucrée

15 ml (1 c. à soupe) de poudre à pâte

5 ml (1 c. à thé) de bicarbonate de soude

30 ml (2 c. à soupe) de graines de lin

120 ml (½ tasse) de dattes dénoyautées, trempées dans 240 ml (1 tasse) d'eau chaude pendant 30 minutes

170 g (6 onces) de tofu soyeux très ferme

240 ml (1 tasse) de sirop d'érable pur

15 ml (1 c. à soupe) d'huile de maïs

7,5 ml (1½ c. à thé) d'extrait de vanille

Glaçage

240 ml (1 tasse) de pépites de chocolat semi-sucrées

120 ml (½ tasse) de noix de cajou crues

170 g (6 onces) de tofu soyeux très ferme

60 ml (¼ tasse) de sirop d'érable pur

5 ml (1 c. à thé) d'extrait de vanille

1. Préchauffer le four à 180 °C (350 °F). Graisser deux moules à gâteau ronds de 22,86 cm (9 pouces), et couvrir de farine, en tapotant pour éliminer l'excès de farine.

2. Pour préparer le gâteau : mélanger la farine, le cacao, la poudre à pâte et le bicarbonate de soude dans un grand bol, et réserver. Moudre les graines de lin en une poudre fine dans un robot culinaire ou un mélangeur. Ajouter 120 ml (½ tasse) d'eau, et passer jusqu'à ce que le mélange soit épais et mousseux, pendant environ 30 secondes. Ajouter les dattes et le liquide de trempage, le tofu, le sirop d'érable, l'huile et la vanille, et passer jusqu'à consistance lisse. Vider dans un grand bol.

3. Mettre les ingrédients secs dans les ingrédients humides, en mélangeant jusqu'à consistance lisse. Diviser la pâte uniformément dans les moules préparés.

4. Cuire pendant 20 à 25 minutes. Refroidir les moules à gâteau sur une grille pendant 10 minutes. Démouler les gâteaux et refroidir complètement.

5. Pour fabriquer le glaçage : faire fondre le chocolat en remuant jusqu'à consistance lisse, dans un bain-marie à feu doux. Retirer du feu, et réserver.

6. Mettre les noix de cajou dans un robot culinaire ou un mélangeur, et pulvériser. Ajouter 80 ml (⅓ tasse) d'eau, et mélanger jusqu'à consistance lisse. Ajouter le tofu, le sirop d'érable et la vanille, et passer jusqu'à consistance lisse. Ajouter le chocolat fondu, et passer jusqu'à consistance lisse. Vider dans un bol moyen et réfrigérer jusqu'à ce que le mélange soit refroidi.

7. Pour glacer le gâteau, étaler 160 ml (⅔ tasse) de glaçage sur une couche. Couvrir avec la deuxième couche, et étaler sur le dessus et les côtés avec le reste du glaçage. Couper en morceaux, et servir.

PAR PORTION : 319 CAL ; 7 G PROT ; 10 G MAT GR ; 55 G CARB ; 0 MG CHOL ; 229 MG SOD ; 4 G FIBRES

GÂTEAU AU MIEL ET AU YOGOURT AVEC SIROP

Cette riche gâterie s'inspire d'un dessert grec classique. La «farina» est une farine de blé ou une farine de base pour les céréales cuites.

Gâteau

720 ml (3 tasses) de fécule de pommes de terre non cuite

120 ml (½ tasse) de farine non blanchie

10 ml (2 c. à thé) de poudre à pâte

5 ml (1 c. à thé) de bicarbonate de soude

360 ml (1½ tasse) de miel

480 ml (2 tasses) de yogourt nature

120 ml (½ tasse) d'amandes blanchies grossièrement hachées

30 ml (2 c. à soupe) de jus d'orange concentré congelé

Sirop

720 ml (3 tasses) de miel

1 mince tranche d'orange

1. Préchauffer le four à 180 °C (350 °F). Graisser un plat allant au four de 22,86 x 33,02 cm (9 x 13 pouces), et réserver.

2. Pour préparer le gâteau : tamiser ensemble la fécule de pommes de terre, la farine, la poudre à pâte et le bicarbonate de soude dans un bol. Faire un trou au centre, et ajouter le miel, le yogourt, les amandes et le jus d'orange concentré. Remuer jusqu'à ce que les ingrédients soient combinés. Ne pas trop mélanger. Verser la pâte dans le moule préparé.

3. Cuire jusqu'à ce que le dessus soit brun doré, pendant environ 45 minutes. Retirer du four.

4. Entre-temps, pour préparer le sirop : combiner le miel, la tranche d'orange et 600 ml (2½ tasses) d'eau dans une casserole. Porter à ébullition, réduire à feu doux, et cuire pendant 5 minutes. Retirer du feu, et enlever l'écume et la tranche d'orange.

5. Verser le sirop sur le gâteau. Enfoncer doucement la surface du gâteau avec un cure-dent pour permettre au sirop d'être absorbé. Laisser refroidir, et servir.

PAR PORTION : 501 CAL ; 4 G PROT ; 4 G MAT GR ; 120 G CARB ; 5 MG CHOL ; 148 MG SOD ; 1 G FIBRES

GÂTEAU SUBLIME « AU FROMAGE » ET AU CHOCOLAT

Ce gâteau « au fromage » crémeux, préparé avec du tofu, est plus léger que les versions habituelles, mais tout aussi nourrissant. Il se conserve trois jours, recouvert d'une feuille d'aluminium. Pour varier la recette, essayez avec ce gâteau une garniture aux cerises.

240 ml (1 tasse) de biscuits Graham au chocolat, émiettés

60 ml (¼ tasse) d'amandes blanchies, moulues

45 ml (3 c. à soupe) de sucre cristallisé

30 ml (2 c. à soupe) de margarine molle ou ramolli, à tartiner

530 g (19 onces ou 2⅓ tasse) de tofu soyeux

1 tube de 224 g (8 onces) de « fromage à la crème » à base de tofu

120 ml (½ tasse) de garniture au chocolat ou de sirop de chocolat sans cholestérol

180 ml (¾ tasse) de sucre cristallisé

30 ml (2 c. à soupe) de poudre de cacao non sucré

5 ml (1 c. à thé) d'extrait de vanille

5 ml (1 c. à thé) de jus de citron frais

1. Préchauffer le four à 180 °C (350 °F). Vaporiser un moule à charnière de 21,59 cm (8½ pouces) avec un vaporisateur antiadhésif à cuisson. Couvrir une plaque à pâtisserie avec du papier d'aluminium.

2. Combiner les miettes de biscuits Graham, les amandes et le sucre, dans un bol de grosseur moyenne. Avec une fourchette, travailler le mélange, en utilisant le bout des doigts pour terminer. Presser le mélange uniformément dans le moule et tout autour sur les côtés. Réfrigérer pendant 30 minutes.

3. Mettre le tofu dans un robot culinaire, et réduire en purée. Ajouter le « fromage à la crème » à base de tofu, et réduire en purée jusqu'à consistance lisse. Ajouter la sauce au chocolat, le sucre, le cacao, la vanille et le jus de citron, et passer au robot jusqu'à ce que les ingrédients soient mélangés. Verser la garniture sur la croûte. Frapper plusieurs fois le moule contre le comptoir pour évacuer les trous d'air. Mettre le moule sur la plaque à pâtisserie préparée, et placer au centre du four.

4. Cuire pendant 1 heure (le centre ne doit pas être ferme). Éteindre le four, et laisser au four, avec la porte fermée pendant 1 heure. Déposer le moule sur une grille, et laisser refroidir complètement, pendant 3 à 4 heures. Réfrigérer pendant au moins 8 heures, en couvrant le gâteau d'un film de plastique après 4 heures. Si la surface du gâteau semble humide avant de servir, la sécher doucement avec une serviette de papier. Démouler soigneusement le gâteau, mettre sur un plat de service, et servir.

PAR PORTION : 238 CAL ; 6 G PROT ; 7 G MAT GR ; 42 G CARB ; 0 MG CHOL ; 129 MG SOD ; 2 G FIBRES

GÂTEAU AU FROMAGE CHEVALERESQUE

La combinaison du chocolat, de l'aubergine et du fromage frais peut sembler inhabituelle, mais le produit fini est tout à fait délicieux — et vaut chaque jour à ce plat des applaudissements.

Croûte aux noix

75 ml (5 c. à soupe) de beurre
   non salé ramolli

2,5 ml (½ c. à thé) de sel

120 ml (½ tasse) de sucre cristallisé

480 ml (2 tasses) de noix non rôties

Garniture pour gâteau au fromage

1 grosse aubergine

4 gros œufs

3,75 ml (¾ c. à thé) de sel

240 ml (1 tasse) de sucre cristallisé

240 ml (1 tasse) de grains
   de chocolat mi-sucré

1 paquet de 224 g (8 onces)
   de fromage à la crème

10 ml (2 c. à thé) d'extrait de vanille

Sauce

Jus de 3 oranges et 2 citrons

120 ml (½ tasse) de sucre cristallisé

30 ml (2 c. à soupe) de beurre
   non salé

3,75 ml (¾ c. à thé) de sel

1,25 ml (¼ c. à thé) de clous
   de girofle moulus

3 morceaux de gingembre haché
   cristallisé

120 ml (½ tasse) de noix
   grossièrement hachées

1. Pour préparer la croûte aux noix : mettre le beurre, le sel et le sucre dans un robot culinaire, et passer jusqu'à consistance crémeuse. Ajoutez les noix et passer jusqu'à ce que les ingrédients soient moelleux. Mettre le mélange de noix dans une assiette à tarte profonde de 25,4 cm (10 pouces). En utilisant une spatule, étendre sur les côtés, et aplanir le fond pour former une croûte. Réserver.

2. Préchauffer le four à 170 °C (325 °F).

3. Pour préparer la garniture du gâteau au fromage : couper l'extrémité de la tige de l'aubergine. Couper environ 5,08 cm (2 pouces) de plus, et peler. Couper en cubes de 2,54 cm (1 pouce), et mettre dans un robot culinaire. Passer l'aubergine au robot, pour produire environ 120 ml (½ tasse) de purée. Ajouter l'œuf et passer. Ajouter le sel, le sucre et les grains de chocolat, et passer au robot à haute vitesse pendant 1 minute. Ajouter le fromage frais et la vanille, et passer au robot. Laisser les morceaux de chocolat reposer dans le mélange, pendant qu'ils trempent et forme la couche de fond du gâteau au fromage. Verser le mélange sur la croûte aux noix. Trancher le reste de l'aubergine avec la peau, en rondelles de 0,32 cm (½ pouce) d'épaisseur. Envelopper dans un film de plastique, et réserver.

4. Cuire pendant 55 minutes, ou jusqu'à ce que le centre soit ferme. Retirer du four, et refroidir au moins 30 minutes.

5. Entre-temps, pour préparer la sauce : combiner l'orange et les jus de citron, le sucre, le beurre, le sel, les clous de girofle et le gingembre haché dans une grande casserole. Chauffer à feu moyen, en remuant fréquemment, jusqu'à ébullition. Réduire à feu doux, en remuant de temps en temps. Mettre les tranches d'aubergine dans la casserole, et cuire pendant 25 minutes.

6. Rôtir les noix jusqu'à ce qu'elles soient dorées. Retirer les tranches d'aubergine de la sauce et disposer l'aubergine d'une manière attrayante sur le gâteau au fromage, en faisant chevaucher les tranches si nécessaire. Ajouter les noix à la sauce.

7. Verser 90 ml (6 c. à soupe) de sauce, y compris les noix, sur les tranches d'aubergine. Couvrir le gâteau au fromage d'un film de plastique ou une feuille d'aluminium, et réfrigérer pendant au moins 2 heures. Réfrigérer le reste de la sauce.

8. Pour servir, chauffer la sauce à feu doux. En utilisant un couteau pointu, couper le gâteau au fromage en 12 parties et disposer sur des plats. Verser la sauce sur chaque portion, et servir.

PAR PORTION : 520 CAL ; 9 G PROT ; 33 G MAT GR ; 53 G CARB ; 110 MG CHOL ;
540 MG SOD ; 4 G FIBRES

Le caramel donne un glaçage exquis, et comme décoration, ajoute du brillant à ce gâteau festif.

Quatre-quarts cinq saveurs

720 ml (3 tasses) de farine
tout usage

5 ml (1 c. à thé) de sel

5 ml (1 c. à thé) de poudre à pâte

240 ml (1 tasse ou 2 bâtonnets)
de beurre non salé

600 ml (2½ tasses) de sucre
cristallisé

6 gros œufs

240 ml (1 tasse) de crème sure
faible en matières grasses

5 ml (1 c. à thé) d'extrait de vanille

5 ml (1 c. à thé) d'extrait de rhum

5 ml (1 c. à thé) d'arôme de noix
de coco

5 ml (1 c. à thé) d'extrait de citron

1 extrait d'amande

Caramel

240 ml (1 tasse) de sucre brun
bien tassé

120 ml (½ tasse) de lait faible en
gras, ou de lait de soja à la vanille

30 ml (2 c. à soupe) de beurre
non salé ou de margarine

1,25 ml (¼ c. à thé) de sel

5 ml (1 c. à thé) d'extrait de vanille

360 ml (1½ tasse) de sucre de
confiserie

1. Préchauffer le four à 180 °C (350 °F). Vaporiser un moule à gâteau circulaire de 25,40 cm (10 pouces) avec le vaporisateur antiadhésif à cuisson.

2. Pour préparer le quatre-quarts cinq saveurs : tamiser et mesurer la farine dans un bol à mélanger. Ajouter le sel et le bicarbonate de soude, tamiser de nouveau et réserver. Avec un mélangeur électrique donner au beurre et au sucre la consistance de la crème. Ajouter les œufs, un par un, en les incorporant bien. Ajouter la farine en alternance avec la crème aigre, en commençant et en finissant avec la farine. Mélanger pendant au moins 2 minutes à vitesse moyenne. Ajouter les extraits, un par un, en les incorporant bien avant d'ajouter l'extrait suivant. Continuer à mélanger la pâte jusqu'à ce qu'elle soit brillante, pendant 3 à 5 minutes. Verser la pâte dans le moule à gâteaux, et mettre le moule au centre du four.

3. Cuire pendant 1 heure, ou jusqu'à ce que le gâteau soit doré et qu'un cure-dent inséré au centre en ressorte propre. Retirer du four, et rafraîchir légèrement le gâteau sur une grille avant de le démouler sur un plat de service. Rafraîchir le gâteau complètement avant de le napper de caramel.

4. Pour préparer le caramel : combiner le sucre brun, le lait, le beurre, et le sel, dans une casserole. Porter à ébullition à feu moyen-élevé, en remuant constamment. Réduire à feu doux, et cuire jusqu'à ce que le mélange épaississe légèrement, pendant environ 5 minutes, en remuant de temps en temps. Retirer du feu, incorporer la vanille et battre graduellement dans le sucre de confiserie. Remuer jusqu'à consistance lisse et crémeuse. Laisser le glaçage refroidir légèrement, verser ensuite sur le gâteau. Le glaçage durcit pendant qu'il refroidit.

PAR PORTION : 630 CAL ; 7 G PROT ; 23 G MAT GR ; 100 G CARB ; 160 MG CHOL ; 770 MG SOD ; 1 G FIBRES

GÂTEAU À LA CAROUBE AVEC GARNITURE DE KIWIS

Le fruit doux du kiwi donne un nappage inhabituel à ce gâteau succulent. Le gâteau est sucré avec du sirop de riz brun, dont la consistance et la couleur dorée rappelle le miel, bien que sa saveur soit moins prononcée.

Gâteau à la caroube

120 ml (½ tasse) plus 30 ml
   (2 c. à soupe) de farine à
   pâtisserie de blé entier

120 ml (½ tasse) de farine
   non blanchie

60 ml (¼ tasse) de poudre de
   caroube ou de poudre de cacao
   non sucré

2,5 ml (½ c. à thé) de bicarbonate
   de soude

0,6 ml (⅛ c. à thé) de sel

60 ml (¼ tasse) de jus de sucre de
   canne cristallisé

60 ml (¼ tasse) d'huile végétale

120 ml (½ tasse), plus 30 ml
   (2 c. à soupe) de miel ou
   de sirop d'érable

7 ml (½ c. à soupe) de vinaigre
   de cidre

5 ml (1 c. à thé) d'extrait de vanille

Nappage

900 g (2 livres) de tofu ferme

180 ml (¾ tasse) de sirop
   de riz brun

120 ml (½ tasse) de miel

180 ml (¾ tasse) de jus de lime
   frais (de préférence jus de
   limette acide)

30 ml (2 c. à soupe) d'huile végétale

15 ml (1 c. à soupe) d'arrow-root

Glaçage et garniture

3,75 ml (¾ c. à thé) de flocons
   d'agar-agar

90 ml (6 c. à soupe) de sirop
   de riz brun

1 à 2 gouttes d'extrait de menthe
   poivrée

2 à 3 kiwis, pelés et coupés en
   tranches ou 240 ml (1 tasse)
   de fraises coupées tranchées

1. Préchauffer le four à 180 °C (350 °F). Huiler légèrement et couvrir de farine un moule à charnière de 20,82 à 25,4 cm (8 à 10 pouces), et réserver.

2. Pour préparer le gâteau : tamiser ensemble la farine de blé entier, la farine non blanchie, le cacao, le bicarbonate de soude, et le sel, dans un bol de grosseur moyenne.

3. Combiner le jus de canne à sucre, l'huile, le miel, ou le sirop d'érable, le vinaigre, la vanille, et 90 ml (6 c. à soupe) d'eau dans un bol séparé, et combiner jusqu'à ce que les ingrédients soient mélangés. Ajouter les ingrédients liquides aux ingrédients secs, et remuer jusqu'à ce que les ingrédients soient mélangés. Verser dans le moule préparé.

4. Cuire au centre du four pendant 25 à 35 minutes, ou jusqu'à ce qu'un cure-dent inséré au milieu et en ressorte propre.

5. Entre-temps, pour préparer le nappage : mettre le tofu, le sirop, le miel, le jus de lime, l'huile végétale et l'arrow-root dans un robot culinaire ou un mélangeur et réduire en purée. Verser dans la partie supérieure d'un bain-marie sur le bouillonnement au-dessus de l'eau frémissante. Chauffer jusqu'à ce que le mélange épaississe et ait la consistance de la crème épaisse. Laisser refroidir.

6. Verser le nappage refroidi sur le gâteau, et étendre uniformément avec la spatule. Réfrigérer jusqu'à ce que le nappage soit prêt, pendant environ 2 heures.

7. Entre-temps, pour préparer le glaçage : dans une petite casserole, dissoudre 90 ml (6 c. à soupe) d'eau. Ajouter l'extrait de menthe poivrée et le sirop. Porter doucement à ébullition, puis retirer du feu. Laisser refroidir légèrement.

8. Pour servir, retirer le gâteau refroidi du réfrigérateur. Disposer les fruits dessus. Pendant que le glaçage est encore chaud, verser sur les fruits. Réfrigérer le gâteau pendant 10 à 15 minutes avant de le couper.

PAR PORTION : 511 CAL ; 9 G PROT ; 13 G MAT GR ; 95 G CARB ; 0 MG CHOL ; 88 MG SOD ; 0 G FIBRES

GÂTEAU AU POTIRON NAPPÉ DE CHOCOLAT

Un gâteau au potiron sans œuf, délicatement aromatisé avec des épices, et nappé d'une mince sauce au chocolat.

Gâteau

120 ml (½ tasse) de flocons d'avoine

480 ml (2 tasses) de farine à pâtisserie de blé entier

120 ml (½ tasse) de semoule de maïs jaune

5 ml (1 c. à thé) de bicarbonate de soude

5 ml (1 c. à thé) de poudre à pâte

2,5 ml (½ c. à thé) de sel de mer

7,5 ml (1½ c. à thé) de cannelle moulue

1,25 ml (¼ c. à thé) de muscade moulue

3,75 ml (¾ c. à thé) de gingembre moulu

0,6 ml (⅛ c. à thé) de clous de girofle moulus

1 paquet de 345 g (12⅓ onces) de tofu soyeux très ferme et léger

Purée de pruneaux

480 ml (2 tasses) de pruneaux dénoyautés

21 ml (1½ c. à soupe) d'extrait de vanille

120 ml (½ tasse) de purée de potiron en conserve

480 ml (2 tasses) de jus de canne évaporée

7,5 ml (1½ c. à thé) d'extrait de vanille

Glaçage au chocolat

45 ml (3 c. à soupe) d'arrow-root

60 ml (¼ tasse) de poudre de cacao non sucrée

80 ml (⅓ tasse) de sirop de riz brun

5 ml (1 c. à thé) d'extrait de vanille

1,25 ml (¼ c. à thé) d'extrait d'amande

1. Préchauffer le four à 180 °C (350 °F). Vaporiser un moule de forme circulaire avec un vaporisateur antiadhésif à cuisson.

2. Pour préparer le gâteau : mettre les flocons d'avoine dans un robot culinaire ou le mélangeur, et passer jusqu'à ce que les flocons soient réduits en poudre. Mettre l'avoine dans un grand bol, et combiner avec la farine, la semoule de maïs, le bicarbonate de soude, la poudre à pâte, le sel, la cannelle, la muscade, le gingembre, et les clous de girofle. Réserver.

3. Pour préparer la purée de pruneaux : mettre les pruneaux et la vanille dans le robot, et passer pendant 30 secondes. Ajouter 180 ml (¾ tasse) d'eau à jet continu par le tube d'alimentation avec le moteur en marche. Mélanger jusqu'à consistance lisse. Conserver la purée de pruneaux dans un récipient fermé au réfrigérateur ; elle se conservera pendant au moins 3 semaines.

4. Égoutter le tofu, mettre dans le robot culinaire, et réduire en purée jusqu'à consistance lisse. Ajouter 120 ml (½ tasse) de purées de pruneaux et de potiron, et mélanger. Ajouter le sucre et la vanille. Mélanger jusqu'à consistance lisse. Incorporer le mélange de tofu dans les ingrédients secs.

5. Cuire pendant 50 minutes et réserver sur une grille pour rafraîchir.

6. Entre-temps, pour fabriquer le glaçage au chocolat : combiner l'arrow-root et le cacao dans un bol de grosseur moyenne. Chauffer le sirop de riz dans une petite casserole pendant 30 secondes. En utilisant un fouet ou une fourchette, ajouter le sirop au mélange de cacao. Ajouter la vanille et les extraits d'amande, et mélanger à fond. Verser immédiatement sur le gâteau refroidi.

PAR PORTION : 107 CAL ; 1 G PROT ; 0 G MAT GR ; 27 G CARB ; 0 MG CHOL ; 2 MG SOD ; 3 G FIBRES

GÂTEAU ÉMIETTÉ À LA MANGUE ET AUX AMANDES

En utilisant un robot culinaire pour battre la pâte, la confection de ce gâteau est rendue facile, les amandes tranchées et coupées en fines tranches et l'essence d'amande contribuant à lui donner plus de saveur. Ce gâteau devient un dessert tropical lorsqu'il est nappé d'une glace à la mangue.

Gâteau

112 g (¼ livre) de beurre non salée, à la température de la pièce

5 ml (1 c. à thé) d'extrait d'amande

5 ml (1 c. à thé) d'extrait de noix de coco

240 ml (1 tasse) de sucre cristallisé

120 ml (½ tasse) de farine tout usage

120 ml (½ tasse) de farine à gâteaux

2 œufs très gros

1 pincée de sel

80 ml (⅓ tasse) de mangues séchées en minces tranches, facultatif

1 mangue, pelée et coupée en cubes

180 ml (¾ tasse) d'amandes en tranches

Garniture

120 ml (½ tasse) de farine tout usage

60 ml (¼ tasse) de sucre très fin

60 ml (¼ tasse) de sucre brun

45 ml (3 c. à soupe) de noix de coco râpée

80 ml (⅓ tasse) de beurre non salé et ferme

5 ml (1 c. à thé) d'extrait d'amande

1 pincée de cardamome moulue, facultatif

1. Préchauffer le four 190 °C (375 °F). Vaporiser légèrement un moule à gâteau rond ou carré de 22,86 cm (9 pouces) avec un vaporisateur antiadhésif à cuisson. Réserver.

2. Pour préparer le gâteau : mettre le beurre, les amandes, les extraits de coco, le sucre, dans un robot culinaire, et réduire en purée jusqu'à consistance lisse. Ajouter les farines, les œufs et le sel, et passer au robot jusqu'à ce que le mélange soit bien combiné. Déposer la pâte dans le moule préparé. Disperser les mangues, si utilisées, les cubes de mangue et les amandes sur la pâte du gâteau.

3. Cuire pendant 15 minutes.

4. Entre-temps, pour préparer la garniture : mettre la farine, les sucres et la noix de coco râpée dans un saladier, et remuer. Ajouter le beurre et, en utilisant les doigts, travailler le mélange jusqu'à ce qu'il soit granuleux. Ajouter l'extrait d'amande, et travailler le mélange. Étendre la garniture sur le gâteau.

5. Cuire pendant 30 à 35 minutes de plus, ou jusqu'à ce qu'un cure-dent inséré au centre en ressorte propre et que la garniture soit dorée. Retirer du four, et refroidir avant de servir.

PAR PORTION : 530 CAL ; 7 G PROT ; 28 G MAT GR ; 63 G CARB ; 115 MG CHOL ; 170 MG SOD ; 2 G FIBRES

Servez cette gâterie avec de la crème fouettée, une glace à la pêche ou un sirop de fruits chauffé.

60 ml (4 c. à soupe) de beurre non salé, plus 60 ml (4 c. à soupe) de beurre non salé ramolli

120 ml (½ tasse) de sucre brun bien tassé

240 ml (1 tasse) de sucre cristallisé

3 gros œufs

5 ml (1 c. à thé) d'extrait d'amande

5 ml (1 c. à thé) d'extrait de citron

Zeste de 1 citron

5 ml (1 c. à thé) de sel

5 ml (1 c. à thé) de poudre à pâte

2,5 ml (½ c. à thé) de bicarbonate de soude

360 ml (1½ tasse) de farine tout usage

120 ml (½ tasse) de babeurre

3 grosses pêches, pelées et coupées en tranches

240 ml (1 tasse) de myrtilles, lavées

120 ml (½ tasse) d'amandes en fines tranches

1. Préchauffer le four à 180 °C (350 °F).

2. Faire fondre 60 ml (4 c. à soupe) de beurre dans un grand plat allant au four à feu moyen. Ajouter le sucre brun, et réduire à feu doux. Laisser cuire le sucre et le beurre pendant environ 10 minutes, ou jusqu'à ce qu'ils soient légèrement caramélisés.

3. Entre-temps, combiner le reste des 60 ml (4 c. à soupe) de beurre et le sucre cristallisé dans un bol à mélanger, et battre jusqu'à consistance crémeuse. Ajouter les œufs, un par un, en battant après chaque addition. Ajouter l'extrait d'amande, l'extrait de citron et le zeste de citron. Incorporer en battant le sel, la poudre à pâte, le bicarbonate de soude et la farine, et incorporer le babeurre.

4. Retirer le plat du feu et mettre les tranches de pêches, de myrtilles et d'amandes sur le sucre caramélisé. Verser la pâte dessus, et mettre au four.

5. Cuire pendant 45 à 50 minutes, ou jusqu'à ce que le dessus soit gonflé et doré. Retirer du four, démouler et trancher, ou trancher dans le plat, et servir.

PAR PORTION : 450 CAL ; 7 G PROT ; 17 G MAT GR ; 68 G CARB ; 110 MG CHOL ; 480 MG SOD ; 3 G FIBRES

Le choix des edulcorants

De nos jours où l'on compte les calories et les hydrates de carbone, les végétariens et les végétaliens surveillent leur consommation de sucre pour d'autres raisons que leur poids. La plupart des sucres de canne sont filtrés par décantation (bien que le sucre de betterave ne le soit pas). Mais les consommateurs ignorent généralement l'origine du sucre qu'ils consomment, à moins d'acheter des sucres organiques et naturels non traités, non raffinés et certifiés, ou des produits d'entreprises vendant uniquement du sucre de betteraves. Si vous dites non au sucre, songez qu'il existe les alternatives suivantes : le nectar d'agave (provenant d'une succulente plante) ; le sirop de malt d'orge (tiré de l'orge fermentée) ; la mélasse de cuisine (produite à l'étape finale de la fabrication de sucre) ; le sirop de riz complet (provenant du riz complet germé) ; le jus de canne évaporé (provenant des restes de cristaux déshydratés du jus de canne frais) ; le sirop et le sucre d'érable (tirés de la sève d'érable) ; le sucre muscovado (tiré du jus de sucre de canne) ; le stevia (provenant des feuilles d'un arbuste originaire d'Amérique du Sud) ; le Sucanat® (provenant du sirop évaporé du sucre de canne écrasée) ; et le sucre turbinado (provenant du sucre non raffiné qui a été passé à la vapeur).

GÂTEAU AU CHOCOLAT AVEC SAUCE EXPRESSO

La plupart des gens aiment la combinaison du chocolat et du café dont la saveur est rehaussée ici en raison de la force de l'expresso.

Gâteau

200 g (7 onces) de tofu mou

120 ml (½ tasse) de miel doux

5 ml (1 c. à thé) d'extrait de vanille

120 ml (½ tasse) d'expresso préparé
ou de café très fort

120 ml (½ tasse) de poudre
de cacao non sucré

300 ml (1 ¼ tasse) de farine non
blanchie ou de farine à pâtisserie
de blé entier

15 ml (1 c. à soupe) de poudre à pâte

5 ml (1 c. à thé) de bicarbonate
de soude

Sauce

280 g (10 onces) de tofu mou

120 ml (½ tasse) de miel

5 ml (1 c. à thé) d'extrait de vanille

180 ml (¾ tasse) de café expresso
préparé ou de café très fort

15 à 30 ml (1 à 2 c. à soupe)
de brandy ou cognac

Garnitures facultatives

Baies fraîches ou congelées au choix

Brins de menthe

Sucre de confiserie

1. Préchauffer le four à 180 °C (350 °F). Huiler légèrement un moule de 21,59 cm (8½ pouces), et réserver.

2. Pour préparer le gâteau : mettre le tofu, le miel et la vanille dans un robot culinaire ou un mélangeur, et réduire en purée jusqu'à consistance lisse. Ajouter l'expresso ou le café et le cacao, et passer pour mélanger.

3. Tamiser dans un bol la farine avec la poudre à pâte et le bicarbonate de soude. Si vous utilisez un robot culinaire, ajouter le mélange de farine au mélange de tofu, et passer au robot jusqu'à consistance lisse. Si vous utilisez un mélangeur, vider le mélange de tofu dans un bol, ajouter le mélange de farine et bien battre. Verser le mélange dans le moule préparé.

4. Cuire le mélange jusqu'à ce qu'il soit ferme et qu'un cure-dent en ressorte propre, pendant environ 25 minutes. Retirer du four et refroidir le gâteau pendant 10 à 15 minutes dans le moule, démouler et continuer de laisser refroidir sur une grille.

5. Entre-temps, pour préparer la sauce : combiner le tofu, le miel, la vanille, le café, le brandy ou le cognac, dans un robot culinaire ou un mélangeur, et passer jusqu'à consistance crémeuse. Vider dans un bol, couvrir et réfrigérer au moins 1 heure avant utilisation. (La sauce épaissira pendant qu'elle refroidit ; diluer avec plus d'expresso si nécessaire.)

6. Pour servir, trancher le gâteau en 5 à 10 tranches, et mettre sur des assiettes à dessert. Verser 60 à 80 ml (¼ à ⅓ tasse) de sauce sur chaque portion, et garnir avec des baies, de la menthe, et du sucre glacé, si utilisé.

PAR PORTION (AVEC SAUCE) : 196 CAL ; 6 G PROT ; 2 G MAT GR ; 17 G CARB ; 0 MG CHOL ; 268 MG SOD ; 3 G FIBRES

Utilisez n'importe quelle combinaison de baies fraîches, environ une tasse par personne. Servez avec de la crème fouettée ou une glace, au goût.

300 ml (1 ¼ tasse) de farine tout usage

360 ml (1 ½ tasse) de sucre cristallisé

80 ml (⅓ tasse) de poudre de cacao non sucré

2,5 ml (½ c. à thé) de bicarbonate de soude

1,25 ml (¼ c. à thé) de sel

160 ml (⅔ tasse) de babeurre

60 ml (¼ tasse) d'huile végétale

60 ml (4 c. à soupe) de beurre non salé, fondu et refroidi

1 gros œuf battu

5 ml (1 c. à thé) d'extrait de vanille

1 litre (4 tasses) de fraises équeutées et tranchées

480 ml (2 tasses) de mûres

480 ml (2 tasses) de myrtilles

480 ml (2 tasses) de framboises sucrées et congelées

1. Préchauffer le four à 190 °C (375 °F). Graisser 8 à 10 moules à muffin, ou doubler les moules à muffin avec du papier ou une feuille d'aluminium, et réserver.

2. Battre ensemble la farine, 180 ml (¾ tasse) de sucre, le cacao en poudre, le bicarbonate de soude et le sel. Dans un autre bol, battre ensemble le babeurre, l'huile, le beurre fondu, l'œuf et la vanille. Faire un trou au centre des ingrédients secs, ajouter le mélange de babeurre, et remuer pour combiner. Ne pas trop mélanger les ingrédients, sinon le gâteau sera dur.

3. Verser la pâte dans des moules à muffin préparés, en remplissant chaque moule au deux tiers. Saupoudrer 60 ml (¼ tasse) de sucre sur les moules à muffin.

4. Cuire pendant 20 à 25 minutes, ou jusqu'à ce qu'un cure-dent inséré au centre en ressorte propre. Retirer du four, et laisser refroidir dans le moule à muffin.

5. Mélanger doucement les baies nettoyées. Mettre les framboises décongelées dans un mélangeur ou un robot culinaire, et réduire en purée jusqu'à consistance lisse. Ajouter 120 ml (½ tasse) du sucre restant et passer au robot jusqu'à ce qu'il soit dissous. Égoutter pour enlever les graines, si désiré. Verser sur les baies. Mélanger et refroidir.

6. Pour servir, couper chaque gâteau en deux horizontalement, et mettre la partie inférieure sur un plat de service. Verser environ 240 ml (1 tasse) de baies sur la partie inférieure du gâteau, et couvrir avec la partie supérieure.

PAR PORTION : 380 CAL ; 4 G PROT ; 12 G MAT GR ; 68 G CARB ; 35 MG CHOL ; 190 MG SOD ; 7 G FIBRES

PETITES GÉNOISES AU CHOCOLAT

Les enfants ne font qu'une bouchée de ces délicieuses génoises, qui ne contiennent ni œufs, ni produits laitiers. Vous les aimerez aussi.

Petites génoises

600 ml (2½ tasses) de farine
non blanchie

160 ml (⅔ tasse) de poudre
de cacao non sucré, tamisée

480 ml (2 tasses) de sucre cristallisé

10 ml (2 c. à thé) de bicarbonate
de soude

2,5 ml (½ c. à thé) de sel

90 ml (6 c. à soupe) d'huile végétale

5 ml (1 c. à thé) d'extrait de vanille

30 ml (2 c. à soupe) de vinaigre
de cidre, de vinaigre blanc ou
de vinaigre de riz

Glaçage

320 ml (1⅓ tasse) de poudre
de cacao non sucré, tamisée

360 ml (1½ tasse) de sucre
cristallisé

160 ml (⅔ tasse) de fécule de maïs

480 ml (2 tasses) de lait de soja
nature allégé ou de lait écrémé

2,5 ml (½ c. à thé) d'extrait de
vanille

Décorations facultatives

12 petits craquelins en forme
d'animaux

Noix de coco non sucrée,
hachée fin et râpée

Pépites colorées

1. Préchauffer le four à 190 °C (375 °F). Doubler 12 moules à muffin avec du papier ou une feuille d'aluminium, et réserver.

2. Pour préparer les génoises : combiner la farine, le cacao, le sucre, la poudre à pâte et le sel dans un bol, et combiner pour mélanger.

3. Mélanger l'huile végétale, la vanille et le vinaigre dans un petit bol. Ajouter 540 ml (2¼ tasses) plus 30 ml (2 c. à soupe) d'eau, et combiner pour mélanger. Ajouter les ingrédients liquides aux ingrédients secs, et combiner jusqu'à ce que tous les ingrédients soient mélangés. Ne pas trop mélanger. Remplir les moules à muffin de la pâte. Cuire jusqu'à ce qu'un cure-dent inséré dans les génoises en ressorte propre, pendant 20 à 25 minutes. Retirer les génoises, et mettre sur une grille pour refroidir.

4. Pour préparer le glaçage : battre ensemble le cacao et le sucre dans une casserole de grosseur moyenne. Combiner la fécule de maïs et le lait dans un bol séparé jusqu'à dissolution des grumeaux. Battre le mélange de fécule de maïs dans le mélange de sucre et de cacao. Cuire à feu moyen, en remuant constamment, et gratter le fond et les côtés de la casserole avec une spatule en caoutchouc résistant à la chaleur, jusqu'à ce que le mélange soit brillant, environ 7 minutes. Retirer du feu et incorporer la vanille. Battre pour éliminer les grumeaux (passer dans une passoire aux mailles fines, si nécessaire). Laisser refroidir complètement, en remuant de temps en temps.

5. Glacer les génoises refroidies. Pendant que le glaçage est encore collant, décorer les génoises en mettant un biscuit au centre et en saupoudrant de noix de coco ou de pépites colorées, au goût.

PAR GÉNOISE : 406 CAL ; 7 G PROT ; 4 G MAT GR ; 86 G CARB ; 0 MG CHOL ;
240 MG SOD ; 7 G FIBRES

CROÛTE À TARTE SANS ROULER

Cette croûte devient feuilletée et est à son meilleur si on la laisse refroidir au moins 20 minutes avant de la garnir.

180 ml (¾ tasse) de farine blanche non blanchie

15 ml (1 c. à soupe) de graines de sésame

45 ml (3 c. à soupe) de beurre non salé ou de margarine

15 ml (1 c. à soupe) de vinaigre blanc

7 à 15 ml (½ à 1 c. à soupe) d'eau glacée, au besoin

1. Vaporiser un moule à tarte de 22,86 cm (9 pouces) avec le vaporisateur antiadhésif à cuisson, et réserver.

2. Mettre la farine, les graines de sésame, le beurre ou la margarine dans un robot culinaire et passer jusqu'à ce que le mélange soit grossièrement amalgamé.

3. Ajouter lentement le vinaigre dans le robot en marche, et ajouter de minuscules gouttes d'eau glacée, en arrêtant le robot aussitôt que la pâte s'éloigne des côtés du bol. Mettre la pâte dans le moule à tarte, et appuyer avec le bout des doigts pour couvrir uniformément le fond et les côtés. Refroidir pendant 20 à 30 minutes. Utiliser la croûte à tarte avec une recette de votre goût.

PAR PORTION : 81 CAL ; 1 G PROT ; 5 G MAT GR ; 8 CARB ; 11 MG CHOL ; 44 MG SOD ; 0 G FIBRES

STRUDEL AUX POMMES ET LA CANNELLE

Ces strudels sont délicieux et contiennent moins d'un gramme de matières grasses par portion !

Strudel

8 pommes Granny Smith moyennes, pelées, évidées et tranchées

120 ml (½ tasse) de raisins secs

30 ml (2 c. à soupe) de miel ou de sucre brun

Cannelle moulue au goût

Muscade moulue au goût

6 feuilles de pâte phyllo congelées, partiellement décongelées et recouvertes d'un linge humide

Sauce à la cannelle

480 ml (2 tasses) de cidre de pommes

20 ml (4 c. à thé) de fécule de maïs ou d'arrow-root

Cannelle moulue au goût

Muscade moulue au goût

1. Préchauffer le four à 200 °C (400 °F). Vaporiser légèrement une plaque à biscuits avec un vaporisateur antiadhésif à cuisson. Réserver.

2. Pour préparer le strudel : mélanger les pommes et les raisins secs dans un bol avec le miel ou le sucre brun. Saupoudrer de cannelle et de muscade.

3. Poser 1 feuille de pâte phyllo sur la plaque à biscuits préparée. Mettre une autre feuille de pâte phyllo sur la première, vaporiser avec le vaporisateur antiadhésif ou de l'eau, et poser une troisième feuille de pâte phyllo.

4. Verser la moitié du mélange de pommes sur la pâte phyllo, et rouler dans le sens de la longueur, en tournant aux extrémités pour inclure la garniture. Couper les trois quarts de la pâte déjà roulée pour faire 7 portions. Répéter l'opération avec les 3 autres feuilles de pâte phyllo et le reste du mélange de pommes.

5. Cuire jusqu'à légèrement doré, pendant 15 à 20 minutes. Retirer du four.

6. Entre-temps, pour préparer la sauce à la cannelle : combiner le cidre, le fécule de maïs ou de l'arrow-root, la cannelle et la muscade dans une petite casserole, et battre jusqu'à consistance lisse. Chauffer jusqu'à ébullition, en remuant constamment. Retirer du feu.

7. Utiliser un couteau pointu pour séparer les tranches du strudel. Servir chaud, nappé d'une sauce chaude.

PAR PORTION (AVEC 30 ML [2 C. À SOUPE] DE SAUCE) : 105 CAL ; 1 G PROT ; 0,2 G MAT GR ; 24 G CARB ; 0 MG CHOL ; 38 MG SOD ; 3 G FIBRES

TARTE À LA CRÈME AUX ABRICOTS

La pâte phyllo, une pâte feuilletée mince comme du papier, remplace la croûte dans ce dessert léger au goût doux-acide.

8 feuilles de pâte phyllo congelées

240 ml (1 tasse) d'abricots secs

120 ml (½ tasse) de miel

2,5 ml (½ c. à thé) de poudre d'agar-agar ou 15 ml (1 c. à soupe) de flocons d'agar-agar, dissous dans 30 ml (2 c. à soupe) d'eau

224 g (8 onces) de tofu mou

2,5 ml (½ c. à thé) d'extrait de vanille

10 à 15 ml (2 à 3 c. à thé) de jus de citron frais

1 boîte de 480 ml (16 onces) d'abricots coupés en deux

60 à 80 ml (¼ à ⅓ tasse) de confiture d'abricots sucrés

28 ml (1 once) de chocolat fondu pour décorer, facultatif

1. Préchauffer le four à 180 °C (350 °F). Vaporiser un moule à tarte de 22,86 cm (9 pouces) avec un vaporisateur antiadhésif à cuisson.

2. Mettre une feuille de pâte phyllo dans le moule, et vaporiser la feuille de pâte phyllo avec un vaporisateur antiadhésif à cuisson. Rabattre les bords vers l'intérieur sans déborder du moule. Déposer une autre couche de pâte phyllo, vaporiser et plier. Répéter cette opération avec le reste de la pâte phyllo jusqu'à ce que le moule soit recouvert. Cuire jusqu'à ce que la pâte soit croustillante et dorée, pendant 15 à 20 minutes.

3. Entre-temps, combiner les abricots, le miel et 480 ml (2 tasses) d'eau dans une casserole, et cuire à feu moyen-doux jusqu'à ce que les abricots soient très ramollis et que le liquide devienne un sirop épais. Ajouter l'agar-agar dissous, et cuire pendant plusieurs minutes de plus.

4. Mettre le mélange dans un robot culinaire ou un mélangeur. Ajouter le tofu, la vanille et le jus de citron, et réduire en purée jusqu'à consistance lisse. Verser sur la croûte. Égoutter les moitiés d'abricots, et disposer sur la tarte.

5. Faire fondre la confiture d'abricots dans une petite casserole à feu doux, et badigeonner la tarte. Verser le chocolat dessus en zigzag. Refroidir au moins 1 heure avant de servir.

PAR PORTION : 330 CAL ; 8 G PROT ; 3 G MAT GR ; 67 G CARB ; 0 MG CHOL ; 119 MG SOD ; 5 G FIBRES

TARTE RENVERSÉE AUX PÊCHES

POUR 8 PERSONNES

Il est difficile de croire qu'une tranche de cette tarte délicieuse — avec son nappage croquant et sucré — contient seulement 52 calories et presque aucune graisse.

Garniture

1 litre (4 tasses) de pêches fraîches, pelées et dénoyautées

45 ml (3 c. à soupe) de farine de blé entier

80 ml (⅓ tasse) de confiture d'abricots non sucrés

10 ml (2 c. à thé) de jus de citron frais

0,6 ml (⅛ c. à thé) de muscade moulue

Nappage

15 ml (1 c. à soupe) de sirop d'érable

2,5 ml (½ c. à thé) d'extrait de vanille

60 ml (¼ tasse) de flocons d'avoine à cuisson rapide

15 ml (1 c. à soupe) de farine de maïs

1. Préchauffer le four à 190 °C (375 °F).

2. Pour préparer la garniture : Mélanger doucement les pêches avec la farine dans un bol, et vider dans une assiette à tarte de 22,86 cm (9 pouces). Mélanger ensemble les fruits en conserve, le jus de citron et la muscade dans un petit bol, et verser le mélange sur les pêches.

3. Cuire pendant 30 minutes. Retirer du four, et réserver. Réduire la température du four à 180 °C (350 °F).

4. Entre temps, pour préparer le nappage : combiner le sirop d'érable et la vanille dans un bol. Ajouter l'avoine et la farine de maïs, et bien mélanger. Étendre le nappage sur la garniture de pêche cuite, et remettre la tarte au four 15 minutes de plus. Servir chaud ou froid.

PAR PORTION : 52 CAL ; 1 G PROT ; 0,2 G MAT GR ; 13 G CARB ; 0 MG CHOL ; 1 MG SOD ; 3 G FIBRES

TARTE AUX PATATES DOUCES DE LA LOUISIANE

POUR 8 PERSONNES

Cette gâterie évoque les desserts du Sud profond, souvent très caloriques. Mais celle-ci est servie sans toutes ces matières grasses et ces calories.

120 ml (½ tasse) de lait écrémé condensé

5 ml (1 c. à thé) de vinaigre de cidre de pommes

5 ml (1 c. à thé) de bicarbonate de soude

480 ml (2 tasses) de patates douces en purée

15 ml (1 c. à soupe) de beurre non salé fondu, ou de margarine

80 ml (⅓ tasse) de miel, ou au goût

5 ml (1 c. à thé) de poudre à pâte

2,5 ml (½ c. à thé) de cannelle moulue

2,5 ml (½ c. à thé) de muscade moulue

1,25 ml (¼ c. à thé) de sel

180 ml (¾ tasse) de succédané d'œufs, ou 3 gros œufs battus

1 croûte de 22,86 cm (9 pouces), refroidie (voir croûte à la page 518)

Cannelle moulue pour garnir, facultatif

1. Préchauffer le four à 200 °C (400 °F).

2. Combiner le lait condensé non sucré, le vinaigre et le bicarbonate de soude dans un petit bol, mélanger et réserver.

3. Combiner les patates douces, le miel, la poudre à pâte, la cannelle, la muscade, le sel, le succédané d'œufs ou les œufs, dans un robot culinaire ou un mélangeur, et passer pour mélanger. Ajouter le mélange de lait, et passer jusqu'à consistance lisse. Verser sur la croûte.

4. Cuire pendant 10 minutes. Réduire le feu à 150 °C (300 °F), et cuire pendant 45 à 50 minutes de plus ou jusqu'à ce que la tarte soit cuite. Retirer du four, et laisser refroidir complètement. Couper en tranches et servir à la température de la pièce ou légèrement refroidie. Saupoudrer de cannelle, si désiré.

PAR PORTION : 234 CAL ; 4 G PROT ; 6 G MAT GR ; 29 G CARB ; 15 MG CHOL ; 323 MG SOD ; 3 G FIBRES

POUDING AU PAIN AVEC DATTES ET NOIX DE PÉCAN POUR 6 PERSONNES

Bien que ce pouding au pain soit préparé avec des dattes et des noix de pécan, vous pouvez aussi utiliser pour cette recette un vaste assortiment de fruits séchés et de noix. Songez aux mélanges suivants : canneberges et amandes, pelures d'orange et noix, raisins secs et noix, noix de cajou et figues, ou ananas séchés et noix de cajou. Veuillez préparer ce gâteau un jour à l'avance, car celui-ci nécessite d'être réfrigéré toute la nuit.

3 gros œufs ou 180 ml (¾ tasse)
    de succédané d'œufs

600 ml (2½ tasses) de lait de soja
    à la vanille

120 ml (½ tasse) de sucre brun

10 ml (2 c. à thé) d'extrait de vanille

10 ml (2 c. à thé) de cannelle moulue

1 litre (4 tasses) de pain en cubes,
    de blé entier de préférence

240 ml (1 tasse) de dattes hachées,
    de raisins secs ou de pruneaux

120 ml (½ tasse) de noix de pécan
    hachées

1. Battre ensemble les œufs, le lait, le sucre, la cannelle et la vanille dans un grand bol à mélanger. Mettez les cubes de pain, les dattes et les noix de pécan dans un autre grand bol. Verser le mélange d'œufs sur le pain, en remuant pour combiner et humidifier le pain. Couvrir le bol et réfrigérer toute la nuit — les dattes devraient ramollir au cours de la nuit.

2. Préchauffer le four à 180 °C (350 °F). Beurrer un plat de cuisson de 3 litres (12 tasses). Verser le mélange sur le plat.

3. Cuire le pouding pendant 50 minutes, ou jusqu'à ce que le dessus soit doré et le mélange ferme. Retirer du four et laisser refroidir légèrement avant de servir.

PAR PORTION : 350 CAL ; 9 G PROT ; 12 G MAT GR ; 52 G CARB ; 105 MG CHOL ; 230 MG SOD ; 4 G FIBRES

POUDING TROPICAL À LA NOIX DE COCO POUR 4 PERSONNES

Ce pouding riche, crémeux et doux — aromatisé à la noix de coco, à la vanille et aux amandes, et nappé de fraises bien rouges — s'impose après un repas de légumes grillés et de tofu, ou après un mets asiatique ou les cuisines du Pacifique. Les fraises ajoutent une tache de couleur au pouding blanc. Ne battez pas la farine de maïs, sinon elle se brisera et ne pourra épaissir correctement. Remuez-la plutôt doucement et lentement avec une cuillère en bois.

45 ml (3 c. à soupe) de fécule de maïs

2 jaunes d'œuf

Une pincée de sel

120 ml (½ tasse) de sucre cristallisé,
    ou au goût

480 ml (2 tasses) de lait de noix
    de coco allégé

5 ml (1 c. à thé) d'extrait de vanille

5 ml (1 c. à thé) d'extrait d'amande

120 ml (½ tasse) de noix de coco râpé

6 macarons de noix de coco, émiettés

1 litre (4 tasses) de fraises, lavées,
    équeutées et tranchées, pour
    garnir

1. Combiner la farine de maïs, les jaunes d'œuf, le sel et le sucre dans un bol à mélanger. Incorporer 60 ml (¼ tasse) de lait de noix de coco pour faire une pâte.

2. Verser le reste du lait de noix de coco dans une grande casserole et en remuant doucement avec une cuillère en bois, ajouter le mélange de farine de maïs à la casserole. Chauffer à feu moyen, et porter à ébullition, en remuant lentement et doucement. Réduire immédiatement à feu moyen-doux, ajouter la vanille et les extraits d'amande et continuer à remuer de temps en temps, en grattant soigneusement les côtés de la casserole.

3. Retirer la casserole du feu lorsque le pouding a épaissi, il ne doit pas être figé, et verser le pouding dans un bol de service. Incorporer la noix de coco râpée, et saupoudrer le dessus de macarons de coco émiettés. Servir le pouding chaud avec des fraises.

PAR PORTION : 510 CAL ; 6 G PROT ; 24 G MAT GR ; 69 G CARB ; 105 MG CHOL ; 160 MG SOD ; 5 G FIBRES

POUDING AU PAIN DOUBLE CHOCOLAT

Ce pouding au pain peut être servi tel quel ou avec une sauce aux framboises ou autre sauce au chocolat que l'on verse dessus. Pour préparer la recette à l'avance, laissez refroidir complètement dans la casserole sur une grille, puis couvrez d'une feuille d'aluminium et réfrigérez jusqu'à 3 jours. Enveloppez les tranches dans des feuilles d'aluminium et chauffez au four. Vous pouvez napper ce pouding d'un peu de sauce au chocolat (page 534).

80 ml (⅓ tasse) de canneberges séchées

60 ml (¼ tasse) de jus de pommes

2 gros œufs

3 gros blancs d'œuf

240 ml (1 tasse) de cassonade

30 ml (2 c. à soupe) de poudre de cacao non sucré

720 ml (3 tasses) de lait de soja au chocolat

5 ml (1 c. à thé) d'extrait de vanille

1 pain challah (pain aux œufs tressé) de 450 g (1 livre), déchiqueté en morceaux de 2,54 cm (1 pouce)

120 ml (½ tasse) de pruneaux dénoyautés, hachés

1. Dans un petit bol, tremper les canneberges dans le jus de pommes jusqu'à ce qu'ils soient dodus, environ 20 minutes.

2. Préchauffer le four à 180 °C (350 °F). Vaporiser un moule circulaire de 24,03 cm (9½ pouces) avec un vaporisateur antiadhésif à cuisson.

3. Battre ensemble les œufs, les blancs d'œuf, le sucre brun et le cacao dans un bol à mélanger. Battre dans le mélange le lait de soja et la vanille jusqu'à ce que tous les ingrédients soient bien mélangés. Ajouter les morceaux de pain. Égoutter les canneberges, et ajouter au mélange de pain avec les pruneaux. Remuer avec une fourchette jusqu'à ce que le pain soit totalement humidifié. Laisser reposer pendant 10 minutes.

4. Mettre le mélange dans le moule préparé. Mettre au centre du four jusqu'à ce que le pouding gonfle et soit légèrement doré et qu'un couteau inséré au milieu en ressorte propre, pendant environ 50 minutes. Déposer sur une grille, et laisser refroidir pendant 20 minutes. Démouler sur un plat de service. Servir chaud.

PAR PORTION : 230 CAL ; 7 G PROT ; 3 G MAT GR ; 43 G CARB ; 31 MG CHOL ; 294 MG SOD ; 2 G FIBRES

POUDING INDIEN

Plat de la Nouvelle-Angleterre remontant aux temps de la colonie, ce pouding à base de farine de maïs est habituellement préparé avec de la mélasse. Cette version actualisée est édulcorée avec du sirop d'érable et son goût est relevé avec du gingembre.

1 litre (4 tasses) de lait faible en matières grasses

240 ml (1 tasse) de sirop d'érable

60 ml (¼ tasse) de beurre non salé

160 ml (⅔ tasse) de farine de maïs jaune

2,5 ml (½ c. à thé) de poudre de gingembre

1,25 ml (¼ c. à thé) de piment de la Jamaïque moulu

240 ml (1 tasse) de canneberges ou de cerises

1. Préchauffer le four à 150 °C (300 °F). Beurrer un plat de cuisson de 2 litres (8 tasses).

2. Combiner 720 ml (3 tasses) de lait et de sirop d'érable dans une casserole de grosseur moyenne, et cuire à feu moyen jusqu'à ébullition. Ajouter le beurre.

3. Combiner la farine de maïs, le gingembre et le piment de la Jamaïque dans un bol. Remuer graduellement le mélange de farine de maïs dans le lait chaud. Réduire à feu doux, et cuire jusqu'à épaississement et que le mélange recouvre le dos d'une cuillère, pendant environ 5 minutes. Incorporer les baies ou les cerises.

4. Verser le mélange sur le plat de cuisson, et verser le reste du lait sur le pouding. Ne pas remuer. Cuire jusqu'à ce que le lait soit absorbé et que le dessus du pouding soit doré, pendant 1½ à 2 heures. Servir chaud.

PAR PORTION : 343 CAL ; 7 G PROT ; 10 G MAT GR ; 58 G CARB ; 28 MG CHOL ; 170 MG SOD ; 6 G FIBRES

POUDING ÉPICÉ AUX CAROTTES

Utilisez pour servir ce pouding un moule à charlotte ou autres moules de fantaisie.

5 à 15 ml (1 à 3 c. à thé) de beurre non salé ou de margarine, pour le moule

5 à 15 ml (1 à 3 c. à thé) de sucre cristallisé, pour le moule

480 ml (2 tasses) de raisins secs

240 ml (1 tasse) de pommes Granny Smith non pelées et râpées, ou autres pommes vertes acides

240 ml (1 tasse) de noix de pécan ou de noix rôties et hachées (page 60)

240 ml (1 tasse) de carottes non pelées et râpées

240 ml (1 tasse) de pommes de terre pelées et râpées

180 ml (¾ tasse) de farine tout usage

5 ml (1 c. à thé) de bicarbonate de soude

2,5 ml (½ c. à thé) de cannelle moulue

2,5 ml (½ c. à thé) de muscade moulue

2,5 ml (½ c. à thé) de piment de la Jamaïque moulu

1 pincée de clous de girofle moulus

120 ml (½ tasse) de beurre non salé ou de margarine

240 ml (1 tasse) de sucre cristallisé

1. Graisser un moule de 2 litres (8 tasses) avec 15 ml (3 c. à thé) de beurre, et saupoudrer avec le sucre. Réserver.

2. Combiner les fruits, les noix, les carottes, et les pommes de terre, dans un bol, et réserver. Combiner la farine, le bicarbonate de soude, la cannelle, la muscade, le piment de la Jamaïque et des clous de girofle dans un autre bol. En utilisant un mélangeur électrique, battre ensemble le beurre et le sucre dans un bol à mélanger jusqu'à ce que le mélange soit clair et moelleux. Incorporer le mélange de carottes avec une cuillère en bois. Ajouter le mélange de farine, et mélanger jusqu'à ce qu'elle soit bien combinée.

3. Verser la pâte dans le moule préparé. Le moule devrait être rempli au deux tiers au maximum. Faire courir un couteau dans la pâte pour évacuer les trous d'air. Couvrir le moule avec son couvercle ou d'une double épaisseur de papier d'aluminium en appuyant fermement sur les côtés, et sceller avec une ficelle.

4. Verser 2,54 cm (1 pouce) d'eau au fond d'une grande casserole ou un autre récipient plus grand que le moule. Installer un trépied, un bol retourné résistant à la chaleur ou des coupes de crème anglaise au fond de la casserole pour faire une plate-forme. Porter l'eau à ébullition. Installer le moule sur la plate-forme, couvrir la casserole et cuire à la vapeur jusqu'à ce que le centre du pouding reprenne doucement sa forme lorsqu'il est pressé, pendant environ 2½ heures. Enlever le moule de la casserole, et découvrir. Laisser reposer le pouding pendant 10 minutes avant de démouler. Pour démouler, mettre un plateau ou une assiette sur le moule, puis retourner. Trancher et servir chaud ou à la température de la pièce.

PAR PORTION : 222 CAL ; 2 G PROT ; 7 G MAT GR ; 34 G CARB ; 0 MG CHOL ; 97 MG SOD ; 2 G FIBRES

POUDING AU RIZ ET AUX DATTES

Dans cette recette du Moyen-Orient, les dattes — et non le sucre — sont le premier édulcorant. Ce pouding est délicieux chaud ou froid.

480 ml (2 tasses) de riz blanc cuit

15 dattes dénoyautées, hachées fin

480 ml (2 tasses) de lait faible en matières grasses

45 ml (3 c. à soupe) de sucre cristallisé

1. Mettre le riz dans un robot culinaire ou un mélangeur, et passer jusqu'à ce que le riz soit grossièrement émietté. Vider le riz dans une grande casserole. Ajouter les dattes, le lait et le sucre.

2. Cuire, à couvert, à feu doux jusqu'à ce que les dattes soient tendres, pendant 15 à 20 minutes. Retirer du feu, et servir chaud ou refroidi.

PAR PORTION : 188 CAL ; 5 G PROT ; 1 G MAT GR ; 42 G CARB ; 3 MG CHOL ; 42 MG SOD ; 1 G FIBRES

POUDING AU BEURRE D'ARACHIDES

Servez tel quel ou disposez le pouding en couches dans des verres à parfait avec des biscuits croquants au gingembre écrasés ou des biscuits Graham au chocolat. Vous pouvez aussi verser le pouding dans une croûte précuite de biscuits Graham et le congeler toute la nuit, afin d'obtenir une tarte succulente.

1 paquet de 345 g (12⅓ onces) de tofu très ferme, bien égoutté

60 ml (¼ tasse) plus 30 ml (2 c. à soupe) de beurre d'arachides crémeux

80 ml (⅓ tasse) de sucre brun

10 à 15 ml (2 à 3 c. à thé) d'extrait de vanille

1. Mettre tous les ingrédients dans un robot culinaire ou un mélangeur, et réduire en purée jusqu'à consistance lisse et crémeuse.

2. Diviser le mélange dans des assiettes à dessert, couvrir avec une pellicule de plastique et réfrigérer pendant au moins 3 heures avant de servir.

PAR PORTION : 240 CAL ; 11 G PROT ; 15 G MAT GR ; 17 G CARB ; 0 MG CHOL ; 40 MG SOD ; 1 G FIBRES

POUDING D'ÉTÉ

Le pouding d'été est un vieux dessert anglais qui fait appel au pain blanc rassis et aux baies fraîches d'été que l'on cuit légèrement pour libérer leur jus. C'est un dessert agréable, qu'il soit servi seul ou avec de la crème fouettée. Utilisez pour cette recette des myrtilles, des fraises, et des framboises. Prévoyez préparer ce dessert un jour à l'avance avant de servir, parce que ce pouding doit être réfrigéré toute la nuit.

2 litres (8 tasses) de baies équeutées, lavées et séchées

160 ml (⅔ tasse) de sucre cristallisé

14 à 16 tranches de 1,27 cm (½ pouce) d'épaisseur de pain italien ferme, sans les croûtes

1. Combiner les baies et le sucre dans une grande casserole sans aluminium. Cuire à feu moyen jusqu'à ce que le sucre soit dissous et que les baies libèrent leur jus, mais conservent encore une certaine forme, pendant environ 10 minutes.

2. Mettre les baies dans une grande passoire sur un bol pour recueillir le jus. Déposer un peu de jus des baies au fond et sur les côtés d'un moule à fond plat ou d'un grand bol en verre d'une capacité de 3 litres (12 tasses).

3. Couvrir le fond et les côtés du moule avec les tranches de pain (pas jusqu'au bord), et en coupant les morceaux de pain pour combler les trous. Verser un peu plus de jus réservé sur le pain et les côtés.

4. Ajouter la moitié des fruits. Couvrir d'une couche de pain, en adaptant les morceaux de pain au moule. Couvrir avec le reste des fruits, puis avec une autre couche de pain. Verser le jus, sauf 120 ml (½ tasse) du jus restant, en badigeonnant avec un pinceau à pâtisserie pour couvrir le pain.

5. Couvrir la couche supérieure du pain avec un film de plastique. Mettre une assiette plate plus petite sur le dessus. Déposer sur le pain un poids de l'équivalent de quatre boîtes de conserve de 420 ml (15 onces) pour presser. Mettre sous le moule une assiette pour recueillir les gouttes. Réfrigérer toute la nuit

6. Pour servir, enlever les boîtes de conserve et la pellicule de plastique. Desserrer soigneusement les bords du pouding avec une spatule. Renverser sur un plat de service. Badigeonner tout pain blanc avec le jus réservé. Trancher en morceaux avec un couteau dentelé.

PAR PORTION : 203 CAL ; 4 G PROT ; 1 G MAT GR ; 47 G CARB ; 0 MG CHOL ; 209 MG SOD ; 5 G FIBRES

POUDING AUX CRÊPES ET AUX FRUITS

POUR 8 PERSONNES

Ce pouding est aussi alléchant que délicieux — et il ne contient que 6 grammes de matières grasses par portion.

480 ml (2 tasses) de lait de soja

120 ml (½ tasse) de miel

10 ml (2 c. à thé) d'agar-agar en poudre ou 60 ml (¼ tasse) de flocons d'agar-agar, dissous dans 30 ml (2 c. à soupe) d'eau

60 ml (¼ tasse) de fécule de maïs dans 45 ml (3 c. à soupe) d'eau

10 ml (2 c. à thé) d'extrait de vanille

280 g (10 onces) de tofu mou

30 ml (2 c. à soupe) de liqueur d'orange

12 crêpes pour le dessert sans cholestérol (page 530)

1 litre (4 tasses) de fruits tranchés et hachés de saison comme fraises, bananes, kiwis, poires, papayes, mangues, oranges

Sirop aux fruits, facultatif

1. Combiner le lait de soja et le miel dans une casserole de grosseur moyenne, et cuire à feu doux jusqu'à que les ingrédients soient chauds. Ajouter l'agar-agar dissous, et remuer jusqu'à ce que le mélange atteigne le point d'ébullition pendant plusieurs minutes. Ajouter la fécule de maïs dissoute, et cuire jusqu'à épaississement. Ajouter la vanille, battre pour mélanger et réserver.

2. Mettre le tofu et la liqueur d'orange dans un robot culinaire ou un mélangeur, et réduire en purée jusqu'à consistance lisse. Ajouter le lait de soja, et combiner pour mélanger. Verser dans un bol, couvrir et laisser refroidir au réfrigérateur jusqu'à ce que la préparation soit prête et semblable à la crème anglaise, pendant environ 2 heures.

3. Pour assembler, mettre une crêpe au fond d'un plat en verre de 2 litres (8 tasses). Placer 3 ou 4 crêpes autour du plat afin de le recouvrir complètement. Étendre environ 120 ml (½ tasse) de crème anglaise au fond et déposer dessus une couche de fruits. Poser une crêpe dessus et étaler plus de crème anglaise. Recouvrir d'une autre couche de fruits. Continuer à recouvrir de couches, en terminant avec une crêpe. (Si les bords de certaines crêpes débordent des côtés du bol, les rabattre.) Recouvrir le pouding d'une pellicule de plastique et d'une assiette pour le maintenir en place. Réfrigérer au moins 2 heures.

4. Pour servir, retourner le pouding pour démouler. Garnir avec plus de fruits, ou verser un filet de sirop de fruits, si utilisé. Couper le pouding en morceaux.

PAR PORTION (SANS SAUCE) : 310 CAL ; 8 G PROT ; 6 G MAT GR ; 56 G CARB ; 0 MG CHOL ; 167 MG SOD ; 5 G FIBRES

POUDING CRÉMEUX À LA MANGUE ET À L'ANANAS

POUR 6 PERSONNES

Exotique et crémeux, ce pouding instantané plaira à toute la famille.

450 g (1 livre) de tofu soyeux mou

170 ml (6 onces) de yogourt à l'ananas

240 ml (1 tasse) d'ananas broyé

2 manges mûres, pelées

120 ml (½ tasse) de sucre de confiserie

480 ml (2 tasses) de miettes de biscuits Graham

Mettre le tofu, le yogourt, l'ananas, les mangues et le sucre dans le récipient d'un robot culinaire ou d'un mélangeur, et réduire en purée jusqu'à consistance lisse. Verser la moitié du mélange de pouding dans un bol à dessert décoratif de 3 litres (12 tasses), recouvrir le pouding avec 240 ml (1 tasse) de biscuits Graham, ajouter le reste du pouding et recouvrir avec le reste des biscuits. Réfrigérer jusqu'à ce que vous soyez prêt à utiliser le pouding.

PAR PORTION : 260 CAL ; 7 G PROT ; 5 G MAT GR ; 47 G CARB ; 0 MG CHOL ; 190 MG SOD ; 2 G FIBRES

MOUSSE AU CHOCOLAT PRESQUE TRADITIONNELLE

Ce dessert riche et tentant est un rêve pour la personne qui est accro du chocolat ! Il est aussi facile à réaliser.

180 ml (¾ tasse) de lait faible
  en matières grasses

170 g (6 onces) de grains
  de chocolat mi-sucré

120 ml (½ tasse) de succédané
  d'œufs

30 ml (2 c. à soupe) de beurre
  non salé ou de margarine,
  à la température de la pièce

15 ml (1 c. à soupe) de zeste d'orange

60 ml (¼ tasse) de café filtre fort

30 ml (2 c. à soupe) de liqueur
  d'orange

Garniture sans produit laitier ou
  crème fouettée, pour garnir,
  facultatif

1. Chauffer le lait dans une casserole de grosseur moyenne jusqu'à ce que le liquide atteigne presque le point d'ébullition.

2. Combiner les grains de chocolat, le succédané d'œuf, le beurre, le zeste d'orange, le café et la liqueur d'orange dans un robot culinaire ou un mélangeur. Ajouter le lait chaud et passer à grande vitesse jusqu'à consistance lisse et crémeuse, environ 2 minutes.

3. Verser dans un bol de grosseur moyenne ou des coupes de crème anglaise, couvrir et laisser refroidir au moins 2 heures avant de servir. Garnir avec une rosette de garniture sans produit laitier ou de la crème fouettée, au goût, avant de servir.

PAR PORTION : 230 CAL ; 5 G PROT ; 12 G MAT GR ; 8 G CARB ; 12 MG CHOL ;
84 MG SOD ; 2 G FIBRES

PRUNES POCHÉES

Dans cette recette, vous décidez du nombre de prunes présentes dans chaque portion ; cependant, de plus grosses prunes devraient être utilisées si vous en servez moins. Assurez-vous de ne pas acheter de prunes de type « pruneaux », qui sont très acides. Et prenez soin d'avertir vos invités que des noyaux peuvent toujours se cacher dans les prunes.

18 petites prunes très mûres
  (environ 4 livres ou 1,8 kg)

120 ml (½ tasse) de miel

2,5 ml (½ c. à thé) de clous
  de girofle

30 ml (2 c. à soupe) d'extrait
  de vanille

720 ml (3 tasses) de vin rouge

Brins de menthe ou tranches
  d'amandes pour garnir,
  au goût

1. Laver les prunes et les mettre dans une casserole de 4 litres (16 tasses) en verre ou en acier inoxydable. Ajouter le miel, les clous de girofle, la vanille, le vin et suffisamment d'eau pour couvrir. Porter à ébullition à feu moyen. Couvrir, et cuire pendant 15 minutes. Utiliser une cuillère trouée pour déposer soigneusement les prunes cuites dans un bol.

2. Remettre la casserole au feu, et le cuire jusqu'à ce que le liquide soit réduit à environ 720 ml (3 tasses). Goûter, et ajouter plus de miel si nécessaire.

3. Pour servir, mettre 3 prunes dans chacun des 6 bols, et verser le liquide chaud sur les prunes. Garnir avec des brins de menthe ou des amandes effilées.

PAR PORTION : 450 CAL ; 3 G PROT ; 19 G MAT GR ; 69 G CARB ; 0 MG CHOL ;
55 MG SOD ; 4 G FIBRES

TOURTE AUX POIRES

Servez ce dessert avec des boules de crème glacée, ou lors d'un petit déjeuner où vous avez décidé de vous faire plaisir, avec une cuillerée de yogourt. Si vous le désirez, vous pouvez remplacer les poires par des pommes, des prunes, des pêches, des nectarines, des cerises, ou des myrtilles.

4 poires, pelées et tranchées

60 ml (¼ tasse) de raisins secs ou de Corinthe

20 ml (4 c. à thé) de sucre brun

1,25 ml (¼ c. à thé) de cannelle moulue

1,25 ml (¼ c. à thé) d'extrait de vanille

240 ml (1 tasse) de flocons d'avoine

45 ml (3 c. à soupe) de farine à pâtisserie de blé entier

20 ml (4 c. à thé) de margarine

1. Préchauffer le four à 170 °C (325 °F).

2. Combiner les poires, les raisins secs ou les raisins de Corinthe, 15 ml (3 c. à thé) de sucre brun, la cannelle, et la vanille, dans un bol de grosseur moyenne, et remuer pour mélanger. Verser le mélange dans un moule allant au four de 20,32 cm (8 pouces).

3. Mélanger l'avoine, 5 ml (1 c. à thé) du sucre brun restant, la farine, et la margarine, dans un petit bol avec une fourchette jusqu'à ce que la margarine soit uniformément distribuée et que le mélange s'émiette facilement. Verser dessus le mélange de poires.

4. Cuire jusqu'à ce que la tourte soit dorée, pendant environ 45 minutes. Retirer du four et laisser refroidir légèrement avant de servir. Servir chaud ou refroidi.

PAR PORTION : 245 CAL ; 5 G PROT ; 4 G MAT GR ; 41 G CARB ; 0 MG CHOL ; 27 MG SOD ; 7 G FIBRES

POUDING AU RIZ, AU RHUM ET À L'ÉRABLE AVEC SAUCE AU CHOCOLAT

Si vous aimez les desserts crémeux comme le pouding et le flan, essayez cette gâterie, qui contient seulement 3 grammes de matières grasses par portion. Servez ce pouding dans des bols ou des gobelets avec de la sauce de chocolat disposée en couches.

Pouding au riz

240 ml (1 tasse) de riz moyen, ou de riz à grain court

480 ml (2 tasses) de lait de soja ou de lait de riz

120 ml (½ tasse) de sirop d'érable

5 ml (1 c. à thé) d'extrait de vanille

30 ml (2 c. à soupe) de rhum clair ou foncé

Sauce au chocolat

120 ml (½ tasse) de poudre de cacao non sucré

120 à 180 ml (½ à ¾ tasse) de miel clair

5 ml (1 c. à thé) d'extrait de vanille

1. Pour préparer le pouding : combiner le riz, le lait de soja, ou le lait de riz, le sirop d'érable et 600 ml (2½ tasses) d'eau dans une grande casserole et porter à ébullition. Réduire à feu doux, couvrir et cuire jusqu'à ce que le riz soit très ramolli et que la presque totalité du liquide ait été absorbé, pendant environ 1¼ heure.

2. Mettre le mélange de riz cuit dans un mélangeur ou un robot culinaire, et réduire en purée jusqu'à consistance très lisse. Vider dans un bol, couvrir fermement et refroidir pendant plusieurs heures.

3. Pour préparer la sauce au chocolat : combiner le cacao, 240 ml (1 tasse) d'eau, le miel, et l'extrait de vanille dans une casserole de grosseur moyenne, et battre pour mélanger. Porter à ébullition, réduire le feu et faire mijoter doucement, en remuant souvent, jusqu'à ce que le sauce ait épaissi et soit réduite à 240 ml (1 tasse), environ 15 à 20 minutes. Laisser refroidir.

4. Pour servir, verser le riz assaisonné à l'érable dans des ramequins, et verser un filet de sauce au chocolat.

PAR PORTION : 336 CAL ; 6 G PROT ; 3 G MAT GR ; 69 G CARB ; 0 MG CHOL ; 18 MG SOD ; 5 G FIBRES

CLAFOUTI AU TOFU

Le clafouti est un dessert français composé de grosses cerises sucrées cuites dans une crème pâtissière. Lorsque vous n'avez pas de cerises, vous pouvez utiliser des myrtilles, des framboises, des mûres, ou des pêches en dés. Sans les fruits, il s'agit d'une excellente recette de crème pâtissière cuite. Préparez la moitié de la recette (sans les cerises), et incorporer 224 g (8 onces) de grains de chocolat fondu pour un pot de crème française sans œuf.

240 ml (1 tasse) de fructose ou d'édulcorant de votre choix

3 paquets de 290 g (10½ onces) de tofu soyeux très ferme, égoutté si nécessaire

30 ml (2 c. à soupe) d'huile d'amande ou de canola

30 ml (2 c. à soupe) de jus de citron

5 ml (1 c. à thé) de cannelle moulue

15 ml (1 c. à soupe) d'extrait de vanille

480 ml (2 tasses) de cerises noires dénoyautées

1. Préchauffer le four à 180 °C (350 °F). Beurrer une moule à gâteaux carrée de 22,86 cm (9 pouces) et réserver.

2. Mettre tous les ingrédients, sauf les cerises, dans un mélangeur, et réduire en purée jusqu'à consistance lisse. Verser dans le moule, et ajouter les cerises.

3. Cuire pendant 60 minutes, ou jusqu'à ce qu'une lame de couteau insérée au centre ressorte propre. Servir chaud.

PAR PORTION : 340 CAL ; 9 G PROT ; 10 G MAT GR ; 54 G CARB ; 0 MG CHOL ; 45 MG SOD ; 2 G FIBRES

TARTE HAWAÏENNE

Avec son mélange de noix de coco, d'ananas et de noix de macadame, cette tarte prend les airs d'un plat tropical. Assurez-vous d'extraire tout jus en excès des morceaux d'ananas, car le jus peut diluer la garniture. Une congélation rapide du mélange servant de garniture lui permet de se raffermir rapidement.

1 paquet de mélange à pouding instantané à la noix de coco

420 ml (1¾ tasse) de lait sans matières grasses

5 ml (1 c. à thé) d'extrait de vanille

1 fond de tarte préparé à la chapelure

420 ml (1¾ tasse) d'ananas en conserve en morceaux

60 ml (¼ tasse) de sucre brun

60 ml (¼ tasse) de noix de macadame écrasées, comme garniture

60 ml (¼ tasse) de noix de coco râpée, comme garniture

30 ml (2 c. à soupe) de gingembre cristallisé haché, ou plus au goût, comme garniture

1. Préchauffer le four à 230°C (450 °F).

2. Mélanger le pouding instantané avec le lait et l'extrait de vanille et verser sur le fond de tarte préparée. Mettre au congélateur immédiatement.

3. Égoutter l'ananas, et réserver le jus pour une autre utilisation. Presser pour extraire le jus en excès des morceaux et les mettre dans un plat allant au four. Saupoudrer de sucre brun et cuire pendant 15 minutes, ou jusqu'à ce que le sucre fasse des bulles. Retirer du four.

4. Retirer le pouding du congélateur juste avant de servir, verser le mélange d'ananas dessus et garnir avec les noix de macadame, la noix de coco râpée et le gingembre cristallisé.

PAR PORTION : 310 CAL ; 4 G PROT ; 11 G MAT GR ; 51 G CARB ; 0 MG CHOL ; 450 MG SOD ; 2 G FIBRES

CRÊPES À DESSERT SANS CHOLESTÉROL

Ces crêpes sucrées sont parfaites pour le dessert. Elles sont si bonnes, qu'il est difficile de croire qu'elles ne contiennent ni produits laitiers, ni œufs. On trouve la farine de pois chiches, ou besan, dans les magasins d'aliments naturels et les marchés indiens.

60 ml (¼ tasse) de jus de sucre
   de canne, ou de sucre cristallisé

30 ml (2 c. à soupe) de succédané
   d'œufs, ou ½ œuf battu

120 ml (½ tasse) de farine à
   pâtisserie de blé entier

120 ml (½ tasse) de farine
   non blanchie

80 ml (⅓ tasse) de farine
   de pois chiches

2,5 ml (½ c. à thé) de sel

Huile végétale pour la crêpière

1. Battre ensemble le jus de canne à sucre ou le sucre, le succédané d'œufs et 360 ml (1½ tasse), plus 30 ml (2 c. à soupe) d'eau dans un grand bol. Incorporer la farine de blé entier, la farine non blanchie, la farine de pois chiches et le sel, et battre jusqu'à ce que tous les ingrédients soient mélangés ; ne pas trop mélanger. Ou, passer les ingrédients au mélangeur ou au robot culinaire.

2. Chauffer une crêpière, ou un poêlon antiadhésif de 20,38 cm (8 pouces) sur une cuisinière réglée à feu doux. Badigeonner légèrement avec de l'huile et laisser chauffer la crêpière pendant quelques minutes.

3. Retirer du feu, verser 45 à 60 ml (3 à 4 c. à soupe) de pâte et incliner la crêpière pour que la pâte couvre le fond uniformément. Cuire pendant quelques minutes à feu moyen-doux. Le crêpe deviendra légèrement dorée. Retourner la crêpe avec une spatule, et cuire l'autre côté pendant 30 secondes. Faire glisser sur un plat. Répéter avec le reste de la pâte, en empilant les crêpes sur le plat. Utiliser les crêpes immédiatement, ou envelopper dans du plastique et réfrigérer jusqu'à une semaine.

PAR CRÊPE : 74 CAL ; 2 G PROT ; 0,2 G MAT GR ; 16 G CARB ; 0 MG CHOL ; 107 MG SOD ; 2 G FIBRES

FONDUE AU CHOCOLAT

Vous aurez besoin ou d'un poêlon à fondue pour le chocolat, ou chauffez simplement le chocolat sur la cuisinière avant de servir et réchauffez au besoin.

Fondue au chocolat

120 ml (½ tasse) de crème épaisse

450 g (1 livre) de grains de chocolat, ou de chocolat mi-sucré haché

30 ml (2 c. à soupe) de Grand Marnier, ou autre liqueur de fruits ou de jus d'orange

Accompagnements

1 litre (4 tasses) de fraises mûres

2 grosses oranges Navel

4 bananes régulières, ou 8 petites bananes

1 ananas moyen frais, pelé, évidé et coupé en cubes

480 ml (2 tasses) d'abricots séchés

112 g (4 onces) de papaye séchée, facultatif

112 g (4 onces) de mangue séchée, facultatif

720 ml (3 tasses) de gâteau coupé en cubes, gâteau des anges ou quatre-quarts

450 g (1 livre) de doigts de dame

1. Laver et équeuter les fraises et laisser sécher à l'air. Peler les oranges, en utilisant les mains pour maintenir la peau sur les quartiers d'orange intacts. Séparer les quartiers d'orange, et disposer sur une grille pour les sécher pendant 1 heure. Couper des bananes régulières en morceaux de 2,54 cm (1 pouce) de longueur.

2. Chauffer la crème dans une casserole à feu moyen, et porter à ébullition. Retirer du feu, et ajouter le chocolat, pour qu'il ramollisse pendant 3 minutes. S'il n'a pas totalement fondu, mettre le poêlon au-dessus d'un feu très doux et agiter constamment jusqu'à ce que le chocolat ait fondu. Incorporer le Grand Marnier, et retirer du feu.

3. Vider le chocolat dans un poêlon à fondue ou un poêlon en céramique et servir avec les accompagnements. Ne pas continuer à chauffer sur la table.

PAR PORTION : 220 CAL ; 2 G PROT ; 15 G MAT GR ; 24 G CARB ; 15 MG CHOL ; 10 MG SOD ; 2 G FIBRES

CHAUSSONS AUX FRUITS SECS MÉLANGÉS

Choisissez vos fruits secs préférés pour cette recette. Essayez une combinaison de pommes, de raisins secs et des poires ou peut-être un mélange de pêches, d'abricots et de bananes.

240 ml (1 tasse) d'un mélange de fruits secs hachés

120 ml (½ tasse) de jus de pommes

60 ml (¼ tasse) de noix hachées

6,25 ml (1¼ c. à thé) de cannelle moulue

0,6 ml (⅛ c. à thé) d'extrait de noix ou de vanille, facultatif

60 ml (¼ tasse) de sucre cristallisé

42 ml (3 c. à soupe) d'huile végétale

8 feuilles de pâtes phyllo décongelées

1. Combiner les fruits secs, le jus de pommes et 60 ml (¼ tasse) d'eau dans une petite casserole et laisser tremper pendant 1 heure.

2. Préchauffer le four à 200 °C (400 °F).

3. Porter le mélange de fruits secs à ébullition à feu moyen et cuire, partiellement couvert, jusqu'à ce que le liquide soit absorbé et que les fruits soient ramollis, pendant environ 10 minutes. Ajouter les noix, 1,25 ml (¼ c. à thé) de cannelle et l'extrait de noix, si utilisé. Réserver.

4. Combiner le sucre et 5 ml (1 c. à thé) de cannelle dans un petit bol. Verser l'huile végétale dans un autre bol.

5. Couper une feuille de pâte phyllo en 4 bandes dans le sens de la longueur. (Couvrir les feuilles restantes d'un linge humide pour les empêcher de se dessécher.) Badigeonner légèrement les bandes d'huile et saupoudrer du mélange de sucre et de cannelle. Mettre une autre bande sur la première et badigeonner de nouveau d'huile et saupoudrer du mélange de sucre et de cannelle. Déposer 15 ml (1 c. à soupe) du mélange de noix et de fruits à la fin d'une bande. Rabattre le bord le plus court sur la garniture et les côtés pour former un triangle. Badigeonner légèrement le triangle avec l'huile et saupoudrer du mélange de sucre et de cannelle. Continuer à plier la bande en triangle, en badigeonnant avec l'huile et en saupoudrant de cannelle et de sucre, jusqu'à ce que vous atteigniez le bout. Mettre le chausson sur une plaque à biscuit. Répéter l'opération avec le reste de la pâte phyllo, l'huile, le mélange de sucre et de cannelle et la garniture. Mettre sur une plaque à pâtisserie non graissée.

6. Cuire, en tournant une fois, jusqu'à légèrement doré, pendant environ 10 minutes. Retirer du four et servir.

PAR CHAUSSON : 101 CAL ; 2 G PROT ; 4 G MAT GR ; 17 G CARB ; 0 MG CHOL ; 41 MG SOD ; 1 G FIBRES

FRAMBOISES GLACÉES

Cette recette rapide et conviviale est prête en quelques minutes, et fournit un élément rafraîchissant à un mets chaud. Servez avec un thé fruité aux herbes et des biscuits à la vanille.

480 ml (2 tasses) de framboises congelées

450 g (1 livre) de tofu soyeux allégé

60 ml (¼ tasse) de lait de soja à la vanille

60 ml (¼ tasse) de sirop de riz brun

1 litre (4 tasses) de framboises fraîches pour garnir

120 ml (½ tasse) de noix de pécan écrasées pour garnir

1. Mettre les framboises congelées, le tofu, le lait de soja et le sirop de riz brun dans un mélangeur, et passer jusqu'à consistance lisse.

2. Déposer avec une cuillère dans des compotiers, et garnir avec les framboises et les noix de pécan.

PAR PORTION : 180 CAL ; 7 G PROT ; 7 G MAT GR ; 26 G CARB ; 0 MG CHOL ; 95 MG SOD ; 5 G FIBRES

PARFAIT DE GÂTEAU DES ANGES AVEC MÛRES

Demander à votre épicier de garder en réserve ces quelques ingrédients essentiels à la confection de ce dessert rapide : un gâteau des anges déjà préparé, du tofu soyeux, des mûres congelées et du sucre de confiserie. Si vous en avez un, utilisez un bol en verre afin de pouvoir y disposer les couches de ce parfait. Préparez ce parfait peu avant son utilisation, car le gâteau tend à se désagréger lorsqu'il est exposé à l'humidité.

1 gâteau des anges de 392 g (14 onces) déjà préparé

120 ml (½ tasse) de jus de pommes

450 g (1 livre) de tofu soyeux mou

450 g (1 livre) de mûres congelées ou d'un mélange de baies

160 ml (⅔ tasse) de sucre de confiseurs ou au goût

1. Couper le gâteau en cubes, et disposer la moitié des morceaux au fond d'un bol décoratif de 3 litres (12 tasses). Réserver.

2. Mettre le jus de pommes dans un mélangeur ou un robot culinaire, et passer jusqu'à consistance lisse. Ajouter les mûres, une tasse à la fois, et passer après chaque addition. Ajouter le sucre, et passer jusqu'à consistance lisse.

3. Verser le mélange de baies sur les cubes de gâteau, en aplanissant le mélange pour couvrir les cubes uniformément. Couper en cubes le reste du gâteau, et disposer en couches sur le mélange de baies, en pressant dessus fermement. Manger immédiatement, ou réfrigérer le parfait jusqu'à ce qu'il soit prêt à être utilisé.

PAR PORTION : 320 CAL ; 8 G PROT ; 2,5 G MAT GR ; 69 G CARB ; 0 MG CHOL ; 250 MG SOD ; 4 G FIBRES

CRÈME AU CHOCOLAT ET RICOTTA

Ce dessert au chocolat est léger, succulent, et à peine sucré. Servez-le avec des fruits secs ou frais comme des raisins, des ananas, des oranges ou des kiwis.

1 contenant de 450 ml (15 onces) de fromage ricotta partiellement écrémé

30 ml (2 c. à soupe) de poudre de cacao non sucré, tamisée

75 ml (5 c. à soupe) de fructose ou de miel

1,25 ml (¼ c. à thé) de cannelle moulue

2,5 ml (½ c. à thé) d'extrait de vanille

15 ml (1 c. à soupe) d'amandes tranchées rôties pour garnir (page 60)

Mettre le fromage ricotta dans un robot culinaire ou un mélangeur, et passer pendant 1 minute. Ajouter le cacao, le fructose ou le miel, la cannelle et la vanille, et passer jusqu'à consistance crémeuse et lisse. Ajouter plus de fructose ou de miel au goût. Verser dans des verres à martini, ou des bols à dessert. Garnir avec des amandes, et servir immédiatement.

PAR PORTION : 144 CAL ; 144 CAL ; 9 G PROT ; 5 G MAT GR ; 5 G CARB ; 22 MG CHOL ; 89 MG SOD ; 1 G FIBRES

SAUCE AUX FRAMBOISES

Cette sauce se prépare en un rien de temps.

240 ml (1 tasse) de framboises
    congelées

30 ml (2 c. à soupe) de jus
    de citron frais

60 à 80 ml (¼ à ⅓ tasse) de miel

Réduire en purée dans un mélangeur les framboises congelées et le jus de citron. Adoucir avec le miel, et réduire jusqu'à consistance lisse.

PAR PORTION (30 ML [2 C. A SOUPE]) : 65 CAL ; 0,3 G PROT ; 0 G MAT GR ; 17 G CARB ; 0 MG CHOL ; 1 MG SOD ; 1 G FIBRES

SAUCE AU CHOCOLAT

Pauvre en matières grasses, mais onctueuse, cette sauce au chocolat sera un succès.

360 ml (1 ½ tasse) de lait écrémé
    ou de lait de soja à la vanille faible
    en matières grasses

60 ml (4 c. à soupe) de poudre
    de cacao non sucré

1 gros œuf, ou l'équivalent de
    succédané d'œuf

75 ml (5 c. à soupe) de miel ou
    de sucre brun

5 ml (1 c. à thé) d'extrait de vanille

Mettre tous les ingrédients dans un mélangeur, et réduire en purée jusqu'à consistance lisse. Vider dans une petite casserole. Chauffer, en remuant constamment, jusqu'à ce que la sauce épaississe et commence à bouillir. Refroidir avant de servir.

PAR PORTION (30 ML [2 C. À SOUPE]) : 43 CAL ; 2 G PROT ; 1 G MAT GR ; 7 G CARB ; 18 MG CHOL ; 6 MG SOD ; 0 G FIBRES

18

réceptions et fêtes

LAISSEZ LES ALIMENTS ÊTRE L'AIMANT QUI réunira les amis et la famille autour de votre table. Mais organiser une réception ou souligner une fête spéciale ne signifie pas que vous devez passer des heures dans la cuisine. Ce choix de recettes du monde entier rejoint et réunit les gens. Ces recettes sont générale-ment faciles à réaliser. Certaines recettes nécessitent beaucoup d'ingrédients, d'autres quelques-uns, mais chaque plat est une occa-sion de célébrer.

les invités arrivent

FONDUE AU SOJA ET AU FROMAGE

POUR 6 PERSONNES

Vous pouvez utiliser n'importe quel fromage de soja pour cette fondue, mais les fromages de marques différentes fondent différemment, et certains fromages ne fondent pas complètement. Les fromages de soja se présentent en plusieurs saveurs, aussi n'hésitez pas à faire votre choix.

Fondue au soja et fromage

30 ml (2 c. à soupe) d'huile
   de canola

450 g (1 livre) de tempeh aromatisé,
   coupé en cubes

450 g (1 livre) de tofu cuit, coupé
   en cubes

45 ml (3 c. à soupe) de fécule
   de maïs

720 ml (3 tasses) de vin blanc ou
   de lait de riz

10 ml (2 c. à thé) d'ail écrasé

5 ml (1 c. à thé) de sel

2,5 ml (½ c. à thé) de poivre de
   Cayenne, ou au goût

2,5 ml (½ c. à thé) de poivre noir
   fraîchement moulu

30 ml (2 c. à soupe) de jus de citron

675 g (1½ livre) de fromage de soja,
   râpé

Accompagnements

1 pain de seigle, coupé en cubes

1 pain 7 grains, coupé en cubes

Pour la trempette : une combinaison
   de 3 à 4 litres (12 à 16 tasses) de
   légumes crus et cuits, coupés en
   portions, comme bâtonnets de
   carotte, poivrons, céleri, radis,
   carottes naines, brocoli et pois
   « Sugar snap »

1. Chauffer l'huile dans un poêlon, et faire sauter le tempeh jusqu'à ce qu'il soit croustillant et doré. Retirer du feu, et réserver. Répéter avec le tofu cuit. Garder au chaud jusqu'au moment de servir, ou réchauffer au four.

2. Mélanger la fécule de maïs dans 60 ml (¼ tasse) de vin ou de lait de riz. Mettre le reste du liquide dans la casserole, battre avec le mélange de fécule de maïs, et chauffer à feu moyen. Porter à ébullition, et ajouter l'ail, le sel, le poivre de Cayenne, le poivre noir et le jus de citron. Porter de nouveau à ébullition, et cuire pendant 2 minutes, en remuant constamment.

3. Ajouter le fromage, une poignée généreuse à la fois, et remuer dans le vin jusqu'à ce que le fromage fonde, environ 6 minutes. Répéter jusqu'à ce que tout le fromage soit utilisé.

4. Vider le mélange de fromage dans un poêlon à fondue ou une mijoteuse. Garder la fondue au chaud au-dessus d'un réchaud à alcool ou dans une mijoteuse à feu très doux. Servir avec le pain et des légumes pour la trempette.

PAR PORTION (SANS ACCOMPAGNEMENT) : 130 CAL ; 4 G PROT ; 1 G MAT GR ;
8 G CARB ; 0 MG CHOL ; 390 MG SOD ; 0 G FIBRES

GÂTEAU AU FROMAGE CHEDDAR ET CHILI

Cette recette vous vaudra des éloges lors d'une réunion conviviale. Assurez-vous de servir ce gâteau avec un petit couteau à fromage et des craquelins, autrement vos invités peuvent le déguster en entrée. Ce gâteau nécessite de refroidir une journée complète, prévoyez donc de le préparer à l'avance.

60 ml (¼ tasse) de chips tortilla finement moulues

60 ml (¼ tasse) de fromage parmesan râpé

750 g (1½ livre) de fromage à la crème régulière à la température de la pièce

375 g (¾ livre) de fromage cheddar râpé vieilli

240 ml (1 tasse) de fromage ricotta faible en matières grasses

180 ml (¾ tasse) d'oignons verts hachés

4 gros œufs ou 1 tasse de succédané d'œuf

¼ de chili jalapeño haché fin

15 ml (1 c. à soupe) de poudre de chili rouge

15 ml (1 c. à soupe) d'ail émincé

30 ml (2 c. à soupe) de lait entier

1. Préchauffer le four à 170 °C (325 °F). Beurrer généreusement une moule à charnière de 22,86 cm (9 pouces), et réserver.

2. Mélange ensemble les chips tortilla et le fromage parmesan. Couvrir l'intérieur du moule et réfrigérer jusqu'à utilisation.

3. Mettre le reste des ingrédients dans le bol d'un mélangeur résistant, et battre jusqu'à consistance lisse. Verser dans la casserole refroidie.

4. Cuire pendant environ 1 heure et 15 minutes. Éteindre le four, ouvrir la porte du four et rafraîchir le gâteau au fromage. Lorsque le gâteau est rafraîchi, réfrigérer toute la nuit. Servir avec des craquelins.

PAR PORTION : 110 CAL ; 5 G PROT ; 10 G MAT GR ; 2 G CARB ; 50 MG CHOL ; 130 MG SOD ; 0 G FIBRES

Toute personne familière avec la cuisine indienne connaît les samosas, ces pâtisseries garnies consommées comme casse-croûte ou hors-d'œuvre, et qui sont parfaites servies lors de réceptions. À la différence de la recette traditionnelle, cette version utilise pour la garniture la pâte feuilletée au lieu de la pâte faite maison. Servez les samosas avec du chutney doux et chaud, comme le chutney au cilantro (page 232).

30 ml (2 c. à soupe) d'huile végétale

1 gros oignon, pelé et haché

170 g (6 onces) de « bœuf » haché à base de soja

1 grosse tomate, coupée en dés

5 ml (1 c. à thé) de poivre de Cayenne moulu

5 ml (1 c. à thé) de cumin moulu

5 ml (1 c. à thé) de poudre de cari

5 ml (1 c. à thé) d'ail émincé

15 ml (1 c. à soupe) de gingembre frais râpé

120 ml (½ tasse) de cilantro haché

Sel au goût

1 paquet de 485 g (17⅓ onces) de feuilles de pâte feuilletée, décongelée

1. Préchauffer le four à 190 °C (375 °F). Doubler 2 plaques à pâtisserie de feuilles d'aluminium afin d'empêcher qu'elles ne collent.

2. Chauffer l'huile dans un grand poêlon à feu moyen. Faire sauter les oignons pendant 5 minutes, ou jusqu'à ce qu'ils soient dorés. Ajouter le « bœuf » haché, la tomate, le poivre de Cayenne, le cumin, la poudre de cari, l'ail, et le gingembre, en continuant de faire sauter jusqu'à ce que les légumes soient odorants, environ 5 minutes de plus. Incorporer le cilantro et le sel au goût, et retirer du feu.

3. Couvrir légèrement de farine un plan de travail plat, et étirer 1 feuille de pâte jusqu'à ce qu'elle atteigne environ 25,40 x 35,56 cm (10 x 14 pouces) de diamètre. Couper la première feuille en 3 longues bandes le long des lignes de pli, couper ensuite 4 triangles de taille égale dans chaque bande. Verser environ 11,25 ml (¾ c. à soupe) de « viande » au centre des triangles, et rabattre la pâte sur la garniture pour que les coins du triangle se rencontrent sur la bordure. Assurez-vous que la garniture soit couverte, et de pincer les bords pour les sceller complètement, en formant un triangle plus petit. Mettre le samosa sur la plaque à pâtisserie. Répéter l'opération jusqu'à ce que la pâte et les mélanges de garniture soient utilisés.

4. Cuire jusqu'à ce que la préparation soit gonflée et dorée, pendant 12 à 15 minutes. Retirer du four, et réserver jusqu'au moment où le plat est prêt à être servi.

PAR PORTION : 140 CAL ; 3 G PROT ; 9 G MAT GR ; 11 G CARB ; 0 MG CHOL ; 80 MG SOD ; <1 G FIBRES

MON SANDWICH FAVORI

Appelez vos amis pour qu'il assiste à la préparation et servez ce gros sandwich. Assurez-vous de choisir un pain large, comme le pain bâtard qui est une version plus large et plus costaude de la baguette française. Les ingrédients suivants ne sont que des suggestions, mais leur combinaison fournit une garniture délicieuse pour un sandwich assez imposant, idéal pour recevoir des amis ou nourrir une famille affamée. N'hésitez pas à faire vos propres choix et essayer de préparer un sous-marin encore plus gros.

1 pain bâtard de 450 g (1 livre)

30 ml (2 c. à soupe) de mayonnaise faible en matières grasses, ou plus au besoin

56 ml (2 onces) de pousses vertes mélangées

15 ml (1 c. à soupe) de moutarde de Dijon

15 ml (1 c. à soupe) de reliche sucrée

1 gros œuf dur, écrasé

4 feuilles de laitue romaine ou de laitue

½ concombre, coupé en très fines tranches

6 tranches d'oignon rouge mince comme du papier

1 paquet de 112 g (4 onces) de tranches de « pepperoni »

1 paquet de 224 g (8 onces) de tranches de fromage cheddar aromatisé

170 ml (6 onces) de salade de chou

1. Trancher le pain en deux dans le sens de la longueur, mais pas entièrement. Ouvrir les deux côtés et aplatir.

2. Mélanger ensemble la mayonnaise, les pousses, la moutarde, la reliche et l'œuf, et étendre le mélange sur la moitié du pain. Commencer à disposer en couches les autres ingrédients sur toute la longueur du pain, en commençant par les feuilles de laitue et en terminant avec la salade de chou cru. Fermer le pain, trancher en parties et servir.

PAR PORTION : 360 CAL ; 22 G PROT ; 8 G MAT GR ; 53 G CARB ; 40 MG CHOL ; 1 240 MG SOD ; 3 G FIBRES

CHILI BLANC ET VERT

Un bol de chili se présente sous plusieurs formes et cette version, préparée avec des ingrédients blancs ou pâles, emprunte sa texture aux graines de citrouille et aux chips tortilla.

15 ml (1 c. à soupe) d'huile végétale

3 petites pommes de terre blanches ou Yukon Gold, coupées en dés

1 oignon, coupé en dés

240 ml (1 tasse) de salsa verte

6 tomatillos, coupés en dés

Environ 1,4 litre (6 tasses) de petits haricots blancs, égouttés et rincés

120 à 240 ml (½ à 1 tasse) de bouillon de légumes (page 431)

Sel et poivre noir fraîchement moulu au goût

360 ml (1½ tasse) de graines de citrouille rôties pour garnir

360 ml (1½ tasse) de chips tortilla émiettées, de préférence à saveur de guacamole, pour garnir

180 ml (¾ tasse) de fromage cheddar râpé faible en matières grasses

10 ml (2 c. à thé) de poudre de chili, ou au goût

1. Chauffer l'huile dans une grande casserole à feu moyen. Faire sauter les pommes de terre et l'oignon jusqu'à ce qu'il soit doré, pendant environ 10 minutes. Ajouter la salsa, les tomatillos, les haricots blancs et le bouillon de légumes. Réduire le feu à moyen-doux, et cuire, en remuant fréquemment pendant environ 20 minutes.

2. Retirer du feu. Servir le chili dans un grand bol, ou verser dans des plats de service, et garnir avec des graines de potiron, chips tortilla, du fromage, et saupoudrer de poudre chili.

PAR PORTION : 830 CAL ; 43 G PROT ; 36 G MAT GR ; 91 G CARB ; 5 MG CHOL ; 840 MG SOD ; 18 G FIBRES

LASAGNE VÉGÉTARIENNE GÉANTE

Ce plat très simple à réaliser est parfait lorsque vous recevez pour l'occasion plusieurs invités. Les lasagnes peuvent être assemblées rapidement sans que vous ayez à cuire les pâtes au préalable, puisque la recette utilise des pâtes prêtes à cuire qui cuisent au four pendant la cuisson.

1 paquet 250 g (9 onces) de lasagnes prêtes à cuire

45 ml (3 c. à soupe) d'huile d'olive

1 oignon, coupé en dés

336 g (12 onces) de « viande » hachée à base de soja et sans saveur

1 poivron vert, coupé en dés

450 g (1 livre) d'aubergine, avec la peau et coupée en cubes

1 grosse tomate, hachée

360 ml (1 ½ tasse) de cœurs d'artichaut, égouttés

15 ml (1 c. à soupe) de poudre d'ail

1 litre (4 tasses) de sauce marinara

15 ml (1 c. à soupe) d'origan séché

Sel et poivre noir fraîchement moulu au goût

1 litre (4 tasses) de fromage ricotta faible en matières grasses

1 litre (4 tasses) de fromage mozzarella râpé faible en matières grasses

1. Préchauffer le four à 200 °C (400 °F). Vaporiser un moule à lasagnes allant au four de 22,86 à 33,02 cm (9 x 13 pouces) avec un vaporisateur anti-adhésif à cuisson.

2. Étaler 240 ml (1 tasse) de sauce tomate au fond de la casserole. Déposer 8 feuilles de lasagne au fond de la casserole, en faisant se chevaucher les feuilles au besoin pour remplir tous les vides.

3. Chauffer 30 ml (2 c. à soupe) d'huile dans un grand poêlon à feu moyen, et dorer les oignons pendant environ 1 minute. Ajouter la « viande » hachée à base de soja, et faire sauter pendant 2 à 3 minutes. Ajouter le poivron, l'aubergine, la tomate, les cœurs d'artichaut, et 480 ml (2 tasses) de sauce marinara, et cuire pendant environ 5 minutes, en remuant de temps en temps. Incorporer l'origan, le sel et le poivre.

4. Verser la moitié de la « viande » et le mélange d'aubergine sur les pâtes de lasagne, et garnir avec le fromage ricotta. Mettre les pâtes de lasagne restantes sur le ricotta, puis verser et étaler sur le reste de la sauce marinara. Verser sur la sauce et étaler le reste de la « viande » à base de soja et le mélange d'aubergine, et saupoudrer de mozzarella. Couvrir hermétiquement le moule allant au four d'une feuille d'aluminium.

5. Cuire pendant environ 45 minutes, ou jusqu'à ce que la couche supérieure de fromage fonde et soit mousseuse. Retirer du four, et servir chaud ou rafraîchir et réfrigérer pour une utilisation ultérieure. Si elles sont réfrigérées, vous devrez réchauffer les lasagnes dans un four préchauffé jusqu'à ce qu'elles soient complètement chauffées.

PAR PORTION : 350 CAL ; 27 G PROT ; 13 G MAT GR ; 28 G CARB ; 35 MG CHOL ; 680 MG SOD ; 6 G FIBRES

RIZ AVEC HARICOTS ET CHILI VERT

Le tofu ferme cuit ajoute une texture unique à ce plat festif. Servez avec beaucoup de tortillas chaudes.

2 paquets de 170 à 224 g
  (6 à 8 onces) de tofu cuit Tex-Mex
  aromatisé, coupé en cubes

30 ml (2 c. à soupe) d'huile végétale

3 gousses d'ail, émincées

2 oignons moyens, coupés en dés

240 ml (1 tasse) de chilis verts
  hachés

15 ml (1 c. à soupe) de poudre de
  chili rouge

5 ml (1 c. à thé) de cumin moulu

2,5 ml (½ c. à thé) de poivre noir
  fraîchement moulu

5 ml (1 c. à thé) de sel

360 ml (1½ tasse) de riz cuit
  à long grain

480 ml (2 tasses) de haricots pinto
  cuits

720 ml (3 tasses) de bouillon de
  légumes (page 431) ou d'eau

1. Chauffer l'huile dans un grand poêlon, et faire sauter le tofu jusqu'à ce qu'il soit doré, pendant 5 à 7 minutes. Ajouter l'ail et l'oignon au poêlon, et faire sauter pendant 3 minutes. Ajouter les chilis verts, la poudre de chili, le cumin, le poivre et le sel, et cuire pendant 5 minutes.

2. Ajouter le riz, les haricots et le bouillon de légumes, couvrir, réduire à feu doux et cuire pendant 25 à 30 minutes, ou jusqu'à ce que le liquide soit absorbé. Retirer du feu, et servir.

PAR PORTION : 490 CAL ; 24 G PROT ; 12 G MAT GR ; 73 G CARB ; 0 MG CHOL ; 970 MG SOD ; 9 G FIBRES

Les pirojkis sont de savoureux chaussons contenant des garnitures comme des champignons ou du fromage. Ils peuvent être servis comme entrée au cours d'un repas festif avec un borscht froid au gingembre avec des champignons (page 405).

Pâte

180 ml (¾ tasse) de farine non blanchie

180 ml (¾ tasse) de farine de blé entier

0,6 ml (⅛ c. à thé) de crème de tartre

1 pincée de sel

120 ml (½ tasse) plus 15 ml (1 c. à soupe) d'eau tiède

15 ml (1 c. à soupe) d'huile végétale

1 grosse pomme de terre, cuite à la vapeur, pelée et écrasée

Garniture

5 ml (1 c. à thé) d'huile d'olive vierge

1 gros oignon, haché

240 ml (1 tasse) de champignons de Paris hachés fin

Sel et poivre noir fraîchement moulu au goût

Nappage

5 ml (1 c. à thé) d'huile végétale

1 ou 2 oignons, haché(s)

120 ml (½ tasse) de yogourt ou de crème sure sans produits laitiers

30 ml (2 c. à soupe) de morceaux de « bacon » à base de soja

1. Pour préparer la pâte : dans le grand bol, combiner les farines, la crème de tartre et le sel. Dans un autre bol, combiner l'eau, l'huile et 60 ml (¼ tasse) de la pomme de terre en purée. Réserver le reste de la pomme de terre pour la garniture. Remuer le mélange humide dans le mélange de farine. Pétrir pendant 5 à 10 minutes sur une surface enfarinée jusqu'à ce que la pâte soit lisse. Couvrir la pâte, et laisser reposer 30 minutes.

2. Pour préparer la garniture : entre temps, chauffer l'huile dans un poêlon à feu moyen, et faire cuire l'oignon et les champignons, en remuant pendant environ 5 minutes, jusqu'à ce qu'ils soient légèrement dorés. Vider dans un bol et combiner avec la pomme de terre réservée. Assaisonner avec du sel et du poivre.

3. Pour assembler les pirojkis, diviser la pâte en deux. Rouler chaque moitié de 0,32 cm (⅛ pouce) d'épaisseur sur la surface enfarinée. Couper en cercles de 7,62 cm (3 pouces) avec un découpoir ou un verre dans la farine. Mettre de généreuses cuillerées à thé de la garniture au centre de chaque cercle, et pincer les bords ensemble pour sceller. Garder les pirojkis entre deux serviettes pour les empêcher de sécher.

4. Pour préparer le nappage : chauffer l'huile dans un poêlon à feu moyen, et faire sauter les oignons jusqu'à ce qu'ils soient dorés. Remuer ensemble le yogourt et les morceaux de « bacon » à base de soja, et incorporer les oignons.

5. Porter une grande casserole d'eau à ébullition, et ajouter plusieurs pirojkis à l'eau, en faisant attention pour ne pas trop surcharger la casserole. En utilisant une cuillère trouée ou écumoire, retirer les pierogis lorsqu'ils flottent à la surface, après environ 3 minutes. Vider sur un plat de service, garnir avec le nappage et servir.

PAR PORTION : 49 CAL ; 2 G PROT ; 2 G MAT GR ; 7 G CARB ; 1 MG CHOL ; 17 MG SOD ; 0,8 G FIBRES

RIZ PRÉPARÉ À LA JAMAÏCAINE

Le terme «cook-up» est une expression des Caraïbes qui fait référence à un plat qui incorpore les ingrédients que vous avez sous la main dans la cuisine. Dans cette version, vous combinez du riz, des haricots, et des légumes, avec un peu de lait de coco et de la poudre de cari, et vous obtenez une saveur agréable et relevée. Cette recette doublera ou triplera facilement si vous prolongez la réception.

15 ml (1 c. à soupe) d'huile de canola

1 oignon jaune moyen, coupé en dés

1 poivron rouge moyen, épépiné et coupé en dés

2 ou 3 gousses d'ail, émincée

½ chili Scotch Bonnet, épépiné et émincé (facultatif)

480 ml (2 tasses) de riz blanc à long grain non cuit

1 boîte de 450 ml (15 onces) de haricots rouges, égouttés et lavés

120 ml (½ tasse) de lait de noix de coco en conserve

10 ml (2 c. à thé) de cari en poudre

2,5 ml (½ c. à thé) de thym séché

2,5 ml (½ c. à thé) de poivre fraîchement moulu

2,5 ml (½ c. à thé) de sel

1. Chauffer l'huile dans une grande casserole à feu moyen. Ajouter l'oignon, le poivron, l'ail et le chili, et cuire en remuant fréquemment, jusqu'à ce que les légumes commencent à ramollir, environ 5 minutes.

2. Ajouter 840 ml (3½ tasses) d'eau, le riz, les haricots, le lait de coco, et les assaisonnements, et faire bouillir. Réduire le feu, couvrir, et cuire jusqu'à ce que le riz soit tendre et que le liquide soit absorbé, pendant 15 à 20 minutes. Remuer le riz avec une fourchette, et laisser reposer à couvert pendant 5 à 10 minutes. Verser du riz sur des assiettes, et servir chaud.

PAR PORTION : 323 CAL ; 9 G PROT ; 3 G MAT GR ; 64 G CARB ; 0 MG CHOL ; 441 MG SOD ; 6 G FIBRES

CHAMPIGNON EXTRAVAGANZA

Pour un repas d'apparat, prévoyez mélanger des variétés de champignons, y compris certains champignons plus exotiques, comme les chanterelles, le champignon de Paris, les morilles et le bolet. N'utilisez pas de xérès très sec ou du vin blanc, parce que les champignons ont besoin d'une note plus sucrée en arrière-goût.

360 ml (1½ tasse) de coquilles de pâte de quinoa ou de coquilles régulières

30 ml (2 c. à soupe) d'huile végétale

450 g (1 livre) de variétés de champignons

112 g (4 onces) de fromage de chèvre

120 ml (½ tasse) de xérès

240 ml (1 tasse) de bouillon de champignon

30 ml (2 c. à soupe) de farine tout usage

Sel et poivre noir fraîchement moulu au goût

120 ml (½ tasse) de persil émincé

1. Cuire les pâtes de quinoa en suivant les instructions sur le paquet, égoutter et réserver. Couper de grandes tranches de champignons en commençant par le chapeau jusqu'au bout de la tige.

2. Entre temps, chauffer l'huile dans un grand poêlon, et faire sauter les champignons, en remuant fréquemment, jusqu'à ce que les champignons commencent à ramollir. Mélanger le fromage de chèvre, le xérès, le bouillon et la farine ensemble dans un bol et verser sur les champignons, en remuant bien. Assaisonner avec le sel et le poivre.

3. Continuer à cuire jusqu'à ce que le liquide épaississe et soit réduit légèrement. Verser les pâtes sur des assiettes de service. Retirer les champignons du feu, et verser des portions égales sur les pâtes. Saupoudrer du persil, et servir.

PAR PORTION : 370 CAL ; 14 G PROT ; 17 G MAT GR ; 36 G CARB ; 20 MG CHOL ; 300 MG SOD ; 4 G FIBRES

TARTE TAMALE À LA MODE TEX-MEX

Vous voulez attirer un grand nombre de convives à l'occasion d'une soirée décontracté ? Servez ce plat plein de saveurs — davantage destiné aux véritables amateurs que la version à la page 387 — avec de la bière et des jus de fruit frais en abondance et une pile de tortillas chaudes.

Croûte

180 ml (¾ tasse) de farine de maïs

2,5 ml (½ c. à thé) de sel

15 ml (1 c. à soupe) d'huile végétale

Garniture

30 ml (2 c. à soupe) d'huile végétale

1 paquet de 336 g (12 onces) de « bœuf » haché à base de soja au goût de taco

240 ml (1 tasse) d'oignons hachés

240 ml (1 tasse) de raisins secs

15 ml (1 c. à soupe) d'ail émincé

15 ml (1 c. à soupe) de chipotles en sauce adobo

1 boîte de 434 g (15½ onces) de semoule de maïs

1 boîte de 434 g (15½ onces) de maïs en grains

15 ml (1 c. à soupe) de chili en poudre

360 ml (1½ tasse) d'olives noires dénoyautées

480 ml (2 tasses) de salsa

Sel au goût

360 ml (1½ tasse) de fromage cheddar ou Monterey Jack râpé

1. Pour préparer la croûte : combiner la farine de maïs, le sel, et la poudre de chili, avec 480 ml (2 tasses) d'eau dans une casserole, et porter à ébullition à feu moyen. Réduire à feu doux, couvrir la casserole et cuire jusqu'à ce que l'eau soit absorbée. Retirer du feu, et verser le mélange dans un plat allant au four de 3 litres (12 tasses).

2. Préchauffer le four à 190 °C (375 °F).

3. Pour préparer la garniture : chauffer l'huile dans un grand poêlon, et faire sauter les oignons et le « bœuf » haché jusqu'à doré. Ajouter les raisins secs, l'ail, les chipotles en adobo, la semoule de maïs, les grains de maïs et la poudre chili, en remuant pour bien mélanger, et réduire à feu doux. Cuire pendant 5 minutes, ou jusqu'à ce que les ingrédients soient chauffés. Incorporer les olives, la salsa et le sel, et cuire pendant 3 à 4 minutes de plus. Verser le mélange sur le plat allant au four et garnir avec le fromage.

4. Cuire pendant environ 45 minutes, ou jusqu'à ce que le fromage soit mousseux et la garniture chauffée. Retirer du four, et servir chaud ou à la température de la pièce.

PAR PORTION : 330 CAL ; 14 G PROT ; 12 G MAT GR ; 44 G CARB ; 20 MG CHOL ; 960 MG SOD ; 7 G FIBRES

CARI AU CHOU-FLEUR ET POMMES DE TERRE

Rappelant les glorieux caris aux légumes de l'Inde, ce plat fait appel au pita chaud ou à un pain de style indien comme accompagnement, ou à un plat de yogourt froid, servi avec un thé chai indien chaud.

30 ml (2 c. à soupe) d'huile végétale

1 oignon, coupé en dés

8 petites pommes de terre Yukon Gold, coupées en quatre

30 ml (2 c. à soupe) de gingembre frais, émincé

15 ml (1 c. à soupe) d'ail émincé

10 ml (2 c. à thé) de cumin moulu

10 ml (2 c. à thé) de poudre de cari

5 ml (1 c. à thé) de curcuma moulu

½ tête de chou-fleur, coupé en fleurettes

480 ml (2 tasses) de pois chiches

240 ml (1 tasse) de bouillon de légumes (page 431)

120 ml (½ tasse) de yogourt nature sans matières grasses, ou faible en matières grasses

2 chilis verts, coupés en minces tranches

120 ml (½ tasse) de feuilles de cilantro hachées comme garniture

1. Chauffer l'huile dans un grand wok ou un grand poêlon à feu moyen-élevé, et faire sauter l'oignon jusqu'à ce qu'il soit doré, pendant environ 5 minutes. Incorporer les pommes de terre, et continuer à cuire et à remuer jusqu'à ce que les pommes de terre commencent à être dorées, pendant environ 10 minutes de plus.

2. Incorporer le gingembre, l'ail, le cumin, la poudre de cari, le curcuma, le chou-fleur et le bouillon de légumes, et réduire à feu moyen, en remuant fréquemment. Cuire jusqu'à ce que le chou-fleur devienne tendre, pendant 12 à 15 minutes. Retirer du feu, incorporer le yogourt et les chilis et servir. Garnir les portions avec des feuilles de cilantro.

PAR PORTION : 480 CAL ; 16 G PROT ; 9 G MAT GR ; 88 G CARB ; 0 MG CHOL ; 250 MG SOD ; 12 G FIBRES

Ce ragoût classique du Sud, épais et savoureux, ici actualisé, peut sustenter plusieurs invités.

15 ml (1 c. à soupe) d'huile
de canola

80 ml (⅓ tasse) de sauce soja
faible en sodium

2 gousses d'ail, émincées

1 petit morceau de gingembre frais,
pelé et émincé

15 ml (1 c. à soupe) de sucre
cristallisé

450 g (1 livre) de tofu très ferme

224 g (8 onces) de tempeh,
coupé en dés

224 g (8 onces) de seitan,
coupé en dés

2 branches de céleri avec
les feuilles hachées

1 gros oignon, haché fin

2 litres (8 tasses) d'eau ou de
bouillon de légumes (page 431)

1 paquet de 280 g (10 onces)
de petits haricots de lima

1 paquet de 280 g (10 onces)
de pois verts congelés

1 boîte de 448 g (16 onces)
de maïs entier en grains

1 boîte de 840 ml (28 onces) de
tomates hachées dans leur jus

2 grosses pommes de terre, pelées
et coupées en dés

45 ml (3 c. à soupe) de sauce soja
faible en sodium

5 ml (1 c. à thé) de piment de la
Jamaïque moulu

2,5 ml (½ c. à thé) de sauce
piquante aux piments, ou au goût

5 ml (1 c. à thé) de poivre noir
fraîchement moulu

15 ml (1 c. à soupe) de moutarde
jaune préparée

45 ml (3 c. à soupe) de sauce
Worcestershire végétarienne

1. Combiner l'huile, la sauce soja, 30 ml (2 c. à soupe) d'eau, l'ail, le gingembre et le sucre dans une marmite, et chauffer à feu moyen. Émietter le tofu dans le mélange, et augmenter à feu moyen-élevé. Cuire, en remuant, jusqu'à ce que liquide se soit évaporé et que le tofu soit doré. Ajouter le tempeh et le seitan. Cuire, en remuant, jusqu'à ce qu'ils soient dorés, pendant environ 5 minutes.

2. Ajouter le reste des ingrédients au mélange de tofu. Porter à ébullition et réduire à feu doux. Cuire, à découvert, jusqu'à ce que le ragoût soit épais, pendant environ 45 minutes. Si le ragoût semble sec, ajouter 120 à 240 ml (½ à 1 tasse) d'eau et faire tremper pendant 10 minutes de plus.

PAR PORTION : 176 CAL ; 11 G PROT ; 4 G MAT GR ; 21 G CARB ; 0 MG CHOL ; 568 MG SOD ; 5 G FIBRES

Ce plat est abondamment garni de fromage, il est donc très nutritif, et il est aussi très élégant. Voici une occasion de célébrer l'été avec des amis, lorsque les meilleurs produits sont vendus dans les marchés agricoles.

1 feuille de pâte feuilletée, décongelée

30 ml (2 c. à soupe) d'huile végétale

2 poivrons rouges, coupés en fines bandes

1 poivron vert, coupé en minces bandes

240 ml (1 tasse) d'aubergine coupée en dés

1 oignon doux, coupé en dés

112 g (4 onces) de fromage feta émietté

112 g (4 onces) d'olives dénoyautées salées, dans l'huile

30 ml (2 c. à soupe) de tomates séchées au soleil dans l'huile et hachées

480 ml (2 tasses) de fromage mozzarella râpé

1. Préchauffer le four à 190 °C (375°F).

2. Couvrir de farine un plan de travail et étirer la pâte feuilletée jusqu'à 27,94 x 27,94 cm (11 x 11 pouces). Mettre dans un plat allant au four de 3 litres (12 tasses), en appuyant sur la pâte dans le plat et en tirant les coins jusqu'aux bords du plat.

3. Chauffer l'huile dans un grand poêlon à feu moyen, et faire sauter les poivrons, l'aubergine, et l'oignon, pendant environ 10 minutes. Retirer du feu, et incorporer le fromage feta, les olives et les tomates séchées. Verser le mélange dans le plat allant au four, et garnir avec le fromage mozzarella.

4. Cuire pendant 35 à 40 minutes, ou jusqu'à ce que le fromage fonde complètement et que la garniture soit chauffée. Retirer du four, et servir.

PAR PORTION : 740 CAL ; 24 G PROT ; 54 G MAT GR ; 42 G CARB ; 60 MG CHOL ; 1 210 MG SOD ; 3 G FIBRES

LÉGUMES ÉTAGÉS
À LA MODE MÉDITERRANÉENNE

Voici un plat tape-à-l'œil, idéal pour un repas élégant. Grâce aux diverses saveurs de la Méditerranée, vous pouvez remplir plusieurs grosses cocottes avec des combinaisons de légumes assorties. Pour cette recette, laissez-vous guider. Il importe de se rappeler qu'il faut disposer les légumes en couches, et qu'au moment de trancher la tarte, tous les ingrédients devraient être bien répartis. Si vous décidez d'utiliser des cœurs d'artichaut, recherchez les cœurs d'artichaut congelés.

1 feuille de pâte feuilletée, décongelée

15 ml (1 c. à soupe) d'huile d'olive

240 ml (1 tasse) d'aubergine coupée en dés

2 gros œufs

224 g (8 onces) de fromage à la crème sans matières grasses à la température de la pièce

5 ml (1 c. à thé) de moutarde de Dijon, ou au goût

Sel et poivre noir fraîchement moulu au goût

250 g (9 onces) de fromage suisse râpé, faible en matières grasses

2 poireaux, bien lavés et coupés en fines tranches

2 poivrons rouges, épépinés et coupés en dés

2 courgettes, coupées en dés

480 ml (2 tasses) de cœurs d'artichaut, de préférence congelés et décongelés

240 ml (1 tasse) de frites ou de rondelles d'oignon

180 ml (¾ tasse) de fromage parmesan râpé

1. Préchauffer le four à 190 °C (375 °F).

2. Couvrir de farine un plan de travail et étirer la pâte feuilletée jusqu'à 27,94 x 27,94 cm (11 x 11 pouces). Mettre dans un plat de 3 litres (12 tasses) allant au four, en appuyant sur la pâte dans le plat et en tirant les coins jusqu'aux bords.

3. Chauffer l'huile dans un grand poêlon à feu moyen, et faire sauter l'aubergine pendant environ 8 minutes.

4. Entre temps, en utilisant un batteur électrique, battre les œufs jusqu'à mousseux. Incorporer le fromage à la crème, la moutarde, le sel et le poivre, et continuer à battre jusqu'à ce que le mélange soit lisse. Incorporer environ 200 g (7 onces) du fromage.

5. Disposer les légumes en couches, en commençant par les poireaux. Ajouter le poivron rouge et l'aubergine et verser la moitié de la sauce sur les légumes. Continuer à disposer en couches, en ajoutant la courgette et les cœurs d'artichaut. Garnir avec les rondelles d'oignon, le reste de la sauce et le fromage suisse restant. Saupoudrer dessus du fromage parmesan.

6. Cuire pendant environ 50 minutes, ou jusqu'à ce que la tarte devienne dorée, et que le fromage ait complètement fondu. Retirer du four, et servir pendant que le plat est encore chaud.

PAR PORTION : 430 CAL ; 24 G PROT ; 24 G MAT GR ; 29 G CARB ; 75 MG CHOL ; 700 MG SOD ; 2 G FIBRES

Les Russes adorent les repas conviviaux, et cette recette est une adaptation d'un plat traditionnel servi lors de réunions de famille. Différents ingrédients, dont les œufs durs et le riz, composent souvent la garniture et sont recouverts d'une croûte croustillante et dorée. Ici, les champignons bruns et odorants et le chou vert aromatisé avec de l'ail et des baies de genévrier se mélangent au riz pour créer les couches de cette entrée impressionnante et festive. On trouve les baies de genévrier dans les magasins d'alimentation spécialisés.

Garniture

5 ml (1 c. à thé) de baies de genévrier séchées

2 gousses d'ail, pelées

1,25 ml (¼ c. à thé) de sel

30 ml (2 c. à soupe) plus 10 ml (2 c. à thé) d'huile végétale

½ petite pomme de chou vert, finement râpée

560 g (20 onces) de champignons de Paris, hachés

15 ml (1 c. à soupe) de feuilles de sauge fraîches hachées ou 5 ml (1 c. à thé) de sauge séchée

Sel et poivre noir fraîchement moulu au goût

480 ml (2 tasses) de panais pelé et coupé en tranches

15 ml (1 c. à soupe) de thym frais haché ou 5 ml (1 c. à thé) de thym séché

480 ml (2 tasses) de riz brun cuit

1 paquet de 480 g (17¼ onces) de pâte feuilletée congelée, décongelée

1 œuf battu, mélangé avec 5 ml (1 c. à thé) d'eau, ou de lait

1. Pour préparer la garniture : écraser les baies de genévrier, l'ail, et le sel, dans une pâte en utilisant un mortier ou un pilon. Chauffer 15 ml (1 c. à soupe) d'huile dans un grand poêlon à feu moyen. Ajouter la pâte d'ail, et faire sauter pendant 1 minute. Ajouter le chou, et cuire, en remuant jusqu'à ce qu'il soit couvert du mélange de pâte et d'huile. Couvrir, et cuire pendant 2 minutes jusqu'à ce que le chou se flétrisse et soit d'un vert brillant. Vider dans un bol, et réserver.

2. Chauffer 15 ml (1 c. à soupe) de l'huile restante dans le poêlon et ajouter les champignons, la sauge, le sel et le poivre. Cuire, en remuant de temps en temps, jusqu'à ce que les champignons ramollissent, environ 8 minutes. Retirer du feu, et réserver.

3. Bien essuyer le poêlon et chauffer 10 ml (2 c. à thé) de l'huile restante à feu moyen. Ajouter le panais et le thym, et cuire, en remuant fréquemment, jusqu'à ce qu'ils commencent à ramollir, pendant environ 5 minutes.

4. Préchauffer le four à 190 °C (375 °F).

5. Dépliez 1 feuille de pâte feuilletée et mettre sur une surface légèrement couverte de farine. Étirez dans en carré de 35,56 cm (14 pouces), puis couper la pâte dans un cercle de 35,56 cm (14 pouces). Déposer le cercle de pâte dans un moule à charnière de 21,59 cm (8½ pouces) non graissé, et presser doucement pour qu'il épouse le fond et les côtés. Il y aura un peu de pâte de surplus.

6. Verse la moitié du riz sur la pâte. En utilisant une cuillère trouée ou un écumoire, disposer les champignons en couches sur le riz, puis couvrir avec le chou, le reste du riz et les panais. Rabattre soigneusement la pâte sur la garniture. Badigeonner les bords avec l'œuf battu ou le lait. Déplier la deuxième feuille de pâte feuilletée sur la surface légèrement enfarinée. Étirer légèrement et en coupant la pâte, faire un cercle de 21,59 cm (8½ pouces). Mettre le cercle de pâte sur la surface, et presser les bords pour sceller. Badigeonner le dessus avec la dorure à l'œuf, et en utilisant un petit couteau pointu, trancher le dessus en suivant un modèle en croisillons.

7. Cuire pendant 35 à 40 minutes. Lorsque le plat est bien doré, couvrir sans serrer avec une feuille d'aluminium. Réduire le feu 180 °C à (350 °F). Retirer du moule par les côtés, et badigeonner les côtés avec la dorure à l'œuf. Cuire jusqu'à ce que les côtés soient dorés, pendant environ 40 minutes. Retirer du four, et laisser refroidir légèrement avant de servir. Couper en morceaux, et servir.

PAR PORTION : 340 CAL ; 6 G PROT ; 20 G MAT GR ; 35 G CARB ; 20 MG CHOL ; 170 MG SOD ; 4 G FIBRES

TOURTE AUX LÉGUMES À LA PÂTE PHYLLO PARFUMÉE AU ROMARIN

Élégante et sophistiquée, cette tourte constitue la pièce centrale de votre buffet.

2 paquets de 280 g (10 onces) d'épinards hachés congelés, décongelés et essorés

60 ml (¼ tasse) de romarin frais ou (2 c. à soupe) de romarin séché

1 oignon moyen, émincé, plus 2 oignons moyens, coupés en tranches et séparés en rondelles

3 gousses d'ail, pressées ou émincées

120 à 240 ml (½ à 1 tasse) de fromage feta émietté

120 ml (½ tasse) de lait écrémé

Sel et poivre fraîchement moulu

5 ml (1 c. à thé) d'huile d'olive

120 ml (½ tasse) de vin blanc

4 courgettes moyennes, coupées en tranches en diagonale

450 g (1 livre) de champignons de Paris, tranchés

450 g (1 livre) de pâte phyllo

8 poivrons rouges rôtis, séchés et coupés en longues bandes épaisses

1 pot de 390 g (14 onces) de cœurs d'artichaut, égouttés et hachés

170 g (6 onces) de tomates séchées, reconstituées dans l'eau chaude et coupées en minces tranches

60 ml (¼ tasse) de feuilles de basilic haché

120 ml (½ tasse) de noix de pin, rôties (voir page 60)

Brins de romarin frais, pour garnir, facultatif

1. Préchauffer le four à 190 °C (375 °F). Dans un robot culinaire, réduire en purée les épinards, le romarin, l'oignon, l'ail, le feta, le lait, le sel et le poivre, jusqu'à consistance lisse. Si le mélange est trop sec pour être réduit en purée, ajouter un peu plus de lait pour obtenir la consistance désirée. Réserver.

2. Dans un grand poêlon antiadhésif, couvrir d'huile. Ajouter le vin et chauffer jusqu'à ébullition. Cuire la courgette, en remuant, pendant 5 minutes ; enlever et égoutter sur des serviettes de papier. Cuire les oignons, en remuant, pendant 5 minutes ; enlever et égoutter sur des serviettes de papier. Cuire les champignons, en remuant pendant 5 minutes ; enlever et égoutter sur des serviettes de papier.

3. Doubler de papier d'aluminium une plaque à biscuits ou une épaisse plaque à pizza, en laissant les extrémités de la feuille d'aluminium dépasser les bords de la plaque. Vaporiser la feuille d'aluminium avec le vaporisateur d'huile d'olive à cuisson ou badigeonner avec de l'huile.

4. Pour former la croûte de la tourte, étaler 1 feuille de pâte phyllo et badigeonner légèrement ou vaporiser d'huile d'olive. Couvrir le reste de la pâte phyllo pour empêcher le dessèchement. Replier le bord de la pâte qui dépasse de la plaque. Étendre les feuilles de pâte phyllo, en vaporisant ou en badigeonnant chaque feuille d'huile et en plissant les bords.

5. Étendre le mélange de purée d'épinards sur la pâte phyllo. Disposer la courgette, les oignons, les champignons, les poivrons rôtis, les cœurs d'artichaut et les tomates séchées sur le mélange d'épinards. Cuire pendant 15 minutes. Si les bords de la croûte brunissent trop rapidement, abaisser la température du four à 170 °C (325 °F) et cuire pendant 5 minutes de plus. Si la croûte commence à dorer, conserver la température à 190 °C (375 °F) et cuire jusqu'à ce que la pâte phyllo soit dorée et croustillante et que les légumes soient chauds, pendant environ 5 minutes de plus.

6. Saupoudrer la tourte de basilic frais et de noix de pin grillées. Glisser des brins de romarin dans les plis de la croûte pour garnir. Servir immédiatement.

PAR PORTION : 281 CAL ; 11 G PROT ; 9 G MAT GR ; 37 G CARB ; 27 MG CHOL ; 652 MG SOD ; 6 G FIBRES

Les Italiens servent habituellement la polenta sans ornement, fromage ou huile, mais cette recette donne à la polenta une autre dimension avec ses généreuses quantités de fromage et quelques filets d'huile d'olive. Vous pouvez varier le type de fromage utilisé, mais veuillez conserver la touche italienne. Les légumes rôtis qui servent d'accompagnement, ou que l'on ajoute à la polenta, peuvent être choisis selon le goût de chacun et la saison, mais utilisez des légumes robustes. La quantité de légumes que vous choisissez dépend entièrement de vous — la recette ci-dessous n'est qu'une indication seulement.

Légumes à rôtir : poivrons rouges ou verts et aubergines tranchés, pommes de terre coupées en quatre, patates douces en tranches, choux de Bruxelles, carottes et rutabagas tranchés, poireaux et oignons tranchés

Huile d'olive et vinaigre balsamique pour faire mariner les légumes

225 g (½ livre) de polenta

12,5 ml (2½ c. à thé) de sel

30 ml (2 c. à soupe) d'huile d'olive

15 ml (1 c. à soupe) d'ail émincé

170 g (6 onces) de fromage râpé Fontina

170 g (6 onces) de fromage Provolone râpé

Poivre noir fraîchement moulu pour garnir

1. Préchauffer le four à 190 °C (375 °F).

2. Préparer les légumes, en mettant les morceaux coupés dans un grand bol à mélanger. Combiner suffisamment d'huile d'olive et de vinaigre balsamique pour couvrir les légumes lorsqu'ils sont remués. Disposer les légumes dans une grande casserole allant au four, verser dessus de la marinade. Sauter, en remuant de temps en temps, 45 minutes à 1 heure, ou jusqu'à ce que les légumes soient croustillants et tendres.

3. Entre temps, chauffer 1,4 litre (6 tasses) d'eau à feu moyen dans une grande casserole. Lorsque l'eau bout, verser lentement la polenta, en remuant continuellement. Lorsque toute la polenta a été ajoutée, incorporer le sel, l'huile et l'ail, et réduire à feu moyen-doux.

4. Continuer à remuer en saupoudrant les fromages, et continuer à cuire et à remuer jusqu'à ce que le fromage soit incorporé et que la polenta épaississe pour atteindre une consistance semblable à la purée, ou pendant environ 20 minutes. Retirer du feu, mettre dans un plat de service ou verser dans des assiettes. Servir avec les légumes rôtis.

PAR PORTION (SANS MARINADE OU LÉGUMES) : 210 CAL ; 10 G PROT ; 13 G MAT GR ; 15 G CARB ; 30 MG CHOL ; 870 MG SOD ; 2 G FIBRES

STROGANOFF AUX CHAMPIGNONS
AVEC TEMPEH ET TOFU

Ce plat exige toute votre attention — si vous le chauffez trop, la sauce se séparera irrémédiablement. Si quelques calories supplémentaires ne vous font pas peur, n'hésitez pas à vous offrir de la vraie crème sure ; sa saveur est unique et délicieuse. Si vous ne pouvez trouver de champignons consistants, utilisez des champignons de Paris.

450 g (1 livre) de pâtes alimentaires de votre choix

30 ml (2 c. à soupe) de beurre non salé ou d'huile de canola

1 gros oignon blanc, coupé en fines tranches

1 gousse d'ail, écrasée

560 ml (2⅓ tasses) de champignons tranchés, comme le shiitake ou la pleurote

560 ml (2⅓ tasses) de champignons de Paris, tranchés

224 g (8 onces) de tempeh, coupé en bandes de 1,27 cm (½ pouce) d'épaisseur

480 ml (2 tasses) de crème sure ou de succédané à base de soja

240 ml (1 tasse) de tofu soyeux

30 ml (2 c. à soupe) de sauce soja faible en sodium

15 ml (1 c. à soupe) de xérès sec

5 ml (1 c. à thé) de moutarde sèche

10 ml (2 c. à thé) d'aneth séché, émietté

1 pincée de paprika

1. Chauffer une casserole remplie d'eau légèrement salée à feu moyen, et quand l'eau bout, cuire les pâtes en suivant les instructions sur le paquet. Égoutter, rincer, égoutter de nouveau et réserver.

2. Chauffer le beurre ou l'huile dans un grand poêlon à feu moyen. Faire sauter l'oignon et l'ail jusqu'à ce qu'ils soient translucides, pendant environ 5 minutes. Ajouter les champignons et le tempeh, et continuer à cuire, en remuant, jusqu'à ce que les champignons soient complètement ramollis. Retirer du feu, et réserver.

3. Mettre la crème sure ou le substitut de soja, le tofu, la sauce de soja, le xérès, et la moutarde dans un robot culinaire ou un mélangeur, et réduire en purée jusqu'à consistance lisse. Vider le mélange dans un bain-marie. Incorporer le mélange de champignons, et chauffer jusqu'à chaud. Ne pas trop chauffer. Incorporer l'aneth et le paprika. Verser le stroganoff sur les pâtes. Servir immédiatement.

PAR PORTION : 520 CAL ; 23 G PROT ; 17 G MAT GR ; 69 G CARB ; 35 MG CHOL ; 200 MG SOD ; 5 G FIBRES

RAGOÛT DE HARICOTS NOIRS À LA BRÉSILIENNE

Voici une version végétarienne rapide du plat national brésilien connu sous le nom de «feijoada». Ce ragoût séduit l'oeil avec son contraste coloré entre les haricots noirs et les patates douces, et plaît au palais avec ses ingrédients nourrissants.

15 ml (1 c. à soupe) d'huile végétale

1 gros oignon, haché

2 gousses d'ail moyennes, émincées

2 patates douces moyennes, coupées en deux

1 gros poivron rouge, coupé en dés

1 boîte de 435 ml (14½ onces) de tomates coupées en dés avec son jus

1 petit piment fort chili vert, émincé ou plus au goût

2 boîtes de 480 ml (16 onces) de haricots noirs, égouttés et rincés

1 mangue mûre, dénoyautée, pelée et coupée en dés

60 ml (¼ tasse) de cilantro frais haché

1,25 ml (¼ c. à thé) de sel

1. Chauffer l'huile dans un grand poêlon à feu moyen. Ajouter l'oignon, et cuire, en remuant fréquemment, jusqu'à ramollissement, pendant environ 5 minutes. Incorporer l'ail, et cuire, en remuant, jusqu'à ce que l'oignon soit doré, pendant environ 3 minutes. Incorporer les patates douces, le poivron, les tomates (avec le jus), le chili, et 360 ml (1½ tasse) d'eau. Porter à ébullition. Réduire à feu doux, couvrir, et faire mijoter jusqu'à ce que les patates soient tendres, mais toujours fermes, pendant 10 à 15 minutes.

2. Incorporer les haricots, et cuire à découvert jusqu'à ce qu'ils soient chauffés, pendant environ 5 minutes. Incorporer la mangue, et cuire jusqu'à ce qu'elle soit chauffée, pendant environ 1 minute. Incorporer le cilantro et le sel. Servir chaud.

PAR PORTION : 326 CAL ; 16 G PROT ; 4 G MAT GR ; 61 G CARB ; 0 MG CHOL ; 211 MG SOD ; 17 G FIBRES

SALADE D'HIVER DE POIRES
AVEC VINAIGRETTE AUX FRAMBOISES

POUR 15 PERSONNES

Cette salade croquante vous propose un merveilleux mélange de saveurs. Servez cette salade sur des assiettes à salade ou disposez-la dans le plat de service rond au centre de la table

Salade

2 litres (8 tasses) de radicchio déchiqueté, lavé et séché

10 poires, évidées et coupées en fines tranches

240 ml (1 tasse) de fromage gorgonzola, de feta émietté ou de fromage parmesan râpé

480 ml (2 tasses) de noix hachées et rôties (voir page 60)

120 ml (½ tasse) de persil italien haché

240 ml (1 tasse) de framboises fraîches, facultatif

Vinaigrette

120 ml (½ tasse) de vinaigre de framboises

120 ml (½ tasse) d'huile d'olive

5 ml (1 c. à thé) de sel

5 ml (1 c. à thé) de poivre noir fraîchement moulu

1. Pour préparer la salade : disposer un lit de radicchio de façon attrayante sur les assiettes à salade ou sur un grand plat de service. Disposer en forme d'éventail les tranches de poire sur le radicchio. Parsemer sur les poires le fromage. Parsemer de noix, de persil et de framboises, si utilisées, sur la salade.

2. Pour préparer la vinaigrette : mettre tous les ingrédients dans un pot, bien fermer et secouer pour combiner. Juste avant de servir, verser sur la salade un filet de vinaigrette.

PAR PORTION : 279 CAL ; 5 G PROT ; 19 G MAT GR ; 20 G CARB ; 13 MG CHOL ; 328 MG SOD ; 4 G FIBRES

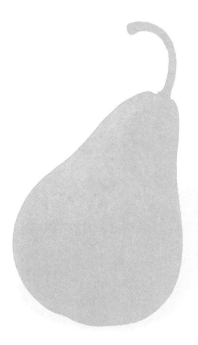

Le cassoulet est un plat français nourrissant. Toutefois, il est, si on excepte les haricots, le cauchemar du végétarien à cause de ses couches de viande de canard, d'oie, de veau, de saucisses fumées et de la quantité importante de graisses saturées que l'on y retrouve. Cette recette modifiée met en valeur nombre de produits de soja fumés vendus sur le marché.

240 ml (1 tasse) de fond de légumes faible en sodium, de bouillon de légumes (page 431) ou d'eau

15 ml (1 c. à soupe) d'huile d'olive

6 gousses d'ail, émincées

1 oignon moyen, coupé en dés

2 branches de céleri moyennes, hachées

2 petites carottes, hachées

240 ml (1 tasse) de champignons hachés

1 pincée plus 5 ml (1 c. à thé) de piment moulu grossièrement

5 ml (1 c. à thé) de sel

1 boîte de 450 ml (15 onces) de petits haricots blancs

360 ml (1½ tasse) de seitan coupé en dés

320 ml (1⅓ tasse) de tempeh fumé coupé en dés

360 ml (1½ tasse) de tofu fumé coupé en dés

15 ml (1 c. à soupe) de thym frais haché ou 5 ml (1 c. à thé) de thym séché

80 ml (⅓ tasse) de chapelure

Vaporisateur d'huile d'olive à cuisson

1. Préchauffer le four à 200 °C (400 °F).

2. Cuire le bouillon ou l'eau à feu doux dans une petite casserole, couvrir, et garder au chaud. Chauffer l'huile dans une grosse marmite de 5 litres (20 tasses), à feu moyen-élevé. Ajouter l'ail, l'oignon, le céleri, les carottes, les champignons, une pincée de poivre et 2,5 ml (½ c. à thé) de sel, et cuire, en remuant fréquemment, pendant environ 3 minutes. Incorporer les haricots et le bouillon chaud. Assaisonner avec 2,5 ml (½ c. à thé) du sel restant et 5 ml (1 c. à thé) de poivre. Ajouter le seitan, le tempeh, le tofu et le thym. Mélanger doucement. Faire mijoter doucement le mélange, et cuire pendant 1 minute. Déposer dans un plat, saupoudrer de chapelure uniformément, enduire légèrement le dessus avec le vaporisateur d'huile d'olive à cuisson, et mettre au four.

3. Cuire à découvert, pendant 15 minutes, ou jusqu'à ce que le dessus soit doré. Retirer le cassoulet du four, et laisser reposer pendant 5 à 10 minutes avant de servir.

PAR PORTION : 324 CAL ; 24 G PROT ; 7 G MAT ; 41 G CARB ; 0 MG CHOL ; 589 MG SOD ; 9 G FIBRES

TAGINE AUX LÉGUMES

Les tagines sont de savoureux ragoûts marocains servis avec beaucoup de légumes cuits et d'épices comme le cumin, la coriandre et le gingembre. Cette version est une merveilleuse occasion pour les végétariens de goûter à une cuisine étrangère dans ce qu'elle a de mieux à offrir. Servez sur un lit de couscous pour un vrai repas marocain. Le type de tomates utilisées détermine la quantité de bouillon ou d'eau nécessaire pour cuire les légumes. Les tomates broyées nécessitent environ 240 ml (1 tasse) d'eau. Les tomates en dés n'exigent pas autant d'eau, mais cuites sur la cuisinière peut nécessiter légèrement plus d'eau. Une fois préparé, le ragoût devrait être un peu sec, non aqueux, et les légumes devraient être tendres et avoir conservé leur forme et ne pas avoir ramolli.

30 ml (2 c. à soupe) d'huile d'olive

4 échalotes, hachées

2 gousses d'ail, émincées

1 morceau de 2,54 cm (1 pouce) de gingembre frais, émincé

1 branche de céleri, hachée

1 bâtonnet de cannelle de 7,62 cm (3 pouces)

7,5 ml (1½ c. à thé) de coriandre moulue

7,5 ml (1½ c. à thé) de cumin moulu

7,5 ml (1½ c. à thé) de paprika

5 ml (1 c. à thé) de sel

5 ml (1 c. à thé) de poivre noir fraîchement moulu

0,6 ml (⅛ c. à thé) de poivre de Cayenne, ou au goût

1 boîte de 900 g (32 onces) de tomates écrasées ou coupées en dés

1 grosse carotte, pelée et coupée en morceaux

140 g (5 onces) de haricots verts, les extrémités coupées

1 petite courge musquée ou de patate douce, pelée et coupée en morceaux

½ tête de chou-fleur, coupé en fleurettes

½ bulbe de fenouil, taillé et coupé en morceaux

Bouillon de légumes (page 431) ou eau au besoin

1,25 ml (¼ c. à thé) de safran écrasé

240 ml (1 tasse) de pois chiches cuits ou en conserve, rincés

120 ml (½ tasse) d'olives kalamata dénoyautées

120 ml (½ tasse) de pruneaux dénoyautés et coupés en deux

45 ml (3 c. à soupe) de persil frais haché

1. Préchauffer le four à 180 °C (350 °F).

2. Chauffer l'huile dans une grande marmite à feu moyen. Ajouter les échalotes, l'ail, le gingembre, le céleri et le bâton de cannelle, et cuire, en remuant fréquemment, jusqu'à ce que les échalotes et le céleri commencent à ramollir, pendant environ 5 minutes. Ajouter la coriandre, le cumin, le paprika, le sel, le poivre noir et le poivre de Cayenne. Cuire, en remuant constamment, jusqu'à ce que les épices soient odorantes, pendant environ 1 minute. Incorporer les tomates, la carotte, les haricots verts, la courge ou la patate douce, le chou-fleur et le fenouil. Ajouter suffisamment de bouillon de légumes ou d'eau pour couvrir les légumes. Incorporer le safran.

3. Couvrir et cuire jusqu'à ce que les légumes soient tendres, pendant 40 à 45 minutes. Environ 5 minutes avant que le ragoût soit prêt, incorporer les pois chiches, les olives et les pruneaux. Incorporer le persil juste avant de servir.

PAR PORTION : 260 CAL ; 8 G PROT ; 9 G MAT GR ; 43 G CARB ; 0 MG CHOL ; 790 MG SOD ; 10 G FIBRES

Idéal pour un dîner d'automne décontracté, la terrine peut être préparée trois jours à l'avance. Mettre dans une casserole, couvrir hermétiquement et réfrigérer. Démouler et amener à la température de la pièce avant de servir. La sauce peut être préparée trois jours à l'avance et réfrigérée. Amener simplement à la température de la pièce avant son utilisation. Choisir une variété de tapenade qui ne comprend pas d'anchois. Ne pas hésiter à rôtir vos poivrons dans votre propre four, ou pour gagner du temps, acheter des poivrons rouges déjà rôtis vendus en conserve ou en pots. Pour compléter le repas, commencer par une salade d'épinards, servir du pain pita chaud ou des biscuits à la patate douce, et terminer avec un dessert aux pommes.

Terrine de ratatouille

2 aubergines moyennes de 1,2 kg (2½ livres), coupées dans le sens de la longueur et en tranches de 1,27 cm (½ pouce) d'épaisseur

80 ml (⅓ tasse) d'huile d'olive

60 ml (¼ tasse) de tapenade d'olives noires

3 poivrons rouges moyens

200 g (7 onces) de fromage de chèvre mou et doux, coupé en fines tranches

Sauce aux herbes fraîches

60 ml (¼ tasse) de basilic frais haché

60 ml (¼ tasse) de feuilles de persil fraîches et hachées

1 petite gousse d'ail, tranchées

20 ml (4 c. à thé) de vinaigre balsamique

90 ml (6 c. à soupe) d'huile d'olive

Sel et poivre noir fraîchement moulu, au goût

1. Préchauffer le four à gril.

2. Pour préparer la terrine d'aubergines : disposer les tranches d'aubergine en une simple couche simple sur des plaques à pâtisserie. Badigeonner les deux côtés des aubergines avec l'huile, et saupoudrer de sel au goût. Griller les aubergines en lots jusqu'à ce qu'elles soient dorées et tendres, pendant 4 à 5 minutes par côté. Déposer les aubergines sur des serviettes de papier pour égoutter.

3. Rôtir les poivrons en les grillant, en tournant toutes les 5 minutes, jusqu'à ce que les peaux pèlent et soient calcinées, pendant 10 à 15 minutes. Vider les poivrons dans un sac de papier, fermer le sac, et laisser la vapeur pénétrer les piments jusqu'à ce qu'ils soient suffisamment refroidis pour être manipulés. Utiliser un petit couteau pointu pour enlever la peau carbonisée, et jeter les graines et les nervures. Couper les poivrons en 3 parties dans le sens de la longueur.

4. Doubler un moule à pain de 21,59 x 11,43 cm (8½ x 4½ pouces) avec une pellicule de plastique, en laissant dépasser le plastique sur une longueur de 7,62 cm (3 pouces). Disposer dans le moule en couches les aubergines, la pâte d'olive, les poivrons et le fromage, en commençant et en terminant avec les aubergines. Couvrir avec un plastique en surplus, et mettre dessus un poids de 1,3 à 1,8 kg (3 à 4 livres). Refroidir pendant 24 heures.

5. Pour préparer le sauce aux herbes fraîches : mettre le basilic, le persil, l'ail, le vinaigre, l'huile, 30 ml (2 c. à soupe) d'eau, le sel et le poivre dans un robot culinaire ou un mélangeur, et réduire en purée jusqu'à consistance lisse.

6. Pour servir, enlever le poids, renverser la terrine sur une planche à découper et jeter l'emballage de plastique. Couper la terrine en tranches de 1,91 cm (¾ de pouce) d'épaisseur. Verser la sauce aux herbes fraîches sur des plats de service, en les inclinant pour que la sauce s'étende. Disposer les tranches de terrine sur la sauce.

PAR PORTION : 339 CAL ; 8 G PROT ; 28 G MAT GR ; 15 G CARB ; 15 MG CHOL ; 170 MG SOD ; 6 G FIBRES

RAGOÛT DE LÉGUMES À LA TURQUE

Ce ragoût facile à préparer est bon servi avec une céréale, comme le riz ou l'orge, ainsi qu'avec du pain pita. En été, remplacez le persil par 15 ml (1 c. à soupe) de menthe ou d'aneth frais haché. Terminez la préparation de chaque plat en ajoutant une petite pincée de fromage feta émietté.

10 ml (2 c. à thé) d'huile végétale

1 oignon moyen, coupé en deux et en tranches

2 gousses d'ail moyennes, pelées et écrasées

170 g (6 onces) de haricots verts, taillés, coupés en deux dans le sens de la longueur et en diagonale

170 g (6 onces) d'okra, taillé et coupé en tranches de 1,27 cm (½ pouce) d'épaisseur

1 boîte de 840 ml (28 onces) de tomates italiennes entières pelées, égouttées, et 120 ml (½ tasse) de jus réservé

120 ml (½ tasse) de fond de légumes en conserve ou de bouillon de légumes (page 431)

2,5 ml (½ c. à thé) de cumin moulu

2 courgettes moyennes, coupées en quatre dans le sens de la longueur et en morceaux de 1,27 cm (½ pouce)

60 ml (¼ tasse) de persil frais haché

3,75 ml (¾ c. à thé) de gros sel

2,5 ml (½ c. à thé) de poivre fraîchement moulu

1. Chauffer l'huile dans un grand poêlon à feu moyen-doux. Ajouter l'oignon et l'ail, et cuire jusqu'à ce que l'oignon ait ramolli, pendant environ 5 minutes. Incorporer les haricots verts, l'okra, les tomates, le jus de tomates réservé, le fond de légumes et le cumin. Porter à ébullition, en brisant les tomates avec une cuillère en bois. Réduire à feu doux, partiellement couvert, et cuire, en remuant de temps en temps, pendant 15 minutes.

2. Augmenter le feu à moyen. Incorporer la courgette, le persil, le sel et le poivre, couvrir et cuire jusqu'à ce que la courgette soit tendre, pendant environ 8 minutes. Servir chaud.

PAR PORTION : 140 CAL ; 6 G PROT ; 3 G MAT GR ; 24 G CARB ; 0 MG CHOL ; 758 MG SOD ; 7 G FIBRES

CARI À LA NOIX DE COCO ET NOUILLES

Relevé et brûlant, ce cari soyeux donne du caractère à un bol de nouilles garni de tofu et de légumes verts assortis. Ce qui en fait un plat si particulier que vous pouvez doubler ou tripler la recette et servir ce cari à table à vos nombreux invités. Assurez-vous d'acheter la pâte de cari rouge thaïe préparée sans sauce de poisson ou de pâte de crevette. S'il vous reste de la sauce de cari, celle-ci se conservera au réfrigérateur au moins deux jours.

1 paquet de 336 g (12 onces) de nouilles Sarnen

45 ml (3 c. à soupe) d'huile végétale, plus pour friture

1 oignon, coupé en dés

30 ml (2 c. à soupe) d'ail émincé

30 ml (2 c. à soupe) de gingembre émincé

5 ml (1 c. à thé) de curcuma moulu

720 à 840 ml (3 à 3½ tasses) de lait de noix de coco, faible en matières grasses

60 ml (¼ tasse) de sucre brun

15 ml (1 c. à soupe) de pâte de cari rouge, ou au goût

2 chilis verts, épépinés et coupés en fines tranches

30 ml (2 c. à soupe) de jus de lime frais, ou plus au goût

Sel au goût

6 gros œufs durs, coupés en quatre, pour garnir

Environ 450 g (1 livre) de tofu très ferme, coupé en cubes, pour garnir

2 concombres, pelés et râpés, pour garnir

1 botte de cresson, taillée et blanchie pour garnir

1. Cuire les nouilles en suivant les instructions sur le paquet, égoutter et réserver.

2. Chauffez l'huile dans un grand wok ou poêlon à feu moyen, et faire sauter l'oignon, l'ail, le gingembre et le curcuma pendant 3 minutes. Réduire à feu moyen-doux, et continuer à cuire jusqu'à ce que le mélange devienne très aromatique.

3. Incorporer 420 ml (1¾ tasse) de lait de coco, le sucre brun, la pâte de cari rouge, les chilis, le jus de lime, et le sel. Continuer à cuire et remuer pendant environ 15 minutes, ou jusqu'à ce que le mélange soit réduit et épaississe. Ajouter le reste du lait de coco, remuer pour bien combiner et cuire jusqu'à ce le mélange soit bien chauffé. Retirer du feu.

4. Pour servir, mettre une portion de nouilles dans un grand bol de soupe, et verser environ 60 ml (¼ tasse) de noix de coco sur les nouilles. Garnir les nouilles avec l'œuf, le tofu, une partie des concombres, et le cresson. Répéter jusqu'à ce que les nouilles soient entièrement utilisées, et ajouter plus de cari de noix de coco, si désiré.

PAR PORTION : 670 CAL ; 24 G PROT ; 26 G MAT GR ; 82 G CARB ; 210 MG CHOL ; 550 MG SOD ; 6 G FIBRES

célébrer les fêtes

DOLIQUES « HOPPIN' JOHN »

POUR 6 PERSONNES

Ce plat du Sud est habituellement servi sur un lit de riz le jour de l'An pour porter chance au cours de la nouvelle année.

300 ml (1¼ tasse) de doliques noirs secs

1 litre (4 tasses) d'eau fraîche

360 ml (1½ tasse) d'oignon haché

1 gousse d'ail, émincée

1 feuille de laurier

2,5 ml (½ c. à thé) de poivre noir fraîchement moulu

1,25 ml (¼ c. à thé) de poivre de Cayenne

224 g (8 onces) de tempeh

15 ml (1 c. à soupe) de sauce soja faible en sodium

Sel au goût

1. Tremper les pois toute la nuit dans une grande casserole d'eau, ou faire bouillir pendant 2 minutes, couvrir et laisser reposer pendant 1 heure. Égoutter, couvrir ensuite avec 1 litre (4 tasses) d'eau et porter à ébullition. Ajouter l'oignon, l'ail, la feuille de laurier, le poivre noir et le poivre de Cayenne. Porter à ébullition, couvrir, réduire à feu doux et cuire pendant 1 heure, en remuant de temps en temps.

2. Badigeonner le tempeh des deux côtés avec la sauce soja et réserver pendant 5 minutes. Trancher le tempeh grossièrement et ajouter aux pois. Cuire pendant une autre heure, en remuant fréquemment. Enlever, et jeter la feuille de laurier. Écraser les pois légèrement pour faire une sauce. Incorporer le sel, et servir.

PAR PORTION : 165 CAL ; 12 G PROT ; 3 G MAT GR ; 22 G CARB ; 0 MG CHOL ; 193 MG SOD ; 5 G FIBRES

GALETTES DES ROIS

POUR 16 PERSONNES

Voici le plat parfait servi lors de l'Épiphanie, le 6 janvier, afin de célébrer le moment où les trois Rois Mages découvrirent Jésus dans la crèche.

Pâte à pain sucrée (page 172)

180 ml (¾ tasse) de raisins

180 ml (¾ tasse) de noix hachées

80 ml (⅓ tasse) de cerises hachées ou séchées

21 ml (1½ c. à soupe) de pelure d'orange râpée

Glaçage doré (page 112) ou glaçage de votre choix

Noix entières et enrobées de sucre, ou fruits séchés pour la décoration, facultatif

1. Faire la pâte à pain sucrée, en ajoutant les raisins secs, les noix, les cerises, et la pelure d'orange, et en terminant avec 720 ml (3 tasses) de farine.

2. Diviser la pâte en trois. Rouler chaque tiers en petit pain de 50,80 cm (20 pouces) de longueur. Joindre les extrémités de chaque petit pain pour former 3 anneaux séparés. Placez les anneaux sur des plaques à biscuit graissées. Couvrir d'un linge à vaisselle et laisser gonfler jusqu'à ce que la pâte double de volume, pendant 1 à 2 heures.

3. Préchauffer le four à 180 °C (350 °F).

4. Cuire jusqu'à ce que les croûtes soient d'un brun doré, pendant environ 30 minutes. Laisser refroidir sur des grilles, et couvrir du glaçage doré. Décorer de noix et de fruits pour que les galettes ressemblent aux « couronnes » des Rois.

PAR PORTION (SANS GLAÇAGE) : 281 CAL ; 6 G PROT ; 7 G MAT GR ; 50 G CARB ; 0 MG CHOL ; 269 MG SOD ; 2 G FIBRES

CROQUETTES DE DOLIQUES À ŒIL NOIR

Une tradition dans la communauté noire veut que les doliques à œil noir soient consommés le jour de l'An pour s'attirer la chance. Le plat traditionnel est appelé «Hoppin' John» (page 561), un mélange de doliques à oeil noir, de riz et de saucisse de porc. Il existe plusieurs théories au sujet du nom de ce plat — comme celle voulant que des enfants avaient l'habitude de sauter autour de la table de la salle à manger avant que le plat ne soit servi —, mais voici une version nouvelle de ce plat populaire et ancien. Le mélange peut être préparé un jour à l'avance, mais ajoutez de la chapelure lorsque vous faites de petits pâtés.

1,4 litre (6 tasses) d'eau

480 ml (2 tasses) de doliques à œil noir non cuits

5 ml (1 c. à thé) de sel

15 ml (1 c. à soupe) d'huile canola

1 petit oignon, coupé en dés

15 ml (1 c. à soupe) d'ail émincé

360 ml (1½ tasse) de tomates rôties au feu, coupées en dés

1,25 ml (¼ c. à thé) de pâte de chili, ou plus au goût

15 ml (1 c. à soupe) de vinaigre balsamique

Sel et poivre noir fraîchement moulu, au goût

3 oignons verts, coupés en fines tranches

2 gros œufs, battus légèrement

1 litre (4 tasses) de chapelure fraîche

Farine pour saupoudrer

1. Porter à ébullition 1,4 litre (6 tasses) d'eau à feu élevé, et ajouter les pois et 5 ml (1 c. à thé) de sel. Cuire les pois pendant 1 heure ou jusqu'à ce qu'ils soient tendres. Retirer du feu, et réserver pour rafraîchir.

2. Entre temps, chauffer l'huile à feu moyen, et faire sauter l'oignon jusqu'à ce qu'il soit translucide, pendant environ 7 minutes. Ajouter l'ail et les tomates, porter à ébullition et réduire à feu doux. Ajouter la pâte de chili, le vinaigre balsamique, le sel et le poivre, et cuire pendant 20 minutes. Retirer du feu, et réserver pour rafraîchir.

3. Combiner les pois et le mélange de tomates. Mettre la moitié du mélange de pois dans un robot culinaire, et réduire en purée, ou écraser dans un bol la moitié avec le dos d'une cuillère en bois. Ajouter le mélange écrasé au reste des haricots, et ajouter les oignons verts, les œufs et la chapelure. Le mélange devrait être épais, mais humide. S'il est trop humide, ajouter plus de chapelure. Avec le mélange, former des pâtés ronds de 3,81 cm (1½ pouce) de largeur, et environ 1,27 cm (½ pouce) d'épaisseur.

4. Chauffer l'huile dans un grand poêlon à feu moyen-élevé. Saupoudrer chaque petit pâté de farine et mettre doucement dans le poêlon. Cuire pendant environ 2 minutes chaque côté, et répéter l'opération jusqu'à ce que tout le mélange soit utilisé, en ajoutant plus d'huile si nécessaire. Retirer du feu, égoutter sur des serviettes de papier, et servir chaud.

PAR PORTION : 90 CAL ; 2 G PROT ; 6 G MAT GR ; 6 G CARB ; 20 MG CHOL ; 110 MG SOD ; 1 G FIBRES

RAGOÛT DE LA ST-PATRICK

Pour être dans l'esprit de la fête de la St-Patrick, servez ce ragoût avec des pommes de terre nouvelles, du chou bouilli et du pain au lait et à la levure. Et vous n'avez pas besoin d'être irlandais pour l'aimer !

1 gros oignon, tranché

½ chou (petit), coupé en fines tranches

720 ml (3 tasses) de courge d'hiver coupée en cubes

2 panais, pelés et coupés en tranches

120 ml (½ tasse) de flocons d'avoine

1,4 litre (6 tasses) d'eau, ou bouillon de légumes (page 431)

120 ml (½ tasse) de dulse (algue)

Sel au goût, facultatif

Poivre noir fraîchement moulu au goût, facultatif

Ciboulette hachée fraîche, pour garnir

1. Chauffer 60 ml (¼ tasse) d'eau dans une marmite, et cuire l'oignon et le chou, en remuant, pendant 3 minutes. Ajouter la courge, et cuire pendant 2 minutes de plus. Ajouter les panais et saupoudrer l'avoine sur les légumes. Ajouter l'eau, couvrir, et cuire à feu moyen jusqu'à ce que la courge soit tendre, pendant environ 20 minutes.

2. Rincer la dulse dans une passoire fine, et ajouter au ragoût. Assaisonner avec le sel et le poivre, si désiré. Garnir avec la ciboulette, et servir chaud.

PAR PORTION : 219 CAL ; 9 G PROT ; 1 G MAT GR ; 45 G CARB ; 0 MG CHOL ; 287 MG SOD ; 6 G FIBRES

Les quenelles sont l'aliment le plus répandu — et probablement le plus populaire — à Beijing pendant le Nouvel An chinois. Puisque le Nouvel An a lieu en hiver, seul le bok choy est de saison, et les cuisiniers locaux le mélangent avec des champignons séchés et des pousses de bambou, et servent les quenelles avec du vinaigre noir et de l'ail frais. Habituellement, le cuisinier glisse une pièce de monnaie neuve au centre de la quenelle choisie pour donner de la chance à l'heureux élu. La façon correcte de manger la quenelle est de faire un petit trou au milieu avec des baguettes chinoises pour que la sauce trempette puisse s'écouler à l'intérieur. Vous pouvez trouver du chou en conserve et des carrés de tofu frit dans les marchés asiatiques.

112 g (4 onces) de champignons chinois séchés

56 g (2 onces) de pousses de bambou

56 g (2 onces) de jicama pelé

280 g (10 onces) de bok choy

28 g (1 once) de chou réservé

1 once de tofu frit, coupé en dés

2,5 ml (½ c. à thé) de sel

1 pincée de poivre blanc

7,5 ml (1½ c. à thé) de sucre cristallisé

10 ml (2 c. à thé) d'huile de sésame foncée

10 ml (2 c. à thé) d'huile végétale

30 raviolis wonton

1 gros œuf, battu légèrement

15 ml (1 c. à soupe) d'ail émincé

90 ml (6 c. à soupe) de vinaigre noir

1. Faire tremper les champignons séchés dans l'eau pendant environ 30 minutes, ou jusqu'à ce qu'ils ramollissent. Extraire l'eau, et couper en dés.

2. Couper tous les légumes en petits dés, et presser sous des poids pendant plusieurs heures afin d'extraire tout le liquide — les légumes doivent être secs lorsqu'ils sont mélangés avec le tofu et les ingrédients pour l'assaisonnement. Mélanger les légumes secs avec le tofu, le sel, le poivre, le sucre et les huiles.

3. Pour préparer les quenelles, disposer les raviolis sur une surface plate. Verser environ 5 ml (1 c. à thé) de garniture au centre, et rabattre la pâte sur la moitié. Humidifier les bords de chaque ravioli et pincer pour sceller la garniture. Répéter avec le reste des raviolis et de la garniture.

4. Cuire les quenelles à la vapeur pendant environ 5 minutes. Retirer du feu, et réserver.

5. Pour servir, disposer les boulettes de pâte dans un plat de service. Combiner l'ail et le vinaigre noir et servir comme sauce trempette.

PAR PORTION : 240 CAL ; 12 G PROT ; 5 G MAT GR ; 38 G CARB ; 5 MG CHOL ; 900 MG SOD ; 5 G FIBRES

Les chalupas sont le casse-croûte le plus populaire dans les rues de Puebla, au Mexique — et sont une merveilleuse façon de célébrer Cinco de Mayo. Si vous ne trouvez pas de très petites tortillas, couper les tortillas achetées au magasin selon la taille désirée avec un découpoir. Le Queso fresco est un fromage mexicain qui ne fond pas. Les tomates minuscules à la peau épaisse et à la saveur intense qui poussent dans les montagnes au nord de Puebla sont prisées pour préparer la salsa de jitomate.

Chalupas

120 ml (½ tasse) d'huile végétale

12 tortillas de maïs de 7,62 cm (3 pouces)

Salsa de Jitomate

3 chilis guajillo séchés, équeutés, épépinés et coupés à plat

3 chilis arbol séchés ou autres chilis séchés et épicés, équeutés et épépinés

450 g (1 livre) de tomates rouges mûres

6 gousses d'ail, non pelées

5 ml (1 c. à thé) d'origan mexicain séché

5 ml (1 c. à thé) de sel kasher ou de sel de mer

120 ml (½ tasse) de queso fresco mexicain émietté ou feta, ou fromage de chèvre

1. Pour préparer les chalupas : chauffer l'huile dans un grand poêlon à feu moyen-élevé. Déposer soigneusement plusieurs tortillas dans l'huile. Cuire, en tournant, jusqu'à ce que les tortillas soient chauffées mais toujours flexibles avec une texture moelleuse mais non cassante. Retirer du feu, égoutter sur des serviettes de papier, et continuer jusqu'à ce que toutes les tortillas soient utilisées.

2. Pour préparer la salsa : chauffer un lourd poêlon, non graissé, à feu moyen-élevé. En aplanissant les chilis guajillo avec une spatule, rôtir les chilis pendant 2 minutes par côté jusqu'à ce que la couleur des chilis changent et que ceux-ci libèrent leurs arômes. Mettre dans un bol d'eau chaude. Griller les chilis arbol pendant 30 secondes, et ajouter à l'eau. Tremper les chilis pendant au moins 30 minutes, ou pendant plusieurs heures jusqu'à ce qu'ils soient ramollis.

3. Rôtir les tomates et les gousses d'ail non épluchées jusqu'à ce que les légumes soient couverts de taches noires. Retirer du feu, couper les queux de tomates et vider les tomates dans un mélangeur. Couper les extrémités dures de l'ail, peler et mettre dans le mélangeur. Ajouter les chilis et assez d'eau pour faciliter le mélange, et réduire en purée jusqu'à ce qu'ils soient mélangés. Verser la salsa dans un bol, et incorporer l'origan et le sel. Laisser reposer pendant au moins 30 minutes afin que les saveurs se mélangent.

4. Pour servir, napper de salsa les mini tortillas de maïs et saupoudrer d'une pincée de fromage. Servir la salsa dans un bol décoratif, et permettre aux invités de se servir eux-mêmes.

PAR PORTION : 80 CAL ; 2 G PROT ; 6 G MAT GR ; 5 G CARB ; 5 MG CHOL ; 180 MG SOD ; 1 G FIBRES

RAGOÛT MÉDITERRANÉEN

Semblable à la ribollita (soupe aux légumes italienne réchauffée avec croûtons), cette recette est une occasion parfaite pour utiliser une large variété de légumes frais. Essayez-la le 4 juillet ! Un reste de pain séché fonctionne comme un épaississant, et donne au ragoût une bonne consistance. Utilisez une huile d'olive de bonne qualité — c'est délicieux lorsqu'on en verse un filet dans le ragoût au moment de servir.

45 ml (3 c. à soupe) d'huile d'olive

2 grands poireaux, coupés

2 tiges de céleri, coupées

2 carottes moyennes, coupées

6 gousses d'ail moyennes, hachées

15 ml (1 c. à soupe) de romarin frais, haché

0,6 ml (⅛ c. à thé) de poivron rouge écrasé

480 ml (2 tasses) de bouillon de légumes faible en sel

224 g (8 onces) de haricots canneberge frais, décortiqués, ou 240 ml (1 tasse) de gourganes naines, congelées

112 g (4 onces) de haricots verts, parés et coupés en pièces de 5 cm (2 pouces)

3 tomates moyennes mûres, épépinées et hachées grossièrement

1,4 litre (6 tasses) de feuilles de bettes à carde, coupées en lanières de 1,27 cm (½ pouce) de largeur

240 ml (1 tasse) de courgettes tranchées

Tranches de 6,5 cm (2½ pouces) d'épaisseur de pain campagnard vieux d'un jour, coupé en cubes

240 ml (1 tasse) de copeau de parmesan, facultatif

1. Chauffer 15 ml (1 c. à soupe) d'huile dans un faitout ou dans un poêlon profond à feu moyen. Ajouter les poireaux et cuire, en remuant fréquemment, jusqu'à ce qu'ils soient ramollis, mais pas brunis, pendant 1 à 2 minutes. Ajouter le céleri, les carottes, l'ail, le romarin et le poivron rouge, et cuire, en remuant, pendant 1 minute. Ajouter le bouillon et les haricots canneberge et porter à ébullition. Réduire à feu moyen-doux, couvrir, et cuire pendant 15 minutes. Ajouter les haricots verts, couvrir, et cuire pendant 5 minutes. Incorporer les tomates, les bettes et les courgettes, et remettre à bouillir. Couvrir, et cuire jusqu'à ce que les légumes soient tendres, pendant 6 à 10 minutes. Retirer du feu et assaisonner avec du sel et du poivre fraîchement moulu, au goût.

2. Ajouter le pain et brasser pour humidifier. Couvrir le faitout, et laisser reposer jusqu'à ce que le pain soit ramolli et que le ragoût ait épaissi, pendant environ 5 minutes. Mettre le ragoût dans des bols à soupe peu profonds et verser un filet d'huile sur chaque portion. Garnir avec des copeaux de parmesan, si désiré, et servir immédiatement.

PAR PORTION : 236 CAL ; 8 G PROT ; 8 G MAT GR ; 30 G CARB ; 0 MG CHOL ; 234 MG SOD ; 8 G FIBRES

566 la cuisine végétarienne par excellence

TZIMMES AVEC QUENELLES

Le Tzimmes est un plat sucré de légumes et de fruits secs cuits à l'étouffée. Ici, il a bouilli avec des boulettes de pommes de terre nourrissantes. Le plat est traditionnellement servi lors du dernier repas avant la fête du Yom Kippour, mais il est aussi servi lors des repas festifs au cours de l'année.

Quenelles

3 grosses pommes de terre, pelées et râpées finement

1 pomme de terre moyenne, pelée, cuite et pilée

15 ml (1 c. à soupe) de beurre non salé fondu ou de margarine

80 ml (⅓ tasse) de pain azyme, si nécessaire

2 gros œufs battus, ou 120 ml (½ tasse) de succédané d'œuf

2,5 ml (½ c. à thé) de sel

1,25 ml (¼ c. à thé) de cannelle moulue

Poivre noir fraîchement moulu, au goût

Tzimmes

450 g (1 livre) de carottes, pelées et coupées

2 grosses patates douces, pelées et coupées

8 à 10 pruneaux dénoyautés, facultatif

30 ml (2 c. à soupe) de sucre brun ou de sirop d'érable

15 ml (1 c. à soupe) d'oignon haché

1,25 ml (¼ c. à thé) de gingembre moulu

1 pincée de sel

21 ml (1½ c. à soupe) de farine de maïs ou d'arrow-root dissous dans 21 ml (1½ c. à soupe) d'eau

1. Pour préparer les quenelles : pour enlever l'excès d'amidon, mettre les pommes de terre râpées au centre d'un linge à vaisselle. Tordre et plonger dans l'eau froide. Tordre ensuite fermement le tissu pour extraire autant de liquide que possible.

2. Vider les pommes de terre dans un grand bol à mélanger et incorporer les ingrédients restants des quenelles. Si le mélange n'est pas assez ferme, ajouter un peu plus de pain azyme. Former 2 boulettes.

3. Pour préparer les tzimmes : mettre la moitié des carottes et des pommes de terre, les pruneaux, le sucre brun ou le sirop d'érable, l'oignon, le gingembre et le sel dans une grande casserole. Ajouter les quenelles et garnir avec les légumes restants. Ajouter assez d'eau froide pour presque couvrir. Porter à ébullition, baisser le feu, couvrir et laisser mijoter jusqu'à ce que les boulettes soient cuites et que les légumes soient tendres, environ 1 heure.

4. Enlever le couvercle, augmenter la chaleur à feu élevé et cuire jusqu'à ce que le liquide soit réduit de moitié. Retirer du feu. Mettre les quenelles dans un plat de service. Ajouter la farine de maïs dissoute ou l'arrow-root à la casserole et remuer jusqu'à ce que le liquide soit épais et clair, pendant environ 1 minute. Trancher chaque quenelle en trois, et servir garni avec le tzimmes.

PAR PORTION : 240 CAL ; 5 G PROT ; 4 G MAT GR ; 46 G CARB ; 76 MG CHOL ; 301 MG SOD ; 5 G FIBRES

RELICHE ÉPICÉE
AUX CANNEBERGES ET ZINFANDEL

DONNE 480 ML (2 TASSES)

Quel accompagnement superbe pour un repas d'Action de Grâce ou lors d'un repas de Noël ! Cette reliche peut être préparée plusieurs jours à l'avance et se conserve au réfrigérateur pendant deux semaines.

240 ml (1 tasse) de canneberges séchées

180 ml (¾ tasse) de Zinfandel rouge
(ou autre vin rouge)

1,25 ml (¼ c. à thé) de graines
de moutarde

2,5 ml (½ c. à thé) d'huile végétale

½ petit oignon, coupé finement en dés

1 gousse d'ail, finement coupée

10 ml (2 c. à thé) de gingembre frais, râpé

1,25 ml (¼ c. à thé) de poivre de Cayenne
ou un demi piment habanera orange,
coupé en lamelles très minces

15 ml (1 c. à soupe) de sucre cristallisé
ou 30 ml (2 c. à soupe) de sirop
de riz foncé

1,25 ml (¼ c. à thé) de sel

60 ml (¼ tasse) de vinaigre,
riz ou vin blanc

1. Faire tremper les canneberges dans le vin. Entre temps, chauffer un poêlon antiadhésif à feu moyen-élevé. Lorsque le poêlon est chaud, ajouter les graines de moutarde et griller jusqu'à ce que les graines commencent à éclater. Retirer brièvement la casserole du feu et ajouter l'huile, les oignons, le gingembre et le piment fort.

2. Remettre la casserole au feu, et faire sauter le mélange jusqu'à ce que les oignons soient translucides. Ajouter le sucre, le sel et les canneberges avec leur liquide de trempage. Faire cuire le mélange jusqu'à ce qu'il arrive presque à ébullition. Ajouter le vinaigre, et laisser refroidir complètement.

PAR PORTION : 80 CAL ; 0 G PROT; 0 G MAT GR ; 14 G CARB ; 0 MG CHOL ;
75 MG SOD ; 1 G FIBRES

CRÊPES AU POTIRON ET AU RIZ BRUN

Essayez ces crêpes dorées lorsque vous désirez un petit-déjeuner automnal hors de l'ordinaire — comme pour le petit-déjeuner du matin de l'Action de Grâce.

120 ml (½ tasse) de riz brun cuit

240 ml (1 tasse) de babeurre

1 gros œuf

2 blancs d'œuf

5 ml (1 c. à thé) d'huile de canola

30 ml (2 c. à soupe) de miel

120 ml (½ tasse) de potiron frais cuit, ou de potiron en conserve

80 ml (⅓ tasse) de jus de pommes

180 ml (¾ tasse) de farine à pâtisserie de blé entier ou de farine non blanchie

5 ml (1 c. à thé) de levure

2,5 ml (½ c. à thé) de cannelle moulue

1,25 ml (¼ c. à thé) de muscade moulue

1. Combiner le riz, le babeurre, l'œuf et les blancs d'œuf, l'huile, le miel, le potiron et le jus de pommes dans un bol à mélanger. Tamiser les ingrédients restants dans un deuxième bol. Combiner le contenu des 2 bols, en remuant jusqu'à ce que les ingrédients soient bien mélangés.

2. Préchauffer une plaque en fonte antiadhésive à feu moyen. Verser la pâte à la cuillerée sur la plaque de cuisson. Cuire jusqu'à ce que des bulles apparaissent et retourner les crêpes pour cuire l'autre côté jusqu'à ce qu'elles soient dorées. Retirer du feu, et servir chaud.

PAR CRÊPE : 74 CAL ; 3 G PROT ; 1 G MAT GR ; 13 G CARB ; 19 MG CHOL ; 72 MG SOD ; 1 G FIBRES

Vous fêtez l'Halloween ? Régalez vos invités avec ce gâteau au fromage riche en potiron. Vous pouvez aussi servir ce dessert à table lors de l'Action de Grâce ou pour terminer ce repas festif.

Croûte

320 ml (1⅓ tasses) de miettes de biscuit Graham

60 ml (4 c. à soupe) de margarine de canola, ou de beurre non salé

Garniture au fromage

450 g (1 livre) de tofu soyeux, égoutté

1 boîte de 420 g (15 onces) de potiron

112 g (4 onces) de « fromage à la crème » de soja, à la température de la pièce

240 ml (1 tasse) de sucre cristallisé

5 ml (1 c. à thé) d'extrait de vanille

3,75 ml (¾ c. à thé) de cannelle moulue et plus pour saupoudrer

2,5 ml (½ c. à thé) de muscade moulue

2,5 ml (½ c. à thé) de piment de la Jamaïque moulu

1,25 ml (¼ c. à thé) de clous de girofle moulus

1. Mettre la grille au centre du four. Préchauffer le four à 180 °C (350 °F). Vaporiser un moule à charnière avec le vaporisateur de cuisine antiadhésif.

2. Pour préparer la croûte : mettre les miettes de biscuits Graham et la margarine dans un robot culinaire et mélanger jusqu'à ce que les ingrédients soient uniformément humidifiés. Presser fermement le mélange de miette au fond et sur environ 1,27 cm (½ pouce) de hauteur sur les côtés du moule. Cuire environ 10 minutes. Déposer sur une grille, et laisser refroidir complètement.

3. Pour préparer la garniture au fromage : mettre le tofu dans un robot culinaire, et réduire en purée jusqu'à consistance lisse. Ajouter le potiron, et passer jusqu'à bien mélangé. Ajouter le « fromage à la crème » le sucre, la vanille, la cannelle, la muscade, le piment de la Jamaïque et les clous de girofle, et réduire en purée jusqu'à consistance lisse, et bien mélanger. Verser le mélange sur la croûte refroidie.

4. Cuire au centre du four pendant 45 minutes. Éteindre le four. Laisser la tourte au fromage dans le four pendant 1 heure sans ouvrir la porte. Déposer sur une grille, et laisser refroidir complètement. Couvrir sans serrer avec une pellicule en plastique, et réfrigérer pendant au moins 8 heures ou toute la nuit.

5. Pour servir, passer un couteau long et mince sur les bords à l'intérieur du moule pour démouler le gâteau. Détacher les côtés du moule. Saupoudrer légèrement le dessus de la tourte de cannelle, et servir à la température de la pièce.

PAR PORTION : 201 CAL ; 4 G PROT ; 7 G MAT GR ; 31 G CARB ; 0 MG CHOL ; 100 MG SOD ; 2 G FIBRES

CRÈME ANGLAISE ÉPICÉE AU POTIRON

Cette crème anglaise au potiron faible en matières grasses est parfaite pour l'Action de Grâce et pour d'autres repas festifs.

180 ml (¾ tasse) de purée
    de potiron

15 ml (1 c. à soupe) de mélasse

15 ml (1 c. à soupe) de miel

160 ml (⅔ tasse) de sirop d'érable

45 ml (3 c. à soupe) de cannelle
    moulue

5 ml (1 c. à thé) de gingembre
    moulu

2,5 ml (½ c. à thé) de clous
    de girofle moulus

5 ml (1 c. à thé) de noix de
    muscade moulues

600 ml (2½ tasses) de lait écrémé

30 ml (2 c. à soupe) de poudre
    d'arrow-root, ou de farine de maïs

4 gros œufs, battus, ou 30 ml
    (2 c. à soupe) de succédané
    d'œuf mélangé dans 120 ml
    (½ tasse) d'eau

240 ml (1 tasse) de yogourt à la
    vanille sans matières grasses

1. Préchauffer le four à 180 °C (350 °F). Huiler légèrement 8 moules à soufflé ou des ramequins de 240 ml (1 tasse), et les mettre sur une plaque à cuisson.

2. Combiner le potiron, la mélasse, le miel, le sirop d'érable, la cannelle, le gingembre, les clous de girofle et la muscade dans une grande casserole.

3. Mélanger dans un petit bol 60 ml (¼ tasse) de lait avec l'arrow-root ou la farine de maïs jusqu'à consistance lisse. Ajouter le reste des 600 ml (2½ tasses) de lait, et verser le mélange de lait et d'arrow-root dans le mélange de potiron se trouvant déjà dans la casserole. Bien remuer.

4. Porter à ébullition à feu moyen, en battant fréquemment, et cuire jusqu'à ce que le mélange ait la consistance d'une crème épaisse. Retirer du feu. Incorporer aux œufs battus ou au succédané d'œuf et à l'eau. Verser dans des plats de cuisson.

5. Cuire jusqu'à consistance ferme, pendant environ 30 minutes. Retirer du feu, et laisser refroidir légèrement. Servir avec une cuillerée de yogourt sans matières grasses.

PAR PORTION : 180 CAL ; 8 G PROT ; 3 G MAT GR ; 31 G CARB ; 108 MG CHOL ; 109 MG SOD ; 0,2 G FIBRES

Le potiron trouve son complément dans cette crème anglaise, avec pour résultat une tarte plus légère que la tarte au potiron traditionnelle. Si vous désirez modifier votre choix de desserts pour l'Action de Grâce ou pour Noël, considérez cette option.

Garniture

562 g (1 ¼ livre) de rutabaga, pelé et coupé en cubes de 1,27cm (½ pouce)

120 ml (½ tasse) de sucre brun clair bien tassé

60 ml (¼ tasse) de sirop de maïs foncé

5 ml (1 c. à thé) d'extrait de vanille

5 ml (1 c. à thé) de cannelle moulue

2,5 ml (½ c. à thé) de gingembre moulu

1,25 ml (¼ c. à thé) de sel

3 gros œufs, légèrement battus

240 ml (1 tasse) de crème épaisse

Croûte

360 ml (1 ½ tasse) de farine ordinaire

2,5 ml (½ c. à thé) de sel

120 ml (½ tasse) de shortening

60 à 75 ml (4 à 5 c. à soupe) d'eau glacée

1. Pour préparer la garniture : porter une grande quantité d'eau à ébullition dans une grande casserole à feu moyen. Ajouter le rutabaga, et cuire jusqu'à ce qu'il soit très tendre, pendant environ 30 minutes. Bien égoutter.

2. Entre temps, pour préparer la croûte : mélanger la farine et le sel ensemble dans un bol. Mélanger grossièrement avec le shortening. Verser juste assez d'eau glacée pour que la pâte tienne bien ensemble. Ne pas trop mélanger. Rouler la pâte sur une surface enfarinée pour qu'elle s'adapte à un plat de cuisson en verre de 22,86 cm (9 pouces) ou à une autre assiette à tarte.

3. Mettre les rutabagas cuits dans un robot culinaire ou un moulin, et réduire en purée jusqu'à consistance lisse. Mesurer 480 ml (2 tasses) de purée de rutabaga bien tassée et verser dans un grand bol.

4. Préchauffer le four à 200 °C (400 °F).

5. Incorporer le sucre brun, le sirop de maïs et les épices dans la purée de rutabaga, et bien mélanger. Incorporer les œufs et la crème, et bien mélanger. Verser le mélange sur la croûte de tarte.

6. Cuire pendant 45 minutes, ou jusqu'à prêt. Refroidir avant de servir.

PAR PORTION : 350 CAL ; 5 G PROT ; 20 G MAT GR ; 36 G CARB ; 95 MG CHOL ; 230 MG SOD ; 2 G FIBRES

TARTE DES BERGERS MAROCAINS

Ce plat tire ses saveurs du tagine méditerranéen aux légumes, et enferme les légumes dans une croûte modelée avec un mélange de purée de pommes de terre ordinaires et sucrées, et disposées en rangées de façon artistique. Songez à servir cette tarte et à en faire le mets principal du repas lors d'une fête, aussi au cours d'autres repas festifs.

Patates sucrées

3 grosses patates sucrées

60 ml (¼ tasse) de jus d'orange

1,25 ml (¼ c. à thé) de cumin moulu

0,6 ml (⅛ c. à thé) de cannelle moulue

60 ml (¼ tasse) d'huile d'olive, facultatif

Sel de mer et poivre noir moulu, au goût

Garniture de légumes

30 ml (2 c. à soupe) d'huile d'olive

2 oignons, coupés en dés

3 gousses d'ail, émincées

2 grosses carottes, coupées en dés

450 g (1 livre) de « viande » à base
    de soja pour burger ou 4 burgers
    végétariens, émiettés

5 ml (1 c. à thé) de cumin moulu

5 ml (1 c. à thé) de coriandre moulue

2,5 ml (½ c. à thé) de cannelle moulue

5 ml (1 c. à thé) de poivre noir
    fraîchement moulu

Safran, facultatif

4 tomates, pelées, épépinées, coupées
    en cubes, ou 780 ml (3¼ tasses) de
    tomates en conserve, coupées en dés

1 tasse de bouillon de légumes
    (page 431)

1 tête de chou-fleur

1 grosse ou 2 petites courgettes
    ou autre courge, coupées en
    cubes de 2,54 cm (1 pouce)

1 bouquet de brocoli, coupé en
    morceaux de la taille de fleurettes

30 ml (⅛ tasse) de raisins secs, facultatif

60 ml (¼ tasse) d'amandes
    finement tranchées

Pommes de terre blanches

1,3 kg (3 livres) de pommes de terre,
    pelées et coupées en morceaux de
    2,54 à 5,08 cm (1 à 2 pouces)

10 ml (2 c. à thé) de sel

60 ml (¼ tasse) d'huile d'olive

Sel de mer et poivre noir
    fraîchement moulu, au goût

1. Préchauffer le four à 180 °C (350 °F). Huiler légèrement un plat allant au four de 25,40 x 38,10 cm (10 x 15 pouces).

2. Pour préparer les patates sucrées : cuire les patates jusqu'à ce qu'elles soient molles, pendant environ 1 heure. Retirer du four, et réserver pour refroidir. Lorsque les patates sucrées sont suffisamment refroidies pour être manipulées, peler et écraser avec le jus d'orange, les épices et l'huile d'olive, si utilisée. Assaisonner avec le sel et le poivre.

3. Pour préparer la garniture de légumes : chauffer l'huile dans un grand poêlon à feu moyen-élevé. Lorsque l'huile est chaude, ajouter les oignons, l'ail, les carottes, la « viande » à base de soja, et les épices. Cuire le mélange pendant environ 7 minutes, ou jusqu'à ce que la « viande » soit dorée et croustillante, mais non brûlée.

4. Réduire à feu moyen, et ajouter les tomates, le bouillon et le chou-fleur. Lorsque le mélange est chauffé, ajouter la courgette, le brocoli, les raisins secs et les amandes. Si nécessaire, chauffer le mélange en 2 lots. Vider le mélange dans un plat allant au four. Couvrir sans serrer avec une feuille d'aluminium, et cuire pendant 30 à 45 minutes.

5. Pour préparer les pommes de terre blanches : combiner les pommes de terre et le sel dans une grande casserole remplie suffisamment d'eau pour couvrir 7,62 cm (3 pouces). Porter à ébullition à feu élevé. Réduire à feu moyen et cuire les pommes de terre pendant 10 minutes de plus, ou jusqu'à ce qu'elles soient tendres. Retirer du feu et égoutter les pommes e terre, en réservant 480 ml (2 tasses) du liquide de cuisson. Écraser les pommes de terre avec l'huile d'olive, puis ajouter lentement 240 ml (1 tasse) du liquide de cuisson, ou suffisamment pour humidifier les pommes de terre et leur donner une consistance moelleuse. Assaisonner avec le sel et le poivre.

6. Remplir 2 grandes poches à pâtisserie, l'un avec les pommes de terre blanches et l'autre avec des patates sucrées en purée. Retirer le plat de cuisson du four. Décorer la tarte, en alternant les couleurs.

7. Remettre la casserole au four pendant 15 minutes, ou jusqu'à ce que les pommes de terre soient chauffées. Juste avant de servir, mettre sous le gril, et brunir jusqu'à ce que la croûte soit légèrement dorée.

PAR PORTION : 290 CAL ; 10 G PROT ; 9 G MAT GR ; 48 G CARB ; 0 MG CHOL ;
600 MG SOD ; 9 G FIBRES

LATKES AUX NOUILLES ET RAISINS DE CORINTHE

POUR 5 PERSONNES

Servir un pouding aux nouilles légèrement sucré appelé lukshen kugel est une habitude dans plusieurs maisons juives lors de la Chanukah. Cette recette emprunte à la technique de cuisson utilisée traditionnellement pour les galettes de pommes de terre (latkes) et transforme ce kugel en galettes de nouilles croustillantes. Napper de compote de pommes et de crème sure.

1 paquet de 224 g (8 onces) de nouilles aux œufs minces

2 gros œufs, battus ou 120 ml (½ tasse) de succédané d'œuf

120 ml (½ tasse) de raisins de Corinthe

15 ml (1 c. à soupe) de farine tout usage

5 ml (1 c. à thé) de cannelle moulue

30 ml (2 c. à soupe) de sucre brun

1,25 ml (¼ c. à thé) de sel

1. Cuire les nouilles *al dente* en suivant les instructions sur le paquet, et égoutter. Dans un grand bol, mélanger ensemble les nouilles, les œufs, les raisins de Corinthe, la farine, la cannelle, le sucre brun et le sel, et réserver.

2. Vaporiser un grand poêlon antiadhésif avec le vaporisateur antiadhésif à cuisson. Chauffer à feu élevé pendant 30 secondes. Réduire à feu moyen, et verser le mélange de nouilles par grosses cuillerées dans le poêlon, en aplanissant chaque cuillerée en forme de crêpe avec le dos de la cuillère. Frire les latkes jusqu'à ce qu'ils soient dorés et croustillants, pendant environ 4 minutes par côté. Retirer du feu, et garder au chaud jusqu'au moment de servir.

PAR PORTION : 153 CAL ; 5 G PROT ; 2 G MAT GR ; 27 G CARB ; 80 MG CHOL ; 133 MG SOD ; 1 G FIBRES

NOUILLES KUGEL

POUR 8 À 12 PERSONNES

Le kugel est une sorte de nouilles cuites ou de pouding végétal, habituellement servi comme plat d'accompagnement lors des fêtes et aux principaux repas pendant certaines célébrations. Ce qui rend cette version si différente et si spectaculaire est l'utilisation de nouilles très minces et très courtes au lieu des nouilles plus larges et plus répandues. Ce plat se congèle bien.

240 ml (1 tasse) de sucre cristallisé

240 ml (1 tasse) de lait entier

450 g (1 livre) de fromage cottage régulier ou faible en matières grasses

480 ml (2 tasses) de crème sure régulière ou faible en matières grasses à la température de la pièce

2 bâtonnets de beurre (120 ml ou ½ tasse) ou de margarine à la température de la pièce

5 gros œufs, battus

225 g (8 onces) de crème régulière ou faible en matières grasses à la température de la pièce

225 g (8 onces) de nouilles minces pour soupe

Cannelle au goût

1. Préchauffer le four à 230 °C (450 °F). Graisser un plat allant au four de 22,86 x 33,02 cm (9 x 13 pouces), et réserver.

2. Cuire les nouilles pendant 5 minutes dans l'eau bouillante légèrement salée. Bien égoutter, et réserver pour refroidir. Combiner le sucre, le beurre, le fromage cottage, la crème sure, le fromage frais et le lait dans un grand bol, et bien mélanger. Incorporer les nouilles et les œufs, et saupoudrer de cannelle. Mettre dans un plat allant au four.

3. Cuire pendant 5 minutes, réduire le feu à 180 °C (350 °F) et continuer à cuire 45 à 50 minutes de plus, ou jusqu'à ce que le dessus soit légèrement doré.

PAR PORTION : 440 CAL ; 14 G PROT ; 28 G MAT GR (16 G GR SAT) ; 34 G CARB ; 175 MG CHOL ; 420 MG SOD ; 1 G FIBRES

TARTE VÉGÉTALIENNE AU FROMAGE ET À L'ÉRABLE POUR 10 PERSONNES

Lisse comme la crème anglaise et relevée de sirop d'érable, cette tarte succulente mérite d'être la vedette parce qu'elle a la texture et la riche saveur du gâteau au fromage crémeux — les calories en moins — et qu'elle conclut parfaitement un repas festif. Cette tarte est particulièrement agréable à l'Action de Grâce. Pour ajouter une touche de fantaisie particulière, garnir la tarte avec des moitiés de noix de pécan juste avant de servir.

1 croûte épaisse de craquelin
  Graham de 25,40 cm (10 pouces)

675 g (1 ½ livre) de fromage
  à la crème végétalien

170 g (6 onces) de yogourt à la
  vanille sans matières grasses
  ou de soja nature

180 ml (¾ tasse) de sucre brun ou
  d'érable, ou de cassonade brillante
  Muscovado

60 ml (¼ tasse) de succédané d'œuf

90 ml (6 c. à soupe) de sirop d'érable

10 ml (2 c. à thé) d'extrait de vanille

1 pincée de sel

1. Préchauffer le four à 180 °C (350 °F).

2. Combiner le fromage à la crème, le yogourt, le sucre d'érable, le succédané d'œuf, 45 ml (3 c. à soupe) le sirop d'érable et l'extrait de vanille, et battre avec un mélangeur électrique jusqu'à consistance lisse et bien mélanger. Verser le mélange sur la croûte préparée, et les 45 ml (3 c. à soupe) de sirop d'érable.

3. Cuire pendant environ 40 minutes, ou jusqu'à ce que la croûte soit ferme au milieu. Retirer du four, et refroidir sur une grille. Réfrigérer jusqu'à 4 heures avant de trancher et servir.

PAR PORTION : 420 CAL ; 4 G PROT ; 26 G MAT GR ; 40 G CARB ; 0 MG CHOL ; 520 MG SOD ; < 1 G FIBRES

GÂTEAU AUX FRUITS DES FÊTES FACILE À PRÉPARER POUR 15 PERSONNES

Si vous en avez assez des gâteaux aux fruits commerciaux enrobés de sucre, vous vous régalerez de cette version facile à préparer, savoureuse et moelleuse.

240 ml (1 tasse) de farine
  tout usage

240 ml (1 tasse) de sucre cristallisé

5 ml (1 c. à thé) de sel

2,5 ml (½ c. à thé) de poudre à pâte

120 ml (½ tasse), plus 10 ml
  (2 c. à thé) de jus d'orange
  concentré, décongelé

2 gros œufs, légèrement battus,
  plus 2 blancs d'œuf
  (ou succédané d'œuf)

240 ml (1 tasse) de noix de pécan
  hachées

240 ml (1 tasse) de noix de
  Grenoble hachées

1 pot de 300 ml (10 onces) de
  cerises au marasquin, égouttées
  et asséchées

240 ml (1 tasse) de dattes
  dénoyautées et hachées

240 ml (1 tasse) de figues sèches
  ou de raisins secs hachés

120 ml (½ tasse) de sucre glace

1. Préchauffer à 150 ° C (300 ° F). Graisser un moule à pain de 22,86 x 12,79 cm (9 x 5 pouces), et réserver.

2. Mélanger la farine, le sucre, le sel, la poudre à pâte, 120 ml (½ tasse) de jus d'orange concentré, les œufs ou le succédané d'œuf ensemble. Mélanger ensemble les noix, les cerises, les dattes et figues ou raisins secs et mélanger à la pâte. Verser la pâte dans un moule à gâteau.

3. Cuire pendant 2 heures. Couvrir le gâteau de papier d'aluminium et cuire jusqu'à ce qu'un cure-dent inséré au milieu en sorte propre, pendant environ 15 minutes de plus. Retirer du four, et laisser reposer pendant 15 minutes avant d'enlever le gâteau du moule.

4. Entre temps, dans un petit bol, remuer ensemble le sucre glace, 5 ml (1 c. à thé) d'eau et 10 ml (2 c. à thé) du jus d'orange concentré restant. Verser le mélange sur le gâteau pendant qu'il est encore chaud. Laisser refroidir le gâteau complètement. Pour conserver le gâteau, l'envelopper dans une pellicule de plastique, puis dans du papier d'aluminium et réfrigérer

PAR PORTION : 364 CAL ; 5 G PROT ; 14 G MAT GR ; 64 G CARB ; 22 MG CHOL ; 185 MG SOD ; 4 G FIBRES

réceptions et fêtes **575**

GÂTEAU AUX FRUITS NAPPÉ DE GLAÇAGE BLANC

Essayez de trouver des fruits secs sans sucre ajouté, lorsque vous préparez ce gâteau festif aux fruits Le gâteau se tranche plus facilement lorsqu'il est préparé deux à trois jours à l'avance. Décorez ce gâteau selon votre fantaisie.

Gâteau aux fruits

720 ml (3 tasses) de farine à pain ou 480 ml (2 tasses) de farine tout usage et 240 ml (1 tasse) de farine de soja

15 ml (1 c. à soupe) de poudre à pâte

7,5 ml (1½ c. à thé) de bicarbonate de soude

0,6 ml (⅛ c. à thé) de sel

10 ml (2 c. à thé) de mélange d'épices jamaïcain ou 2,5 ml (½ c. à thé) de cannelle moulue, de clou de girofle, de piments de la Jamaïque et de macis

120 ml (½ tasse) de gingembre haché cristallisé

240 ml (1 tasse) de raisins dorés

600 ml (2½ tasses) de canneberges séchées

480 ml (2 tasses) d'abricots secs, coupés en dés

480 ml (2 tasses) d'amandes en tranches

360 ml (1½ tasse) de compote de pommes

160 ml (⅔ tasse) d'huile végétale

240 ml (1 tasse) de malt d'orge ou de mélasse

30 ml (⅛ tasse) de vinaigre

Glaçage

80 ml (⅓ tasse) de sucre glace

Eau froide

Jus de citron frais

Abricots, pelure d'orange ou amandes, pour garnir (facultatif)

1. Préchauffer le four à 150 °C (300 °F). Graisser et couvrir de farine un gros moule à gâteau de 2,4 litres (10 tasses).

2. Pour préparer un gâteau aux fruits : mélanger la farine, la poudre à pâte, le soda, le sel et les épices dans un grand bol à mélanger jusqu'à ce que tous les ingrédients soient bien mélangés. Ajouter tous les fruits et les noix au mélange de farine, et remuer jusqu'à ce que les ingrédients soient bien couverts

3. Mélanger ensemble la compote de pommes, l'huile, le malt d'orge et le vinaigre. Travailler rapidement, mélanger les ingrédients humides dans les ingrédients secs, en remuant jusqu'à ce que les ingrédients soient totalement mélangés. Verser la pâte dans le moule à gâteau, et placer au centre du four.

4. Cuire pendant 1½ heure, ou jusqu'à ce que le gâteau soit prêt. Refroidir complètement le gâteau sur une grille.

5. Entre temps, pour faire le glaçage : mettre le sucre glace dans un bol, et battre dans suffisamment d'eau froide pour former une pâte épaisse. Ajouter 2 à 3 gouttes de jus de citron. Verser le glaçage sur le gâteau en tournoyant ou décorer artistiquement, ajouter la garniture, si désiré, et servir.

PAR PORTION : 450 CAL ; 7 G PROT ; 17 G MAT GR ; 69 G CARB ; 0 MG CHOL ; 210 MG SOD ; 5 G FIBRES

menus

LA PLUPART D'ENTRE NOUS DOIVENT RELEVER LE DÉFI de préparer un à trois repas chaque jour pour nous-mêmes et nos familles, et parfois à l'occasion d'une réunion entre amis. Les menus suivants proposent une variété de thèmes et de suggestions, que ce soit à l'occasion d'une fête qui nécessite la préparation d'un repas spectaculaire, d'un brunch au cours du week-end avec des mets simples et dans une ambiance décontractée avec des amis, ou lors d'un petit-déjeuner en famille qui rassasiera tout le monde jusqu'à l'heure du déjeuner. Quelles que soient vos compétences culinaires, vous pouvez suivre ces suggestions de menus ou préparer des menus en fonction de vos propres goûts. Soyez créatif et amusez-vous !

DÎNERS DE RÉCEPTION

Soupe à l'oignon presque classique (page 392)
Quiche épaisse aux tomates séchées au soleil (page 373)
Pois « Sugar snap » avec champignons (page 238)
Sorbet aux abricots et aux amandes (page 502)
Mieux que le champagne (page 101)

Champignons athéniens (page 83)
Soupe aux légumes verts et au gingembre (page 393)
Salade d'avocat avec vinaigrette aux agrumes (page 185)
Risotto avec pétales de courgette et basilic (page 349)
Gâteau au fromage chevaleresque (page 509)

Bruschetta à la tomate et aux fines herbes (page 85)
Crostini olives-tomates (page 79)
Pommes de terre nouvelles avec poireaux et fenouil (page 193)
Aubergine avec oignons caramélisés, tomates et menthe (page 292)
Glace au tofu, aux cerises bourgognes et noix de macadame (page 502)

REPAS QUOTIDIENS

Quatre haricots au four (page 466)
Brocoli cuit à la vapeur avec ail (page 243)
Fraises et bananes glacées (page 503)

Salade aux tons de rouge (page 445)
Soupe nourrissante avec tortillas (page 444)
Glace au tofu à la pêche fraîche (page 501)

Pâtes coquillettes avec haricots noirs et artichauts (page 324)
Gratin de carottes râpées (page 235)
Gâteau au miel et au yogourt avec sirop (page 507)

Soupe crémeuse aux légumes (page 415)
Montagnes de champignons portobello (page 452)
Framboises glacées (page 532)

Soupe à l'oignon presque classique (page 392)
Tofu enrobé de pâte au sésame (page 498)
Tarte hawaïenne (page 529)

« Bœuf » Stroganoff (page 456)
Chou rouge d'automne avec poires (page 235)
Barre glacée à la fraise (page 504)

« Poulet » au parmesan sur muffins anglais (page 443)
Salade de pommes de terre à l'aïoli (page 195)
Parfait de gâteau aux anges avec mûres (page 533)

MOINS DE TRENTE MINUTES

Salade de gourganes avec feta (page 437)
Riz à la mode cajun (page 455)

Pizzas portobello (page 438)
Poivrons à volonté (page 468)

Tofu texan (page 470)
Salade de kasha et de persil (page 445)

SAISONNIER

PRINTEMPS

Tempeh à la sauce barbecue avec poivrons (page 383)
Haricots cuits avec moutarde et tomates (page 260)
Tarte renversée aux pêches (page 521)

Salade primavera (page 204)
Cari aux noix de cajou, au tempeh et aux carottes
    (page 271)
Gressin en une levée (page 171)

ÉTÉ

Croustilles de pita avec épinards, poivron rouge et feta
    (page 81)
Maïs quatre façons (page 470)
Pouding d'été (page 525)

Sloppy Janes (page 481)
Salade de pâtes estivales du jardin (page 210)
Croustillant aux canneberges et framboises (page 174)

AUTOMNE

Seitan braisé avec sauce tomate odorante (page 297)
Légumes dorés (page 234)
Pouding au beurre d'arachides (page 525)

Légumes d'automne (page 236)
Polenta de base (page 256)
Pouding épicé aux carottes (page 524)

HIVER

Soupe d'hiver aux légumes et à l'orge brun à la
    cocotte-minute (page 418)
Manicotti facile alla Romana (page 321)
Tourte aux poires (page 528)

Salade d'hiver de poires avec vinaigrette
    aux framboises (page 555)
Tofu croustillant aux graines de sésame noires
    (page 378)
Mousse au chocolat presque traditionnelle (page 527)

TABLE POUR UN

Salade d'avocat avec vinaigrette aux agrumes
    (page 185)
Linguini au four (page 321)
Gâteau à l'orange pochée (page 505)

Haricots noirs et hachis de légumes (page 154)
Feuilles et pousses de pissenlits avec vinaigrette
    épicées (page 183)
Prunes pochées (page 527)

SALADES EN PLAT PRINCIPAL

Salade d'épinards avec tempeh croustillant (page 195)
Gâteau au miel et au yogourt avec sirop (page 507)

Salade de haricots noirs et de quinoa (page 224)
Pouding aux crêpes et aux fruits (page 526)

CUISINE INTERNATIONALE

HISPANIQUE

Soupe aux haricots noirs à la sauce chipotle (page 414)
Roulades du Sud-Ouest (page 87)
Salade de fruits sucrée et épicée (page 202)

Haricots blancs dans une sauce gypsy (page 361)
Tortillas de blé entier rôties à la flamme (page 179)
Chaussons aux fruits secs mélangés (page 532)

PÂQUE JUIVE

Nouilles kugel (page 574)
Soupe aux légumes-racines (page 417)
Rapini avec haricots blancs et pommes de terre
    (page 298)
Tourte de polenta avec courgettes rôties (page 288)
Fruits frais

FÊTES DES MÈRES

Omelette à la mangue et au cari (page 129)
Pain aux pommes et aux noix de pécan (page 167)
Parfait de gâteau aux anges avec mûres (page 533)
Lait fouetté à l'éclat de pêche (page 108)

PIQUE-NIQUE

Pita avec hummus, tomates, oignon rouge, concombre
    et olives noires (page 144)
Falafel au goût du jour (page 145)
Salade printanière aux asperges et aux œufs
    (page 205)
Muffins au fromage (page 165)
Petites génoises au chocolat (page 517)

4 JUILLET

Haricots cuits au four (page 463)
Salade de tomates de la Bald Eagle Valley (page 184)
Salade de pommes de terre chaude (page 193)
« Burgers » aux champignons (page 150)
Délicieuses friandises aux mûres (page 174)

ROSH HASHANAH (NOUVEL AN JUIF)

Latkes aux nouilles et raisins de Corinthe (page 574)
Tzimmes avec quenelles (page 567)
Gratin de carottes râpées (page 235)
Muffins savoureux à l'aneth et à l'aubergine (page 161)
Pouding de pain aux dattes et noix de pécan (page 522)
Fruits frais

ACTION DE GRÂCE

Légumes et trempette
Petites pommes de terre rouges farcies aux noix
    (page 73)
Champignons bourguignons dans une citrouille entière
    (page 268)
Pommes de terre nouvelles avec poireaux et fenouil
    (page 193)
Muffins aux canneberges au goût sucré mi-acidulé
    (page 164)
Gâteau au potiron nappé de chocolat (page 512)

BUFFET DE NOËL

Salade de poires d'automne (page 186)
Soupe aux pommes de terre et au potiron (page 415)
Pâtes avec champignons portobello dans une sauce à la
    moutarde (page 326)
Gratin d'igname et d'ananas (page 250)
Tagine aux légumes (page 577)
Galette des rois (page 561)
Gâteau aux fruits nappé de glaçage blanc (page 576)
Cocktail de mangues et d'agrumes (page 104)

HANOUKKA

Plantains grillés (page 241)
Légumes grillés avec verdure et croûtons (page 207)
Soupe à la courge musquée et aux arachides (page 391)
Jambalaya (page 381)
Condiment à la banane (page 232)
Patates douces sautées (page 252)
Feuilles braisées avec vinaigre et graines de sésame
    (page 239)
Pain de maïs
Pouding au pain double chocolat (page 523)

HORS D'ŒUVRES

Tomates au four farcies (page 89)
Rouleaux de « poulet » asiatiques (page 86)
Pommes de terre épicées (page 91)
Gougères (page 75)
Champignons athéniens (page 83)
Bruschetta aux asperges grillées avec fromage de
    chèvre et tapenade (page 73)
Petites pommes de terre rouges farcies aux noix (page 73)

FÊTES D'ENFANTS

Pizza aux légumes grillés (page 306)
Fajitas (page 483)
Fruits frais
Salade de pâtes et de légumes (page 485)
Gâteau tropical au fromage et aux bananes (page 477)
Petites génoises au chocolat (page 517)
Spritzer fruité (page 100)

MARIAGE

Feuilles de vigne farcies aux herbes avec sauce de
    yogourt à la menthe (page 77)
Focaccia avec gros sel et fenouil (page 181)
Ragù de champignons sauvages avec polenta dorée
    (page 282)
Artichauts avec sauce verte aux herbes (page 238)
Bifteck d'aubergines avec pois chiches, poivrons
    rouges, fromage feta et olives noires (page 291)
Tarte à la crème aux abricots (page 520)
Gâteau de mariage

vente par correspondance

THE BEAN BAG
VÉGÉTALIEN, ORGANIQUE
P.O. Box 567
Clarksburg, CA 95612
800-845-BEAN (2326)
Téléc.: 916-744-1870
www.beanbag.net
beans4you@beanbag.net

BOB'S RED MILL
SANS GLUTEN, ORGANIQUE
5209 S.E. International Way
Milwaukie, OR 97222
800-349-2173
Téléc.: 503-653-1339
www.bobsredmill.com

ENJOY LIFE FOODS
SANS GLUTEN, ORGANIQUE
1601 N. Natchez
Chicago, IL 60707
888-50-ENJOY (36569)
Téléc. : 773-889-5090
www.enjoylifefoods.com

NOTE : Enjoy Life Foods vend aussi
des produits végétaliens.

**FRONTIER NATURAL
PRODUCTS CO-OP**
ORGANIQUE
Po. Box 299
Norway, IA 52318
800-669-3275
Téléc.: 800-717-4372
www.frontiercoop.com
customercare@frontiercoop.com

**GARDEN SPOT
DISTRIBUTORS**
SANS GLUTEN, ORGANIQUE
438 White Oak Road
New Holland, PA 17557
800-829-5100
Téléc.: 877-829-5100
www.gardenspotdist.com
info@gardenspotdist.com

THE GLUTEN-FREE PANTRY
SANS GLUTEN
P.O. Box 840
Glastonbury, CT 06033
860-633-3826 (Renseignements et
Service aux consommateurs)
800-291-8386
(Commandes seulement)
Téléc.: 860-633-6853
www.glutenfree.com
pantry@glutenfree.com

**GOLD MINE NATURAL
FOOD CO.**
ORGANIQUE, EXOTIQUE
7805 Arjons Drive
San Diego, CA 92126-4368
800-475-FOOD (3663)
Téléc.: 858-695-0811
www.goldminenaturalfood.com
sales@goldminenaturalfood.com

NOTE : Gold Mine Natural Food
Co. offre aussi des produits
macrobiotiques.

MELISSA'S
ORGANIQUE
Melissa's/World Variety Produce, Inc.
P.O. Box 21127
Los Angeles, CA 90021
800-588-0151
www.melissas.com
hotline@melissas.com

THE ORIENTAL PANTRY
EXOTIQUE
423 Great Road (Route 2A)
Acton, MA 01720
978-264-4576
Téléc. : 781-275-4506
www.orientalpantry.com

PANGEA VEGAN PRODUCTS
VEGÉTALIEN
2381 Lewis Avenue Rockville,
MD 20851
800-340-1200
Téléc.: 301-816-8955
www.veganstore.com
info@veganstore.com

ROAD'S END ORGANICS, INC.
VEGÉTALIEN, SANS GLUTEN, ORGANIQUE
120 Pleasant Street, E-1
Morrisville, VT 05661
877-247-3373
Téléc.: 270-638-2265
www.chreese.com

SATAY
EXOTIQUE
Texas Food Research, Inc.
3202 W. Anderson Lane, Suite 203
Austin, TX 78757
512-467-9008
800-678-8374
Téléc. : 512-467-0347
www.satayusa.com
tfri@satayusa.com

SIMPLY NATURAL FOODS
EXOTIQUE, ORGANIQUE
Discount Natural Foods, Inc.
146 Londonderry Turnpike, # 10
Hooksett, NH 03106
888-392-9237
www.qualitynaturalfoods.com
sales@discountnaturalfoods.com

NOTE : Simply Natural Foods
d'aliments naturels vend aussi
des aliments macrobiotiques

TAMALE MOLLY
EXOTIQUE, SANS GLUTEN, VEGÉTALIEN
901 West San Mateo, Suite N-1
Santa Fe, NM 87505
877-509-1800
www.tamalemolly.com
info@tamalemolly.com

* NdT : Ces adresses sont proposées pour les lecteurs américains.
Vous trouverez aisément dans vos pays respectifs des entreprises
qui vendent ce genre de produits.

glossaire

VOUS VOUS INITIEZ À LA CUISINE VÉGÉTARIENNE ? OU avez besoin d'actualiser vos connaissances à ce sujet ? Ce glossaire met l'accent sur les produits alimentaires qui sont les pierres angulaires de la cuisine végétarienne, mais donne aussi une définition d'un éventail d'ingrédients que l'on trouve dans une cuisine bien approvisionnée. Pour les ingrédients spécifiques dans certaines recettes de ce livre, vérifiez l'index pour trouver la définition. Sinon, utilisez ce glossaire comme outil afin d'accroître votre compréhension de la cuisine végétarienne.

Agar-agar — Ce légume de mer sans goût et lyophilisé a les mêmes propriétés que la gélatine, et aide à épaissir les aliments. L'agar-agar a de plus grandes propriétés épaississantes que la gélatine, donc vous n'en aurez pas besoin autant. Aussi, à la différence de la gélatine, l'agar-agar épaissira à la température de la pièce. Vous pouvez le trouver dans les magasins d'aliments naturels et les marchés asiatiques. Il est vendu dans des blocs ou en poudre, sous forme de flocons ou de bâtons.

Amarante — Riches en protéines et rempli de saveurs, ce légume vert est utilisé dans des salades ou dans des produits alimentaires cuisinés. Vous pouvez aussi vous familiarisez avec l'amarante sous forme de graines souvent utilisées dans des céréales, ou sous forme de farine (graines moulues). Vous pouvez trouver l'amarante dans les magasins d'aliments naturels.

Amaretto — Connue pour son goût d'amande, cette liqueur est souvent préparée avec des noyaux d'abricots.

Aneth — Cette herbe annuelle existe depuis des milliers d'années et peut atteindre environ 90 cm (3 pieds) de hauteur. L'aneth a des feuilles délicates (appelé fenouil bâtard) avec un léger goût acidulé et des petites graines à la saveur forte et de couleur brun clair. Utilisez l'aneth dans les salades, les potages et les sauces. La graine d'aneth est utilisée pour fabriquer la saumure qui permet de conserver les concombres à l'aneth.

Anis — L'anis est une petite plante annuelle qui appartient à la famille du persil. Les feuilles et les graines de cette plante sont comestibles et ont une saveur de réglisse. Les graines d'anis sont verdâtres et brunes, ont une forme ovale, et ont été utilisées à travers l'histoire pour faciliter la digestion. Utilisez l'anis pour ajouter du goût aux gâteaux, aux biscuits et aux pains. Essayez-la aussi grillée dans les sauces tomates et les ragoûts. L'anis peut être achetée entière, moulue ou sous forme de graines séchées.

Anis étoilé — Originaire de Chine, l'anis étoilé est une cosse brune en forme d'étoile qui contient une petite graine dans chacune de ses 8 sections. Il provient d'un arbre à feuilles persistantes et a une saveur plus amère que celle de la graine d'anis. L'anis étoilé est une épice généralement utilisée dans la cuisine asiatique et dans les aliments cuits. On le trouve dans les marchés asiatiques et certains supermarchés.

Aquavit — Ce spiritueux de couleur claire de Scandinavie est assaisonné de graines de cumin. Distillé avec des céréales ou des pommes de terre, l'aquavit est servi glacé dans un verre à liqueur.

Arrow-root — Tiré de la racine d'une plante américaine tropicale, cet épaississant permet de préparer des sauces qui ont une apparence brillante et transparente. Mélangez l'arrow-root avec de l'eau froide avant de l'ajouter à votre recette, puis portez à ébullition. Vous pouvez remplacer l'arrow-root avec une mesure de farine de maïs pour épaissir. L'arrow-root n'a aucun goût, et à la différence de la farine de maïs, il n'aura pas d'arrière-goût crayeux s'il n'est pas suffisamment cuit. Utilisez l'arrow-root dans les poudings, les sauces et d'autres aliments cuits.

Arugula — Cette salade verte amère et odorante a des feuilles lisses vert foncé et une forte saveur poivrée. L'arugula est vendue en petites bottes avec les racines attachées. Recherchez les salades qui ont des feuilles fraîches d'un vert brillant. L'arugula se conserve difficilement et devrait être réfrigérée au maximum de deux jours, enveloppée dans un sac de plastique. Elle est une excellente source de fer et de vitamines A et C. Elle complète de façon savoureuse les salades, les potages et les plats de légumes sautés. Elle se marie également bien avec des laitues plus douces comme la laitue Bibb. On peut la trouver dans les marchés où l'on vend des produits alimentaires spécialisés et certains supermarchés.

Assaisonnement cajun — Ce mélange d'épices comprend habituellement une combinaison de poudre de chili, d'ail, de gingembre, de coriandre, de cumin, de cardamome, de fenouil, de thym, de piment de la Jamaïque et d'origan. Ces mélanges déjà préparés rendent facile la création de plats savoureux. Essayez-les avec du tofu et des légumes grillés ou rôtis, ou ajoutez-les aux trempettes. Ces mélanges pouvant être assez épicés, aussi veuillez ajuster les assaisonnements à votre convenance.

Bardane — Cette racine comestible et mince a une peau brune et une chair grisâtre et blanche. La bardane a une saveur terreuse et sucrée et une texture à la fois tendre et croustillante. Choisissez la bardane jeune et tendre mesurant environ 40,64 cm (16 pouces) de longueur et pas plus de 2,54 cm (1 pouce) de diamètre. Ne la lavez pas jusqu'à ce que vous soyez prêt à l'utiliser. Bien que vous deviez la nettoyer à fond avant de la cuire, vous ne devez pas peler la bardane. Celle-ci peut être coupée ou râpée et utilisée dans les potages ou avec d'autres légumes.

Bette suisse — Ce membre de la famille de la betterave a des feuilles vertes craquantes et des tiges semblables à celles du céleri. Une variété parfois appelée *bettes rhubarbe* possède des feuilles plus sombres et des tiges rougeâtres, avec une saveur plus forte. Les *bettes rubis* sont d'un rouge vif et ses feuilles ont une touche de vert. Vous pouvez trouver des bettes fraîches durant toute l'année, mais elles sont plus savoureuses pendant les mois d'été. Recherchez des feuilles tendres et des tiges fermes. Préparez les feuilles vertes comme celles des épinards et les tiges comme celles de l'asperge. Les bettes sont une bonne source de fer et de vitamines A et C.

Beurre de soja — Cette tartinade faite de soja rôti a une texture semblable au beurre d'arachides. Le beurre de soja est généralement moins riche en matières grasses que le beurre d'arachides.

Bok choy — Ce légume chinois vert à feuilles est un membre de la famille du chou. Il a une saveur de chou doux, des tiges blanches craquantes et des feuilles vertes et tendres. Le bok choy est connu sous diverses appellations : pak chai, chou blanc chinois, moutarde blanche, chou céleri moutarde, etc. Bien qu'il soit souvent mal identifié, ne le confondez pas avec le chou chinois ou le chou napa. Utilisez-le cru dans les salades, cuit, sauté ou comme accompagnement. Il se conservera pendant environ quatre jours dans un sac de plastique au réfrigérateur.

Bouquet garni — Ce nom réfère à un groupe de fines herbes (habituellement, le persil, le thym, et la feuille de laurier) que l'on met dans un coton à fromage ou qui sont liées fermement en bouquet. Utilisez le bouquet garni pour donner du goût aux potages et aux bouillons. Retirer le sac ou le bouquet d'herbes avant de servir.

Broccolini — Aussi appelé brocoli nain, le broccolini est la marque déposée pour un hybride du brocoli et du chou frisé. Le broccolini a de longues tiges minces avec de minuscules fleurettes, qui le fait ressembler à une petite tête de brocoli. Il a une texture croquante, une saveur douce, et une note poivrée et subtile.

Bulgur de blé — Le bulgur de blé est composé de grains de blé cuits à la vapeur et moulus. Le bulgur a un goût de noisettes et une texture tendre et moelleuse, et entre dans la catégorie des grains concassés. Il se marie bien avec le taboulé (une salade du Moyen-Orient préparée avec du persil et de la menthe), les pilafs, et sert de base aux sauces épaisses et aux ragoûts.

Cacao en grains — Les grains de cacao sont des fèves de cacao rôties qui ont été séparés de leur cosse. Ils ne contiennent pas de sucre ni de vanille. Utilisez-les dans toutes les recettes où vous utilisez des brisures de chocolat ou des noix. Moulus dans une pâte avec un peu de sucre ajouté, les grains de cacao donnent un chocolat aigre-doux.

Cardamome — Cette épice parfumée appartient à la famille du gingembre, originaire de l'Inde, et pousse dans plusieurs régions tropicales. Les graines de cardamome sont emballées dans de petites cosses de la taille d'une petite baie. Chaque cosse contient 17 à 20 graines minuscules. La cardamome est généralement utilisée dans la cuisine de l'est de l'Inde et la cuisine scandinave, et a une saveur chaude semblable à celle de la cannelle. Elle est un ingrédient clé dans le garam masala, et sa saveur douce rehausse le goût des caris, des ragoûts et des légumes. La cardamome peut être achetée emballée dans la cosse ou moulue. N'oubliez pas que les graines de cardamome commencent à perdre leur huile essentielle dès qu'elles sont moulues et que la saveur de la cardamome moulue n'est pas aussi prononcée que celle de la cardamome vendue emballée dans des cosses. Si vous utilisez les cosses, écrasez-les légèrement, et ajoutez à la fois la cosse et les graines au mélange. La coquille se défait pendant la cuisson. Aussi, soyez prudent en utilisant la cardamome.

Cardon — Ce légume est populaire en Europe et a un goût identique à celui d'un croisement de céleri, d'artichaut et de salsifis (un légume racine dont le goût ressemble à celui d'une huître). Le cardon ressemble à une botte de céleri large et plat, et on peut le trouver de la fin de l'hiver jusqu'au printemps. Choisissez des tiges fermes de couleur gris-vert argenté. Pour la préparation, enlever d'abord les parties extérieures et dures. Couper le reste à la taille qui vous convient et laissez tremper dans l'eau avec un peu de vinaigre ou de jus de citron pour empêcher le brunissement. Essayez-les bouillis, cuits ou braisés. Avec la plupart des recettes, vous devriez précuire les cardons pendant environ 30 minutes dans l'eau bouillante. Les cardons sont une bonne source de potassium, de calcium et de fer, et ils sont riches en sodium.

Caroube — Un bon substitut au chocolat, la caroube provient de la cabosse séchée, rôtie et moulue d'une plante de la Méditerranée à feuilles persistantes connue sous le nom de caroubier. Si elle est combinée avec du sucre et d'autres ingrédients raffinés, la caroube n'est pas plus nutritive que le chocolat, bien qu'elle soit sans caféine.

Cerfeuil — Cette herbe aromatique appartient à la famille du persil et a des feuilles vert foncé et plumeuses. La racine de cette plante est également comestible. On trouve le cerfeuil sous forme séchée, mais il est à son meilleur lorsqu'il est frais. Vous pouvez le trouver frais ou séché dans la plupart des supermarchés. Populaire dans la cuisine française, le cerfeuil a une saveur douce avec un soupçon de réglisse. Ses feuilles délicates sont un complément agréable aux salades, aux plats de légumes et aux sauces crémeuses. Comme l'aneth, le cerfeuil pousse bien dans des endroits frais, aussi si vous vivez dans un lieu qui n'est pas trop chaud, essayez d'en cultiver.

Chambord — Cette liqueur française est d'une couleur rouge foncé et a une saveur forte de framboise noire.

Champignons :

Bolet — Le champignon bolet, populaire en Italie, est brun-roux et varie largement en fonction de sa taille. Ces champignons peuvent peser chacun de 28 à 450 g (1 once à 1 livre) et leurs chapeaux peuvent mesurer de 2,54 à 25,40 cm (1 à 10 pouces) de diamètre. Leur texture consistante et leur saveur forte en font un délice pour les gourmets. Choisissez des champignons frais qui ont de gros chapeaux fermes et qui sont de couleur pâle sous les chapeaux. On peut les trouver sous forme sèche dans la plupart des supermarchés, mais ils doivent être reconstitués par l'absorption d'eau chaude, 20 minutes environ avant leur utilisation. On peut remplacer les autres champignons par les champignons bolet dans la plupart des recettes.

Bouton — On trouve ces champignons frais dans les commerces toute l'année. Certaines personnes trouvent que le goût de ces champignons est fade, mais les mélanger avec d'autres champignons « sauvages » donne un goût merveilleux à ces champignons.

Chanterelle — Ce champignon ressemble à une trompette ou à un vase et a une couleur qui va de l'orange au jaune. On les trouve de temps en temps frais dans les marchés pendant l'été et l'hiver. Les chanterelles peuvent être consommées seules ou avec d'autres aliments. Les chanterelles fraîches mettent plus de temps à cuire que la plupart des autres champignons et ont tendance à durcir lorsqu'elles sont cuites. Elles sont relativement chères, aussi réservez leur utilisation pour les plats spéciaux. Choisissez des champignons qui sont dodus et spongieux. Puisqu'ils sont très délicats, nettoyez-les soigneusement avec une serviette de papier humide.

Champignon de Paris — Également appelés champignons café, ces champignons sont brun foncé et plus fermes que les champignons blancs réguliers. Les champignons de Paris ont un goût terreux et leurs chapeaux mesurent de 1,27 à 5,08 cm (½ à 2 pouces) de diamètre.

Enoki — Ces champignons aux longues tiges ont des boutons blancs et minuscules sur le dessus. Leur texture est presque craquante et leur saveur est douce. Dans certaines parties du Japon, on trouve l'enoki frais toute l'année dans les marchés asiatiques et certains supermarchés. Utilisés dans la cuisine japonaise, ces champignons servent de garnitures dans les potages ou dans d'autres plats. Si vous les utilisez dans un plat cuisiné, ajoutez-les à la fin de la cuisson.

Morille — Ce champignon sauvage de la famille de la truffe a un goût de noisette et de fumée. Habituellement, plus le chapeau du champignon est foncé, plus la saveur est forte. Les morilles poussent à l'état sauvage et sont disponibles fraîches au début du printemps. Choisissez celles qui sont spongieuses et lourdes pour leur taille. Elles nécessitent un nettoyage minutieux sous l'eau, puisque la saleté et les insectes peuvent se nicher dans les morilles.

Pleurote — Ces champignons en forme d'éventail poussent à l'état sauvage et sont en groupes serrés, souvent sur des troncs d'arbre pourri. La saveur des pleurotes crus est assez forte et légèrement poivrée, mais lorsqu'ils sont cuits, les champignons ont une saveur douce et un goût de beurre. Ils ont aussi une texture soyeuse et lisse. Vous pouvez les trouver dans les supermarchés bien approvisionnés une bonne partie de l'année.

Portobello — Forme achevée des champignons de Paris, les champignons portobellos sont parfois appelés « le bifteck des végétariens ». Les portobellos ont des chapeaux plats qui peuvent mesurer 17,78 cm (7 pouces) de diamètre. On trouve ces champignons dans la plupart des supermarchés. Enlevez leurs tiges épaisses ; jetez-les ou conservez-les pour les utiliser dans les potages et les sauces. En grattant délicatement, enlevez les lamelles noires sous le chapeau des champignons, puisque celles-ci ont tendance à brunir indépendamment des ingrédients avec lesquels les champignons sont cuits. Vous pouvez utiliser les champignons portobellos coupés, mais ils sont plus impressionnants et intéressants s'ils sont cuits entiers. Rôtissez-les ou grillez-les entiers ou en tranches et utilisez-les dans les sandwiches, les salades et les hors-d'œuvre, ou comme partie d'une entrée.

Shiitake — Utilisés régulièrement dans la cuisine japonaise, les champignons shiitake sont brun foncé et donnent une dimension et une saveur complexes aux plats dans lesquels ils apparaissent. Leurs chapeaux ont une saveur délicieuse de viande, mais les tiges sont extrêmement dures et sont habituellement enlevées pour être utilisées dans les potages et les sauces. On trouve plus facilement les champignons shiitakes au printemps et à l'automne. Lorsque vous achetez des shiitakes frais, recherchez des champignons dodus, entiers, avec des bords qui frisent dessous. Également vendus sous forme séchée, les shiitakes peuvent être reconstitués par l'absorption d'eau chaude, 20 minutes environ avant leur utilisation.

Trompette noire — Ces champignons mesurent de 5,08 à 12,70 cm (2 à 5 pouces) de hauteur et, comme leur nom le suggère, ont une forme qui ressemble à une trompette. Leur chair est délicate et leur couleur va du brun grisâtre au presque noir. Les trompettes noires ont un goût de beurre remarquable. Recherchez ces champignons frais pendant l'été et aussi en automne dans les marchés vendant des produits alimentaires spécialisés. Ils peuvent aussi être achetés séchés, puis reconstitués.

Chicorée frisée — Voir **Endive**

Chilis — Ces gousses immatures provenant de divers poivrons ajoutent du piquant et de la couleur aux recettes. Des piments les plus populaires aux États-Unis, l'Anaheim est le plus doux et l'habañero le plus fort. Le goût des piments bien connus comme le jalapeño et le serrano sont bien tolérés par nombre de gens — ayez à votre portée du lait, du yogourt, du riz ou du pain, au cas où votre langue serait en feu. Les petits chilis pointus ont tendance à être plus forts, tandis que les plus gros, à la forme arrondie, sont plus doux. Les graines sont la partie la plus brûlante et peuvent être retirées pour atténuer la force de la plupart des chilis. Une fois les chilis choisis, recherchez un chili qui a une apparence glacée et foncée. Les piments devraient être fermes et pas trop épais et n'avoir aucune tache molle. Il est sage de manipuler les piments avec des gants parce qu'ils peuvent brûler la peau.

Anaheim — L'un des chilis que l'on trouve généralement sur le marché, ce poivron doit son nom à la ville d'Anaheim en Californie. Ces chilis sont à peine épicés et sont connus pour leur douceur. Les chilis Anaheim sont habituellement d'un vert léger, et sont minces et allongés. Une variété rouge est souvent appelée chili du Colorado. Achetez les chilis Anaheim frais ou en conserve. Ils sont généralement utilisés dans les salsas ou sont mangés farcis. Pour décorer un plat, utilisez la variété rouge séchée sous forme de lanières ou une couronne de chilis connus sous le nom de *ristra*.

ancho — Ce chili séché a une couleur rougeâtre et d'un brun prononcé, et une saveur qui peut être douce ou forte — l'ancho est doux et a un goût légèrement fruité. Il est large et mesure environ 7,62 à 10,16 cm (3 à 4 pouces) de longueur. Lorsqu'il est frais et vert, l'ancho est appelé *poblano*.

Chipotle — Ce chili fort a une peau ridée, brun foncé, et est véritablement un jalapeño séché et fumé. Il a une saveur fumeuse avec un soupçon de chocolat. Recherchez-le sous forme séchée, moulue, ou emballé dans une sauce adobo.

habañero — Bien qu'il soit petit, le minuscule chili a un goût très épicé, ce qui en fait l'un des chilis les plus forts. Lorsqu'il mûrit, il devient orange et brillant. Essayez-le frais ou séché dans une sauce épicée.

jalapeño — Ces poivrons lisses et de couleur vert foncé peuvent être très forts, avec un goût poivré. Les jalapeños sont rouges et brillants lorsqu'ils sont mûrs. Ils mesurent environ 5,08 cm (2 pouces) de longueur et 2,54 cm (1 pouce) de diamètre et ont des extrémités arrondies. Les jalapeños sont souvent très forts, mais on peut facilement les épépiner pour atténuer leur goût fortement épicé. Ils sont vendus frais et en conserve. Essayez-les dans une variété de sauces et de plats. Les jalapeños séchés sont appelés chipotles.

poblano — Ce chili vert, très foncé, à la forme effilée a une saveur caractéristique qui va de doux à fort. Plus le chili est sombre, plus fort est son goût. Recherchez les chilis poblano à leur meilleur, en été et au début de l'automne, ou achetez-les en conserve. Les poblanos sont un ingrédient clef dans la préparation des chiles rellenos.

serrano — Ce petit chili légèrement pointu est même plus fort que le jalapeño et a plus de saveur. Vous pouvez acheter des serranos frais dans les marchés mexicains et certains supermarchés. On peut aussi les trouver en conserve, en saumure ou dans l'huile. Utilisez-les frais ou cuits dans divers plats.

thaï — Ces petits chilis, mesurant environ 2,54 cm (1 pouce) de longueur et 3,5 cm (1,4 pouce) de diamètre, ont une saveur forte et épicée. La gamme des couleurs des chilis thaïs va du vert au rouge lorsqu'ils sont entièrement mûrs. Ce chili est populaire dans beaucoup de plats asiatiques. Séché, on l'appelle l'oiseau chili.

Chou de Savoie — À la différence du chou régulier, le chou de Savoie n'a pas de tête compacte, mais des feuilles plutôt lâches et veinées dont la couleur va du pâle au vert foncé. Il a une saveur douce et se prête très bien à la cuisson. Choisissez une tête qui est lourde pour sa taille, avec des feuilles craquantes.

Chou nappa — Variété la plus répandue de chou asiatique, connue aussi sous le nom de chou chinois, le chou nappa a une forme rappelant un ballon de football avec une tête très compacte et des feuilles craquantes et veinées qui ont une couleur crème avec des extrémités vertes. Utilisez le chou napa cru ou cuit à la vapeur, sauté ou cuit au four. S'il est enveloppé dans du plastique, ce chou robuste se conserve au réfrigérateur pendant trois semaines.

Chutney — Il s'agit d'un mélange de fruits, d'épices, de vinaigre, de citron, et de sucre. Sa texture est soit épaisse ou lisse, et le chutney peut avoir un goût acidulé ou doux et piquant. Essayez le chutney dans les plats au cari ou des chutneys plus doux comme tartinades. Il est vendu en pot ou vous pouvez vous-même le préparer.

Cilantro — Également connu sous le nom de persil chinois, les feuilles d'un vert foncé de la plante de la coriandre ont une saveur piquante et un goût rafraîchissant. Le cilantro est délicieux servi avec du riz et des haricots et est un complément populaire pour les plats mexicains, sud-américains et asiatiques. À la dernière minute, ajoutez des feuilles fraîches aux salades, aux salsas et aux légumes. Pour conserver la fraîcheur du cilantro, garder les feuilles au sec et scellées dans leur sac. Pour conserver les feuilles, enlever toute l'humidité en les secouant, puis enveloppez-les dans des serviettes de papier. Roulez les serviettes et mettez-les soigneusement dans un sac en plastique fermé, avec aussi peu d'air que possible. Le cilantro devrait se conserver pendant plusieurs jours.

Citronnelle — Assaisonnement essentiel dans la cuisine thaïe, malaise, birmane et vietnamienne, cette herbe ressemble à une longue tige en bois et a de minces feuilles. La citronnelle a un goût et un arôme d'agrumes plaisant. L'herbe en réalité se présente comme des mottes avec de grandes tiges qui ressemblent aux poireaux, mais qui sont dures et ont besoin d'un couteau pointu pour être coupées. Vous pouvez la trouver fraîche ou séchée dans les marchés spécialisés et certains supermarchés. Choisissez des tiges vertes saines et des racines blanches. Pour l'utiliser, écrasez la partie blanche et ferme du bulbe, et tranchez-la en suivant les instructions de la recette. Utilisez la citronnelle dans les potages, ou sautée, dans les caris asiatiques et les sauces à salade occidentales.

Cœurs de palmiers — Ce terme se réfère à la partie intérieure de la tige du sabal, qui pousse dans les climats tropicaux. Les cœurs de palmiers sont minces, de couleur crème et leur coût à l'achat est élevé. Ils ressem-blent aux asperges blanches et ont un goût qui s'apparente un peu à celui des artichauts. On les trouve frais unique-ment en Floride. Vous pouvez trouver les cœurs de palmiers en conserve dans les supermarchés bien appro-visionnés. Une fois ouverts, conservez-les dans un réci-pient hermétique non réactif et dans leur liquide, et réfrigérez-les jusqu'à une semaine. Essayez-les dans les salades ou servez-les comme légume cuit.

Coriandre — Ce parent de la famille du persil est connu à la fois pour ses graines (ses fruits séchés) et ses feuilles et est originaire de la Méditerranée et de l'Asie. Les graines ont un parfum léger et une saveur combinant le goût du citron, du cumin et de la sauge. Les graines entières sont savoureuses lorsqu'elles sont légèrement grillées et sont souvent utilisées dans des plats indiens et asiatiques. Utilisez-les comme assaisonnement et garniture.

Courge :

à cou tors — Ce terme réfère à plusieurs variétés de courges d'été qui ont de longs cous courbés qui sont légèrement plus minces que la base. Les courges à cou tors ont une peau claire ou sombre et leur texture est presque lisse lorsqu'elles sont jeunes et irrégulières, lorsqu'elles grandissent. La chair est crémeuse et sa saveur est douce. Ces courges mesurent en moyenne de 20,32 à 25,40 cm (8 à 10 pouces) de longueur, mais ont meilleur goût lorsqu'elles sont plus jeunes et légèrement plus petites.

délicata — Également appelée courge patate douce, la courge délicata a une forme oblongue et peut mesurer 15,24 à 22,86 cm (6 à 9 pouces) de longueur, et 5,08 à 7,62 cm (2 à 3 pouces) de diamètre. Sa peau a une couleur jaune pâle avec des rayures vertes. Choisissez la courge qui est ferme et lourde pour sa taille. Comme d'autres courges d'hiver, le délicata est délicieuse cuite au four ou à la vapeur.

d'été — Ce type de courge a une peau comestible et des graines tendres. La chair de la courge d'été est plus juteuse que celle de la courge d'hiver et sa saveur est plus douce. Comme son nom le suggère, elle est meilleure tôt en été et jusqu'à la fin de l'automne, bien que certains types de courge d'été soient disponibles toute l'année dans certaines régions. Choisissez des courges plus petites avec une peau brillante et colorée, et qui sont sans défaut. La courge d'été ne nécessite pas un temps de cuisson très long et est riche en vitamines A et C, et en niacine.

d'hiver — Ce type de courge a une peau épaisse et des graines dures. Sa chair va du jaune foncé à l'orange et est plus savoureuse que celle de la courge d'été. La courge d'hiver est meilleure au début de l'automne jusqu'en hiver, tandis que plusieurs variétés sont disponibles durant toute l'année. Choisissez une courge qui est lourde par sa taille, avec une peau très colorée et sans défaut. La courge d'hiver nécessite un temps de cuisson plus long que la courge d'été : enlever les graines et cuire au four, à la vapeur, ou à feu doux. La courge d'hiver est une bonne source de fer, de riboflavine, et de vitamines A et C.

kabocha — Cette courge d'hiver à la chair orange ferme et dense a un goût légèrement sucré. La courge kabocha est vendue dans les marchés asiatiques et dans plusieurs supermarchés. Choisissez des courges qui pèsent environ 1 à 1,5 kg (2 à 3 livres), qui sont lourdes pour leur taille et qui n'ont aucune tache molle. Si vous ne pouvez trouver la courge kabocha, remplacez-la par une autre courge d'hiver, mais la saveur ne sera pas la même.

musquée — Cette grosse courge mesure 20,32 à 30,48 cm (8 à 12 pouces) de longueur, 7,62 à 12,70 cm (3 à 5 pouces) à son point le plus large et pèse de 1 à 1,5 kg (2 à 3 livres). La coquille lisse est jaune. La courge musquée a un agréable goût de beurre et de noisette et peut être cuite, à la vapeur ou bouillie. Elle se pèle facilement et sa chair est assez tendre pour être coupée en dés ou tranchée.

poivrée — Cette courge d'hiver de forme ovale a une chair vert foncé et striée. La façon la plus simple de préparer ce légume est de le trancher en deux en diagonale et d'enlever les graines avant de le cuire au four. Recherchez les courges qui ont une couleur orange et jaunâtre, une indication qu'elles sont mûres et sucrées. Une grosse courge poivrée est meilleure qu'une petite, et une courge lourde est meilleure qu'une courge légère. Plus la courge est légère, plus grande est la probabilité qu'elle soit déshydratée et fibreuse. Vous pouvez manger la chair orange de la courge poivrée à même la coquille.

spaghetti — Cette courge d'hiver en forme de cylindre a une chair jaune pâle qui, lorsqu'elle est cuite, peut être enlevée en grattant avec une fourchette les fibres qui ressemblent à des spaghettis. Pesant de 1,8 à 3,6 kg (4 à 8 livres), la courge spaghetti est habituellement disponible toute l'année et est à son meilleur au début de l'automne et pendant l'hiver. Recherchez la courge qui est uniformément colorée, avec une peau dure et lisse. Évitez la courge qui n'est pas mûre et qui a une couleur verte. Essayez les courges spaghettis comme plat d'accompagnement ou dans un ragoût.

Couscous — Techniquement parlant, ce sont des pâtes, mais le couscous ressemble davantage à un grain. Le grain de semoule est un produit de base dans la cuisine de l'Afrique du Nord. Il absorbe l'eau comme d'autres grains et devient léger et duveteux lorsqu'il est cuit. Les grains entiers tout comme les grains raffinés se préparent rapidement.

Crème fraîche — Cette crème vieillie et épaissie a une texture lisse et riche, et est généralement aussi épaisse que la crème sure. La crème fraîche a une saveur semblable à la noix et un goût légèrement acidulé. Bien que l'on trouve la crème fraîche dans les marchés, il est facile de préparer votre propre version. Combinez 240 ml (1 tasse) de crème épaisse avec 30 ml (2 c. à soupe) de babeurre dans un récipient non réactif, couvrir et laissez reposer à la température de la pièce toute la nuit, ou jusqu'à ce qu'elle épaississe. Remuez bien avant de couvrir, et réfrigérez jusqu'à 10 jours.

Crème sure de soja — Ce produit sans lactose est fait de lait de soja traité avec un agent acidifiant. La crème sure de soja est très semblable à la crème sure et peut lui être substituée dans les mêmes quantités. On la trouve dans les magasins d'aliments naturels et certains supermarchés.

Cumin — Identique par la forme à une graine de cumin, le cumin est le fruit séché d'une plante de la famille du persil. Ces graines sont aromatiques et ont un goût de noisette. Utiliser entier ou moulu, le cumin ajoute une étincelle aux salades, aux caris et aux plats de riz.

Curcuma moulu — Cette épice jaune orange et brillante a une saveur amère et intense. Le curcuma est populaire dans la cuisine indienne, particulièrement dans les préparations au cari, et est utilisé pour ajouter à la fois de la saveur et de la couleur aux aliments. C'est aussi un ingrédient important dans la moutarde. On trouve le curcuma dans la plupart des supermarchés.

Desserts à base de tofu — Si vous avez envie de quelque chose de froid et de crémeux et que vous ne voulez pas consommer des produits laitiers, un dessert à base de tofu peut être la réponse. Mais sachez que certains desserts à base de tofu ne sont pas plus nutritifs que beaucoup de glaces très riches en calories. Assurez-vous de bien lire les étiquettes.

Dolique à œil noir — Populaire dans le Sud, aliment bon marché, cette légumineuse est blanc crème avec un point noir ou « un œil ». Il a un goût frais qui en fait un partenaire idéal dans les salades de légumes verts fortement assaisonnées. Essayez aussi « l'Hoppin John » (page 561), un plat populaire de doliques à œil noir. Les doliques à œil noir peuvent être achetés frais ou séchés.

Dulse — La dulse est une algue violacée dont la texture est épaisse et qui est le plus souvent utilisée dans les potages et les condiments, mais ses minces feuilles constituent un aliment salé et original pour le casse-croûte. Lorsqu'elle est séchée, la dulse est caoutchouteuse et difficile à mâcher.

Eau de fleur d'oranger — Connue également sous le nom d'eau de fleur orange, cette eau est un exhausteur de saveur populaire que l'on ajoute à nombre de plats méditerranéens, de même qu'aux aliments préparés en Occident, aux douceurs et à diverses boissons.

Échalote — Bien que l'échalote appartienne à la famille de l'oignon, elle ressemble à l'ail et a une peau mince comme du papier. La couleur de la peau peut varier, allant du beige au rose, et la chair est ivoire. Au goût, l'échalote est un mélange d'oignon, d'ail et de poireaux. Elle peut être utilisée de la même manière que les oignons.

Edamame — Également connu sous le nom de soja vert, l'edamame est une gousse de soja fraîche. Bien que l'on puisse trouver les edamames frais en saison dans les épiceries japonaises et certains supermarchés, on peut aussi les acheter congelés. Dans tous les cas, ils ont déjà été cuits à la vapeur. Mettez les edamames dans l'eau bouillante pendant quelques minutes, puis rafraîchissez-les dans l'eau glacée et servez-les légèrement salés. Vous pouvez aussi trouver les edamames dans leur gousse, que vous pouvez ajouter aux potages et aux salades, ou à d'autres plats de votre choix.

Endive — On trouve trois principaux types d'endives : l'endive belge, la chicorée frisée et l'escarole. L'endive belge, de forme oblongue, a une tête blanche et des feuilles très compactes. Elle est servie froide comme partie d'une salade, ou est braisée ou cuite. La chicorée frisée a une tête moins compacte et des feuilles vertes délicates, dont les bords sont bouclés et quelque peu épineux. Les feuilles au centre de couleur crème forment un cœur compact. L'escarole a de grosses feuilles craquantes, vert pâle, et un cœur jaunâtre et pâle. Sa saveur est la plus douce des trois. On peut trouver l'escarole et la chicorée frisée pendant toute l'année. Essayez-les dans les salades, comme légume, ou dans les potages.

Endive belge — Voir **Endive**

Épeautre — Ce grain de céréale ancien a une saveur semblable à la noix et se digère facilement. Il contient légèrement plus de protéines que le blé et est bien toléré par les personnes qui sont allergiques au blé. La farine d'épeautre est disponible dans les magasins d'aliments naturels et constitue une bonne alternative à la farine de blé dans les aliments cuits.

Escarole — Voir **Endive**

Estragon — Cette herbe aromatique ancienne a des feuilles longues et minces vert foncé, et une saveur de réglisse. Utilisé largement dans la cuisine française, l'estragon se marie bien avec nombre de plats et de sauces et est aussi un ingrédient important dans les mélanges d'herbes comme les fines herbes. Recherchez l'estragon pour sa fraîcheur l'été et au début de l'automne ou sous sa forme séchée et en poudre. À cause de sa saveur affirmée, utilisez-le avec modération.

Farine

de blé entier — Cette farine pleine de saveur contient des germes de blé, ce qui signifie qu'elle contient plus de fibres, de substances nutritives et de matières grasses que la farine blanche. Si vous cuisez du pain, choisissez la « farine panifiable » faite de blé rouge dur de printemps (qui fait les pains les plus volumineux) ou de blé rouge d'hiver. Les farines panifiables sont riches en gluten, ce qui permet la fabrication de pains légers, aérés. Choisissez la farine moulue à la pierre ou la farine moulue finement. Cette dernière est plus légère, mais peut-être préférez-vous la saveur plus robuste de la farine moulue à la pierre. Tout type de farine de blé suffira si la farine n'est pas utilisée avec des aliments cuits, par exemple pour épaissir une sauce au jus.

de blé entier à pâtisserie — Plus pauvre en protéines (et donc pas un bon choix pour la cuisson du pain), la farine à pâtisserie de blé entier permet de préparer des muffins tendres, des pains à préparation rapide et des crêpes. Mis à part son contenu en protéines, cette farine ne diffère pas beaucoup de la farine de blé entier régulière.

de gluten — Le raffinage de cette farine de blé permet de retirer presque tout l'amidon (avec un contenu en gluten plus élevé). Le faible contenu en amidon facilite la panification. Cette farine est utilisée principalement en combinaison avec de la farine faible en gluten (comme la farine de seigle) et pour fabriquer des pains de «gluten» faibles en calories. La farine de gluten est riche en protéines.

de maïs — Fabriquer avec de la semoule de maïs finement moulue, cette farine peut être jaune ou blanche. La farine de maïs est obtenue à partir du grain entier et est utilisée dans la fabrication du pain et dans les aliments cuits.

de sarrasin — Les graines de la plante de sarrasin sont utilisées pour fabriquer cette farine fortement assaisonnée. Même 60 ml (¼ tasse) ou 80 ml (⅓ tasse) suffisent à fabriquer un pain massif. Vous aimerez ou détesterez son goût. La farine de sarrasin est aussi utilisée pour préparer les crêpes et comme complément à certains aliments cuits.

de seigle — La farine de seigle contient moins de gluten que le blé entier ou la farine tout usage. Par conséquent, si la farine n'est pas combinée avec une farine plus riche en gluten, la farine de seigle ne fera pas lever uniformément le pain. La farine de seigle est aussi plus lourde que la plupart des farines. Remplacer environ 120 ml (½ tasse) de farine de blé entière par de la farine de seigle, et suivez la recette de pain comme d'habitude. Si vous le désirez, ajoutez quelques graines de cumin pour obtenir un goût et une apparence authentiques.

de soja — Cette farine de soja finement moulue est fabriquée avec des fèves de soja rôties et contient deux fois plus de protéines que la farine de blé. Elle contient également peu d'hydrates de carbone. Elle est sans gluten et est souvent mélangée avec d'autres farines, plutôt qu'utilisée seule. Elle est aussi utile pour épaissir les sauces. Trois types de farine de soja sont disponibles : naturelle ou non-dégraissée, qui contient les huiles naturelles présentes dans la fève de soja ; dégraissée, dont l'huile a été enlevée ; avec lécithine, où de la lécithine a été ajoutée à la farine. La farine de soja est vendue dans les magasins d'aliments naturels et dans certains supermarchés.

triticale — Cet hybride de grains de seigle et de blé est très nutritif et contient plus de protéines et moins de gluten que le blé. La farine a un goût de noix, et sa saveur est sucrée bien que terreuse. On trouve le triticale sous plusieurs formes : entier, en flocons et sous forme de farine, et il peut être acheté dans les magasins d'aliments naturels et certains supermarchés. Remplacez la moitié de la farine de blé entier dans votre recette de pain par de la farine triticale pour obtenir un supplément de protéines.

tout usage non-blanchie — Parce qu'un peu de son de blé est conservé au cours de la mouture et du raffinage, on croit souvent que la farine non-blanchie est plus nutritive. Elle est aussi légèrement plus lourde que la farine blanchie. Mais cette farine ne peut rivaliser avec la farine de blé entier sur le plan nutritif, avec environ moitié moins de calcium et un quart du fer, du phosphore, du potassium et des vitamines B contenus dans le blé entier. Comme les gens se sont habitués au pain blanc, mélangez la farine blanche non-blanchie et la farine de blé entier afin s'habituer à la saveur plus forte du blé entier est une façon de s'habituer doucement. Utilisez cette farine pour les croûtes à tarte, les gâteaux au café, les muffins et les biscuits.

Fécule de pommes de terre — Également appelée farine de pommes de terre, cette farine est fabriquée avec des pommes de terre qui ont été cuites, séchées et moulues. Elle est souvent utilisée comme épaississant et dans certains aliments cuits parce qu'elle est employée comme chapelure humide.

Fenouil — Cette plante parfumée a des tiges semblables au céleri avec des feuilles vertes et délicates. Le fenouil de Florence — aussi connu sous le nom finocchio — a une base arrondie et large qui peut être utilisé comme légume dans les salades, cuit, ou dans les potages. Utilisez les feuilles plumetées comme garniture ou pour donner du goût à presque tous les aliments cuits. Le fenouil commun est la source de graines de fenouil, un assaisonnement semblable à la réglisse et populaire dans les plats cuisinés et les aliments savoureux.

Feuilles de pissenlit — Cette mauvaise herbe a des feuilles vertes dont les bords sont irréguliers, et un goût légèrement amère et acidulé. Bien que considérées par certains comme de mauvaises herbes, les feuilles avec leur goût piquant sont un complément aux salades et sont délicieuses cuites à la manière des épinards. Même les racines peuvent être consommées comme des légumes. Les feuilles de pissenlit sont une importante source de vitamine A, de fer et de calcium. On trouve les feuilles les plus tendres au début du printemps. Choisissez des feuilles craquantes et d'un vert brillant; évitez celles qui jaunissent ou sont molles.

Feuille de riz — Fabriquée avec du riz réduit en poudre et de l'eau, cette « feuille » est utilisée pour envelopper certains ingrédients et peut être mangée telle quelle ou frite. Vous pouvez trouver les emballages de feuilles de riz dans les marchés asiatiques et certains supermarchés.

Fèves de soja — Ces fèves jaunâtres de grosseur moyenne ont un goût fade, mais les fèves de soja sont des champions de la nutrition. Elles sont une riche source de protéines, de fer et de vitamine E, et sont pauvres en hydrates de carbone. Combinez-les avec d'autres haricots et épices, et leur goût sera aussi délicieux que celui d'un autre haricot. Vous pouvez les acheter en gros dans les magasins d'aliments naturels; ou essayer l'un des produits dérivés du soja, comme le tofu ou le lait de soja (voir pages 598 et 607). Ceux-ci se digèrent plus facilement que la fève entière.

Fève garbanzo — voir **Pois chiches**

Fines herbes — Ce mélange d'herbes français comprend le persil, la ciboulette, le cerfeuil et l'estragon. Un mélange classique de fines herbes comprend 1 partie d'estragon, 2 parties de cerfeuil, 8 parties de persil, et 1 partie de ciboulette. Beaucoup de recettes nécessitent que les fines herbes soient hachées. Dans ce cas, hacher

ensemble les trois premières herbes, puis couper la ciboulette séparément (pour ne pas l'écraser), et combiner les quatre herbes.

Flageolet — Ces petits haricots secs français ont une couleur qui va de crème à vert pâle. On les trouve rarement frais, mais ils peuvent être achetés séchés, en conserve, et parfois congelés. À cause de leur goût tendre et savoureux, ils n'ont pas besoin de préparation particulière.

Fromage de soja — Pour les gens qui s'abstiennent de consommer des produits laitiers, le fromage de soja présente un grand avantage avec un goût semblable mais non identique au fromage de lait de vache. Fait de tofu ou de lait de soja et d'un certain nombre d'autres ingrédients, le fromage de soja ne contient aucun cholestérol mais est riche en matières grasses. Heureusement, il est vendu en différentes versions, avec ou sans matières grasses, et en plusieurs variétés : cheddar, mozzarella et parmesan. (Attention : certains fabricants de fromage de soja ajoutent de la caséine à leurs produits pour les faire fondre lorsqu'ils sont chauffés. La caséine est une protéine du lait, et le lait est le seul aliment où l'on trouve de la caséine naturellement. Il n'existe aucune source de caséine végétale). Certains fromages de soja sans produits laitiers sont très mous, cependant, et sont une bonne imitation du fromage de lait de vache. On trouve les fromages de soja dans les magasins d'aliments naturels et la plupart des supermarchés.

Fromage de soja à la crème — Le fromage de soja à la crème a une teneur en matières grasses significativement inférieure au fromage de lait de vache, et est vendu sous cette forme ou dans des versions assaisonnées. (Certains fromages frais contiennent de la caséine, aussi veuillez lire les étiquettes avec attention.) Le fromage de soja à la crème est meilleur frais, servi à la température de la pièce (plusieurs fromages se séparent lorsqu'ils sont chauffés), et on peut le trouver dans les magasins d'aliments naturels et la plupart des supermarchés.

Fructose — Cet édulcorant présente un avantage pour les diabétiques, parce qu'à la différence du sucre de table, il n'élève pas et n'abaisse pas brutalement les niveaux de glycémie (le saccharose). Cependant — et c'est une surprise — le fructose commercial est plus raffiné que le sucre de table. Bien l'on trouve le fructose sous sa forme naturelle dans les fruits, le fructose commercial est fabriqué avec du sucrose (qui a déjà subi un certain nombre de lavages et de filtrages, parfois avec l'utilisation d'os animaux et d'agents blanchissants),et des enzymes sont utilisés pour l'isoler. Il est aussi très sucré, presque deux fois plus que le sucre de table, bien qu'il contienne moitié moins de calories. Recherchez le fructose sous forme granulée et de sirop. Lorsque le fructose est chauffé, il perd un peu de son pouvoir sucrant.

Garam masala — Ce mélange indien d'épices moulues est doux et piquant. Ces mélanges sont le secret du cuisinier et certains mélanges peuvent contenir jusqu'à 12 épices et comprendre des grains de poivre noirs, de la cardamome, de la cannelle, des clous de girofle, de la coriandre, du cumin, du fenouil, du macis, de la muscade, et d'autres épices. Il est facile de préparer votre propre mélange, mais préparez-en peu à la fois pour qu'il demeure frais. Vous pouvez le trouver dans les marchés indiens et la plupart de supermarchés. Assurez-vous de conserver le garam masala dans un pot bien fermé.

Gingembre — Avec sa forme noueuse, le gingembre frais a une peau mince et grisâtre, et une saveur et un arôme éclatants et affirmés. On le trouve aisément dans la section des produits alimentaires de la plupart des supermarchés. Le gingembre frais doit avoir une peau beige pâle, lisse, et sans défauts. À la maison, conservez-le bien enveloppé au congélateur jusqu'à 6 mois ou au réfrigérateur jusqu'à 3 semaines. Pour l'utiliser, râpez-le simplement ou tranchez-le. Le gingembre frais a presque une douzaine de composés antiviraux et ajoute du caractère aux recettes. Ne substituez pas le gingembre séché au gingembre frais : la saveur n'est pas la même.

Gnocchis — Fabriqués avec des pommes de terre ou de la farine, les gnocchis signifient « boulettes de pâte » en italien. Si vous les préparer à la maison, vous pouvez ajouter aussi des œufs, du fromage et des épinards à la pâte, puis donner aux gnocchis leur forme. On trouve cependant facilement les gnocchis frais ou emballés sous vide dans la plupart des marchés.

Graines de carvi — Ces graines aromatiques proviennent d'une herbe de la famille du persil et ont un goût de noisette et de réglisse. Les graines de carvi sont généralement utilisées dans les cuisines allemande, autrichienne et hongroise. Utilisez-les pour donner du goût aux pains, gâteaux, ragoûts et légumes.

Grains de poivre — Le poivre fraîchement moulu est l'une des épices les plus populaires et a beaucoup plus de saveur que le poivre déjà moulu. Les baies des grains de poivre sont vertes, noires, et blanches. Les grains de poivre verts ne sont pas mûrs et ont une saveur plus douce que les grains de poivre noirs ou blancs. Les grains de poivre noirs sont les plus forts et leur saveur est sucrée, fruitée et chaude. Les grains de poivre blancs ont entièrement mûris, leur saveur est plus douce, et ils ont perdu leur peau.

Gruaux — Les gruaux sont définis comme étant tout grain décortiqué et écrasé, tels que l'orge ou le sarrasin. Leur mouture est grossière moyenne et fine. Essayez-les dans des céréales, ou comme plat d'accompagnement avec des légumes et dans des potages.

Haricots

adzuki ; ou azuki — Ces petits trésors japonais rougeâtres ne sont pas bien connus, à moins que vous ne soyez familier avec le régime macrobiotique. On estime qu'il s'agit des haricots les plus facilement digérés et que leur saveur est semblable à celle des haricots rouges. Vous pouvez remplacer les haricots pinto ou les haricots rouges par les haricots adzuki dans les plats hispaniques, ou les ajouter aux potages. On peut trouver ces haricots, entiers ou en poudre, dans les marchés asiatiques et certains supermarchés.

canneberge — Également appelés haricots coquille, ou connus sous le nom de haricots borlotti en Italie, ces haricots ont de grosses gousses de forme irrégulière avec des taches rouges et un goût de noisettes savoureux. Les haricots canneberge sont disponibles frais en été et séchés pendant toute l'année.

cannellini — Ces haricots blancs italiens sont parfois appelés haricots blancs. Vendu séchés ou cuits et en conserve, ces haricots ont une texture très lisse et une très légère saveur de noisette. Essayez-les dans les ragoûts, les soupes minestrone et les salades.

de Lima — On trouve ces haricots populaires en Amérique du Sud frais, congelés, en conserve et séchés. Il existe deux variétés de haricots de Lima : les petits haricots de Lima, qui ont un goût un peu sucré et le Fordhook, qui goûte davantage la fève. Les haricots de Lima en conserve, séchés et congelés sont disponibles pendant toute l'année et chaque variété est bien identifiée.

Gourgane — Ces haricots beiges et plats ressemblent à des haricots de Lima surdimensionnés. Leurs gousses sont grosses et non comestibles. À cause de leur texture et de leur goût terreux, les gourganes sont populaires et utilisées de nombreuses façons, y compris dans les potages et les salades et sont réduites en purée pour une délicieuse trempette. Elles sont vendues séchées, en conserve, et fraîches à l'occasion. Si vous utilisez des gourganes fraîches, vous devrez enlever les peaux extérieures dures en les blanchissant. Les habas sont des haricots séchés dont la peau a été enlevée.

Great Northern — Ces haricots blancs ressemblent aux haricots de Lima, ont une saveur distincte et une texture ferme. On les trouve sous forme séchée et ils nécessitent un trempage avant la cuisson. Les haricots Great Northern sont délicieux dans les ragoûts, les tartinades et les trempettes. Ils peuvent être écrasés et utilisés pour épaissir les potages. Ils se prêtent à de multiples utilisations et peuvent être relevés subtilement ou de façon plus prononcé.

mung — On trouve habituellement ces haricots sous forme de germes, mais les petits haricots verts mung sont savoureux préparés dans une casserole comme les autres haricots. Ils sont largement utilisés dans la cuisine asiatique. Ils ne nécessitent aucun trempage et lorsqu'ils sont cuits, ils ont une texture tendre et craquante et un goût qui ressemble à celui des pois verts cassés. La farine fabriquée avec des haricots mung séchés peut être utilisée pour fabriquer des nouilles. Les haricots mung se marient bien avec l'ail, les tomates, le gingembre et les chilis.

noirs — Ces petits haricots de forme ovale ont une peau noire et une chair de couleur crème. Les haricots noirs complètent parfaitement les potages et les chilis et font partie intégrante du plat cubain classique, riz et haricots noirs. Également connus sous le nom haricots *black turtle*, ces haricots ont une saveur prononcée et se marie bien avec les herbes et les épices au goût marqué.

Petits haricots blancs — Cette légumineuse blanche, également connue sous le nom de haricot yankee, fut un produit de base dans la marine des États-Unis pendant plusieurs années. Elle ressemble à une version miniature du haricot Great Western. C'est un excellent complément aux soupes, aux pilafs et aux salades, et on la trouve facilement en conserve.

Petits haricots rouges — Ceux-ci sont à rapprocher des haricots rouges, qui sont plus petits et plus ronds. Ces haricots sont fermes et de grosseur moyenne avec une peau rouge foncé et une chair de couleur crème. Ils ont une saveur caractéristique et se prête à de multiples utilisations, dans une variété de plats : salades, chilis, et des plats mexicains comme les haricots rouges et le riz. Malheureusement, ces haricots donnent des flatulences.

pinto — Les haricots pinto sont de petits haricots roses, pâles et savoureux, avec des bandes rougeâtres. Ils sont populaires partout aux États-Unis, et dans la cuisine espagnole et mexicaine, et se présentent dans les plats sous forme de haricots frits et de chilis. Ils prennent à la cuisson une texture crémeuse et constituent une base parfaite pour les épices fortes comme les chilis, l'ail et d'autres assaisonnements. On trouve les haricots pinto en conserve et séchés.

Herbes de Provence — Ce mélange d'herbes séchées est semblable à ceux généralement utilisés dans la région de la Provence du sud de la France. Les herbes de Provence contiennent généralement du basilic, du romarin, de la sauge, des graines de fenouil, du thym, de la marjolaine, de la sarriette et de la lavande. On trouve ce mélange dans la section des épices des grands supermarchés.

Hijiki — Avec son goût de sel de mer et sa couleur noire, ce légume de mer a un meilleur goût lorsqu'il est cuit avec des légumes doux comme la carotte et la courge. Il peut aussi être utilisé dans les potages.

Hoisin — L'hoisin est une sauce d'assaisonnement chinoise épaisse, épicée et sucrée, qui est aussi utilisée comme condiment de table. L'hoisin est un mélange de soja, de chilis, d'ail et de plusieurs autres épices. Vous pouvez la trouver dans les marchés asiatiques et les grands supermarchés.

Huile de pépins de raisins — L'huile est extraite des pépins de raisin et a une saveur et un arôme de raisin très délicats. Utilisez-la dans les sauces à salade et pour faire sauter les aliments. Vous pouvez trouver cette huile dans les magasins vendant des aliments spécialisés et les supermarchés bien approvisionnés.

Huile de sésame — L'huile de sésame se présente en deux principales variétés. L'huile de sésame plus pâle a une saveur douce de noix et se prête bien à la cuisson ou dans les sauces. L'huile de sésame foncée ou grillée, comme d'autres huiles foncées, a une saveur et un arôme plus prononcés et ajoute beaucoup de saveur aux plats asiatiques, mais généralement cette huile n'est pas utilisée seule pour faire sauter les aliments lors de la cuisson.

Huile de soja — L'huile de soja est l'huile extraite naturellement de la fève de soja entière C'est l'huile la plus largement utilisée aux États-Unis, où elle représente plus de 75 pour cent de la consommation totale des graisses et des huiles végétales. L'huile vendue sous le terme générique d'« huile végétale » est habituellement de l'huile de soja à 100 pour cent ou un mélange d'huile de soja et d'autres huiles. Vérifiez l'étiquette pour vous en assurer. L'huile de soja ne contient pas de cholestérol et est riche en graisses polyinsaturées. Elle est aussi utilisée pour fabriquer de la margarine et du shortening.

Huile d'olive, extra vierge — L'huile d'olive extra vierge est pressée à froid, un procédé n'utilisant aucun produit chimique et qui permet d'éliminer une bonne partie de l'acidité de l'huile d'olive. Cette huile d'olive coûte un peu plus chère que les huiles d'olive plus acides, mais le résultat en vaut la dépense. La couleur de l'huile d'olive extra vierge va de jaune très pâle à vert foncé. Plus la couleur de l'huile d'olive est foncée, plus forte sera sa saveur. L'huile d'olive extra vierge est excellente pour faire sauter les aliments, mais n'est pas indiquée pour la friture, car cette huile ne supporte pas les températures élevées

Jicama — Cette grosse racine comestible provient du Mexique et de l'Amérique du Sud. Elle a une peau brune et une chair blanche craquante. Elle a un goût de noisette, une saveur légèrement douce et est savoureuse, crue, cuite ou frite. Le jicama peut peser environ 140 g (5 onces) et atteindre un poids de 2,7 kg (6 livres). La taille n'a aucun rapport avec le goût, achetez selon la taille désirée. Recherchez le jicama qui a une peau lisse et mince. Une peau épaisse indique habituellement que le jicama est riche en féculent, au lieu d'être sucré et juteux. Le jicama contient une quantité appréciable de vitamine C et de potassium.

Jus de sucre de canne cristallisé — Ce sucre est fait de jus de sucre de canne déshydraté puis réduit en poudre. Seule l'eau est enlevée, et les vitamines naturelles et les minéraux du sucre de canne sont conservés. On y trouve des substances nutritives en quantités négligeables.

Jus de canne évaporé — Le jus de canne évaporé est un édulcorant alternatif non blanchi de couleur pâle et aux grains fins. Il peut remplacer sur une base équivalente le sucre blanc raffiné. Ce type de sucre de canne naturel est disponible dans les magasins d'aliments naturels et certains supermarchés.

Kamut — Le kamut est un blé très riche en protéines qui n'a jamais été hybridé. Il s'agit de l'une des céréales les plus anciennes, et ses grains sont plus gros que ceux de la plupart des grains de blé. Le kamut a un goût de noisette et c'est l'une des céréales les plus nutritives. Recherchez le kamut sous forme de grains entiers et de farine dans les magasins d'aliments naturels et certains supermarchés. Commercialement, le kamut est utilisé dans la fabrication de céréales, de pâtes et des craquelins.

Kasha — voir **Sarrasin**

Kimbap — Également appelé « rouleaux d'algues », le kimbap ressemble à des sushi japonais. Ce snack traditionnel contient du riz cuit à la vapeur et divers légumes roulés dans des feuilles d'algues et servis dans des morceaux de la taille d'une bouchée.

Kimchi — Ce condiment contient des légumes coréens épicés dans le vinaigre. Bien qu'il y ait des centaines de recettes pour le kimchi, la recette la plus typique inclut le chou fermenté. Le kimchi se conserve indéfiniment au réfrigérateur.

Kirsch — Signifiant « cerise » en allemand, le kirsch est un cognac clair fabriqué avec du jus et des noyaux de cerises.

Knish — Cette pâtisserie juive est faite avec un morceau de pâte enveloppée dans une garniture de fromage, de purée de pommes de terre et du gruau d'avoine de sarrasin. Dégustez les knishes comme hors-d'œuvre ou plat d'accompagnement.

Kombu — Un membre de la famille du varech, le kombu ajoute beaucoup de saveur au potage et peut même être cuit avec des légumineuses pour empêcher la flatulence. Sa poudre blanche livre une bonne partie de sa saveur, aussi quand vous préparez le kombu, essuyez doucement la surface ; ne la lavez pas.

Lait de soja — Fait principalement de soja et d'eau, le lait de soja est une alternative délicieuse et saine au lait de vache. Certaines marques goûtent davantage la fève soja que d'autres, aussi vérifiez les marques et choisissez celle que vous préférez. Et maintenant, avec des versions « légères », vous pouvez boire du lait de soja sans vous souciez de son contenu en matières grasses. La version originale de lait de soja contient 4 à 6 grammes de matières grasses par tasse. Le lait de soja constitue une bonne source de protéines, avec 10 grammes de macro-substance nutritive par tasse, et est une bonne source de vitamines B. Le lait de soja ne contient pas de cholestérol et est pauvre en sodium et en calcium, bien qu'il soit habituellement enrichi en calcium. Le lait de soja peut remplacer le lait de vache dans la majorité des recettes ; parce que le lait de soja a un goût légèrement différent du lait de vache, vous devez en faire l'expérience. Le lait de soja pasteurisé se conserve 10 jours, mais vérifier l'étiquetage sur le paquet. Le lait de soja est aussi vendu dans des paquets aseptiques et peut se conserver lorsqu'il n'est pas ouvert pendant 6 mois. Réfrigérez le produit et utilisez-le 7 à 10 jours après son ouverture.

Laitue beurre (laitue Boston et Bibb) — Ces laitues ont de petites têtes rondes avec des feuilles vert clair et une saveur douce. Les feuilles sont tendres, aussi veuillez les manipuler avec soin en les lavant.

Laminaire — Laminaire est un terme générique pour désigner les algues comestibles.

Latkes — Les latkes sont des crêpes fabriquées avec des pommes de terre râpées mélangées avec des œufs, du matzo, des oignons et assaisonnements. Les latkes sont habituellement servis pendant les fêtes juives comme plat d'accompagnement.

Lécithine — Cette matière huileuse est obtenue à partir des légumineuses et des jaunes d'œuf et est utilisée pour préserver les aliments et leur ajouter de l'humidité. Utilisez des vaporisateurs d'huile à base de lécithine au lieu des huiles grasses pour graisser les casseroles et les légumes sautés. Vous pouvez trouver ces vaporisateurs dans tous les supermarchés.

Lentilles — Ces petites légumineuses, en forme de disque, ont un goût de terreux et existent en plusieurs variétés : brune, verte, jaune et rouge. Les lentilles brunes sont les lentilles le plus consommées en Occident. Les lentilles vertes, jaunes et rouges, à l'exception des lentilles françaises, peuvent se ranger dans la catégorie des lentilles indiennes, puisque c'est en Inde qu'elles sont le plus consommées. Les lentilles sont extrêmement riches en protéines, et ne nécessitent pas de trempage au préalable, et cuisent rapidement. Voilà pourquoi il s'agit d'un potage populaire. Mais vous pouvez utiliser aussi les lentilles dans les pilafs ou les écraser dans les hamburgers, assaisonnés selon votre goût. On trouve habituellement les lentilles brunes régulières dans les supermarchés, tandis que les lentilles vertes, jaunes et rouges sont souvent vendues dans les marchés où l'on trouve des produits du Moyen-Orient ou de l'Est de l'Inde.

Levure nutritive — À la différence de la levure du boulanger, assez insipide et utilisée en pâtisserie, la levure alimentaire est une bonne source de protéines, de fer et de plusieurs vitamines du groupe B. Elle a une saveur particulière — un goût à la fois de viande, de fromage et de noix —, même s'il ne s'agit que de levure. Certaines personnes aiment en saupoudrer sur les ragoûts, les soupes, les trempettes, et même le maïs soufflé. Elle peut causer des flatulences, aussi allez-y doucement, et n'utilisez que 1,25 ml (¼ c. à thé) de levure par jour. La levure alimentaire est parfois appelée levure de bière.

Liquide aminos — Extrait de la fève de soja, ce liquide a une saveur semblable à celle de la sauce soja. Vous pouvez trouver le liquide aminos en bouteilles dans les magasins d'aliments naturels.

Mâche — Aussi appelé doucette, la mâche n'a en fait aucun rapport avec la doucette. Ses petites feuilles vert foncé sont délicates et ont presque un goût fruité et de noisette. Essayez aussi la mâche cuite à la vapeur comme un légume. La mâche est considérée comme un légume pour gourmet et il est souvent difficile d'en trouver — et elle coûte cher. Vérifiez dans les marchés vendant des produits alimentaires de spécialité.

Maïs — Beaucoup de personnes croient que le maïs est un légume, mais il s'agit d'une céréale. Les grains entiers et séchés grossièrement moulus donnent un gruau de maïs, qui peuvent se transformer en une céréale savoureuse !

Maïs concassé — Le maïs concassé est le grain blanc ou jaune séché du maïs sans l'enveloppe et le germe. Il est vendu en conserve, prêt à consommer ou séché. Le maïs concassé est un complément délicieux aux potages ou aux ragoûts et est également savoureux comme plat d'accompagnement.

Mascarpone — Originaire de l'Italie, le mascarpone est un très riche fromage, double ou triple crème. Il peut être consommé seul ou saupoudré d'un peu de sucre, et utilisé dans des aliments préparés et des desserts italiens populaires comme le tiramisu. Il peut aussi remplacer le fromage à la crème dans les gâteaux au fromage.

Matzo — Habituellement consommé pendant la Pâques juive, ce pain mince, sans levain, est fait uniquement avec de la farine et de l'eau. Quelques versions plus modernes peuvent inclure d'autres assaisonnements. On peut trouver le matzo dans les marchés juifs et la plupart des supermarchés.

Mayonnaise de soja — Cette mayonnaise ne contient aucun œuf et aucune graisse saturée. Vous pouvez la trouver dans des magasins d'aliments naturels et certains supermarchés.

Mélasse — Ce liquide sombre et épais est ce qui reste après avoir extrait le saccharose de la canne à sucre ou du jus de la betterave à sucre. À la différence de la plupart des autres sucres, la mélasse est riche en substances nutritives. Trois onces de mélasse renferment à elles seules 90 pour cent de l'apport alimentaire recommandé (AAR) en fer, et 44 pour cent de l'AAR en calcium. Un principe de base : plus la mélasse est foncée, plus grande est sa valeur nutritive.

Mesclun — On trouve ce mélange de petites salades vertes dans la section des produits alimentaires de la plupart des supermarchés. Le mesclun peut inclure des légumes comme l'arugula, le cerfeuil, le pissenlit, la frisée, la mizuna, la feuille de chêne, la mâche, le radicchio et l'oseille. Recherchez le mesclun dont les feuilles sont fraîches et saines.

Miel — Le miel est l'édulcorant connu le plus ancien, et est le produit du travail des abeilles qui ont recueilli le nectar des fleurs et l'ont transformé en sirop doré. Vous pouvez acheter des miels aux saveurs diverses, en fonction de la source du nectar. Lors de la cuisson, utilisez un miel légèrement assaisonné, comme le trèfle, afin que le miel ne masque pas le goût des autres ingrédients de la recette. Le miel contient peu de substances nutritives. Conservez le miel dans un récipient fermement scellé dans un endroit frais et sec jusqu'à une année.

Millet — Le millet a une saveur douce et est délicieux avec une variété d'assaisonnements. Il se prépare rapidement et permet de cuisiner des garnitures et des pilafs savoureux. Le millet moulu est utilisé comme farine. On peut le trouver dans les magasins d'aliments naturels.

Mirin — Ce vin de riz sucré japonais ajoute de la saveur aux aliments sautés et aux sauces. Vous pouvez le trouver dans les marchés asiatiques et dans la section des aliments exotiques de certains supermarchés. Le mirin le plus commercial contient du sirop de maïs, qui masque sa vraie saveur. Aussi veuillez vérifier l'étiquette.

Miso — Cette pâte salée est fabriquée avec du soja vieilli et cuit, et parfois aussi avec des grains. Elle est épaisse mais peut servir de tartinade et être utilisée comme assaisonnement dans nombre de plats japonais. Le miso peut être légèrement tartiné sur du pain et constituer un délicieux casse-croûte ou être utilisé comme assaisonnement dans plusieurs plats et comme base pour les potages. Il existe plusieurs types de miso, y compris des misos faibles en sodium. Généralement, les misos plus foncés sont plus salées et plus fortement assaisonnés que les misos plus pâles. On trouve le miso dans les marchés asiatiques, les supermarchés bien approvisionnés et les magasins d'aliments naturels. Le miso doit être conservé dans un récipient hermétique au réfrigérateur.

Mizuna — On peut trouver cette salade verte délicate originaire du Japon dans les marchés de produits alimentaires et les marchés où les fermiers écoulent leurs produits pendant les mois d'été. Recherchez la mizuna dont les feuilles sont craquantes et douces.

Muscovado — Le muscovado est un sucre de canne non raffiné de couleur foncée ou claire, et il contient environ 13 pour cent de mélasse. Il a une texture douce, est finement granulé, et on le trouve dans les supermarchés et dans nombre de magasins d'aliments naturels.

Nouilles asiatiques :

À base de farine de haricot mungo — Connues sous le nom de nouilles cellophane, nouilles de verre, ou nouilles transparentes (en japonais, harusame), ces nouilles minces et claires sont faites avec de la farine de haricot mungo et de l'eau. Les nouilles sont cassantes et dures. Pour les ramollir, trempez-les dans l'eau chaude pendant 15 minutes. Les nouilles ramollies sont translucides et gélatineuses. À moins qu'elles n'entrent dans la préparation d'un plat liquide, égouttez brièvement les nouilles avant de les utiliser. Vous pouvez trouver ces nouilles dans les épiceries asiatiques et dans la section des produits exotiques des grands supermarchés.

Au riz — Le terme bâtons de riz se réfère aux nouilles à base de farine de riz mesurant 0,64 cm (¼ pouce) de largeur. Vous avez probablement remarqué ces nouilles dans les supermarchés : elles sont blanches et presque transparentes, et sous cellophane. Vous pouvez les trouver aussi dans les marchés asiatiques.

Ramen — Vous avez peut-être déjà goûté au ramen, ces nouilles ondulées qui sont vendues en paquets et que l'on trouve sur les tablettes des supermarchés (habituellement au rayon des soupes). Certaines marques de nouilles avec des saveurs, par exemple aux champignons ou au poulet, sont frites avant d'être empaquetées et contiennent beaucoup de matières grasses. D'autres marques ont été cuites, et non frites, et leur teneur en matières grasses est significativement plus basse. Veuillez vérifier dans les magasins d'aliments naturels pour une plus grande sélection.

Soba — La plupart des nouilles soba vendues sont un mélange de sarrasin et de farines de blé, bien que ces nouilles longues, minces, et plates sont parfois appelées nouilles de sarrasin. Ces nouilles japonaises ont une couleur foncée brunâtre et grise, sont pratiquement sans matières grasses et relativement riches en protéines et en d'autres substances nutritives. La chasoba est une variante d'une nouille fabriquée avec du thé vert.

Somen — La nouille somen est une pâte japonaise presque aussi mince que des cheveux d'ange, faite de farine de blé entier ou d'un mélange de blé entier et de farines non blanchies (ou parfois de farine blanche raffinée). Une version jaune fabriquée avec des jaunes d'œuf est appelée tamago somen. Essayez les nouilles somen dans des potages ou même servies froides en accompagnement.

Udon — Voici une autre nouille asiatique, sœur des nouilles somen. Les deux nouilles sont faites de farine de blé entier ou d'un mélange de blé entier et de farines non blanchies (ou parfois de farine blanche raffinée), mais l'udon est épais et a une forme tubulaire. Il peut être rond ou carré et peut aussi être fait de farine de maïs. On trouve l'udon frais et séché dans les marchés asiatiques et certains supermarchés.

Vermicelles de riz — Faites de pâte de riz et d'eau, ces nouilles blanches et séchées, également connues sous le nom de nouilles meehoon, sont extrêmement populaires dans beaucoup de pays asiatiques. Elles peuvent facilement être ramollies après avoir absorbé de l'eau chaude pendant environ 5 minutes avant la cuisson. Les vermicelles de riz sont vendus séchés en paquets et en liasses, et on les trouve dans la plupart des marchés asiatiques.

Nori — L'algue nori, une algue vert foncé se présentant sous l'aspect de minces feuilles, est populaire dans la cuisine asiatique, et est généralement utilisée pour envelopper les boules de riz et de sushi. Elle est aussi utile pour ajouter un soupçon d'assaisonnement de fruits de mer aux plats végétariens. Vous pouvez consommer l'algue nori telle quelle, mais beaucoup de gens préfèrent la griller avant de l'ajouter à leurs recettes, particulièrement dans les potages ; rôtir légèrement cette algue fait ressortir sa saveur. Vous pouvez trouver l'algue nori dans les marchés asiatiques et certains supermarchés. Pour la préparer, trempez l'algue dans l'eau froide pendant environ une heure avant l'utilisation ; elle doublera de taille. Servez-la frite comme hors-d'œuvre ou cuite dans les potages.

Oignons verts — Les oignons verts ont une longue tige blanche, et des feuilles vertes et effilées, et toutes ses parties sont comestibles. Les oignons verts sont meilleurs comme assaisonnement et garnitures lorsqu'ils sont utilisés crus, et ils peuvent être cuits entiers comme un légume. Les oignons verts sont disponibles toute l'année, mais sont à leur meilleur au printemps et au cours de l'été.

Okra — Apportée en Amérique par des esclaves africains, cette plante est toujours un aliment populaire dans le Sud. Ses gousses sont vertes, sa peau est inégale à la surface, et il a une forme oblongue. Lorsqu'il est cuit, l'okra épaissit le liquide dans lequel il cuit. Ajoutez l'okra aux potages, aux ragoûts et aux sauces pour épaissir et ajouter de la saveur aux plats. On peut trouver l'okra frais pendant toute l'année dans le Sud et au printemps et jusqu'à la fin de l'automne dans le reste des États-Unis. Choisissez des gousses fermes aux couleurs vives, veloutées au toucher et qui ne sont pas blêmes. On trouve l'okra en conserve et congelé.

Olives kalamata — Ces olives grecques oblongues ont une couleur pourpre foncé et ont un goût riche, presque fruité. Elles ont des petites entailles qui leur permettent d'absorber davantage l'huile d'olive ou le vinaigre lorsqu'elles sont marinées. Les olives kalamata mesurent habituellement 1,27 à 2,54 cm (½ à 1 pouce) de longueur.

Orge — Le grain d'orge est utilisé depuis des siècles dans divers plats et aliments cuits. L'orge grain complet est plus nutritif que d'autres variétés, puisque seule l'enveloppe a été enlevée. Le grain d'orge écossais n'a pas d'enveloppe et est moulu. L'orge perlé, plus répandu, est décortiqué, cuit à la vapeur et poli. L'orge perlé se prête bien à la préparation de plats plus légers et est souvent utilisé dans les potages. Si vous prévoyez utiliser la farine d'orge ou de la farine brute d'orge lors de la cuisson du pain, n'oubliez pas de la mélanger avec une farine contenant du gluten. La cuisson rapide du grain d'orge rend ce grain moelleux et encore plus facile à utiliser; il peut être prêt en 10 à 15 minutes.

Orzo — Ces pâtes très petites, qui ont la forme du grain de riz, sont souvent utilisées dans les potages et les salades.

Oseille — Cette plante vivace comprend plusieurs variétés, qui ont toute un certain degré d'aigreur parce que l'oseille contient de l'acide oxalique. Semblable en apparence aux feuilles de l'épinard, les feuilles de l'oseille comportent plusieurs nuances de vert. Choisissez l'oseille fraîche aux feuilles très colorées et craquantes. L'oseille plus jeune est plus douce et se marie bien avec les salades ou cuit comme légume. Les oseilles plus acides sont utilisées pour donner plus de saveur aux aliments.

Panko — Populaire dans la cuisine japonaise, cette chapelure grossière donne un enrobage croustillant et croquant aux aliments frits. On trouve le panko dans les marchés asiatiques et la plupart des supermarchés.

Pâtes de maïs — Êtes-vous allergique au blé ou simplement à la recherche d'un goût différent ? Les pâtes fabriquées avec du maïs sont alors un choix judicieux. Veuillez ne pas les cuire trop longtemps, sinon les pâtes de maïs deviennent pâteuses.

Pâtes et sauces chili, asiatiques — Les pâtes de chili que l'on étiquette parfois comme sauces, sont faites principalement de chilis frais écrasés, de sel, d'huile, d'ail et parfois de vinaigre. Les sauces chilis sont préparées avec les mêmes ingrédients, et aussi avec d'autres ingrédients pour obtenir le résultat final désiré.

Pepitas — Les pepitas sont des graines de citrouille comestibles vert foncé lorsque leur coquille blanche est enlevée. Populaire dans la cuisine mexicaine, les pepitas ont une saveur agréablement légère qui devient plus forte lorsque les graines sont rôties et salées. Vous pouvez acheter les pepitas salées, rôties et crues, entières ou décortiquées.

Pesto — Originaire de Gênes, en Italie, ce classique est une sauce non cuite préparée avec du basilic frais, des noix de pin, de l'ail, du fromage parmesan, ou du fromage pecorino et de l'huile d'olive. Vous pouvez préparer votre propre pesto en hachant finement les ingrédients dans un robot culinaire ou en les écrasant avec un mortier et un pilon. On trouve des pestos déjà préparés, et il existe aussi des variétés de pestos préparés avec d'autres herbes.

Phyllo — La pâte phyllo est constituée de minces feuilles de pâte de pâtisserie utilisées dans la préparation des aliments grecs et du Moyen-Orient, comme la spanakopita ou le baklava. On trouve la pâte phyllo fraîche dans les marchés grecs et la pâte phyllo congelée dans les supermarchés. Si elle n'est pas ouverte, la pâte phyllo peut être réfrigérée pendant 1 mois. Suivez les instructions sur le paquet pour son utilisation et sa conservation.

Pignon ou Piñon — Mot espagnol pour désigner les noix de pin, en italien pignolia, les pignons poussent à l'intérieur des pommes de pin et proviennent des noix de pin chinoises ou italiennes à la saveur plus douce. La noix de pin italienne que l'on trouve plus facilement est de forme oblongue et est vendue dans la plupart des supermarchés. Elle se conserve dans un contenant hermétique au réfrigérateur 3 mois, et peut être congelée pendant 9 mois.

Pimentos — Ces gros poivrons rouges sont plus doux et plus parfumés que les autres poivrons rouges. On trouve les pimentos en conserve et embouteillés pendant toute l'année, et des pimentos frais à la fin de l'été dans les marchés maraîchers et certains supermarchés. Vous pouvez les consommer sous forme d'olives vertes farcies, mais la majorité des pimentos sont utilisés pour fabriquer le paprika.

Plantain — Le plantain, aussi appelé banane à frire, ressemble à une banane plus grande et plus verte. À la différence de son parent plus sucré, le plantain peut être cuit et mangé comme un légume. Le plantain entièrement mûr, noir et pelé, se mâche mieux. La réfrigération empêchera le plantain de continuer à mûrir, et il se conservera pendant environ une semaine.

Pois cassés — Les pois cassés permettent de préparer de savoureux potages et sont une bonne introduction aux légumineuses. (N'hésitez pas à ajouter en complément des céréales comme l'orge ou le riz). Les pois cassés peuvent aussi être ajoutés aux ragoûts, mais ils deviennent alors de la bouillie et pour cette raison ils se marient mal avec des plats comme les chilis et d'autres légumineuses. Les pois cassés sont disponibles dans les supermarchés, également en vrac dans les magasins d'aliments naturels. Ils n'exigent pas de trempage avant la cuisson.

Pois chiches — Également connue sous le nom de haricots garbanzo, cette légumineuse ronde et couleur brun clair est un peu plus grosse que le pois. Les pois chiches sont fermes et ont une douce saveur de noisette. Ils sont utilisés dans plusieurs plats exotiques comme le couscous et l'hummus, également dans les ragoûts, les minestrones et divers plats mexicains. On trouve les pois chiches en conserve, séchés et parfois frais. Bien qu'ils nécessitent un certain temps de cuisson, si les pois chiches secs ont plus d'une année, il deviendra pratiquement impossible de les cuire, peu importe le temps de cuisson. Il vaut mieux les acheter dans les marchés vendant des produits du Moyen-Orient ou d'Amérique latine, ou dans les magasins d'aliments naturels.

Polenta — Plat rustique servi quotidiennement en Italie du Nord, la polenta est à la fois le terme utilisé pour le grain et pour la farine de maïs cuite. Lorsqu'elle est préparée, elle ressemble à du gruau cuit. La texture de la polenta varie, selon la mouture et l'endroit où le grain a été moulu ; certaines variétés absorberont plus de liquide que d'autres. La polenta à mouture moyenne conserve une texture agréable lorsqu'elle est cuite. Plus la polenta est fine, plus sa texture est moelleuse. Bien qu'elle nécessite 25 minutes de cuisson, on trouve aujourd'hui de la polenta à cuisson rapide. Celle-ci est facile à préparer et est prête en 10 minutes. À cause de sa douceur, la polenta constitue un canevas parfait pour des ingrédients aux saveurs plus fortes. Lorsqu'elle est rafraîchie, la polenta devient ferme et se tranche facilement.

Posole — Ce potage ou ce ragoût mexicain ou amérindien est habituellement servi pendant l'hiver, particulièrement à la Saint-Sylvestre ou le premier de l'An pour porter

bonheur. Le posole est souvent accompagné de laitue, de radis, d'oignons, de fromage et de cilantro, ingrédients que l'on peut ajouter au potage tel que désiré.

Pousses de bambou — Ces pousses proviennent de certaines espèces de bambou et sont de couleur ivoire. Elles sont coupées lorsque la plante est encore jeune et sont tendres tout en étant croquantes. Bien que l'on trouve des pousses fraîches dans les marchés asiatiques, on trouve surtout les pousses de bambou en conserve entières et tranchées.

Protéines végétales texturées (PVT) — On utilise plus volontiers l'abréviation « PVT » pour nommer ce substitut de la viande, ce qui explique pourquoi presque chacun s'y réfère en employant le sigle, une marque déposée du roi du soja aux États-Unis, Archer Daniels Midland Company. Les protéines végétales texturées sont aussi appelées protéines de soja texturées, ou « PST ». Il s'agit essentiellement d'un produit de soja déshydraté fabriqué avec des flocons qui demeurent après que l'huile ait été extraite du soja. Les PVT sont vendues nature et assaisonnés, sous forme de viande hachée, en flocons et en morceaux. Reconstitués avec de l'eau et ajouté aux casseroles, aux potages ou aux ragoûts, ils donnent une texture consistante aux plats. Plusieurs substituts de viande préparés avec des PVT ont un goût si semblable à la viande que certains végétariens refusent d'en manger. D'autres — et particulièrement les nouveaux végétariens qui pourraient avoir envie de chilis à la viande et de Sloppy Joes — feront bon accueil aux substituts de viande.

Les substituts de viande (ou succédanés, comme on les appelle chez les fabricants) contiennent des protéines de soja ou du tofu, ainsi que d'autres ingrédients, et se présentent sous plusieurs formes : burgers, saucisses, hot-dogs, pépites de poulet, filets de poisson, etc. Bien que les substituts de viande soient d'excellentes sources de protéines, de fer et de vitamines B, ils peuvent contenir beaucoup de matières grasses et de sodium, aussi assurez-vous de bien lire les étiquettes. Généralement, plusieurs substituts qui ont un goût de viande contiennent moins de matières grasses que la viande. Mais quand vous (ou vos enfants) avez envie de viande (ou voulez faire partie de la bande), les substituts de viande créent l'illusion parfaite. Songez à utiliser les produits à base de soja suivants : « viande hachée » nature et au goût de taco, se marie bien aux sauces, aux chilis, et peut servir de garniture pour les tacos, les burritos ou les crêpes. « Saucisse » : les miettes ou les anneaux sont maigres et peuvent nécessiter l'ajout d'huile pour la friture. « Pepperoni » : bon dans les sandwiches et dans les pizzas. « Poulet » et « bandes de bifteck » : bon dans les ragoûts et sautés. « Boulettes de viande » : à utiliser dans les sous-marins ou les pizzas, dans les ragoûts et les spaghettis.

Purée de pruneaux — Cet édulcorant, qui remplace le beurre ou d'autres matières grasses dans les aliments cuits, permet d'éliminer les calories et le cholestérol. La purée de pruneaux ajoute de l'humidité et une saveur qui peut être douce ou forte, en fonction des autres ingrédients utilisés.

Quinoa — Contenant plus de protéines que tout autre grain, ce grain ancien provenant des Andes a été appelé « le super grain de l'avenir ». Parce qu'il contient huit acides aminés essentiels, le quinoa est considéré comme un aliment aux protéines complètes. Le quinoa est aussi plus riche en graisses non saturées et contient moins d'hydrates de carbone que la plupart des grains, c'est aussi une source équilibrée de substances nutritives essentielles. Ayant la forme d'une perle et à peu près la taille d'une graine de moutarde, le quinoa blanc cuit comme le riz (il nécessite moitié moins de temps à cuire que le riz blanc) et prend quatre fois son volume. Sa saveur est délicate et on la compare à celle du couscous. Le quinoa est vendu en paquet sous forme de grains, de farine et de pâtes. On peut le trouver dans les magasins d'aliments naturels et plusieurs supermarchés. Certaines marques doivent être lavées avant d'être utilisées afin de débarrasser les grains de toute amertume ; suivez les instructions sur le paquet.

Radis daikon — Signifiant « grosse racine » en japonais, ces radis asiatiques ont une texture croquante et une saveur douce Recherchez les radis daikon fermes ou mous, de 12,70 à 38,10 cm (5 à 15 pouces) de longueur. Essayez-les dans les salades ou cuits de différentes façons.

Raisins de Corinthe — Le mot Corinthe fait référence à un petit raisin Zante ou à la famille de la groseille à maquereau. Les raisins de Corinthe peuvent être noirs, rouges ou blancs. Les raisins noirs sont généralement utilisés dans les sirops, les fruits en conserve et les liqueurs. Les baies rouges et blanches sont délicieuses consommées telles quelles. Vous pouvez les incorporer dans des confitures, des gelées et des sauces. Recherchez les groseilles fraîches à leur meilleur de juin à août.

Rapini — Ce légume est à rapprocher tant du navet que des légumes de la famille du chou. Il a des tiges mesurant de 15,24 à 22,86 cm (6 à 9 pouces) et des grappes de fleurettes minuscules. Ses parties vertes et feuillues ont une saveur forte et amère, et peuvent être cuites de plusieurs façons, à la vapeur et frites. Essayez ce légume aussi dans les salades ou les potages. Recherchez le brocoli rabe au printemps dans les marchés spécialisés et dans nombre de supermarchés bien approvisionnés.

Riz :

Arborio — Les grains de ce riz cultivé en Italie sont riches en féculents, courts et gras. L'arborio est utilisé pour préparer des risottos parce qu'il est légèrement moelleux et très savoureux lorsqu'il est combiné avec divers ingrédients ajoutés à la recette de risotto de base.

Basmati brun — Ce riz est semblable au riz basmati régulier, mais il a plus de saveur. Certaines personnes affirment qu'une fois que vous avez goûté au riz brun basmati, vous ne voulez plus du « riz blanc basmati » ! Recherchez des variétés à cuisson rapide prêtes en 20 minutes.

Basmati blanc — Ce riz parfumé a une saveur de noisette et un arôme parce que le grain a été vieilli pour abaisser son taux d'humidité. Ce riz à long grain est délicieux pour accompagner les plats, particulièrement des plats indiens et du Moyen-Orient. On trouve le riz basmati dans les marchés indiens et dans les marchés vendant des produits du Moyen-Orient, ainsi que dans plusieurs supermarchés.

Noir — Un grain avec un goût délicat aux noisettes et une texture douce. Ce riz est populaire en Asie du Sud-Est et est utilisé dans les desserts. Ailleurs, il est populaire avec ou dans de savoureux plats. Ce riz devient très pourpre lorsqu'il est cuit.

Brun — Il s'agit du grain entier, non poli, avec son enveloppe intacte, ce qui vous oblige à le mastiquer plus longtemps que le riz blanc. Le riz brun nécessite aussi un temps de cuisson deux fois plus long, parce que chaque grain est enfermé dans une mince couche de son très riche en fibres. Cependant, il existe un riz brun à cuisson rapide (qui a été partiellement cuit, puis déshydraté) qui nécessite seulement 15 minutes de cuisson et un riz brun instantané qui ne nécessite que 10 minutes de cuisson. Le son ajoute un goût de noisette au riz brun, il est riche en fibres et contient beaucoup de vitamines et de minéraux. Le riz brun est délicieux avec des légumes au cari et permet de préparer d'excellents pilafs, plats d'accompagnement, potages ou salades. À cause de la présence du son, le riz brun peut rancir, et il ne se conservera que 6 mois environ.

Jasmin — Le goût et l'arôme de ce riz à long grain de la Thaïlande sont semblables à ceux du riz basmati, mais le riz au jasmin coûte moins cher.

Long grain — Il existe des variétés blanches et brunes de ce riz. Ce riz est quatre à cinq fois plus long que large. Lorsqu'il est cuit, le riz à long grain donne des grains légers et duveteux qui se séparent facilement.

À grain court — Ce riz a des grains presque ronds avec un fort contenu en amidon. Cette variété est aussi appelée riz à grains ronds. Lorsqu'il est cuit, le riz à grain court a tendance à devenir humide, et les grains ont tendance à coller. Pour cette raison, il est préféré dans la cuisine asiatique, parce qu'il est facile de le manger avec des baguettes chinoises.

Riz sauvage — Devinez quoi? Ce n'est même pas du riz. Il s'agit de la graine d'une grande herbe aquatique originaire d'Amérique du Nord. Le riz sauvage est connu pour son goût de noix et sa texture moelleuse. Son prix demeure élevé, mais songez à le cuire avec du riz brun lorsque vous préparez un élégant pilaf. Assurez-vous de nettoyer totalement le riz sauvage avant de le cuire. Mettre le riz dans un bol et remplir d'eau. Remuez plusieurs fois et laissez reposer pendant quelques minutes. Les parties indésirables flottent à la surface et on peut les enlever. Le riz sauvage nécessite environ 40 minutes de cuisson, mais l'on trouve du riz précuit si on veut préparer le riz plus rapidement.

Romesco — Ce mélange finement moulu de tomates, de poivrons rouges, d'ail, d'oignon, d'amandes, avec de l'huile d'olive, est une sauce espagnole classique. Essayez-la sur des légumes grillés comme les oignons, l'aubergine, l'asperge, la courgette, les artichauts ou les pommes de terre.

Rutabaga — Rond comme un navet, ce légume racine est un membre de la famille du chou et a une peau colorée crémeuse et une saveur douce. Choisissez ceux qui sont lourds pour leur taille et qui ont une peau lisse et ferme. Les rutabagas se conservent dans un endroit sec et frais pendant environ un mois. Ils peuvent être écrasés et servis seuls ou ajoutés à la purée, et ont une saveur riche semblable au navet. Le rutabaga accompagne parfaitement les repas des jours de fêtes.

Safran — Cette épice très chère utilisée pour donner du goût et de la nuance aux aliments provient des stigmates séchés d'un petit crocus. On trouve le safran sous forme de fils ou en poudre. Les fils ont une saveur plus prononcée, et il est donc préférable de les utiliser en cuisine. Choisissez ceux qui ont une couleur orange foncée et écrasez-les avant de les utiliser. Le safran ajoute une riche saveur au risotto et à la paella et est populaire dans la cuisine française et espagnole. Heureusement, il ne suffit que d'un peu de safran pour vous permettre de rehausser vos plats.

Salsa — Aujourd'hui, grâce à des cuisiniers inventifs, le goût de la salsa peut être doux ou très épicé, et celle-ci peut contenir des fruits ou beaucoup de chilis pour ajouter du zeste. Le mot salsa fait référence à la fois aux sauces cuites ou fraîches. Recherchez les salsas fraîches dans la section des produits réfrigérés de votre supermarché ou faites l'expérience de préparer vous-même la salsa. Les salsas cuites qui n'ont pas été ouvertes peuvent se conserver à la température de la pièce pendant 6 mois; une fois ouvertes, elles se conservent au réfrigérateur pendant 1 mois.

Sarrasin — Le gruau de sarrasin (ou kasha) est un aliment populaire en Europe de l'Est. En Russie, le terme kasha englobe tous les grains de céréale cuits. En Amérique, le kasha se réfère au gruau d'avoine de sarrasin, qui a un goût de noisette et de grains rôtis. La saveur forte de la kasha peut être atténuée en ajoutant d'autres grains, comme le riz complet cuit. Il est utile d'avoir de la kasha sous la main parce que cette céréale cuit en seulement 30 minutes. La kasha permet de préparer de succulents pilafs et est délicieuse servie avec des oignons et des champignons. Elle est sans gluten et riche en calcium, en vitamine E et en vitamines B.

Sarriette — Cette herbe est un parent de la famille de la menthe et comprend deux variétés, la sarriette d'été et d'hiver. Le parfum et le goût de la sarriette sont semblables à ceux d'un croisement de thym et de menthe. La sarriette d'été est plus douce que la variété d'hiver, mais les deux ont une saveur assez forte et devraient être utilisées avec modération. On trouve la sarriette fraîche dans les marchés de produits alimentaires spécialisés ; la sarriette séchée est disponible toute l'année.

Sauce piquante aux piments — Ce condiment épicé existe en plusieurs variétés. Une bonne partie de ces sauces sont préparées avec des chilis, des épices, du vinaigre et des légumes comme les tomates, les oignons et les poivrons. Vous pouvez préparer votre propre sauce piquante aux piments ou essayer l'une des nombreuses variétés que vous pouvez trouver dans les supermarchés et les magasins spécialisés.

Sauce soja — Utilisée largement dans la cuisine chinoise et japonaise, cette sauce est préparée avec de l'eau, des fèves soja, du blé et du sel. C'est un assaisonnement qui ajoute beaucoup de saveur aux potages, aux sauces et aux marinades. On trouve la sauce soja en version allégée et en version faible en sodium.

Sauce Worcestershire — Cette sauce populaire contient généralement des anchois, mais vous pouvez trouver des versions végétariennes dans la majorité des marchés. Avec sa saveur pleine de punch qui se compare à la saveur originale, cette sauce Worcestershire sert d'assaisonnement pour les potages et de condiment pour la table.

Seitan — Tiré du blé, cet aliment plein de ressources et sain est populaire en raison de sa polyvalence ; c'est aussi un bon canevas pour une variété d'épices et d'herbes avec lesquelles il est cuisiné. Le seitan est riche en protéines et sa texture semblable à la viande est ferme et moelleuse. Pour une meilleure texture et plus de saveur, ajoutez le seitan aux plats vers la fin de la cuisson. On peut le trouver dans la section des produits réfrigérés des magasins d'aliments naturels, des marchés asiatiques et de certains supermarchés.

Sel de mer — Le sel de mer est le minéral obtenu par l'évaporation de l'eau de mer. Utilisez le sel de mer en granules dans un moulin à sel.

Sel kasher — Ce sel est plus grossier que le sel de table et ne contient aucun additif. Il est généralement utilisé dans la cuisine juive et certaines personnes préfèrent sa saveur et sa texture unique, essayez ce sel plutôt que le sel de table.

Semoule — Cette farine est faite de blé dur grossièrement moulu et est utilisée dans plusieurs plats de pâtes pour gourmet. Elle est aussi utilisée pour fabriquer des gnocchis, des poudings et des potages. La crème de blé est un bon substitut, si on ne trouve pas de semoule.

Semoule de maïs — La semoule de maïs est fabriquée avec les grains de maïs séchés qui ont été moulus pour donner une texture fine, moyenne ou dure. La farine de maïs est jaune, blanche ou bleue, selon le type de grain de maïs utilisé. Si le mot dégermé est sur le paquet, le germe (qui renferme les protéines et les minéraux) a été enlevé. Les fabricants enrichissent souvent la farine de maïs en y ajoutant des vitamines et des minéraux. Cette farine entre dans la fabrication des céréales, de la polenta, du pain, des muffins, et d'autres aliments cuits. Recherchez la farine de maïs qui a une texture douce.

Shichimi togarashi — Ce condiment japonais poivré est un mélange d'assaisonnements comprenant des flocons de chili rouges (togarashi), des graines de sésame blanches, des graines de pavot blanches, des flocons de nori et des graines de cannabis noires. On trouve du shichimi togarashi plus ou moins épicé dans les marchés asiatiques.

Shortening végétal — Le shortening végétal est une graisse solide faite d'huiles végétales qui ont été hydrogénées. Ce processus crée des acides gras trans et transforme le mélange en graisse saturée, éliminant ainsi les bénéfices apportées par les graisses polyinsaturées. Le shortening végétal est insipide et est utilisé à la place d'autres graisses dans la cuisine et la cuisson. Vous pouvez le conserver à la température de la pièce pendant une année.

Sirop de malt d'orge — Parfois appelé orge malté, cet édulcorant foncé et épais (le maltose est le sucre principal) est bien toléré par les individus souffrant de diabète. Il est préparé avec de l'orge germé et séché. Il peut remplacer le miel ou la mélasse dans les aliments cuits.

Sirop d'érable — On le fabrique en faisant bouillir la sève d'érable à environ un quarantième de son volume original. Il contient une quantité négligeable de substances nutritives, mais il est pur, contrairement au sirop utilisé avec les crêpes, lequel est surtout du sirop de maïs coloré. Réfrigérez le sirop d'érable après son ouverture.

Sirop de riz brun — Cet édulcorant naturel a une saveur douce, mais son prix est élevé. Il est fabriqué en ajoutant de l'orge germé, séché ou des enzymes d'orge au riz cuit, ce qui permet au mélange de fermenter jusqu'à ce qu'il se transforme en sucres.

Sofrito — Cette sauce richement assaisonnée est faite d'un mélange d'oignons sautés, d'ail, d'origan, de cumin, de poivrons et de tomates. Les ingrédients dans le sofrito varient selon les régions latines comme le Mexique et Cuba. Essayez-le dans les potages, les ragoûts, les tamales et la paella, et comme marinade.

Succédané d'œuf — Ce produit est une combinaison d'amidon et de levain qui lient et font lever les aliments cuisinés et cuits. Le succédané d'œuf est d'une aide précieuse pour les végétaliens ou pour ceux qui veulent réduire leur consommation de cholestérol alimentaire.

Succédané d'œuf liquide — Vendu dans des cartons, le succédané d'œuf liquide est habituellement un mélange de blancs d'œuf, de tofu, d'huile de maïs, d'amidon, de poudre de lait écrémé, de couleurs artificielles et d'additifs. Les succédanés d'œuf ne contiennent pas de cholestérol, mais ont un contenu en sodium comparable à ceux des œufs. Essayez-les brouillés et aussi dans la plupart des recettes faisant appel aux œufs entiers.

Sucre ; sucre brun — Le sucre de table (sucrose) serait responsable d'être à l'origine de maladies, mais le seul mal qu'on lui attribue est de causer la carie dentaire. Cependant, des questions ont été soulevées au sujet du rôle du sucre dans la suppression du système immunitaire, lequel est essentiel à la préservation de la santé. Le sucre brun est du sucre blanc auquel on a ajouté une petite quantité de mélasse. Dans l'un ou l'autre cas, les calories du sucre sont vides. Il est plus sage d'éviter le sucre — au moins autant que cela est possible et raisonnable — et de consommer des aliments entiers.

Sucre turbinado — Ce sucre a été nettoyé à la vapeur, mais non blanchi. Ses cristaux durs sont marron clair et ont une saveur de mélasse légère. Il ne contient pas plus de substances nutritives que le sucre de table. Il peut être utilisé comme édulcorant sur les bananes et les pamplemousses et sur les céréales. Certains le préfèrent au sucre brun dans les tourtes et les croustillants.

Sumac — Ne vous inquiétez pas, cette épice n'a rien à voir avec le sumac toxique que l'on trouve aux États-Unis. Cet assaisonnement rouge foncé et légèrement acide est fait avec des baies qui poussent sur des arbustes de sumac sauvage partout au Moyen-Orient et dans certaines parties de l'Asie et de l'Italie. Le sumac a un goût fruité et léger qui se marie bien avec les légumes. On le trouve dans les marchés vendant des produits du Moyen-Orient.

Tahini — Populaire dans la cuisine du Moyen-Orient, le tahini est une pâte faite de graines de sésame crues ou grillées. Il est utilisé pour donner du goût à divers plats comme le hummus et le baba ghanoush. Essayez le tahini comme tartinade sur les sandwiches.

Tamari ; shoyu — Le tamari ressemble à une sauce de soja qui a fermenté naturellement. Sa saveur est douce et il est utilisé comme condiment à table, comme sauce trempette ou pour arroser les aliments. Par définition, le tamari ne doit pas contenir de blé, mais certaines marques en contiennent. Le shoyu est fait de soja et de blé, lesquels doivent subir un processus de fermentation ancien dont le résultat est une sauce soja à la saveur riche. Dans les recettes, la sauce soja régulière peut remplacer le tamari ou le shoyu.

Tapenade — Cette pâte épaisse originaire de la Provence, une région de France, est préparée avec des câpres, des olives, de l'huile d'olive, du jus de citron et des assaisonnements. Utilisez la tapenade comme tartinade sur les sandwiches ou comme condiment. Lisez les étiquettes avant tout achat, car certaines marques sont préparées avec des anchois.

Tapioca — Cette farine est fabriquée avec la substance féculente extraite de la racine de la plante de manioc. Le tapioca est utilisé beaucoup à la manière de la fécule de maïs comme agent épaississant.

Tapioca perlé — Fabriqué avec une substance féculente provenant de la racine du manioc, le tapioca perlé est disponible en plusieurs variétés, régulière ou à cuisson rapide. Certaines marques nécessitent un trempage ou une assez longue cuisson afin de pouvoir ramollir les perles avant leur utilisation. On trouve le tapioca perlé dans la plupart des supermarchés ou des marchés asiatiques.

Tempeh — Le tempeh est un aliment cultivé fait de soja et parfois de grains. Les blocs grisâtres tiennent grâce à un terreau, mais n'hésitez pas à essayer cet aliment de soja. Le tempeh a une saveur de levure et de noisette et un goût semblable à celui des champignons frais. Il absorbe aisément les saveurs et conserve sa forme lorsqu'il est cuit. Il peut être servi de différentes façons - sur des brochettes, comme burgers avec tous les accompagnements traditionnels, avec des grains, et même émietté et ajouté aux sauces et aux ragoûts. Le tempeh est vendu frais et congelé, il se conserve au réfrigérateur deux semaines ou au congélateur 3 mois. Aucun signe de la culture du tempeh ne devrait apparaître au moment de l'achat. Comme le tempeh vieillit, des taches blanches apparaîtront, et celles-ci deviendront noires. Manger du tempeh recouvert de quelques taches noires ne pose aucun problème. Plus le tempeh a vieilli, plus sa saveur est forte. Pour débuter, consommer le tempeh frais, lequel a une saveur douce. Puis essayez le tempeh vieilli, plus piquant. Vous pouvez trouver des gâteaux de tempeh frais et congelés dans les magasins d'aliments naturels et certains supermarchés.

Tofu — Le tofu, qui est aussi connu sous le nom évocateur et amusant de lait caillé de soja, est devenu un nom familier, bien qu'il ne soit peut-être pas un aliment consommé régulièrement dans la plupart des foyers. Peut-être que les blocs de tofu rectangulaires, ondulés et blancs, effrayent certaines personnes, mais il n'y a pas de raison. Des douzaines de livres de cuisine ont été consacrés au tofu, témoignant de la respectabilité et de la polyvalence de cet aliment originaire d'Asie. Le tofu n'a pas beaucoup de saveur - juste un goût semblable au fromage très doux — mais nous savons qu'un certain nombre de gens le consomment dans son état original.

Le tofu prend la saveur des aliments et des assaisonnements avec lesquels il est cuit. Le tofu cuisiné avec du chili prend le goût du chili, et les cubes de tofu sautés et assaisonnés de gingembre, de sauce soja et de mirin ont un goût vivifiant, salé et doux. Le tofu peut être aussi coupé en cubes et sauté, puis ensuite trempé dans une variété de sauces. Nous pourrions continuer ainsi.

Mais plus important encore, il faut essayer le tofu dans différents plats. Bien que le tofu soit riche en protéines, avec environ 10 grammes pour 112 g (4 onces) de tofu moyennement ferme, il est aussi riche en matières grasses — environ 50 pour cent des calories totales. Mais nul besoin de retirer le tofu de votre liste des aliments à consommer. Le tofu est maintenant vendu dans des versions pauvres en matières grasses. Le fabricant d'une marque de tofu se vante qu'une tranche de son tofu de 84 g (3 onces) très ferme et « allégé » contient seulement 1 gramme de matières grasses et 35 calories.

Une autre différence avec le tofu est sa fermeté. Il peut être mou, ferme, et très ferme. En général, choisissez le tofu mou pour préparer les sauces, les garnitures de tarte, les trempettes et les poudings. Acheter du tofu ferme ou très ferme si vous voulez le couper en cubes, le servir en brochettes ou toute méthode de préparation dans laquelle vous voulez que le soja conserve sa forme originale. Le tofu assaisonné est aussi vendu sur le marché. Essayez ce tofu lorsque vous êtes d'humeur à changer de saveur.

Une fois à la maison, il y a deux façons de manipuler le tofu. S'il est empaqueté dans l'eau, conservez-le au réfrigérateur et changez l'eau quotidiennement après l'ouverture du paquet. S'il est empaqueté sous vide, vous pouvez le conserver dans votre garde-manger jusqu'à ce que vous soyez prêt à l'utiliser. Une fois ouvert, conservez le paquet dans l'eau et réfrigérez-le. Dans tous les cas, achetez le tofu bien avant sa date d'expiration. S'il devient gluant, aigre ou peu appétissant, jetez-le.

Le tofu soyeux est mou, régulier et ferme, et est appelé ainsi en raison de sa texture soyeuse et lisse semblable à celle de la crème anglaise. Le tofu soyeux est le résultat de coagulation du lait de soja sans que le petit-lait ne soit retiré. Le tofu soyeux de type japonais peut être empaqueté de façon aseptique, ce qui permet de le conserver pendant neuf mois sans réfrigération. Une fois ouvert, il doit être utilisé dans un délai de cinq à sept jours. Utilisez le tofu doux et crémeux dans les desserts comme le lait fouetté et les tartes à la crème, ou remplacer dans une recette la mayonnaise, la crème sure, le fromage à la crème ou le fromage ricotta par le tofu mou et soyeux en purée. Au Japon, on aime le tofu soyeux « tel quel », avec un peu de sauce soja et des oignons verts hachés comme garniture.

Tomatillo — Ce fruit ferme (également appelé tomate verte mexicaine) appartient à la même famille que la tomate. Il ressemble à une petite tomate sauf qu'il est vert et que sa peau est mince comme du papier. Tandis que les tomatillos deviennent jaunes lorsqu'ils mûrissent, ils sont plus souvent utilisés lorsqu'ils sont encore verts. Leur saveur est plus acide que celle des tomates avec une pointe de fruits et d'herbes. On trouve les tomatillos à l'occasion dans les marchés de produits alimentaires spécialisés et certains supermarchés. Les tomatillos sont populaires dans la cuisine mexicaine et du Sud-Ouest, et dans le guacamole. Essayez-les crus dans les salades et les salsas. Les tomatillos sont riches en vitamine A et contiennent une bonne quantité de vitamine C.

Vinaigres — Une goutte de vinaigre peut ajouter quelque chose de spécial à un plat. Mais quel vinaigre choisir ? Il y a le vinaigre balsamique, la reine des vinaigres ; le vinaigre de vin rouge, le vinaigre aux herbes et le vinaigre blanc ordinaire, entre autres. Voici un récapitulatif :

aux herbes et aux fruits — A le même goût que leurs assaisonnements choisis, mais avec du dynamisme. Utilisez-le dans des plats auxquels vous voulez ajouter une saveur additionnelle.

balsamique — Vendu dans les supermarchés, il a une saveur aigre-douce et suave. Faisant partie intégrante de la cuisine italienne, il est vieilli pendant des années dans des barils en bois.

blanc, de cidre et de malt — Relevés, ces vinaigres constituent de bons choix pour conserver les aliments.

de riz — Utilisé couramment dans la cuisine chinoise et japonaise, le vinaigre de riz est subtile, sucré et moins acide que d'autres vinaigres sur vos étagères. Le vinaigre de riz japonais est pâle ou jaune doré et est assaisonné de sucre.

de vin — Succulent sur la salade. Utiliser le vinaigre de vin blanc avec des aliments de couleur claire, parce que le vinaigre de vin rouge peut les rendre rosâtres.

Umeboshi — Fait avec la prune umeboshi légèrement sure et vinaigrée. On trouve ce vinaigre dans les supermarchés bien approvisionnés ou les marchés asiatiques.

Wakame — Ce légume de mer à la saveur douce est vert, ce qui le fait beaucoup ressembler aux légumes feuillus. Le wakame est utilisé comme légume dans les potages et les salades. Les variétés brunes ont une saveur plus forte. Recherchez le wakame frais et séché dans les marchés asiatiques.

Wasabi — Également appelé raifort japonais, le wasabi dégage puissamment les sinus et est utilisé pour accentuer la saveur des plats. Il est disponible séché ou en pâte ; recherchez le wasabi dans les marchés asiatiques et dans les supermarchés bien approvisionnés à la section des produits exotiques.

Yogourt de soja — Cultivé avec du lait de soja et disponible en plusieurs saveurs, le yogourt de soja ne contient pas de lactose et de cholestérol. On trouve le yogourt nature ou aux fruits dans les magasins d'aliments naturels et certains supermarchés. Utilisez ce yogourt comme vous utiliseriez le yogourt au lait.

Zahtar — Ce mélange d'épices populaires au Moyen-Orient est un mélange de graines dse sésame rôties, de marjolaine séchée, d'origan séché, de thym et de sumac. Il peut être combiné avec de l'huile d'olive et permet de préparer une trempette relevée. On le trouve dans les épiceries du Moyen-Orient.

Zeste — On obtient le zeste en raclant la peau superficielle des agrumes. Utilisez le couteau à zester, le couteau à éplucher, ou l'éplucheur. Les huiles parfumées du zeste ajoutent beaucoup de saveurs aux aliments. Choisir des fruits organiques, qui n'ont pas été traités avec des colorants et des pesticides, si possible. Utilisez le zeste pour donner de la saveur à presque tous les plats.

index

Pour obtenir une copie de notre catalogue :

Éditions AdA Inc.
1385, boul. Lionel-Boulet, Varennes, Québec, J3X 1P7
Télécopieur : (450) 929-0220
info@ada-inc.com
www.ada-inc.com

Pour l'Europe :

France : D.G. Diffusion Tél.: 05.61.00.09.99
Belgique : D.G. Diffusion Tél.: 05.61.00.09.99
Suisse : Transat Tél.: 23.42.77.40

www.AdA-inc.com
info@AdA-inc.com

Imprimé sur Rolland Enviro100, contenant
100% de fibres recyclées postconsommation,
certifié Éco-Logo, Procédé sans chlore, FSC
Recyclé et fabriqué à partir d'énergie biogaz.